SV

Jean Piaget
Bärbel Inhelder

Die Entwicklung des inneren Bildes beim Kind

Übersetzt von
Annette Roellenbleck

Suhrkamp Verlag

Titel der Originalausgabe:
l'image mentale chez l'enfant

Erste Auflage 1979

Druck: Hieronymus Mühlberger, Augsburg
Printed in Germany

Inhalt

Kapitel VI: Die Antizipationsbilder der Transformationen 268

Kapitel VII: Bilder statischer Reproduktion und Haltung 307

Kapitel VIII: Geistige Bilder und Operationen 344

Vorwort

Es scheint uns notwendig, den Leser auf die beiden Hauptmängel dieser Untersuchung hinzuweisen, um sie zu erklären, um vor allem aber jedem zu ermöglichen, hier nur die Punkte zu suchen, die für ihn von Interesse sind.

Erstens zeigt dieses Werk eine beträchtliche Lücke, da es sich nicht mit den inneren Bildern beschäftigt, die beim symbolischen Spiel, bei der spontanen Zeichnung, kurzum bei allen Verhaltensweisen auftreten, die am Rande der Intelligenz im strengen Sinn, das heißt der Problemlösung liegen. Unser Ziel war nämlich nicht »die schöpferische Vorstellung« des Kindes, ein wunderbares Thema, das zu untersuchen bleibt, sondern einzig und allein die bildhafte Repräsentation in ihren Beziehungen zum Funktionieren des Denkens. Genauer gesagt, wir haben uns vor allem gefragt, ob das Bild die Quelle der intellektuellen Operationen darstellt oder nicht, und wenn nicht, welche Art von Erleichterung oder Hindernissen es in ihrer Entwicklung bewirkt. Es handelt sich also im wesentlichen um eine Ausweitung von Untersuchungen der perzeptiven Mechanismen, die ein Mitglied unseres Kreises unternommen hat, und die sich ganz allgemein mit den Beziehungen zwischen den figurativen und den operativen Aspekten der kognitiven Funktionen auf visuellem und manchmal taktilokinästhetischem Gebiet beschäftigen.

Daraus ergibt sich der zweite Mangel dieses Werks: der Leser wird zweifellos der Meinung sein, daß man hier viel zu viele Fakten findet, und daß kürzere Beweisführungen vielleicht ausgereicht hätten. Aber seitdem in vielen Ländern Psychologen uns die Ehre und die Freude bereiten, jede unserer Behauptungen, so nebensächlich sie auch sein mögen, genau zu kontrollieren, fühlen wir uns mehr und mehr gedrängt, selbst die Kontrollen zu vermehren: daher unsere wachsenden Skrupel und die Vielzahl der Gegenproben, die man uns auf diese Weise, sicherlich mit Grund, auferlegt, die aber in diesem Fall auf Kosten der Knappheit des Bandes gehen, den wir hier dem Publikum vorlegen. Man findet insbesondere auf diesen Seiten eine vielleicht übertriebene Anzahl von Statistiken: wir bitten den geneigten Leser, das zu entschuldigen, und versichern

ihm, daß diese Zahlenangaben mehr von den genannten Gründen abhängen als von einer angeborenen oder einfach ununterdrückbaren Neigung.
Mehr noch: wir glauben an keine dieser Statistiken in dem Sinne, daß wir erwarteten, andere Beobachter müßten zu denselben Mittelwerten kommen. Auf Gebieten wie auf dem des inneren Bildes, wo es kaum Stadien im eigentlichen Sinne gibt, sind die individuellen Verschiedenheiten noch stärker als auf dem Gebiet der Operationen selbst: der Sinn unserer Tabellen ist also einfach der, den Leser über das zu unterrichten, was wir gefunden haben, und die Richtung der beobachteten Entwicklung anzugeben, wobei es allein auf die Reihenfolge ankommt und nicht auf die Altersdurchschnitte, die vielleicht beträchtlichen Fluktuationen unterworfen sein können.
Schließlich ist noch die Bemerkung wichtig, daß mehrere Kollegen uns geraten haben, den Titel des Werks zu ändern, weil er des »Mentalismus«* verdächtig sei, und weil viele Autoren nicht mehr an das Bild glauben und zumindest meinen, daß man dazu nichts Seriöses sagen könne. Aber wir gestehen, uns wenig Gedanken um die Moden in der Psychologie und noch weniger um positivistische Verbote zu machen. Wenn man nicht mehr von Bildern sprechen will, dann soll man von bildhaften Erinnerungen sprechen (Penfield hat gezeigt, daß das legitim ist) oder von bildhaften Repräsentationen (das ist der Gegenstand unseres Werks), und man soll darüber in einer für jedermann nachprüfbaren Form sprechen; das haben wir hier zu tun versucht. Da unser nächstes Ziel die Untersuchung des Gedächtnisses beim Kind ist, mußte wohl mit der Analyse der »Bilder« begonnen werden, selbst wenn es zur Mode geworden ist, dieses Problem mit Stillschweigen zu übergehen.

J. P. und B. I.

* Der Titel des französischen Originals lautet: *l'image mentale chez l'enfant* [Anm. d. Red.]

Einführung*

Nachdem wir die Entwicklung der intellektuellen Operationen unter möglichst verschiedenen Aspekten betrachtet hatten und nachdem einer von uns versucht hatte, einige Eigenschaften der Entwicklung von Wahrnehmungen zu analysieren, war es notwendig, die Frage nach der Entwicklung der inneren Bilder in Angriff zu nehmen. Unser zentrales Problem war immer das der psychologischen Natur der Erkenntnis. Die klassische Alternative besteht hier in der Entscheidung, ob die Erkenntnis ein Abbild der Wirklichkeit oder eine Assimilation ist, und man sieht sofort, daß je nach der getroffenen Wahl das Bild als etwas angesehen wird, das eine wesentliche Funktion für die Erkenntnisvorgänge besitzt oder als etwas, das eine vor allem symbolische Rolle spielt. Nun hat die Abbildtheorie den Vorzug, daß sie den Akzent direkt auf die Eigenschaften des Objekts legt, und diese sind es in der Tat, die erfaßt werden sollen, während man riskiert, das Objekt zu verfehlen, faßt man die Wirklichkeit als Assimilation an die Strukturen des Subjekts auf. Allein, das Objekt ist nur eine Momentaufnahme aus dem ununterbrochenen Fluß der Kausalitätsbeziehungen, und es wird früher oder später deutlich, daß die Wirklichkeit hinter der Erscheinung aus Transformationssystemen besteht. Ein Abbilden dieser Transformationen ist also nur möglich, wenn man sie aktiv reproduziert und verlängert, was darauf hinausläuft, daß es genau genommen kein Abbild mehr gibt und daß man, um die Objekte zu erkennen, in der Weise auf sie einwirken muß, daß man sie zerlegt und wieder zusammensetzt. Mit anderen Worten: die Erkenntnis wird damit zur Assimilation, aber nicht mehr im Sinne einer deformierenden Integration der Objekte in das Subjekt: das Assimilieren eines Objekts läuft letzten Endes darauf hinaus, an den Transformationssystemen, deren Produkt es ist, zu partizipieren und in eine Interaktion mit der Welt einzutreten, indem man auf sie einwirkt. Von daher muß die Rolle der Operationen verstanden werden, die allein die Transformationen zustande bringen und deren doppelte Funktion es ist, vom logisch-mathematischen Standpunkt aus

* Zur Terminologie von Piaget vgl. das Glossar, unten S. 513 ff.

die möglichen Transformationen deduktiv zu kombinieren und vom physikalischen Standpunkt aus zur Objektivität zu gelangen, indem man die realen oder experimentell nachweisbaren Transformationen wieder zusammenfügt.

Wenn dies die Perspektive ist, zu der die Entwicklungsanalyse führt, wie ist dann die Natur und die Rolle der Bilder zu interpretieren? Wenn das allgemeine Problem, von dem wir ausgegangen sind, von wissenschaftstheoretischer ebenso wie von psychologischer Tragweite ist, dann kann das spezifische Problem des Bildes nicht allein nur durch systematisches psychologisches Experiment gelöst werden; dies Problem stand lange Zeit im Mittelpunkt der Bemühungen der Intelligenzpsychologie, bis man entdeckte, daß es zwar nicht so zentral, dafür aber um so komplexer ist. Es ist richtig, daß es heute vielen Autoren entweder veraltet oder als mit den üblichen experimentellen Mitteln unlösbar erscheint. Doch ein kurzer Hinweis auf seine Geschichte wird uns vom Gegenteil überzeugen, sind erst einmal die Standpunkte und die Zusammenhänge, in die es hineingehört, modifiziert; das Folgende wird uns zeigen, daß, wenn das Problem tatsächlich durch ausschließlich experimentelles Arbeiten mit Erwachsenen nur unzureichend in den Griff zu bekommen ist, die Untersuchung der Entwicklung der Bilder beim Kind dazu angetan ist, ihre Rolle in den Erkenntnisprozessen in beträchtlichem Maße zu klären.

Zu Beginn der experimentellen Psychologie, auf dem Höhepunkt des Assoziationismus, wurde das Bild betrachtet: 1. als ein unmittelbares Produkt nicht nur der Wahrnehmung, sondern auch der Empfindung selbst, deren Rückstandsspur (*trace résiduelle*) sie darstellen sollte; 2. als eines der beiden grundlegenden Elemente des Denkens, wobei das andere die Assoziation war, während das Denken als ein Assoziationssystem von Bildern begriffen wurde; 3. als ein adäquates Abbild der Objekte oder der Ereignisse und keineswegs als ein einem Spiel von Operationen unterworfenes Symbol. In seinem berühmten Buch über die Intelligenz charakterisierte H. Taine diese als einen »Korallenstock aus Bildern« und gründete auf den Primat der Bilder eine rückhaltlose Rechtfertigung der Abbildtheorie. Noch im Jahre 1897 konnte Alfred Binet ein ganzes Buch über die »Psychologie des Denkens« schreiben, indem er diese als eine Folge von Bildassoziationen darstellte. Im Laufe einer zweiten Periode, die um 1903 beginnt, entdekken derselbe Binet in seiner *Étude expérimentale de l'intelligence,* und auf der anderen Seite Marbe, Külpe und die *Denkpsychologie* der Würzburger Schule das Vorhandensein eines »Denkens ohne Bild« (Behauptung und Verneinung, In-Beziehung-Setzen, usw.) und schließen daraus, daß das Bild nicht als ein Element des Denkens, sondern allenfalls als eines seiner Hilfsmittel betrachtet werden kann. Indem jetzt der Akzent nicht mehr auf die Analyse des Bildes selbst gelegt wird, tritt diese Untersuchung in den Hintergrund und führt nicht mehr zu eigentlich experimentellen Arbeiten[1], außer auf dem Gebiet der Erinnerung und der Erinnerungsbilder.[2] In dieser Hinsicht tendiert die Unterscheidung von wiedererkennendem Gedächtnis (*mémoire de recognition*) und evozierendem Gedächtnis (*mémoire d'évocation*) (wobei das erstere früher und unabhängig von den Bildern, das zweite später auftritt und allein dasjenige ist, das sie notwendig enthält) dazu, den wenig primitiven Charakter des Bildes ahnen zu lassen. Aber während die Psychologie auf diese Weise beginnt, das Bild vom Verstand zu trennen und den aktiven Charakter des letzteren zu erkennen, sind die Philosophen noch entfernt davon, daraus die Konsequenzen zu ziehen: Die ganze Kritik des Verstandes, die Bergson entwickelt hat (am Verstand als kinematographischem Vorgang, der das Zusammenhängende aus Unzusammenhängendem rekonstruiert, an seiner Unfähigkeit, Veränderung oder Bewegung zu begreifen, usw.), ist in Wirklichkeit eine glänzende Beschreibung der Unzulänglichkeit bildlicher Vorstellung und beweist nichts gegen die Operationen (Bergson hat nämlich den Motor vergessen, der den Film ablaufen läßt, und der gerade von der Operationsenergie [*dynamisme opératoire*] gebildet wird). In einer dritten Periode, die in die heutige Epoche mündet, erleben wir drei Arten von Fortschritt, die für unsere Er-

1 Ausgenommen die Arbeiten von Jaensch über die »eidetischen« Bilder, die aber eher die Skepsis der Psychologen gegenüber den allgemeinen Problemen des Bildes vermehrt haben; seine Resultate haben sich nämlich nicht immer bestätigt, und er hat sich überhaupt, ausgehend von dieser schmalen Basis, auf eine komplette Typologie eingelassen, die als etwas gewagt zu bezeichnen ist.

2 Hier ist besonders an Bartletts Analysen in seinem berühmten Buch *Remembering* zu erinnern.

kenntnis über die Natur des Bildes von Bedeutung sind. Die erste bleibt theoretischer Natur, ist aber grundlegend: Das Bild wird nicht mehr als eine Verlängerung der Wahrnehmung interpretiert, sondern eher (wie schon Dilthey vorausgesehen hatte) als Symbol.[3] Eine solche These stimmt insbesondere mit den Auffassungen von Head über die symbolische Funktion und mit seinen Arbeiten zur Aphasie überein. Head hat in diesem Zusammenhang Beziehungen zwischen Sprachstörungen und Störungen der räumlichen Vorstellung (welche einen deutlichen Anteil an bildlicher Vorstellung enthält) aufgezeigt.

Zweitens führen die Untersuchungen in der Kinderpsychologie zu zwei Arten von Ergebnissen, die die Psychologie der Bilder betreffen: indem sie nämlich den späten Charakter der Bilder*verwendung* und infolgedessen wahrscheinlich auch des Bild*erwerbs* zeigen, der also mit dem Erwerb der symbolischen Funktion gemäß der gerade erwähnten Hypothese verbunden zu sein scheint; und indem sie andererseits die Bedingungen für die Entstehung der symbolischen Funktion aus der Nachahmung zeigen, die Quelle der Bilder selbst sein könnte.

Was den ersten dieser beiden Punkte anbetrifft, so hat einer von uns das gesamte Funktionieren der senso-motorischen Intelligenz[4] ebenso wie die Bildung des Plans des permanenten Objekts (*object permanent*), des senso-motorischen Raums, der Kausalität, usw. beschreiben können, ohne daß irgendeine der beobachteten Verhaltensweisen den Gebrauch des Bildes vor der Stufe des zweiten Lebensjahres voraussetzte, auf der auch die Sprache, das symbolische Spiel und die verschobene Nachahmung erworben werden. Insbesondere die Entdeckung der Permanenz der Objekte wäre wesentlich schneller erfolgt, wenn der Säugling hätte Bilder benutzen können, um die Lokalisierungen usw. zu erinnern.

Wenn nun das Auftreten der Bilder in dieser Weise an die Bildung der Symbolfunktion gebunden zu sein scheint, und zwar als Differenzierung der Signifikanten und der Signifi-

3 Vgl. das schöne Kapitel von I. Meyerson über »Die Bilder« in dem *Nouveau Traité de Psychologie* von Dumas (1932).

4 J. Piaget, *La naissance de l'intelligence chez l'enfant*, Delachaux & Niestlé, 1936, deutsch: *Das Erwachen der Intelligenz beim Kinde*, Stuttgart 1969.

kate, die erlaubt, Objekte oder Ereignisse, die gegenwärtig nicht wahrgenommen werden, zu erinnern, dann zweifellos deshalb – wie in demselben Werk dargelegt worden ist –, weil die Nachahmung den Übergang zwischen dem senso-motorischen Bereich und dem repräsentativen Bereich herstellt, und weil das Bild selbst eine interiorisierte Nachahmung darstellt. In der Tat besteht die senso-motorische Nachahmung einerseits aus einer Art aktueller Repräsentation und aus Aktion, die zunächst allein in Gegenwart des Modells erworben wird; wenn sie dann geeignet ist, ihre »verschobene« Form anzunehmen (d. h. wenn ein neuer Nachahmungsvorgang in Abwesenheit des Modells beginnt), wird sie eine echte Evokation, die sich aber immer in Akten vollzieht: es genügt also, daß sie interiorisiert wird (wie es bei den Koordinationen der Intelligenz von der Mitte des zweiten Jahres an der Fall ist), um sich in ein Bild zu verlängern. Andererseits wird das Spiel auf der Ebene, auf der sich die verschobene Nachahmung bildet, symbolisch dank desselben Verfahrens der Evokation durch Nachahmung, und die Sprache wird von neuem in einem Nachahmungszusammenhang erworben.[5] Die Entwicklung der Nachahmung würde also sowohl die Differenzierung der Signifikanten und der Signifikate, also die Bildung der Symbolfunktion, als auch das Entstehen des Bildes als verschobene und interiorisierte Nachahmung bewirken.
Diese Hypothese zur Rolle der Nachahmung als Übergangsfaktor zwischen dem senso-motorischen Bereich und dem Repräsentationsbereich wurde 1942 von H. Wallon[6] mit neuen Argumenten wieder aufgenommen. Die Nachahmung werde durch das Haltungssystem geregelt und führe über die Übereinstimmung der Haltungen zu einer interindividuellen Kommunikation, die gleichzeitig die affektiven Symbiosen und die Repräsentation begünstigt. Aus der Nachahmung gingen dann die Illusion und das Symbol hervor, und man könne die gestalterische Rolle des Nachahmungsprozesses bis zu den ersten Abbildtheorien – wie die platonische Ideenlehre – zurückverfolgen.
Aber während die genetischen Arbeiten in dieser Weise die

5 Wenn sich die Sprache wirklich nur auf dem Wege der Konditionierungen übertrüge, würde sie viel früher erworben (im zweiten oder dritten Monat).

6 *De l'acte à la pensée*, Flammarion, 1942

Bedeutung der Nachahmung und mit ihr der motorischen oder Haltungs-Faktoren bei der Bildung des Bildes betonten, vollzog sich ein dritter Fortschritt in derselben Richtung unter dem Einfluß der psychophysiologischen und psychopathologischen Arbeiten. Genauer gesagt stellen sich der Psychophysiologie der Bilder zwei Probleme: das ihrer sinnlichen oder scheinbar sinnlichen Natur, d. h. ihres visuellen oder auditiven usw. Inhalts, in welchem die assoziationistische Psychologie eine einfache Verlängerung der Wahrnehmung wiederfinden wollte; und das ihrer motorischen Natur, d. h. des Elementes der aktiven Reproduktion, durch das sie sich gerade von der Wahrnehmung unterscheidet.

Was den ersten Punkt anbetrifft, so haben die Techniken der Neurochirurgie und der elektrischen Stimulation des Gehirns, die von Foerster begonnen und von Penfield und seinen Mitarbeitern in bemerkenswerter Weise weiterentwickelt worden ist, zu entscheidenden Erkenntnissen geführt. Ein Reiz, der auf die kortikalen Projektionen der optischen und auditiven Bahnen einwirkt, ruft nur Sinneszustände hervor, die nach Penfield nichts mit Halluzinationen gemein haben, also noch weniger mit Bildern, und die Empfindungen im eigentlichen Sinn darstellen. Dagegen führen die Schläfenreize zu Erinnerungszuständen, innerhalb derer man eine Abstufung hinsichtlich der Natur der im Spiel befindlichen Bilder und ihrer Stärke beobachten kann: Der Inhalt der einen scheint gegenwärtig und unmittelbar zu sein, wie in einem Traum, in dem das Subjekt gleichzeitig Handelnder und Zuschauer ist; andere Inhalte werden auch intensiv erlebt, aber als vergangen evoziert; und die dritten sind nur einfache Erinnerungen, kraftlos und ohne irgendeine Empfindung. Der scheinbar sinnliche Charakter des Bildes wäre also als eine Aktivierung zu deuten, die auf der Ebene des Schläfenlappens mit Erinnerungsmechanismen und sensorischen Mechanismen verbunden ist.[7]

Doch diese möglichen sensorischen Reaktivierungen bedeuten keineswegs, daß das Bild eine Restwahrnehmung (*perception résiduelle*) ist, denn eine Reaktivierung geschieht stets in Verbindung mit motorischen Vorstellungen (*ébauches motrices*), und diese letzteren sind es, über die wir am besten unter-

7 Vgl. Ajuriaguerra – Hécaen, *Le cortex cérébral*, 2. Aufl., S. 436

richtet sind. Man hat zum Beispiel zeigen können (Allers, Scheminsky[8]), daß die Repräsentation der Armbewegungen keineswegs in einem Repräsentationsbild besteht, das diesen Bewegungen äußerlich bliebe, sondern aus einem Entwurf im eigentlichen Sinn; denn die Elektromyogramme weisen das Vorhandensein einer leichten peripheren Muskeltätigkeit während der Vorstellung (*ébauche*) auf, die der Repräsentation zur Stütze dient, wobei diese Tätigkeit derjenigen ähnlich ist, die bei dem repräsentierten Akt auftritt, wenn er tatsächlich ausgeführt wird. Gastaut[9] hat anhand von Elektro-Enzephalogrammen dieselben Wellen bei der geistigen Repräsentation des Biegens der Hand und beim tatsächlichen Biegen beobachtet. Solche Tatsachen machen hinreichend deutlich, daß das motorische Bild viel mehr ist als eine abgeschwächte Wahrnehmung, nämlich eine interiorisierte Nachahmung.

Genauso verhält es sich mit den visuellen Bildern. Die Analogie zwischen den motorischen und den visuellen Bildern kommt schon in den Arbeiten von A. Rey[10] zum Ausdruck, der zeigt, daß es unmöglich ist, sich eine Bewegung des Zeigefingers vorzustellen, die irgendeine Figur zeichnet, während der Finger eine einfache rhythmische Bewegung ausführt, – was wiederum auf das motorische Bild zurückgeht. Aber auch in dem Fall, daß eine visuelle Repräsentation dieser Bewegungen hinzukommt, vollziehen sich komplizierte okulo-manuelle Koordinationen, die die Präzision des Bildes verstärken. Im Jahre 1947 hat F. Morel[11] bei einem Kranken, dessen Protrusio der Augen die Beobachtung der Augenbewegungen erleichterte, die Art und Weise untersucht, in der die visuelle Repräsentation eines viereckigen Tisches, eines runden Bekkens usw. mit Bewegungen des Blickes verbunden war, die die vorgestellte Form nachahmten. Schifferli[12] kam zu einem ana-

8 R. Allers und F. Scheminsky, »Über Aktionsströme der Muskeln bei motorischen Vorstellungen und verwandten Vorgängen«, in: *Arch. f. d. ges. Physiol.*, 1926, 212, S. 169–182.

9 H. Gastaut – I. Bert, »EEG changes during cinematographic presentation«, in *EEG Clin. Neurophysiol.*, 1954, 6, S. 433–444

10 A. Rey, »L'évolution du comportement interne dans la représentation du mouvement (image motrice)« in: *Arch. Psychol.*, 1948, 32, S. 209–234

11 F. Morel, *Introduction à la psychiatrie neurologique*, Paris, Masson, 1947

12 P. Schifferli, »Etude par enregistrement photographique de la motricité oculaire dans l'exploration, dans la connaissance et dans la représentation visuelles« in: *Rev. mensuelle psychiatr. neurol.*, 1953, 126, S. 53–118

logen Ergebnis, als er die Aufzeichnungen der Augenbewegungen untersuchte, die die visuellen Bilder begleiten.
Doch die bemerkenswerteste Technik, zu der man gelangt ist, ist die der elektrischen Aufzeichnung der Augenbewegungen während des Schlafs. Im Jahre 1955 unterschieden Aserinsky und Kleitman[13] zwei Arten dieser Bewegungen, deren eine schnellen Bewegungen entspricht, die die Autoren mit dem Bilderschatz des Traums in Verbindung bringen. Im Jahre 1958 glaubten W. Dement und E. Wolpert [14] diese Hypothese an 16 Erwachsenen verifiziert zu haben, die sie nach der Aufzeichnung geweckt und von denen sie Berichte über ihre Träume erhalten hatten.
Kurz: der Nachahmungscharakter des Bildes scheint durch Beobachtungen bestätigt, da das Bild über seinen scheinbar sinnlichen Charakter hinaus auch motorisch ist; und wenn diese Motorik in mancherlei Hinsicht derjenigen gleicht, die bei der Erforschung der Repräsentation zum Vorschein kommt, dann deswegen, weil diese letztere insoweit Nachahmungsbewegungen auftreten läßt, als sie den Umrissen der wahrzunehmenden Figur folgt.[15] Die sinnliche Natur des Bil-

13 E. Aserinsky – N. Kleitmann, »Two types of ocular motility occurring in sleep« in: *J. appl. Physiol.*, 1955, 8, S. 1–10

14 W. Dement – E.A. Wolpert, »The relations of eye movements, body motility and external stimuli to dream content« in: *J.exp. Psychol.*, 1958, 55, S. 543–555

15 Dagegen kann man sich fragen, ob die Untersuchungen von Aserinsky, Kleitman, Dement u. a. über die Augenbewegungen im Schlaf und ihre Rolle bei der Produktion der Traumbilder nicht die nachahmende Natur des Bildes zwar bestätigen, die Stufe seines Auftretens aber deutlich vor die der symbolischen Funktion verlegen. Wie man weiß, neigen die Psychoanalytiker (Freud, M. Klein, u. a.) dazu, das Bild als Halluzination zu betrachten, die auf einen Wunsch zurückgeht, und es sehr früh, wenn auch nicht schon mit der Geburt, auftreten zu lassen. Ein Mitglied unseres Kreises hat 1960, als diese der seinen entgegengesetzte These bei der *Menninger Foundation* von Topeka diskutiert wurde, den Vorschlag gemacht, zur Lösung des Problems die Technik Aserinskys (u. a.) auf Neugeborene oder während der ersten Wochen anzuwenden. Dieser Versuch ist inzwischen von Dement und anderen am Neugeborenen und an verschiedenen Tieren vorgenommen worden, und zwar mit einem überraschenden Resultat: die raschen Augenbewegungen während des Schlafs (*REM*) sind häufiger beim Neugeborenen als später, und häufiger beim Opossum, diesem lebenden Fossil, als bei der Katze oder beim Menschen! Es scheint also offensichtlich, daß die *REM* unterhalb der Stufe, auf der sie eine relative Richtung zu erhalten vermögen, welche Bilder hervorrufen kann, in Form einer einfachen motorischen Erregung ohne Richtung oder Organisation auftreten (der die Autoren gegenwärtig eine Rolle der nervösen Entgiftung zuschreiben wollen), eine Erregung, die den Traum in einer allgemeinen motorischen oder senso-motorischen Form nicht ausschließt, aber keinesfalls erlaubt, die Produktion genauer, quasiperzeptiver Bilder zu behaupten. Dement beschließt eine neuerliche Untersuchung daher auch mit den Worten (*Psychiatric Spectator*, Febr. 1964, S. 13): »Die Möglichkeit besteht, daß diese Funde mit den psychoanalytischen Traumtheorien nicht vereinbar sind.«

des resultiert nicht aus einer Restverlängerung der Wahrnehmung in ihren sensorischen Aspekten, sondern ebenfalls aus einer Nachahmung der Wahrnehmung, was nicht dasselbe ist, selbst wenn es sich um Reaktivierungsvorstellungen (*ébauches*) handelt: deshalb sprechen wir von einem »scheinbar sinnlichen« und nicht einfach von einem sinnlichen oder quasi-sinnlichen Charakter.

Zum Schluß dieser Einleitung wollen wir noch vermerken, wie schwierig es ist, das Bild im allgemeinen zu definieren, weil diese Definition natürlich vom Gesamtsystem der Interpretationen abhängt. Für die Abbildtheorie ist das Bild eine Abbildung des Objekts, so als ob dieses ganz und gar gegliedert und mit allen seinen Eigenschaften gegeben wäre: das Bild mit seinen quasi-perzeptiven Eigenschaften wird als isolierbar und damit definierbar angesehen, als ein wesentliches Erkenntnisinstrument. In der Assimilationstheorie der Erkenntnis dagegen, die die unsere sein wird, gilt das Objekt nur als in dem Maß bekannt, als es stufenweise Begriff geworden ist. Das Bild bleibt wohl immer Produkt des Bemühens um eine konkrete und sogar scheinbar sinnliche Abbildung des Objekts; diese aber bleibt grundsätzlich symbolisch, da die tatsächliche Bedeutung im Begriff zu suchen ist. Dabei ergibt sich eine Schwierigkeit, die mit der vergleichbar ist, die entsteht, wenn man die »Worte« der Sprache erfassen wollte, deren phonematischer und syntaktischer Aspekt sicher isolierbar ist, deren semantischer Aspekt indes von der Konzeptualisierung im ganzen abhängig ist. Nur kommt hier ein bedeutendes Hindernis dazu, daß nämlich das Bild innerlich bleibt und sich nicht als solches mitteilt; sein semantischer Aspekt ist zwar leicht zu fassen, weil er von der gesamten begrifflichen Repräsentation abhängt; sein morphologischer und syntaktischer Aspekt – der das Bild als solches ausmacht! – bleibt jedoch schwer zu greifen und zu definieren. Wir werden also den Begriff »Bild« immer im weiteren Sinne verwenden, also mit seiner Semantik, d. h. in einem Sinn, der mit dem der »bildhaften Repräsentation« praktisch gleichbedeutend ist. Das hängt mit unserem Problem zusammen, nämlich dem der Beziehungen zwischen Bild und Denken; hätten wir demgegenüber die Bilder des Halbschlafs (die hypnagogischen und die hypnopompen »Halluzinationen« der alten Autoren), die Bilder des Traums oder gar die Bilder des symbolischen Spiels des Kindes untersucht, so wären wir vielleicht zu einer strengeren Definition gekommen, indem wir dann die Syntax der Bilder stärker von ihrer Semantik getrennt hätten: Diese wird uns in der Tat genauso interessieren wie die Morphologie der Bilder selbst.

Kapitel I
Klassifikation der Bilder und Problemstellung

In den Bereichen, in denen es eine besonders deutliche altersbezogene Entwicklung gibt, wie in dem der intellektuellen Operationen, und in denen diese Entwicklung in der Gestalt einer schrittweisen Ausbildung erscheint, deren Mechanismus relativ zugänglich ist, bedarf es keiner vorgängigen Klassifikation, denn die Beschreibung der Stadien und Unter-Stadien liefert direkt das Prinzip einer natürlichen Klassifikation, die die Form einer hierarchischen Tabelle annimmt. Das Problem der Bilder ist indes wesentlich schwieriger und ihre Entwicklungsstadien, sofern es sie gibt, sind viel weniger deutlich. Um unsere Ergebnisse zu entwickeln, ist es also unterläßlich, mit der Klassifikation der verschiedenen Bildtypen zu beginnen, und sei es auch nur zu dem Zweck, die Genauigkeit unserer Sprache zu erhöhen. Diese Klassifikation wird jedoch mehr als ein einfaches Definitionssystem erbringen: ihr Hauptziel ist es, durch die Unterscheidung verschiedener Kategorien die Probleme, die behandelt werden sollen, und vor allem die Probleme der Filiation deutlicher zu machen.

§ 1. Schema einer Klassifikation

Man kann die Bilder nach ihrem Inhalt (visuelle, auditive Bilder, usw.) oder nach ihrer Struktur klassifizieren. Dieser zweite Gesichtspunkt ist der einzige umfassende, und er wird uns hier allein beschäftigen. Ein normaler Erwachsener ist imstande, sich statische Objekte (ein Sechseck, einen Tisch, usw.), Bewegungen (die Schwingung eines Pendels, das schneller werdende Hinabrollen eines beweglichen Gegenstandes auf einer geneigten Ebene, usw.), bekannte Veränderungen (das Teilen eines Quadrates in zwei gleiche Rechtecke) vorzustellen oder sogar für ihn neue Transformationen in Bildern zu antizipieren (zweimal ein quadratisches Blatt in zwei gleiche Teile falten, mit der Schere den Schnittpunkt der Knicke wegnehmen und sich vor dem Auseinanderfalten vorstellen, daß man ein einziges Loch in der Mitte des Blattes sehen wird, während man zwei Löcher entdecken wird, wenn man das Blatt dreimal in der Mitte faltet).[16] Aber es ist klar, daß sich bei diesen bildhaften Repräsentationen die einen nicht so einfach bilden wie die anderen, daß es also hierarchische Bildebenen gibt, die vielleicht Stadien, in jedem Fall aber Stufen wachsender Komplexität entsprechen. Wir werden versuchen, die Stufen in einer strukturalen Klassifikation zu unterscheiden, um unsere genetische Untersuchung zu erleichtern.

Eine erste große Dichotomie besteht in der Einteilung der Bilder in reproduzierende Bilder (*R*), bei denen schon bekannte Objekte oder Ereignisse erinnert werden, und in antizipatorische Bilder (*A*), die Ereignisse repräsentieren, welche nicht zuvor durch figurale Vorstellung wahrgenommen wurden, es handele sich nun um Bewegungen oder Transformationen, um ihr Ziel oder ihre Ergebnisse. Diese im Prinzip einfache erste Einteilung läßt sich jedoch in der Praxis nicht so einfach anwenden; zunächst, weil man niemals sicher weiß, was das Subjekt schon vorher wahrgenommen hat, sodann und vor allem, weil es möglich ist, daß jede Reproduktion der Transformation einer Bewegung und vielleicht sogar einer statischen Konfiguration einen bestimmten Anteil von Antizipation enthält, zumindest in der Ausführung. Wir werden zum Beispiel zu der Feststellung kommen, daß schon die gezeichnete Reproduktion einer einfachen Linie die Mitwirkung einer Art antizipatorischen Plans voraussetzt; was unsere Klassifikation von Anfang an kompliziert macht. Aber diese Komplikation ist instruktiv und wirft sofort das Problem auf (da es ja gerade das Ziel unserer Klassifikation ist, die genetischen Probleme richtigzustellen), daß wir feststellen müssen, ob das Bild nur eine direkte Verlängerung der Wahrnehmung ist oder ob es sich in aktiver innerer Nachahmung vollzieht, was dann die Notwendigkeit antizipatorischer Ausführungspläne zu Beginn jedes neuen Bildes natürlich erscheinen lassen würde.

Man muß also die »Antizipation durch Ausführung« – wenn es sich zum Zweck der Reproduktion eines bekannten oder sogar gegenwärtig wahrgenommenen Modells X darum handelt, die äußere oder interiorisierte Gebärde X', mit deren Hilfe man es reproduzieren kann, zu antizipieren – unter-

16 Vgl. einen der Intelligenztests von Terman.

scheiden von der »Antizipation durch Evokation«, wenn das Modell X nicht bekannt ist und es sich darum handelt, dieses selbst zu antizipieren. Wir wollen infolgedessen den Begriff der »antizipatorischen Bilder« (*A*) solchen Bildern vorbehalten, die eine Antizipation durch Evokation bedeuten, ohne den »reproduzierenden Bildern« (*R*) die Möglichkeit streitig zu machen, Antizipationen durch Ausführung zu vollziehen. Demzufolge kann man die reproduzierenden Bilder (*R*) nach zwei Dimensionen klassifizieren: nach ihrem Inhalt und nach ihrer Interiorisationsstufe. Bezüglich des Inhaltes sprechen wir von *statischen* reproduzierenden Bildern (*RS*), wenn sie sich auf ein unbewegliches Objekt oder eine unbewegliche Gestalt (*configuration*) (das Bild einer geraden Linie zum Beispiel) beziehen; von *kinetischen* reproduzierenden Bildern (*RK*), wenn sie eine Bewegung figural evozieren (zum Beispiel die Reproduktion zweier Bewegungen derselben konstanten Geschwindigkeit, die sich kreuzen); und schließlich von reproduzierenden *Transformations*bildern (*RT*), wenn sie in figuraler Weise der Versuchsperson schon bekannte Transformationen repräsentieren (z. B. die Umwandlung eines Kreisbogens in eine Gerade für Versuchspersonen, die sie schon einmal erfahren und bewußt wahrgenommen haben, etwa anhand eines Drahtes, dessen Form man allmählich verändert). Zwischen den Varianten *RC* und *RT* gibt es natürlich Zwischenstufen, aber wir sprechen von Transformation nur dann, wenn der bewegliche Gegenstand auch die Form und nicht nur die Lage verändert.

Was die Verschiedenheiten der reproduzierenden Bilder hinsichtlich der Interiorisationsdimension anbelangt, so stehen wir vor einem doppelten Problem, einem methodischen und einem der theoretischen Interpretation. Von der Methode her gesehen weiß man ganz genau, wie schwierig es ist, das innere Bild als solches zu erfassen, wobei uns nur vier Verfahren gangbar erscheinen: eine verbale Beschreibung der Versuchsperson nach ihrer Selbstbeobachtung; eine Zeichnung, die von der Versuchsperson hergestellt wird; die Auswahl derjenigen Zeichnung durch die Versuchsperson, die unter mehreren vom Versuchsleiter im voraus vorbereiteten Modellen am meisten ihrer Vorstellung entspricht; oder gestische Reproduktion durch die Versuchsperson. Da die verbale Methode bei Kindern nur in Verbindung mit den drei anderen angewandt werden kann, sind sie es, die uns hier vor allem beschäftigen werden. Nun werfen alle drei ein Problem für die praktische Interpretation auf, da sie das geistige Bild nur indirekt erfassen, aber auch ein Problem für die theoretische Interpretation, da sie sich ihrerseits direkt auf die Verschie-

denartigkeit der (graphischen oder gestischen und nicht oder nicht ausschließlich inneren) Bilder beziehen, deren Beziehungen zu dem inneren Bild nun klargestellt werden müssen.
In der Interpretation, nach der das innere Bild nur ein Produkt der Wahrnehmung ist, haben die von der Testperson verlangte Zeichnung oder Geste keine Verwandtschaft mit diesem Bild und stellen nur dessen mehr oder weniger adäquate symbolische Übersetzung dar. Doch unserer Ansicht nach, der zufolge das innere Bild eine aktive und interiorisierte Nachahmung ist, besteht eine mehr oder weniger enge Verwandtschaft zwischen dem inneren Bild, das allein interiorisiert ist, der Nachahmungsgeste, die auch Reproduktion, also Bild ist, aber nicht interiorisiert, und dem graphischen Bild, das wiederum Bild ist, aber ebensowenig interiorisiert, und sich darin von der einfachen Nachahmung unterscheidet, daß es sich vom Körper durch eine Konkretisation löst, die eine besondere Technik voraussetzt (motorische Faktoren des Bleistiftstrichs), ohne übrigens deswegen ihren Charakter als Nachahmungsbild zu verlieren. Daraus ergibt sich, daß man, wenn man die Versuchspersonen auffordert, ihr inneres Bild *R* durch eine Geste oder eine Zeichnung (*G* oder *Z*) zu übersetzen, im Grunde von ihnen verlangt, ein Bild *R* durch andere Bilder *RG* oder *RZ* auszudrücken, die mit dem ersten verwandt sind und bestimmte motorische Faktoren *m* enthalten, die schon bei *R* ins Spiel kamen, die aber, wenn sie in *RG* oder in *RZ* noch deutlicher werden, auf *R* zurückwirken oder es auch verbessern können, und zwar, indem sie den gestalterischen Mechanismus, der in *R* am Werk war, verlängern. Wenn so gesehen die Zeichnung *RZ* komplizierter ist als das innere Bild *R* und infolgedessen u. U. auf einer niedrigeren Stufe bleiben kann, ist dagegen die Gebärde *RG* zweifellos einfacher als das geistige Bild *R* selbst und stellt eine Art Rückkehr zu seinen Ursprüngen dar.

Man sieht also, warum es notwendig ist, die reproduzierenden Bilder *R* nicht nur nach ihrem Inhalt (dem statischen, kinetischen oder Transformationsinhalt) zu klassifizieren, sondern auch nach ihrer Interiorisationsstufe, die einerseits von dem mehr oder weniger unmittelbaren (I) oder verschobenen (II) Charakter des reproduzierenden Verhaltens (*R*, *RG* oder *RZ*) abhängt, und andererseits von der Interiorisation der Bewegungen, die sie voraussetzt: einer Interiorisation wie beim inneren Bild selbst (*R*), die beim Bild der Imitationsgebärde (*RG*) gleich Null, aber auch mit einem geistigen Bild verbunden sein kann; und einer Interiorisation, wie sie notwendigerweise in der Zeichnung wirksam ist, denn diese besteht darin, ein zunächst interiorisiertes geistiges Bild wieder zu exteriorisieren; tatsächlich ist selbst in der unmittelbaren graphischen Kopie (I) eines äußeren Modells auf verschiedenen Stufen das wirksam, was Luquet ein »internes Modell« genannt hat.
Wenn wir also in jedem dieser Fälle unterscheiden zwischen

dem, was wir unmittelbar (*RI*) und dem, was wir verschoben reproduzierende Bilder nennen (*R* II, *RG* II, *RZ* II), wobei diese als »Konsekutivbilder« (*de consécution*) (unmittelbar nach dem Verschwinden des Modells) oder als in größeren zeitlichen Abständen verschobene Bilder bezeichnet werden können, dann taucht das weiter oben aufgeworfene Problem wieder auf, das die Unterscheidung zwischen reproduzierenden Bildern *R* und antizipatorischen Bildern *A* betraf, sowie das schon sich abzeichnende Vorhandensein einer Antizipation durch Ausführung, die von der Antizipation durch Evokation verschieden ist. Man versteht in der Tat gut, was unmittelbare gestische oder graphische Abbilder oder Reproduktionen sind (*RG* I oder *RZ* I), nämlich die Reproduktion eines Modells, das im Blickfeld der Versuchsperson bleibt; dieses wendet sich offensichtlich nur an die Wahrnehmung und nicht auch noch an die Vorstellung/Erinnerung (*évocation*). Ist es also nicht irreführend, von einem unmittelbaren inneren Bild (*RI*) zu sprechen, da es doch die Evokation eines Modells in seiner Wahrnehmungs-Abwesenheit ist? Aber wenn bei jedem gestischen oder graphischen (*RG* I und *RZ* I) oder nur graphischen Abbild ein Faktor der Antizipation durch Ausführung auftritt und wenn das Bild wirklich aus einer Interiorisation der Nachahmungsgesten hervorgeht, dann ist dieser Plan der Antizipation durch Ausführung nichts anderes als ein solches unmittelbares inneres Bild *RI*, eine begriffliche Feststellung, die wir bei dieser Klassifikation festhalten wollen, zu der wir jedoch sofort zwei wesentliche Spezifikationen einführen müssen: erstens gibt es das Bild niemals in reiner Form, vielmehr ist es immer in eine gestische Reproduktion (*RG* I oder II) oder in eine graphische Reproduktion (*RZ* I oder II) integriert; und zweitens handelt es sich nicht um ein Bild im eigentlichen Sinn, sondern um das, was wir ein »Vor-Bild« (*pré-image*) nennen, weil es zum einen nicht isolierbar und zum anderen vor der Interiorisation da ist. Doch seine Untersuchung ist deswegen nicht weniger unerläßlich (siehe Kap. II), denn gerade sein Vorhandensein rechtfertigt unseres Erachtens am besten die Hypothese, nach der das innere Bild nicht eine einfache Verlängerung der Wahrnehmung darstellt, sondern ein wesentliches Element aktiver und interiorisierbarer Nachahmung enthält.

Was die *antizipatorischen* Bilder *A* anbelangt, so unterscheiden wir nicht statische und kinetische antizipatorische Bilder, sondern nur *kinetische* (*AK*) und *Transformations*bilder. Der Grund dafür ist, daß ein Kind, das eine statische Situation, die es nicht kennt, durch ein Bild antizipieren will – zum Beispiel die horizontale Ankunftsposition eines Rohrs, das man in der Luft um 180° kippen läßt, wobei die Stellung des roten und des blauen Endes gegenüber der Ausgangsposition vertauscht wird (das rote Ende befindet sich für das Kind vor dem Umkippen auf der rechten Seite und nach der Drehung auf der linken Seite) – die Bewegungen oder die Transformation, aus der diese Situation hervorgeht, berücksichtigen muß. Dagegen müssen wir unterscheiden, und diese Unterscheidung ist in genetischer Hinsicht sogar wesentlich, zwischen dem Transformationsbild (sei es antizipatorisch *AT* oder einfach reproduzierend *RT*), das sich nur auf das Resultat oder Produkt *P* der Transformation bezieht, also *RTP* oder *ATP*, und demjenigen Transformationsbild, das sich auf die Modifikation *M* selbst und nicht nur auf sein Ergebnis, sei es nun *RTM* oder *ATM*, bezieht.[17] Obwohl das Kind diese Transformation als solche (*M*) zwar berücksichtigen muß, um sein Resultat antizipieren zu können (*ATP*), schließt das jedoch nicht ein, daß es sich diese Transformation *M* im Detail vorstellen kann: das Bild *ATP* kann also auf höherer Stufe liegen als das Bild *ATM*, ohne daß man im ersten Fall von einer Antizipation statischer Situationen sprechen kann (obwohl das Kind gerade die Tendenz hat, zu Unrecht seinen ersten Transformationsbildern und sogar Bewegungsbildern (*AK*) statische Eigenschaften zuzuschreiben, wobei zum Beispiel die Kontinuität usw. außer acht gelassen wird).

Es ist dagegen ohne Bedeutung, wenn man bei den antizipatorischen Bildern unmittelbare (I) oder verschobene (II) Varianten unterscheiden will, weil sie alle verschoben sind. Wir müssen uns andererseits daran erinnern, daß wir die kinetischen und die Transformationsbilder danach unterscheiden, daß sich die ersteren nur auf Veränderungen der Lage, die zweiten auf Veränderungen der Form beziehen. Die Unterscheidung ist nicht immer einfach, nicht einfacher übrigens als die der reproduzierenden Transformationsbilder (*RT*) von den antizipatorischen Bildern (*AT*), weil jedes Bild *RT* zweifellos einen antizipa-

17 Man kann auch die Varianten *AKP* bzw. *RKP* und *AKM* bzw. *RKM* unterscheiden, je nachdem, ob es sich um das Ergebnis einer Bewegung oder um die Bewegung selbst handelt.

torischen Ausführungsplan (*schème anticipateur d'exécution*) voraussetzt, der sich in diesem Fall schlecht von den Antizipationen durch Evokation trennen läßt.
Im Ganzen kommen wir zu folgendem Klassifikationsschema:

Bilder	Unmittelbare (I = Vor-Bilder) oder verschobene (II)	Bilder des Ergebnisses (*P*) oder der Modifikation (*M*)
– Reproduktorische (*R*):		
statische[18] (*RS*)	*RS* I oder *RS* II	*RKP* oder *RKM*
kinetische (*RK*)	*RK* I oder *RK* II	*RTP* oder *RTM*
Transformationsbilder (*RT*)	*RT* I oder *RT* II	
– Antizipatorische (*A*):		
kinetische (*AK*)		*AKP* oder *AKM*
Transformationsbilder (*AT*)		*ATP* oder *ATM*

Jede dieser Varianten kann selbst gestischer (Nachahmung), geistiger oder graphischer Natur sein.

§ 2. Problemstellung

Die Klassifikation soll uns bei der Untersuchung der Fakten leiten und uns helfen, die Probleme zu stellen, die wir in unserer Analyse diskutieren müssen. Wir wollen also versuchen, die allgemeinen Fragen herauszuarbeiten, die wir bei fast allen Gruppen von Fakten wiederfinden werden.
1. Das erste Problem, das sich natürlich immer wieder stellen wird, ist das der Reihenfolge der inneren Bilder. Bei jedem einzelnen Versuch wird es einfach sein, Reaktionsebenen fest-

18 Es ist daran zu erinnern, daß es die statischen Reproduktionsbilder sind, die sich auf die unbeweglichen Konfigurationen beziehen. In der Folge aber werden wir oft vom statischen Charakter der Bilder der präoperatorischen Stufe (vor 7–8 Jahren) sprechen, und zwar in den Situationen, in denen von dem Kind verlangt wird, kinetische oder Transformationsbilder zu reproduzieren oder zu bilden, und in denen es scheitert, weil es eine statische Stufe nicht überschreiten kann. In dieser zweiten Bedeutung bezieht sich der Begriff des Statischen also auf eine Ebene oder auf eine allgemeine Eigenschaft, und nicht mehr auf eine besondere Bildkategorie. Aber abgesehen davon, daß der Kontext den möglichen Doppelsinn immer wird auflösen können, scheint uns dieser gar nicht störend, denn auf der präoperatorischen Stufe gelangt das Kind im allgemeinen nur dahin, reproduktorische Bilder zu bilden, und scheitert bei den Kategorien *RK, RT, AK* und *AT*, es sei denn, es gelänge ihm, sich mit Hilfe statischer Symbolisierungen einen Ausweg zu schaffen.

zustellen, und diese werden sich in relativ differenzierter Form darstellen. Selbstverständlich mehr als bei den primären Wahrnehmungswirkungen (*effets perceptifs primaires*), wo man nichts dergleichen beobachtet, und mehr noch als bei den verschiedenen Wahrnehmungstätigkeiten. Aber kann man aus diesen einzelnen Ebenen mit Hilfe fortschreitender Vergleiche auf das Vorhandensein allgemeinerer Stadien des Bildes schließen, die allen Kriterien der Stadien gehorchen, so wie sie auf dem Gebiet der Entwicklung der Operationen nachgewiesen werden können?[19] Dieses wird das Problem sein. Bilden sich zum Beispiel die antizipatorischen Bilder *A* immer später als die Bilder der einfachen Reproduktion *R*? Und wenn das der Fall ist, kann man dann eine konstante Verschiebung (*décalage*) zwischen den Transformationsbildern *AT* und den kinetischen Antizipationen *AK* finden? Und tritt diese Verschiebung schon auf der Ebene der reproduzierenden Bilder (zwischen *RK* und *RT*) in Erscheinung? Kann man desgleichen hoffen, auf eine mehr oder weniger regelmäßige Reihenfolge des Auftretens bei den statischen (*RS*) und den kinetischen Bildern (*RK*) zu stoßen? Alles Fragen, die innerhalb eines jeden Faktenzusammenhangs und insbesondere beim Übergang von einem Komplex zum anderen mit Sorgfalt geprüft werden müssen.

2. Ein zentrales Problem, dessen Lösung zweifellos dazu geeignet ist, einen Ariadnefaden für die Untersuchung beinahe aller folgenden Probleme zu liefern (einbegriffen die der Natur und der symbolischen Rolle des Bildes), wird anschließend das Problem des autonomen oder nicht-autonomen Charakters dieser Entwicklung der Bilder sein. Als Beispiel: Wir kennen einen Fall von autonomer Entwicklung, und zwar den der Operationsstrukturen (*structures opératoires*): obwohl ihr Inhalt durch die Wahrnehmung etc. beeinflußt werden kann, leiten sich die Operationsstrukturen voneinander tatsächlich durch zunehmende Differenzierungen und Kombinationen ab, wobei sich die vorhergehenden den folgenden integrieren und diese in neue Konstruktionen übergehen. Als Beispiel einer nicht-autonomen Entwicklung kennen wir die Entwicklung der Wahrnehmungsstrukturen, deren Fort-

19 Vgl. Piaget – Inhelder, »Les opérations intellectuelles et leur développement« bei Fraisse, und Piaget, *Traité de psychologie expérimentale*, Kap. XXIV

schritte dadurch gekennzeichnet sind, daß Elemente, die aus der Aktion in ihrer Gesamtheit kommen, von außen hinzutreten, sowie durch rückwirkenden Einfluß von Intelligenz, usw. Im Fall der Bilder wird es darauf ankommen, zu entscheiden, ob die Antizipationsbilder aus einer wachsenden Ausdehnung und Artikulation der Reproduktionsbilder hervorgehen (vorausgesetzt, daß sich ihre Ausbildung nacheinander und in einer konstanten Reihenfolge vollzieht), oder ob sie Mitwirkung von Faktoren voraussetzen, die dem Bild äußerlich sind, sowie eine Beteiligung von Operationsmechanismen von Fall zu Fall. Diese Frage wird sich oft schon anläßlich der kinetischen Bilder (*RK*) stellen, denn wir werden viele Situationen sehen, in denen es nicht genügt, eine Bewegung wahrzunehmen, um sie auch reproduzieren zu können.

Man erkennt damit die Bedeutung dieser Frage nach der Autonomie der Bildentwicklung in Hinblick auf das Problem ihrer Genese. Wenn das Bild nur eine Verlängerung der Wahrnehmung ist, müßte sich jede neue Wahrnehmung (unabhängig von den ihr eigenen Faktoren des Erwerbs) in einem Bild ausdrücken können. Wenn das Bild dagegen eine interiorisierte Nachahmung ist, ahmt die Versuchsperson gewöhnlich nur das nach, was sie versteht, oder das, was sie im Begriff ist zu verstehen; auf diese Weise wäre die Nachahmung dem Funktionieren der Intelligenz untergeordnet. So scheint die Entwicklung der Nachahmung ein Modell nicht-autonomer Entwicklung zu sein, nicht nur insofern, als sie von der Intelligenz insgesamt abhängt, deren Akkomodationspol sie darstellt, sondern auch, als nun jedes neue Verhalten Gelegenheit zu neuen Nachahmungstypen geben kann, die sich nicht ohne weiteres von den vorhergehenden Typen ableiten, selbst wenn es zwischen den nachgeahmten Verhaltensweisen eine Filiation gäbe. Das Problem stellt sich analog für die Bilder.

3. Das dritte Problem, das zu untersuchen ist, ist das der Beziehungen zwischen dem sinnlichen oder scheinbar sinnlichen Aspekt des Bildes (einer Art inneren, aber weniger »realen« Bildes, in seinen sinnlichen Eigenschaften einem Wahrnehmungsbild [*tableau perceptif*] analog) und seiner motorischen oder gegebenenfalls Haltungsseite (*aspect postural*) als Entwurf einer motorischen Reproduktion. Ohne daß wir zu den Stadien des Übergangs zwischen der senso-motorischen

Periode und den Anfängen der Vorstellung zurückkehren wollen – denn unser gegenwärtiges Untersuchungsfeld erstreckt sich nur auf die Zeit zwischen 3–4 und 11–12 Jahren –, bedeutet dieses Problem, daß für jede Gruppe von untersuchten Bildern die Beziehungen zwischen ihren Gesetzen und denen der entsprechenden Wahrnehmungen festgestellt und – im Falle einer Diskrepanz – die möglichen Nachahmungseigenschaften des Bildes ermittelt werden müssen. Das ist kein einfaches Problem, denn während primäre Wahrnehmungen als Feldeffekte (*effets de champ*) unabhängig von jeder Motorik bleiben, wenn man sie in einem gegebenen Entwicklungsstand synchron betrachtet (was nicht bedeutet, daß die Motorik in genetischer Hinsicht keine Bedeutung für die Entwicklungsstufen gehabt hätte), gehen Wahrnehmungsaktivität und insbesondere Einzeluntersuchung (*exploration*) mit Bewegungen des Blickes einher; solche Bewegungen finden sich in den visuellen Bildern wieder (Morel-Schifferli, Dement-Aserinsky, usw.).
Aber es ist klar, daß bei den Bewegungen eines Blickes, der mehr oder weniger genau den Konturen einer Gestalt folgt, schon eine Nachahmungshaltung mitwirkt, wenn man Nachahmung als Verlängerung der Akkomodationen an das Objekt definiert, wie sie bei jeder Adaptation mitwirken. Wenn das Bild dagegen versucht, die Wahrnehmung abzubilden (oder zu imitieren) – was nicht heißt: aus ihr durch einfache Verlängerung herleitbar zu sein (wie es der klassische Assoziationismus annahm) –, so werden seine Evokationsbewegungen die Untersuchungsbewegungen der Wahrnehmung reproduzieren, doch nicht auf der primären Stufe der Feldwirkungen, sondern auf der sekundären der senso-motorischen Tätigkeiten, die sie leiten. Das Problem der Beziehungen zwischen Bild, Wahrnehmung und Nachahmung ist also viel komplexer, als es im Augenblick scheinen könnte, und wir müssen es deswegen bei jedem Komplex von Daten immer wieder von neuem in dieser differenzierteren Fassung stellen.
4. Ebensowenig wird die Frage nach der symbolischen oder realistischen Natur der Bilder ohne weiteres durch die in unserer Einführung genannten Überlegungen erledigt, denn die Lage stellt sich auf den operatorischen und den vor-operatorischen Ebenen in ganz verschiedener Weise dar. Wenn die

Operationen ausreichend ausgebildet sind, um ein Transformationssystem zu beherrschen, dann bleibt das Bild inadäquat und infolgedessen symbolisch, wenn es versucht, diese Transformationen zu evozieren: Es erreicht weder ihre Kontinuität noch ihre Dynamik und entspricht ziemlich genau dem »kinematographischen Vorgang«, den Bergson als konstitutiv für die Intelligenz ansah, da es sich darauf beschränkt, den Inhalt durch eine Folge unzusammenhängender Momentaufnahmen und die Transformationsenergie durch die Evokation einiger besonderer Zustände zu symbolisieren. Es empfiehlt sich also, die Natur der reproduzierenden (*RT*) und insbesondere der antizipatorischen (*AT*) »Transformationsbilder« genauestens zu untersuchen, um diese Interpretation, mag sie auch noch so plausibel erscheinen, zu verifizieren oder aber zu falsifizieren. Wenn es außerdem ziemlich evident ist, daß das Bild einer Zahl oder einer Klasse nur symbolisch sein kann, müssen wir uns fragen, ob die räumlichen Bilder nicht im Vergleich zu den geometrischen Operationen (siehe weiter unten unter 7) besondere Vorteile genießen, und in welchem Sinn sie dann symbolisch bleiben; wobei dieser Sinn in diesen verschiedenen Fällen verschieden sein oder derselbe bleiben kann.
Wenn man indes von den Ebenen der Operation zu dem voroperatorischen Denken zurückgeht, ändert sich die Situation aus der Sicht der Versuchsperson wie aus der Sicht des Beobachters in beachtlichem Maße. Die Versuchsperson, die noch keine Operationen zu ihrer Verfügung hat, denkt entweder in Begriffen von Gestalten oder Zuständen, im Gegensatz zu den Transformationen, oder in Begriffen der Assimilation mit den eigenen Handlungen. In beiden Fällen also ist die Bedeutung der bildhaften Repräsentation groß und insofern irreführend, als sie der Rolle der Operationen noch nicht untergeordnet ist (daher die Nicht-Erhaltungen usw.). Aber rühren die den Bildern dieser Stufe eigenen Illusionen daher, daß die Bilder unvollständig sind (zum Beispiel des Fehlens ausreichenden scheinbar sinnlichen Rückflusses wegen), oder daher, daß sie sich regelwidrig verhalten (des Fehlens ausreichender Stützung operatorischer oder einfach motorischer Art wegen)? Muß man darüber hinaus sagen, daß, wenn das Denken der Versuchspersonen dieser Stufe aus der Sicht des Beobachters noch nicht operatorisch und das Bild noch nicht symbolisch

ist, weil es einen Gedanken ausdrückt, dessen Inhalt (das Signifikat oder Symbolisierte) selbst vorgestellt wird, oder muß man in diesen präoperatorischen Strukturen ein Denken sehen, das von seinem bildhaften Symbolisanten kaum geschieden ist (einem Symbolisanten, dessen Rolle um so wichtiger ist, als die Sprache auf dieser Stufe ein teilweise inadäquates Instrument bleibt)?

5. Das führt zu dem Problem der allgemeinen Beziehungen zwischen Bild und Denken. Das Denken als Repräsentation oder Evokation, d. h. im allgemeinen als System von Bedeutungen, die unabhängig von der gegenwärtigen Wahrnehmung manipulierbar sind, braucht Signifikanten, und es ist die Sprache, die im wesentlichen diese Rolle übernimmt. Aber reicht sie für alles aus? Da die Sprache kollektiv und infolgedessen relativ konventionell und abstrakt ist, drückt sie nur das Mittelbare aus. Trotz der Individualisierung des Wortes, das in Stil und Eigenart bei jedem verschieden ist, kann das Denken des Individuums einen eigenen Symbolismus benötigen, um seine nicht direkt ausdrückbaren, aber für die Konkretisierung und die Untersuchung unentbehrlichen individuellen Interpretationen darzulegen. Zwischen der primären Wahrnehmung mit ihren hinsichtlich der aktuellen Objekte unbegrenzten Differenzierungen und den verbal ausgedrückten Begriffen gibt es ein System von Zwischenstufen, das aus Wahrnehmungsplänen besteht (die »empirischen Gestalten« von E. Brunswik, die »zeitlichen Schemata« von J. Bruner, usw.). Ist es nicht ebenso notwendig, ein System individueller Zwischenstufen zwischen der von jedem erlebten und insbesondere wahrgenommenen Repräsentation und denselben allgemeinen Begriffen zu gebrauchen? Und wird dieses System nicht gerade durch die Bilder hergestellt, die es erlauben, die nicht aktuellen Wahrnehmungssituationen zumindest in ihrem Schematismus zu evozieren?

Das ist das allgemeine Problem, und man sieht, daß zwischen der alten und überwundenen These vom Bild als Element des Denkens und der These von einem Bild, das als gelegentlicher Hilfssymbolismus dient, Raum ist für eine Interpretation, die diesem Symbolismus wieder eine wichtigere Rolle zuweist, ohne deswegen Bild und Denken zu vermischen. Diese dritte These nun würde das genetische Interesse besitzen, eine Ableitungsverbindung herzustellen zwischen diesem Aspekt des erwachsenen Denkens, das individuell, bildhaft und zum Teil inkommunikabel bleibt, und dem präoperatorischen Denken des Kindes, das einer von uns früher als Egozentrizität beschrieben hat. Vygotsky hat in der egozentrischen Sprache, wie wir sie beim Kind beschrieben, den Ausgangspunkt der inneren Sprache gesehen. Könnte nicht ebenso die bildhafte und intuitive Repräsentation, die die Operation auf den Stufen ersetzt, auf denen sie noch nicht ausgebildet war, als Ausgangspunkt des individuellen und bildhaften Symbolismus betrachtet werden, dessen jeder Erwachsene bedarf, um das abstrakte Denken, das an verbale Zeichen und an die Zeichen der mathematischen Sprache gebunden ist, zu konkretisieren? Dieser individuelle Symbolismus bleibt insbesondere bei den Mathematikern lebendig, die wie alle Schöpfer ständig auf ihre Einbildungskraft (*imagination*) zurückgreifen, von der her sie als Analytiker ebenso wie als Geometer denken; denn die Abstraktionen werden am besten von Denkern beherrscht, denen es gelingt, sie in Beispielen oder konkreten Schemata, die als symbolische Sprungbretter dienen, lebendig werden zu lassen, ohne damit Begrenzungen zu schaffen. Das soll natürlich nicht heißen, daß das präoperatorische bildhafte Denken nicht, wie die Anfangssprache des Kindes, an seine eigenen Perspektiven gebunden bleibt, und es ist zu untersuchen, ob nicht eine systematische Dezentrierung auf der Ebene der Bilder wie auf der der anderen Manifestationen des Denkens notwendig ist, damit der bildhafte Symbolismus zu einer Hilfsfunktion der Abstraktion oder der Konkretisierung werden und sich von den Illusionen des Anfangs befreien kann, die zu den Repräsentationszentrierungen gehören.

6. Aber dieses Problem der Beziehungen zwischen dem Bild und dem Funktionieren des Denkens ist nur ein besonderer Fall eines allgemeineren Problems, dessen strukturelle Aspekte die folgenden sind. Das symbolische Adjuvans, das das Bild darstellt, besteht nicht nur darin, die Repräsentation konkreter Beispiele zu begünstigen, indem es jeden Begriff, der ohne es abstrakt bleiben würde, mit einer Figuration verdoppelt, die ihm einen »exemplarischen Charakter« (*exemplarité*) verleiht. Vergleicht man das Spiel der Bilder mit dem der Operationen, was wir immer wieder tun werden, dann kann

man sich fragen, ob die Rolle der ersteren nicht noch bedeutender und nicht für die Repräsentation der »Zustände« (*états*) notwendig ist, während die zweiten die Transformationen betreffen.

Wir berühren hier eine sehr weite Bedeutungsdichotomie innerhalb der kognitiven Funktionen. Man kann unter diesen zwei Kategorien unterscheiden, die übrigens nicht zwei Typen von »Vermögen« (*faculté*), sondern zwei mehr oder weniger differenzierte oder polarisierte Aspekte der Erkenntnis bilden: den figurativen und den operativen Aspekt. Der erste neigt dazu, die figuralen Züge der Realität zu erfassen, d. h. die Konfigurationen als solche, und man kann an ihn anschließen:

a) die Wahrnehmung, die ausschließlich in Gegenwart des Objekts und durch Vermittlung eines sensorischen Feldes funktioniert;

b) die Nachahmung im weiteren Sinn (gestisch, stimmlich, graphisch, usw.), die in Gegenwart oder in Abwesenheit des Objekts, aber durch tatsächliche oder sichtbare motorische Reproduktion funktioniert; und

c) das innere Bild, das nur in Abwesenheit des Objekts funktioniert. Der operative Aspekt charakterisiert dagegen die Formen der kognitiven Erfahrung oder der Deduktion, die darin besteht, das Objekt so zu modifizieren, daß sie die Transformationen als solche erreicht. Das sind a) die sensomotorischen Handlungen (außer der Nachahmung), die einzigen Instrumente der senso-motorischen Intelligenz, die vor der Sprache ausgebildet werden; b) die interiorisierten Handlungen, die die vorhergehenden von einer noch präoperatorischen Stufe her verlängern; c) die eigentlichen Operationen der repräsentativen Intelligenz oder interiorisierten umkehrbaren Handlungen, die sich in Gesamtstrukturen oder in Transformationssystemen organisieren.

Nun betreffen die figurativen Aspekte der Erkenntnis vor allem »Zustände« der Realität, obwohl man Transformationen wahrnehmen, nachahmen oder sich vorstellen kann, indem man ihnen eine direkte figurale Bewegungs*gestalt* oder einen symbolischen Charakter (Transformationsbilder) zuspricht. Die operativen Aspekte betreffen ihrerseits insbesondere die Transformationen, obwohl man einen Zustand operatorisch als Ergebnis voraufgegangener Transformationen, als Ausgangspunkt späterer Transformationen oder als Situation von keinen oder kompensierten Transformationen beschreiben kann.

Das Problem besteht also darin festzustellen, ob die Transformationsbilder (*RT* oder *AT*) adäquat sind, und man muß sich das sogar dann fragen, wenn sie niemals autonom, sondern durch die Operationen gelenkt wären; und andererseits ist festzustellen, ob sich die operatorischen Begriffe der Zustände unabhängig von jeder symbolischen Figuration bilden können. Anders gesagt, das zentrale Problem besteht darin zu untersuchen, ob sich das Denken von präoperatorischen Stufen an, auf denen das Denken die Transformationen noch nicht kennt und auf denen, wie wir sehen werden, der Bildvorrat zu begrenzt und zu statisch bleibt, um zur bildlichen Darstellung (*figures*) selbst der geläufigsten Bewegungen und Veränderungen gelangen zu können, zu einer immer engeren Zusammenarbeit der figurativen und operativen Aspekte hin entwickelt, die ausgerichtet ist auf die Koordination der Zustände und Transformationen, oder ob im Gegenteil nach der Anfangsphase, in der die Konfiguration und die bildhafte Repräsentation vorherrschen, die Fortschritte der Operativität eine graduelle Trennung von den figurativen Aspekten bedeuten.

7. Dieses Problem der wachsenden Zusammenarbeit oder Diskrepanz zwischen dem Bild und dem Denken, und in allgemeinerer Weise zwischen dem Figurativen und dem Operativen, kann in besonders instruktiver Weise auf dem Gebiet der räumlichen Bilder untersucht werden, die dem entsprechen, was die Mathematiker geometrische Intuition nennen. Hierbei sei bemerkt, wie nützlich es sein kann, wenn es möglich ist, die Entwicklungsprobleme auf den Gebieten zu untersuchen, auf denen wir aus zwei Arten sich ergänzender Informationen Nutzen ziehen können, von denen die einen aus der genetischen Psychologie und die anderen aus der Wissenschaftsgeschichte und der historisch-kritischen Analyse gewonnen sind, denn in diesem Fall wird die Untersuchung der genetischen Anfangsstadien durch die Zusammenschau (*tableau*) der höheren Ebenen des Denkens erhellt, selbst wenn sie nichts Endgültiges haben; umgekehrt kann die Un-

tersuchung der Genese nützliche Angaben für die Deutung dieser augenblicklichen Endstadien liefern. So gesehen führt die psychologische Untersuchung der neuen Entwicklungen der Wissenschaften zu zwei recht verschiedenen Arten von Ergebnissen hinsichtlich der Beziehungen zwischen der bildhaften Repräsentation und den operatorischen Transformationssystemen.

Eines dieser Ergebnisse, das übrigens noch relativ ungenau ist, wird von der Entwicklung der Mikrophysik geliefert. Man weiß ja, daß auf der Ebene der Atomphysik die grundlegendsten Intuitionen hinsichtlich Raum, Zeit, Kausalität, Permanenz des Objekts, usw. dieser Skala der unteren Grenzen unserer Einwirkung auf die Realität überlassen werden mußten. Daraus entstand eine Krise der bildhaften Vorstellung, und G. Juvet konnte im Jahre 1933 schreiben,[20] es sei unmöglich, »Physik mit der Einbildungskraft (*imagination*) zu machen«, was heißen soll, daß die neuen Transformationssysteme infolge ihrer Komplexität nicht mehr bildlich darstellbar sind. Seitdem pendelt das Denken der Physiker über die inneratomaren Vorgänge ständig hin und her zwischen Ablehnung der bildhaften Repräsentation und Rückkehr zu den Versuchen figurativer Beschreibung; L. de Broglie hat sich schließlich in dem Kapitel über die Rolle der Repräsentation in der Mikrophysik, das er freundlicherweise für einen von uns herausgegebenen Sammelband zur Epistemologie[21] geschrieben hat, zu einer solchen Rückkehr bekannt, ohne daß das natürlich die Notwendigkeit einer beträchtlichen Diversifikation der Repräsentationsschemata gegenüber denjenigen ausschließt, die in der Makrophysik gebräuchlich sind. Das andere instruktive Beispiel ist das der Entwicklung der Geometrie. Die Geometrie kann zunächst als Modell einer rein figurativen Disziplin erscheinen, weil sie die Wissenschaft der Figuren des Raumes ist, und man könnte versucht sein, darin ein entscheidendes Gegenbeispiel zu unserer Behauptung zu sehen, die Transformationssysteme hätten einen zunehmenden Primat in der Entwicklung des Denkens erlangt. So jedenfalls hat man sie noch im 19. Jahrhundert dargestellt; man hat damals aus ihr einen Zweig der »angewandten« Mathematik gemacht (im Gegensatz zur Zahlentheorie, der Algebra und der Analysis, die als die einzigen Bestandteile der »reinen« Mathematik galten), und zwar deswegen, weil sie auf »Intuition« und nicht ausschließlich auf Deduktion gegründet sei, eine Intuition, von der man annahm, sie sei direkt aus der Wahrnehmung hervorgegangen. Aber seitdem haben sich »die« Geometrien vervielfältigt, und die Transformationsgruppen sind auf die verschiedenen Varianten des Raumes angewandt worden, mit dem Ergebnis, daß F. Klein in seinem »Erlanger Programm« jede Geometrie als abhängig von einer »fundamentalen Gruppe von Transformationen« verstehen konnte; die verschiedenen Geometrien leiten sich danach eine von der anderen ab und jede bildet eine »Unter-Gruppe« der vorhergehenden in einem Stammbaum, der aus der Topologie hervorgegangen ist. In einer solchen Situation wird die Geometrie wie die anderen exakten Wissen-

20 *La structure des nouvelles théories physiques,* Alcan, 1933
21 *Logique et connaissance scientifique* (Encyclopédie de la Pléiade)

schaften zu einer Transformationswissenschaft, und so bedeutend auch der Anteil des Figurativen sein mag, er ist damit nichtsdestoweniger den operatorischen Gesichtspunkten untergeordnet. Nun bewahrt die geometrische Intuition, von der Rolle der Bilder her gesehen, nichtsdestoweniger ihre heuristische Funktion, obgleich sie ihren Beweischarakter verliert, und, was besonders für die Psychologie der bildhaften Vorstellung interessant ist, sie hat sich ohne direkten Kontakt mit der Erfahrung beträchtlich differenziert, so sehr, daß sie erlaubt, durch eine Art verallgemeinernden Lernens die nicht-euklidischen Strukturen, die Windungen, die »spins«, die Strukturen mit Dimensionen, usw. ebenso wie die räumlichen Strukturen, die den physikalischen Objekten in unserem Maßstab entsprechen, mittels Intuition zu erfassen.

Es wird also unser Grundproblem sein, die Rolle der Bilder am Beginn der räumlichen Intuiton, und insbesondere ihr Wesen, zu untersuchen. Sind sie immer direkt nach der Wahrnehmung gebildet (*calqué*), oder unterscheiden sie sich von ihr von ihren bescheidensten elementaren Formen an? Und vor allem, entwickeln sie sich autonom, oder werden sie mehr und mehr von den Operationen gelenkt? Allgemein gesprochen: warum scheint die Übereinstimmung zwischen dem Bild und der Operation gleichzeitig enger und fruchtbarer auf dem Gebiet des Raumes als auf anderen Gebieten zu sein? Es gibt da eine Reihe von Fragen, die zugleich der geometrischen Intuition eigentümlich und doch für die Gesamtheit des Problems der geistigen Bilder sehr aufschlußreich sind.

Kapitel II
Versuche an den elementaren statischen und kinetischen reproduzierenden Bildern
»Vor-Bilder« und Anfänge der Reproduktion

Beim Klassifizieren der Bilder haben wir vom Stadium des gestischen und insbesondere graphischen Abbildens einer sehr einfachen Gestalt (einer Geraden, usw.) an die Möglichkeit der Mitwirkung gewisser Arten von antizipatorischen Ausführungsplänen bemerkt, die sich zwischen die Wahrnehmung des Modells und die verlangte Reproduktion schieben. Wenn das wirklich der Fall ist, würden solche Ausführungsantizipationen theoretisch wichtig sein für die Lösung des ersten der Probleme, das wir zu untersuchen haben, und zwar für das Problem der Beziehungen zwischen dem inneren Bild und der Wahrnehmung.
Wir werden in diesem Kapitel nur statische (*RS* I) oder kinetische (*RK* I), aber unmittelbare Reproduktionsbilder betrachten, also Abbilder in Gegenwart des Objekts; wobei dessen Lage in einfacher Weise verändert werden kann, ohne daß sich dabei jedoch Verständnisschwierigkeiten hinsichtlich dieser Ortsveränderung ergeben. Das Problem besteht jetzt darin, das Bild des Objekts mit seiner Wahrnehmung zu vergleichen, wofür uns der antizipatorische Ausführungsplan nützliche Hinweise liefern kann, doch natürlich nur in dem Maße, wie es möglich ist, ihn je nach den Situationen unterschiedlich zu gestalten. Wenn nämlich das Ergebnis der Antizipation (das, wie man sehen wird, bei den jungen Versuchspersonen in einer allgemeinen Unterschätzung der Längen besteht) in allen Situationen dasselbe bliebe, könnte man darin nur eine an der Ausführung der Zeichnungen liegende motorische usw. Funktionshemmung (*inhibition*) sehen. Wenn es uns aber gelingt, das Resultat je nach den subjektiven Bedingungen der Vorstellung variieren zu lassen, wobei alles sonst objektiv gleich bleibt, dann können wir im Antizipationsplan eine Art von Vorbild suchen, das schon nachahmend, aber noch ohne quasi-sinnliche Elemente ist, und das infolgedessen das Bild ganz deutlich der Wahrnehmung gegenüberstellt.

Außerdem werden wir versuchen, in einigen der angenommenen Situationen bestimmte klassische Bedingungen vom Gesichtspunkt der Wahrnehmung her zu realisieren (Vertikale und Horizonte, geteilte Räume, usw.), um zu sehen, wem sie unter dem Gesichtspunkt der geistigen oder graphischen Bilder (oder auch der Nachahmung durch Anzeigen mit dem Finger) entsprechen.

§ 1. Reproduktion eines horizontalen Strichs in objektiv identischen Positionen, aber mit Veränderung der Vorstellung der voraufgegangenen Positionsveränderungen

Das folgende Experiment wurde unter der Leitung von B. Matalon an 110 Kindern im Alter von 5, 7 und 11 Jahren und an 60 Erwachsenen durchgeführt.

Man zeigt der Versuchsperson einen schwarzen starren Stab A von 20 cm Länge und 1,8 mm Dicke, und man legt ihn auf ein großes Blatt Papier senkrecht zur Sagittalachse (eine Position, die im folgenden »horizontal« genannt wird), aber in die linke Hälfte des Blattes. Danach fordert man sie dreimal auf, diesen Stab in derselben Position A' zu zeichnen, das heißt in der direkten Verlängerung des sichtbaren Stabes in A (der Modellstab bleibt also für die Wahrnehmung präsent), also in die rechte Mitte des Blattes, und ohne Zwischenraum zwischen den Positionen A und A'. Die drei Kopien entstehen jedoch 1. nach der Vorstellung einer Drehung, die zweite 2. nach der Vorstellung einer Parallelverschiebung und die dritte 3. ohne Vorstellung einer Ortsveränderung. Die Fragen werden wie folgt gestellt:

1. Man sagt der Versuchsperson, daß man den Modellstab drehen wird, und man zeigt eine tatsächliche Drehung von 180° bis zu der Position A', nach der man den Stab wieder nach A zurücklegt. Dann fordert man sie auf, diesen Stab A mit seiner genauen Länge, so wie er in A' liegen wird, zu zeichnen, läßt aber dabei den Stab in A;
2. Man fordert sie wieder auf, den Stab mit seiner exakten Länge, wie er in A' liegen wird, zu zeichnen, aber dieses Mal nach einer einfachen Parallelverschiebung, die man ebenfalls bis nach A' ausführt, um den Stab dann wieder nach A zurückzulegen;
3. Schließlich läßt man den Stab in A' mit seiner exakten Länge kopieren, aber läßt ihn dabei unbeweglich in A, ohne von Orts- oder Lageveränderung zu sprechen.

Um indes einen Lerneffekt zu vermeiden, sind die Versuchspersonen in sechs Gruppen aufgeteilt worden, deren Zeichnungen in den sechs möglichen Reihenfolgen angefertigt wurden (1, 2, 3; 1, 3, 2; usw.). Um andererseits die mögliche Rolle einer Nicht-Erhaltung (*nonconservation*) der Längen im Falle der Lageveränderung zu bestimmen, ist die (operatorische) Reaktion auf die Erhaltung bei Kindern von 5 Jahren am Schluß der Kopierversuche untersucht worden, und zwar einerseits anläßlich der Drehung und Parallelverschiebung der Fragen 1 und 2 (mit aufeinanderfolgenden Positionen des Stabes in A und in A'), und andererseits anläßlich zweier Stäbe, die zunächst kongruent und anschließend gegeneinander verschoben waren, wie in dem bekannten Experiment.[22]

Die Ergebnisse bestanden einerseits in einer allgemeinen Verkleinerung der Größe der Zeichnungen bei den Kleinen, wobei diese »Unterschätzung«, wie wir es nennen werden, mit dem Alter allmählich verschwindet; und andererseits in einer Verschiedenheit der Unterschätzungen je nach den Fragen 1, 2 und 3, wie wir es erhofften, wobei diese Verschiedenheit ebenfalls mit dem Alter verschwindet (siehe Tabelle 1).

Tabelle 1: Systematische Irrtümer auf den Zeichnungen, die die Länge eines Stabes von 20 cm nach Vorstellung einer Drehung, einer Parallelverschiebung oder durch einfache Kopie bildlich darstellen. (Durchschnittswerte in % von 20 cm; in Klammern Durchschnittslängen der Zeichnungen)

	1) Drehung	2) Verschiebung	3) Kopie
5 Jahre ($N = 30$):			
%	−20,5 (15,9 cm)	−19,0 (16,2 cm)	−13,5 (17,3 cm)
σ	2,8	2,2	1,7
7 Jahre ($N = 20$):			
%	−20,5 (15,9 cm)	−17,0 (16,6 cm)	−10,5 (17,9 cm)
σ	2,9	2,2	1,8
11 Jahre ($N = 60$):			
%	− 5,0 (19,0 cm)	− 4,5 (19,1 cm)	− 8,5 (18,3 cm)
σ	1,7	1,2	1,0
Erwachsene ($N = 60$):			
%	+ 3,5 (20,7 cm)	− 2,5 (19,5 cm)	+ 2,0 (20,4 cm)
σ	1,5	1,2	1,1

Man stellt also folgende Tatsachen fest:

a) Die jungen Versuchspersonen zeigen eine Unterschätzung bei allen Zeichnungen einschließlich der einfachen Kopie ohne Lageveränderungen (3);

22 Dieser übliche Versuch zur Erhaltung der Längen besteht darin, daß man dem Kind zwei Stäbe von 15 cm vorlegt, deren Gleichheit es mittels Kongruenz feststellen soll; dann schiebt man den einen um etwa 7–8 cm vor (wobei er zugleich nach oben verschoben wird, so daß 2–3 cm Abstand zwischen ihnen entsteht, der Parallelismus aber erhalten bleibt): dann fragt man, ob die Stäbe noch von gleicher Länge sind oder ob der eine größer ist als der andere.

b) Diese Unterschätzung verschwindet mit dem Alter in zunehmendem Maße;
c) Die Versuchspersonen von 5 Jahren fertigen nach Vorstellung einer Lageveränderung (1–2) kürzere Zeichnungen an (ohne nennenswerte Unterschiede zwischen der Drehung und der Parallelverschiebung: *t* von Student = 1,29 bedeutungslos). Die Zeichnungen sind bei der einfachen Kopie (3) weniger verkürzt (der Unterschied ist sehr bezeichnend: *t* 3,65 oder 3,14, zwischen den Zeichnungen 3 und 1 oder 3 und 2, wobei die Rechnung die Tatsache berücksichtigt, daß die Maße bei denselben Versuchspersonen genommen wurden);
d) Dieser Unterschied zwischen den Zeichnungen 1 oder 2 und den Zeichnungen 3 wird nach 7 Jahren kleiner und verschwindet mit 11 Jahren und beim Erwachsenen.
Um diese Tatsachen zu interpretieren, muß man zunächst prüfen, ob diese Unterschätzungen nach der Vorstellung einer Lageveränderung nicht etwa abhängen von präoperatorischen Nicht-Erhaltungen von Längen. Die Frage nach der Erhaltung ist also 32 Kindern im Alter von 5 Jahren im Zusammenhang mit den Verschiebungen I (Realisierung dessen, was unter 1 vorgestellt wird), II (Realisierung von 2) und III (Parallelverschiebung nach der bekannten Technik) gestellt worden. Siehe Tabelle 2:

Tabelle 2: Erhaltung der Längen (in +und in −) bei der Drehung (I), der Verschiebung in Richtung der Verlängerung (II) und Parallelverschiebung (III) in % bei 32 Testpersonen von 5 Jahren[23]

(I+) (II +) (III +)	(I+) (II +) (III −)
— 21	— 56
(I −) (II −) (III +)	(I −) (II −)(III −)
— 5	— 18

Die Erhaltung wird also in 77 % der Fälle bei den Fragen I und II angenommen, während sie in 74 % der Fälle für die Frage III verneint wird. Dieser Faktor ist es also nicht, der für

23 Die Symbole I + II + III + bedeuten Akzeptieren der Erhaltung bei den Fragen I, II und III. Die Symbole I + II + III − bedeuten Ablehnung der Erhaltung bei III und Akzeptieren bei I und II, usw.

die Unterschätzungen der Tabelle 1 bei den Fragen 1 und 2 verantwortlich ist.

Zwei Probleme bleiben bestehen: die Ursache der allgemeinen Unterschätzung der Längen bei den Zeichnungen und die Ursache der unterschiedlichen Reaktion auf die Fragen 1–2 bzw. die Frage 3.

Wir werden in § 2 das erste dieser Probleme mit allgemeineren Daten wieder aufnehmen. Zunächst wollen wir uns auf die Annahme beschränken, daß die Unterschätzung der Länge in der einfachen Kopie eines Strichs das Vorhandensein eines antizipatorischen Ausführungsplans voraussetzt, da sich die Irrtümer nicht zufällig in + und in − verteilen: bei dem Versuch, die Größe des zu ziehenden Strichs vorher abzuschätzen, der nötig ist, um das Modell zu reproduzieren, scheint es so, als ob sich die Kleinen vor allem darum bemühten, nicht dessen Grenzlinie zu überschreiten (wir werden in der Folge zahlreiche Beispiele für diese Art einer Tabuisierung der Grenze finden: Kap. III, usw.). Man könnte sich fragen, ob dieser Ausführungsplan dann nur die Zeichnung allein betrifft, also das graphische Bild und nicht das innere Bild. Aber außer der Tatsache, daß eine Überlegung zur Grenze es mit der Repräsentation im allgemeinen und nicht nur mit der Zeichnung zu tun hat, reichen die Ergebnisse der Tabelle 1 aus, zu zeigen, daß dieser Antizipationsplan mit dem Bild selbst verwandt ist, da er verändert wird, sobald eine Vorstellung (*imagination*) von einer voraufgegangenen Lageveränderung da ist, obwohl die Versuchsperson in den drei Situationen (Fragen 1–3) nur denselben unbeweglichen Stab, der direkt daneben in A liegt, in derselben Position A' abzeichnen soll. Kurz, der antizipatorische Ausführungsplan hat an dem Bild Anteil, sofern er eine motorische Skizze nachahmender Natur (Kopie) ist, aber da er nicht mit scheinbar sinnlichen Elementen verbunden ist, weil das Modell für die Wahrnehmung gegenwärtig ist und nicht in der Repräsentation evoziert ist, wollen wir in diesem Fall von »Vor-Bild« und nicht von innerem Bild im eigentlichen Sinn sprechen.

Es handelt sich zunächst einmal darum zu erklären (zweites Problem), aus welchen Gründen dieses Vorbild oder diese Ausführungsantizipation im Falle der Vorstellung voraufgegangener Verschiebungen zu einer stärkeren Unterschätzung als bei einer einfachen Kopie führt. Diese Verkürzung kann nicht von einem Glauben an die Nicht-Erhaltung herrühren, wie man an den Ergebnissen der Tabelle 2 hat sehen können. Aber diese Erhaltung bei Drehung oder Parallelverschiebung wird von beinahe allen Testpersonen nur nach sorgfältiger Untersuchung der Stäbe bestätigt (von denen der eine unbeweglich geblieben ist und der andere tatsächlich im Fall der Tabelle 2 im Gegensatz zu Tabelle 1 verschoben wird). Selbst die Testpersonen, die auf Gleichheit schließen, scheinen also von einem für die Erhaltung ungünstigen Vorurteil auszugehen und suchen oft Indizien für die Nicht-Erhaltung, bevor sie die Invarianz zugeben. Bei der Hypothese, nach der die allgemeine Verkürzung der Zeichnungen von einer die Grenzen betreffenden Hemmung abhängt, könnte diese durch das Zögern im Fall einer Vorstellung von Bewegung verstärkt worden sein, was eine Art von Vorsichtshaltung gegen den Irrtum darstellen würde (analog dem Verhalten, das man bei dem Erwachsenen im Falle der Konstanz der Tiefenwahrnehmung beobachtet, wo es sich darum handelt, sich gegen die Verkleinerung der scheinbaren Größe zu schützen). Aber könnte man nicht an einfachere Erklärungen denken?

Stellen wir zunächst fest, daß diese verstärkte Verkürzung der graphischen Bilder in den Fragen 1–2 nicht von Faktoren der Wahrnehmung abhängen kann, denn im Falle von sichtbaren Verschiebungen auf einer Ebene, auf die der Blick senkrecht auftrifft, haben wir aus der Entfernung eine Überschätzung und nicht Unterschätzung.[24] Mit Lambercier haben wir anläßlich dieser Beobachtungen an 5 Erwachsenen und 5 Kindern im Alter zwischen 5 und 7 Jahren eine kleine Untersuchung durchgeführt,[25] bei der wir sie aufforderten, auf einer Zeichnung die Höhe eines Stabes von 10 cm in den Entfernungen von 3, 25, 100 und 300 cm zu reproduzieren: diese Zeichnungen nun zeigten von 25 cm an eine Überschätzung (10,3 bis 11 mm bei Erwachsenen und 10,4 bis 11,1 mm beim Kind); das stimmt mit dem überein, was der direkte Vergleich der Wahrnehmung zweier Stäbe mit denselben Entfernungen ergab. Das ist also das Gegenteil von dem, was man hier beobachtet. Kann man sich nun auf die Erklärung beschränken, daß in unseren Fragen 1 und 2 die nachahmende motorische Antizipation der Länge ohne weiteres durch die vorhergehende Vorstellung einer Verschiebung, unabhängig von den Fragen nach den Grenzen, gestört wird? Aber wenn es sich nur um eine einfache Bremsung der graphischen Gesten handelt, warum wäre sie dann durch diese voraufgegangene Vorstellung verstärkt, da das Modell in allen Fällen unter den Augen des Kindes bleibt und eine Verschiebung des Stabes eher die Idee einer Verlängerung als die eines Anhaltens nahelegt (wenn die Zeichnung in der Nähe des Blattrandes aufhört, wenn das Blatt zu klein ist, neigen die Kinder stark dazu, bis an ihn heranzugehen)? Ebensowenig kann es sich darum handeln, daß die Versuchspersonen durch die Anstrengung abgelenkt wären, sich das Detail der Drehung vorzustellen, denn wir werden sehen (Kap. III, §§ 3–4), daß sie im Alter von 5–6 Jahren nicht immer in der Lage sind, die Zwischenstufen zwischen den äußersten Positionen zu visualisieren.

Insgesamt scheint die plausibelste Erklärung die folgende zu sein. Im Gegensatz zur Wahrnehmung der Länge eines horizontalen Strichs, die simultan und ohne Zerlegung die Ge-

24 J. Piaget – L. Lambercier, »La comparaison des hauteurs dans le plan fronto-parallèle«, in: *Arch. Psychol.*, Bd. XXXIX (1942), Rech. II
25 Ebd., S. 209

samtheit der verfügbaren Indizien (die beiden äußersten Enden und den Zwischenraum, der sie voneinander trennt) erfaßt, ist das graphische Bild oder die Reproduktion durch Zeichnung eine Nachahmung des Objekts, die beabsichtigt, dessen wesentliche Eigenschaften zu reproduzieren, und mit einem Vor-Bild oder einer Ausführungsantizipation beginnt. In einem solchen Fall, wenn eine Länge in der Form einer kinetischen Reproduktion vorgestellt werden soll (durch einen Bleistiftstrich, oder wie wir in § 2 sehen werden, durch einen Strich, der einfach mit dem Finger oder motorisch ausgeführt wird), ist der entscheidende Punkt der Untersuchung die Ankunftsstelle. Zwei Vorsichtsmaßnahmen müssen also getroffen werden: ihn entweder nicht zu überschreiten, oder nicht ihm gegenüber zurückzubleiben. Aber im Falle des Strichs geht das Bild mit einer Nachahmungsbewegung einher, und da eine Bewegung dazu neigt, sich zu verlängern, wird man sich darum bemühen, die Grenze, die der Ankunftsort darstellt, nicht zu überschreiten. Während diese Haltung schon spürbar ist, wenn es sich um eine einfache Kopie handelt (Frage 3), tritt sie verstärkt auf, sobald eine voraufgegangene Vorstellung einer Verschiebung ins Spiel kommt (Fragen 1 und 2), weil in diesem Fall das Objekt beweglich ist (mit Verschiebung der Grenze, die durch ihren vorhergehenden Endpunkt gekennzeichnet ist), und weil dann eine erhöhte Vorsicht notwendig erscheint, daß dieser Grenzpunkt nicht überschritten wird: von daher läßt sich eine graphische Verkürzung der Striche erklären, die bedeutend stärker betont ist als ohne diese kinetische Evokation. Was die Abnahme dieses Effekts mit dem Alter anbetrifft (trotz des größten Bemühens um Exaktheit bei den älteren Testpersonen, die sich nicht mehr wie die jüngeren mit einem Strich aus einem Guß zufriedengeben), so rührt sie daher, daß die Erwachsenen mehr und mehr den Ausgangspunkt und damit den Zwischenraum berücksichtigen, ohne ausschließlich auf den Ankunftspunkt zentriert zu sein.

Stellen wir vorläufig fest (wir werden in der Folge noch darauf zurückkommen), wie sehr diese Charakteristiken an die Gesetze der präoperatorischen Repräsentation erinnern, die auf allen Gebieten (Länge, Geschwindigkeit, Dauer, usw.) vor den metrischen Überlegungen mit Überlegungen der Anordnung (*ordinales*) beginnt (von daher sind die Assimilationen »länger = weiter« usw. zu verstehen) und dazu neigt, die Bedeutung der Ankunftspunkte im Gegensatz zu der der Zwischenräume zu überschätzen. Daß die Rolle der Ordnungsbegriffe der der metrischen Begriffe voraufgeht, liegt nicht am Bild, sondern ergibt sich aus Faktoren der operatorischen oder begrifflichen Einfachheit. Doch daß zu Beginn das Hauptaugenmerk auf die Ankunftspunkte gerichtet und die Ausgangspunkte vernachlässigt werden, kann den dem Bild eigenen Faktoren zugeschrieben werden, und zwar aus den genannten Gründen. Von diesen ersten Experimenten an ahnt man also die mögliche Interaktion von Bild und Begriff, ohne daß sich jedoch deswegen das eine aus dem anderen ableitet.

§ 2. Die Unterschätzung der Längen in der einfachen graphischen Kopie

Die vorher bei der einfachen Kopie beobachteten Reaktionen (Frage 3 der Tabelle 1) erfordern noch zusätzliche Informationen. Um die vorgeschlagenen Interpretationen zu kontrollieren, empfiehlt es sich einerseits zu prüfen, ob sich die beobachteten Unterschätzungen allgemein in den einfachen Kopien zeigen; und andererseits zu kontrollieren, ob man sie in einer Reproduktion durch die Geste (motorisches Linienziehen, aber unabhängig von der Zeichnung) wiederfindet; und schließlich zu untersuchen, ob ein einfaches Zeigen der Endpunkte mit dem Finger von diesen Unterschätzungen befreit. Dieser dritte Punkt ist wichtig, denn wenn man eine Länge durch den Zwischenraum zwischen den beiden Zeigefingern repräsentiert, hebt man den Zwischenraum als solchen hervor und nicht mehr den Ankunftspunkt (im Gegensatz zur Zeichnung, bei der das Anhalten des Bleistiftstrichs das Hauptproblem darstellt) und befreit insbesondere das gestische Bild von dem Nachahmungsprozeß, der sich als Bewegung in der Zeit abspielt.

In einem ersten Experiment I zeigt man der Testperson einen Stab von 15 cm Länge und 1,8 mm Durchmesser, der horizontal auf ein weißes Blatt von 33 × 33 cm gelegt wird. Das Kind hat ein Zeichenblatt mit denselben Abmessungen vor sich (dieses Detail ist entscheidend, denn auf einem zu kleinen

Blatt verändert die Nähe der Ränder die Ergebnisse, ebenso wie natürlich jedes Bezugselement, Rautierung, usw.). Das Modell ist leicht nach oben (nach links oder rechts) verschoben, die Versuchsperson sitzt mit dem Blick auf den Mittelpunkt zwischen den beiden Blättern. Die Ergebnisse waren rechts und links identisch, während die immer noch deutliche Verkleinerung ein wenig schwächer ist, wenn das Modell auf dieselbe Höhe wie die auszuführende Zeichnung und wenn es direkt in die Mitte ihres Blattes gelegt wird (wobei die Zwischenräume zwischen den Endpunkten des Stabes und den Rändern des Blattes als zusätzliche Hinweise dienen können). Die Bedingungen sind also nicht mit denen der Frage 3 der Tabelle 1 identisch, was die ein wenig stärkeren Verkleinerungen der Tabelle 3 erklären kann. Darüber hinaus muß hier angemerkt werden, daß die Ergebnisse der Tabelle 3 Ergebnisse der ersten Zeichnung des Kindes sind, ohne spätere Korrekturen, während die Angaben der Tabelle 1 die spontanen Korrekturen der Versuchsperson berücksichtigt haben.

II. – Es schien uns nützlich, zur Ergänzung dieser graphischen Ergebnisse den Versuchspersonen fertige Zeichnungen mit Strichlängen von 13, 14, 15, 16 und 17 cm vorzulegen und sie aufzufordern, die richtigste auszuwählen (wenn die Kleinen mehrere davon angeben, empfiehlt es sich, jeden Strich als »zu groß«, »gleich« oder »zu klein« bewerten zu lassen. Außerdem nimmt man jedes Mal den Modellstab weg und legt ihn wieder hin, um einen eventuellen Irrtum im Maßstab zu vermeiden).

III. – Schließlich fordert man das Kind zu denselben Themen auf, mit seinen beiden Zeigefingern die Länge des Modellstabs zu reproduzieren, indem es seine Zeigefinger so auf ein gleiches weißes Blatt von 33 × 33 cm legt, daß eine Messung des Zwischenraums vorgenommen werden kann.

Die mit Tuât Vinh-Bang an 60 Versuchspersonen erzielten Ergebnisse sind in der Tabelle 3 aufgeführt.

Tabelle 3: Kopien der Länge eines Stabes von 15 cm (Irrtümer in % von 15 cm)[26]

	I. Zeichnung	II. Auswahl	III. Index
5–6 Jahre (22)	−22 (=11,7 cm)	−4,9 (=14,2 cm)	+ 9,3 (=16,4 cm)
7–8 Jahre (18)	−14 (=12,9 cm)	−4,6 (=14,3 cm)	+10,2 (=16,5 cm)
9–10 Jahre (20)	−14 (=12,9 cm)	−3,0 (=14,6 cm)	+ 3,7 (=15,6 cm)

Man stellt zunächst die Allgemeinheit der Verkleinerung der Längen bei den Zeichnungen fest, die im Durchschnitt größer ist als im Falle der Frage 3 der Tabelle 1, und zwar aus den schon bezüglich der Technik angegebenen Gründen, und die nach 7–8 Jahren abnehmen würde, wenn man die spontanen Korrekturen der Versuchsperson berücksichtig.

26 In Klammern die Mittelwerte der gezeichneten, ausgewählten oder angezeigten Längen (in cm).

Man stellt ferner fest, daß etwas von diesen Verkleinerungen bleibt, wenn die Versuchsperson die genau entsprechenden unter den fertigen Zeichnungen auswählt, was offensichtlich auf einen Einfluß zurückgeht, den die Zeichnung, die das Kind gerade selbst gemalt hat, auf seine Wahl nimmt, denn wenn es sich nur um gewöhnliche Wahrnehmungsvergleiche handelte, würden sich die Veränderungen (in + und in −) aus Mangel an »systematischen« Irrtümern ungefähr ausgleichen.
Man bemerkt vor allem Kontrast zwischen der Zeichnung und der Abschätzung mit den Fingern, die eine Überschätzung anzeigt, welche mit dem Alter abnimmt. Der Grund für diese Überschätzung könnte perzeptiver Art sein, da ein leerer Raum gegenüber einem gefüllten Raum unterschätzt wird, und es eines Zwischenraums von mehr als 15 cm bedarf, damit er für die Wahrnehmung eines Strichs oder einem Stab von 15 cm äquivalent erscheint. Aber entscheidend und von dieser Überschätzung unabhängig ist, daß es keine Unterschätzung wie bei der Zeichnung mehr gibt, und dafür gibt es zweifellos zwei miteinander zusammenhängende Gründe. Der erste könnte der sein, daß die Länge des Stabes nicht mehr durch eine Bewegung (den Bleistiftstrich) nachgeahmt wird, die ihn als zurückzulegende Strecke nachzeichnet, was das Problem des Anhaltens dieser Bewegung, d. h. der letzten Begrenzungen beseitigt. Der zweite Grund wäre der, daß in diesem Fall die beiden Grenzen, der Ausgangs- und der Endpunkt, also der Zwischenraum als solcher, hervorgehoben werden, und zwar ohne bevorzugte Zentrierung auf den Ankunftspunkt. Beruhen die Unterschätzungen in den Zeichnungen auf einer Vorsichtshaltung, die das Überschreiten der Grenze vermeiden will, so müßten die beiden Unterschiede zwischen der graphischen Nachahmung und der Abschätzung mit den Fingern für die Erklärung ausreichen, warum die Unterschätzungen mit dieser zweiten Reproduktionsweise verschwinden.
Um diese Deutung zu kontrollieren und um zu beweisen, daß es sich nicht einfach um einen Gegensatz zwischen Nachahmung mit Prädominanz des Visuellen und gestischer Nachahmung handelt, genügt es, die Länge des Stabes durch eine Bewegung mit dem Zeigefinger reproduzieren zu lassen, wobei aber diesmal eine fortlaufende Bewegung ausgeführt wird (also ein vom Zeigefinger wie mit einem Bleistift ausgeführter

Strich, aber ohne die sichtbare Spur auf dem Papier). Bei dieser Kontrolle sind wir mit Frau Tuât Vinh-Bang in folgender Weise vorgegangen:

a) Ein Stab von 15 cm wird zunächst zur unmittelbaren Kopie vorgelegt (so, daß man bei denselben Versuchspersonen die motorische Reproduktion mit der graphischen Reproduktion vergleichen kann), aber er wird (horizontal) auf die linke Seite der Versuchsperson gelegt, wie in Tabelle 1, Frage 3, und nicht oben auf die rechte Seite, wie in Tabelle 3. Anschließend b): anstatt eine Auswahl unter den fertigen Zeichnungen vorzunehmen, haben wir, um unsere Informationsquellen zu variieren, das Kind aufgefordert, die Länge des Stabes mit Hilfe kleiner Segmente von 1,5 cm zu reproduzieren; diese Segmente sind offensichtlich zu groß (ein Zehntel des ganzen Stabes), als daß der durchschnittliche Irrtum mit dem der Zeichnung (bei der der Variationsspielraum viel feiner ist) vergleichbar wäre, aber es ist interessant zu sehen, ob es trotzdem eine Verkleinerung geben wird, oder nicht. Anschließend c) kommt man zu der visuellen Wahrnehmung des Modells, aber mit einer Reproduktion mit Hilfe eines motorischen Strichs des Zeigefingers auf dem Tisch, wobei das Modell während dieses Linienziehens sichtbar, der motorische Strich selbst aber unsichtbar bleibt (um das durchzuführen, benutzt man nicht einen starren Schirm, der die Bewegung behindern würde, sondern einen weichen Vorhang, unter dem das Kind die Hand hindurchschiebt, um seine Geste auszuführen). Dann fordert man es auf, d) mit dem Finger den Stab, ohne ihn zu sehen, nachzufahren (immer mit demselben Vorhang) und mit dem Zeigefinger eine gerade Linie zu ziehen, die seiner Länge entspricht (wieder eine unsichtbare Linie hinter dem Vorhang). Danach e) läßt man von neuem den Stab mit dem Finger nachfahren, ohne daß er gesehen wird, um dieses Mal eine Reproduktion durch eine sichtbare Zeichnung herzustellen. Schließlich f) bittet man bei sichtbarem Modell, dessen Länge anzugeben, indem man die beiden Endpunkte mit erhobenen Zeigefingern anzeigen läßt (wie in Tabelle 3).

Hier sind die Ergebnisse, die bei 20 Kindern von 5 Jahren, 10 von 6 Jahren, 10 von 7 Jahren, 11 von 8 Jahren, 11 von 9 Jahren und 10 Erwachsenen an einem horizontalen Stab von 15 cm erzielt wurden (Tabelle 4):

Tabelle 4: Graphische Reproduktion: *a)* durch Konstruktion; *b)* durch motorisches Linienziehen; *c-e)* und durch statische Fingeranzeige; *f)* der Länge eines Stabes von 15 cm (in % von 15 cm)

	a) graphische Kopie	*b)* Konstruktion	*c)* visuelle Wahrnehmung, motorische Repräsentation
5 Jahre	−13,3 (=13,0)	− 9,3 (=13,6)	−19,0 (=12,15)
6 Jahre	−14,6 (=12,8)	− 6,6 (=13,9)	−30,6 (=10,4)
7 Jahre	−11,7 (=13,25)	− 8,0 (=13,8)	− 7,3 (=13,9)
8 Jahre	− 4,6 (=14,4)	−10,7 (=13,5)	−24,0 (=11,3)
9 Jahre	− 8,0 (=13,8)	− 4,7 (=14,2)	−18,7 (=12,2)
Erwachsene	− 1,3 (=14,8)	− 0,3 (=14,9)	− 5,3 (=14,2)

	d) taktile Wahrnehmung, motorische Repräsentation	*e)* taktile Wahrnehmung, graphische Repräsentation	*f)* Index statisch
5 Jahre	−29,3 (=10,6)	−13,3 (=12,9)	+13,3 (=17,0)
6 Jahre	−27,3 (=10,9)	−20,0 (=12,0)	+ 6,0 (=15,9)
7 Jahre	−22,7 (=11,6)	−10,0 (=13,5)	+10,0 (=16,5)
8 Jahre	−18,7 (=12,2)	− 8,0 (=13,8)	+ 6,0 (=16,0)
9 Jahre	−27,3 (=10,9)	− 8,0 (=13,8)	+ 4,8 (=15,7)
Erwachsene	−18,2 (=12,3)	− 3,2 (=14,7)	+ 4,0 (=15,6)

Man stellt also fest, daß, wenn das Anzeigen der Zwischenräume zwischen den Endpunkten mit den Fingern (Spalte f) zwar eine Überschätzung ergibt (wie in Tabelle 3), die mit den Fingern gezogenen Linien (Spalten *c* und *d*) dagegen eine im Durchschnitt bis zu zweimal so starke Unterschätzung aufweisen (Spalte *d*: – 25 % durchschnittlich von 5–9 Jahren gegen – 12,4 für die Spalte *a* und – 11,8 Spalte *e*), als die graphische Unterschätzung: das ist der gesuchte Beweis dafür, daß die Überschätzung bei der statischen Anzeige mit den Fingern nur mit dem Fehlen der Bewegung und nicht mit dem gestischen Faktor zusammenhängt.

Es ist dagegen interessant festzustellen, daß die Reproduktion durch Konstruktion (Spalte *b*) wie die graphische Reproduktion eine allgemeine Unterschätzung ergibt (aber ohne daß man ihrer quantitativen Summe aus den genannten Gründen Bedeutung beimessen könnte): das heißt, daß die Konstruktion auch auf die Ankunftspunkte hin ausgerichtet ist.

Aber es bleibt zu fragen, ob diese Phänomene qualitativ dieselben bleiben, wenn man die Größe oder die Form der gezeigten Elemente variiert. Hier zunächst einmal die Ergebnisse, die bei einem Stab von 22 cm anstatt von 15 cm durch graphische Kopie, Reproduktion durch Konstruktion (starre Segmente) und durch statische Anzeige mit den Fingern erzielt wurden:

Tabelle 5: Graphische Reproduktion eines Stabes von 22 cm durch Konstruktion oder durch Anzeige mit den Fingern

Alter (und Zahl der Versuchspersonen)	Zeichnung	Konstruktion	Index
5 Jahre (10)	−17,2 (=18,1)	−12,2 (=19,3)	+16,3 (=25,7)
6 Jahre (10)	−10,4 (=19,7)	−11,3 (=19,5)	0 (=22,0)
7 Jahre (10)	− 2,2 (=21,5)	−14,0 (=18,9)	− 2,2 (=21,5)
8 Jahre (11)	− 7,9 (=20,2)	− 9,5 (=19,8)	− 6,8 (=23,5)
9 Jahre (11)	− 2,2 (=21,4)	−11,3 (=19,5)	− 1,0 (=21,8)
Erwachsene (=10)	+ 0,9 (=22,2)	0 (=22,0)	− 0,2 (=22,05)

Man erkennt also, daß beide, die graphische Verkleinerung und die Überschätzung bei der Anzeige mit den Fingern, mit der Verlängerung des Stabes abnehmen. Wenn man dagegen die Dimensionen verringert und zu den Stäben noch Quadrate mit hinzunimmt, erhält man beim Vorzeigen in konzentrischer Ordnung die Tabelle 6.[27]

Tabelle 6: Kopie von Stäben und Quadraten verschiedener Abmessungen (in % der Längen)

	Stäbe				
	1 cm	2,5 cm	5 cm	7,5 cm	15 cm
5 Jahre (15 Vpn)	+10	+ 4	− 7,2	−20,8	−16,5
6 Jahre (20 Vpn)	−12	−28	−17,7	−16,1	−12,0
7 Jahre (15 Vpn)	− 8	−16	−13,4	−24,2	−20,1
8 Jahre (15 Vpn)	− 5	−11,2	− 6	−11,7	− 1,3
9 Jahre (15 Vpn)	− 3	− 1,6	− 6,8	− 4	− 3,8

27 Für die Bewertung der Vierecke, die bei den Kleinen sehr stark deformiert sind (so sehr, daß die Quadrate von 15 cm^2 ausgeschlossen werden mußten), wird jede Seite für sich gemessen, und dann der Mittelwert der vier Seiten gebildet.

Quadrate

	1 cm²	2,5 cm²	5 cm²	7,5 cm²
5 Jahre (15 Vpn)	+34	− 5,6	−28,6	−34,4
6 Jahre (20 Vpn)	− 8	−26,8	−22,6	−32,5
7 Jahre (15 Vpn)	+ 3	−15,6	−21,6	−22,4
8 Jahre (15 Vpn)	− 2	−21,6	−22,4	−17,46
9 Jahre (15 Vpn)	+10	−22	−16,4	−19,73

In bezug darauf haben wir 15 Versuchspersonen von 5 Jahren, wiederum in Zusammenarbeit mit Frau Vinh-Bang, Stäbe von 1 bis 15 cm Länge (fünf verschiedene Längen) und Quadrate von 1 bis 7,5 cm^2 Seitenlänge gezeigt, die wir sie in zunehmender, abnehmender und konzentrischer Anordnung kopieren ließen[28] (siehe Tabelle 7).

Tabelle 7: Kopie von Stäben und Quadraten verschiedener Abmessungen (in % der Längen)

Stäbe

Anordnung	1 cm	2,5 cm	5 cm	7,5 cm	15 cm
anwachsend	− 8	−14,8	−19,8	−20,3	−16,8
abnehmend	+10	− 9	−19,4	−20,6	−17,3
konzentrisch	+10	+ 4	− 7,2	−20,8	−16,5

Quadrate

Anordnung	1 cm²	2,5 cm²	5 cm²	7,5 cm²
anwachsend	+ 9	−12	−38	−20
abnehmend	+10	− 9,6	−24,2	−22,2
konzentrisch	+34	− 5,6	−28	−34

Man stellt zunächst fest, daß alle beteiligten Größen zu bestimmten Unterschätzungen Anlaß geben, mit Ausnahme bisweilen der kleinsten (fünf Überschätzungen bei 1 cm und eine bei 2,5 cm). Es ist bezeichnend, daß die Überschätzung dieser drei kleinen Elemente nur im Falle eines relativen Folgeeffekts der Reihenfolge auftritt: in steigender Anordnung wird der

28 Diese Vorsichtsmaßnahmen, die bei den Problemen des Bildes (im Gegensatz zu denen der Wahrnehmung) im allgemeinen unnötig sind, waren hier der Elemente von 1–2,5 cm wegen unumgänglich.

Stab von 1 cm noch um 8 % unterschätzt, weil die Reihe mit diesem Element beginnt, während der Stab von 1 cm und sogar einmal der von 2,5 cm Länge bei abnehmender oder konzentrischer Anordnung unter dem Einfluß der vorher wahrgenommenen größeren Elemente (Zeichnungen oder Modelle) in den Zeichnungen überschätzt werden, und zwar auf Grund eines einfachen Beharrungseffekts. (Man weiß, daß in den zeitlichen Reihenfolgen dieser Art mit 5 Jahren die Beharrung oft stärker ist als der Kontrasteffekt.) Was die Quadrate von 1 cm^2 anbetrifft, so verhält es sich damit genauso, weil sie bald nach den Stäben gezeichnet werden.
Man stellt dann fest, daß ein Maximum an Unterschätzung in der Gegend von 7,5 cm (oder bei 5 bis 7,5 cm) aufzutreten scheint, als ob die Gefahr, die Grenze zu überschreiten, bei den längeren Elementen entsprechend abnehmen würde.

§ 3. Die Unterschätzung der Längen schräger oder vertikaler und horizontaler Linien nach vorgestellter Drehung um 90°

Nachdem wir das Vorhandensein eines Vor-Bildes festgestellt haben, das bei den einfachen Kopien in die antizipatorischen Ausführungspläne eingreift (§ 1), und nachdem wir die Allgemeinheit des Phänomens (§ 2) bestätigt gefunden haben, empfiehlt es sich zu fragen, was aus ihm bei der Vorstellung (*imagination*) einer elementaren und wohlbekannten Lageveränderung wird, die aber so aussieht, daß die Endlage nicht wie in § 1 in der einfachen Verlängerung der Anfangslage liegt. Das erlaubt uns gleichzeitig festzustellen, welche Rolle die Kontrollen oder die Einübung bei den Unterschätzungen spielt, die wir glaubten, den Grenzeffekten zuschreiben zu können. Wir haben also mit B. Matalon die Länge der Zeichnungen der Stäbe untersucht, bei denen das Modell sichtbar und unbeweglich bleibt (in horizontaler oder vertikaler Position), bei denen man sich jedoch eine Drehung vorstellt, sei es in Etappen oder auf einmal um 90°.

Man zeigt dem Kind ein Blatt aus weißem Papier von 45 × 45 cm (um die Nähe der Ränder zu vermeiden) und einen schwarzen Metallstab von 15 cm Länge und ungefähr 2 mm Durchmesser. Der Stab wird von der Mitte aus nach links horizontal auf das Blatt gelegt. Man beginnt damit, daß man die allgemeine Bewegung des Stabes zeigt (Drehung um 180°, von rechts beginnend), dann legt man ihn wieder unbeweglich in seine Anfangsposition zurück und zeigt eine bestimmte Richtung von ungefähr 30° an (durch einen Strich mit dem Finger) und fordert dabei auf, den Stab zu zeichnen, »so wie er aussieht, wenn er sich gedreht hat und dorthin gekommen ist«. Wenn die erste Zeichnung ausgeführt ist, verdeckt man sie, zeigt die Richtung von 60° an und wiederholt dieselbe Anweisung. Man fährt dann fort in Schritten von 30° bis 180°. Eine Kontrollgruppe von Versuchspersonen hat mit vorher gelieferten Zeichnungen gearbeitet, die nicht verdeckt wurden.

Bei 45 Versuchspersonen von 4, 5 bis 8 und 11 Jahren haben wir die in Tabelle 8 aufgeführten Ergebnisse erhalten:

Tabelle 8: Zeichnungen in schrägen Positionen (von 30° bis 180°) einer Horizontalen von 15 cm, die als sichtbares Modell dient

	vorhergeh. Zchngn. verdeckt (N=30)		vorhergeh. Zchngn. sichtbar (N=15)	
	Länge + Abweichung (in mm)	Fehler (%)	Länge + Abweichung	Fehler (%)
30°	136,7 ± 14,0	− 8,9	140,8 ± 8,0	−6,1
60°	134,0 ± 23,1	−10,7	148,4 ± 16,2	−1,7
90°	130,6 ± 15,7	−12,9	142,2 ± 18,3	−5,2
120°	136,4 ± 16,6	− 9,1	146,3 ± 20,0	−2,5
150°	126,1 ± 10,0	−15,9	151,9 ± 24,3	+1,3
180°	139,3 ± 12,0	− 7,0	155,4 ± 30,3	+3,6

Man stellt zunächst den großen Unterschied zwischen den Verschätzungen fest, je nachdem, ob die vorher gefertigten Zeichnungen verdeckt oder sichtbar gelassen wurden: im letzteren Fall geht die Verschätzung sehr stark zurück und hat sogar die Tendenz, positiv zu werden. Es handelt sich offensichtlich um einen Lerneffekt, und zwar nicht nur durch einfache Übung oder Wiederholung wie in der folgenden Tabelle, sondern durch Wahrnehmungskontrolle oder Vergleich zwischen den vorhergehenden Zeichnungen, der gerade angefertigten Zeichnung und dem Modell, was unter dem Gesichtspunkt des Grenzeffekts interessant ist.

Andererseits ergibt die Zeichnung der Schrägen so einen allgemeinen Durchschnitt von –11,5 (ohne die 180° oder –10,7 mit diesen Horizontalen), der mit der Verschätzung von –11,2%

völlig vergleichbar ist, den wir bei dem Bild der Länge der umgeklappten Stäbe im Alter von 5 Jahren feststellen werden (Tabelle 9 a).

§ 4. Das Bild des Ergebnisses der Drehung um 90°

Zur Vervollständigung des Vorhergehenden bestand eine andere Untersuchung darin, daß man die Versuchspersonen bat, vertikale oder horizontale Stäbe von 215 mm zu zeichnen, nachdem diese um 90° gedreht und die ersten zu horizontalen, die zweiten zu vertikalen geworden sind.[29] Wir werden auf keinen Fall verlangen, die Zwischenpositionen darzustellen, was in Kapitel III geschehen wird, sondern ausschließlich die Endpositionen. Die hier untersuchten Bilder gehören also in die Kategorie der reproduktorischen Bilder, betreffen aber das Ergebnis bekannter Bewegungen, nämlich *RUP*. Wir werden natürlich die schon beobachteten Unterschätzungen wiederfinden; werden wir aber darüber hinaus bei den acht möglichen, in einer konstanten Reihenfolge gezeigten Kombinationen A – H (Abb. 1) Übungseffekte feststellen können?[30]

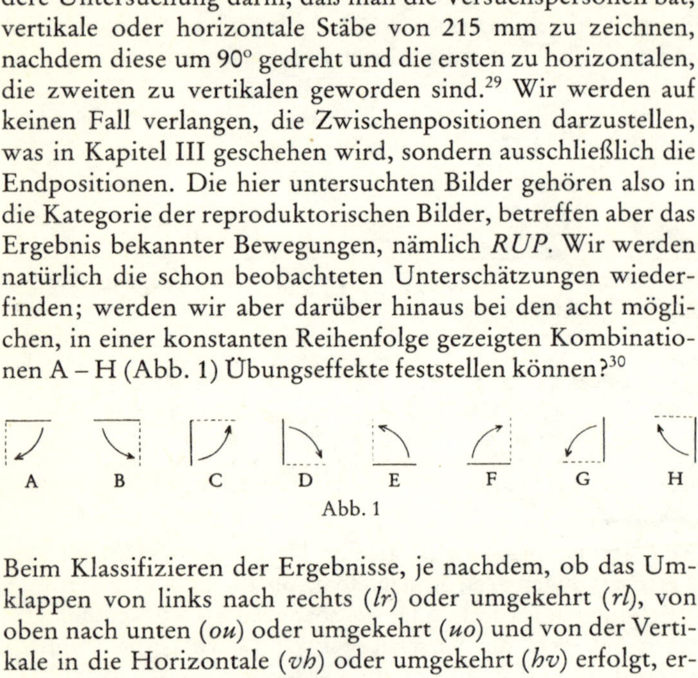

Abb. 1

Beim Klassifizieren der Ergebnisse, je nachdem, ob das Umklappen von links nach rechts (*lr*) oder umgekehrt (*rl*), von oben nach unten (*ou*) oder umgekehrt (*uo*) und von der Vertikale in die Horizontale (*vh*) oder umgekehrt (*hv*) erfolgt, erhält man die Werte der Tabelle 9.

Um das Ablesen der Tabelle entsprechend der vorgelegten Reihenfolge zu erleichtern, stellt die Tabelle 9 a dieselben Ergebnisse nach der Reihenfolge A – H dar (siehe Tabelle 9 a).

Die erzielten Ergebnisse sind also die folgenden:

1. Alle graphischen Bilder unterschätzen im Durchschnitt den

29 Man sagt: »Zeichne den Stab, wie er aussieht, wenn man ihn gedreht hat«, und zeigt die Lageveränderung im ganzen, bevor man ihn in die Ausgangsstellung zurücklegt.

30 Wir möchten an dieser Stelle T. Vinh-Bang und L. Piaget danken, die die Zeichnungen für dieses Buch angefertigt haben.

Modellstab vor der Übung ein wenig mehr als die einfachen Kopien der Tabelle 1 (–16,4 % für A–C mit 5–6 Jahren gegenüber –13,5 in Tabelle 1), aber etwas weniger als nach der Vorstellung von Drehungen und Verschiebungen der Tabelle 1;

2. diese Unterschätzung nimmt mit dem Alter ab, wie es in Tabelle 1 der Fall ist;

3. sie nimmt auch mit Wiederholung oder Übung ab, und zwar ganz beträchtlich bei den Kleinen zwischen 5 und 6 Jahren (von A–B –16,5 zu G–H –6,3) und auch noch bei den Acht- bis Zehnjährigen (von –12,1 zu –2,8 bei den Paaren *AB* bis *GH*); das ist aber nicht mehr der Fall bei den Erwachsenen;

4. die Zeichnungen, die von der Horizontalen zur Vertikalen (*hv*) übergehen, sind stärker verkleinert als im umgekehrten Fall (*vh*); dies gilt für alle drei Altersgruppen und bei allen Positionspaaren, mit einer Ausnahme bei den 5–6jährigen (Paar *FC*) und einer bei den Erwachsenen (*AG*).

Tabelle 9: Zeichnung der Stäbe von 215 mm Länge nach Vorstellung einer Drehung um 90° (in % von 215 mm)

	lr		*rl*	
	ou	*uo*	*ou*	*uo*
5–6 Jahre (*N*=22):				
hv	(*B*) – 18,6	(*F*) – 7,4	(*A*) – 14,4	(*E*) – 8,4
vh	(*D*) – 10,2	(*C*) – 16,3	(*G*) – 9,3	(*H*) – 3,3
8–10 Jahre (*N*=17):				
hv	(*B*) – 11,6	(*F*) – 9,8	(*A*) – 12,6	(*E*) – 9,3
vh	(*D*) – 6,5	(*C*) – 4,2	(*G*) – 4,2	(*H*) – 1,4
Erwachsene (*N*=20):				
hv	(*B*) – 3,7	(*F*) – 3,7	(*A*) – 3,7	(*E*) – 2,3
vh	(*D*) + 0,5	(*C*) + 0,5	(*G*) – 3,7	(*H*) – 0,5

Tabelle 9a: Zeichnung der Stäbe in der vorgelegten Reihenfolge *A-H*

	A	*B*	*C*	*D*	*E*	*F*	*G*	*H*	Durchschnitt
5– 6 Jahre	– 14,4	– 18,6	– 16,3	– 10,2	– 8,4	– 7,4	– 9,3	– 3,3	– 11,2
8–10 Jahre	– 12,6	– 11,6	– 4,2	– 6,5	– 9,3	– 9,8	– 4,2	– 1,4	– 7,9
Erwachs.	– 3,7	– 3,7	+ 0,5	+ 0,5	– 2,3	– 3,7	– 3,7	– 0,5	– 2,1

Diese stärkere Unterschätzung der in der Vertikalen gezeichneten Striche erinnert an die perzeptive Überschätzung der Vertikalen im Vergleich zu den Horizontalen; ein einmal in der Vertikalen gezeichneter Strich scheint in der Wahrnehmung überschätzt zu werden, scheint also mit einer geringeren Länge dem horizontalen Modell subjektiv gleich zu sein; umgekehrt scheint das vertikale Modell (in *C, D, G* und *H*) in der Wahrnehmung in der Weise überschätzt zu werden, daß die Zeichnung der entsprechenden Horizontalen länger wird, obgleich sie als Zeichnung verkürzt erscheint. Aber nichts erlaubt uns zu entscheiden, ob es sich hier ausschließlich um Wahrnehmungsphänomene handelt, die entweder die Wahrnehmung des Modells oder der einmal angefertigten Zeichnung betreffen, oder ob das innere Bild einer Vertikalen wie die Wahrnehmung selbst eine relativ überschätzte Länge beinhaltet. Im übrigen überschätzt die Wahrnehmung die Vertikalen und unterschätzt die Horizontalen, während das graphische Bild beide unterschätzt, die Vertikalen aber weniger als die Horizontalen.

Um diesen Vergleich mit der Wahrnehmung ein wenig weiter zu treiben, haben wir dasselbe Experiment (aber nur mit den Formen *A* und *D*) an 20 Versuchspersonen von 6 Jahren und an 20 von 9 Jahren durchgeführt, und zwar mit Stäben von 200 mm, die aber durch dünne schwarze Linien in fünf Abschnitte unterteilt waren, und zwar in a = 50 mm, b = 20 mm, c = 40 mm, d = 60 mm und e = 30 mm, wobei es das Ziel war festzustellen, ob man einen allgemeinen, der Illusion von Oppel-Kundt vergleichbaren Verlängerungseffekt beobachten kann. Es handelt sich also darum: 1. die Abschnitte nacheinander zu zeichnen; 2. den Stab im ganzen zu zeichnen, ohne die Abschnitte zu berücksichtigen. Bei 20 Versuchspersonen pro Alter wurden 10 Aufgaben in der Reihenfolge *A1, A2, D1, D2* vorgelegt (also in beiden Fällen die Frage 1 als erste, und 10 in der Reihenfolge *A2, A1, D2, D1* (also zuerst die Frage 2). Die Ergebnisse sind in Tabelle 10 aufgeführt:

Tabelle 10: Länge der Zeichnungen (in cm) und Abweichungen (in %) bei den Abschnitten (*a-e*) und ihrer Summe (*S*) oder bei dem ganzen Stab (*St*) nach einer vorgestellten Drehung um 90° (Formen *A* und *D*)

	a (50)	*b* (20)	*c* (40)	*d* (60)	*e* (30)	*S* (200)	*St* (200)	Fehler *S*	Fehler *St*
6 Jahre:									
A 1–2	44	22	30	44	28	168	178	−16,0	−11,0
2–1	45	16	31	48	21	161	160	−19,5	−20,0
D 1–2	44	18	29	44	24	159	179	−20,5	−10,5
2–1	45	16	33	46	20	160	161	−20,0	−19,5

9 Jahre:

A 1–2	42	17	31	46	25	161	158	–19,5	–21,0
2–1	48	19	37	56	24	184	172	– 8,0	–14,0
D 1–2	51	22	36	57	23	189	172	– 5,5	–14,0
2–1	53	24	39	57	28	201	185	+ 0,5	– 7,5

Man stellt also folgendes fest:

1. Die Abweichungen bei der ganzen Linie (St) sind bei den unterteilten Stäben zumindest ebenso groß wie bei den einfachen Stäben der Tabellen 9 und 9 a und im allgemeinen sogar ein wenig größer, wenn man sie in den entsprechenden Altersstufen mit den allgemeinen Durchschnittswerten der Tabelle 9 a (mit Übungseffekt) oder mit den besonderen Durchschnittswerten der Formen *A* und *D* vergleicht.

2. Die Abschnitte selbst führen fast immer zu Unterschätzungen: 35 Fälle gegenüber 5 Überschätzungen, davon 3 bei 2 cm und 2 mit 9 Jahren bei 5 cm.

3. Die durchschnittlichen Unterschätzungen der Abschnitte scheinen nicht von ihrer objektiven Länge abzuhängen, außer daß der Abschnitt *b* von 2 cm der im Durchschnitt am wenigsten unterschätzte ist: –4 % Abweichung (bei einer durchschnittlichen Länge von 19,6 mm bei den acht Abmessungen) gegenüber –17 bis –19,6 % bei den objektiven Längen von 30 bis 60 mm; aber der Abschnitt *a* von 50 mm ergibt –7 %, und man muß für diese Abschnitte *a* und *b* den Einfluß des folgenden Effekts (4.) berücksichtigen, der zweifellos zum Kleinheits-Faktor bei dem Abschnitt *b* hinzukommt.

4. Dagegen scheint eine wachsende Unterschätzung der Abschnitte in der Reihenfolge der Zeichnungen (*a*, *b*, *c*, *d*, *e*) vorzuliegen: –7, –4, –17, –17,1 und –19,6 %! Aber dieses Ergebnis, das, im Gegensatz zu den Wiederholungs- oder Übungshandlungen, paradox erscheint, läßt sich sehr gut durch die Hypothese erklären, nach der die Unterschätzungen von einer mit der Grenze zusammenhängenden Hemmung (*freinage*) herrühren: das hieße also, daß die Versuchsperson, je mehr sie sich dem Endpunkt des ganzen Stabes nähert, die Abschnitte verkleinert.

5. Was den Einfluß der Reihenfolge 1–2 oder 2–1 (also *S–St* oder *St–S*) anbelangt, so stellt man bei 8 Paaren 4 größere Abweichungen bei der ersten angefertigten Zeichnung fest, 3 ungefähr entsprechende Werte, und eine klare Ausnahme für

D1–2 mit 9 Jahren. Dieser Einfluß entspräche also einem Übungseffekt.

6. Wenn nun die Abweichungen *S* stärker sind als die Abweichungen *T* mit 6 Jahren, dann liegt der umgekehrte Fall mit 9 Jahren vor, und die allgemeinen Durchschnittswerte differieren kaum untereinander: –13,5 und –14,7, wenn man die 8 Werte von *S* und *St* berücksichtigt, und –15,3 und –15,2, wenn man die ersten angefertigten Zeichnungen zugrunde legt (*S* in der Reihenfolge 1–2 und *T* in der Reihenfolge 2–1).

Der Gewinn dieses Versuchs besteht darin, daß er zeigt, wie ein in Abschnitte unterteilter Stab in dem graphischen Bild zu keiner geringeren Unterschätzung führt als ein Stab ohne Abschnitte, sondern eher umgekehrt. Nun werden in der Wahrnehmung die unterteilten Räume überschätzt. Es ist zwar richtig, daß, wenn die Abschnitte nicht gleich sind, der Wahrnehmungseffekt wegen der internen Über- und Unterschätzungen zwischen ungleichen Abschnitten geringer ist; er ist aber in dem Fall, in dem keine sehr kleinen Abschnitte da sind (1–2 mm), nicht negativ. Die Tatsache, daß die Teilung eher die Unterschätzung des graphischen Bildes und seines antizipatorischen Vorbildes verstärkt, anstatt sie zu verringern, kommt also zu dem hinzu, was wir bis jetzt gesehen haben, so daß wir zu der Annahme kommen müssen, daß diese Unterschätzungen spezifische, dem Bild eigene Phänomene darstellen, und nicht durch einfache Übertragung der Gesetze der Wahrnehmung zustande kommen.

§ 5. Die gestische Reproduktion von Lichtbahnen, parallel zu einer Geraden

In den vorhergehenden Experimenten ging es nur darum, die Länge von unbeweglichen Strichen zu reproduzieren, aber mit Hilfe von Zeichnungen, das heißt mit Hilfe von Bleistiftstrichen durch Bewegungen. Man kann sich nun fragen, ob die beobachteten Grenzeffekte nicht vor allem an dem Gegensatz zwischen dem statischen Modell und dem notwendigerweise kinetischen Bleistiftstrich hängen. Die Tabellen 3 bis 5 haben uns schon gezeigt, daß ein statisches Anzeigen mit den Fingern, das sich auf die beiden Endpunkte des Modells, also

auf den Zwischenraum bezieht, der sie voneinander trennt, und nicht mehr auf die graphische Bewegung, die sie miteinander verbindet, zu einer Überschätzung dieses Zwischenraums führte. Es kam jetzt also darauf an, das ganze Problem im Hinblick auf das gezeigte Modell kinetisch zu fassen sowie im Hinblick auf die verlangte Reproduktion entweder kinetisch oder statisch.[31] Das Modell bestand in einem Lichtpunkt, der sich 2–3 cm über einem unbeweglichen horizontalen Strich von 15 cm bewegt, der sich in der Mitte der Versuchsanordnung befindet. Die Bahn des Lichtpunktes kann einfach dem unbeweglichen Strich folgen (Abb. 2 unter *A*), vor ihm beginnen oder in verschiedener Weise über ihn hinausgehen (*B* bis *F* und *D2*, *D3*), und zwar nach einheitlichen Verschiebungen von 5 cm. Der Lichtpunkt bewegt sich von links nach rechts, außer in *D2* und *D3*; außerdem überquert er einen vertikalen Strich von 4 cm. Die unbeweglichen Striche sind auf ein Milchglas gezeichnet, hinter dem sich der Lichtpunkt bewegt, der auf dem Schirm nur zusammen mit dem Vergleichs-Strich sichtbar ist.
Man stellt dem Kind gleich nach dem Vorbeiziehen des Lichtpunktes die drei folgenden Fragen (zu jeder Frage wird der Durchgang wiederholt): 1. mit beiden gleichzeitig erhobenen Zeigefingern sollen die Endpunkte der von dem Licht durchlaufenen Bahn gezeigt werden; 2. der Ausgangs- und dann der Endpunkt sollen einzeln gezeigt werden; 3. soll die Bahn des Lichtpunktes mit dem Finger (auf dem Milchglas) reproduziert werden. Die Versuche A–F werden in einer systematisch variablen Reihenfolge durchgeführt, und zwar nach einer vor-

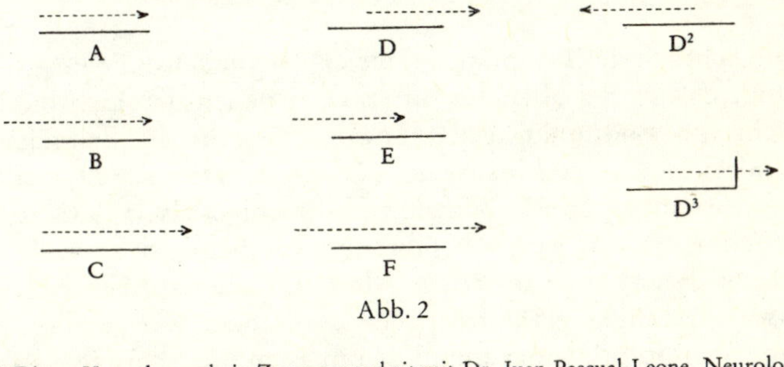

Abb. 2

31 Dieser Versuch wurde in Zusammenarbeit mit Dr. Juan Pascual-Leone, Neurologe und Psychologie-Assistent, durchgeführt.

hergehenden Übung an beliebigen Bahnen; die Versuche *D2* und *D3* sind getrennt davon zur Kontrolle unternommen worden.

Nach Versuchen mit etwa hundert Versuchspersonen von 5 bis 9 Jahren können wir die folgenden Tatsachen als besonders instruktiv festhalten. Zunächst einmal war kein Unterschied zwischen den Antworten auf die drei Arten von gestellten Fragen festzustellen; dieses Resultat zeigt also, daß sich die statische Anzeige der Bahnlänge mit den Fingern nicht von dem Fingerstrich entfernt, wenn das Modell beweglich ist (Länge einer Bahn), und nicht statisch (Länge eines Strichs): die Grenzeffekte erscheinen also unabhängig von Bewegungen der Versuchsperson wieder, sobald es sich darum handelt, eine Bahn mit festen Bezugspunkten zu vergleichen.

Die Grenzeffekte sind dieselben (und das ist das zweite wichtige Ergebnis) in diesen gestischen Bildern mit beweglichen Modellen und in den vorher untersuchten Situationen. Hier nun die Reaktionen auf die Versuche *A–F* und *D2–D3* in bezug auf Anfangspunkte (*I*) und Endpunkte (*T*):

Tabelle 11: Prozentsatz der richtigen Reaktionen bei den Reaktionen zu den Ausgangs- und Endpunkten (in % der Antworten)

	Versuche															
	A		*B*		*C*		*D*		*E*		*F*		*D2*		*D3*	
	I	*T*	*I*	*T*	*I*	*T*	*I*	*T*	*I*	*T*	*I*	*T*	*I*	*T*	*I*	*T*
5 Jahre	87	89	27	89	51	40	9	49	49	25	51	40	26	48	17	20
6–7 Jahre	93	99	31	84	72	50	49	54	46	32	63	55	26	64	67	42
8–9 Jahre	97	96	59	89	88	73	35	90	62	29	79	88	26	84	22	66

Hinsichtlich der Endpunkte *T* verblüfft zunächst die Feststellung, daß es bei allen Versuchen, bei denen der Lichtpunkt nicht am Endpunkt des unbeweglichen Strichs haltmacht, sondern über ihn hinausgeht (*C, D, F, D2* und *D3*) oder diesseits anhält (*E*), Mißerfolge gibt (weniger als 75 % richtige Ergebnisse), und vor 8–9 Jahren, sogar bei dem Versuch *E*, falsche Reaktionen in jedem Alter. Da die richtigen Ergebnisse großzügig gezählt worden sind (man wertet alles als Überschreitung, was zumindest um 1 cm überschreitet, während die objektiven Abstände 5 cm betragen), stellt diese erste

Beurteilung eine recht gute Bestätigung für die Allgemeinheit der Grenzeffekte dar.
Wenn man die Wirkung der Grenze durch das Vorhandensein eines vertikalen Strichs in der Abbildung *D3* verstärkt, verringert man zudem bei jedem Alter die Anzahl der richtigen Reaktionen beim Überschreiten dieser Grenze: 20 % gegenüber 49 bei *d* mit 5 Jahren, 42 % gegenüber 58 mit 6–7 Jahren und 66 % gegenüber 90 bei *d* mit 8–9 Jahren!
Was die Reaktionen an den Ausgangspunkten *I* anbetrifft, so liegen sie im Fall *B* niedriger als die vorhergehenden Reaktionen, hier, wo das Anhalten des Lichtpunktes mit dem Endpunkt der unbeweglichen Linie übereinstimmt, und auch deutlich niedriger im Falle der Abbildungen *D, D2* und *D3* (außer bei 6–7 Jahren zu *D3*), bei denen der Beginn der Lichtbewegung hinter dem Anfangspunkt der Bezugslinie liegt. Dagegen liegen die Erfolge bei *I* über denjenigen von *T* in den Fällen *C* und *E–F* (außer mit 8–9 Jahren bei *F*), und sie sind gleich im Falle *A*.

§ 6. Die gestische Reproduktion geradliniger zusammengesetzter Bewegungen

Wenn schon in den Bildkopien eines unbeweglichen Stabes und sogar in der gestischen Reproduktion einfacher Lichtbahnen systematische Irrtümer auftreten, muß mit noch mehr Schwierigkeiten gerechnet werden, wenn man das Kind auffordert, Bewegungen zu reproduzieren, die zwar immer noch geradlinig und sehr einfach sind, die aber gleichzeitig zwei in Bewegung befindliche Einheiten betreffen. Genau dieses werden wir feststellen, wenn wir die Bildkopien bestimmter Doppelbewegungen in der Form gestischer Nachahmungen untersuchen, sei es in Gegenwart des Modells selbst (in diesem Fall werden wir von Simultanreproduktion sprechen) oder unmittelbar nach dem Anhalten der beweglichen Einheiten. In diesem letzteren Fall werden wir von »Folge-Bildern« (*images de consécution*) sprechen, um nicht den Begriff »konsekutiv« zu gebrauchen; denn die »Konsekutivbilder« (*images consécutives*) haben hier nichts zu suchen und sind übrigens auch keine Bilder im Sinne der inneren Bilder.

Einer aus unserem Kreis hatte schon früher, als er zusammen mit Marc Lambercier Michottes Experimente über die perzeptive Kausalität bei Kindern wiederaufnahm, festgestellt, wie schwer es den jungen Versuchspersonen fiel, beim Verschieben kleiner Würfel die von Michotte verwandten und als »Antrieb« (*entraînement*), »Anstoßen« (*lancement*) und »Auslösen« (*déclenchement*) bezeichneten kinetischen Kombinationen zu reproduzieren. Wir haben zusammen mit A. Etienne die Frage unabhängig von jeder Wahrnehmung der Kausalität systematisch untersucht und uns dabei darauf beschränkt, durch Steuerung von Würfeln (eig. Rechtecken; »plots«) bestimmte kinetische Sequenzen nachahmen zu lassen, die ebenfalls mit Hilfe von in verschiedener Bewegung befindlichen »plots« vorgeführt wurden.

Zwei Würfel von 1 cm^3 (rot und blau) werden auf Bahnen von 75 cm Länge mittels eines aus Fäden bestehenden Systems entlang dem oberen Rand einer Wand, die die Tätigkeit des Steuerns verdeckt, bewegt. Das Kind, das die Bewegungen beobachtet und sich dabei gegenüber dem Mittelpunkt der Bahn befindet, hat einen großen Tisch vor sich und verfügt über zwei Würfel, die den vorhergehenden gleichen. Seine Aufgabe besteht darin, die von den Modellwürfeln, genannt »Autos«, durchlaufenen »Wege« so genau wie möglich nachzufahren.

Einige vorangehende Übungen mit Hilfe irgendwelcher beliebiger Bahnen (insbesondere bei Drei- und Vierjährigen) sind unerläßlich, um sicher zu sein, daß das Kind wirklich versucht, die »Wege«, die es wahrnimmt, zu kopieren.

In einer anfänglichen Technik waren die Ausgangs- und Ankunftspunkte sichtbar, und man behalf sich so, daß man das Ganze mit einem großen Blatt abdeckte, sobald der bewegliche Gegenstand angehalten worden war. Aber einerseits hinderte das die Kleinen nicht daran, sich beinahe ausschließlich, der allgemeinen Regel folgend, auf die Ankunftspunkte zu konzentrieren. Andererseits hinderte es, Vergleiche zwischen simultanen und konsekutiven Kopien, über die wir noch sprechen werden, zu ziehen. Die endgültige Technik bestand also darin, eine Bahn zu zeigen, die an beiden Enden mit Sichtblenden versehen war: der Ankunftspunkt ist also immer unsichtbar, und der Ausgangspunkt ebenfalls, wenn die Bewegung nicht in der Mitte der Bahn beginnt (in diesem Fall haben wir manchmal zusätzlich eine Sichtblende in der Mitte verwendet). Wenn manche Reproduktionen indes allzu abweichend erschienen, hat die Versuchsleiterin den Versuchspersonen die Ausgangspunkte für die beiden Würfel, die zur Reproduktion bestimmt sind, grundsätzlich angegeben.[32] In den meisten Fällen konnte das Kind seine Irrtümer

32 Spätere Kontrollen haben gezeigt, daß diejenigen, denen die Kopien gut gelangen, das auch ohne diese Hilfe erreichten und daß die, die bei freier Ausgangsposition scheiterten, auch mit vorgeschriebener Ausgangsposition scheiterten. Die Vorsichtsmaßnahme war also unnötig, die Schwierigkeiten der Kopie für die Versuchspersonen werden dadurch jedoch um so bemerkenswerter.

korrigieren, und auf die mißlungenen Kopien folgten neue Versuche. Das Kind wurde aufgefordert zu beschreiben, was es gesehen und gemacht hat, und im Falle einer fehlerhaften Kopie hat man oft die Kopie des Kindes in kurzem Zeitabstand nach dem Modell reproduziert, damit es angeben konnte, ob die Kopie übereinstimmend war oder nicht (in diesem Fall hat man zur Vorsicht eine dritte Person teilnehmen lassen, damit die Versuchsperson nicht nach den Kriterien »richtig« oder »falsch« urteilen sollte, als ob das Ganze von der gewohnten Versuchsleiterin reproduziert worden wäre).
Die Modelle, die mit Hilfe dieser Technik vorgelegt wurden, waren die folgenden:

1. Anstoßen: der rote Würfel erscheint auf der linken Seite und trifft im Mittelpunkt auf den unbeweglichen blauen Würfel, der sich dann, nachdem der rote Würfel zum Stillstand gebracht worden ist, nach rechts bewegt (mit einer Sichtblende in der Mitte, da sich das Experiment nicht auf die Kausalität oder den Zusammenstoß bezieht, sondern auf die Reproduktion der Bewegungen).
2. Antrieb: Der rote kommt von links, trifft im Zentrum auf den blauen und setzt zusammen mit ihm seine Bewegung fort, wobei der blaue vor ihm liegt (Sichtblende im Mittelpunkt).
3. Symmetrie: Der rote kommt von links, während der blaue von rechts kommt; sie treffen sich in der Mitte und bewegen sich in umgekehrter Richtung wieder zurück (Sichtblende in der Mitte).
4. Überholen: Der rote folgt dem blauen zwischen dem rechten Rand und dem Mittelpunkt, überholt ihn hinter der Sichtblende und läuft ihm zwischen der Mitte und dem linken Rand voraus.
5. Kreuzung: Der rote kommt von links, während der blaue von rechts kommt; sie kreuzen sich hinter der Sichtblende in der Mitte und setzen ihren jeweiligen Weg fort.
6. Anstoßen ohne Sichtblende im Mittelpunkt: wie bei 1, aber alles ist sichtbar außer an den Endpunkten.
7. Anstoßen mit Rückkehr des roten: der rote kommt von links, trifft im Mittelpunkt auf den blauen, der von rechts kommt, während der rote nach links zurückkehrt (ohne Sichtblende in der Mitte).
8. Antrieb wie in 2, aber ohne Sichtblende in der Mitte.
9. Überholen wie in 4, aber ohne Sichtblende in der Mitte.
10. Kreuzung wie in 5, aber ohne Sichtblende in der Mitte.
11. Anstoßen mit Rückkehr des roten wie in 7, aber der rote kehrt erst zu seinem Ausgangspunkt zurück, wenn der blaue wieder zu seinem Ankunftspunkt gelangt ist.
12. Doppelte Kreuzung, ohne Sichtblende in der Mitte und mit umgekehrtem Weg eines jeden Würfels, sobald die Endpunkte erreicht sind (also zwei Hin- und Rückfahrten).

Schließlich sind zusätzliche Techniken angewandt worden, insbesondere, um ein motorisches Modell (die Hände des Kindes, die die Würfel halten, werden von dem Versuchsleiter geführt) und eine rein motorische Imitation (ein Vorhang schließt visuelle Kontrolle aus) vergleichen zu können oder um simultane Kopien mit unmittelbar konsekutiven Kopien (wie denen unter 1–12) vergleichen zu können.

I. – Zunächst ist zu untersuchen, welches der anfängliche Schwierigkeitsgrad der zwölf gezeigten Modelle ist, die zunächst bei 15 vierjährigen Kindern erprobt wurden. Die Tabelle 12 gibt den Durchschnitt der richtigen Ergebnisse beim ersten Durchgang eines jeden Versuchs sowie bei der Gesamtheit der Durchgänge an; die Versuche sind nach ihrem Erfolgsrang beim ersten Durchgang angeordnet:

Tabelle 12: Richtige Ergebnisse der Reproduktion mit 4 Jahren (in % Antworten)

Versuche	1	2	3	4	5	6
1. Durchgang	13	50	77	27	50	7
gesamt	33	58	85	36	58	43
Rangordnung der Versuche	XI	V (=VI)	I	VIII	VI (=V)	XII

Versuche	7	8	9	10	11	12
1. Durchgang	15	62	36	73	22	67
gesamt	30	70	63	82	55	84
Rangordnung der Versuche	X	IV	VII	II	IX	III

Einige Ergebnisse lassen sich deutlich von dieser Tabelle ablesen:

1. Abgesehen von der Kreuzung, die mit Sichtblende in der Mitte auf Erfolgsrang V–VI und auf Rang II ohne diese Sichtblende steht, stellt man zunächst fest, daß dieselben Versuche mit oder ohne Sichtblende in der Mitte Ergebnisse unmittelbar benachbarten Ranges ergeben: Rang XI für das Anstoßen mit Sichtblende und Rang XII für das Anstoßen ohne Sichtblende; Rang V–VI bzw. IV für den Antrieb und Rang VIII bzw. VII für das Überholen mit oder ohne Sichtblende. Diese dicht beieinander liegenden Ergebnisse erlauben also, eine allgemeine Ordnung für die Gesamtheit der Versuche aufzustellen:

2. Die Modelle, die am leichtesten reproduziert wurden, sind also deutlich diejenigen, die eine Symmetrie enthalten, entweder eine einfache (3), oder in Form einer Kreuzung (5), oder sogar einer doppelten Überkreuzung (12): Rang I, II und III (ausgenommen, wie wir sahen, die Kreuzung mit Sichtblende: Rang V–VI).

3. Es folgen die beiden Modelle des Antriebs (2 und 8): Ränge V–VI bzw. IV.
4. Hiernach erst kommt das Überholen (4 und 9): Ränge VIII bzw. VII.
5. Die schwierigsten Modelle sind schließlich diejenigen des Anstoßes (1, 6, 7 und 11) mit den Rängen IX bis XII, wobei aber das Anstoßen mit Rückkehr des roten Würfels, ein Modell, das eine teilweise Symmetrie enthält, interessanterweise vorne liegt (7 und 11: Rang X bzw. IX).

Das Hauptproblem, das diese Fakten aufwerfen, besteht nun darin, zu untersuchen, ob diese hierarchische Ordnung nur von der objektiven Kompliziertheit der Modelle abhängt (in dem Sinne, daß die Kopie eines Fünfecks weniger leicht als die eines Quadrats ist) oder ob sie darauf zurückzuführen ist, daß sich zwischen das Modell und die nachahmende Kopie eine Art von Vor-Bild einschiebt, das aus der Assimilation des äußeren Modells mit irgendeinem inneren Modell entsteht und den auszuführenden Gesten als Antizipationsplan dient. Wenn sich nun – verglichen mit dem Antrieb – die größere Schwierigkeit des Überholens sicherlich durch die Kompliziertheit erklären läßt, die die Umkehrung der Anordnung im Gegensatz zu der Einfachheit einer konstanten Ordnung (der rote Würfel unmittelbar hinter dem blauen) mit sich bringt, so erinnert die Einfachheit der Symmetrien, sogar in dem komplizierten Falle einer doppelten Kreuzung (Rang III), an die prägnantesten senso-motorischen Pläne (überkreuzende Bewegung der Arme, Synkinesien, usw.), die sogenannten »guten motorischen Formen«.

In diesem Fall taucht ein vorgängiges Problem auf, das uns schon mit Lambercier bei der Wiederaufnahme der Experimente von Michotte mit kleinsten Kindern beschäftigt hatte: hängen die Schwierigkeiten bei der Reproduktion asymmetrischer Bewegungspaare, wie das Anstoßen, und die Prägnanz der symmetrischen Paare mit perzeptiven oder mit motorischen Ursachen zusammen? Im Hinblick auf das, was uns hier beschäftigt, nämlich das Bild als interiorisierte Nachahmung, die die effektive Nachahmung verlängert, ist die Frage übrigens weniger dringlich; wenn es sich nämlich um perzeptive Ursachen handelt, können sie nur mit Schwierigkeiten des Erfassens (*exploration*) und nicht mit Feldwirkungen zusammenhängen: das Erfassen einer komplizierten Form durch Bewegungen der Augen, die ihren Konturen folgen, stellt einen besonderen Fall der Nachahmung im weiteren Sinn dar. Für uns geht es also darum festzustellen, ob die Vor-Bilder, die möglicherweise bei den beobachteten Sachverhalten mitwirken, abhängen: 1. von einer guten visuellen

Nachahmung (= Erfassen) der Modelle, die aber durch die gestische Nachahmung inadäquat übertragen wird; 2. von einer inadäquaten visuellen Nachahmung oder Exploration, die sich unverändert durch die gestische Nachahmung ausdrückt; oder 3. von einer visuellen und einer gestischen Nachahmung, welche dem äußeren Modell gegenüber inadäquat sind, weil sie nach denselben Gesetzen miteinander koordiniert sind.[33]

Beim Versuch, diese beiden Probleme zu lösen, werden wir vier verschiedene Untersuchungen vornehmen: die der Fehler, die Untersuchung der Entwicklung mit dem Alter, dann den Vergleich der positiven Ergebnisse mit visueller Wahrnehmung und taktilokinästhetischer Wahrnehmung, und schließlich den Vergleich der simultanen mit der konsekutiven Nachahmung.

II. – Eine erste frappierende Tatsache ist die, daß 60 % der Versuchspersonen Fehler begangen haben, die darin bestanden, in die Reproduktion einer oder mehrerer Modelle symmetrische Bewegungen einzuführen, in denen diese nicht enthalten waren. Nun war der Versuch, der am besten gelungen war, der Versuch 3, der zwei Phasen symmetrischer Verschiebungen aufweist und der für die Wahrnehmung ziemlich komplex erscheint (mehrere Erwachsene haben darauf hingewiesen, daß man das Modell mit einer Kreuzung verwechseln könne, wenn man die Identität des roten und des blauen Würfels beim Eintritt und beim Verlassen der Sichtblende nicht aufmerksam verfolgt, was eine gewisse Schwierigkeit für das Kind bedeutet). Muß also angenommen werden, daß die Versuchsperson diese doppelte Symmetrie 3 schlecht wahrnimmt, aber dadurch reagiert, daß sie, ohne die Übereinstimmung zu bemerken, eine richtige motorische Form hervorbringt, die tatsächlich ihre exakte Kopie darstellt? Oder muß man annehmen, daß sie sehr wohl die Symmetrien wahrnimmt, und zwar der Konvergenz zwischen den Symmetrien wegen, die zwischen den Augenbewegungen (deren Hin und Her zur Symmetrie tendiert) und den richtigen gestischen motorischen Formen bestehen? Nun sind drei Dinge im Vergleich aufschlußreich:

a) Eine einzige Versuchsperson hat die doppelte Symmetrie

33 Wir erinnern daran, daß A. Rey bei seinen Versuchen zur Repräsentation einer Fingerbewegung, die eine Figur zeichnet (sie wurden in der Einleitung zitiert), okulomanuelle Koordinationen unterschiedlicher Komplexität beobachtet hat.

(3) mit einer Kreuzung mit Sichtblende (5) verwechselt, während die Erwachsenen auf die Möglichkeit dieser Verwechslung hinwiesen; b) die Unterscheidung zwischen der doppelten Symmetrie 3, der Kreuzung ohne Sichtblende und der doppelten Kreuzung gelingt im Durchschnitt, da die drei Versuche den Ergebnisrang I, II und III haben (die in % dicht beieinander liegen); c) dagegen haben 42 % der Versuchspersonen beim Versuch der Kreuzung mit Sichtblende (5) diese einer doppelten Symmetrie (3) angeglichen (was den weniger guten Rang V–VI der Ergebnisse bei diesem Versuch 5 erklärt). Bis auf weiteres scheint es also, daß die Symmetrie 3 relativ gut wahrgenommen wird und daß dagegen die Kreuzung mit Sichtblende (5) in der Wahrnehmung schlecht strukturiert ist, da die Überkreuzung ohne Sichtblende (10) den Rang II erhält.

Wenn wir nun zur zweiten Ergebnisstufe kommen, das heißt zu den zwei Modellen des Antriebs 2 und 8 (Rang V–VI und IV), stellen wir fest, daß es sich um Sequenzen handelt, die für die Wahrnehmung leicht zu strukturieren sind, da eine einheitliche Richtung vorliegt, eine Polarisation des roten Würfels gegenüber dem blauen Würfel, der zunächst unbeweglich in der Mitte liegt, und da kein Wechsel in der Reihenfolge auftritt. Nichtsdestoweniger ergibt der Antrieb ohne Sichtblende nur 62–70 % richtige Ergebnisse, und mit Sichtblende 50–58 %. In diesem letzteren Fall bestehen die Irrtümer vorwiegend darin, daß das Antreiben durch ein Ziehen ersetzt wird (17 %); was sicher mit einer Interpretationsanalogie zusammenhängt, die durch die Sichtblende begünstigt wird (die man aber manchmal auch ohne sie antrifft). Andere Irrtümer führen uns wieder zur Symmetrie zurück, und sie ist es, die bei den Mißerfolgen beim Antrieb ohne Sichtblende vorherrscht (15 %). Wir stehen nun wieder vor unserem Problem: hängt dieses Vor-Bild, das die Reproduktion verfälscht, von perzeptiven oder von motorischen Faktoren ab, oder von beiden zugleich? Einige Versuchspersonen beginnen damit, beim ersten Durchgang eine Symmetrie herzustellen, korrigieren sich dann aber spontan beim nächsten: in diesem Fall ist die Annahme erlaubt, daß eine so schnell korrigierte Wahrnehmung von Anfang an hätte korrekt sein können und daß der Fehler auf einer falschen motorischen Steuerung beruht (das heißt auf einer Assimilation an den motorischen Plan, der am leichtesten auszuführen ist), die vielleicht durch Zerstreutheit begünstigt wird. Aber in anderen Fällen beharrt die Versuchsperson auf ihrer Lösung, und es gelingt ihr nur mit Mühe, ihre eigene Bewegung, die man vor ihr reproduziert, von der Modellbewegung zu unterscheiden. Man könnte also sagen, daß der Fehler auf der Schwierigkeit beruht, das in ein adäquates Bild zu übersetzen, was richtig wahrgenommen wurde; wobei das Nichtvorhandensein dieses Bildes die motorische Nicht-Reproduktion erklärt. Nur ist das dieselbe Lösung: das ungenügend ausgearbeitete Bild ist als gelungener oder mißlungener Nachahmungsentwurf eben nur ein Vor-Bild. Der Nachahmungsfehler kann mit den Augenbewegungen beginnen, die das Vor-Bild zu erfassen versuchen, er kann aber auch mit der gestischen Kopie allein oder mit beiden Faktoren gleichzeitig zusammenhängen. In dem Maße, wie es einer Versuchsperson nur schwer gelingt, ihre Kopie von dem Modell zu unterscheiden, scheint es vernünftig, an diese dritte Lösung zu denken, was natürlich nicht ausschließt, daß dieselbe kinetische Gestalt, auf einer Strecke von 15–22 cm gezeigt, zu einer viel leichteren Strukturierung als bei einer Strecke von 75 cm führen könnte.

Die Versuche mit dem Überholungsmodell (9 und 4, Rang VII und VIII) führen zu einer Mehrzahl von Irrtümern durch Vereinfachung, wobei der Wechsel in der Reihenfolge zugunsten eines gleichmäßigen und manchmal sogar unbedeutenden Abstandes unter den Tisch fällt.

Was die vier Versuche mit dem Modell des Anstoßens anbetrifft (1, 6, 7 und 11, Rang IX und X mit Rückkehr des roten Würfels, und XI und XII für das einfache Anstoßen), so versteht sich von selbst, daß das Anstoßen mit Rückkehr (7 und 11) zu Fehlern im Sinne einer vollständigen Symmetrie führen kann: das ist der Fall bei 54 % der Versuchspersonen bei Versuch 7, dessen Phase II tatsächlich symmetrisch ist, und bei 22 % bei Versuch 11, wo der rote erst nach Anhalten des blauen Würfels zu seiner Ausgangsstellung zurückkehrt. Die anderen Fehler bestehen in Vereinfachungen (Weglassen einer Phase) oder in willkürlichen Gestaltveränderungen (schrittweise Verschiebung in irgendeine Richtung). Die individuelle Untersuchung dieser Fehler erlaubt, verschiedene Stufen zu unterscheiden, deren extreme Fälle die zwei folgenden sind: a) Unzulänglichkeit der perzeptiven Strukturierung, und zwar derart, daß es der Versuchsperson nicht gelingt, das Modell von ihren Kopien zu unterscheiden, wenn man sie vor ihr reproduziert (das ist insbesondere der Fall bei den Fehlern durch willkürliche Veränderungen, aber manchmal sogar bei den vollständigen Symmetrien); b) korrekte Wahrnehmung, aber Fehlen der Koordinierung mit der Motorik (das ist insbesondere der Fall bei Fehlern, die durch Symmetrisierung oder Vereinfachung entstanden sind, wobei sich das Kind in der Folge korrigieren oder auf seinem Fehler beharren kann, obgleich es seine Kopie vom Modell unterscheidet, oder auch die Unterscheidung am Anfang treffen kann, danach aber nicht mehr dazu imstande ist). Was die Modelle des Anstoßes ohne Rückkehr (1 und 6) anbetrifft, so lassen sich die wenigen Erfolge beim ersteren weder durch das Vorhandensein einer zentralen Sichtblende noch durch die Tatsache erklären, daß es das erste der zwölf gezeigten Versuche darstellt, da die Erfolge beim zweiten (6) noch geringer sind (Rang XII). Die häufigsten Fehler sind die Veränderung der zeitlichen Reihenfolge (20 und 22%), die Einführung von zwei symmetrischen Phasen oder von Kreuzungen (22%), der Richtungswechsel bei einem der beweglichen Elemente, was Halb-Symmetrien nach sich ziehen kann (73 und 17%), und verschiedene willkürliche Komplikationen. Hier zeigt der Vergleich zwischen den Modellen und den vor dem Kind reproduzierten Kopien eine Skala verschiedener Reaktionen von der Unzulänglichkeit der perzeptiven Strukturierung (Unfähigkeit, das Modell von der falschen Kopie zu unterscheiden) bis hin zur fehlenden Koordinierung zwischen der exakten Wahrnehmung und der Motorik.

III. – Bevor wir zur Entwicklung entsprechend dem Alter kommen, wollen wir noch einen Vergleich mitteilen, den wir an zehn Kindern zwischen 3;2 und 5;4 Jahren zwischen der Reproduktion nach taktilo-kinästhetischer Wahrnehmung und nach visueller Wahrnehmung vorgenommen haben.

In einem ersten Teil des Experimentes schiebt das Kind seine Hände unter einen Schirm, ergreift mit der Hand, zwischen Daumen und Zeigefinger, einen Würfel, und der Versuchsleiter führt die Bewegungen aus, indem er die Hände der Versuchsperson führt. Danach wird diese aufgefordert, mit den Würfeln die Bewegungen zu reproduzieren, die sie gerade in taktilo-kinästhetischer Weise wahrgenommen hat, und sie reproduziert sie ebenso hinter dem

Schirm, also ohne visuelle Kontrolle. In dem zweiten Teil des Experimentes nimmt das Kind die Bewegungen visuell wahr und reproduziert sie wie in den vorhergehenden Versuchen (siehe die Technik am Anfang des Abschnittes).[34] In einem dritten Teil, der je nach den Versuchspersonen veränderlich ist, reproduziert der Versuchsleiter den Fehler mit dem Kind, den es u. U. gemacht hat, und zwar unter dem Schirm und indem er seine Hände führt. Dann zeigt er ihm visuell auf der gewöhnlichen Vorrichtung sowohl diese fehlerhafte Kopie als auch das entsprechende Modell, wobei er das Kind fragt, welche dieser beiden visuellen Sequenzen der taktilo-kinästhetischen Sequenz gleicht.

Die angewandten Sequenzen waren folgende:

1. Der rote Würfel kommt von links, bewegt sich bis zur Mitte, wo er auf den blauen Würfel trifft, den er bis zur rechten Seite mitnimmt;
2. der rote kommt von links. Er trifft den blauen im Zentrum, und dieser setzt den Weg nach rechts fort (Anstoßen);
3. einfache Kreuzung (über die ganze Strecke);
4. der blaue bewegt sich von rechts zum Mittelpunkt, während der rote vom Zentrum kommt und sich nach links bewegt;
5. Überholung;
6. Anstoßen mit Rückkehr des roten, während sich der blaue vom Mittelpunkt nach rechts bewegt;
7. Symmetrie (vgl. 3 der vorhergehenden Serie, aber ohne Sichtblende im Mittelpunkt).

Es ist unnötig, die positiven Ergebnisse im einzelnen zu spezifizieren, da wir unter IV wieder auf sie stoßen werden. Das Interesse dieses Versuchs besteht darin, die Beziehungen zwischen den taktilo-kinästhetischen Ergebnissen und den visuellen Ergebnissen herzustellen, indem man diese Wechselbeziehungen bei allen Durchgängen zusammen ausrechnet, die Fälle ausgenommen, bei denen ein unmittelbar positives Ergebnis in der einen Serie und nur ein fortschreitend positives Ergebnis in der anderen vorliegt. Errechnet man im Hinblick darauf den Durchschnitt der Versuche insgesamt, so erhält man:

50 % positive Ergebnisse bei den beiden Serien;
12 % negative Ergebnisse bei den beiden, aber mit denselben Fehlern in beiden Fällen;
2 % negative Ergebnisse bei den beiden Serien, aber mit verschiedenen Fehlern;
24 % hervorragende Reproduktion in der taktilo-kinästhetischen Serie;
12 % hervorragende Reproduktion in der visuellen Serie.

34 Zwischen den einzelnen Teilen liegen jeweils 14 Tage Zwischenraum.

Insgesamt haben wir also 62 % klare Übereinstimmung zwischen den beiden Serien und 36 % deutlichen Unterschied in der einen oder in der anderen Richtung. Die Symmetrien und die Kreuzungen haben in beiden Fällen eine Vorzugsstellung, und der Antrieb fällt besser in der taktilo-kinästhetischen Reihe aus als in der visuellen. Anstoßen führt in beiden Fällen zu analogen Fehlern. Im ganzen scheint ein leichter Vorsprung der taktilo-kinästhetischen Reihe vor der visuellen gegeben zu sein, wobei unter anderem berücksichtigt werden muß, daß die zweite notwendigerweise an zweiter Stelle kommt und infolgedessen von der Möglichkeit nicht einer Erinnerung, aber trotz der Unterbrechung von 14 Tagen, einer Einübung profitiert.

IV. – Um jetzt die Entwicklung der kinetischen Reproduktionen mit dem Alter zu untersuchen, haben wir sechs der sieben vorhergehenden Versuche beibehalten (indem wir das Überholen ausließen, dessen Wechsel in der Reihenfolge einen besonderen Faktor darstellen kann) und bei der visuellen Serie die (übrigens wenig nützliche) Hilfe weggelassen, die darin bestand, die Ausgangspunkte festzulegen, so daß die beiden Serien homogener geworden sind. Zehn Versuchspersonen sind pro Alter von 4, 5 und 6 Jahren untersucht worden, und zwar mit einer Unterbrechung von 14 Tagen zwischen der taktilo-kinästhetischen und der visuellen Reihe.

Tabelle 13: Positive Ergebnisse (in % der Versuchspersonen) bei den taktilo-kinästhetischen (I) und den visuellen (II) Versuchen

	4 Jahre (*N*=10)				5 Jahre (*N*=10)				6 Jahre (*N*=10)			
	I		II		I		II		I		II	
	unm.	endg.	unm.	endg.	unm.	endg.	unm.	endg.	unm.	endg.	unm.	endg.
1'	0	30	10	30	20	30	40	60	20	80	40	60
2'	10	10	10	20	10	40	20	60	40	70	80	80
3'	70	80	40	50	100	100	90	100	100	100	100	100
4'	60	70	20	30	50	70	50	80	90	90	90	100
6'	0	10	10	10	10	30	70	90	40	60	80	90
7'	80	100	60	60	70	80	80	80	50	70	90	100
Durchschnitt	36,6	50,0	25,0	33,3	43,3	58,3	58,3	78,3	56,6	78,3	80,0	88,3

Diese Tabelle gibt die positiven Ergebnisse pro Versuch an, und zwar a) die unmittelbaren, und b) die spontanen Korrekturen bei der Wiederholung, ohne irgendeine andere Erleichterung als diese letztere (die beiden Fälle a) und b) werden in der Tabelle durch die Abkürzungen »unm.« bzw. »endg.« symbolisiert).

Die Ergebnisse dieser Tabelle, die zu dem hinzukommen, was wir unter III gesehen haben (es handelt sich nicht um dieselben Versuchspersonen bei den 4–5jährigen), zeigen also, daß die taktilo-kinästhetische Reihe mit 4 Jahren der visuellen im Verhältnis von 4 zu 3 überlegen ist, während die visuelle Reihe im Alter von 5 Jahren im selben Verhältnis die Oberhand gewinnt, und zwar mit der Tendenz zum Ausgleich im Erfolg ab 6 Jahren.

Diese Umkehrung ist zunächst aufschlußreich, was die Wahrnehmungsfaktoren anbetrifft (das visuelle Erfassen, das die Bahn der kinetischen Figur in einer Art okulo-motorischer Nachahmung verfolgt), bzw. die motorischen Faktoren (motorische Reproduktion, die die wahrgenommene kinetische Figur nachahmt) und die Rolle beider Faktoren in den Lücken des Vor-Bildes, das die Kopie antizipiert, oder in deren positiven Ergebnissen bei den symmetrischen Formen. Wenn tatsächlich die taktilo-kinästhetischen Wahrnehmungen mit 4 Jahren zu einer besseren motorischen Reproduktion führen als die visuellen Wahrnehmungen, so scheint das zu beweisen, daß entweder die visuellen Strukturierungen in diesem Alter unzureichend sind oder daß eine Inkoordination zwischen dem Sehen und der gestischen Motorik besteht. Aber da mit 5 Jahren statt eines unmittelbaren Ausgleichs das Verhältnis sich umgekehrt hat, muß in der visuellen Strukturierung und nicht nur in der visogestischen Koordination ein Fortschritt eingetreten sein, denn andernfalls müßte man in der taktilo-kinästhetischen Reihe, die direkt von der gestischen Motorik abhängt, denselben Fortschritt verzeichnen. Diese Tatsachen sprechen für eine unzureichende visuelle Strukturierung bei den 4jährigen Kindern, was natürlich die anderen Faktoren nicht ausschließt.

Allgemeiner gesprochen scheinen uns diese Tatsachen der These eines Mitglieds unseres Kreises zu entsprechen, die sich unter anderem auf Michottes perzeptive Kausalität bezieht und nach der sich die visuelle Wahrnehmung der Kausalität auf dem Weg der Assimilation aus der taktilo-kinästhetischen Wahrnehmung eben dieser Kausalität ableiten ließe.[35] Es ist tatsächlich sehr wahrscheinlich, daß sich eine große Anzahl perzeptiver Strukturierungen beim Kind in einem Kontext zunehmender Koordination zwischen den taktilo-kinästhetischen und den visuellen Registern entwickeln (beginnend ohne Zweifel mit der Konstanz der Formen und Größen) und daß die Unabhängig-

35 In der Antwort, die er uns freundlicherweise hat zukommen lassen (»Théorie de la causalité phénoménale. Nouvelles perspectives«, in: *Causalité, permanence et réalité phénoménales*, Löwen 1962), bezeichnet Michotte die Frage als offen, da direkte Beweise fehlen, und verlangt neue indirekte Indizien. Hier liegt eines vor, wie wir glauben!

keit der visuellen Reihe erst spät da ist; es muß erst ein ganzes Erbe aus der taktilo-kinästhetischen Erfahrung erworben worden sein. Die vorliegenden Tatsachen scheinen zu zeigen, daß dieser Vorgang bis hin zur Ausbildung der Vor-Bilder von Einfluß ist, was einmal mehr das auffallende positive Ergebnis (siehe Tabelle 13) der Kreuzungen (3') und der Symmetrien (7') erklärt.

V. – Es bleibt uns noch der Vergleich der Reproduktionen, die wir »simultane« nennen wollen, und die man durch schrittweise Kopie während des Ablaufs des kinetischen Versuchs selbst erhält, mit den konsekutiven Reproduktionen, die man (wie bisher) erhält, sobald die Vorführung des Modells beendet ist. Die Tabelle 14 liefert die bei den 6 Versuchen der Tabelle 13 erhaltenen Gesamtergebnisse (mit sichtbarer Vorführung):

Tabelle 14: Vergleich der positiven Ergebnisse bei den simultanen und den konsekutiven Reproduktionen (in % der Antworten)[36]

	simultane Reproduktion		konsekutive Reproduktion	
	unm.	endg.	unm.	endg.
3 Jahre (*N*= 7)	38	64	0	0
4 Jahre (*N*=21)	64	81	15	35
5 Jahre (*N*=12)	77	97	58	93
6 Jahre (*N*=10)	100	100	80	100

Der große Unterschied zwischen den beiden Reproduktionstypen besteht darin, daß die sogenannte konsekutive Kopie, die man gleich nach Beendigung der Bewegungen erhält, deren Gesamtgestalt wiederherstellen muß, während sich die simultane Reproduktion Schritt für Schritt noch vor Beendigung der Vorführung vollzieht (ohne also eine perzeptive Gesamtstrukturierung zu verlangen). An der Verringerung des Abstandes zwischen den beiden Reproduktionen bemißt sich also in gewisser Weise der Fortschritt bei der Herstellung des Bildes vom Vor-Bild aus: nun sieht man, daß dieser Abstand, im Alter von 3 und 4 Jahren noch beachtlich, mit 5 Jahren kleiner wird und mit 6 Jahren beinahe ganz verschwindet, und

36 Wie erinnerlich, entspricht die Spalte »unmittelbar« den Reaktionen vor jeder Verbesserung, und die Spalte »endgültig« dem Resultat sämtlicher wiederholter Durchgänge samt den möglichen spontanen Korrekturen.

zwar in einer recht frappanten Korrelation mit der Umkehrung der Relationen zwischen dem Taktilo-Kinästhetischen und dem Visuellen, wie es die Tabelle 13 verdeutlicht.

§ 7. Die gestische Reproduktion von Kurven-Bewegungen (konsekutiv)

Da sich die vorhergehende Untersuchung nur auf geradlinige Bewegungen bezog, war es angezeigt, parallel auch die Reproduktion von Kurven-Bewegungen zu untersuchen. In Wahrheit sind wir erst spät auf diesen Gedanken gekommen; aber als wir untersuchten, in welcher Weise Kinder von 4 bis 8 Jahren sich die Bahn von drei Perlen auf einem Stab vorstellen, der Drehungen von 180° und 360° unterworfen wird (siehe Kap. IV, § 8), sind wir auf solche Schwierigkeiten gestoßen (nur 6 bis 22 % positive Ergebnisse mit 7 Jahren, nach den Techniken wie in Tabelle 61 bis 63), und die Versuchspersonen von 4 bis 6 Jahren haben derart seltsame Figuren geliefert (gerade Linien, halbe Quadrate, irgendwelche Krümmungen; vgl. Tabelle 64), und das, obgleich 62 % von ihnen mit 4½ Jahren den Wechsel in der Reihenfolge der Perlen durchaus begriffen, daß wir uns gefragt haben, ob auf diesen Altersstufen vielleicht eine systematische Schwierigkeit bei der Vorstellung gebogener Bahnen vorliegt. Daher die vorliegende Untersuchung, die uns in dieser Hinsicht Gewißheit geben wird; dabei werden gewisse Tatsachen deutlich, die nicht übersehen werden dürfen.[37]

Das Material besteht aus einem Holzrahmen, ausgestattet mit einer horizontalen Achse und vier Metalldrähten mit verschiedenen Krümmungen (Abb. 3). Entlang diesen Drähten lassen sich drei kleine Objekte von verschiedener Form und Farbe mit Hilfe von Stäben bewegen (ein rotes Oval, ein blaues Dreieck und ein gelber Kreis). Das Ganze ist hinter einer Milchglasscheibe aufgebaut, so daß das Kind nur die Achse und die beweglichen Objekte, nicht aber die starren Drähte sehen kann. Die Versuchsperson hat drei gleichartige Objekte (ebenfalls mit Stäben) bei sich, und die Aufgabe besteht einfach darin, die Bewegungen, die gerade wahrgenommen worden sind, selbst auf dem Schirm nachzuvollziehen.

37 In Zusammenarbeit mit E. Schmid-Kitsikis.

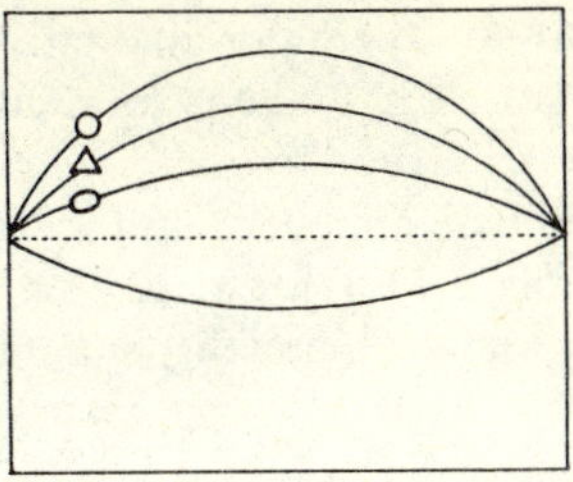

Abb. 3

Da man zwei oder sogar drei Objekte gleichzeitig bewegt, kommen zwei Reproduktionsweisen zur Anwendung: a) die *sukzessive*, wenn das Kind ein Objekt nach dem anderen verschiebt; b) die *synchronische*, wenn der Versuchsleiter, nachdem er die Bahnen der zwei oder drei beweglichen Formen in gleichzeitiger Bewegung gezeigt hat, die Bewegung von einer der zwei oder von zwei der drei Formen mehrmals ausführt (hinter dem Schirm) und wenn das Kind dann gleichzeitig die Bewegung des zweiten oder des dritten Objekts reproduziert. Wir müssen außerdem, und das ist wesentlich, Reproduktionen mit sichtbarem Ankunftspunkt, wobei die Modelle am Ende ihrer Bahnen stehenbleiben, und Reproduktionen mit sogenanntem unsichtbarem Ankunftspunkt unterscheiden, bei denen die Objekte am Ende ihrer Bahnen verschwinden. Schließlich unterscheiden wir Reproduktionen mit freiem Ausgangspunkt, d. h. wenn man diesen im Falle eines Irrtums nicht korrigiert, und solche mit korrigierten Ausgangspunkten, d. h. wenn man das Kind im Falle eines Irrtums zum genauen Ausgangspunkt zurückführt.
Zur Kontrolle kann man auch einen Versuch mit Bewegung in verlangsamtem Tempo wiederholen, oder auch an bestimmten Punkten der Bahn anhalten, bevor man sie bewegt.

Die benutzten Bahnen waren die der Abb. 4; eine von ihnen (*P*) diente der Eingewöhnung.

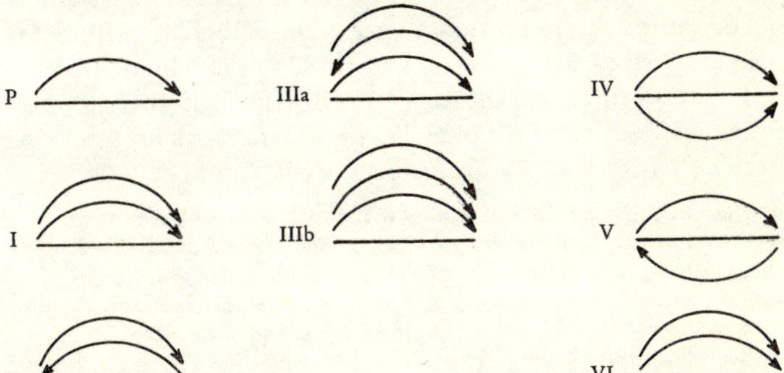

Abb. 4

Die Ergebnisse sind vor allem der qualitativen Natur der Fehler wegen interessant. Wir wollen trotzdem, um die Überlegungen auf eine feste Grundlage zu stellen, den Prozentsatz der positiven Ergebnisse angeben; und zwar bei 14 Versuchspersonen von 3;2 bis 4;11 Jahren; 20 Versuchspersonen von 5;0 bis 5;10 Jahren und 10 Versuchspersonen von 6;0 bis 6;10 Jahren (Tabelle 15):

Tabelle 15: Prozentsatz der positiven Ergebnisse bei synchronisierter Reproduktion mit nicht sichtbarem Ankunftspunkt (in Klammern: mit sichtbarem Ankunftspunkt)

	P	I	II	III	IV	V
3–4 Jahre	50 (66)	18 (100)	40 (66)	20 (80)	43 (50)	33 (100)
5 Jahre	100	68	75	50	53	67
6 Jahre	100	100	100	40	80	80

Die Spalte III gibt den Durchschnitt der Ergebnisse bei den Versuchen III*a* und III*b* an.

Man sieht, daß, außer für die Relation »dazwischen« (III), diese Versuche mit 6 Jahren bewältigt werden, ebenso wie die Versuche der Tabelle 13. Insbesondere werden die Überkreuzungen (II und V) von 5 Jahren an (75 und 67%) wie die Überkreuzungen 3' der Tabelle 13 korrekt reproduziert, obgleich die Reproduktionen der gekrümmten Bahnen doch kaum weniger einfach sind als die der geradlinigen Bahnen. Was die Relation »dazwischen« anbetrifft, so ist man erstaunt, ihre relative Schwierigkeit festzustellen, das heißt, daß die Versuchspersonen die mittlere Position der zweiten Bahn in bezug auf die erste und die dritte nicht beibehalten (und daß bei sukzessiver Reproduktion noch 80% der Versuchspersonen von 5 Jahren bei diesem Versuch III scheitern): auf diese Frage werden wir in anderer Form anläßlich der Drehung der Perlen (§ 8 des Kap. IV, Tabelle 65) wieder stoßen.

Was die Fehler anbetrifft, so wollen wir zunächst darauf hinweisen (da wir von der Drehung der Perlen sprechen, in Hinblick auf die die vorliegende Untersuchung unternommen wurde), daß man unter den individuellen Fehlern, die zwar, jeder für sich genommen, nicht systematisch, die aber in ihrer Gesamtheit nicht weniger zahlreich sind, in diesen einfachen Reproduktionen vorher wahrgenommener Bahnen die sonderbaren und abwegigen Formen wiederfindet, die wir in § 8 des Kapitels IV im Zusammenhang mit der kinetischen Antizipation beschreiben werden (dann ohne vorhergehende

Wahrnehmung, da die Perlen und der Draht, der sie verbindet, in einem Rohr untergebracht sind, das sich dreht und allein sichtbar ist): geradlinige Bahnen, halb-quadratische Bahnen (dem Rahmen der Versuchsvorrichtung folgend)[38], Sinuskurven, schraubenförmige Bahnen (verschiedene Schleifen) in Form einer Acht, hyperbolische und parabolische Bahnen, usw. Diese bizarren Figuren erscheinen also schon spontan bei der Kopie, in Reproduktions- und nicht Antizipationsbildern, und sogar in gestischen Vor-Bildern.

Was die systematischen Irrtümer anbetrifft, so muß als erstes der genannt werden, der die Ausgangspunkte betrifft, denn die Auswirkungen der Grenze, für die wir schon Beispiele in den §§ 1–5 dieses Kapitels gesehen haben und die von dem Bemühen gekennzeichnet sind, die Ankunftspunkte nicht zu überschreiten, sind im allgemeinen von einer ziemlich beständigen Vernachlässigung der Ausgangspunkte begleitet. In den vorliegenden Versuchen ist es zum Beispiel bemerkenswert, daß im Alter von 3 bis 4 Jahren keine unserer Versuchspersonen die wirklichen Ausgangspunkte berücksichtigt hat. Wenn die Ankunftspunkte verdeckt sind, wählen sie irgendwelche aus der Luft gegriffenen Ausgangspunkte. Wenn die Objekte an ihrem Ankunftspunkt bleiben, beginnen alle Versuchspersonen dieses Alters damit, diese zu reproduzieren, um danach ihre Schlußfolgerungen über die Ausgangspunkte daraus zu ziehen, ohne deswegen jedoch immer zu der richtigen Lösung zu gelangen. Die Fehler, die sich in kleinerem Ausmaß mit 5 Jahren wiederfinden, bestehen darin, daß die Ausgangspunkte entweder auf der falschen Seite oder auf der richtigen Seite, aber zu hoch oder zu tief relativ zur Achse placiert werden, oder daß sie zwar auf die Achse verlegt werden, aber nicht an ihren Endpunkt, oder aber irgendwo über oder unter der Achse. Schließlich ist noch zu beachten, daß die Korrektur der Ausgangspunkte mit 4 Jahren die Bahnen nicht verändert, während das Kind von 5 Jahren an aus den ihm gegebenen Hinweisen Nutzen zieht.

Was die Ankunftspunkte anbetrifft, so stellt man erstaunt fest, welcher Unterschied mit 3–4 Jahren zwischen den erzielten Ergebnissen besteht, wenn die Objekte bei der Ankunft verschwinden, und wenn sie am Platz stehenbleiben: 18 und 33 gegenüber 100 % bei den Versuchen I und V, 20 gegenüber 80

38 Eine der jungen Versuchspersonen ist sogar auf einen Stuhl gestiegen, um den Oberteil des Milchglases zu erreichen und drei der Seiten mit dem Finger nachzufahren, als ob das bewegliche Element diese Bahn wirklich genommen hätte!

bei dem Versuch III, usw. Dieser Gegensatz, der mit 5 Jahren kleiner wird und mit 6 Jahren fast ganz verschwindet, erinnert ein wenig an den Unterschied im Alter von 3–4 Jahren (siehe Tabelle 14 im § 6) zwischen den gleichzeitigen und den nachfolgenden Reproduktionen.

In dem vorliegenden Fall entstehen alle Reproduktionen *danach* (*en consécution*), doch wenn die Objekte an ihrem Ankunftsort stehenbleiben, spielt diese gegenwärtige Wahrnehmung dieselbe Rolle wie die simultane Kopie der Tabelle 14, was übrigens zeigt, wie sehr die bildhafte Repräsentation oder die gestische Kopie der Bahnen in Abhängigkeit von den Endpositionen zustande kommen.

Wenn wir nun zu den Bahnen selbst kommen, so muß als erstes der (in gewißer Hinsicht dem vorhergehenden vergleichbare) Kontrast zwischen den sukzessiven Reproduktionen (d. h. ein Gegenstand nach dem anderen) und den synchronisierten Reproduktionen vermerkt werden (der Versuchsleiter bewegt eine der beweglichen Figuren, während das Kind die Bewegung des anderen reproduziert). Im ersten Fall ist auffällig, daß die Kinder im Alter von 3–4 Jahren und teilweise noch mit 5 Jahren überhaupt nicht imstande sind, die Bahnen untereinander und insbesondere die nachfolgende zu der vorhergehenden in Beziehung zu setzen. Beim Versuch I zum Beispiel wird der Vorgang so betrachtet, als durchliefe einer der beweglichen Gegenstände einen Halbkreis, während der andere eine Gerade beschreibt, und zwar ohne Übereinstimmung mit den Endpunkten der vorhergehenden Bahn. Mit 5 Jahren dagegen beachten 40 % der Versuchspersonen diese relativen Positionen, wobei der schwierigste Versuch (80 % scheitern bei sukzessiver Reproduktion) die Nummer III ist: statt dem mittleren Objekt die Stellung »zwischen« den beiden anderen zu erhalten, lassen die Versuchspersonen dieser Stufe die zweite Bahn sich noch mit der ersten und der dritten teilweise überschneiden.

Bei der synchronisierten Reproduktion sind die Ergebnisse natürlich besser (es sind die Ergebnisse der Tabelle 15), aber es sind noch Fehler bei der Orientierung da, Fehler durch Überkreuzung (die Bahnen werden so gezeigt, als ob die eine die andere überschnitte, was weder bei II noch bei V der Fall ist), oder bei der Situierung einer Position in bezug zur Achse oder

wenn gekrümmte Formen durch gerade ersetzt werden (mit allen oben genannten Varianten: Halb-Quadrate, usw.).
Wenn auch diese gestischen Reproduktionen früh, und zwar bei den meisten zwischen 5 und 6 Jahren, erworben werden, wie uns der § 6 schon gezeigt hat, so sieht man doch – das muß zum Abschluß gesagt werden –, daß die Nachahmung der Bahnen nicht unmittelbar erfolgt, sondern daß sie, wie das interiorisierte Bild selbst, die Herstellung eines Bezugszusammenhangs voraussetzt, sowohl was die Angleichung der Ausgangspunkte an die Ankunftspunkte anbetrifft (wobei diese letzteren wesentlich bedeutungsvoller sind und sogar den ganzen Verlauf der Bahn bestimmen), als auch im Hinblick auf die Formen selbst in ihren äußeren Verbindungen mit dem Rahmen und ihren inneren bei den beweglichen Objekten untereinander. Eine Bahn wird ja in der Zeit durchlaufen, und das Problem der Reproduktion besteht darin, die sukzessiven Wahrnehmungen mit den entsprechenden Bewegungen zu koordinieren, wobei die ersteren ja schon »erloschen« sind, während die zweiten gerade ausgeführt werden (wenn es sich, wie hier, um eine nachfolgende und nicht um eine simultane Nachahmung handelt): das ganze Problem des Vor-Bildes besteht darin, bei diesem Ablauf früh genug zu einer Antizipation der Ausführung zu gelangen, so daß die Wahrnehmungen nicht in dem Moment schon vergessen sind, wenn es darum geht, sie gestisch oder durch eine bildhafte Repräsentation nachzuahmen.

§ 8. Schlußfolgerungen

Die erste beeindruckende Tatsache, die allen Beobachtungen dieses Kapitels gemeinsam ist, ist das Vorhandensein von »Vor-Bildern« oder Antizipationsplänen bei der Nachahmung, die sowohl in der graphischen oder gestischen Skizze ins Spiel kommen, die das Kind ausprobiert, bevor es seinen Bleistiftstrich oder seine Bewegung mit dem Finger ausführt, als auch in der Reproduktion der äußeren Bewegungen, die als Modell gezeigt werden. Diese Vor-Bilder, die sich entweder in Unterschätzungen zeigen, die wir in den ersten Fällen beobachtet hatten, oder, wie im letzten Fall, als Assimilationen an

andere Bewegungen, bilden die Formen des Übergangs zwischen der materiellen oder äußeren Nachahmung und der interiorisierten oder dem Bild, und wir haben auf Tabelle 14 gesehen, wie sich der Übergang von der einen zur anderen Form dieser beiden Nachahmungsformen zwischen 3 und 6 Jahren konsolidiert.
Schon diese Vor-Bilder, die von der direkten Kopie der Modelle an in Erscheinung treten, werfen zwei Probleme auf, auf die wir immer wieder im Zusammenhang mit dem eigentlichen Bild stoßen werden, das heißt bei dem Bild, das nicht mehr Kopie gegenwärtiger Modelle ist, sondern Evokation von gegenwärtig nicht wahrgenommenen Objekten; es geht also um das Problem des symbolischen oder objektiven Charakters des Bildes, und das heißt: um seine Beziehungen zum Begriff. Wenn wir erstens die wahrgenommenen Objekte, zweitens ihre Bilder und drittens die Begriffe unterscheiden, mit denen man die Objekte charakterisieren (beschreiben oder interpretieren) kann, so ist das Hauptproblem, dessen Lösung eine genetische Untersuchung des Bildes erlauben müßte, und das also schon anläßlich des Vor-Bildes und der Bilder als Kopien (*images – copies*) oder direkten Kopien aufgeworfen werden muß, das folgende: entweder entstehen Wahrnehmung (*percept*), Bilder und Begriffe in einer linearen Folge aus einander, d. h., daß die Bilder aus den Wahrnehmungen und die Begriffe aus den Wahrnehmungen und den Bildern gewonnen werden, wobei diese also einen objektiven Erkenntniswert darstellen würden, vergleichbar demjenigen der anderen Elemente der Reihe, da diese ganz und gar aus den Eigenschaften des Objekts hervorgegangen wäre; oder aber es besteht im Gegenteil ein primäres Interaktionsverhältnis zwischen der Wahrnehmung und dem Begriff, wobei dieser gewisse Informationen von jener erhält, sie aber wiederum mit ihr nicht zugehörigen Zutaten bereichert (Strukturierungen, die mit dem Auftreten der senso-motorischen Pläne oder Handlungsbegriffe erscheinen); das Bild würde sich dann also nicht mehr direkt aus der Wahrnehmung ableiten, sondern stellte eine aktive Nachahmung der Wahrnehmung dar, da es an gewissen Organisationsformen des Begriffs Anteil hat; in diesem Fall wäre es nicht mehr durch eine notwendige Kausalverknüpfung mit den Eigenschaften des Objekts verbunden

und würde die Rolle eines Symbols spielen, aber, da das Symbol ein »motivierter« Signifikant ist, d. h., da es sich auf eine Ähnlichkeit mit dem Symbolisierten stützt (im Gegensatz zu den willkürlichen Zeichen), könnte sich die aktive Nachahmung, die es konstituiert, in den Fällen, in denen sie eine für die begriffliche Repräsentation nützliche Rolle spielt, asymptotisch einer exakten Kopie nähern – mit der Einschränkung, daß es sich dann nicht mehr um eine automatische und unvermeidliche Kopie handeln würde, wie bei der ersten Interpretation, nach der alles vom Objekt abhängt, sondern um eine willentliche Kopie in der Art einer gleichzeitig bewußten und gewissenhaften Nachahmung.

Natürlich reichen die in diesem Kapitel untersuchten Vor-Bilder nicht aus für eine Entscheidung zwischen den beiden Interpretationen, aber sie liefern uns erste Hinweise. Es ist zunächst bemerkenswert, daß sich bei den Kopien einer Geraden (§ 2), bei denen es schien, als könnte sich nichts zwischen die Wahrnehmung dieser Geraden und ihr inneres (»inneres Modell«) oder graphisches Bild schieben, die Fehler nicht symmetrisch in + und − verteilen, so als ob sie nur von der wahrgenommenen Größe abhingen, sondern daß sie von dem Wunsch gelenkt werden, die letzte Grenze nicht zu überschreiten, ein Bestreben, das demjenigen verwandt ist, das die präoperatorischen Begriffe bei der Abschätzung der Reihenfolge von Längen lenkt. Diese partielle Verwandtschaft von Begriff und Bild hat dann zur Folge, daß diesem ein symbolischer Charakter zuerkannt wird, da sogar das Bild in einer graphischen Kopie weniger die Bemühung darum darstellt, vollständig mit dem übereinzustimmen, was »gesehen« wurde, als vielmehr den Ausdruck der Idee zu liefern, dessen sich die Versuchsperson bedient, um seine wesentlichen Züge auszudrücken, wie es Luquet seit langem gezeigt hat. Dieser Symbolismus, deutlich schon in den extremen Fällen, in denen sich die Versuchsperson bei Linien von 10 bis 15 cm mit Kopien von einigen Zentimetern zufrieden gibt, wird noch deutlicher bei der Nachahmung von Bewegungen, bei denen es oft vorkommt, daß das Kind von 4–5 Jahren das Modell in eine Gestalt überträgt, von der kaum anzunehmen ist, daß es sie als identisch wahrnimmt, wohl aber, daß es sie auf Grund verschiedener Analogien als ähnlich ansieht. Zwischen diesem approximativen Symbolismus und einem vollkommen adäquaten Symbolismus findet man also alle Zwischenstufen, ohne daß jedoch die übereinstimmende und genaue Kopie deswegen ihre Symbolfunktion verlöre.

Kapitel III
Die kinetischen Reproduktionsbilder

Nachdem wir einige Beispiele von unmittelbaren Reproduktionsbildern oder Kopie-Bildern untersucht haben und dabei nur innere Vor-Bilder ins Spiel brachten, empfiehlt es sich jetzt, zur Untersuchung der Bilder im eigentlichen Sinn überzugehen, und zwar in dreifacher Hinsicht, nämlich der ihrer Entwicklungsstufe, der Art und Weise ihrer Entstehung und der Genauigkeit ihrer Wiedergabe.

Dabei ist es ratsam, mit Bildern der Reproduktion statischer Konfigurationen zu beginnen, deren frühzeitige Rolle im symbolischen Spiel und beim evozierenden Gedächtnis wir kennen, die beide mit dem Auftauchen der symbolischen Funktion beginnen. Aber abgesehen von ihren Beziehungen zur Organisation des Gedächtnisses, die nicht in unser Untersuchungsfeld gehört und ein bedeutendes und viel umfangreicheres Problem als das unsrige darstellt, sind die statischen Reproduktionsbilder nur in ihrer Anfangsform von Interesse (und wir haben hierzu Beispiele von Kopie-Bildern in den §§ 1 und 2 des Kapitels II gesehen) oder in ihren allgemeinen Beziehungen zu Wahrnehmung und Tätigkeit, und wir werden dem ein besonderes Kapitel (Kap. VII) widmen; aber es ist besser, diese Untersuchung aufzuschieben, um in ihr das anwenden zu können, was wir inzwischen über die Rolle der Handlungen und der Operationen in der Entwicklung der kinetischen Bilder oder der Transformationsbilder gelernt haben.

Wir beginnen hier also mit der Untersuchung der kinetischen Reproduktionsbilder unter den drei soeben genannten Gesichtspunkten. Wir verfügen dabei über zwei Arten von Gegebenheiten. Der § 4 des Kapitels II hatte sich mit dem graphischen Bild eines Stabes beschäftigt, der von der vertikalen Lage in die horizontale (oder umgekehrt) gelangt, und man kann dieses Bild als das Bild des Ergebnisses einer Bewegung (nämlich *RKP*) betrachten. Es stellen sich nun zwei Fragen. Zuerst, ob dieses Bild die Bilder der Bewegung selbst in ihren kinetischen Etappen (also *RKM*) impliziert oder zur Folge hat, und wir haben hierzu die Vorstellung von den Zwischenstellungen zwischen der vertikalen Anfangs- und der horizontalen Endstellung desselben Stabes untersucht. Zweitens: wenn der Endzustand bei den Versuchen der §§ 1 und 4 des Kapitels II keine Schwierigkeit aufweist, dann deshalb, weil im voraus auf ihn hingewiesen worden war, und zwar durch materielles Zeigen, aber man kann sich fragen, ob ohne diese Angaben das Bild vom Ergebnis einer Lageveränderung (also wiederum *RKP*) im Falle sehr elementarer und wohlbekannter Bewegungen (bei einer Verschiebung zum Beispiel) immer leicht zu bilden ist; zu diesem Zwecke werden wir die einfache Verschiebung eines Quadrates gegenüber einem anderen untersuchen und dabei von verschiedenen Positionen ausgehen.

§ 1. Verschiebungen eines Quadrates gegen ein anderes

Ein Quadrat wird also auf einer horizontalen Ebene über ein anderes gesetzt (siehe *A* in Abb. 5)[39]:

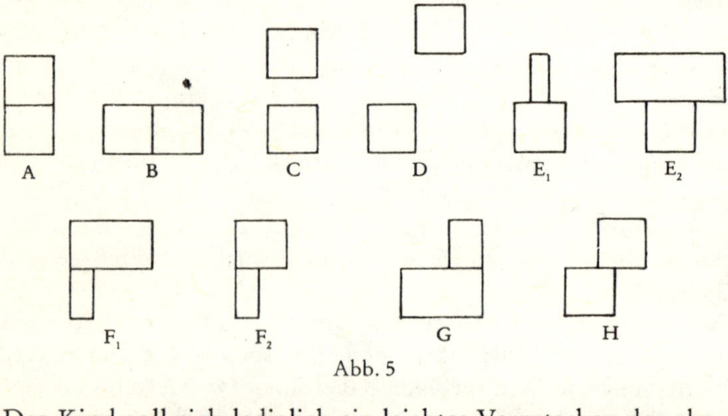

Abb. 5

Das Kind soll sich lediglich ein leichtes Verrutschen des oberen Quadrates von links nach rechts vorstellen bis hin zu der räumlichen Verschiebung, die in *H* auf derselben Abbildung dargestellt ist. Es ist schwierig, ein Beispiel für eine noch elementarere Bewegung zu finden, die weniger Kenntnis erfordert, da die tägliche Erfahrung von der senso-motorischen

39 Wir sprechen bei dieser Figur *A* von »Übereinandersetzung«, im Gegensatz zur »Überlagerung« von Abb. 7.

Stufe an, die der Sprache voraufgeht, unaufhörlich solche Situationen hervorbringt. Es besteht also ein gewisses Interesse festzustellen, ob ein solches Bild in jedem Alter gebildet werden kann oder ob es sich dabei um eine späte und komplexe Entstehung handelt. Wir haben mit F. Frank und T. Vinh-Bang festgestellt, daß man die Altersstufe von 7 Jahren abwarten muß, um bei 75 % der Versuchspersonen einen Erfolg zu erzielen.

Diese späte Entwicklung wirft eine Vorfrage der Klassifizierung auf: Ist das Bild, von dem wir sprechen wollen, ein reproduktorisches oder ein antizipatorisches Bild der Bewegung? Das Ergebnis der Untersuchung wird uns allerdings zeigen, daß die Abgrenzung zwischen diesen beiden Kategorien willkürlich ist und daß selbst in einem Fall, in dem die vorgestellte Bewegung ganz gewiß bekannt ist, die Evokation ihres Ergebnisses einen komplexen Vorgang des Zusammensetzens (*reconstitution*) voraussetzt, bei dem nicht nur eine Antizipation der Realisierung mitwirkt, sondern sogar das, was man eine auf den Inhalt bezogene Re-Antizipation nennen könnte. Zwischen dem, was wir in diesem Kapitel III kinetische reproduktorische Bilder, und dem, was wir im Kapitel V kinetische antizipatorische Bilder nennen werden, gibt es also nur den Unterschied zwischen einem Inhalt, der häufig in der gewöhnlichen Wahrnehmung zu beobachten ist, und einem weniger gängigen Inhalt. Nichtsdestoweniger war es notwendig, aus methodischen Gründen eine einfache Reproduktion des Bekannten und eine Antizipation neuer Kombinationen zu unterscheiden, selbst wenn uns die Erfahrung tatsächlich hinterher lehrt, daß die einfachsten kinetischen bildhaften Reproduktionen den Antizipationen entsprechen.

I. *Grundversuch.* – Hier die angewandte Technik: Man zeigt dem Kind zwei quadratische Pappstücke von 5 cm Seitenlänge, die übereinandergesetzt sind und aneinanderstoßen (Abb. *A* auf Abb. 5), und man überzeugt sich zunächst davon, daß die Versuchsperson ein solches Gebilde zeichnen kann. Danach läßt man das zeichnen, was aus der Figur wird, wenn man das obere Quadrat leicht von links nach rechts geschoben hat, während das untere unbewegt bleibt (Abb. *H*). Man fordert das Kind endlich auf, unter vorgelegten fertigen Zeichnungen, die die richtige Darstellung, aber auch Beispiele von üblichen Fehlern enthalten, die richtige Gestalt auszuwählen. Zwei Vorsichtsmaßnahmen sind hier zu beachten: es sollten nur wenige Zeichnungen gleichzeitig gezeigt werden (man kann, wenn man will, danach diejenigen untereinander vergleichen lassen, die in jeder Untergruppe ausgewählt wurden), und wenn mehrere als richtig genannt werden, muß nach der besten gefragt werden. Da diese Auswahlvorgänge zu zeigen schienen, daß die Versuchspersonen die Tendenz haben, an der Zeichnung, die sie selbst vorher angefertigt hatten, festzuhalten, haben wir eine systematische Kontrolle vorgenommen und die Auswahl an getrennten Gruppen untersucht (und bei dieser Gelegenheit festgestellt, daß unsere Befürchtungen unbegründet waren, das heißt, daß die Auswahl dieselbe blieb). Am Ende der Befragung läßt man die richtige Figur (*H*) kopieren, um sich davon zu überzeugen, daß eine solche Zeichnung hergestellt werden konnte.

Beginnen wir mit dem Ergebnis dieser direkten Kopie der richtigen Abbildung (*H*): obwohl diese Frage am Ende der Befragung gestellt wird, bildet sie die Voraussetzung für die Interpretation der spontanen Zeichnungen: wenn das Kind bei der Kopie scheitert, kann man seine spontane Zeichnung sicher nicht als ausreichendes Indiz für sein inneres Bild verwenden. Andererseits liefert uns die Untersuchung dieser Kopie ein neues Beispiel für ein unmittelbares Reproduktionsbild oder für ein Kopier-Bild und erlaubt es uns, seine Beziehungen zu dem eigentlichen Bild zu kontrollieren, mit dem es der gegenwärtige Versuch zu tun hat. Hier also die Ergebnisse dieser Kopie der Abbildung *H* bei 84 Versuchspersonen von 4 bis 5;11 Jahren:

Tabelle 16: Direkte Kopie der Abbildung *H* (in % der Testpersonen)[40]

Alter	4 Jahre (*N*=19)	5;0–5;5 (*N*=46)	5;6–5;11 (*N*=19)
Erfolge	21 % (42)	55 % (68)	79 %

Dieses Ergebnis ist in zweierlei Hinsicht von Bedeutung:

1. Zunächst bestätigt es die wohl bekannte Tatsache (an die aber in einer Untersuchung über das Bild erinnert werden sollte), daß die Wahrnehmung einer Struktur nicht genügt, um sie kopieren, das heißt, graphisch imitieren zu können, selbst wenn es sich um eine so einfache Form wie die zweier teilweise übereinandergesetzter Quadrate handelt. Die Kopie setzt also ein antizipatorisches Vor-Bild voraus (dessen Not-

40 Die angegebenen % für 4 bzw. 5;0–5;5 Jahre beziehen sich auf die vollkommen richtigen Zeichnungen (= die untere Seite des oberen Vierecks und die obere des unteren weisen ein gemeinsames Segment auf). Die % in Klammern beziehen außerdem die Zeichnungen ein, bei denen sich dieses gemeinsame Segment auf einen Punkt reduziert (= die Spitze der rechten unteren Ecke des oberen Quadrats fällt mit der Spitze der oberen linken Ecke des unteren zusammen).

wendigkeit wir im Kapitel II gesehen haben, selbst wenn es nur um eine einzige Gerade geht), das das Modell zerlegt und wieder zusammensetzt und die graphische Ausführung leitet; 2. was nun das Vor-Bild dieser teilweise übereinandergesetzten Quadrate anbetrifft, so ist es von Bedeutung festzustellen: a) daß es sich nur sehr schrittweise entwickelt; b) daß es ungefähr um zwei Jahre der Bildung des eigentlichen, d. h. des evozierenden Bildes vorausgeht (da sich bei der Kopie ein positives Ergebnis von 75 % der Fälle im Durchschnitt ab 5 1/2 Jahren und bei dem Bild im Alter von 7 1/2 Jahren beobachten läßt: Tabelle 17); c) daß insbesondere die Fehler, zu denen es vor diesem positiven Ergebnis führt, genau von derselben Art sind wie die Fehler, die das innere Bild selbst betreffen, und die sich in letzterem Fall bis ins Alter von 7 Jahren und mehr fortsetzen. Denn wenn wir versuchen, die für die Tabelle 16 gesammelten Zeichnungen in die verschiedenen Kategorien der Abbildung 5 einzuordnen, die wir in Tabelle 17 wieder antreffen werden, finden wir nur 4 Versuchspersonen von 4 Jahren und 2 von 5;0–5;5 Jahren, die aus diesen Kategorien herausfallen, weil sie die Quadrate durch Arten von Dreiecke oder geschlossenen Figuren ersetzten, die entweder völlig voneinander getrennt (vgl. Form *C*) oder durch Fäden miteinander verbunden sind. Was die klassifizierbaren Fehler anbetrifft, so gehören sie alle zu den Typen *A–D* (15,8 % mit 4 Jahren und 8,6 mit 5 Jahren), E 1–E 2 (O mit 4 Jahren und 4,4 % mit 5 Jahren) und *F–G* (21,2 % mit 4 Jahren und 14,8 % mit 5 Jahren). Es besteht also ein gewisses theoretisches Interesse daran, auf diese Übereinstimmung zwischen den Kopie-Bildern und den späteren Evokationsbildern hinzuweisen, da sie zu bestätigen scheint, daß die (schon in Kap. II herangezogenen) »Vor-Bilder« Gesetzen gehorchen, die den Gesetzen der Bilder selbst analog sind.

Die Ergebnisse, die wir bei der bildhaften Repräsentation selbst, wie sie sich in den Evokationszeichnungen des Kindes ausdrückt sowie bei der Auswahl unter den fertigen Zeichnungen erhielten, findet man auf Tabelle 17:

Tabelle 17: Graphische Repräsentation (Zeichnungen) der verschobenen Quadrate und Auswahl unter den vorgelegten Zeichnungen, klassifiziert nach den Formen *A-H* der Abbildung 5 (in % der Antworten)

	A–D		*E1–E2*		*F1–F2–G*		*H* (richtig)	
	Zchn.	Ausw.	Zchn.	Ausw.	Zchn.	Ausw.	Zchn.	Ausw.
4 Jahre	55,5	41,4	11,1	6,9	5,6	24,2	27,8	27,5
5 Jahre	29,0	33,3	4,0	9,8	33,0	23,5	34,0	33,3
6 Jahre	7,0	12,6	7,0	6,3	40,0	28,2	53,0	53,0
7 Jahre	0	0	7,0	7,0	15,5	15,5	77,5	77,5

Zunächst stellt man eine bemerkenswerte Übereinstimmung zwischen den richtigen Zeichnungen (*H*) und der richtigen Auswahl fest, während man einen starken Vorsprung der Auswahl gegenüber den Zeichnungen der Versuchspersonen erwartet hätte. Diese Tatsache zeigt also, daß die Seltenheit der treffenden Antworten vor 7 Jahren nicht von der Schwierigkeit abhängt, die Figur *H* zu zeichnen, zumindest in den von der Tabelle 16 gezogenen Grenzen, sondern offenbar von den Unzulänglichkeiten ihrer Visualisierung als inneres Bild. Diese Unfähigkeit nun hängt ihrerseits von einigen sehr klaren Gründen ab. Wenn man das Kind auffordert, die Verschiebung des oberen Quadrates durch eine Geste zu reproduzieren, gelingt es ihm leicht; aber das ist dann nur ein globales Symbol, und sobald es darum geht, es im Detail zu visualisieren, beginnen die Schwierigkeiten. Die einfachste Lösung (55 % mit 5 Jahren) besteht darin, die beiden Quadrate voneinander zu lösen (es sei denn, man ließe sie, wie in *A*, am Platz ohne irgendeine Bewegung, oder man füge sie in anderer Weise wieder aneinander, wie in *B*). Der Grund für diese Reaktionen *A–D* wird von den Zeichnungen *E–G* angegeben: es ist die Schwierigkeit, sich in einem genau entsprechenden Bild vorzustellen, wie die Grenze *Y* des in Bewegung befindlichen Quadrates zu der entsprechenden Grenze *Y'* des unbeweglichen Quadrates liegen wird, wenn sich die anfängliche Grenze X (»anfänglich« im Sinne der Bewegung) gegenüber ihrer Entsprechung X' verschiebt. Daraus resultiert, daß das Kind bei dem Versuch, sich die Verschiebung vorzustellen, sich entweder beide Verschiebungen als symmetrisch (*E* 1 und *E* 2), mit Ausdehnung (*E* 2) oder Schrumpfung (*E* 1) des oberen Quadrates repräsentiert oder daß ihm eine der beiden

Verschiebungen (*F* 1, *F* 2, *G*) gelingt, entweder von *X* in bezug auf *X'* (*F* 1, *F* 2) oder von *Y* in bezug auf *Y'* (*G*), wobei es dann aber die beiden anderen Grenzen unverändert beläßt, ohne irgendeine Verschiebung. Kurz: das Interesse dieser Bilderreihe besteht darin, daß sie Schemata darstellt, die keinen Bezug zu möglicher Wahrnehmung haben, sondern entsprechend den diesen Entwicklungsstufen geläufigen Begriffen strukturiert sind, und die eher Reihenfolgen als Maße erfassen: in jeder der Figuren *E* 1 bis *G* wird die Länge der horizontalen Seiten eines der Quadrate als Zwischenraum zwischen den beiden Endpunkten dieser Seiten vernachlässigt, während das ganze (nicht gelöste) Problem für das Kind das des Verhältnisses zwischen diesen Endpunkten oder Grenzen (*X* in bezug zu *X'* oder *Y* in bezug zu *Y'*) zu sein scheint.
Es ist also wichtig festzustellen, daß diese Schwierigkeiten nur das visuelle Bild betreffen. Wir haben die Versuchspersonen aufgefordert: a) mit dem Finger die Verschiebung des oberen Quadrates anzuzeigen, »wenn man es ein bißchen anstößt«; b) diese Geste durch verbales Anzeigen der Unbeweglichkeit des unteren Quadrates zu vervollständigen. Bei 20 Versuchspersonen von 4–6 Jahren erhielten wir (Tabelle 18) die folgenden Ergebnisse:

Tabelle 18: Gestische und verbale Angabe der richtigen Verschiebung (in % der Versuchspersonen)

4–5 Jahre	6 Jahre
87 %	100 %

Die beiden einzigen Ausnahmen bedeuten, daß entweder eine vertikale Verschiebung des oberen Quadrates (die man in der Zeichnung wiederfindet) oder eine Bewegung des unteren Quadrates angenommen wurde. Es ist also nicht die Vorstellung von der Verschiebung als solcher, die die Schwierigkeiten bereitet, sondern ausschließlich die von der Verschiebung der Stellungen oder der Grenzen.

II. *Kontrollen.* – Um diese Rolle der Grenzen zu überprüfen, haben wir zunächst mit Frau T. Vinh-Bang in einer Befragung untersucht, ob man das Verschiebungsbild erleichtert, wenn man ein rotes und ein blaues Quadrat verwendet, daß heißt, die übereinandergesetzten Quadrate für die Wahrneh-

mung etwas stärker voneinander trennt. Bei zehn Versuchspersonen von 4;10 bis 5;4 Jahren haben wir überhaupt keinen Unterschied festgestellt, weder bei dem Evokationsbild noch bei der Kopie.
Wir haben dann die gewöhnlichen Quadrate wieder verwendet, aber einen kleinen vertikalen roten Strich in der Mitte der Basis des oberen Quadrates angebracht, der in der Mitte der oberen Seite des unteren Quadrats weiterläuft: in diesem Fall entsteht bei der Verschiebung der oberen Seite ein Abstand zwischen den beiden kleinen vertikalen Strichen, die sich also nicht mehr gegenüberstehen. Wir haben in einem weiteren Schritt diese beiden Striche so im Abstand voneinander gezeichnet, daß die Verschiebung des oberen Quadrats den Abstand beseitigt und der Strich auf der Basis des oberen Quadrats den Strich auf der oberen Seite des unteren Quadrats fortsetzt (Abb. 6).

Abb. 6

Was die anfängliche Anordnung der Striche angeht, so haben alle Versuchspersonen, die 4jährigen eingeschlossen, die Möglichkeit angenommen, daß eine Verschiebung des oberen Quadrats diese Verlängerung beseitigt. Wenn es dagegen darum ging, sich die neue Position der Striche entsprechend der Verschiebung der Quadrate vorzustellen, zeigte sich, daß die Striche bis ins Alter von 7 Jahren, anstatt der Vorstellung als Anhaltspunkte zu dienen, in den meisten Fällen ein zusätzliches Problem außerhalb des gewöhnlichen Problems darstellten und es noch komplizierter machten: von 15 Versuchspersonen von 4 bis 6 Jahren haben 8 eine Zeichnung des Ganzen angefertigt, die von schlechterer Qualität war (was nur die Quadrate anbetrifft) als diejenigen, die sie ohne die Striche angefertigt hatten; 4 waren besser und 3 von derselben Qualität (*H*). Die Striche selbst werden ohne Bezug zu der Stellung der Quadrate angebracht (außer in den 3 Zeichnungen des Typs *H*) und behalten manchmal ihre direkte Verlängerung.
Bei den zu Beginn in Abstand befindlichen Strichen (Abb. 6 *B*) hält es die Hälfte der Versuchspersonen von 4–5 Jahren für unmöglich, sie durch Verschiebung des oberen Quadrates so zu placieren, daß der eine Strich den anderen verlängert:
Sil 5;7) erklärt zum Beispiel, *daß sich ein Strich in der Nähe des einen Randes befindet und der andere in der Nähe des anderen Randes, und sie also niemals einander gegenüber stehen können.*
Die andere Hälfte der Versuchspersonen hält eine Verlängerung durch Verschiebung des oberen Quadrates für möglich. Nichtsdestoweniger haben wir bei 15 Versuchspersonen von 5 und 6 Jahren nur zwei richtige Zeichnungen erhalten, die aber merkwürdigerweise weder dem einen noch dem anderen ihrer Urheber (5;9 und 6;6) als richtig erschienen, nachdem sie fertiggestellt waren. Die anderen Zeichnungen waren dagegen von derselben Qualität oder schlechter als die Zeichnungen ohne die Striche.

Wir haben schließlich die Striche durch einfache Punkte ersetzt, und diese Untersuchung war insofern von wirklichem Nutzen, als sie zu einer anderen Untersuchung geführt hat, auf die wir in Kapitel IV, § 3 systematischer zurückkommen werden. Beschränken wir uns also im Blick auf die vorliegenden Quadrate darauf, das Vorhandensein von zwei Reaktionstypen festzustellen: die Zeichnungen, auf denen die Punkte ihre Positionen relativ zu den Quadraten richtig beibehalten, und die viel merkwürdigeren graphischen Bilder, nach denen sich die Punkte im Innern der Quadrate irgendwohin verschieben und sogar von einem Quadrat zum anderen je nach den Verschiebungen des oberen Quadrates hinüberwechseln können! Überdies muß bemerkt werden, daß die Zeichnungen der ersten Kategorie nicht notwendigerweise exakte Verschiebungen des Quadrats darstellen. Umgekehrt kann es vorkommen, daß einer korrekten Zeichnung der Quadrate (Typ *H*) weder eine exakte Verschiebung noch ein exaktes Beibehalten der Positionen der Punkte entsprechen. Kurz: sowohl im Fall der Punkte wie in dem der Striche stellt sich der Versuchsperson ein neues Problem, das keinen notwendigen Zusammenhang mit dem der Bewegungen des Quadrates hat.

III. *Die Quadrate im Abstand.* – Eine andere mögliche Überprüfung der Rolle, die wir per Hypothese den seitlichen Grenzen der Quadrate zugeschrieben haben (das heißt denjenigen, die bei der Verschiebung des oberen Quadrates von links nach rechts eine Rolle spielen), besteht in der Einführung eines Zwischenraumes von ungefähr 1 cm zwischen den beiden übereinandergesetzten Quadraten von 5 cm^2. In diesem Fall, wenn sich die linke und die rechte Seite des oberen Quadrates nicht mehr in direkter Verlängerung der entsprechenden Seiten des unteren Quadrates befinden, ist es interessant festzustellen, daß die Lösung ein wenig leichter wird, ohne daß jedoch die Hemmung durch die üblichen allgemeinen Schwierigkeiten des kinetischen Bildervorrats fortfiele.
Die angewandte Technik ist identisch mit derjenigen, die unter I beschrieben worden ist. Hier kommt zu der Vorstellung der Ergebnisse der Verschiebung des oberen Quadrates nur noch die Repräsentation der Auswirkung von zwei gleichzeitigen Verschiebungen hinzu, wenn sich das untere Quadrat nach links verschiebt; während bei dem oberen Quadrat eine Verschiebung nach rechts angenommen wird. Man verlangt wie gewöhnlich eine Auswahl unter vorbereiteten Zeichnungen und eine Kopie der richtigen bildlichen Darstellung (*H'*) (wir werden die Abbildungen *A'*–*H'* nennen, die denjenigen der Abb. 5 entsprechen, jedoch einen Abstand von 1 cm zwischen den beiden Quadraten aufweisen). Die erzielten Ergeb-

nisse sind auf Tabelle 19 angegeben (9 Versuchspersonen von 4 Jahren, 19 von 5 Jahren und 12 von 6 Jahren):

Tabelle 19: Zeichnungen der verschobenen Quadrate, mit Abstand von 1 cm, Auswahl unter Modellen und Kopien von 6 richtigen Abbildungen (in Klammern: gleichzeitige Verschiebungen in % der Antworten)

	A'–D'		*E'1–E'2*		*F'1–F'2–G'*		*H'* (richtig)		
	Zchn.	Ausw.	Zchn.	Ausw.	Zchn.	Ausw.	Zchn.	Ausw.	Kopie
4 Jahre	66	21	17	3	17	10	0	66	44
5 Jahre	53	24	0 (47)	0	5	12	42	64	56
6 Jahre	9 (42)	10	9	0	17	8	65	82	88

Am häufigsten sind die Zeichnungen vom Typ *D'* (33 % mit 4 Jahren und 32 % mit 5 Jahren), die allmählich zu *H'* korrigiert werden. Der auf Grund der Trennung der Grenzlinien erwartete Fortschritt zeigt sich insbesondere in der Spalte der Auswahl von *H'*, mit klarem Vorsprung vor der entsprechenden Spalte der Tabelle 17.

Abb. 7

Dagegen ist der Fortschritt bei den Zeichnungen selbst weniger entschieden und beginnt erst mit 5 Jahren, wobei die Versuchsperson zunächst die Lösung im Typ *D'* sucht, der das Bedürfnis einer Befreiung von den Grenzen ausdrückt, der aber im übrigen in denselben Schwierigkeiten befangen bleibt wie in der unter I untersuchten Situation, bei der die Grenzen weniger getrennt waren als hier (Abb. 5).

§ 2. Die Verschiebung von Figuren, die sich im Raum überdecken

Um die Untersuchung der Schwierigkeiten zu vervollständigen, die bei der Überschreitung von Grenzen bei den jungen Versuchspersonen des § 1 auftreten, haben wir mit F. Frank und J. Bliss die Untersuchung von Bildern vorgenommen, die sich auf die Verschiebung von Figuren (Quadraten und Kreisen) beziehen, die aber von einem Anfangszustand ausgehen, bei dem sie sich in der dritten Dimension und nicht mehr auf einer Ebene überlagern[41]: es handelt sich dann zum Beispiel um zwei durchsichtige, rot umrandete und gleich große Quadrate, die sich »überdecken« (oder um zwei quadratische Rahmen) wie in I (Abb. 7), oder um ein kleines Quadrat, das unter einem großen durchsichtigen (II) oder undurchsichtigen (III) Quadrat liegt, usw. Das Problem nun, das sich so dem Bildersystem (*imagerie*) der Versuchsperson stellt, unterscheidet sich stark von der in § 1 untersuchten Frage. In diesem letzteren Fall bildete die Gesamtfigur ein Konglomerat nebeneinandergesetzter räumlicher Elemente, und, wie man gesehen hat, bestand für das Kind die Schwierigkeit darin, sich die Verschiebungen vorzustellen und dabei zu versuchen, die äußeren Grenzen dieser additiven Figur nicht zu überschreiten. In diesem besonderen Fall dagegen zeigt die Ausgangsfigur insofern eine Struktur räumlicher *Überschneidung*, als zwei ihrer Elemente denselben Teil des Gesamtraumes einnehmen. Für den Fall, daß die Versuchsperson wieder über das Problem der Grenze strauchelt, gibt es zwei ganz verschiedene Möglichkeiten: entweder will das Kind die *äußere* Grenze erhalten, und in diesem Fall wird es ihm nicht gelingen, in I oder in II das untere Quadrat unter dem oberen herauszuholen (wir werden Schwierigkeiten dieser Art für die Form II der Abb. 7 begegnen); oder aber es will die *inneren* Anfangsgrenzen erhalten, weil es sich andere Überschneidungen als die anfänglichen nicht vorstellen kann, und es wird sich weigern, für das unbewegliche Quadrat in I eine Grenze zu zeichnen, die den Raum überschneidet, der von dem beweglichen Quadrat eingenommen wird (was wir bei der Form I sehen werden). Dieses Problem nun ist in zweifacher Hinsicht von Interesse. Einerseits kann man sich fragen, ob sich die betreffenden Bilder in Übereinstimmung mit den Operationen entwickeln, da sich die adäquaten Bilder erst auf der Ebene der operatorischen Strukturen der Vereinigung (*réunion*) und der Überschneidung entwickeln. Andererseits ist es für das Verständnis der Natur der Bilder nützlich, zu versuchen, die Pseudo-Er-

41 Wir sprechen bei den Figuren I-VI von »Überlagerung«, im Gegensatz zu den »Übereinandersetzungen« des § 1.

haltung, der die anfänglichen Bilder zu gehorchen scheinen (Erhaltung bestimmter äußerer Grenzen, aber nicht der gesamten Oberfläche, in § 1), mit der operatorischen Erhaltung zu vergleichen, der sie sich in der Folge im wesentlichen unterwerfen.

Gestalt I. – Im Falle der beiden Quadrate von 5 cm Seitenlänge, rot umrandet, gleich groß, übereinandergesetzt, bei denen es sich darum dreht, eine Verschiebung von 2,5 cm des beweglichen Elementes zu antizipieren, findet man fünf verschiedene Typen von Antworten (Abb. 8):

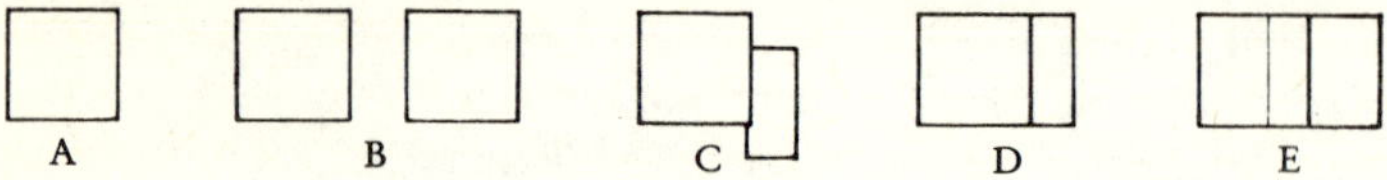

Abb. 8

A keine Antizipation der Verschiebung; *B* Trennung ohne Zwischenpositionen; *C* Verschiebung des beweglichen Quadrats, aber mit Deformation der Abmessungen dieses Quadrats und ohne Darstellung seiner linken Seite; *D* richtige Verschiebung des beweglichen Quadrats, aber ohne Darstellung seiner linken Seite; *E* richtige Zeichnung. Bevor wir die Verteilung dieser Reaktionen auf Tabelle 20 angeben, bringen wir zunächst einige Beispiele für individuelle Reaktionen:

Chri (5;4) macht eine Zeichnung vom Typ *B*: »Man kann es weniger weit schieben? – *Nein.* – Aber das Quadrat kommt trotzdem hervor? – *Nein.* – Dann mach mir eine Zeichnung, bei der es nicht ganz herauskommt. – (Er fertigt wieder eine Zeichnung vom Typ *B* an, verringert dabei aber den Abstand). *Hier berührt es fast.* – Aber wenn man kaum schiebt, kommt es dann heraus? – *Nein.* – Dann zeichne, wie das aussehen wird« (dieselbe Zeichnung *B*).

Mart (6;0) macht eine Zeichnung vom Typ *C*: »Man sieht nur den Teil, der herausschaut? – *Es ist noch ein Teil dahinter* (hinter dem großen unbeweglichen durchsichtigen Quadrat). – Dann sieht man es also nicht? – *Nein.* – Wann sieht man es? – *Wenn es hervorgekommen ist.* – Aber warum sieht man es nicht hier? (man zeigt das Innere durch das durchsichtige Quadrat hindurch). *Weil es dahinter versteckt ist.* – Aber man sieht es da? (man zeigt das Modell). – *Ja.* – Also kann man es sehen? – *Nein, man sieht es hier nicht* (zeigt seine Zeichnung). – Aber warum? – *Man kann es nicht in dem Quadrat sehen.*

Hier nun die erzielte Verteilung.

Tabelle 20: Häufigkeit (in %) der Reaktionstypen bei der Gestalt I

	A	*B*	*C*	*D*	*E*
4;5–5;5 Jahre	31	15	15	31	8
5;6–6,5 Jahre	5	25	15	40	15
6;6–7;5 Jahre	0	3	11	33	53

Die Reaktionen auf diese Verschiebungsprobleme bei teilweisem Überdecken sind also ganz andere als die des § 1 (Übereinandersetzen). Im letzteren Fall bestand die vorherrschende Sorge der jungen Versuchspersonen darin, die äußere Grenze der Figur nicht zu überschreiten. Wir finden diese Reaktion hier nicht wieder, außer vielleicht in den Zeichnungen vom Typ *A* und *B*, bei denen die Überschreitung nicht vorgestellt wird, und in denjenigen vom Typ *C*, wo es zwar eine Überschreitung gibt, aber mit Verringerung der Dimensionen des beweglichen Quadrats, als ob es sich darum handelte, die anormale Stellung des letzteren zu markieren und es besser von dem anderen Quadrat zu unterscheiden. Dagegen ist die neue und erstaunliche Reaktion diejenige vom Typ *D*, die in allen Altersstufen vertreten ist, in der das Kind ohne Schwierigkeit die Grenzüberschreitung bezeichnet, also das Hinübergehen über die äußere Grenze, aber sich weigert, die linke Seite des Quadrats zu zeichnen, die also seine innere Grenze überschreitet! Wir stellen zunächst fest, wie paradox diese Reaktion gegenüber den gewöhnlichen Zeichnungen dieser Stufe ist, bei denen das Kind häufig auf Grund von »Durchsichtigkeit« (Luquet) Gegenstände zeigt, die man nicht sieht, weil sie durch einen undurchdringlichen Schirm verdeckt sind (zum Beispiel Kartoffeln in der Erde oder im Bauch eines Herrn): in diesem Fall nun sind die Quadrate tatsächlich transparent, und die rote innere Seite ist deutlich zu sehen! Wenn sie nicht gezeichnet wird, dann also nicht aus zeichnerischen Gründen[42], sondern aus Gründen, die tiefer liegen und die es herauszuarbeiten gilt.

Die Hypothese, die wir zu verifizieren suchen, ist die fol-

42 Von 9 Versuchspersonen von 5 Jahren haben 7 (also 77 %) die in Position *E* gezeigten Quadrate richtig kopiert, und die beiden anderen, die dabei scheiterten, konnten dagegen sofort die entsprechende richtige Zeichnung kopieren.

gende. Das Bild, das die wesentlichen Eigenschaften des Objekts darstellen will, verleiht ihnen eben dadurch eine Art Prä- oder Pseudo-Erhaltung (wir werden viele andere Beispiele dafür in Kap. VIII finden). Wenn die Elemente einer Gestalt in getrennter und additiver Form gezeigt werden, wie die Überlagerungen des § 1, ist eine der zu erhaltenden Eigenschaften die äußere Gesamtgrenze der Gestalt, woraus sich die Schwierigkeiten erklären, die das Kind hat, sie zu überschreiten. Was die Elemente anbetrifft, die sich teilweise überdecken und damit einen gemeinsamen Teil des Raumes durch Überschneidung einnehmen, ist eine der zu erhaltenden Eigenschaften die Oberfläche innerhalb der Grenzen der deckenden Figur. Daraus ergibt sich, daß es sich bei der Verschiebung der überdeckten Figur darum handeln muß, daß diese nicht die Grenzen der anderen überschreitet, nicht mehr außen (und wirklich bereitet die Überschreitung hier auch kaum noch Probleme), sondern im Innern, weil das ihre Form verändern und den Raum innerhalb der Grenzen in zwei Teile spalten würde; daher der Widerstand, die linke Seite des überdeckten Quadrats zu markieren, wenn es verschoben ist. Mit anderen Worten scheint es hier um die Schwierigkeit der Überschneidung zu gehen (oder einer bildhaften Repräsentation von dem, was operatorisch einer Überschneidung mit einem gemeinsamen Teil und zwei nicht gemeinsamen Teilen entspricht), und zwar durch Pseudo-Erhaltung des Innern des unbeweglichen Quadrats; dagegen gibt es bei Überlagerung in § 1 offenbar Schwierigkeiten beim Hinzufügen (d. h. bei einer bildhaften Repräsentation dessen, was operatorisch der seitlichen Verlängerung der Gesamtfigur im Fall der Verschiebung des oberen Quadrates entspricht), also durch Pseudo-Erhaltung der Grenzen nach außen.

Einen ersten Hinweis für die Richtigkeit dieser Interpretation geben die Reaktionen auf Zeichnungen, die zur Auswahl vorgelegt werden (und die die Typen *A*, *B*, *D* und *E* repräsentieren). Es ist nicht sinnvoll, darüber eine Statistik zu geben, denn die Versuchspersonen wählen beinahe immer die Zeichnung aus, die der ihrigen entspricht. Interessant ist jedoch die Rechtfertigung, die für das Zurückweisen der richtigen Zeichnung *E* gegeben wird: »Das ist falsch, weil es hier drei Vierecke gibt!« – »Hier sind es drei (in richtiger Zeichnung) und hier (bei dem Versuchsmaterial) nur zwei«, oder aber: »Die Vierecke sind zu klein«. Mit anderen Worten teilt das Anzeigen der linken Seite des teilweise verschobenen Quadrats die Fläche innerhalb der

Grenzen des unbeweglichen Quadrats in zwei Vierecke, und genau darin liegt, schien uns, das Haupthindernis.
Eine andere Gegenprobe bestand darin, zwei quadratische Rahmen gleicher Größe zu verwenden, wobei aber der eine rot und der andere schwarz war. In diesem Fall verschwinden die Antworten vom Typ *C* (die Quadrate werden besser unterschieden), die Reaktionen *A* und *B* treten weniger häufig auf, aber die Antworten vom Typ *D* nahmen zu, was sehr schön zeigt, daß die Widerstände gegenüber der Überschneidung nicht von der einfachen Schwierigkeit abhängen, die Quadrate voneinander zu unterscheiden.
Wenn man dagegen einen rechteckigen Rahmen von 3 × 5 cm vertikal oder horizontal auf einen quadratischen Rahmen von 5 cm^2 legt und dabei zwei gleiche Ränder von 1 cm zwischen den Rändern des Rechtecks und denen des Quadrats läßt, erleichtert man natürlich die Lösung, da man der Versuchsperson von Anfang an eine Figur der Überschneidung mit einem gemeinsamen Teil (dem Rechteck) und zwei nicht gemeinsamen Teilen (den Rändern) vorlegt. Wenn aber das graphische Bild von 6 Jahren an richtig ist (80% der Versuchspersonen), falls das Rechteck liegt und die Ränder horizontal sind, denn man muß dann ja diese nur verlängern (man erhält indessen nur 15% richtige Ergebnisse mit 5 Jahren), so kommt man dagegen noch auf 60% falscher Ergebnisse mit 6 Jahren und auf 20% mit 7 Jahren, wenn das Viereck eine vertikale Lage hat und es sich darum handelt, die Breite des vertikalen Randes auf der rechten Seite zu verringern und auf der linken Seite zu vergrößern, indem man das Viereck verschiebt: 20% der Versuchspersonen von 6 Jahren und 10% von sieben Jahren verändern in diesem Fall die Abmessungen der Figuren, und 20% der Versuchspersonen von 6 Jahren und 10% von 7 Jahren beseitigen jede Überschneidung, um dem Quadrat seine vollständige Oberfläche wiederzugeben.
Man sieht auf diese Weise, daß die Schwierigkeiten bei der Überschneidung mit Erhaltung der Grenzen im Innern einem System zu gehorchen scheinen. Der beste Beweis ist die folgende letzte Kontrolle. Man zeigt dem Kind einen quadratischen roten Rahmen. Das Kind zeichnet ihn ab. Man nimmt dann einen anderen quadratischen Rahmen mit denselben Abmessungen, der an drei Seiten schwarz und an der vierten rot gerändert ist. Man hält ihn in die Luft, ein wenig über dem roten Quadrat, aber mit einem gewissen Abstand (von 1 1/2 cm). Das Kind soll zeichnen, »was es sieht«, wenn man das zweifarbige Quadrat hinlegt, und wir beginnen selbst die Zeichnung, indem wir die rote Seite dieses schwarzen und roten Quadrats markieren. Diese rote Seite nun befindet sich parallel zu der rechten Seite des unbeweglichen Quadrats in 1 1/2 cm Entfernung; es muß also nur noch die Überschneidung gezeichnet werden, weil alles sichtbar ist, und weil die Grenzüberschreitung schon gezeichnet ist.

Man erhält nun fünf Reaktionstypen: (*C*1) das zweifarbige Quadrat wird jenseits des angegebenen Strichs gezeichnet; (*C*2) es schließt den gezeichneten Strich ein, aber liegt außerhalb des roten Quadrats; (*C*3) es bezieht den gezeichneten Strich mit ein und wird neben dem roten Quadrat konstruiert, aber in Form eines winzigen Rechtecks, damit es keine Überschneidung gibt; (*C*4) die Überschneidung wird markiert, aber das zweifarbige Quadrat ist vergrößert; (*C*5) richtige Zeichnung. Siehe Tabelle 21:

Tabelle 21: Reaktionen auf die schon skizzierte Überschneidung (in % der Antworten)

	C1	C2	C3	C4	C5
5 Jahre	29	14	14	29	14
6 Jahre	0	34	29	0	37
7 Jahre	0	17	17	6	60

Obwohl natürlich eine Verbesserung da ist, scheint diese Kontrolle nichtsdestoweniger entscheidend zu sein. Doch wenn die Schwierigkeit, sich die Überschneidung vorzustellen, auf einer Art Pseudo-Erhaltung mit der Tendenz beruht, die Oberfläche und die Grenzen des Grundquadrates unverletzt zu erhalten, kann man sich fragen, ob dieses Bedürfnis nach Permanenz nicht dadurch begünstigt wird, daß das Quadrat eine einfache, sinnfällige Form darstellt. Wir haben deshalb untersucht, was dieser Versuch mit unregelmäßigen Formen ergeben würde, und wir haben gebogene Formen mit irgendwelchen Windungen und asymmetrische Formen mit denselben Ausmaßen vorgelegt (im Detail wie im Ganzen) und mit rotem Rand. Hier haben wir entschieden häufiger richtige Ergebnisse (Typ *E*):

Tabelle 22: Richtige Ergebnisse bei der Überschneidung gleicher unregelmäßiger Formen

4;5 à 5;5 (*N*=6)	5;6 à 6;5 (8)	6;6 à 7;5 (13)
17 %	62,5 %	93 %

Unter den Fehlertypen findet man vor allem das Nebeneinandersetzen (Typ *B*), sowie manchmal die Ablehnung der Überschneidung: die innere Seite der verschobenen Figur wird nicht dargestellt, so daß die unbewegliche Figur ganz gelassen wird. Aber diese Schwierigkeit ist noch geringer bei den unregelmäßigen Figuren; das scheint zu zeigen, daß die Pseudo-Erhaltung, auf die man die Widerstände zurückführen kann, die unbewegliche Figur mit einer Linie zu zerschneiden, um so größer ist, wenn es sich um eine einfache Form handelt, während eine Überschneidung, die eine unregelmäßige Figur in zwei Teile teilt, akzeptabler erscheint (obgleich auch sie manchmal, wie gesagt, abgelehnt wird).

Schließlich ist noch von zwei Untersuchungen zu sprechen, die wir an 10 Versuchspersonen im Alter von 5 bis 7 Jahren vorgenommen haben und die dazu bestimmt waren, unsere Kenntnis von der Überschneidung von Quadraten zu vervollständigen. Die eine bestand darin, die durchsichtigen Quadrate durch leere Rahmen zu ersetzen: hierbei ändert sich nichts am Ergebnis. Die andere Untersuchung war aufschlußreicher: zwei leere oder durchsichtige Vierecke (mit rotem Rand) werden nebeneinander, aber voneinander getrennt, gezeigt, und die Aufgabe besteht darin, sich das Ergebnis ihrer allmählichen Annäherung vorzustellen. Einer einzigen Versuchsperson im Alter von 6;10 Jahren gelang spontan eine Überschneidung und anschließend ein völliges Überdecken. Vier anderen gelang es ebenfalls, aber nur nach wiederholten Anregungen: »Können sie nicht noch weiterrücken?«, usw. Was die fünf letzten anbetrifft, so haben sie es abgelehnt, die Stufe zu überschreiten, bei der sich die Quadrate einfach berühren, also eine gemeinsame Seite haben. Mit anderen Worten, da die gezeigten Quadrate zunächst getrennt vorgelegt worden waren, haben die Versuchspersonen sich gesträubt, sich eine Überschneidung vorzustellen, die das anfängliche Bild der nicht segmentierten Oberflächen dieser Quadrate verändert hätte: man sieht also wieder, wie die Abneigung gegen die Überschneidung mit einer Art Pseudo-Erhaltung der Ausgangsgestalt verbunden ist. Man sieht vor allem, inwiefern dieses Problem der Überschneidung dem Tabu der Grenze verwandt ist, da man es hier abgelehnt, sowohl die äußeren Grenzen der (erst getrennten, dann einander berührenden) Quadrate zu überschreiten, als auch innere Grenzen auf den leeren Oberflächen anzubringen, die solche am Anfang nicht enthielten.

Gestalt IV. – Es geht jetzt darum, sich die Verschiebung eines kreisförmigen Rahmens, der auf einen quadratischen Rahmen gelegt ist, vorzustellen, und zwar bis zu dem Punkt, an dem der Kreis aus dem Quadrat, das er bedeckte, zur Hälfte herausgetreten ist. Die Reaktionstypen, die hier auftraten, entsprechen in verblüffendem Maße den vorhergehenden, mit einer Ausnahme (*C*) : *A*, keine Verschiebungsantizipation; *B*, der Kreis wird ohne Zwischenstellung vom Quadrat getrennt; *C*', Antizipation der Verschiebung des Kreises, aber mit zwei Schwierigkeiten an den Grenzen: entweder klebt der Kreis an der linken Seite des Quadrats und dehnt sich, bis er ein wenig auf der rechten Seite heraustritt, oder aber der Kreis verläßt die linke Seite des Quadrats, aber heftet sich (in einer abgeflachten, vertikal orientierten Ellipse) gegen die rechte Seite; *D*, die Hälfte des Kreises ist aus dem Quadrat herausgetreten, aber die andere Hälfte ist nicht markiert (keine Überschneidung!); *E*, richtige Zeichnungen. Siehe Tabelle 23:

Tabelle 23: Reaktionen auf die Verschiebung eines in ein Quadrat eingeschriebenen Kreises (in % der Reaktionen)

	A	*B*	*C'*	*D*	*E*
4;5–5;5 Jahre	11	3	32	7	27
5;6–6;5 Jahre	0	10	18	6	66
6;6–7;5 Jahre	0	0	12	4	84

Es muß zunächst festgestellt werden, daß die vom Kind unter den fertigen Zeichnungen getroffene Auswahl meistens den Zeichnungen entspricht, die das Kind selbst hergestellt hatte, und keinen systematischen Fortschritt (Auswahl *E*) ihnen gegenüber bedeutet. Andererseits ist hervorzuheben, daß die einfache Kopie eines in ein Quadrat einbeschriebenen Kreises schwieriger ist als die Zeichnung von Quadraten (richtiges Ergebnis im Alter von 6 1/2 Jahren nur bei Berührung mit den Seiten des Quadrates): es ist also um so erstaunlicher festzustellen, daß bei dieser Gestalt richtige Ergebnisse früher da sind als bei der vorhergehenden (Tab. 20). Man findet indessen die Schwierigkeiten bei der Überschneidung (Typ *B* und *D*) wieder, aber zweifellos weniger als bei den Quadraten, weil die Formen der beiden einander überschneidenden Figuren verschieden sind.

Dagegen findet man hier wie in § 1 das Problem wieder, die Grenzen entweder nicht überschreiten oder verlassen zu wollen (Typ *C'*). Diese beiden in *C'* zusammentreffenden Fälle sind sicher verschieden, sie charakterisieren jedoch beide die Vorrangstellung, die das Kind der Grundfigur (dem unbeweglichen Quadrat) zuerkennt. Man sieht also, daß in dem Maße, wie die Überschneidung leichter wird, das Problem der in gewisser Weise additiven Grenzen gerade deswegen wieder auftritt. Das ist eine erstaunliche Tatsache, die uns die Verwandtschaft der beiden Reaktionsarten, trotz ihrer stellvertretenden Rolle, anzuzeigen scheint: in jedem dieser Fälle scheint die Scheu vor den Grenzen von außen wie von innen her gesehen in der Tat an eine Art Vor-Erhaltung (*préconservation*) oder Pseudo-Erhaltung der Grundfigur gebunden zu sein. »Aber warum sieht man den Kreis nicht?«, fragen wir eine Versuchsperson, die gerade eine Zeichnung vom Typ *D* angefertigt hat. – »*Weil er dahinter versteckt ist.* – Aber sieh dir das an (die übereinandergelegten Rahmen), sieht man hier den Kreis? – *Ja.* – Dann glaubst du also, daß man den Kreis sehen kann? – *Nein* (sie zeigt ihre Zeichnung), *man sieht ihn nicht: man kann den Kreis in dem Quadrat nicht sehen.*«

Gestalten II, III, V und VI. – Der Vorteil dieser Gestalten, in denen das bewegliche Element (Quadrat oder Kreis) bedeutend kleiner ist als das unbewegliche Element (großes durchsichtiges oder undurchsichtiges Quadrat), liegt darin, daß die Überschneidungsschwierigkeiten beinahe ganz verschwinden, aber dann, wie man bei der Gestalt IV sehen wird, durch Schwierigkeiten der äußeren Grenze ersetzt werden, die sich also in gewisser Weise gegenseitig vertreten.

Es kommt tatsächlich vor, daß auf diese vier Gestalten fünf Reaktionstypen entfallen, von denen die Form *D* jedoch sehr selten bleibt: *A*, die Versuchsperson antizipiert keine Verschiebung; *B*, sofortige Trennung; *C*, das kleine Element verschiebt sich nur im Innern des großen quadratischen Rahmens, ohne daß es ihm gelingt, dessen Grenze nach rechts zu überschreiten (und indem es sich normalerweise an diese Grenze heftet, eventuell mit Verringerung seiner Breite); *D*, alle Stellungen werden akzeptiert, außer Überschneidung an der Grenze (Ablehnung der Überschneidung); *E*, richtiges Ergebnis. Die Tabelle 24 gibt die für die Gestalten II–III erzielten Ergebnisse an:

Tabelle 24: Reaktionen auf die Gestalten II – III (in % der Antworten)

	A	*B*	*C*	*D*	*E*
4;5–5;5 Jahre	25	4	20	8	43
5;6–6;5 Jahre	4	10	16	10	60
6;6–7;5 Jahre	0	0	9	9	82

Die Schwierigkeit mit der Überschneidung ist hier nur sehr schwach zum Ausdruck gekommen. Dagegen stößt man wieder stärker auf das Problem der äußeren Grenzen, zweifellos deshalb, weil sich das kleine Element auf dem Rahmen von 5 cm^2 wie eine Figur auf einem Hintergrund abhebt und nicht mehr als eine Figur, die wegen Überschneidung eine mit dem großen Quadrat gemeinsame Fläche bedeckt. Diese Situation erklärt übrigens, warum die Vorstellung der Verschiebung viel leichter ist als bei den Gestalten I und IV.

Die kleinen Kreise indes (Gestalten V und VI) gehören zu demselben Schwierigkeitsgrad wie die kleinen Quadrate (II–III) und bedürfen folglich keiner besonderen Erörterung.

Zum Schluß ist zu sagen, daß die in diesem Abschnitt beschriebenen Fakten trotz ihrer offensichtlichen Komplexität von einigen ziemlich einfachen Gesetzen abhängen. Halten wir zunächst von § 1 die Tendenz des präoperatorischen Bildes fest, auf Grund einer Art von Pseudo-Erhaltung und ursprünglicher figurativer Gegebenheit die äußeren Grenzen einer Figur nicht zu überschreiten. Der bloße Umstand des Überdeckens der Figuren und der teilweisen oder totalen Überschneidungen, die sich daraus ergeben, verändert dieses Phänomen von sich aus nicht, weil, wenn die vorgelegten Figuren von sehr ungleichen Ausmaßen sind (II–III und V–VI der Abb. 7), das Problem, obgleich es im Ganzen leichter gelöst wird, dann vor allem darin besteht, wie wir gerade gesehen haben, daß die äußere Grenze der größeren Figur nicht überschritten wird. Wenn dagegen die sich überdeckenden Figuren gleicher Form und Abmessung sind, führt das Verlangen nach Erhaltung (Pseudo-Erhaltung) des figurativen Aspekts des unbeweglichen Bezugselements zu einer anderen Wirkung der Grenze: zu der Weigerung, diese innere Grenze in das unbewegliche Quadrat einzuführen, was die Überschneidung erforderlich machen würde, weil diese Zerschneidung seine Form verändern würde. Von daher sind die Tabellen 20 und 21 sowie die Ergebnisse der zahlreichen Gegenproben zu verstehen, die wir vorgenommen haben. Zwei Umstände geben uns nun die Bestätigung, daß nicht die Überschneidung als solche nicht verstanden wird (sie gelingt im Gegenteil vom Alter von drei Jahren an in der graphischen Figuration der topologischen Beziehungen, und das bei Versuchspersonen, denen es noch nicht gelingt, Quadrate anders zu zeichnen als in Gestalt von geschlossenen Kurven).[43] Das Bild, das sich ergibt, ist in der Tat besser, wenn die vorgelegten Figuren nicht dieselbe Form haben (Kreis und Quadrat: Tabelle 23, oder Rechteck und Quadrat), und insbesondere, wenn die Figuren unregelmäßig, jedoch von derselben Form und Dimension sind: in diesen beiden Fällen ist die Überschneidung also leichter vorstellbar, entweder weil sie die ursprünglichen Eigenschaften der Figuren weniger verändert, die auf Grund ihrer Unterschiede erkennbar bleiben, oder

43 J. Piaget – B. Inhelder, *La représentation de l'espace chez l'enfant*, Kap. II, Presses Universitaires de France, 1948; deutsch: *Die Entwicklung des räumlichen Denkens beim Kinde*, Stuttgart 1971.

weil es sich nicht um »einfache Formen« handelt und deswegen ihre figurative Nicht-Erhaltung geringere Konsequenzen für das Bild zur Folge hat. Kurz gesagt hängt die Natur der beobachteten Reaktionen, wie schon im Fall der Auswirkungen der äußeren Grenzen, hauptsächlich von der den präoperatorischen Bildern eigenen Pseudo-Erhaltung ab, und das ist es, was das Interesse dieser Phänomene ausmacht, für die wir, so muß entschuldigend gesagt werden, eine vielleicht allzu lange Beschreibung gegeben haben.

§ 3. Die Drehung eines Stabes um seinen Endpunkt

Obwohl die vorhergehenden Stellungen (§ 1 und § 2) einer Erfahrung entsprechen, die der Versuchsperson vertraut ist, da jedes Kind ständig sieht, wie sich Gegenstände gegeneinander verschieben, weisen die entsprechenden Bilder der Reproduktion von Bewegungen nichtsdestoweniger eine gewisse Anzahl von systematischen Schwierigkeiten auf, die wir mit dem Problem der Grenzen in Zusammenhang bringen konnten. Es ist also offensichtlich, daß die Schwierigkeiten des Bildes in diesem Fall nicht an der Repräsentation der betrachteten Gesamtbewegung hängen, die die Versuchsperson genau kennt, sondern von der Repräsentation ihrer Verbindung in Form von einzelnen Stellungen zueinander, vor allem was die Ankunftspunkte betrifft. Die anderen Beispiele, deren Untersuchung wir jetzt vornehmen wollen, stellen unter diesem letzten Gesichtspunkt eine Umkehrung der vorhergehenden dar. Es handelt sich wiederum um eine Bewegung, die häufig zu beobachten ist: um die Drehungen eines festen Stabes um 90° oder 360° um seinen Endpunkt entsprechend dem Fall eines vertikalen Stocks, den Bewegungen der Zeiger einer Uhr, denen des Arms selbst, usw., und es ist schwierig vorzustellen, daß das Kind davon kein vertrautes Bild hätte. Aber die vielen Untersuchungen, die wir mit F. Paternotte, S. Taponier, E. Schmid-Kitsikis, D. Nicollier und M. Anthonioz durchgeführt haben, haben gezeigt, daß, wenn die Ergebnisse auch teils relativ gut, teils verblüffend zusammenhanglos sein mochten, das nicht vor allem von der Grenze als Ankunftspunkt der Bewegung abhing, sondern von der Beachtung oder

Vernachlässigung des Ausgangspunkts als feststehendem Mittelpunkt der Drehung: je nachdem, ob die angewandten Techniken diese Unbeweglichkeit vorschreiben oder sie nur voraussetzen, ohne in expliziter Weise auf ihr zu insistieren, sind die erzielten Ergebnisse ziemlich verschieden, weil das Kind von selbst eben die Tendenz hat, wie alles Vorangegangene gezeigt hat, seine Aufmerksamkeit auf die Ankunftspunkte zu konzentrieren und die Ausgangspunkte zu vernachlässigen, selbst wenn es sich um einen Mittelpunkt einer vorzustellenden Drehung handelt. Dieses Problem des Ausgangspunkts und seiner Unbeweglichkeit im Falle der Drehung verdient für die Untersuchung der inneren Bilder eine ebenso aufmerksame Überprüfung wie das der Grenzen oder der Ankunftspunkte, denn es handelt sich um dasselbe allgemeine Problem einer räumlichen Koordination innerhalb der bildhaften Repräsentation.

Wir werden also im folgenden beginnen, die Ergebnisse der Techniken vorzulegen, die die Unbeweglichkeit des Drehpunktes nicht besonders betont haben, um uns anschließend mit solchen zu beschäftigen, die eine stärker darauf hinlenkende Versuchsanordnung benutzt haben. Diese letztere bestand entweder darin, vorab die Zeichnung des Nagelkopfs, der als Angel dient, zu verlangen, oder einen metallischen Bolzen zu verwenden, an dem das Ende des Stabes genietet ist und der durch den Karton hindurchgeht, der ihm als Unterlage dient: man zeigt jetzt dem Kind, daß es genügt, um den Stab sich drehen zu lassen, den Teil der Achse zu drehen, der unter dem Karton hervorragt, und dieser unerwartete Mechanismus reicht häufig aus, um die Aufmerksamkeit der Versuchsperson auf die Unbeweglichkeit des Drehpunktes zu lenken (übrigens nur bedingt, wie wir sehen werden). Die Techniken, von denen wir sagten, daß sie nicht mehr sonderlich auf diese Unbeweglichkeit aufmerksam gemacht haben, sind solche, die nur einen kleinen Nagel verwenden, der einen der Endpunkte des Stabes unbeweglich macht und um den sich dieser letztere dreht: hier kann noch so sehr auf das Vorhandensein des Nagels aufmerksam gemacht und die Unbeweglichkeit dieses Ausgangspunktes ausgesprochen werden, – bei den Kleinen reicht das kaum aus. Wir werden zum Beispiel (Kap. IV, § 2, Tabelle 45) sehen, daß im Falle eines Quadrats, das sich um die Spitze eines seiner Ecken dreht, die an einem Nagel von 5 cm befestigt ist, 80% der Versuchspersonen von 5 Jahren und 60% der 6–8jährigen die Unbeweglichkeit dieses Drehpunktes nicht berücksichtigen.

Der Plan dieses etwas langen Abschnittes ist folgender: Unter I untersuchen wir die Drehung eines Stabes von 20 cm um 90°, und zwar ohne besondere Maßnahmen, um die Unbeweglichkeit des Drehpunktes einzuschärfen. Unter II werden die Drehungen von Stäben von 5 und 15 cm um 90° und 360° verglichen, wobei wir stärker auf diese Unbeweglichkeit hinweisen. Unter III wird es sich auch wieder um Drehungen eines Stabes von 5 cm um 90° und 180° handeln, aber auf einer rechtwinkligen Vorrichtung mit einer metallischen Achse, die die Unbeweglichkeit erzwingt, was in IV wieder aufgenommen wird, aber mit einem einfachen Stab von 5 cm ohne die rechtwinklige Vorrichtung. Nach diesen Kontrollen wollen wir unter V die unter I angewandte Technik wieder aufnehmen, aber dieses Mal mit einer Drehung um 360°. Unter VI soll die Frage der Länge der Zeichnungen der Versuchspersonen untersucht werden, und unter VII das Problem der Erhaltung bei der Drehung.

I. – Beginnen wir also mit einer Untersuchung, die zusammen mit F. Paternotte durchgeführt wurde, und die sich mit der Drehung eines in sagittaler (im folgenden: »vertikaler«) Position gezeigten Stabes um 90° in der Horizontalen beschäftigt, und dessen äußerste Positionen man zunächst zu zeichnen aufgibt. In einem solchen Fall hat die Versuchsperson keine Schwierigkeit, sich das Ergebnis der Fallbewegung vorzustellen, obwohl, wie wir in § 4 des Kapitels II gesehen haben, im allgemeinen noch systematische Irrtümer bezüglich der Längen bestehen (Abb. 9).

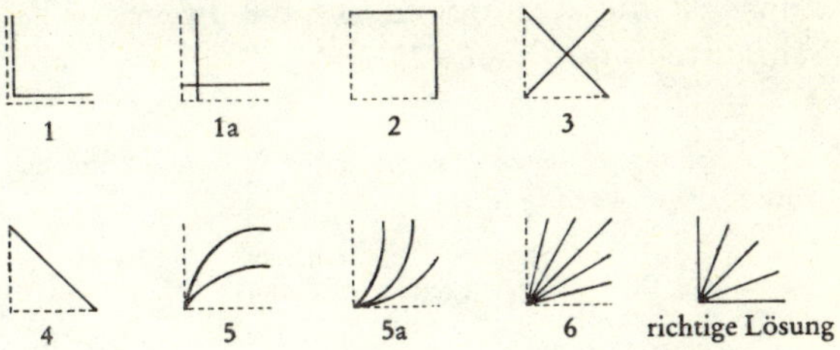

Abb. 9

Wir müssen diesen Versuch indes noch einmal im Hinblick auf die Repräsentation der Bahn selbst vornehmen, also des Bildes *RKM* wegen, das sich mit der Bewegung als solcher beschäftigt.

Man zeigt dem Kind zunächst einen schwarzen vertikalen Stab von 20 cm Länge und 2 mm Durchmesser, der mit einem Nagel an seiner Unterlage befestigt ist, und man stellt folgende Fragen:

1. Der Stab soll so gezeichnet werden, »wie er aussehen wird, wenn er ein wenig fällt« (mit einer Geste, die die Drehung um die feste Unterlage anzeigt). Es handelt sich also einfach um die Repräsentation einer Schrägstellung. Wenn die Frage nicht verstanden wird, leitet man die Bewegung des Stabes selbst ein, aber ohne das Ganze zu zeigen.
2. Man läßt die vertikalen und horizontalen Positionen zeichnen (indem man auf die Invarianz des durch den Nagel gekennzeichneten Verbindungspunkts hinweist), und man fordert die Versuchsperson auf zu zeichnen, wie der Stab

von der ersten Position in die letzte fallen wird; man verlangt mehrere Zwischenpositionen.

3. Man befestigt eine Perle an dem freien Endpunkt des Stabes und fordert dazu auf, die Bahn dieses Stabendes zu zeichnen. Man läßt diese Bahn außerdem durch eine Geste repräsentieren, denn eine Zeichnung mit Geraden ist manchmal nur die Vereinfachung eines Bogens.

4. Man zeigt ein Stäbchen, an dessen Ende eine Nadel mit großem Kopf steckt, und man fordert dazu auf, die Nadel in ihren aufeinanderfolgenden Positionen zu zeichnen, wenn das Stäbchen (wie der Stab in 2) fällt.

5. Man läßt zwischen drei Zeichnungen auswählen (einer Geraden, einem konvexen und einem konkaven Bogen), die die Bahn des Endpunktes repräsentieren sollen (Frage 4).

6. Man läßt das Kind die wirkliche Bewegung des Stabes vom Anfang (vgl. Frage 2) durch Verschiebung ausführen.

7. Man zeigt einen Stab, dessen obere Hälfte rot und dessen untere Hälfte blau gefärbt ist, und man läßt die aufeinanderfolgenden Positionen des Stabes mit den beiden Farben zeichnen (vgl. Fragen 2 und 4).

8. Man läßt unter fünf fertigen Zeichnungen auswählen, die Positionen des Stabes darstellen; diese Vorlagen sind vom Typ 1, 2 und 4 (zwei Varianten) der Abb. 9 und geben außerdem natürlich die genauen Positionen wieder.

Hier zunächst die Reaktionen auf die Frage 1 (Zeichnung einer Schrägstellung: Tabelle 25):

Tabelle 25: Zeichnungen einer Schrägstellung (in % der Versuchspersonen) Mit Einleitung der Bewegung (Frage 1)

	keine Zeichnung	schlecht orientierte Geraden	Kurven	richtig
4–5 Jahre (*N*=18)	21	7	22	50
6 Jahre (*N*=17)	12	18	12	58
7 Jahre (*N*=17)	0	12	0	88
8–9 Jahre (*N*=11)	0	0	0	100

Die richtigen Antworten werden nur nach der Orientierung und unabhängig von den Längen bewertet. Die Tabelle 26 liefert jetzt die Ergebnisse der Fragen 2 (Zeichnung der Zwischenstufen), 8 (Auswahl unter den vorgelegten Zeichnungen) und 6 (Nachahmung der Bahn mit dem Stab selbst), wobei die ersten dieser Ergebnisse nach den Angaben der Abb. 9 in 1–6 geordnet werden (0 bedeutet »keine Zeichnung«).

Die Spalte der Auswahl und die der Nachahmungen weisen also nur richtige Antworten aus. Die nicht zutreffenden Nachahmungen sind schwer zu klassifizieren. Die falsch ausgewählten Bilder verteilen sich in etwa wie die Zeichnungen selbst. Die Spalte 3 enthält alle geneigten Geraden, die sich in irgendwelchen Winkeln schneiden.

Tabelle 26: Zeichnungen bzw. Auswahl unter Figuren und gestische Imitation der Bahnen eines Stabes, der aus der vertikalen Position in die horizontale fällt (in % der Antworten)

Reaktionen	Typ 0	Typen 1–2	Typ 3	Typ 4	Typen 5–5a	Typ 6	richtige Zeichnung	richtige Auswahl	richtige Nachahmung
4–5 Jahre (18)	5	24	5	8	5	30	23	21	7
6 Jahre (17)	0	29	18	0	6	0	47	46	43
7 Jahre (17)	0	0	18	11	0	6	65	81	87
8–9 Jahre (11)	0	9	9	0	0	0	82	82	82

In Tabelle 27 findet man die Zeichnungen oder Gesten, die die Bahn des äußeren Endes des Stabes repräsentieren sowie die Auswahl unter drei fertigen Zeichnungen:

Tabelle 27: Zeichnung oder Geste, die die Bahn des Stabendes anzeigt (in % der Antworten) und Auswahl unter drei Modellen

	Zeichnungen oder Gesten						Auswahl			
	0	vert. horiz.	quadrat.	konkav	gerade	richtig	0	konkav	gerade	richtig
4–5 Jahre	11	35	29	0	20	5	20	10	33	37
6 Jahre	0	12	6	6	17	59	0	7	20	73
7 Jahre	0	6	6	0	34	54	0	0	17	83
8–9 Jahre	0	9	0	0	27	64	0	0	0	100

Die 0 bei der Auswahl zeigt Unfähigkeit zur Entscheidung an. Wir können andererseits in einer einzigen Tabelle (Tabelle 28) die Zeichnungen der aufeinanderfolgenden Positionen der beiden Segmente des zweifarbigen Stabes (Frage 7 = Reihe *A*) oder diejenigen der aus der baguette herausragenden Nadel (Frage 4 = Reihe *B*) gruppieren.

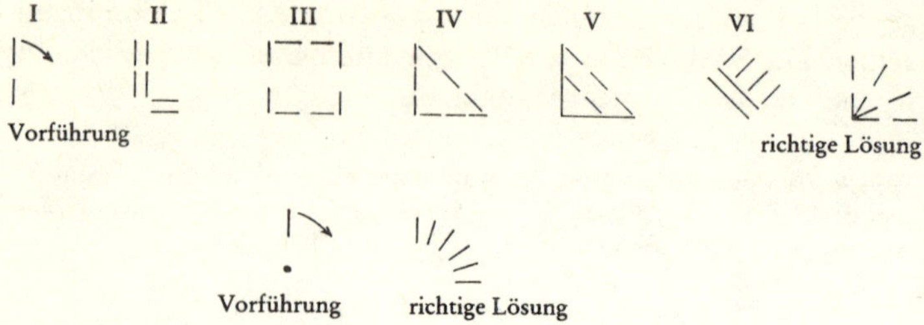

Abb. 10

Die Zeichnungen dieser Reihen *A* und *B* sind auf Abb. 10 reproduziert; Tabelle 28 verwendet dieselbe Numerierung (die 0 bezeichnet wiederum »keine Zeichnung«).

Tabelle 28: Zeichnungen der aufeinanderfolgenden Lagen der beiden Hälften des zweifarbigen Stabes (Reihe *A*) und der in das Ende des kleinen Stabes gesteckten Nadel (Reihe *B*) (in % der Antworten)

	0		I		II		III		IV		V		VI		VII (richtig)	
	A	*B*	*A*	*B*	*A*	*B*	*A*	*B*	*A*	*B*	*A*	*B*	*A*	*B*	*A*	*B*
4–5 Jahre	17	13	24	33	17	11	18	16	18	16	0	0	0	0	6	11
6 Jahre	0	5	0	6	13	3	6	30	6	20	19	6	13	0	43	30
7 Jahre	0	0	0	6	6	0	12	23	12	0	0	0	6	6	64	65
8–9 Jahre	0	0	0	0	0	0	0	27	0	0	18	0	0	0	82	83

Faßt man diese vier Tabellen zusammen, so stellt man zunächst fest, daß die Zeichnung einer Schräglage mit einer Skizze der Bewegung erst mit 7 Jahren mehr als 75 % der Versuchspersonen gelingt, aber vom Alter von 4–5 Jahren an bei 50 %. Es war für die Hauptfragen der Tabelle 26 wichtig, gleichzeitig die Zeichnung der Positionen, die Auswahl unter Modellen und eine gestische Reproduktion mit dem Stab selbst zu verlangen. Diese drei Werte liegen also ziemlich dicht beieinander (Tabelle 26), mit Erfolg bei 7–8 Jahren[44], aber sonderbarerweise mit einer Verzögerung der Nachahmung im Alter von 4–5 Jahren; zweifellos deswegen, weil

44 Es ist übrigens zu beachten, daß die richtigen Ergebnisse durch die Frage 1 erleichtert werden, die den graphischen Ausdruck testen soll, aber gleichzeitig spätere Darstellungen begünstigt.

man exakten Umgang mit dem Stab selbst und nicht nur eine nachahmende Geste der Hand verlangt. Dagegen gelingt die Zeichnung der Bahn des Stabendes außer mit 6 Jahren erst mit einer leichten Verzögerung gegenüber der Zeichnung des Stabs selbst, zweifellos, weil sie eine gewisse Abstraktion voraussetzt; aber die Auswahl unter den Modellen fällt besser aus als die Auswahl der Tabelle 26 und ergibt 73 % richtige Antworten von 6 Jahren an. Die Zeichnungen der beiden Hälften des Stabes oder der den kleinen Stab verlängernden Nadel zeigen dieselben richtigen Ergebnisse wie die Zeichnungen des ganzen Stabes (mit 7–8 Jahren), außer einer Verzögerung mit 4–5 Jahren (und für die Nadel bei 6 Jahren), die an die Verzögerung bei der Zeichnung des Endpunkts erinnert, ohne Zweifel auf Grund derselben Abstraktionsart.

Nachdem diese Fakten unter dem Gesichtspunkt der richtigen Ergebnisse festgestellt sind, wollen wir versuchen, die systematischen Formen der beobachteten Fehler zu beschreiben und zu interpretieren:

1. Der elementarste Fehler, der häufig im Alter von 4 bis 6 Jahren bei den aufeinanderfolgenden Positionen des Stabs (Tabelle 26) sowie bei der Bahn seines freien Endpunkts (Tabelle 27) vorkommt, besteht in der Vorstellung, der Stab bewege sich erst in vertikaler und dann in horizontaler Richtung (Abb. 9 unter 1 und Abb. 10 unter I), Richtungen, die tatsächlich den Anfangs- und Endpositionen der darzustellenden Bewegung entsprechen. Diese Reaktion entspricht also dem Fehlen des kinetischen Bildes *RKM*, da in diesem Fall die einzigen vorgestellten Positionen Ausgangs- und Endposition sind, und die Versuchsperson die Bewegung mit ihrem Ergebnis (*RKP*) verwechselt, als ob sie von ihren Wahrnehmungen nur die statischen Konfigurationen behielte, die den Ruhestellungen entsprechen. Wenn man das Kind fragt, wie der Stab oder die Perle auf ihrer vertikalen Achse haben abgleiten können, um dann plötzlich einer horizontalen Bahn zu folgen, bemerkt man, daß es sich diese Frage gar nicht genau stellt, weil es keinerlei Überlegungen über den festen Drehpunkt anstellt.

2. Eine etwas bessere Reaktion (Abb. 9 unter 1*a*) besteht darin, die Stäbe während der Bewegung aus ihren Ruhepositionen zu lösen, indem man sie sich immer noch in vertikalen und dann horizontalen Bahnen verschieben läßt, aber einige Millimeter von den Anfangs- und Endpositionen entfernt, mit dem Ergebnis, daß sich diese Bahnen im rechten Winkel schneiden. Man findet diese Zeichnung bei den Bahnen des Endpunkts wieder.

3. Wenn der in Bewegung befindliche Stab einmal aus seinen Extremlagen gelöst ist, fällt er von neuem unter ihren indirekten Einfluß, wenn man ihn sich so vorgestellt, als folge er nochmals horizontalen und vertikalen Bahnen, aber in symmetrischer Weise: die Stäbe werden dann so betrachtet, als beschrieben sie eine quadratische Bahn (Abb. 9, unter 2; entspricht 11 % der Antworten bei 4–5 Jahren von den 24 % der Tabelle 26, und 35 % der Tabelle 27; sowie Abb. 10, unter II; entspricht 17 bzw. 11 % der Tabelle 28).

4. Wenn das Kind schließlich die Zwischenpositionen als Schrägen darstellt, anders gesagt, wenn es anfängt, die bei Frage 1 erworbene oder wiedererworbene Erfahrung einzubeziehen, anstatt bei einer Indifferenzierung zwischen den Ruhestellungen und den Übergangsstellungen stehenzubleiben, bleibt ihm noch, die Bahn des freien Endpunktes und die Positionen des ganzen Stabs zu differenzieren und zu koordinieren. Hier sind verschiedene Lösungen möglich (Formen 3 bis 6 der Abb. 9), die zweifellos nicht Etappen, sondern in etwa gleichzeitigen Typen entsprechen, zwischen denen die Versuchsperson auswählt. Die am wenigsten entwickelte ist sicherlich die Form 3 der Tabelle 26, die nicht nur einen einzigen Drehungsmittelpunkt zeigt. Man könnte geneigt sein, dieses Vergessen einem einfachen Mißverständnis zuzuschreiben, etwa, als stellte sich die Versuchsperson irgendeinen Stoß vor, der den Stab umkippen läßt, und nicht eine graduelle Drehung: es handelt sich um die gekreuzten Stäbe auf Modell 3, Abb. 9, aber man kann hier die nicht reproduzierten Zeichnungen mitheranziehen, auf denen sich das Kind mit parallelen und nicht gekreuzten Strichen zufriedengibt und die auch nicht nur einen einzigen Drehpunkt aufweisen. Man findet diese Form 3 indes in der Abb. 10, Modell IV (und in Tabelle 28) wieder; und wenn man das Material dieser Tabelle 28, Reihe *A* untersucht, sieht man, daß 41 % der Versuchspersonen von 4–5 Jahren, 57 % derjenigen von 6 Jahren, 24 % mit 7 Jahren und noch 18 % der Versuchspersonen von 8–9 Jahren für die beiden Hälften des Stabes Zeichnungen der Art anfertigen, daß die obere Hälfte nicht die Verlängerung der unteren bildet, als ob also die beiden Hälften eines festen Stabes sich bei einer Drehung des Ganzen getrennt voneinander bewegen könnten! Das Fehlen der Vorstellung von einem Drehpunkt erstreckt sich also auf die Koordination der beiden aneinandergrenzenden Segmente des Stabes selbst, was einmal mehr die Schwierigkeiten der räumlichen Koordination beim ursprünglichen kinetischen Bild zeigt.

5. Die Modelle 5 und 5*a* der Tabelle 26, die darin bestehen, den in Drehung befindlichen Stab durch Kurven bildlich darzustellen, bezeichnet einen deutlichen Beginn der Differenzierung und Koordination zwischen den Übergangszuständen und den Extremlagen der Ruhe; die Bewegung des Stabes selbst wird dann durch diese Kurven symbolisiert, aber dieses Mal mit Indifferenzierung zwischen der Bahn des freien Endpunkts, die tatsächlich eine Kurve beschreibt, und der Bahn des ganzen Stabes (vgl. die Anzahl der Kurven [22 %] bei der Zeichnung einer einzigen Schrägen auf Tabelle 25). Umgekehrt lassen die jungen Versuchspersonen die Bahn des freien Endpunkts (Tabelle 27) oft eine Gerade beschreiben, was für Indifferenzierung spricht, aber in umgekehrter Richtung.

6. Die Form 4 der Tabelle 26, bei der der Stab so betrachtet wird, als folge er der Sehne des von den Endpunkten durchlaufenen Bogens, zeigt dieselbe Indifferenzierung an, aber noch dazu mit einer Verwechslung des Bogens mit seiner Sehne, und das deswegen, weil die Entfernungen vom Drehpunkt nicht berücksichtigt wurden. Diese Indifferenzierung findet sich, aber mit einer anderen Verwechslung, in den Zeichnungen V und VI der Tabelle 28, Reihe *B* wieder, in denen die Nadel betrachtet wird, als verschöbe sie sich in der Längsrichtung und nicht in der Verlängerung des Stabes; hier sind es der Stab und sein Endpunkt, die nicht voneinander differenziert werden.

7. Die Form 6 schließlich, die die Schräge in ein Quadrat einbeschreibt, ist mit Sicherheit den vorhergehenden überlegen, weil hier ein einziger, fester Drehpunkt vorhanden ist und der gerade Charakter des Stabes erhalten bleibt. Es ist richtig, daß diese Lösung 6 bei 4–5 Jahren besonders häufig ist (Tabelle 26), aber man findet eine analoge Form (V) in Tabelle 28 bei 19 % der 6jährigen und sogar bei 18 % der 8–9jährigen wieder. Wenn dieses Modell 6 der Tabelle 26 auch die schrägen Linien korrekt markiert, bleibt es doch von der quadratischen Form der Lösung 2 abhängig, das heißt, es zeigt noch eine relative Indifferenzierung gegenüber den vertikalen bzw. horizontalen Endpositionen.

Dieses sind die Reaktionen, die man erhält, wenn man keine besonderen Maßnahmen trifft, die die Erhaltung eines festen Drehpunktes einschärfen, anders gesagt, wenn man es der Versuchsperson überläßt, ihrer spontanen Neigung folgend, die Ausgangspunkte und die Zwischenstufen zu vernachlässigen, um sich ganz auf die Ankunftspunkte zu konzentrieren. Vier Reaktionsarten sind hier bemerkenswert:
a) Fehlen der Differenzierung zwischen den Extremstellungen der Ruhe und den Zwischenstufen, von der die Fehler 1–2 der Tabelle 26 und I–II der Tabelle 28 mit einem Resteinfluß auf die Typen 6 und V Zeugnis geben;
b) Fehlen der Differenzierung zwischen den aufeinanderfolgenden Positionen des Stabes und denen seines Endpunkts, was die Fehler 3–5*a* der Tabelle 26 und II–IV–VI der Tabelle 28 zu belegen;
c) Fehlen eines festen Drehpunkts (Fehler 1–3 und I–IV);
d) die fehlende Berührung, bei der Darstellung der Verschiebungen, zwischen den beiden farbigen Abschnitten des Stabes oder zwischen dem Stab und der Nadel, die ihn verlängert (Fehler I–VI der Tabelle 28). Diese Reaktion *d* ist von derselben Art wie die Reaktion *c*; sie lassen sich nämlich beide auf ein Fehlen der Koordination zwischen den Ausgangs- und den Ankunftspunkten zurückführen, und beide verschwinden in derselben Altersstufe. In dieser Hinsicht ist die Übereinstimmung des Erfolgsalters in den Tabellen 26 und 28 recht beeindruckend.
Da also die Kontrollen im Zusammenhang mit dieser Untersuchung die Möglichkeit eines etwas besseren Ergebnisses ab 5 Jahren bei der Repräsentation der Stabdrehung gezeigt haben, handelt es sich nun darum, mit Sorgfalt die möglichen Faktoren zu unterscheiden, will man die Reaktionen *a–d* in-

terpretieren; und zwar in der Weise, daß man die Faktoren zum Zweck der Analyse getrennt voneinander variieren läßt. Mindestens sechs Faktoren sind in dieser Hinsicht zu beachten: 1. Zunächst gibt es die entsprechenden Vorrichtungen, um die Aufmerksamkeit auf den festen Drehpunkt zu lenken; 2. die Tatsache, daß man die vorhergehende Zeichnung der vertikalen bzw. horizontalen Endpositionen verlangt, kann die Indifferenzierung *a* begünstigen; 3. eine Drehung um 90%, die keiner einfachen Form entspricht, kann schwerer vorzustellen sein, als eine Drehung um 360%, deren auf dasselbe Blatt gezeichnete Zwischenstufen zu der regelmäßigen und symmetrischen Form führen, die viele der Kleinen eine »Margerite«, eine »Sonne«, eine »Uhr«, usw. genannt haben; 4. wenn man durch eine Geste den Anfang der Drehung anzeigt, ohne daß das Kind sie sich selbst vorstellt, kann dies die Indifferenzierung *b* begünstigen; 5. die Ergebnisse können voneinander abweichen, je nachdem, ob die Zeichnungen der Zwischenstufen auf demselben Blatt nebeneinandergesetzt sind oder ob sie auf aufeinanderfolgenden Blättern voneinander getrennt sind; 6. die Länge des Stabs (15–20 cm oder 5 cm) spielt insofern eine Rolle, als es (zumindest graphisch), einfacher sein kann, die Positionen mit einem kleinen Stab darzustellen, als mit den großen.

II. – Um über die Rolle der beiden Faktoren der Stablänge (6) und der Drehungen um 90° und 360° zu entscheiden, haben wir mit F. Schmid etwa 30 Versuchspersonen im Alter von 5;0 bis 7;2 Jahren (davon 20 mit 5 Jahren) befragt, von denen wir (in den verschiedenen möglichen Reihenfolgen) die Zeichnung der Endpositionen und der Zwischenpositionen der Drehung um 90° eines Stabes von 5 bzw. 15 cm und Zeichnungen der Drehung um 360° der beiden gleichen Stäbe verlangten.

Die Unbeweglichkeit des Drehpunktes wurde durch die beiden folgenden gleichzeitigen Maßnahmen erreicht: ein großer Nagel von 5 cm befestigt einen der Endpunkte des Stabes am Karton, der als Basis dient, und alle Versuchspersonen werden aufgefordert, den Kopf dieses Nagels auf ihrer Zeichnung einzutragen, was sie in Form eines kleinen Kreises im Mittelpunkt des Blattes tun.

Der Gewinn dieser Untersuchung besteht zunächst darin, daß sie einen gewissen Vorsprung der adäquaten Antizipation vor den voraufgegangenen Ergebnissen anzeigt: 20 von 30 Zeichnungen, das heißt 66% (und 13 von 20 Versuchspersonen von 5 Jahren) liefern Zeichnungen von der Drehung um 90°. Aber wenn auch ein bemerkenswerter Einfluß der angewandten Methoden festzustellen ist, die den Drehungspunkt unbeweglich machen sollen, findet man dennoch vier Arten von Fehlern, die Varianten der Typen 3–5 der

Tabelle 26 sind. Eine dieser Formen ist eine Vervielfachung der Drehungspunkte, die als zwei oder sogar vier voneinander verschiedene, durch einige Millimeter voneinander getrennte Kreise gezeichnet sind. Die zweite besteht darin, die aufeinanderfolgenden Positionen als (vertikale oder schräge) Parallelen zu zeichnen, was wiederum die Drehpunkte vervielfältigt, aber ohne daß sie durch Kreise gekennzeichnet werden (es kommen 6 bis 15 vor). Die dritte besteht darin, die 4 oder 5 ersten Positionen richtig zu zeichnen, und dann von der schrägen Linie von 45° ab eine Serie von Horizontalen zu zeichnen, was ein wenig an die Quadrate (Fehler 2) der Tabelle 26 erinnert. Die vierte besteht darin, gekrümmte Linien einzuführen (vgl. Typ 5).

Was die beiden Fragen anbetrifft, die es zu lösen galt, so scheinen die Zeichnungen mit Stäben von 5 cm kaum einfacher zu sein als die mit 15 cm: 11 richtige Ergebnisse gegenüber 19 bei 30 Zeichnungen, wobei der Unterschied insbesondere an einer größeren Häufigkeit der Fehler der zweiten Form bei den Stäben von 15 cm liegt (parallele und nicht auf der Grundlage ein und desselben Ursprungs zentrierte Positionen.) Vergleicht man andererseits die Drehungen um 90° mit denjenigen um 360°, so findet man keinen Unterschied: die zweiten ergeben 64% richtige Ergebnisse mit derselben Anzahl (11 von 17 Zeichnungen) sowohl bei Stäben von 5 als auch von 15 cm. Die Fehlertypen sind dieselben, aber mit einer zusätzlichen weiteren Fehlerform, die an die Indifferenzierungen der Tabelle 28 zwischen den Bahnen der Stäbe und denen ihrer Endpunkte erinnern: anstatt eine Folge von Strahlen zu zeichnen, die vom Mittelpunkt ausgehen, stellt die Versuchsperson eine Folge kleiner, sehr kurzer Striche dar, die vom Mittelpunkt entfernt sind und den freien Endpunkten der Stäbe entsprechen.

Insgesamt macht diese Untersuchung die Bedeutung des Faktors der Fixierung der Aufmerksamkeit auf den festen Drehpunkt deutlich, aber sie führt nicht zu einer Betrachtung der Länge der Stäbe oder der Grade des Drehungswinkels.

III. – Nachdem wir mit S. Taponier das Umklappen eines kleinen Stabes von 5 cm, der mit einem Stab von 10 cm einen rechten Winkel bildete (vgl. die rechtwinklige Figur, Kap. V, § 3), untersucht hatten, kam uns der Einfall, diese Vorrichtung dazu zu benutzen, die Antizipationen der Drehung des ersten dieser Stäbe zu analysieren, während der zweite an einem Karton befestigt blieb. Im Einzelfall wird die Aufmerksamkeit durch die weiter oben beschriebene mechanische Vorrichtung auf die Unbeweglichkeit des Drehpunktes gelenkt: eine Metallachse, an der ein Endpunkt des beweglichen Stabes befestigt ist, durchdringt den oberen Endpunkt des festen Stabes und ragt unten aus dem Karton hervor, so daß man die Drehung des beweglichen Stabes ohne irgendeine Geste andeutet, indem man sich auf den Hinweis beschränkt, daß man die Achse unter dem Karton drehen kann. Diese Einrichtung wird der Versuchsperson vorher gezeigt, indem man den Kar-

ton umdreht, und sie regt deren Interesse hinreichend an, um ihr späteres Verhalten zu beeinflussen. Andererseits sind zwei Gruppen von Versuchspersonen untersucht worden, die eine mit nebeneinandergesetzten Zeichnungen auf demselben Blatt (wie vorher in I und II), die andere mit getrennten Zeichnungen auf verschiedenen Blättern. Von vornherein muß gesagt werden, daß sich praktisch kein Unterschied zwischen den beiden Gruppen gezeigt hat: 46 und 45 % völlig richtige Ergebnisse (360°) bei den beiden Gruppen von 5–6 Jahren.
Dagegen besteht – im Gegensatz zu den unter II angegebenen Ergebnissen – zumindest im Alter von 5 Jahren ein klarer Unterschied zwischen den Antizipationen bei 90° und bei 360°, der zweifellos in diesem besonderen Fall von der rechtwinkligen Anordnung der Figur und von dem Vorhandensein des festen Stabes abhängt. Man muß nämlich noch präzisieren, daß bei der Ausgangsposition der bewegliche (horizontale) Stab einen rechten Winkel mit dem festen (vertikalen) Stab bildet, und daß die Drehung um 90° einfach darin besteht, daß er in die Verlängerung der letzteren kommt, während die Drehung um 360° unter anderem einen Durchgang (bei 270°) des beweglichen Stabes durch den festen erfordert, was die bildhafte Repräsentation stören kann. Wie dem auch sei, man findet im Alter von 5 Jahren, wenn man sich an die erste Zeichnung des Kindes hält, 52 % richtige Ergebnisse bei der Vorstellung der Zwischen- und Endpositionen bei einer Drehung von 90°, und nur 24 % richtige Ergebnisse bei der vollständigen Drehung von 360°, während im Alter von 6 Jahren 76 % bei 90° und 69 % bei 360° Erfolg haben. Man erkennt dann, daß die Maßnahmen, die die Aufmerksamkeit der Versuchsperson auf die Unbeweglichkeit des Drehpunktes lenken sollten, zu demselben Resultat führen wie die unter II beschriebene Technik: 64 % völlig richtiger Ergebnisse bei den Versuchspersonen von 5 und 6 Jahren zusammen.
Bevor wir die beobachteten Fehlertypen untersuchen, sollen noch die mit dieser Technik bei 15 Versuchspersonen erzielten Ergebnisse angegeben werden. Von diesen 15 Versuchspersonen mißlingt es 33 %, das heißt 5, trotz der materiellen Vorführung der Drehung, die Position des beweglichen Abschnitts im ersten Viertel zu antizipieren, 6 erreichen das zweite Viertel, 5 kommen bis 180°, 6 bis zum dritten Viertel

und bis 270°, und 7 bis zum vierten Viertel. Es besteht also eine große Schwierigkeit bei der Vorstellung der Drehung, da die Versuchspersonen zunächst darauf beharren, den Stab nur in seiner ursprünglichen Position zu reproduzieren, und dann, wenn sie zur Bewegung ansetzen, immer wieder zu dem Viertel I, das das einfachste ist, zurückkehren. Die häufigsten Fehler bestehen (trotz der Metallachse) darin, daß der Anfangspunkt verschoben wird, und das manchmal so sehr, daß es zu einer Trennung zwischen dem beweglichen Teil und dem festen Teil kommt. Andererseits kann man die Fehler in zwei Gruppen einteilen, je nachdem, ob es den Versuchspersonen gelungen oder nicht gelungen ist, die schrägen Positionen darzustellen. Diejenigen, denen es nicht gelungen ist, legen merkwürdige Zeichnungen mit rechten Winkeln vor, die mit den Fehlern 1–2 übereinstimmen, die wir bei I untersucht haben:
Nach einer ersten Zeichnung des beweglichen Teils, der im rechten Winkel kopiert wird, fährt die Versuchsperson fort, indem sie von seinem freien Endpunkt ausgeht und jetzt einen zweiten Teil einzeichnet, der zum Hauptabschnitt parallel verläuft, was diese Form ergibt: ⊓. Andere fahren sogar damit fort, daß sie die Figur mit einem dritten rechten Winkel schließen, was zu einem Quadrat führt[45], oder sie ersetzen diesen dritten Teil durch eine Kurve in irgendeiner Richtung, die die Drehung symbolisieren soll. Auch die Versuchspersonen, die mit Schrägen beginnen, kommen häufig zu Kurven bis hin zu p-förmigen Biegungen oder allmählich verschobenen Einschüben. Im allgemeinen tritt eine Unterschätzung der Längen auf, aber oft auch eine Verlängerung im Verlauf der Drehung.

Die bei 5 Jahren beobachteten Fehler sind bei dieser Technik quantitativ weniger zahlreich als unter I, in qualitativer Hinsicht stimmen sie jedoch ziemlich auffällig mit den Typen 1 bis 5 der Tabelle 26 überein. Bei den 18 Versuchspersonen von 5–6 Jahren, denen die Antizipation von 90° nicht geglückt ist (das heißt 36 % von 50 Versuchspersonen), findet man im einzelnen:

1. fünf Versuchspersonen, die überhaupt keine Antizipation der Zwischenpositionen erreicht und nur die Ausgangs- und Endpositionen reproduziert haben (vgl. Typen 0–1);
2. drei Versuchspersonen, die auf Grund verschiedener Kombinationen zu

45 Vgl. Fehler 2 auf Tabelle 26. Siehe auch Abb. 9, unter 2.

einer geschlossenen Figur gelangen, die die ersten Positionen darstellt; zu einer im allgemeinen dreieckigen Figur, wobei das Prinzip des Vorgehens jedoch an das Quadrat des Typs 2 (der Tabelle 26) erinnert[46];

3. sieben Versuchspersonen legen, wie die drei vorhergehenden (was 20% von allen ausmacht), Zeichnungen ohne Erhaltung des festen Drehpunktes vor, kommen aber am Ende zu Strichen, die sich kreuzen, parallel verlaufen oder sich sogar (in 2 Fällen) in verschiedenen Winkeln verlängern, was dem Typ 3 der Tabelle 26 entspricht;

4. eine Versuchsperson verbindet direkt die Endpunkte der beiden Endpositionen, was auf ein Dreieck wie beim Typ 4 der Tabelle 26 hinausläuft;

5. zwei Versuchspersonen zeichnen Zwischenpositionen, die gut zentriert, aber gekrümmt sind wie die Typen 5–5a der Tabelle 26 (gekrümmte oder nicht zentrierte Linien sind auch in drei Fällen in Kombination mit Fehler 3 zu beobachten).

Es erschien uns nützlich, auf den allgemeinen Parallelismus der Fehler 1–5 hinzuweisen (man findet sie in analogen Formen bei den Antizipationen von 360° wieder), denn es macht deutlich, wie stark die Tendenz der Versuchspersonen bleibt, trotz der getroffenen Maßnahmen den Ausgangspunkt der Linien zu vergessen, um den es ja geht, will man sich die Orientierung vorstellen; wie auch die Tendenz, durch fehlende Differenzierung zwischen den Positionen des Stabes in Drehbewegung und denen seines Endpunktes, Kurven einzuführen. Nachdem wir so (unter II und III) jeden der am Schluß von Abschnitt I aufgezählten sechs Faktoren durchgespielt haben, dürfen wir diese Tendenz, die Koordinationen des Anfangs zu vernachlässigen sowie die Positionen der Stäbe mit denjenigen ihrer Endpunkte zu verwechseln, als die beiden Haupteigenschaften der bildhaften Antizipation von Drehungen betrachten, von der wir eben einige Beispiele gegeben haben.

IV. – Wir müssen noch das Ergebnis der Technik mit der Metallachse bei einem einzelnen in Drehung befindlichen Stab von 5 cm überprüfen; diese Kontrolle wurde mit Monique Anthonioz an 15 Versuchspersonen von 4 Jahren und dann bei 15 und 34 Versuchspersonen von 5 Jahren nach den beiden Untertechniken *A* und *B* durchgeführt. Nachdem die Vorrichtung mit der Metallachse gezeigt worden war, haben wir folgende Aufgaben gestellt: 1. Eine Kopie des Stabes in horizontaler Lage; und 2. eine Antizipation mit Zeichnung der aufeinanderfolgenden Positionen des Stabes bis 360°; 3. schließlich bittet man das Kind, vor allem, wenn es ihm nicht gelingt, die

46 Außerdem findet man auf den dezentrierten Zeichnungen des folgenden Typs 3 bei drei der Versuchspersonen quadratische Anordnungen zwischen den Extrempositionen; das Quadrat ist dann von parallelen und nicht zentrierten Strichen besetzt.

Drehung zu antizipieren, diese durch Gesten darzustellen. Bei *B* sind 1. und 2. identisch, aber in 3. läßt man im Falle der Blockierung den Stab in schrägen Lagen kopieren und fährt dann mit der Antizipation fort.

A: Bei 12 Versuchspersonen im Alter von 4 Jahren gelingt einer einzigen (4;9) eine richtige Zeichnung mit einem einzigen Drehpunkt und 9 Zwischenpositionen, darunter 6 schrägen Linien, und eine andere zeigt alle Positionen, aber mit Verschiebung des Mittelpunkts. Sechs der übrigen Versuchspersonen legen eine Reihe von verschiedenen Positionen ohne einheitliches Zentrum vor (es kommen bis zu 9 verschieden gelagerte Mittelpunkte vor), und im allgemeinen gerade Stäbe. Vier Versuchspersonen schließlich können nur die Kopie ohne irgendeine Antizipation wiederholen und beschränken sich bei der Geste darauf, mit ihrem Finger einen Kreis anzugeben.
Bei 15 Versuchspersonen von 5 Jahren gelingt nur einer einzigen auf Anhieb eine korrekte Zeichnung. Eine zweite beginnt mit parallelen, dann mit schrägen Geraden, aber mit acht verschiedenen Ausgangspunkten, und wenn man sie fragt, ob der Nagel »an seinem Platz bleibt«, kommt sie zu der richtigen Zeichnung. Eine dritte Versuchsperson fertigt eine Zeichnung an, die richtig wäre, wenn ihr Nagel nicht durch eine Querleiste ersetzt worden wäre, an der entlang und um die herum die Stäbe in passenden Winkeln angeordnet sind. Auch zwei andere Versuchspersonen geben richtige Richtungen an, aber mit vielen Zentren oder Nägeln (deren Köpfe oft am freien Endpunkt des Stabes gezeichnet sind). Unter den ganz falschen Lösungen findet man in zwei Fällen die Quadrate vom Typ 2 (Tabelle 26) wieder, obwohl es sich hier um eine Drehung um 360° und nicht um 90° handelt; in anderen Fällen Parallelen oder Kurven, usw.; kurz gesagt die ganze Reihe der gewöhnlichen Arten von Fehlern. Was die Gesten anbetrifft, so zeigen nur die fünf ersten dieser 15 Versuchspersonen richtige Bahnen, die vom Kopf der Metallachse ausgehen, während die anderen Kreisformen angeben, und eine Person (deren Zeichnung verstreute Schrägen darstellte) kommt sogar zu quadratischen Gesten (Formen) (»er liegt, dann steht er wieder aufrecht«, usw.).

B: Bei der Untertechnik *B* – mit vorhergehender Einübung durch Kopie einer Schrägen von 45° im Falle eines Mißlingens der spontanen Antizipation – findet man bei 34 Versuchspersonen von 5 Jahren folgende Ergebnisse:
a) 32% der Versuchspersonen kommen von selbst, ohne Mitwirkung des Versuchsleiters, zu einer vollständigen Drehung mit einem einzigen Drehpunkt;
b) 14% erreichen ohne Hilfe noch erkennbare Drehungen, die aber unvollständig oder fehlerhaft sind;
c) von den übrigen 54% gelingen nur einem Drittel vollständige Drehungen dank der Kopie schräger Positionen im ersten Viertel. Die anderen bringen es nicht fertig, vollständige Kreise zu ziehen oder eine regelmäßige Entwicklung zu zeigen.
Zweifellos findet man mit dieser Technik der Halb-Anleitung nicht dieselben Fehler wieder, die uns vertraut geworden waren (Verlust der einzigen Drehungsrichtung, rechte Winkel, usw.; man findet jedoch gelegentlich Kurven). Aber man macht doch eine charakteristische Beobachtung: nämlich die Schwierigkeit einer Anzahl von Versuchspersonen, in die Antizipation einzutreten, das erste Viertel zu verlassen, oder, wenn man dazu eine schräge Linie

hat kopieren lassen, diesen Markierungspunkt zu überschreiten oder die Achsen zu überschreiten, usw.
Wir haben dann schließlich 16 Versuchspersonen im Alter von 5 Jahren alle wesentlichen Positionen, die bei der Drehung um 360° aufeinanderfolgen, kopieren lassen: nur 9 haben Kopien ohne Fehler angefertigt, und das vor allem auf Grund ihrer Gleichgültigkeit hinsichtlich der Reihenfolge der Stellungen. Diese Vernachlässigung der Reihenfolge, verbunden mit den Startschwierigkeiten, macht hinreichend deutlich, wie wenig natürlich diese Antizipation der Drehung für die Kleinen ist.

V. – Nachdem uns diese Kontrollen insbesondere den Unterschied der Ergebnisse zwischen solchen Techniken, die einen einzigen Drehpunkt erzwingen, und den Techniken gezeigt haben, die sich darauf beschränken, ihn zu zeigen, und es der Versuchsperson überlassen, ihn zu berücksichtigen oder auch nicht, nehmen wir zum Vergleich die unter I beschriebene Technik wieder auf und wenden sie bei der Drehung von 360° an. Diesen Versuch haben wir mit F. Paternotte an 20 Versuchspersonen im Alter von 5, 20 von 6 und 10 von 7 Jahren unternommen. Die Unterschiede gegenüber der vorhergehenden Situation (in I) bestehen darin, daß der Stab 13 cm lang ist, daß er in horizontaler Stellung gezeigt wird, daß man ihn zu Beginn alleine zeichnen läßt (anstatt der horizontalen und der vertikalen Endposition) und daß vor allem die gestellten Fragen zu den Bahnen der beiden roten und blauen Hälften des zweifarbigen Stabes voneinander getrennt worden sind: man fordert zunächst dazu auf (die Abschnitte können voneinander getrennt werden), die Positionen, die der obere oder untere Abschnitt im Laufe der Drehung einnehmen wird, konkret anzugeben, und dann die Positionen zu zeichnen (die Zeichnungen stimmten übrigens in den meisten Fällen mit den konkreten Antizipationen überein).
Wir können die Reaktionen auf den ganzen Stab in fünf Gruppen einteilen: a) keine Antizipation; b) von einem Kreis oder einem Oval umgebene Ausgangsposition (= der Bahn der Endpunkte); c) kein alleiniger Drehpunkt und parallele, auseinanderstrebende oder gekrümmte Linien; d) ein einziges Drehungszentrum, aber gekrümmte Linien, um die Drehung zu kennzeichnen; e) richtige Zeichnung.
Was die Zeichnung der Endpunkte des Stabes anbetrifft, so kann man die folgenden Typen unterscheiden: a) keine Antizipation; f) Zeichnungen, die an die Typen c und d erinnern,

aber die Bahn des Stabendpunkts (der indes durch ein rotes Kreischen gekennzeichnet ist) mit derjenigen des Stabs selbst verwechseln; g) eine Reihe kleiner Punkte, die in einer ovalen Form aufeinanderfolgen, was beinahe richtig ist; h) richtige Zeichnung.
Die Tabelle 29 gibt den Prozentsatz dieser verschiedenen Reaktionen an:

Tabelle 29: Drehung eines Stabes (360°) und seines Endpunkts, in % der Versuchspersonen ($N = 20, 20$ und 10)

	Stab					Endpunkt		
	a	*b*	*c*	*d*	*e*	*a*	*f*	*g*	*h*
5 Jahre	25	10	20	15	30	10	25	65	0
6 Jahre	25	10	10	5	50	25	25	50	0
7 Jahre	10	0	20	0	70	0	10	70	20

Man erkennt, daß die positiven Ergebnisse für den Stab selbst von der gleichen Größenordnung sind wie bei der Tabelle 26 (Drehung um 90°). Was die Bahnen der Endpunkte anbetrifft, so ist es schwierig, sie mit denen der Tabelle 27 zu vergleichen, da die Reaktion g beinahe richtig ist.

Die Reaktionen auf die Fragen zu den beiden Abschnitten des Stabes lassen sich wie folgt klassifizieren. Für den oberen Abschnitt: 1. keine Antizipation; 2. eine von einem Oval umgebene Horizontale (der Stab); 3. zahlreiche Abschnitte von parallelen oder einander verlängernden Geraden, die zu einer quadratischen Figur gruppiert sind (vgl. den Typ II der Tabelle 28, Abb. 10); 4. Geraden, die von ein und demselben Zentrum ausgehen (= ganze Stäbe); 5. Abschnitte von Geraden, die zu einem Oval gruppiert sind (= beinahe richtige Figur); 6. dasselbe als Kreis (richtige Figur). Was den unteren Teil des Stabes anbetrifft, so findet man die Typen 1–3 und 5 wieder, während der Typ 4 durch eine beinahe richtige Form (7) (auf den Endpunkt des Stabes zentrierte schräge Linien) ersetzt ist und die Form 8 exakt ist. Siehe Tabelle 30:

Tabelle 30: Drehung der beiden verschiedenen Hälften des Stabes (der untere Teil in Klammern) und Auswahl unter vorbereiteten Zeichnungen (in % der Versuchspersonen)

	1	2	3	4	5	6	7	8	Auswahl
5 Jahre	15 (20)	15 (10)	10 (5)	10	45 (35)	5	(10)	(20)	45 (25)
6 Jahre	10 (20)	5 (15)	0 (0)	15	60 (25)	10	(20)	(20)	60 (45)
7 Jahre	0	0	0	0	80 (50)	20	(20)	(30)	100 (50)

Man sieht, daß bei dieser vollständigen Drehung um 360° die spontanen richtigen Ergebnisse seltener sind als bei der Drehung um 90° (Tabelle 28). Dagegen kommt es bei der Auswahl unter fertigen Zeichnungen, die die Hauptfehler und die richtige Lösung reproduzieren, zu positiven Ergebnissen derselben Größenordnung wie bei den spontanen richtigen Ergebnissen der Tabelle 28. Die Hauptschwierigkeit bei diesem Versuch liegt darin, die jeweiligen Bahnen der distalen und proximalen Hälften des Stabes (in bezug auf den Drehpunkt) zu unterscheiden, die die spontanen Zeichnungen gern verwechseln und die dann bei der Vorlage der Abbildungen zur Auswahl differenziert werden.

VI. – Jetzt wollen wir die Frage untersuchen, in welchen Längen der Stab, dessen Lagen bei Drehung vorgestellt werden sollen, gezeichnet wird. Die beiden wichtigsten Kennzeichen der Ergebnisse in dieser Hinsicht sind: einmal die Veränderlichkeit der Schätzungen, nicht nur von einem Individuum zum anderen, sondern auch von einem Gruppendurchschnitt zu einem anderen; und dann die außergewöhnliche Lage dieser Durchschnittswerte, die oft über die gewöhnlichen Normen der Unterschätzung sowie der Überschätzung hinausgehen. Beide Tatsachen hängen von zwei Ursachen ab, die schließlich auf eine einzige hinauslaufen. Die erste ist die wechselnde Wirkung der Techniken: je nachdem, ob es sich um Versuchspersonen handelt, deren Aufmerksamkeit auf die Unbeweglichkeit des Drehungspunktes gelenkt worden ist, oder nicht, werden die Zeichnungen verkleinert, wenn sie von demselben Mittelpunkt ausgehen, da man nicht weiß, wo man mit dem freien Endpunkt anhalten soll (daher die übertriebene Vorsicht, die Grenzen nicht zu überschreiten); oder sie werden so lange Striche aufweisen, wenn sie von verschiedenen Mittelpunkten ausgehen, weil hier die Neigung besteht, fiktive Grenzen zu erreichen, wie bei den Fehlern 3 und 5–6 der Tabelle 26, wo beinahe gezwungenermaßen eine Überschätzung erfolgt. Aber hinter dieser ersten Ursache liegt eine zweite, grundlegende: wenn die Versuchsperson für die Wirkung der Techniken empfänglich ist, dann deshalb, weil sie von sich aus dazu neigt, den festen Ausgangspunkt der Linien (den Drehpunkt) zu vernachlässigen; da nun andererseits die von den Endpunkten des Stabes in seinen verschiedenen Positionen erreichte Grenze ein Kreis ist, bei dem sich das Kind nicht deutlich klarmacht, daß der Radius von der Länge des Modellstabs bestimmt wird, schwankt es infolgedessen zwischen zwei Inkoordinationen, der des Ausgangs- und der des Ankunftspunktes: daher die übertriebenen Unterschätzungen aus Angst, die Grenzen zu überschreiten, oder die ungewöhnlichen Überschätzungen auf Grund einer Unterwerfung unter fiktive Grenzen; das heißt kurz gesagt, eine Mischung aus Variabilität und Ergebnissen, die quantitativ über das normale Maß hinausgehen.

So hat M. Anthonioz mit dem beweglichen Stab von 5 cm eine Unterschätzung von −41 % mit 4 Jahren gemessen (während der unbewegliche Stab[47] von 10 cm nur mit −14,2 % von denselben Versuchspersonen unterschätzt wurde) und von −36,6 % mit 5 Jahren. E. Schmid mißt ebenfalls −40 % Unterschätzung mit 5 Jahren bei Stäben von 15 cm bei 45°, während F. Paternotte bei Positionen niedriger als 90° und einem Stab von 15 cm eine Überschätzung von +13,4 % mit 5 Jahren, von +15,4 % mit 6 Jahren und von +11,8 % mit 7 Jahren erhält.

Zum Vergleich kann es von Nutzen sein, zunächst die Ergebnisse anzugeben, die Tuât Vinh-Bang bei der einfachen Kopie einer Schrägen von 45° und bei dem Anzeigen ihrer Länge mit den Fingern, ohne Vorstellung irgendwelcher Drehung gefunden hat (Tabelle 31):

Tabelle 31: Kopie und Anzeige mit den Fingern der Länge einer unbeweglichen Schrägen von 15 cm: durchschnittliche Fehler in % von 15 cm (in Klammern die durchschnittliche Länge; 10 Versuchspersonen pro Alter)

	5 Jahre	6 Jahre	7 Jahre
Kopie	− 8,5 (13,7)	−14,4 (12,8)	−15,2 (12,7)
Fingeranzeige	+21,6 (18,2)	− 1,6 (14,7)	− 3,6 (14,4)

	8 Jahre	9 Jahre	Erwachsene
Kopie	−9,7 (13,5)	−10 (13,5)	−2,6 (14,7)
Fingeranzeige	+0,4 (15,1)	+ 6,3 (15,9)	+1,5 (15,2)

Man findet also bei der Abschätzung mit den Fingern dieselben Gesetze graphischer Unterschätzung und durchschnittli-

47 Der große Ast des rechten Winkels, von dem unter III die Rede war.

cher Überschätzung wieder wie bei beliebigen Geraden, nur mit einer weniger regelmäßigen Entwicklung entsprechend dem Alter, als bei den Horizontalen der Tabellen 1 und 3 bis 7. Wie wird es dann bei den Schrägen bei der Drehung aussehen, wenn man Bezugselemente zur Verfügung stellt oder nicht (wie in Tabelle 26), aber die Invarianz des Drehpunktes sicherstellt?

Wir haben also D. Nicollier aufgefordert, 24 Versuchspersonen von 5;0 bis 6;5 Jahren zu untersuchen; er ließ sie einen Stab von 15 cm zeichnen, dessen Drehung um 90°, ausgehend von der vertikalen Position, sie sich vorstellen sollten, wobei der Drehpunkt durch die Eintragung eines großen schwarzen Punktes am Anfang jeder Zeichnung konstant gehalten wurde. In einer Lage I bleibt der Modellstab in vertikaler Position: er wird in dieser Position kopiert, und die schrägen Positionen werden einfach vorgestellt und dann auf dasselbe Blatt gezeichnet. Das Bezugselement ist also die Vertikale. In einer Lage II werden die Zeichnungen der schrägen Positionen auf getrennten Blättern angefertigt, was den vertikalen Bezug aufhebt. In einer Lage III fügt man dem vertikalen Stab einen horizontalen Stab hinzu, der an demselben Punkt befestigt ist, einen Stab, den das Kind ebenfalls kopiert, bevor es sich die Schrägen vorstellt und zeichnet; es gibt also zwei Bezugselemente: die Zeichnungen erfolgen auf demselben Blatt, und die Invarianz des Drehpunktes ist garantiert.

Die in Tabelle 32 verzeichneten Ergebnisse geben die durchschnittliche Prozentzahl der Überschätzungen, der richtigen Einschätzungen oder der Unterschätzungen der Schrägen an (diese werden in ihrer ganzen Länge gemessen, wenn sie mehr oder weniger gebogen sind)[48], bezogen auf die Kopie der Vertikalen, wobei das Problem darin besteht, zu untersuchen, ob das Vorhandensein oder Nichtvorhandensein von Bezugselementen das Bild in der einen oder anderen Weise verändert. Als richtige werden Einschätzungen der Längen bewertet, die nur um 0,5 cm mehr oder weniger differieren.

Tabelle 32: Prozentsatz der Überschätzungen, der richtigen Einschätzungen und Unterschätzungen des Durchschnitts der Stablängen bei einer Drehung um 90°, bezogen auf die Kopien des vertikalen Modells (% der Versuchspersonen von 5;0 bis 6;5)

	I	II	III
Überschätzungen	55	16	45
Ausgleichung	25	26	45
Unterschätzungen	20	58	10

48 Die Ergebnisse sind übrigens genau dieselben, wenn man nur die Entfernungen zwischen den Endpunkten berücksichtigt.

Man sieht also, daß das Vorhandensein eines vertikalen Bezugselements sogar mit einer obligaten Invarianz des Drehpunkts zu einer Mehrzahl von Überschätzungen führt, was *a fortiori* diejenigen erklärt, die von F. Paternotte beobachtet wurden (Tabelle 26, usw.), während das Nichtvorhandensein dieses Bezugselements (II) zu einer Mehrzahl von Unterschätzungen führt, weil man dann nicht weiß, wo man die Endpunkte fixieren soll, selbst wenn man sich die Positionen richtig vorstellt.[49] Die beiden Bezugsmöglichkeiten der Lage III bringen ein großes Maß an Überschätzungen, aber auch ebensoviel richtige Einschätzungen (auf Grund der Unbeweglichkeit des Drehpunktes).

Wenn dagegen weder ein Bezugselement noch ein fester Drehpunkt vorgeschrieben ist (wobei dieser natürlich mit der Vorrichtung selbst gegeben ist, jedoch nicht bei jeder Zeichnung erinnert wird), dann überwiegen die Unterschätzungen. Daher erhält M. Anthonioz bei einem Stab von 5 cm mit einer Drehung von 360° unter diesen Bedingungen, bezogen auf die Kopie, 34 % Überschätzungen bis zu 180°, 13 richtige Einschätzungen (+ oder −1,8 mm) und 53 % Unterschätzungen; und von 180° an 15 % Überschätzungen, 11 % richtige Ergebnisse und 74 % Unterschätzungen.

Insgesamt liegt die Verschiedenheit der bei der vorgestellten Drehung der Stäbe beobachteten Überschätzungen und Unterschätzungen im Gegensatz zur allgemeinen Unterschätzung der Vertikalen, der Horizontalen und sogar der Schrägen (Tabelle 31), falls sie unbeweglich sind, an zwei systematischen Koordinationsschwierigkeiten: der Schwierigkeit, den Ausgangspunkt der Linien zu stabilisieren, und der Schwierigkeit, die Außengrenze festzulegen, das heißt den kreisförmigen geometrischen Ort, der den Endpunkten der Striche entspricht. Weil die Versuchsperson diesen geometrischen Ort nicht erfassen kann, überschätzt sie oft die Länge dieser Linie, da sie sich dann auf die vertikalen oder horizontalen Bezugselemente (wenn sie in Ruhe bleiben) stützt und die Tendenz hat, ihre Endpunkte dann durch einen quadratischen Rahmen zu verbinden, was ja eine Überschätzung einschließt.

49 Zu beachten ist, daß die Positionen entgegen der Situation in Abb. 9 (Kap. II, § 3) nicht vorher durch skizzierenden Fingerstrich angezeigt werden.

Was den geometrischen Ort selbst anbetrifft, so ist noch festzustellen, daß S. Taponier, F. Paternotte, E. Schmid-Kitsikis, usw. die folgenden Formen erhalten haben, die die äußere Grenze der Figuren bei Drehungen um 360° repräsentieren sollten: einen exakten Kreis, Teile von Kreisen (Viertel- oder insbesondere Halbkreise, usw.), Ovale (eine besonders häufige Figur, die im Falle eines konstant gehaltenen Drehpunkts Anlaß gibt sowohl zu Überschätzungen in den Seitenpartien als auch zu Unterschätzungen in dem zentralen Bereich), »Bohnen« (Ellipse mit konkavem Verlauf auf einer der großen Seiten), unregelmäßige gebogene Formen, geschlossene, teils gebogene, teils geradlinige Formen, gebrochene Linien und geschlossene Formen mit horizontalen und vertikalen geraden Umrissen (Rechtecke und unter Umständen auch Quadrate). Es ist also angesichts dieser Figuren oder der Teile dieser Figuren offensichtlich, daß die Linien, die den rotierenden Stab darstellen sollen, die Tendenz haben, sowohl überschätzt als auch unterschätzt zu werden, selbst wenn sie von demselben Mittelpunkt ausgehen. Es schien uns nützlich, diesen Aspekt der Frage nach den rotierenden Stäben eingehend zu betrachten, denn er zeigt, daß die Unterschätzungen, die im allgemeinen vorherrschen (siehe Kap. II, usw.), nicht von eigentlich graphischen Anforderungen der Kinderzeichnungen abhängen, sondern wohl von Grenzfaktoren, da diese in unserem besonderen Fall beinahe ebensooft zu Überschätzungen wie zu Unterschätzungen führen.

VII. – Eine letzte Frage wird auf Grund dieser Veränderlichkeit der Abschätzungen notwendig: nämlich die nach der Erhaltung der Längen. Man erinnert sich (Kap. II, Tabelle 2), daß in dem Fall, in dem der Stab eine Drehung um 180° macht, aber genau in die Verlängerung der Ausgangslinie zu liegen kommt, die Erhaltung der Länge mit 5 Jahren von 77% der Versuchspersonen akzeptiert wird, aber erst nach Zögern und oft nach einer unfruchtbaren Suche nach Hinweisen auf eine Nicht-Erhaltung. Im vorliegenden Fall sind die Nicht-Erhaltungen zahlreicher.

Man zeigt zwei Stäbe von 15 cm und läßt ihre Gleichheit feststellen. Man bringt den einen in eine vertikale Stellung und verschiebt den anderen allmählich von 0 auf 90° und fragt dabei, ob die Stäbe gleich bleiben oder nicht. Man präzisiert ebentuell die Frage, indem man sagt, daß zwei Ameisen die Strecke ablaufen, und man fragt, ob sie »genausoviel Weg zu laufen« haben, usw.
Bei diesem Vorgehen nun haben 67% der 24 Versuchspersonen von 5;5 bis 6;5 Jahren bei dem Vergleich einer der schrägen Lagen mit der Vertikalen die Nicht-Erhaltung vertreten, während diese Reaktion auf 33% sinkt, wenn man die Horizontale mit der Vertikalen vergleicht: Sor ... (6 Jahre) zum Beispiel sagt von dem Stab, *daß er größer wird, wenn er sich dreht* (man läßt ihn sich langsam drehen). *Ja, er wird hier* (45°) *am längsten.* Und Tea ... (6 Jahre): *Der kleine Stab wird länger, wenn er sich dreht, und wird am Ende wieder kleiner.* Cat ... (5;6) dagegen findet, daß die Vertikale *größer ist,* und meint, daß man, um Gleichheit zu erreichen, der Schrägen 2 bis 3 cm je nach der Lage hinzufügen muß (was dem Fehler von Typ 6 der Tabelle 2, Kap. II

entspricht). Pal . . . (5;9) reagiert genauso, aber betrachtet die Stäbe als gleich lang, wenn sie beide in Schräglage und in 20-30° Entfernung voneinander sich befinden. Was die Fälle von Erhaltung anbetrifft: Val . . . mit 7 Jahren: *Er bleibt so, wie er ist!* Und *Stra* . . . (7 Jahre): *Das Stöckchen wird nicht größer!*

VIII. – Die allgemeine Schlußfolgerung, die aus diesen Fakten (I–VI) zu ziehen ist, scheint also klar: im ganzen gesehen stellt die bildhafte Repräsentation der Drehung eines Stabes von einem seiner Endpunkte aus überhaupt kein Problem ab dem Alter von 4–5 Jahren dar, so vertraut ist dieses Modell; aber trotz dieser Vertrautheit beginnen die Schwierigkeiten, sobald es sich darum handelt, die Drehung mit Bezug auf die beiden Endpunkte des Stabes zu koordinieren, ob es sich nun um den Drehpunkt oder um Ankunftspunkte des freien Endes handelt. Es hat sich nämlich gezeigt, daß unter den sechs unter I aufgezählten Faktoren, die eine Rolle spielen können, und die wir unter II–VI durchgespielt haben, die einzigen entscheidenden die sind, die sich entweder auf die Unbeweglichkeit des Drehpunkts beziehen, oder auf den bei der Drehung um 90° von den vertikalen und horizontalen Grenzpositionen gebildeten Rahmen. Wenn man keine besonderen Vorkehrungen trifft, um der Aufmerksamkeit des Kindes die Unbeweglichkeit des Drehpunkts einzuschärfen, besteht der natürliche Fehler der jungen Versuchspersonen einerseits darin, sie zu vernachlässigen, selbst wenn sie sehen (und wenn man die Tatsache mit Worten hervorhebt), daß sich der Stab um einen Nagel dreht. Hier liegt ein erstes Problem der Ursachen für die Vernachlässigung der ursprünglichen Grenzen.

Wenn man andererseits, um die kinetischen Vorstellungen des Kindes genau zu kanalisieren, besonders auf die Endpositionen des Stabes (bei 90°) hinweist, zieht dieser vertikal-horizontale Rahmen andere Fehlertypen nach sich, die sich mit den ersten verbinden: daraus ergibt sich das zweite Problem (das auch durch die relative Indifferenzierung zwischen der Bahn der Endpunkte des Stabes und den aufeinanderfolgenden Positionen des ganzen Stabes aufgeworfen wird: siehe die Schlußfolgerungen von I), das der Ursachen des Primats der Endgrenzen. Man könnte zwar sagen, daß sich diese Fragen auf die operatorische Koordination der Verschiebungen beziehen, und nicht auf das Bild der Drehung als solches. Doch was ist dann das innere Bild einer Drehung, unabhängig von der räumlichen Repräsentation der Koordinationen zwischen den Endpunkten des Objekts, das sich dreht, und den dem Bezugssystem inhärenten Positionen? Das ist gerade das unvollständige Bild, das für die präoperatorische Ebene charakteristisch ist, während ein Bild der Drehung nur unvollständig ist, wenn es sich entweder auf die Operationen stützt, die die Versuchsperson inzwischen erworben hat, oder auf die durch experimentelle Vorrichtungen (wie in II) eingeführten intuitiven Erleichterungen, die zu einer Art von Artefakten, verglichen mit den spontanen Bildern der Kleinen, führen. Insgesamt ergibt sich aus dieser langen Untersuchung noch einmal, daß das Bild dem Begriff näher steht als der Wahrnehmung, ohne deshalb jedoch seine Originalität zu verlieren. Der Begriff legt auf der präoperatorischen Ebene eine ordinale und keine metrische Einschätzung der Längen nahe: deswegen die Bedeutung der Grenzen, deren jeweilige Ordnung die Kriterien liefert (in der Form von »weiter« oder »näher«). Um aber auf die Grenzen zurückgreifen zu können, muß man sie sich vorstellen, und gerade durch eine systematische Vereinfachung des an der Richtung der Bahnen orientierten kinetischen Bildes gewinnen die an die Ankunftspunkte gebundenen Endgrenzen die Oberhand über die Ausgangspunkte. Das erklärt die faktische Einheit aller dieser Resultate (von I bis VI), trotz ihrer scheinbaren, zunächst beunruhigenden Verschiedenheit und ihrer Komplementarität in bezug auf die vorhergehenden Resultate (§ 1 dieses Kap. III), die sich besonders auf die Endgrenzen bezogen.

§ 4. Die gestische Imitation der Bahn zweier Punkte, die auf einem Stab angebracht sind, der um 90° gedreht wird

Der allgemeine Nachteil der Versuche des vorhergehenden Abschnitts besteht darin, die Verwendung von Zeichnungen mit einzubeziehen (abgesehen von ein oder zwei Versuchen mit gestischer Reproduktion der Bewegungen des Stabes). Es erschien uns also nützlich, mit P. Mounoud die Nachahmung der Drehung zweier Lichtpunkte durch Fingerstrich zu untersuchen, die durch ein Milchglas hindurch wahrgenommen wurden und hinter diesem Glas auf einem Stab von 30 cm Länge angebracht waren, der langsam von der vertikalen Position in die horizontale kippte.

Das Kind sitzt vor einem undurchsichtigen Schirm von 50 × 60 cm und sieht einen roten Lichtpunkt in 30 cm Entfernung von der Grundlinie, einen grünen Lichtpunkt in 20 cm Entfernung und einen weißen Lichtpunkt auf der Grundlinie selbst (er entspricht dem unbeweglichen Drehpunkt). Die Versuchspersonen sind in zwei Gruppen von 28 und 29 Personen aufgeteilt worden (17 von 5 Jahren, 24 von 6 Jahren und 16 von 7 Jahren), wobei man der ersten erklärt, was sich hinter dem Schirm abspielt (ohne jedoch die Anlage zu zeigen), während man der zweiten Gruppe diese Erklärung nicht gibt. Nachdem der rote und grüne Punkt ihre Drehbewegung um 90° ausgeführt haben (wobei das weiße Licht entweder eingeschaltet wird, sobald die Drehung beginnt, oder erst bei einer zweiten Drehung, die unmittelbar auf die erste folgt), muß das Kind mit seinem Zeigefinger auf dem Schirm die Ausgangs- und die Endpunkte der Lichtflecken zeigen, und dann die Bahnen mit einem Fingerstrich auf dem Schirm reproduzieren. Nachdem man das Umkippen wiederholt hat, fordert man es außerdem auf, das grüne Licht bei verschiedenen Positionen des roten zu lokalisieren.

Anschließend führt man zwei unvollständige Bewegungen aus, für die das Kind wiederum die Ausgangs- und Ankunftspunkte und die Bahnen angeben muß. Dann wiederholt man die vollständige Bewegung und stellt dabei dieselben Fragen. Man stellt endlich fest, ob das weiße Licht unbeweglich oder beweglich vorgestellt wird.

Die Bahnen, die wir erhielten, waren von vierfacher Art: *A*, geradlinige und mehr oder weniger geneigte Bahnen (mit vollständigem oder unvollständigem Parallelismus); *B*, mit einer angedeuteten, aber unzureichenden Drehung; *C*, Deformation und Akzentuierung der Drehungsbewegung (Krümmungen, usw. ; *D*, richtige Drehung.

Was die Lokalisierungen anbetrifft, so können wir einen Typ *a* ohne Regulierung unterscheiden, einen Typ *b* mit sprunghaften Regulierungen, einen Typ *c* mit tastenden Versuchen, und einen Typ *d*, bei dem sofort richtig lokalisiert wird (Abb. 11).

Die für die Bahnen erhaltenen Ergebnisse sind in Tabelle 33 angegeben, wobei die Ziffern in Klammern der Gruppe II entsprechen (ohne Erklärung der Anlage), und die ohne Klammern der Gruppe I:

Tabelle 33: Gestische Reproduktion der vollständigen Bahnen (in Klammern Gruppe II; in % der Versuchspersonen)

	Typ *A*	Typ *B*	Typ C	*D* (Erfolg)	weißer Punkt unbeweglich
5 Jahre *N* = 9 (8)	44 (38)	44 (12)	0 (50)	12 (0)	22 (12)
6 Jahre *N* = 12 (12)	17 (30)	33 (20)	25 (10)	25 (40)	75 (8)
7 Jahre *N* = 7 (7)	0 (0)	30 (11)	0 (33)	70 (55)	86 (22)

Man stellt fest, daß die gestische Nachahmung der Bahnen selbst bei Erklärung der Drehung des Stabes (Gruppe I) erst mit 7 Jahren gelingt, das heißt offensichtlich in demselben Alter wie in den Fällen der Zeichnungen der Tabellen 26 und 29. Wir finden andererseits mit 5 Jahren, selbst in der Gruppe I, die Schwierigkeit wieder, den Drehpunkt unbeweglich zu lassen, wobei diese Unbeweglichkeit in der Gruppe I von 6 Jahren an, aber in der Gruppe II mit 7 Jahren noch nicht erworben ist.

Der allgemeine Unterschied zwischen den beiden Gruppen ist andererseits mit 7 Jahren ziemlich deutlich (die Entwicklung der Gruppe I mit dem Alter ist regelmäßiger), was die Rolle des Verstehens und des Begriffs auf der Ebene der Vollendung des Bildes anzuzeigen scheint. Da dieser Unterschied bei der Frage der Lokalisierung des grünen Punkts in bezug auf den roten weniger deutlich ist und die zu diesem Punkt befragten Versuchspersonen weniger zahlreich waren, fassen wir hier die Ergebnisse der beiden Gruppen zusammen (Tabelle 34):

Tabelle 34: Lokalisierung des grünen Punkts relativ zu dem roten (in % der Versuchspersonen)

	Typ *a*	Typ *b*	Typ *c*	Typ *d*	Typen *c* + *d*
5 Jahre (8)	38	25	38	0	38
6 Jahre (17)	30	12	35	23	58
7 Jahre (13)	0	22	62	15	77

Faßt man die Typen *c* und *d* zusammen, da man die richtige Antwort auch schon bei Typ *c*, wenn auch mit Vorversuchen, erhält, so sieht man, daß die Vorstellung dieser Beziehungen von 7 Jahren an gelingt.

§ 5. Die Bewegungen und Positionen einer Schnecke auf Kreisbahnen[50]

Die Hauptschwierigkeiten der in den §§ 1–4 betrachteten Bewegungen, deren Reproduktion das Kind sich vorstellen sollte, bestanden für es in den Ankunftsgrenzen, den inneren Grenzen, oder in der Unbeweglichkeit der Ausgangsgrenzen

50 In Zusammenarbeit mit M. Bovet, D. Nicollier und R. Droz.

(zum Beispiel beim Drehpunkt). Es kann also interessant sein, jetzt den Fall von Bewegungen ohne Endgrenzen zu untersuchen, die durch einen geschlossenen Rahmen bestimmt sind und deren Probleme sich auf den Orientierungssinn und die Positionen des beweglichen Gegenstandes beziehen werden, welcher in diesem Fall Vorder- und Hinterteil (zum Beispiel einen Kopf und einen Schwanz) sowie Ober- und Unterteil aufweisen muß. Wir hatten zunächst an ein Insekt gedacht, das die Wände und die Decke einer geschlossenen Schachtel entlangläuft; aber trotz der täglichen Erfahrung können sich die kleinen Versuchspersonen nur mit Mühe eine Fliege vorstellen, die anders herum, mit den Füßen an der Decke und der Rückenpartie nach unten läuft. Wir haben schließlich Plastikschnecken verwendet, deren Fuß in jeder Position (mit Hilfe eines in der Masse versteckten Magnets) an metallischen Bändern haften kann, die die Bahnen bestimmen, während das Haus nach unten ebenso wie nach oben oder seitlich gerichtet sein kann.

Die in diesem Abschnitt gestellten Probleme beziehen sich also nicht mehr auf die dimensionalen Eigenschaften von Bewegungen oder Verschiebung und Drehung, sondern allein auf die drei folgenden topologischen Eigenschaften: Orientierung des beweglichen Gegenstands in bezug auf die Richtung der Bahn (erkennbar an der Stellung des Kopfes in der Richtung der Bewegung), Gesamtposition des beweglichen Gegenstands in bezug auf den Rahmen (außen oder innen, oberhalb oder unterhalb) und lokale Position der Teile des beweglichen Gegenstands in bezug auf den Rahmen (Fuß und nicht Haus an der Wand, usw.). Es wird also von besonderem Interesse sein zu untersuchen, ob das Bild im Falle dieser elementaren Beziehungen leichter auszuarbeiten ist als im Falle von Beziehungen, die zu der Gruppe der eigentlichen Ortsveränderungen gehören.

Es wurden hauptsächlich zwei Techniken angewandt. Die eine bestand darin, die Bewegung der Schnecke auf festen quadratischen oder kreisförmigen Bändern oder auch auf als Plan gezeichneten Rahmen vorstellen und die Positionen zeichnen zu lassen, oder besser noch, die Schnecke in der gewünschten Position darstellen zu lassen, und zwar mit Hilfe einer kleinen Konstruktion von drei Teilen, die dem Kopf, dem Haus und dem Fuß der Schnecke entsprechen (Abb. 11). Die andere bestand darin, die Bewegungen auf metallischen Bändern mit vier verschiedenen Formen (Abb. 12) vorstellen zu lassen, wobei einfach verlangt wurde, eine zweite Schnecke, die dem Modell glich, das in *A* geblieben war, in die Positionen *B*, *C* und *D* zu placieren.

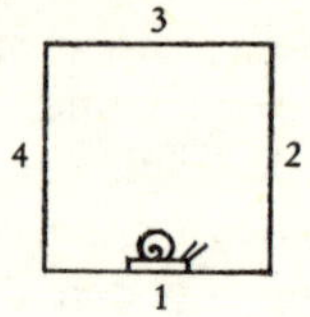

Abb. 11

I. – Was die ersten Techniken anbetrifft, so beginnt man damit, daß man das Kind die Schnecke in verschiedenen Positionen schematisch zeichnen läßt, insbesondere verkehrt herum, aber nicht im Rahmen, der später verwendet werden soll. Man weist andererseits mit Nachdruck darauf hin, daß sich eine Schnecke in jeder beliebigen Position halten kann, und man beweist das mit einem magnetischen Tier, indem man es an ein Metallplättchen »klebt«. Man placiert dann die Schnecke in die Position 1, und man zeigt auch, daß sie ihren Weg nur fortsetzen kann, ohne sich umzudrehen, und daß sie auch nicht auf die Außenseite des Rahmens gelangen kann (wenn man das Problem des Innenbleibens ausschalten will, versieht man die Innen- und Außenseite des Rahmens mit verschiedenen Farben, während die beiden Seiten dieselbe Farbe haben, wenn das Problem wie bei der Abb. 13 der Technik II interessant ist).

Man geht weiter so vor, daß man mit dem Finger die Fortbewegung des Tiers im Rahmen anzeigt, und man hält hintereinander in den Positionen 2, 3, 4 und wieder in 1 an und fordert jedesmal dazu auf, die Schnecke in ihrer entsprechenden Lage zu zeichnen (oder mit dem zerlegbaren Modell zu konstruieren). Die Zeichnungen können auf getrennten Blättern oder auf demselben Blatt, auf denen der Rahmen vorher eingezeichnet worden ist, verlangt werden.

Eine Abwandlung bestand darin, den dreidimensionalen festen Rahmen durch die zweidimensionale Zeichnung eines Rahmens zu ersetzen, der den Rand eines Fensters darstellen soll, auf dem die Schnecke entlangspaziert.

Nach den Zeichnungen fragt man das Kind nach seinen Gründen, man legt ihm andere Lösungen nahe und fragt es, ob sie besser oder schlechter sind, und man läßt vor allem den Rahmen selbst mit der Schnecke durchlaufen (mit Unterbrechung in 2, 3 und 4) und dann die Zeichnungen von neuem anfangen.

Ein Gegenbeweis, der zum Vergleich von Nutzen sein konnte, bestand darin, an die verschiedenen Positionen eine Blume zu setzen, die die Schnecke anschauen gehen soll, wobei die Blume jedoch nicht auf der Zeichnung des Kindes erscheinen soll.

Eine erste Untersuchung an 17 Versuchspersonen im Alter von 5–9 Jahren hat bei 11 von ihnen das Vorhandensein von Orientationsfehlern (Umkehrung der Richtung des Weges) in der Position 3 ergeben (Abb. 12), und bei 4 von ihnen in der Position 4. Bei 6 derselben Versuchspersonen findet man Fehler im Neigungswinkel bei den Positionen 2 und 4 (keine vertikale Lage) und, was das Erstaunlichste ist, bei 5 von ihnen in der Position 3, bei 3 in der Position 4, und bei 1 in der Position 2 findet man Umkehrungen der Stellung relativ zum Rahmen: anstatt an der Decke umgedreht zu laufen (Position 3), behält das Tier seine gewöhnliche Stellung bei, das heißt, es ist das Haus der Schnecke und nicht ihr Fuß (oder die Flügel des Insekts und nicht seine Beine, als man eine Fliege verwandte), das die Decke in 3 oder die Seitenwände in 2 und 4 berührt! Um außerdem den Prozentsatz der richtigen Ergebnisse unter allen Antworten anzugeben, so findet man 52% für die Position 2, 23% für die Position 3 und 29% für die Position 4: die Position an der Decke ist natürlich die schwierigste, aber von den beiden Seitenpositionen ist diejenige, die dem Ausgangspunkt 1 am nächsten liegt, bei weitem die einfachere, da sie nur eine »kürzere«, oder unmittelbarere Antizipation verlangt.

Bei 70 Versuchspersonen im Alter von 4–5 bis 7 Jahren, die mit der zweidimensionalen Technik beim Umriß eines quadratischen Rahmens befragt wurden, und zwar mit Zeichnungen auf getrennten Blättern oder auf einem einzigen Blatt (es gab in dieser Hinsicht keine wesentlichen Unterschiede)[51], sowie mit oder ohne Blume, haben wir dieselben Fehlertypen gefunden, bis auf zwei Unterschiede. Der erste besteht darin, daß es zwar Stellungsfehler relativ zum Rahmen gibt (die Schnecke, die an der Decke nicht umgekehrt läuft), aber sie sind geringer geworden. Hingegen gibt es mehr Fehler bei der Neigung (horizontale Schnecke auf der vertikalen Wand, usw.). Die vollständigen positiven Ergebnisse verteilen sich wie folgt (in Klammern: nach vorhergehendem Ablaufen der Strecke durch die Schnecke):

Tabelle 35: Richtige Ergebnisse bei der Vorstellung von der Bewegung der Schnecke (Technik I), (in % der Antworten)

	4 Jahre (*N*=25)	6 Jahre (*N*=23)	7 Jahre (*N*=22)
Ohne Blume	33 (50)	31 (62)	47 (90)
Mit Blume	28 (72)	57 (85)	60 (87)

Man erkennt zunächst, daß die graphische Darstellung der Wanderung der Schnecke (ohne Blume und ohne vorherge-

51 Außer vielleicht einem leichten Vorsprung bei den Kleinen auf getrennten Blättern, die zweifellos einige Beharrungseffekte vermeiden lassen.

hende Beobachtung) nicht besser ausfällt als die Darstellung der in den vorhergehenden Abschnitten untersuchten Ortsveränderungen. Wenn dagegen die Versuchsperson die wirkliche Bewegung des Modells verfolgt hat, gelingt das Bild, das dann zu einer einfachen, verzögerten Kopie wird, von 7 Jahren an: aber von 4–6 Jahren erreicht sie nichtsdestoweniger nur 50 bis 62 %. Eine andere aufschlußreiche Feststellung ist die, daß der Erfolg mit der in die Positionen 2, 3 und 4 gesetzten Blume vom Alter von 6 Jahren an deutlich verbessert wird, und insbesondere nach voraufgegangener Beobachtung (ab 4–5 Jahren). Anders gesagt: es ist leichter, sich Position und Orientierung eines beweglichen Gegenstands bezogen auf ein festes Objekt vorzustellen, als in bezug auf eine Bewegung, was von neuem die größere Schwierigkeit der kinetischen Bilder zeigt.

Bei der Anzahl der richtigen Ergebnisse nach Positionen kehrt das Ergebnis wieder, das die anfängliche Untersuchung ergeben hatte: die Position 3 (Decke) gibt natürlich Anlaß zu den meisten Fehlern, insbesondere in Form der Stellung der Schnecke auf dem Rahmen und nicht innerhalb desselben (unter der Linie). Andererseits, obwohl es sich bei beiden um seitliche Positionen handelt, verlockt die Position 4 zu ungefähr 30 % mehr Fehlern als die Position 2, weil sich bei dieser im letzteren Fall die Antizipation auf einen kürzeren Weg erstreckt.

Die am Ende der Befragung erhaltenen Begründungen liefern einige interessante Ergebnisse. Man stellt zunächst die Hartnäckigkeit bestimmter Positionsirrtümer fest. Zum Beispiel Bes ... hat noch mit 7;3 Jahren die Schnecke in Position 3 (Decke) nicht umgedreht gezeichnet, und sie weigert sich, die richtige Zeichnung, die man ihr vorschlägt, anzunehmen, *weil hier* (auf der Zeichnung) *die Schnecke auf dem Kopf steht!* Andererseits steht fest, daß die Kinder ihre Zeichnungen, selbst die richtigen, begründen, ohne sich auf die Bahn der Schnecke zu beziehen: *weil sie auf einer Seite ist und anklebt* (Mis ..., 5;3), oder *weil sie sich oben befindet und hängt* (Car ..., 5;11). Dagegen beziehen sich mit 7 Jahren mehr als die Hälfte der Versuchspersonen in ihren Erklärungen auf die Bahn des Tieres, wobei sie die statischen Anfangsbilder durch kinetische Bilder ersetzen. Nichtsdestoweniger gilt, daß bei den drei betrachteten Lebensaltern insgesamt die Richtungsfehler gegenüber den Positionsfehlern überwiegen, was wir bei dem Kreis mit der Technik II wiederfinden werden (Tabelle 36).

II. – Es müssen jetzt die Ergebnisse der Technik II mit metallischen Rahmen in der Gestalt von vier verschiedenen Formen untersucht werden (Abb. 12, bei der das Oval und die liegende 8 dargestellt sind; sie wurden aber auch aufrecht verwendet; hier wurden die Aufgaben nicht mehr als graphische, sondern als direkte Antizipationen gestellt):

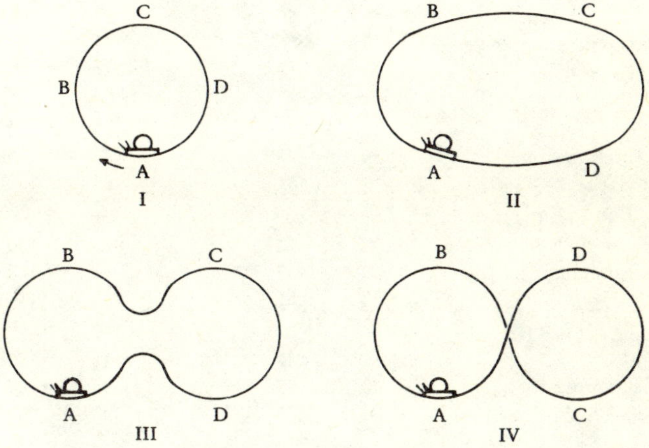

Abb. 12

Reproduktion der Position mit einer zweiten, in die Luft gehaltenen Schnecke und wörtlicher Beschreibung.

Man verwendet mehrere Schnecken aus Plastik (rot und schwarz), die an ihrem Fuß mit Magneten versehen sind. Die Metallrahmen sind schwarz auf beiden Seiten.

Die Befragung erfolgt in drei Phasen: 1. Man zeigt die Bänder (und verändert dabei die Reihenfolge von einer Versuchsperson zur anderen) und läßt an einem Metallkasten feststellen, daß die Schnecke an der Decke mit dem Kopf nach unten »kleben« kann. Man setzt die Schnecke in *A* und betont, daß sie den Weg durchlaufen soll, ohne sich jemals umzudrehen. Man fordert dann dazu auf, *mündlich* zu beschreiben, welches die *Stellungen* der Schnecke an den Punkten *B*, *C* und *D* der Kurve sein werden: Positionen innerhalb oder außerhalb des Bandes, oberhalb oder unterhalb, usw. Danach geht man wieder von *A* aus und bittet, die *Orientierung* der Schnecke in *B*, *C* und *D* von neuem vertikal zu beschreiben: Orientierung des Kopfes in bezug zur Richtung der Bahn, usw.; 2. in Phase 2 arbeitet man mit direkten Hinweisen. Das Kind zeigt die *Stellungen* auf dem Metallband mit dem Finger. Danach soll es sich von neuem die Bahn vorstellen, und es erhält für die *Orientierungen* eine zweite Schnecke, mit deren Hilfe es in der Luft die Orientierung zeigt, die es sich vorstellt; 3. in Phase 3 werden die Stellungen von neuem mit dem Finger auf dem Metallrahmen angegeben, während das Kind die Orientierungen zeigt, indem es die Schnecke auf den Rahmen selbst setzt.

Tabelle 36: Richtige Ergebnisse bei der Vorstellung der Bewegungen der Schnecke (Technik II)

	4 Jahre	5 Jahre	6 Jahre	7 Jahre	8 Jahre
Kreis I:					
Lage	53	80	89	94	100
Orientierung	45	66	82	76	100
beides	33	53	77	76	100
liegendes Oval II:					
Lage	27	33		100	100
Orientierung	36	48		85	100
beides	9	11		85	100
aufgerichtetes Oval:					
Lage	33	77			100
Orientierung	60	33			100
beides	28	11			100
konkaves Oval III:					
Lage	33	47	65	88	100
Orientierung	40	55	73	95	100
beides	6	33	55	83	100
Acht IV:					
Lage	7	15	25	33	28
Orientierung	23	52	61	61	64
beides	0	12	20	28	14
Durchschnitt:					
Lage	30,6	50,4		78,7	88,0
Orientierung	40,8	50,8		79,1	92,3
beides	15,2	24,0		68,0	80,6

16 Kinder im Alter von 4 Jahren, 20 von 5, 21 von 6, 19 von 7 und 14 von 8 Jahren sind befragt worden. Außerdem wurden noch bei 20 zusätzlichen Versuchspersonen die Bewegungen der Augen oder der Hände (Bewegungen mit den Fingern usw.) beobachtet, die ihre Bemühung begleiten, Bahnen zu rekonstruieren. Die Tabelle der richtigen Ergebnisse (Tabelle 36 oben) weist getrennt die Ergebnisse zu den Stellungen, zu

den Orientierungen und zu beiden gleichzeitig aus, wobei nur die gleichzeitig mündlichen (Phase 1) und gestischen (2 und 3) Ergebnisse gezählt werden, außer bei einer Anzahl von Versuchspersonen von 4–5 Jahren, deren Sprache, verglichen mit der direkten Anzeige, zu ungenau blieb.
Man erkennt, daß bei den direkten Antizipationen (mündliche oder gestische Angaben) die Vorstellung von den Stellungen und Orientierungen im Alter von 4–7 Jahren beim Kreis besser ist als die graphischen Antizipationen der Tabelle 35 für das Quadrat. Nichtsdestoweniger gelingen diese erst ab 7 Jahren, sobald man vom Kreis zu den anderen Formen übergeht, und die »8« gelingt erst nach 8 Jahren. Man stellt andererseits fest, daß die Stellungen beim Kreis in jedem Alter zu besseren Antizipationen führen als die Orientierungen, während alle gestreckten und liegenden Formen II–IV bessere Orientierungen entstehen lassen, weil die Richtung der Bahn in diesen Fällen leichter vorzustellen ist.
Die qualitative Untersuchung der Fehler zeigt zunächst ungefähr bei einem Viertel der Antworten im Alter von 4 Jahren[52], und noch mehr oder weniger häufig bis zu 6 Jahren, einen Typ – – + (das heißt falsch in den Positionen *B* und *C* und anscheinend richtig in den Positionen *D*), der praktisch darin besteht, daß die Schnecke ständig ihre Anfangslage und -orientierung beibehält: über dem Band (und nicht in seinem Innern) und den Kopf nach links gedreht. Zum Beispiel sagt Evi . . . uns noch mit 6;0 Jahren zu dem konkaven Oval (III) in *C*: »Der Kopf ist auf der Seite zum Fenster (links), weil die Schnecke so losläuft (in *A*).« Wenn man nun das Verhalten der Versuchspersonen untersucht, die sich solche ganz statischen Konfigurationen vorstellen, bemerkt man, daß ihr Blick nicht der Kurve folgt, sondern direkt von *A* nach *B*, von *B* nach *C* und von *C* nach *D* springt und so im Fall des Ovals ein Rechteck und im Fall der »Acht« ein Viereck mit großen sich überkreuzenden Seiten beschreibt. Die Versuchsperson Vil . . . (5;1) begleitet sogar ihre Augenbewegungen mit dem Finger, der in der Luft eine rechteckige Figur für das Oval beschreibt. Kurzum, die Versuchspersonen einer zweifellos frühen Stufe scheinen nicht fähig zu sein, weder mit den Au-

52 Und bei vier Fünfteln der Versuchspersonen, gegen zwei Drittel mit 5 Jahren, einem Neuntel mit 7 Jahren und keinem mehr mit 8 Jahren.

gen noch geistig dem Metallband zu folgen, und in dem Maß, in dem das Bild eine interiorisierte Imitation darstellt, drückt sich diese lückenhafte Motorik in einem statischen Bild der Bahn aus, wobei die Lagen und Orientierungen der Schnecke unverändert bleiben. Man greift hier mit Händen die zweifellos wichtigste Ursache der »Pseudo-Erhaltungen« des statischen Bildes, die in den in §§ 1–2 beschriebenen Reaktionen die Grenzen erhielt und die hier die Positionen erhält.

Außerdem gibt es halb-statische Konfigurationen, die daher rühren, daß es dem Kind – zum Teil, aber nur zum Teil – gelingt, der Form des Bandes zu folgen: zum Beispiel der Krümmung zwischen *A* und *B* und zwischen *B* und *C* in den regelmäßigen und konkaven Ovalen und bestimmten Abschnitten der »Acht«. Es liegt dann ein Konflikt vor zwischen der statischen oder diskontinuierlichen Tendenz, direkt oder vertikal von den Punkten *A* nach *B* oder von *C* nach *D* zu gehen, und der neuen Tendenz, der Kontinuität der Bahn Schritt für Schritt zu folgen. Eine der häufigsten halb-statischen Konfigurationen ist von der Art + + – für die Orientierung, als ob die Versuchsperson (was wir in mehreren Fällen auch beweisen konnten) der Blickkurve von *A* nach *B* und nach *C* folgte, um dann direkt von *C* nach *D* zu gehen: daher der Fehler in *D*, der um so paradoxer ist, als in diesem Fall die Schnecke in *D* der Kontrollschnecke in *A* den Rücken zukehren müßte (bei dem regelmäßigen und dem konkaven Oval). Bei der liegenden »Acht« kommt es auch häufig vor, daß die Versuchsperson bis *C* richtig vorgeht, aber dann direkt nach *D* weitergeht und dabei diese Position beibehält, die dann doppelt falsch ist. In diesen Fällen nun ist es oft möglich, den Irrtum des Kindes zu erkennen, wenn man seinen Augenbewegungen folgt, und manchmal sogar bei Beobachtung seiner Versuche, mit dem Finger in der Luft die Bahn des Metallbandes zu beschreiben.
Eine andere halb-statische Konfiguration, die aber schwieriger als die vorhergehenden ist, bringen die Versuchspersonen hervor, die die Notwendigkeit von Umkehrungen und Orientierung zu einem gegebenen Moment begreifen, die sie aber ruckweise einführen. Zum Beispiel besteht der Typ – + – (*B* falsch, *C* richtig, *D* falsch) bei der »Acht« darin, daß man direkt von *A* nach *B* geht – daher der Fehler in *B* auf Grund fehlender Umkehrung –, daß dann die Orientierung von *B* nach *C* umgekehrt wird, was ein richtiges Resultat ergibt, aber auf einem unerklärlichen Weg (ruckartig), und daß man schließlich von *C* nach *D* geht, wobei die Position oberhalb des Bands und mit dem Kopf nach rechts beibehalten wird, was doppelt falsch ist. Ebenso rückt man bei dem Fehler – + + direkt von *A* nach *B* vor (daher die falsche Orientierung in *B*, weil man der Kurve nicht folgte); dann aber erfolgt eine unerklärliche Umkehrung von *B* nach *C*, wodurch das Ergebnis in *C* und in *D* richtig wird. Da die Testperson immer wieder von *A* ausgehen kann, lassen sich diese »Rucke« erklären mit einer Mischung von direkten oder diskontinuierlichen Bewegungen von einer Position zu einer anderen und von kontinuierlichen Bewegungen, wenn das Metallband mit den Augen verfolgt wird; die Widersprüche, die sich aus diesen beiden Methoden ergeben, bleiben dann ohne

Begründung von seiten der Versuchsperson (die sich hinterher herausredet, indem sie etwa sagt, daß sich die Schnecke umgedreht hat, usw.).
Zweifellos sind die Fehler des Typs + – + und + – –, soweit sie nicht auf Zufall beruhen (die Form – – – ist niemals dauerhaft aufgetreten), solchen Vermischungen der beiden Methoden zuzuschreiben.

Andererseits ist es erstaunlich, daß sich der Übergang von diesen halb-statischen oder halb-kontinuierlichen Konfigurationen zu den richtigen, also kinetischen und kontinuierlichen Konfigurationen, durch häufige gestische Verhaltensweisen ankündigt, die im Falle der schwierigen Bahnen zeigen, daß die bildhafte Repräsentation nicht sofort interiorisiert wird: man sieht dann ziemlich häufig, daß die Versuchspersonen von 6–7 Jahren ihre Augenbewegungen mit Bewegungen der Finger begleiten, dieses Mal aber die Form der Kurve ganz richtig imitieren, als ob es darum ginge, die Bahn durch eine doppelte Nachahmung des Blicks und der Geste zu »begreifen«. Diese doppelte Nachahmungstätigkeit, die zu richtigen Antworten führt, nimmt natürlich eine bestimmte Zeit in Anspruch, die im Gegensatz steht zu der Schnelligkeit der Reaktion bei den Kleinen. Außerdem ist zu bemerken, daß die mündliche Erklärung der Versuchspersonen von 6–7 Jahren bisweilen ungenau oder schlichtweg falsch bleibt, während die gestische Nachahmung richtig ist und in exakten Lagen und Orientierungen zum Ausdruck kommt.
Schließlich erfolgt mit 8 Jahren die Interiorisierung der bildhaften Repräsentation mit einer deutlichen Abnahme der gestischen Nachahmung. Eine besonders interessante Übergangsphase ist manchmal in Form einer Verkleinerung der Bahnen zu beobachten, die mit dem Finger gezogen werden, als ob die Versuchsperson eine Miniaturkurve in einer rein geistigen Antizipation beschriebe. Während ihr Blick exakt der Bahn auf dem Metallband folgt, beschränkt sich die Versuchsperson sodann darauf (letzte Stufe), die Schnecke in der Luft zu halten und sie um ihre Achse zu drehen, die ohne irgendeine Verschiebung unbeweglich gehalten wird, und damit ihre geistig vorgestellte Bahn äußerlich nachzuahmen.
Im Vergleich zu den dimensionalen Eigenschaften der Verschiebungen in den Abschnitten 1 bis 3 zeigen diese Untersuchungen insgesamt, daß die Bildgesetze mit ihrem doppelten Aspekt des Übergangs vom Statischen zum Kinetischen und

des Übergangs von der materiellen zur interiorisierten Nachahmung selbst für die topologischen Beziehungen allgemeingültig bleiben.

§ 6. Die Erhaltung der longitudinalen Ordnung (vorn, hinten) und der transversalen Ordnung (links, rechts) bei Kreisbewegungen

Die folgende von D. Nicollier und R. Droz vorgenommene Untersuchung setzt die Untersuchung an den Schnecken fort, aber sie führt Fragen ein, die die Reihenfolge bei beweglichen Objekten betreffen, die sich hintereinander oder nebeneinander bewegen. Doch da Schnecken nicht die Gewohnheit haben, zu mehreren hintereinander oder nebeneinander umherzuspazieren, haben wir sie durch zwei Flieger ersetzt, die ein Looping beschreiben, der dem Kreis der vorhergehenden Untersuchungen entspricht. Und da es sich empfiehlt, daß die Gesamtbewegung – ohne mögliche Verwechslungen – eine Einheit bildet, haben wir die Piloten in ein einziges Flugzeug auf zwei Sitze gesetzt, von dem sich der eine entweder links neben oder hinter dem anderen befindet; das Problem besteht nun darin, diese relativen Positionen im Verlauf der Kreisbewegung zu erhalten.

Das Material, über das der Versuchsleiter verfügt, besteht zunächst in einem kleinen Flugzeug aus Plastik (25 × 25 cm) mit drei Sitzen: zwei vorne und einem hinten. Das Flugzeug ist oben grün und unten gelb angemalt und trägt zwei Holzpiloten, von denen der eine rot, der andere gelb ist. Ein Metallband, das einen Kreis von 1 m Durchmesser bildet, stellt den vom Flugzeug beschriebenen Weg dar; in der Vertikalen wird es durch ein festes Aufhängungssystem gehalten, das es zugleich in einer genau kreisförmigen Lage zu halten erlaubt. Das Kind wird in 1,50 m Entfernung gesetzt, so daß es gleichzeitig das Ganze und die Details sehen kann (Abb. 13).

Das Kind seinerseits verfügt dauernd über ein Plättchen aus magnetisiertem Metall, das symbolisch das Flugzeug darstellt und unten in Übereinstimmung mit dem Flugzeug gelb angemalt ist. Ein abnehmbarer Propeller aus Metall kann an jeder Stelle des Plättchens befestigt werden und soll die Vorderseite des Flugzeugs markieren. Zwei kleine Piloten aus Draht, der eine rot und der andere gelb, können gleichfalls überall auf dem Plättchen befestigt werden.

Die gestellten Aufgaben sind dann die folgenden:

1. Reproduktion der Bahn in der Luft, wobei sich die Versuchsperson nur des Trägers (des Metallplättchens) bedient und dabei die Beziehungen oben und unten berücksichtigt; 2. Kreisbewegung eines einzigen Piloten ohne den Trä-

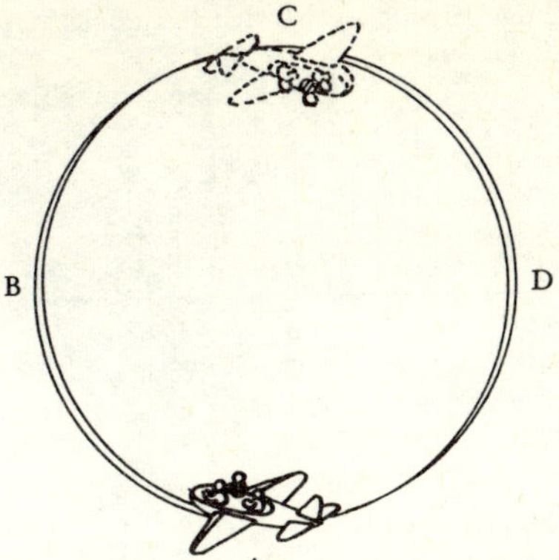

Abb. 13

ger aus Metall: wir setzen einen Piloten in das Flugzeugmodell, erinnern an die Bahn und fordern dann das Kind auf, mit einem seiner Piloten nacheinander die Positionen des Fliegers an den Punkten *A*, *B*, *C* und *D* zu zeigen (Abb. 13: der Kreis). Nach jeder Aufgabe legt man den Flieger wieder auf den Tisch. Nach *D* verlangt man die ganze Kreisbahn und eventuell Zwischenpositionen zur Verdeutlichung; 3. Positionen der beiden Piloten hintereinander, ohne den Träger. Wir setzen den gelben Piloten hinter den roten in das Flugzeug und fordern das Kind auf, mit seinen Piloten die absoluten und die relativen Positionen der beiden Flieger an den Punkten *A*, *B*, *C*, *D* und *A* anzugeben. Es ist schwierig, die Reproduktion ihrer vollständigen Bahnen (in Bewegung) zu verlangen, aber wir haben es manchmal versucht, ebenso wie bestimmte Zwischenpositionen zur Verdeutlichung; 4. zwei Piloten hintereinander mit dem Träger: die Fragen 3 werden wiederholt, zusammen mit weiteren Fragen nach der absoluten Position des Trägers, der Position des Propellers relativ zum Flugzeug (das Kind heftet ihn jedesmal in *A*, *B*, *C* und *D* an eines der äußersten Enden des Trägers) sowie nach der absoluten und der relativen Position der beiden Piloten (die an jedem Punkt der Strecke auf den Träger geheftet werden sollen). Man nimmt nach jeder Position den Aufbau des Kindes wieder auseinander; 5. zwei Piloten nebeneinander ohne Träger: dieselben Aufgaben wie in 3; 6. dasselbe mit Träger; 7. Begründungen und eventuell Gegenvorschläge.

I. – Bei 23 Versuchspersonen von 5 Jahren, 19 von 6, 17 von 7 und 10 von 8 Jahren haben wir die folgenden positiven Ergebnisse erhalten (Tabelle 37):

Tabelle 37: Richtige Ergebnisse bei den Positionen des Flugzeugs und der Piloten (in % der Antworten)

	1 (Flugzeug)	2 (Pilot allein)	3 (Pil. hintereinander, ohne Träger)	4 (Pil. hintereinander, mit Träger)	1–4 zusammen	5 (Pil. nebeneinander, ohne Träger)	6 (Pil. nebeneinander, mit Träger)
5 Jahre	57	5	6	39	0	39	41
6 Jahre	80	19	7	37	0	21	26
7 Jahre	100	19	29	65	14	43	63
8 Jahre	100	22	45	80	11	78	90

Man sieht, daß die Vorstellung der Positionen des Flugzeugs allein (Frage 1, ohne Propeller, also ohne Relation vorne/hinten, aber mit Relation oben/unten) – außer im Alter von 7 Jahren – kaum leichter ist als die Repräsentation der kreisförmigen Bahn der Schnecke (Tabelle 2, Frage I, positives Ergebnis zu beiden Unterfragen zusammen). Dagegen bereitet die Bahn des Fliegers allein (Frage 2) große Schwierigkeiten, denn es handelt sich diesmal darum, die Relationen der Orientierung (der Kopf nach vorn) mit denen der Lage zu kombinieren (Kopf nach rechts in *B*, nach unten in *C* und nach links in *D*, dazu immer senkrecht zur Bahn).[53] Die Schwierigkeiten bleiben dieselben bei Frage 3, im Alter von 7–8 Jahren gibt es jedoch einen leichten Lerneffekt. Die Einführung des Trägers bei der Aufgabe 4 erleichtert die Antworten, da sie ein Bezugselement liefert. Schließlich kommt den Fragen 5 und 6 ein Lerneffekt sowie die Tatsache zugute, daß die Relation links/rechts erhalten bleibt, anstatt sich umzukehren.

Die beobachteten Fehler lassen sich sehr gut mit denjenigen vergleichen, die wir schon anläßlich der Schnecke beobachtet hatten: Festhalten an der Anfangsposition und insbesondere Nicht-Umkehrung am Scheitelpunkt der Kurve (Position *C*), aber es kommen hier Fehler der Reihenfolge bei den Fragen 3 und 4 und des Nebeneinanders (Nicht-Erhaltung der Links-Rechts-Relation) bei den Fragen 5 und 6 hinzu. Was die Nicht-Umkehrung in der Position *C* anbetrifft, so findet man die Flieger am häufigsten – wie bei der Schnecke – über ihrem Flugzeug wieder, und zwar aus der Schwierigkeit heraus, sich vorzustellen, daß das Flugzeug immer im Innern der Kurve bleibt, auch an ihrem höchsten Punkt.

53 Und doch werden, um die Sache zu erleichtern, die kleinen Flieger durch kurze, aufrecht stehende Puppen dargestellt, die nicht geknickt sind, als ob sie säßen. Die Arme sind nach vorn gerichtet.

Nur erhält man manchmal auch bis ins Alter von 6 und sogar 7 Jahren (und das ist bei Menschen noch paradoxer als bei Schnecken) Zeichnungen, die das Flugzeug in Position *C* richtig über dem Flieger darstellen, also umgedreht und im Innern der Kurve bleibend, auf denen aber der Pilot den Kopf nach oben und die Füße nach unten behält, was bedeutet, daß er relativ zu seinem Flugzeug auf dem Kopf und mit den Beinen in der Luft steht!
Aber die am meisten systematische Schwierigkeit bei den Fliegern ist die, sie sich fortwährend senkrecht zur Bahn vorzustellen, was, wie wir gesehen haben, die wenigen positiven Ergebnisse bei den Fragen 2 und 3 im Gegensatz zu 4 erklärt. Während nämlich die Schnecke kriecht, was die Vorstellung ihrer Position relativ zu den vertikalen oder umgekehrten Teilen der Bahn erleichtert, bleibt der Mensch aufrecht (sitzend oder stehend), was in allen Positionen eine senkrechte Haltung erfordert: man sieht dann häufig den Piloten in den Positionen *B* und *D* vertikal gezeichnet (also nicht rechtwinklig zur Bahn), in Position *C* dagegen liegend, während, wenn der Träger hinzukommt, der Pilot niemals auf seinem Flugzeug liegt (dagegen kann es passieren, daß das Flugzeug in *C* vertikal und die Flieger liegend gezeichnet werden, also senkrecht zum Träger, aber nicht mehr zur Bahn).

Faßt man die ganz richtigen Ergebnisse bei der Haltung der Piloten senkrecht zur Bahn (Fragen 2–6) zusammen, so erhält man in der Tat nur:

Tabelle 38: Richtige Ergebnisse zu der Haltung lotrecht zur Bahn (Fragen 2–6 zusammen)

5 Jahre	6 Jahre	7 Jahre	8 Jahre
9 %	13 %	14 %	23 %

II. Um die Links-Rechts-Relationen besser untersuchen zu können, die in den vier vorangegangenen Positionen erhalten bleiben (was die jungen Versuchspersonen nicht hindert, sie häufig zu vertauschen), haben wir außerdem mit D. Nicollier und C. Fot eine Untersuchung an 20 Personen im Alter von 6–7 Jahren vorgenommen, bei der wir die Fragen 3–6 wieder aufnahmen, aber statt der vertikalen Piste eine horizontale nahmen, wodurch sich links und rechts zwischen den Positionen *A* und *C* oder *B* und *D* umkehren. Die Ergebnisse sind eindeutig:
a) Die Orientierungsfehler (Köpfe in die Richtung der Bewegung zeigend), die noch im Alter von 6 Jahren häufig sind, verschwinden beinahe ganz mit 7 Jahren; b) die Fehler in der Reihenfolge, mit oder ohne Träger (Fragen 3–4 mit einem Piloten hinter dem anderen) werden mit 7 Jahren gleichfalls selten, während sie jedoch im Alter von 6 Jahren noch anhalten, aber in geringerem Ausmaß als die Orientierungsfehler; c) die Fehler bezüglich links und rechts (Erhaltung der Beziehung zwischen den nebeneinandergesetzten Piloten, aber Umkehrung relativ zur Versuchsperson in den Positionen *C–A* bzw. *D–B*) bleiben, obgleich sie zwischen 6 und 7 Jahren auf die Hälfte zurückgehen, im Alter von 7 Jahren noch häufig.

Im allgemeinen sind die Fragen 3–6 nichtsdestoweniger in der Horizontalen viel leichter als in der Vertikalen, was natürlich ist: 52,3 % positive Ergebnisse im Durchschnitt mit 6 Jahren gegenüber 22,7 % in der Vertikalen, und 84,5 % mit 7 Jahren gegenüber 50 %. Es ist nur um so interessanter festzustellen, daß die Fehler, links/rechts betreffend, bis in dieses letztere Alter anhalten.

§ 7. Schlußfolgerungen

Die wenigen Stichproben, deren Ergebnisse wir hier untersucht haben, lassen einen klaren Schluß zu: so vertraut die auftretenden Bewegungen auch sein mögen (Quadrate, die sich verschieben, ein Stab, der umkippt oder sich wie ein Uhrzeiger dreht, Fahrzeuge, die eine Kurve beschreiben), das kinetische Reproduktionsbild entsteht nur mit Hilfe einer Rekonstruktion, die eine Antizipation impliziert. Hieraus ergibt sich zunächst, daß keinerlei Wesensunterschied besteht zwischen den in diesem Kapitel untersuchten kinetischen Bildern und denjenigen, die wir in dem Kapitel IV unter der Bezeichnung »kinetische Antizipationsbilder« untersuchen wollen und die wir in dieser Reihenfolge klassifiziert haben, weil wir feststellen wollten, ob sie deshalb komplizierter zu bilden sind, weil sie sich auf Inhalte beziehen, die den Versuchspersonen weniger vertraut sind. Bei den vorhergehenden Bildern scheint es keine einfachen Beziehungen zwischen der Vertrautheit der Inhalte und der Stufe des Auftretens adäquater Bilder zu geben, und zwar in dem Sinne, in dem Egon Brunswik versucht hat, bestimmte Wahrnehmungsstrukturen mit der Wahrscheinlichkeit des Auftretens entsprechender Konfigurationen in der alltäglichen Erfahrung zu korrelieren. Zum Beispiel werden die Positionen einer Schnecke oder eines Flugzeugs, die eine Kreisbahn in der Vertikalen beschreiben, im Alter von 6 Jahren antizipiert (Tabelle 36 und 37), während wir darauf haben verzichten müssen, eine »Fliege« zu verwenden, obgleich es geläufig ist, Fliegen umgedreht an der Decke herumlaufen zu sehen. Wenn andererseits die Kreisbahn der Schnecke und des Flugzeuges im Alter von 6 Jahren richtig vorgestellt wird, so wird ein Vorgang, bei dem ein Gegenstand den anderen »überholt« (wie bei den um 2–3 cm verschobenen Quadraten in § 1), und der sehr viel häufiger zu beobachten ist, erst mit 7Jahren (Tabelle 17) vorgestellt, und die Drehung eines Stabes mit 7–9 Jahren je nach der angewandten Technik. Leichtigkeit oder Schwierigkeit der Antizipationen, die bei den kinetischen Bildern mitwirken, hängen also nicht einfach von der empirischen Häufigkeit ab, sondern vor allem von der Komplexität der auftretenden Beziehungen, deren wichtigste die Ordnungsbezüge sind (End- oder Ausgangsgrenzen), sowie die inneren Grenzen im Falle der Überschneidung, die Beziehungen zu den Rahmen (Innenverhältnisse usw.) und die polarisierten Nebeneinanderstellungen (links und rechts). Bei eben diesem Thema stellt sich aber eines der Hauptprobleme des Bildes. Wenn nämlich diese verschiedenen Relationen im Laufe der Entwicklung zu einer fortschreitenden, sich spät entwickelnden operatorischen Ausbildung führen, könnte man sich vorstellen, daß es dem Bild unabhängig von jeder Einsicht oder jedem begrifflichen Verständnis gelingt, frühzeitig ein ausreichend getreues Abbild der Situation zu liefern; daß die Relationen zwar richtig placiert werden, ohne daß es aber schon zu einer zufriedenstellenden begrifflichen Interpretation käme. Hierzu muß deutlich gesagt werden, daß die Wahrnehmung gerade das zu leisten vermag: ein kleines Kind kann perzeptiv die beiden Positionen *AB* und *BA* unterscheiden, und zwar lange bevor es imstande ist, zu »urteilen«, daß *A* im ersten Fall links von *B* ist und im zweiten Fall rechts davon; und warum sollte es sich nicht ebenso korrekt die Relationen *AB*, dann *AB* und dann *AB* usw. bei zwei beweglichen Objekten »vorstellen«, die eine kreisförmige horizontale Bahn durchlaufen, ohne dabei zu »verstehen«, warum eine offensichtliche Umkehrung stattfindet? Wenn das Bild ohne weiteres die Wahrnehmungen verlängerte, müßte dieser Vorsprung des Bildes gegenüber dem Begriff ganz geläufig sein. A fortiori nimmt die Versuchsperson im Falle so einfacher Relationen wie bei einem Überholvorgang sehr genau wahr, daß ein fester Körper einen anderen überholt, selbst wenn dieser Überholvorgang eine Menge von Problemen aufwirft (Nicht-Erhaltung, dann Erhaltung der Längen bei der Verschiebung; siehe Kap. VIII, § 6): Warum aber wird dann das Bild eines Quadrats, das ein anderes nach einer kleinen Verschiebung überholt (§ 1 in diesem Kap. III), mit Grenzschwierigkeiten beladen, über die die Intelligenz begreiflicherweise stolpern muß (da es ihre Funktion ist, Probleme zu stellen, die sich der

unmittelbaren Erfahrung entziehen), mit denen aber die Wahrnehmung nichts anfangen kann und auf die ein auf die Wahrnehmung gegründetes Bildersystem aus Gründen der einfachsten Ökonomie bequem verzichten könnte?
Die dritte Lehre dieses Kapitels ist also, daß, wenn das Bild auch vom Begriff genau unterschieden ist, es nichtsdestoweniger bestimmte Eigenschaften mit diesem gemeinsam hat, sei es nun, daß das Bild den Begriff anregt, da es sich um präoperatorische Begriffe handelt, sei es, daß der Begriff auf das Bild zurückwirkt, was vor allem auf den operatorischen Ebenen geschehen könnte. Im Hinblick darauf ist es erstaunlich festzustellen, daß, außer bei den Kreisbahnen der Schnecke und des Flugzeugs allein (positive Ergebnisse mit 6 Jahren), die verschiedenen elementaren und der Versuchsperson genau bekannten Bewegungen, die in diesem Kapitel betrachtet worden sind, erst auf der Ebene der konkreten Operationen zu adäquaten Bildern führen; diese Bilder hängen nämlich von der intellektuellen Komplexität der im Spiel befindlichen Relationen ab und nicht von ihrer perzeptiven Vertrautheit, was keineswegs selbstverständlich war. Wenn also eine weitergreifende Untersuchung der möglichen Verwandtschaft zwischen kinetischen Bildern im allgemeinen und konkreten Operationen möglich werden soll, so müssen zuvor die kinetischen Antizipationsbilder zu dem Zwecke untersucht werden, festzustellen, ob wir zwei verschiedene Kategorien von Bildern vor uns haben oder ob es sich bestätigt, wie dieses Kapitel zu zeigen scheint, daß die kinetischen Reproduktionsbilder bereits antizipatorisch sind und daß dem Wesen nach keinerlei Unterschied besteht zwischen diesen Antizipationen, die bei der Wiederherstellung des Bekannten auftreten, und den Antizipationen, die bei nicht vertrauten oder unvorhergesehenen Situationen eine Rolle spielen.

Kapitel IV
Die kinetischen Antizipationsbilder

In diesem Kapitel kommen wir zur Untersuchung der kinetischen Antizipationsbilder im Gegensatz zu den Bildern der einfachen Reproduktion. Im Prinzip unterscheiden sich diese beiden Kategorien dadurch, daß es die letzteren mit der Versuchsperson schon bekannten Lageveränderungen zu tun haben, an die einfach nur erinnert werden muß, während es die Antizipation mit wenig oder gar nicht bekannten Veränderungen zu tun hat. Wie wir gesehen haben, wird es das Problem sein, festzustellen, ob es eine zeitliche Verschiebung (*décalage*) zwischen der Entstehung dieser beiden Arten von Bildern gibt, anders gesagt, ob sie zwei aufeinanderfolgenden Stufen entsprechen oder sich auf derselben Altersstufe ausbilden; im letzteren Fall müßte man den Schluß ziehen, daß jedes kinetische Reproduktionsbild (und a fortiori jedes Transformationsbild) etwas von der der Antizipation verwandten Reproduktion an sich hat, sobald es nicht einfache Kopie ist und sich also nicht wesentlich von den Antizipationsbildern unterscheidet. Die Veränderung, die wir im Alter von 7-8 Jahren im Fall der kinetischen Reproduktionsbilder (Verschiebungen der Quadrate usw., Kippen eines vertikalen Stabes in die Horizontale, usw.) feststellen zu können glaubten, scheint darauf hinzuweisen, daß die kinetischen Bilder auf der Stufe des Anfangs der konkreten Operationen wesentlich zu figuralen Imitationen der Operation werden; und da bei dieser notwendig Antizipationspläne mitwirken, würde das dazu führen, daß den Reproduktionsbildern selbst, sofern sie sich auf Bewegungen (oder Transformationen) beziehen, ein Antizipationselement zuzuschreiben ist. Wir müssen jetzt klären, ob man eine wesentliche Verzögerung bei der Bildung von adäquaten Bildern feststellen kann, wenn die Versuchspersonen die Aufgabe erhalten, sich ihnen weniger bekannte Bewegungen als in den vorhergehenden Kapiteln vorzustellen, oder ob man die entscheidenden Fortschritte wiederum zu Beginn der Periode der konkreten Operationen feststellen wird; was dann zeigen würde, daß die Verallgemeinerungen der operatorischen Strukturen ausreichen, die räumlichen Bilder beweglich genug zu machen, um jede beliebige elementare kinetische Repräsentation zu ermöglichen.

§ 1. Drehung, Umkehrung und Kreisbewegung quadratischer Figuren

Die Untersuchung, deren Ergebnisse wir im folgenden vorlegen, wurde zusammen mit F. Frank und J. Bliss vorgenommen; sie beschäftigt sich mit Verschiebungen eines Quadrats, wie sie das Kind genau kennt. Aber hinzu kommt ein Element der Antizipation im eigentlichen Sinn, und zwar im Zusammenhang mit der Position der beiden angrenzenden Seiten: wenn die eine Seite des beweglichen Quadrats mit einem blauen Band eingefaßt ist und eine der angrenzenden Seiten mit einem roten Band, dann geht es darum, sich die Lage dieser beiden farbigen Seiten vorzustellen, wenn man das Quadrat entweder durch eine einfache Drehung (ohne die Ober- und Unterseite zu vertauschen), durch Umkehrung (= Vertauschen der Seiten) oder durch Kreisbewegung in Bewegung versetzt.

Man zeigt dem Kind zwei Quadrate mit 10 cm Seitenlänge; das weiße soll die Bewegungen demonstrieren, das andere ist unbeweglich und blau am linken Rand, rot am unteren Rand (auf beiden Seiten). Dreierlei Arten von Fragen werden in der folgenden Reihenfolge gestellt, die nicht mit derjenigen der Leichtigkeit übereinstimmt:

A. *Drehungen.* – Man dreht das weiße Quadrat um 90° und bittet darum, auf ihm die blaue und rote Farbe der Seiten des Modellquadrats anzugeben, so als ob man dieses gedreht hätte. Man fährt genauso fort mit 360°, 180° und 270°, indem man jedesmal von 0° ausgeht und dabei immer das Modell unbeweglich läßt. Die Drehungen erfolgen immer im Uhrzeigersinn, aber man führt manchmal am Ende der Reihe eine Ergänzungsdrehung um 90° in umgekehrter Richtung aus.

Wenn diese Antizipationen beendet sind, die alle nur auf der bildhaften Vorstellung des Ergebnisses der Drehungen beruhen, stellen wir zwei Fragen, die demgegenüber eine operatorische Verallgemeinerung voraussetzen, was für den Vergleich von Bild und deduktivem Verständnis nützlich sein kann: 1. Ist es möglich, daß es, wenn man das Quadrat eine »große Anzahl« von Malen dreht, zu einer Position kommt, in der sich die Farben einander gegenüber stehen? 2. Wir zeigen dem Kind irgendeine Stellung für die blaue Seite und fragen es, ob es möglich ist, daraus die Stellung der roten Seite abzuleiten, ohne die Anzahl der Drehungen zu kennen (wobei aber der Uhrzeigersinn beibehalten wird)?

B. *Kreisbewegungen.* – Wir beginnen damit, daß wir dem Kind eine regelmäßige Kreisbewegung (kreisförmig in der Reihenfolge: 1 unten, 2 links, 3 oben und 4 rechts) mit Hilfe des farbigen Quadrats zeigen, ohne jedoch bei den verschiedenen Positionen anzuhalten. Danach setzen wir das farbige Quadrat in die Position 1 und fordern das Kind auf, die Farben des Quadrats anzugeben, wenn es in den Positionen 2–4 stehenbleibt. Schließlich lassen wir manchmal das weiße Quadrat zur Kontrolle eine unregelmäßige Kreisbewegung ausführen (aber natürlich ohne irgendeine Drehung) und fragen das Kind, welches die Positionen der Farben sein würden, wenn das Modellquadrat dieselbe Kreisbahn ausführen würde.

C. *Umkehrung.* – Wir klappen das weiße Quadrat in seitlicher Richtung um und bitten darum, auf den Platz der Farben beim Modellquadrat zu schließen, wenn man dieses genauso drehen würde: da die Ränder auf beiden Seiten blau und rot eingefaßt sind und der blaue Rand links ist, ändert dieser seinen Platz, während der untere rote Rand an derselben Stelle bleibt. Wir führen anschließend zwei, drei oder manchmal vier Umkehrungen aus. Danach kann man hier wieder eine Frage der operatorischen Verallgemeinerung stellen: die Position der blauen und roten Seiten soll für eine große, gerade oder ungerade Anzahl von Umkehrungen vorhergesagt werden.

Schließlich haben wir manchmal eine Umkehrung in vertikaler Richtung ausgeführt und dabei zur Vorhersage der Farben aufgefordert; dann zwei vertikale Drehungen im Vergleich zu einer einzigen oder zu dreien. Und zum Abschluß kommen wir zu dem operatorischen Aspekt zurück und fragen, ob das Ergebnis bei einem seitlichen Umklappen, gefolgt von einer Drehung um 90°, dasselbe ist wie bei umgekehrter Reihenfolge.

I. – Das erste Ergebnis, das wir erhielten, zeigt, daß die Antizipation der Lage der Farben bei der Kreisbewegung (*B*) deutlich einfacher ist als bei der Drehung (*A*) oder bei der Umkehrung, was übrigens selbstverständlich ist, da es sich darum handelt, eine einfache Invarianz vorauszusehen. Dennoch hat diese Invarianz nichts von einem Beharrungseffekt, denn es gibt nur 50 bis 55 % positive Ergebnisse mit 5 und 6 Jahren, und mit 7 Jahren ist das Bild in ungefähr 100 % der Fälle richtig. Da nun die Drehung erst mit 9 Jahren zu richtigen Ergebnissen führt, besteht wohl ein systematischer Vorsprung der Kreisbewegung, was auch erklärt, warum die jungen Versuchspersonen bei den in § 1 beschriebenen Versuchen eine systematische Tendenz zeigten, die Drehung durch eine Kreisbewegung zu ersetzen, die die schrägen Positionen vermeidet und das für das Quadrat typische Bild der vertikalen/horizontalen Seiten bewahrt.

Siehe die quantitativen Ergebnisse bei 99 Versuchspersonen von 5 bis 9 Jahren (die vier Positionen der Tabelle 39 entsprechen den Punkten der Windrose).

Die bildhafte Repräsentation der Kreisbewegung ist also sehr einfach, da sie die Beziehungen unverändert erhält. Das bringen die Versuchspersonen, deren Ergebnisse richtig sind, deutlich zum Ausdruck: *Das bleibt so, weil man es nicht umdreht* (Bea ..., 8;1), oder ... *weil Sie das Quadrat nicht so drehen* (Drehung) (Urs ..., 8;4).

Tabelle 39: Richtige Ergebnisse bei den aufeinanderfolgenden Positionen der Kreisbewegung (in % der Versuchspersonen)[54]

	Position 1	Position 2	Position 3	Position 4	völlig richtig
5 Jahre (*N*=18)	71,5	55	71,5	66	*49,5*
6 Jahre (34)	84	78	78	72	*72*
7 Jahre (23)	92,5	88	92,5	83,5	*83,5*
8 Jahre (20)	100	100	95	95	*95*
9 Jahre (4)	100	100	100	100	*100*

Nichtsdestoweniger stellt man einige Fehler fest, insbesondere bei der Position 2, bei der die Versuchspersonen von 5 Jahren manchmal eine Drehung einführen und dabei an den neuen Relationen festhalten. Man stellt auch Umkehrungen in der Farbe fest, und in drei Fällen von 5 und 6 Jahren liegen sich die Farben gegenüber (Blau gegenüber Rot, und nicht an Rot angrenzend). Bei 7 Jahren wird in zwei Fällen die Kreisbewegung mit der Umkehrung verwechselt.

Die operatorische Verallgemeinerung (Kreisbewegung mit unregelmäßiger oder beliebiger Bahn) erfolgt unmittelbar. Wir haben nur einen Fall eines völlig richtigen Ergebnisses bei der Kreisbahn ohne diese Verallgemeinerung gehabt: Dom ... (6;3) beginnt damit, den Platz der Farben auf der Kreisbahn zu verändern und korrigiert sich dann spontan; auf der unregelmäßigen Bahn dagegen sagt sie: *»Wenn man auf dem Kreis hier drehen würde, verändert sich nichts, aber außerhalb* (dieser Bahn) *ja.«* Die anderen Versuchspersonen verallgemeinern dagegen direkt: Mar ... (6;4): *»Damit sich die Farben verändern, müßte man so drehen* (Drehung)«, Nic ... (7;5): *»Es bleibt immer dasselbe, weil Sie es nicht gedreht haben.«*

II. – Was die *Drehung* (*A*) anbetrifft, so bestehen die beiden Hauptergebnisse darin, daß die ganz richtigen Ergebnisse (für alle vier Positionen) erst spät eintreten: mit 9 – 10 Jahren, und daß zwischen der Position von 90° einerseits und denjenigen von 180°, 270° und 360° andererseits ein bemerkenswerter Unterschied im Schwierigkeitsgrad existiert. Es ist also recht erstaunlich, daß man mit einer ganz anderen Technik zwei Ergebnisse herausbekommt, die wir in § 2 wieder antreffen

54 Position 1 ist die Ausgangsposition, aber nach Ausführung einer vollständigen Drehung.

werden. Insbesondere zeigt die Tabelle 40, § 1, daß die richtigen Ergebnisse bei 270° (*R* 4) weit unter denen bei 90° (*R* 1) liegen, obwohl sich das Quadrat in beiden Fällen in vertikal/horizontaler Position befindet: wir stellen hier anhand der Farbentechnik fest, daß die Ergebnisse bei 90° bis zu 7 Jahren im allgemeinen mehr als zweimal so gut sind als bei 180°, 270° und 360° und sich erst vom Alter von 10–12 an ausgleichen, zweifellos deshalb, weil eine operatorische Unterstützung notwendig ist, um das Bild über einen bestimmten Drehungsgrad hinaus festzuhalten.
Hier die quantitativen Ergebnisse:

Tabelle 40: Richtige Ergebnisse bei der Drehung des Quadrats mit zwei farbigen Seiten (in % der Versuchspersonen)

		90°	180°	270°	360°	völlig richtig
5 Jahre	(N=18)	27,5	22	5,5	0	0
6 Jahre	(34)	51	25	15	27	9
7 Jahre	(23)	53	35	31	43	24,5
8 Jahre	(20)	80	40	40	65	30
9 Jahre	(10)	70	60	50	50	40
10–12 Jahre	(15)	86	73	47	73	40

Bei den qualitativen Ergebnissen besteht der wichtigste Fehlertyp in einer Indifferenzierung von Drehung und Kreisbewegung, insofern als die Versuchsperson an die Ausgangsposition gebunden bleibt und sich die Verschiebungen der beiden farbigen Seiten nicht vorstellen kann, so daß sie sie unverändert läßt, als ob es sich um eine Kreisbewegung handelte.[55]
Dieser Fehler kann alle vier Positionen beeinflussen, doch der Versuchsperson kann die Drehung auch bei 90° und sogar bei 180° gelingen, woraufhin sie zur Ausgangsposition zurückkehren kann. Schließlich kommt es vor, daß die Versuchspersonen, nachdem sie eine oder zwei Drehungen ausgeführt haben, im folgenden an der Konfiguration hängenbleiben, die sie sich als letzte vorgestellt hatten. Ein anderer interessanter Fehlertyp besteht darin, die Ordnung der Seiten zu vertauschen, sei es von Anfang an, sei es nach einer oder zwei Dre-

55 Diese Tatsache ist um so interessanter, als die Versuchspersonen, die diesem Drehungsversuch unterzogen wurden, den der Kreisbewegung nicht mitgemacht hatten.

hungen; diese Vertauschung ist zweifellos schuld an der Indifferenzierung der beiden Vorgänge, die es zu unterscheiden gälte: zwischen dem Wechsel der absoluten Position einer gegebenen Seite *a* einerseits, die sich infolge eines Spiels ständiger Vertauschung bei der Drehung bald links, bald rechts, bald oben befindet, und der Erhaltung der Relation andererseits, in der sich die Lagen dieser Seiten zueinander befinden, wobei die Seite *b* trotz der absoluten Umkehrung im Verfolg der Drehung immer der Seite *a* folgt.

Die anderen Fehlertypen sind banaler Art: eine Seite wird richtig gesetzt, die andere aber in irgendeiner beliebigen Weise, oder die Drehungen werden richtig repräsentiert, entsprechen aber nicht der vom Versuchsleiter angegebenen Zahl. Es ist schwierig, diese verschiedenen Fehlertypen in jedem Fall voneinander zu unterscheiden. Die folgende Tabelle (41) kann also nur die Verteilung der objektiv entscheidbaren Fehler angeben, die sich auf die Nebeneinanderlage und die Relationen zwischen den beiden Seiten im Verlauf der Drehung beziehen. Im Hinblick darauf unterscheiden wir die drei folgenden Fehlertypen:

1. Invarianz (Kreisbewegung statt Drehung); 2. die farbigen Seiten liegen einander gegenüber; 3. sie bleiben aneinandergrenzend, aber in umgekehrter Reihenfolge; 4. die Anordnung wird beibehalten, aber es besteht keine Übereinstimmung mit der Anzahl der Drehungen:

Tabelle 41: Verteilung der Fehlertypen 1–3 (in % der Antworten)[56]

	1) Invarianz	2) Seiten gegenüber	3) angrenzend, aber Reihenfolge umgekehrt	4) richtige Reihenfolge, Anzahl nicht korrekt
5 Jahre	22	13	20	47
6 Jahre	18	7	43	27
7 Jahre	9	4	29	27
8 Jahre	0	0	22	22
9–10 Jahre	0	0	32	13

Daraufhin haben wir (über die Repräsentation der Lagen hinaus) zwei operatorische Fragen gestellt. Erstens wollten wir

56 Außer bei Frage 1, wo die % die % der Versuchspersonen bezeichnen.

wissen, ob sich die nebeneinanderliegenden Seiten rot und blau nach vielen Drehungen einander gegenüber befinden können. Man stellt zunächst fest (Tabelle 41), daß, unabhängig von jeder Frage, 4–7% der Antworten mit 6–7 Jahren (und 13% mit 8 Jahren) darin bestehen, spontan die rote und die blaue Seite einander gegenüberliegend zu zeichnen, obwohl sie zu Beginn nebeneinander liegen, was an die Reaktion erinnert, die in dem Glauben besteht, daß bei einem Stab, auf dem drei Perlen aufgereiht sind, die mittlere Perle eine der äußeren Positionen einnehmen kann, wenn man den Stab mehrere Male um 180° dreht (siehe den § 8 dieses Kap. IV). Das bedeutet aber nicht, daß diese Versuchspersonen, ganz allgemein befragt, immer antworten, es sei möglich, zu den gegenüberliegenden farbigen Seiten zu gelangen, was wir mit *Z − F −* (das heißt Fehler bei der Zeichnung *Z* und bei der Befragung *F*) kennzeichnen; es kommt durchaus vor, daß zu falschen Zeichnungen eine richtige Antwort gegeben wird; daher die Kombination *Z − F +*. Ebenso kann man Versuchspersonen beobachten, deren Zeichnungen keine Gegenüberstellung der roten und der blauen Seite aufweisen, die sie aber bei der Befragung für möglich halten, was wir notieren als *Z + F −*. Zu guter Letzt werden die richtigen Reaktionen auf beide Aufgaben notiert als *Z + F +*. Daher die vier Kombinationen, die auf Tabelle 42 in ihrer Verteilung angegeben sind:

Tabelle 42: Rote und blaue Seiten gegenüberliegend in der Zeichnung *Z* und der operatorischen Frage *F* (in % der Versuchspersonen)

	Z−F−	*Z−F+*	*Z+F−*	*Z+F+*
5 Jahre (14)	16	21	21	42
6 Jahre	9	9	26,5	55,5
7 Jahre	5,5	0	28,5	66
8 Jahre	0	0	0	100
9 Jahre	0	0	0	100

Man sieht also, daß erst im Alter von 7–8 Jahren eine Gegenüberstellung der aneinandergrenzenden Seiten von 75% der Versuchspersonen ausgeschlossen wird:
»Sie können nicht beide zugleich liegen«, sagt schon Ano ... mit 5;5; *»Sie hängen aneinander«*, Aeb. (6;5); *»Weil die rote*

immer neben der blauen ist« (Nic . . ., 7;5) und: *»Nein, sie hängen immer zusammen«* (Gil . . ., 7;3).

Wenn man dagegen fragt (zweite operatorische Frage), ob es möglich ist, den Platz einer Farbe vorauszusehen, wenn man den Platz der anderen kennt, aber nicht die Anzahl der Drehungen (und zwar immer im Uhrzeigersinn), kommen die richtigen Reaktionen erst viel später, und man trifft nur 43 % der Versuchspersonen mit 8 Jahren, die diese Frage lösen. Manchen Versuchspersonen gelingt die Zeichnung, aber sie können nicht auf die Frage antworten, während es bei anderen umgekehrt ist. Die Situation ist im Alter von 7 Jahren die gleiche (27 % positive Ergebnisse); mit 5–6 Jahren stellt man jedoch einen gewissen Vorsprung der Zeichnungen vor den Ergebnissen der Befragung fest, die zur Behauptung führt, daß es mehrere mögliche Positionen für eine Farbe gibt, wenn die andere gegeben ist, während die Zeichnungen manchmal für bestimmte Positionen richtig sind. Bevor wir jedoch daraus schließen, daß auf diesem besonderen Gebiet die bildhaften Repräsentationen nicht von den Operationen gelenkt werden, ist festzustellen, daß diese zweite operatorische Frage nicht ohne weiteres bedeutet, daß diese oder jene Operation ins Spiel gebracht wird, sondern daß sie eine Verallgemeinerung verlangt, die auf einer voraufgegangenen Bewußtwerdung beruht und nicht ohne Schwierigkeit ist. Zum Beispiel liefert Mag . . . (8;8) während der Drehungen völlig richtige Antizipationen; wenn wir sie aber fragen, ob es bei einer beliebigen Position der blauen Seite mehrere mögliche Positionen für die rote Seite geben kann, bejaht sie zunächst, muß dann aber selbst das Quadrat erst mehrere Male drehen, um den Schluß zu ziehen: *Nein, das geht nicht.* Die richtige Antwort, *die rote und die blaue gehören zusammen* (Dan . . ., 8;10), oder *die rote ist immer hinter der blauen* (Sto . . ., 9;8) verlangt also mehr als eine operatorische Deduktion bei jedem einzelnen Fall: es handelt sich um eine retroaktive Reflexion über die verschiedenen tatsächlich oder in Gedanken vorher ausgeführten Drehungen, was also die Operationen nicht daran hindert, in diese Antizipation der Drehungen selbst einzugreifen, und keineswegs beweist, daß sie aus einer reinen Abfolge von nicht gelenkten Bildern hervorgeht, so als ob es genügte, im Innern einen Ablauf von Ereignissen zu bedenken, die sich unabhängig von jeder aktiven Intervention vollziehen.

III. – Das Problem des Umklappens beruht anscheinend auf derselben Schwierigkeit oder scheint sogar ein wenig einfacher zu sein als das der Drehung: von 8–9 Jahren an stellen sich 75 % der Versuchspersonen eine oder zwei Umkehrungen in seitlicher Richtung richtig vor, und ebenso das Umwenden in vertikaler Richtung.

Vor dieser Erfolgsstufe bestanden die beobachteten Hauptfehler darin, die Farben irgendwohin oder einander gegenüber zu setzen (was zwar selten vorkommt, doch parallel zu dem, was wir bei der Drehung gesehen haben), das vertikale und seitliche Umwenden zu verwechseln, die Farben einfach zu vertauschen, nichts an der Anfangsordnung zu verändern, oder schließlich (und das sind die Fehler, die am längsten andauern), sich mit einem schlichten Abwechseln der roten Seite (in vertikaler Richtung) zufriedenzugeben.

Hier die quantitativen Ergebnisse:

Tabelle 43: Positive Ergebnisse beim seitlichen Umklappen (in % der Antworten)

	1 Umklappen	2 × umgeklappt	3 × umgeklappt	Erfolg bei 1–3 (in Klammern: bei 2 Versuchen)
5 Jahre (24)	35	39	27	18 (14)
6 Jahre (41)	62	53	45	27 (50)
7 Jahre (18)	49	66	36	18 (44)
8 Jahre (25)	93	78	58	50 (69)
9–10 Jahre (11)	91	83	83	83 (83)
11–12 Jahre (10)	90	90	90	90 (90)

Was die operatorischen Fragen anlangt, von denen sich die eine auf die Invarianz der Lage der roten Seite bezieht, und die andere auf den Wechsel der blauen Seite, so unterscheiden wir wieder die richtigen Ergebnisse bei der Vorstellungsantizipation, wie sie die Zeichnungen oder die Anzeigen mit dem Finger wiedergeben (also $Z-$ oder $Z+$), und die richtigen Ergebnisse bei der Befragung ($F-$ oder $F+$). Bei der Invarianz ist die Klassifizierung einfach. Was dagegen den regelmäßigen Positionswechsel betrifft, so kommt es vor, daß das Kind ein oder zwei Unregelmäßigkeiten bei der Antizipation zeigt und vor allem eine gewisse Schwierigkeit hat, die »Regelmäßigkeit« dieses Wechsels mit Worten auszudrücken. In der folgenden Tabelle (Tab. 44) haben wir die dazwischen liegenden Ergebnisse unter die richtigen Antworten eingeordnet (was legitim ist, denn der größte Teil dieser Fälle sind solche teilweise richtigen Ergebnisse, bei *Z* sowohl als auch bei *F*).

Man findet hier weder Reaktionen, die der Bewußtwerdung vorangehen, noch das Gegenteil. Die beobachteten Fehler bestehen vor allem in Pseudo-Erhaltungen der Farben, in falschen Vertauschungen und bei 20 % mit 5 Jahren und 4 % mit 6 Jahren in Verwandlung der nacheinanderliegenden Farben in gegenüberliegende.

Tabelle 44: Beziehungen zwischen der bildhaften Antizipation (*Z*) und der operatorischen Befragung (*F*) in den Fällen der Invarianz und des Abwechselns beim seitlichen Umwenden (in % der Versuchspersonen)

	Invarianz				Abwechseln			
	Z− F−	*Z− F+*	*Z+ F−*	*Z+ F+*	*Z− F−*	*Z− F+*	*Z+ F−*	*Z+ F+*
5 Jahre *N* (12)	25	33	9	33	28	17	17	38
6 Jahre *N* (22)	13	7	17	63	10	22	18	50
7 Jahre *N* (13)	16	8	38	38	16	14	18	52
8 Jahre *N* (11)	9	9	9	73	7	12	9	72

Die vertikale Umkehrung (Umklappen) ergibt analoge Ergebnisse, scheint aber ein wenig schwieriger zu sein. Wir wollen uns darauf beschränken, zwei richtige Antworten auf die dazu gestellten operatorischen Fragen zu zitieren: *Der blaue* (lateral) *ändert sich nicht: er dreht sich um sich selbst,* sagt Fra . . . schon mit 6;2; vgl. dagegen: *Der Rote muß unten sein* (nach zweimaligem Wenden), *weil es immer zwei und zwei und zwei ist* (Bea . . ., 8;1).

Dagegen stellt die Kombination der Drehung von 90° und des seitlichen Wendens ein merkwürdiges Problem: von 19 Versuchspersonen, deren Ergebnisse bei den beiden Versuchen völlig richtig sind, gelingt es nur dreien, die beiden zu kombinieren und diese Umwandlung jetzt als kommunikativ zu betrachten.

§ 2. Antizipation der Positionen eines sich drehenden Quadrates, bezogen auf eine unbewegliche Figur

Diese mit E. Schmid-Kitsikis durchgeführte Untersuchung beschäftigt sich mit den Verschiebungen eines Quadrats relativ zu einem anderen und kann also als Fortsetzung des vorhergehenden Abschnitts und der §§ 1–2 von Kapitel III angesehen werden.

Aber während es sich in diesen letzteren Fällen um einfache Verschiebungen eines Quadrats handelte, die dem Kind in seiner spontanen Erfahrung zweifellos bekannt sind und infolgedessen zu kinetischen Reproduktionsbildern geführt haben, liegen die Drehungen, von denen wir sprechen wollen, eher außerhalb der geläufigen Tätigkeiten, und man kann annehmen, daß sie die Mitwirkung von Antizipationsbildern erfordern, die, wie wir feststellen werden, in der Tat sehr komplex sind.

Ein blaues Quadrat von 30 mm Seitenlänge ist auf einem Rahmen befestigt (Abb. 14). An der Spitze seiner unteren rechten Ecke ist ein Nagel von 5 mm Länge angebracht, der einem roten Quadrat von 30 mm Seitenlänge, das an der Spitze seiner oberen linken Ecke an dem Nagel befestigt ist, als Drehpunkt dient. Man zeigt dem Kind diese Vorrichtung, wobei man auf die Unbeweglichkeit des blauen Quadrats und des Nagels hinweist, und man gibt an, in welcher Richtung man das rote Quadrat drehen soll.

1. Man fordert die Versuchsperson zunächst auf, sich die Positionen vorzustellen, die das rote Quadrat einnehmen wird, wenn man es Schritt für Schritt verschiebt, und sie zu zeichnen (bis 360°).

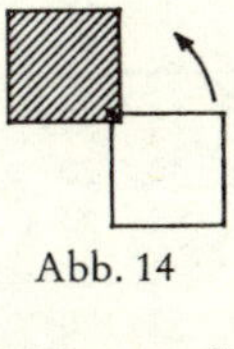

Abb. 14

Das Kind behält jedes Mal die Zeichnung, die es gerade angefertigt hat, vor Augen, während man die vorhergehenden wegnimmt. Es versteht sich, daß das rote Quadrat sowohl während dieses Vorgangs unbewegt bleibt, wie auch beim folgenden:

2. man legt dem Kind Zeichnungen zur Auswahl vor (vier Serien nach den vier Sektoren von 90°), die außer der richtigen Figur die gewöhnlichen Hauptfehler einschließen, und die Versuchsperson gibt an, welchen sie den Vorzug gibt;

3. man verschiebt dieses Mal das rote Quadrat in Etappen, und das Kind kopiert die aufeinanderfolgenden Positionen, was erlaubt, rückwirkend zu

beurteilen, wodurch die unter 1. gegebenen Lösungen von graphischen Schwierigkeiten abhängen könnten, was zugleich den folgenden Teil vorbereitet;

4. man läßt wie am Anfang das rote Quadrat unbeweglich, und man läßt von neuem die aufeinanderfolgenden Positionen wie in 1. vorstellen und zeichnen, was erlaubt, die Verbesserungen infolge von 3. zu beurteilen, und was den Versuch in eine Analyse des Reproduktionsbildes nach einem Lernvorgang verwandelt.

Hier zunächst eine statistische Angabe (Tabelle 45), die sich bezieht auf: A) die feste Position des blauen Quadrats (die Kinder drehen es zusammen mit dem roten); B) die invariante Form des blauen Quadrats; C) die Unbeweglichkeit des Drehpunkts; ein wichtiges Indiz, dessen Nichtbeachtung zahlreichen Fehlern entspricht; *R*1) die Position des roten Quadrats nach einer Drehung (*R*) von 90°, wenn es mit dem blauen auf seiner rechten Seite verbunden ist; *R*2) die schräge Position des roten Quadrats vor 90° oder zwischen 90° und 180°; *R*3) die Überdeckung des blauen Quadrats durch das rote (wir beurteilen die Reaktion als richtig, wenn sie einmal deutlich gemacht wurde, in welcher Reihenfolge auch immer); *R*4) die vertikal-horizontale Position des roten Quadrats unter dem blauen bei 270°; *R*5) die schräge Position des roten Quadrats vor 270° oder zwischen 270° und 360°; T) völlig richtiges Ergebnis [57]:

Tabelle 45: Antizipation der Drehung des Quadrats (Richtige Ergebnisse in % der Versuchspersonen)

	A	*B*	*C*	*R*1	*R*2	*R*3	*R*4	*R*5	*T*
5 Jahre (10)	50	60	20	40	20	20	20	10	*10*
6 Jahre (10)	60	60	40	70	20	30	20	20	*20*
7 Jahre (15)	73,3	60	40	73,3	66,6	46,6	46,6	33,3	*33,3*
8 Jahre (10)	100	70	40	100	60	40	40	30	*30*
9 Jahre (6)	83,3	83,3	50	100	66,6	50	66,6	50	*50*
10–11 Jahre (8)	100	100	75	100	100	75	100	75	*75*

In großen Zügen erkennt man am unbeweglichen blauen Quadrat, daß die einfachste Reaktion darin besteht, ihm seine

57 Wir haben bei diesem vollkommen richtigen Ergebnis im Fall der teilweisen oder vollständigen Überlagerung den Faktor der Nicht-Transparenz nicht berücksichtigt, denn der Hinweis auf eine Transparenz entwickelt sich unregelmäßig mit dem Alter und kann von verschiedenartigen Intentionen abhängig sein (von intellektuellem Realismus, von Vernachlässigung oder Wunsch nach Klarheit.)

Position und seine Form zu erhalten; eine Reaktion, die übrigens nicht sofort auftritt, da sie erst ungefähr im Alter von 7–8 Jahren bei 70–75 % der Fälle erreicht wird; dagegen liegt die Erhaltung des Drehpunkts deutlich später, was auf Anhieb eine Tendenz deutlich macht, die Drehung durch eine Kreisbewegung zu ersetzen. Diese Tendenz findet sich in den Reaktionen auf die Positionen des roten Quadrats wieder. Einerseits liegen die richtigen Antworten von 0 bis 90° (*R1* und *R2*) höher als die folgenden, weil diese Anfangspositionen keine teilweise oder totale Überdeckung voraussetzen. Andererseits ist bei den positiven Ergebnissen zu *R1* und *R2* *R1* das früheste, und bei *R3*–*R5* ist es *R4*, weil bei *R1* und *R4* das rote Quadrat in vertikal-horizontaler Position bleibt wie bei einer Kreisbewegung und weil es mit dem blauen Quadrat (auf seiner rechten Seite oder unter ihm ohne teilweise oder vollständige Überschneidung oder Überdeckung) verbunden bleibt (es gibt auch keine Überschneidung mehr nach 270°); doch entweder bleibt das Verständnis dieser Endpositionen demjenigen der vorhergehenden Überschneidungen untergeordnet, oder aber die Schwierigkeit einer richtigen Vorstellung nimmt mit den Drehungsgeraden zu.

Kurz: Tabelle 45 scheint eine dreifache Tendenz anzuzeigen, die Kreisbewegung an die Stelle der Drehung zu setzen und die Überschneidungen sowie die schrägen Positionen zu vermeiden, als ob die Vorstellung der Drehung versuchte, an der bewegten Figur bestimmte Eigenschaften zu erhalten, welche es jetzt genauer zu bestimmen gilt; dazu wird uns die Untersuchung der Haupttypen von Fehlern führen:

1. Zunächst gibt es die eigentlichen Kreisbewegungen, wobei sich das rote Quadrat um das blaue verschiebt und dabei im großen und ganzen die vertikalen und horizontalen Positionen seiner Seiten bewahrt (eine der Zeichnungen stellt insbesondere das rote Quadrat über dem blauen und dessen obere Seite berührend dar): dieser Fehler läßt sich zu 60 % mit 5 Jahren, zu 20 % mit 6 Jahren, usw., und noch zu 12,5 % mit 10–11 Jahren feststellen, und er verbindet sich oft mit dem folgenden (obgleich er selbstverständlich Positionswechsel des Drehpunkts voraussetzt).

2. Mit 5 bis 8 Jahren zeigen 10 bis 20 % der Versuchspersonen Fehler, die dem bei der Kreisbewegung ähnlich sind; das rote Quadrat jedoch, anstatt sich um das blaue Quadrat zu drehen, dehnt sich in Richtung einer Verlängerung zum Rechteck aus, wobei es seine Seiten konstant vertikal oder horizontal hält; das führt zu einer Art von Kreisbewegung, aber durch vertikales oder horizontales Auseinanderziehen und nicht durch Verschiebungen (Abb. 15).

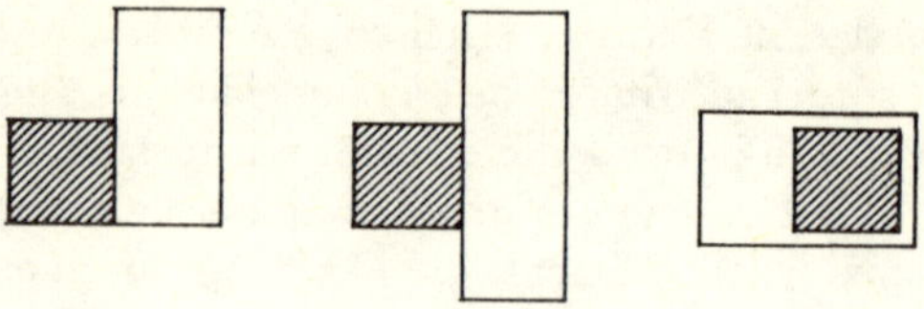

Abb. 15 – Typ 2

3. Eine andere Form von Fehlern, die im Vergleich zu den vorhergehenden zu einem qualitativ höheren Niveau gehört, aber nur im Alter von 5 bis 7 Jahren zu beobachten ist (was auf ähnliche Vorstellungen schließen läßt), besteht darin, nicht mehr eine vollständige Kreisbewegung zu beschreiben, noch zu einer Drehung zu gelangen, sondern von dieser nur die Positionen ohne Schräglagen festzuhalten und die Zwischenstufen zu vernachlässigen.
4. Eine weitere wichtige Fehlerform, die mit der folgenden bei 10 bis 60% der Versuchspersonen zwischen 5 und 9 Jahren vertreten ist, zeigt einen deutlichen Fortschritt gegenüber den Typen 1–3, und zwar insofern, als die Versuchsperson jetzt versucht, sich eine wirkliche Drehung des roten Quadrats und nicht mehr eine Kreisbewegung vorzustellen, was an dem Erscheinen von geneigten Positionen und schrägliegenden Seiten deutlich wird. Aber der Kern dieses Fehlertyps (4) ist wohl, daß er in einer Zwischenstellung zwischen Kreisbewegung und Drehung verbleibt, denn der Drehpunkt bleibt nicht erhalten, sondern verschiebt sich um das unbewegliche blaue Quadrat: es liegt also gleichzeitig Kreisbewegung und Drehung vor (siehe Abb. 16)! Wir unterteilen diesen Typus nicht danach, ob zusätzlich eine Deformation des roten Quadrats oder eine Erhaltung der quadratischen Form vorliegt, oder danach, ob es Überschneidungen mit dem blauen Quadrat oder überhaupt keine Überschneidung gibt: das Entscheidende ist der allgemeine Charakter der Indifferenzierung, den wir festgestellt haben.

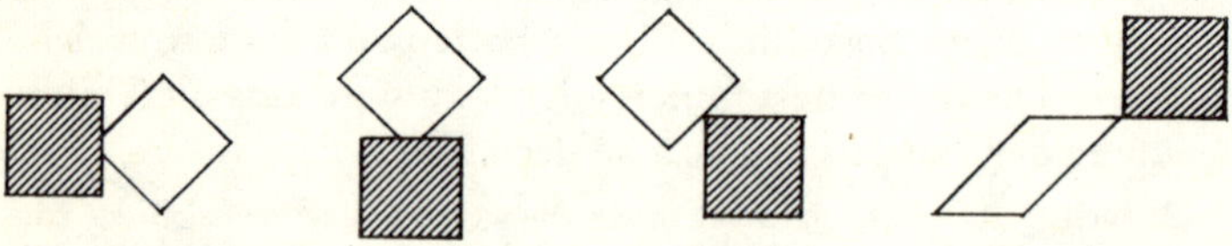

Abb. 16 – Typ 4

5. Ein fünfter Typ zeigt einen Fortschritt gegenüber dem vorhergehenden, weil der Drehpunkt an der Spitze der rechten unteren Ecke des blauen Quadrats erhalten bleibt, was einen entscheidenden Schritt in Richtung auf die Drehung hin markiert. Aber es bleibt ein Rest der Tendenz zur Kreisbewegung bestehen, insofern als das rote Quadrat in seinen schrägen Positionen deformiert wird, weil ihm zumindest *eine* vertikale oder horizontale Seite erhalten werden soll. Dieses Phänomen, das häufig vorkommt, hat den Vorzug, die Gründe deutlich zu machen, welche die Versuchsperson dazu veranlassen, die Kreisbewegung der Drehung vorzuziehen und die Eigenschaften der ersteren so lange wie möglich beizubehalten (Typen 4–5): so wird in dem spontanen Bild eines Quadrats dieses horizontal auf eine seiner Seiten und

nicht auf die Spitze gestellt (Abb. 17). Während eine richtige Drehung die geometrische Form des Quadrats bewahrt (Gleichheit der Seiten und der Winkel) und nur die Orientierung der Figur modifiziert wird, versucht die dem Bild eigene Pseudo-Erhaltung die horizontal-vertikalen Positionen beizubehalten (daher die Präferenz für die Kreisbewegung), wobei im Notfall sogar die quadratische Form selbst vernachlässigt wird, während man andererseits versucht, die Überschneidungen zu vermeiden (was immer der Fall bei den Typen 1 und 3 ist, und am häufigsten bei den Typen 2, 4 und 5 vorkommt), um jedoch soweit als möglich die Unversehrtheit der quadratischen Formen zu bewahren.

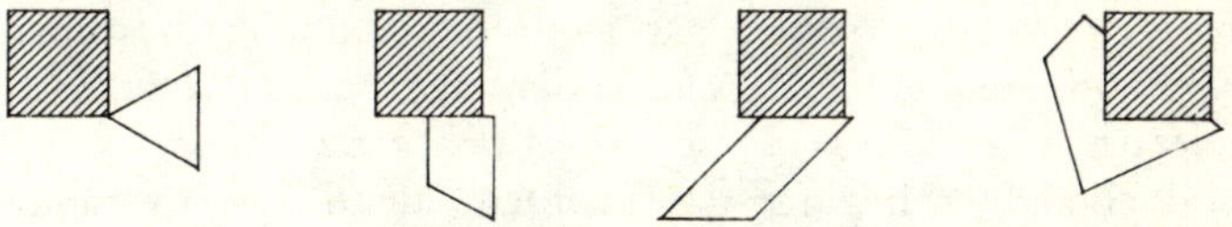

Abb. 17

6. Ein weiterer Fehlertyp, der den beiden vorhergehenden sehr nahesteht, doch getrennte Erwähnung verdient, weil er einen der noch teilweise unfruchtbaren Versuche in Richtung auf die Drehung bezeichnet (insbesondere mit 5 und 6 Jahren), ist die gleichzeitige Bewegung des blauen und des roten Quadrats, mit oder ohne relative Veränderung des Drehpunkts und mit oder ohne Deformationen der Figuren.
7. Schließlich ist auf eine Reaktionsform hinzuweisen, die ebenfalls den vorhergehenden ganz ähnlich ist und darin besteht, daß mehrere Male hintereinander dieselbe Zeichnung angefertigt wird.
Dagegen sind zwei Typen von Reaktionen nicht als fehlerhaft anzusehen, da sie beide mit dem Alter zunehmen, anstatt wie die vorhergehenden abzunehmen. Der eine besteht darin, daß er eine völlige Überdeckung eines der Quadrate durch das andere zeigt, wobei jedoch die Abfolge vertauscht wird, da eine Überdeckung ja erst bei 270° stattfindet: seine Bedeutung liegt darin, daß die Notwendigkeit dieser Überdeckung verstanden wird, was eines der Indizien für den Erwerb der Drehung ist. Der andere Reaktionstyp besteht in der Angabe von Transparenz in den Fällen, in denen eine teilweise oder völlige Überdeckung vorliegt: hier liegt die Bedeutung im Erwerb der Überschneidungen, die mit dem der Drehung verbunden ist.

Kurz, die Untersuchung der Fehlertypen, verbunden mit der Untersuchung der Tabelle 45, führt ganz deutlich dazu, daß man Ähnlichkeiten und Unterschiede erkennt zwischen diesen bildhaften Repräsentationen der Drehung eines Quadrats relativ zu einem anderen und denjenigen der Verschiebungen des einen relativ zu dem anderen, sei es auf Grund von Übereinanderstellung oder von Überdeckung (§§ 1 und 2 des Kap. III); in allen drei Fällen bleibt die Vorstellung des beweglichen Elements zu Beginn Pseudo-Erhaltungen untergeordnet, die sich paradoxerweise von den operatorischen Erhaltungen unterscheiden, um sich anschließend allmählich diesen letzteren anzunähern. Die operatorische Erhaltung versucht einerseits die Form des beweglichen Elements konstant zu halten und andererseits die Form des Bezugsquadrats und der Eigenschaften, die damit zusammenhängen (hier den Drehpunkt), während sie die Veränderung der Gegebenheiten, die sich tatsächlich verändern, akzeptiert: Positionen, Orientierungen, Grenzübergänge und Überschneidungen. Die Vorstellung unserer Versuchspersonen hat auch die Tendenz, bestimmte Züge unverändert zu lassen, andere aber variieren zu lassen. Die ursprüngliche Auswahl ist jedoch ganz unterschiedlich, und eben hier beginnt das Problem, denn die unverändert gelassenen Züge verändern sich gerade bei den realen Figuren, während andere, die sich daraufhin verändern müßten, in Wirklichkeit unverändert bleiben. Im Falle von Verschiebungen mit Übereinanderstellung besteht das bewahrte Kennzeichen darin, daß die äußere Grenze nicht überschritten wird; im Falle von Verschiebungen mit Überdeckung sind es vor allem die inneren Oberflächen, die nicht durch neue Grenzen in Abschnitte aufgeteilt werden sollen; und im Falle der Drehungen sind es auch diese Nicht-Überschneidungen, die außerdem und vor allem mit einer Erhaltung der vertikalen und horizontalen Positionen der Seiten einhergehen. Die Form der Quadrate wird dagegen in allen drei Fällen leichter geopfert, ebenso wie im gegenwärtigen Fall die Position des Drehpunkts. Im ersten Augenblick könnte man also glauben, daß diese Vor-Erhaltungen (*pré-conservations*) eine größere Aktivität von seiten der Versuchsperson voraussetzen, weil sie sich der Realität in zweifacher Hinsicht widersetzen, in der Hinsicht der Bewahrung und der der Nicht-Bewahrung, während die operatorischen Erhaltungen den Eindruck machen könnten, als kopierten sie einfach die Wirklichkeit unter diesen zwei Gesichtspunkten. Tatsächlich aber beschränkt sich das Bild darauf, an den Anfangseigenschaften, die der Versuchsperson am einfachsten erscheinen, festzuhalten: an dem von den Grenzen des Bezugsquadrats gelieferten Ankunftspunkt oder an seiner nicht durchschnittenen Oberfläche im Falle der Lageverschiebungen, an dieser selben inneren Oberfläche und den vertikalen oder horizontalen Positionen relativ zu der

Blickrichtung im Falle der Drehungen. Demzufolge erinnert sich die Vorstellung an die zur Ausführung vorgelegten Bewegungen, hält sich dabei aber mit einer Art von Trägheit an diese einfachsten Eigenschaften und verändert dabei die anderen ohne notwendige Regelhaftigkeit und aus dem einzigen Grunde, daß sie, weil komplizierter, nicht festgehalten wurden (Gleichheit der Seiten oder der Winkel des Quadrats, Unbeweglichkeit des Drehpunkts, der eine zweifache Standortbestimmung links-rechts und oben-unten voraussetzt, Überschneidungen, die eine regelhafte Zerlegung erfordern, usw.).

Tabelle 46: Kopien des sich drehenden Quadrats (Richtige Ergebnisse in % der Antworten)

	A–B (Invarianz des blauen Quadrats)	*C* (Drehpunkt)	Schräge Lagen[58]	Überdeckungen[59]	ganz richtig
5 Jahre	45	55	50	100	22
6 Jahre	43	60	57	100	30
7 Jahre	93	93	86,6	100	93
8 Jahre	100	90	100	100	90
9–11 Jahre	100	100	100	100	100

Unter den Kennzeichen, die zu diesen Pseudo-Erhaltungen führen, kann es immer mehr oder weniger resistente geben. Wir haben in Kapitel III gesehen, wie resistent die Prä-Invarianzen der Grenzen waren, zweifellos deshalb, weil sie teilweise mit den ordinalen Tendenzen der präoperatorischen Stufe konvergieren. In dem vorliegenden Fall könnte die Ersetzung der Drehung durch die Kreisbewegung vor allem auf Gründen der Ökonomie beruhen, die dafür sorgen sollen, daß diejenigen Positionen des bewegten Quadrats erhalten werden, die am leichtesten vorzustellen sind. Im Hinblick darauf kann die Untersuchung der Zeichnungen, die zur Auswahl

58 Wir betrachten jedes Viereck, das Schrägen enthält, als gelungen, im Gegensatz zu Dreiecken, selbst wenn die Form des Quadrats nicht erhalten ist.
59 Wir betrachten jede Reihe als gelungen, die Überlagerungen enthält, selbst wenn sie nicht genau sind.

vorgelegt werden, und der direkten Kopien instruktiv sein. Siehe das Ergebnis der Kopien (Tabelle 46 oben).

Man sieht, daß die Drehung von 5–6 Jahren an, was die Überdeckungen anlangt und mit Zunahme der schrägen Positionen, deutlich hervortritt, während die Bezugselemente (*A–C*) erst ab 7 Jahren invariant gehalten werden. Die Auswahl unter den vorgelegten Figuren ergibt ein analoges, aber von den Schrägen her gesehen besseres Ergebnis. Was die Wiederaufnahme des Versuchs der bildhaften Repräsentation nach den Kopien anbelangt, so ergibt sie (Tabelle 47):

Tabelle 47: Bildhafte Reproduktion nach den Kopien (Richtige Antworten in %)

	A–B	*C*	Schräge Lagen	Überdeckungen	ganz richtig
5 Jahre	45	15	50	45	15
6 Jahre	50	50	66	50	50
7 Jahre	93	66	66	66	66
8 Jahre	90	66	90	88	66
9–11 Jahre	100	66	100	100	66

Man sieht, daß die Reproduktionsbilder trotz des Lernvorgangs infolge Kopie gegenüber den Antizipationen der Tabelle 45 nur mäßig zunehmen. Trotz des bescheidenen Vorsprungs bei den Schrägen und den Überdeckungen erlaubt die geringe Festigkeit des Drehpunktes *C* nur, bis in das Alter von 7–8 Jahren hinein von einer Vorstellung zu sprechen, die zwischen der Drehung und der Kreisbewegung angesiedelt ist.

Zwei letzte Kontrollen wurden an 37 und 30 Versuchspersonen von 5 bis 8 Jahren vorgenommen, Kontrollen, die noch zu erwähnen lohnt, denn sie bestätigen die Schwierigkeiten, sich die Drehung vorzustellen. Ein Brett von 30 × 30 cm wird durch ein Koordinationsystem in Viertel geteilt, und in ihrem Mittelpunkt ist ein einziges Quadrat von 15 cm Seitenlänge durch einen Nagel von 5 cm Länge befestigt, der erlaubt, es um die Spitze seines linken oberen Winkels zu drehen (Abb. 18 *A*). Andererseits ist auf derselben Platte ein Quadrat in eben dieser Weise befestigt, aber ohne Koordinationsystem, und seine rechte Seite ist rot angemalt (Abb. 18 *B*). Es handelt sich also bei diesen beiden Kontrollversuchen um eine Drehung, nicht mehr relativ zu einem festen Quadrat, sondern zu einfachen Achsen oder zu einem Punkt.

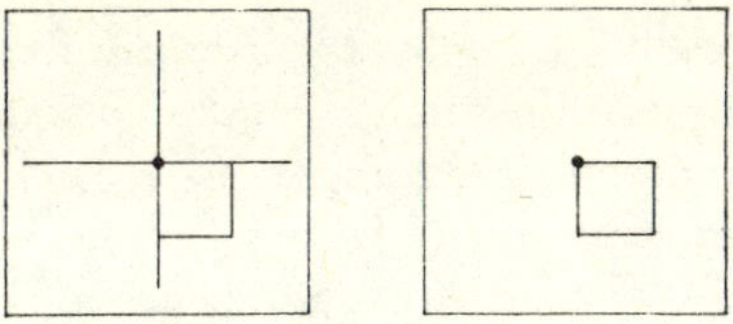

B

Abb. 18

Die Reaktionen auf die Situation *A* wurden ausgewertet nach dem Gesichtspunkt 1. der Unbeweglichkeit des Drehpunkts (zugleich bezogen auf die Achsen und das Quadrat); 2. des richtigen Ergebnisses der vertikal-horizontalen Positionen (die Achsen werden nicht geschnitten); 3. des richtigen Ergebnisses der schrägen Positionen (die Achsen werden geschnitten). Was die Situation *B* anbetrifft, so geben wir nur die vollständig richtigen Ergebnisse an, mit oder ohne korrekte Position der Farbe:

Tabelle 48: Drehung eines Quadrats in bezug auf ein Koordinationsystem (*A*) oder in bezug auf einen Punkt (*B*) (Richtige Antworten in %)

	A				*B*	
	fixer Mittelpunkt	horizontal/vertikal	schräg	ganz richtig	unabh. v. d. Farbe	der Farbe entspr.
5 Jahre	12,5	50	0	0	0	0
6 Jahre	26,6	53,3	13,3	13,3	33,3	27,2
7 Jahre	75	62,5	36,5	36,5	33,3	33,3
8 Jahre	83,3	100	50	50	83,3	66,6

Führt man also die Drehung eines Quadrates auf ihre einfachsten Formen zurück, so erhält man nur eine relative Verbesserung. Es ist vor allem zu beachten, daß die Unbeweglichkeit des Drehpunkts in der Stellung *A* erst mit 7 Jahren erreicht wird, obwohl der Sitz des Nagels im Mittelpunkt des Koordinationsystems diese Unbeweglichkeit mit unwiderstehlicher Evidenz zu verlangen scheint.

§ 3. Die Bahnen verschiedener Punkte, die auf sich drehenden Quadraten und anderen Figuren angebracht sind

Man kann, wie es in § 1 gemacht wurde, das Bild der Drehungen eines Quadrats untersuchen und sich dabei darauf beschränken, die inneren Beziehungen zwischen den Seiten vorstellen zu lassen, was mit 6 Jahren für die Kreisbewegung erreicht wurde (weil dann Invarianz gegeben ist), erst nach 9 Jahren für die Drehung (Tabelle 40), aber von 8 Jahren an für die Unmöglichkeit, nebeneinanderliegende Seiten in gegenüberliegende Seiten zu verwandeln (Tabelle 42), und mit ungefähr 8–9 Jahren für die Umkehrung (Tabellen 43 und 44). Man kann andererseits, wie in § 2, die Drehung des Quadrats relativ zu einer unbeweglichen Figur (einem anderen Quadrat oder zu Bezugsachsen) untersuchen, und der Erfolg stellt sich dann nicht vor 10–11 Jahren ein (Tabelle 45). Man kann drittens, und das wollen wir jetzt tun, die bildhafte Repräsentation von Bahnen verschiedener auf Quadraten oder anderen Figuren (Rechtecken oder unregelmäßigen Figuren) angebrachten Punkten untersuchen, auf Figuren, die Rotationsbewegungen unterworfen werden sollen. Das Problem besteht nun darin festzustellen, wie und wann es dem Kind gelingt, sich von quadratischen oder unregelmäßigen Rahmen freizumachen, um sich die Bahnen der Punkte als ganz und gar kreisförmig und konzentrisch vorzustellen (eine Untersuchung, die mit E. Schmid-Kitsikis durchgeführt wurde):

Man hat eine rechtwinklige Unterlage zur Verfügung, die mit Modelliermasse bedeckt ist und in deren Mittelpunkt ein Metallstab von 10 cm Höhe befestigt ist, und man zeigt dem Kind seine Stabilität, indem man ihm die Schraube zeigt, die ihn festhält.

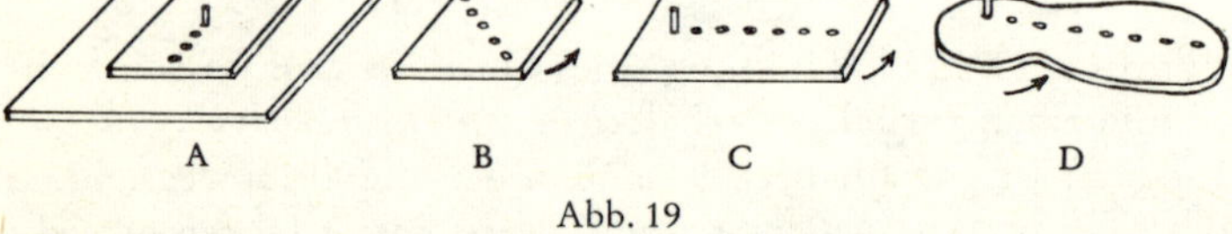

Abb. 19

An diesem Zapfen können nacheinander, entweder in ihrem Mittelpunkt oder in einer ihrer Ecken, vier kleine Holzplatten befestigt werden, zwei Quadrate (mit dem Drehpunkt in der Mitte oder in einer Ecke), ein Rechteck und eine unregelmäßig geschweifte Platte (Abb. 19). Schließlich sind auf jeder der kleinen Platten in einer geraden Linie, ausgehend von dem Drehpunkt, vier Schrauben befestigt, deren Köpfe verschiedene Farben haben. Man fordert das Kind auf, die Bahnen zu zeichnen, die die verschiedenen Schrauben durchlaufen würden, wenn man die Platten drehte (von links nach rechts). Die Versuchspersonen wurden in zwei Gruppen eingeteilt, von denen die eine ihre Zeichnungen an dem Punkt beginnt, der dem Mittelpunkt der Drehung am nächsten liegt, und die andere an dem Punkt, der vom Mittelpunkt am weitesten entfernt ist (im Falle des Scheiterns geht man von Punkten aus, die dazwischen liegen, oder man hält sich an einen einzigen Punkt). Nach diesen Antizipationszeichnungen läßt man die Bahnen zeichnen, nachdem eine teilweise Drehung demonstriert wurde (die Bahnen graben sich in die Modelliermasse ein, und diese Spuren der Schrauben können als Modell dienen), oder die Bewegung im ganzen. Man kann nach den Kopien die Bahnen in dieser oder jener Lage von neuem sich vorstellen lassen (durch verzögerte Reproduktion).

Die folgende Tabelle 49 erfaßt die Ergebnisse der Versuche *A* und *B* (die Formen *C* und *D* haben dieselben Resultate ergeben wie die Form *B*, durch Verallgemeinerung oder durch Lerneffekt). Wir werden bei den Reaktionen die Unbeweglichkeit des Drehpunkts, die Form der Bahnen (kreisförmig oder von dem beweglichen Rahmen beeinflußt) und ihre Position (eine in bezug zur anderen, und alle in bezug auf den Mittelpunkt) unterscheiden:

Tabelle 49: Positive Ergebnisse (in % der Versuchspersonen) bei der Drehung von auf Quadraten angebrachten Punkten

		Drehpunkt		Form der Bahnen		Lage der Bahnen		ganz richtig	
		A	*B*	*A*	*B*	*A*	*B*	*A*	*B*
5 Jahre	(*N*=12)	0	0	8	0	0	0	*0*	*0*
6 Jahre	(12)	66	50	50	50	33	8	*16*	*8*
7 Jahre	(12)	75	25	50	66	75	16	*50*	*8*
8 Jahre	(12)	91	91	91	100	66	50	*66*	*50*
9 Jahre	(12)	91	66	66	50	75	33	*50*	*25*
10 Jahre	(12)	100	83	100	83	100	66	*100*	*66*
11 Jahre	(12)	100	100	100	100	100	75	*100*	*75*

Man sieht zunächst, daß mit zwei Ausnahmen ein richtiges Ergebnis bei der Position *B* schwieriger zu erreichen ist als bei *A*, zweifellos, weil bei *B* die Bahnen außerhalb des vom beweglichen Bezugsrahmen gedeckten Feldes liegen. Daraus

folgt, daß bei *B* erst mit 11 Jahren, gegenüber 10 Jahren bei *A*, ein völlig richtiges Ergebnis erzielt wurde.
Was die Unbeweglichkeit des Drehpunkts anbelangt, so finden wir bis zu 7 Jahren bei *A* und bis zu 8 Jahren bei *B* die Schwierigkeiten wieder, die wir im Kapitel III, § 3, anläßlich der Drehung eines Stabes um 90° oder 360° von seinem Endpunkt aus ausführlich untersucht haben.

Die Form der Bahnen ist überraschender. Mit 5 Jahren verläuft sie bemerkenswert regellos, sowohl innerhalb als auch außerhalb des Quadrats, und zwar bei *A* wie bei *B* (Abb. 20). Man erkennt jedoch eine häufige Tendenz, die Punkte entweder um das Quadrat herum zu verteilen, um von ihm wegzukommen (vgl. unter 1), oder ihm zu folgen (vgl. 2), oder sogar (in einem als richtig gewerteten Fall) in einer Art Kreis innerhalb des Quadrats (vgl. 4), aber nicht immer auf die Drehungsachse zentriert. Mit 6 Jahren wird im Falle *A* der quadratische Rahmen als Bezug genommen, und mit Ausnahme einer einzigen Versuchsperson, die sich auf den gemeinsamen rechtwinkligen Rahmen bezieht, bleiben die Bahnen innerhalb des Quadrats. Bei 6 Versuchspersonen von 12 Jahren nehmen die Bahnen indes eine quadratische oder einfach lineare Form an. Im Falle *B* gibt die Hälfte der Versuchspersonen den Bahnen eine Kreisform, aber dem größten Teil gelingt es nicht, aus dem quadratischen Rahmen herauszukommen. Der Drehpunkt wird im allgemeinen von dem Punkt selbst in der Position gebildet, die als Ausgangspunkt seiner Bahn dient (ohne Beachtung des Drehpunkts des Quadrats, der in einer seiner Ecken sitzt). Darüber hinaus werden die Bahnen oft ohne Beziehung untereinander angegeben (zum Beispiel in Form einer Reihe von kleinen nebeneinandergesetzten Kreisen). Von 7–8 Jahren an sind die Bahnen beinahe alle kurvenförmig, wobei die Fehler nur noch von der Position und vor allem den Bezügen zum beweglichen Bezugsrahmen abhängen. Es ist vor allem erstaunlich zu sehen, daß im Falle *B* sogar solche Versuchspersonen, die verstanden haben, daß die Bahnen aus den Grenzen des Bezugsquadrats herausgeführt werden müssen[60], oft an diese Grenzen gebunden bleiben und sie nur um sehr wenig überschreiten, was zu mehr elliptischen als zu Kreisformen führt. Erst mit ungefähr 10–11 Jahren wird die Vorstellung völlig exakt.

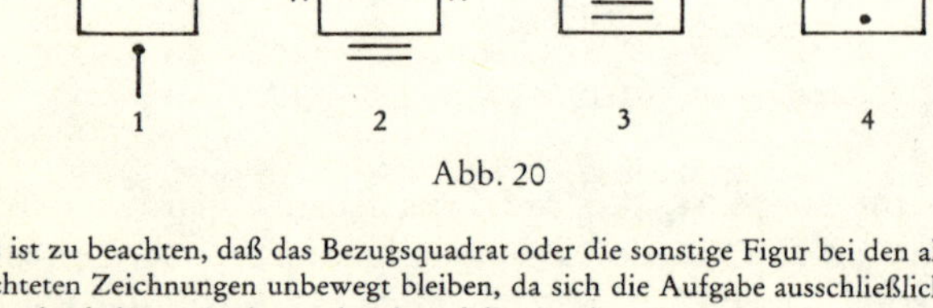

Abb. 20

60 Es ist zu beachten, daß das Bezugsquadrat oder die sonstige Figur bei den als richtig betrachteten Zeichnungen unbewegt bleiben, da sich die Aufgabe ausschließlich auf die Bahnen der farbigen Punkte und nicht auf die einzelnen Positionen des Quadrats selbst bezieht.

Es ist außerdem interessant festzustellen, daß die Kopien von Teilbahnen oder sogar der ganzen Bahnen bis zu 8 Jahren zu keinerlei Verbesserungen bei den verschobenen Reproduktionen führen. Entweder leiten wir die Bewegung einfach unter den Augen des Kindes ein (das auf der Modelliermasse die Spuren der Schrauben bei einem Drehungsbeginn feststellt), oder wir führen die ganze Bewegung aus, und das Kind kopiert ab, was es auf der Modelliermasse sieht: in beiden Fällen zieht die Versuchsperson erst nach 7 Jahren ihre Beobachtungen heran, während sie vorher im Moment der verschobenen Reproduktion in dieselben Fehler zurückfällt (und bei den jüngsten Versuchspersonen zeugt sogar die Kopie von diesen Fehlern: Fehlen eines festen Drehpunkts, usw.).

Sowohl diese letzten Tatsachen als auch die Tabelle 49 zeigen also, wie man übrigens erwarten konnte, die enge Zusammengehörigkeit der in diesem Fall verlangten kinetischen Antizipationsbilder und der räumlichen Operationen, die das Verstehen der Bewegungen erlauben: Wenn man ein wenig komplizierte Drehungen wahrnehmen kann, ohne sie zu verstehen, kann man sie sich nicht als Antizipation, und nicht einmal als Reproduktion vorstellen (wie es uns die Kontrolle anhand von Kopien gezeigt hat), ohne operatorisch deren konstitutive Relationen zu begreifen.

§ 4. Die Antizipation der Drehungen und Überdeckungen von Dreiecken und anderen Formen

Der § 1 hat gezeigt, daß die Antizipation der Positionen der Seiten eines Quadrats (erkennbar an ihren jeweiligen Farben) nach einer Drehung nicht so einfach ist, wie es hätte scheinen können, da der größte Teil der Versuchspersonen die Tendenz hatte, diese Drehung zu behandeln, als handele es sich um eine einfache Verschiebung in der Ebene oder um eine Kreisbewegung. Es kann interessant sein, diese Daten durch jene zu vervollständigen, die zusammen mit C. Émery anhand von Dreiecken gesammelt worden sind, wobei man dieses Mal die Lagebestimmung nicht für die Seiten, sondern für die drei mit sprechenden und deutlich verschiedenen Zeichen ausgestatteten Winkel vornehmen ließ, und dann anhand von beliebigen Formen, und zwar durch direkten Wahrnehmungsvergleich.

I. – Im folgenden die Technik des Versuchs mit den Dreiecken: Die Untersuchung wird in zwei Teilen vorgenommen:

a) Im ersten Teil zeigt man zwei gleichseitige Dreiecke derselben Größe (5 cm Seitenlänge), die auf der einen Seite blau und auf der anderen Seite gelb sind und von denen jedes an einer der Spitzen und auf beiden Seiten derselben Spitze ein schwarzes Zeichen (ein kleines Rechteck von 10 × 4 mm) trägt. Das Dreieck *A* ist unbeweglich, *B* ist beweglich, und beide haben die gleiche Stellung: die blaue Seite ist sichtbar (wir nennen die gelben Seiten *A'* und *B'*), und das schwarze Zeichen sitzt oben. Nach einer eingehenden Beschreibung oder beiden Objekte zeigt man anschließend nacheinander die beiden Dreiecke in den fünf Positionen 1–5 der Abb. 21 und fragt jedes Mal:

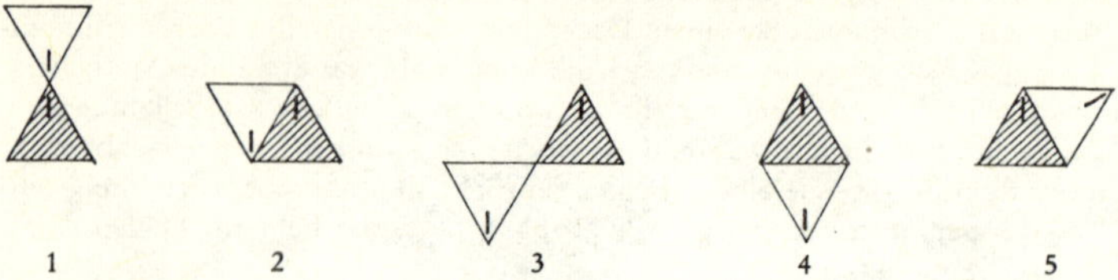

Abb. 21

»Wie muß man dieses Dreieck (*B* oder *B'*) bewegen, daß es in ganz genau derselben Position steht wie dieses hier (*A*), und daß, wenn man es darübersetzt, das schwarze Zeichen hier auf dem schwarzen Zeichen dort sitzt?« Man verzeichnet die Antizipationsbewegungen, falls solche da sind, sowie die verschiedenen Bewegungen (Drehungen in der Ebene, Umkehrung in der Luft, usw.), die die Versuchsperson vornimmt.

b) Im zweiten Teil verwendet man dieselben Dreiecke, aber fügt zwei Dinge hinzu. Erstens wird das unbewegliche Dreieck *A* über das rechteckige Zeichen an der Spitze hinaus mit zwei kleinen Zeichnungen ausgestattet: einem grünen Baum unten links, und einem roten Haus unten rechts. Zweitens wird das bewegliche Dreieck *B* (oder *B'*) mit dem konstanten (und auf den Karton gezeichneten) schwarzen Zeichen versehen, aber das Kind erhält darüber hinaus einen kleinen grünen beweglichen Baum und ein kleines rotes bewegliches Haus, die den Zeichnungen auf *A* entsprechen, und die es in die passende Position bringen soll. Nachdem man das Versuchsmaterial erklärt hat, bringt man hintereinander die beiden Dreiecke in die Positionen 6–10 der Abbildung 22, und man bittet jedes Mal: »Setze das Haus und die Tanne auf das Dreieck (*B* oder *B'*) in der Weise, daß der schwarze Strich auf dem schwarzen Strich, das Haus auf dem Haus und die Tanne auf der Tanne zu liegen kommen, wenn man dieses Dreieck auf das andere legt.« Man macht außerdem klar, daß man sie sich immer auf der blauen Seite vorzustellen hat (selbst in den Lagen 8 und 10). Man wiederholt natürlich die Anweisung jedes Mal.

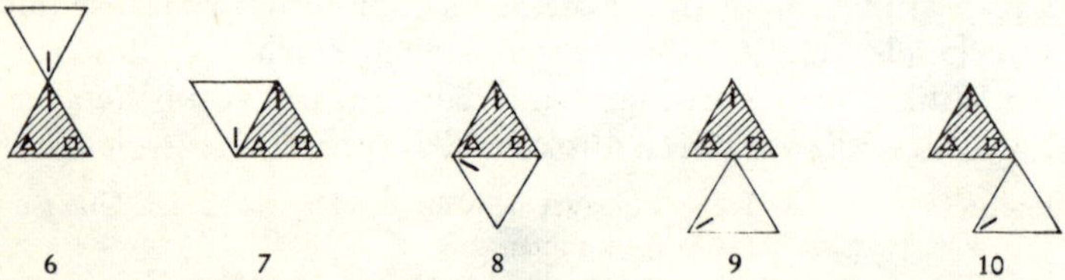

Abb. 22

Bei 62 Versuchspersonen von 5 bis 8 Jahren haben wir die folgenden Ergebnisse (Tabelle 50) beim ersten und beim zweiten Teil des Versuchs erhalten (in % der Antworten):

Tabelle 50: Richtige Ergebnisse bei der Drehung des Dreiecks (I) und bei der Antizipation der Position der Seiten (II)

	Teil *a*						Teil *b*					
	1	2	3	4	5	(1–5)	6	7	8	9	10	(6–10)
5 Jahre	91	91	81	54	72	45	45	54	27	36	64	0
6 Jahre	93	87	73	93	86	60	33	60	26	73	46	6
7 Jahre	94	94	83	94	94	61	39	66	16	83	66	0
8 Jahre	72	88	72	94	88	44	83	77	44	94	94	16

Die Spalten 1–5 und 6–10 enthalten nicht die Durchschnittswerte der vorhergehenden, sondern die % der Versuchspersonen, die gleichzeitig die Gesamtheit der Versuche 1–5 oder 6–10 richtig gelöst haben. Man sieht also, daß sich die Reaktionen auf Teil I kaum gleichmäßig mit dem Alter entwickeln, im Gegensatz zu den Antizipationen der Drehung des Quadrats (Tabelle 40); zweifellos, weil diese letzteren mit einer Progression von 90° bis 360° arbeiten, während die vorliegenden Fragen 1–5 in unregelmäßiger Reihenfolge gestellt werden. Diese sind jedoch leichter als jene (von 54 bis 94 % im einzelnen, gegenüber 0–83 %). Dagegen führen die Fragen II (6–10), die der Überlegung mehr Platz einräumen, zu einer Entwicklung, die gleichmäßiger mit der Entwicklung des Alters einhergeht. Vor allem wenn man die Verteilung der Anzahl der richtigen Antworten pro Person untersucht und ihren Modus festhält, stellt man fest, daß er mit 5 Jahren 2 ist (45 % der Versuchspersonen mit richtigen Antworten), mit 7 und 8 Jahren 3 (33 % in beiden Fällen) und mit 8 Jahren 4 (66 % der Versuchspersonen mit 5 richtigen Antworten von 5).

Die Untersuchung der Fehler ergibt nur, was vorauszusehen war: falsche Umkehrungen, spiegelbildliche Verkehrungen, usw. Wenn man die Versuchspersonen auffordert, die bei den Drehungen von den beweglichen Zeichen (Haus und Tanne) verfolgte Bahn anzugeben, so ist dagegen interessant festzustellen, wie oft bis in das Alter von 7 Jahren hinein diese Bahnen unabhängig voneinander verlaufen, anstatt derselben Drehungsrichtung zu folgen. Hier liegt also eine Reaktion vor, die derjenigen gleicht, die wir bei den Bahnen der beiden Endpunkte des um 90° gedrehten Stabes festgestellt hatten (Kap. III, Tabelle 28, Abb. 10), oder derjenigen, die wir bei dem kippenden Rohr (Kap. IV, Tab. 58, Abb. 25) feststellen werden: erst mit 8 Jahren wird – zweifellos unter dem Einfluß der Bildung konkreter Operationen – die Gesamtdrehung eines Gegenstandes mit Hilfe eines Bildes vorgestellt, das den verschiedenen Teilen dieses Gegenstandes eine einzige Drehrichtung, oder einfacher, miteinander vereinbare Bahnen gibt!

II. – Die vorangegangenen Erfahrungen, und vor allem die so allgemein anzutreffende Reaktion, die darin besteht, sich Drehungen vorzustellen, ohne den einzelnen Teilen des Objekts Bahnen zu geben, die zusammenpassen oder dieselbe Drehrichtung aufweisen, bilden einen Kontrast zu dem, was die perzeptive Beständigkeit der Formen zu implizieren scheint: wenn die Versuchsperson ein Quadrat nicht von vorn, sondern zu $^3/_4$ in der Form eines Parallelogramms wahrnimmt, das länger ist als breit, und wenn sie darin sofort ein Quadrat erkennt, bewirkt sie perzeptiv eine Berichtigung in der fronto-parallelen Ebene, die dem Objekt und den Relationen zwischen seinen verschiedenen Teilen eine bemerkenswerte Invarianz verleiht. Man weiß nun, daß diese Arten der Berichtigung (*redressement*) beim Kind früh auftreten.[61] Außerdem kommen die Versuchspersonen leicht zu analogen Berichtigungen, wenn sie an schlecht orientierte, beinahe umgekehrte Bilder geraten und sich durch diese Verzerrungen in keiner Weise beirren lassen. Ihre Gleichgültigkeit gegenüber der Orientierung ist übrigens schon vor langer Zeit durch die Lotus-Tests von Decroly und Descœudres erwiesen worden: Schuhe oder eine Fahne, die nach links gerichtet sind, werden auf andere gelegt, die nach rechts gerichtet sind, während eine Auswahl möglich gewesen wäre, usw. Diese Tatsachen zusammen scheinen also – verglichen mit den vorhergehenden – das Vorhandensein eines sehr tiefen Gegensatzes zwischen der Fähigkeit anzuzeigen, perzeptive Berichtigungen vorzunehmen, und dem Widerstand des Bildes, sie sich durch eigentliche Evokation der Bahnen oder sogar der Ergebnisse vorzustellen.

61 E. Vurpillot hat für das Alter von 5 Jahren auf starke »Regressionen« auf die frontoparallele Ebene hingewiesen, die dann mit dem Alter etwas schwächer werden.

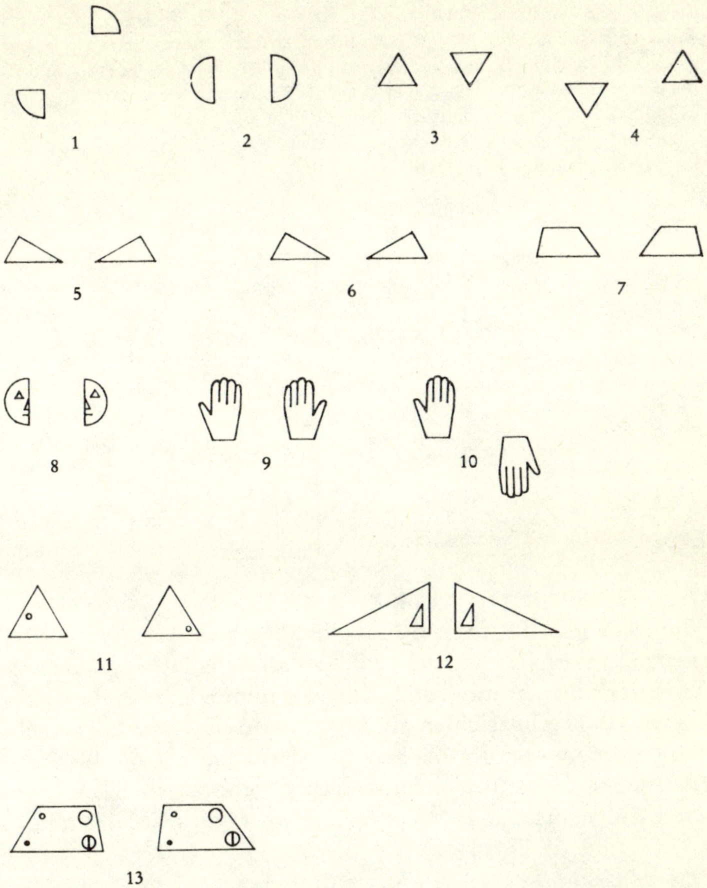

Abb. 23

Wir haben den Versuchspersonen Figurenpaare (Abb. 23) gezeigt, die einander verdecken können (1–9) oder nicht (10–12), und haben dabei gefragt: a) ob die Überdeckung möglich ist; b) wie das gemacht werden soll (Drehung in der Ebene oder im Raum: 1–4 und 8', oder nur im Raum: 5–8 und 9); c) man läßt diese Versuche ausführen (1–9). Außerdem muß darauf hingewiesen werden, daß das Modell 6 ein zweites Mal nach Nr. 7, aber mit farbigen Seiten (= 6'), gezeigt wird, so daß die Überdeckung jetzt voraussetzt, daß die einzelnen Seiten zueinander in Beziehung gesetzt werden.

Aber da die Gesten des Kindes, die die Überdeckungen ausführen, sehr schnell vonstatten gehen, ist es notwendig, vorher eine Klassifizierung zu verlangen. Auf einem Karton ist eine quadratische Vertiefung angebracht, in die wir eine der kleinen quadratischen Karten der Abb. 24 legen (auf dieser Karte sind in roter Farbe ein Quadrat, ein Dreieck, ein Halbkreis oder ein Trapezoid abgebildet), und wir legen auf die andere Seite des Kartons (auf *x*) die entsprechende freie Figur, aber in grüner Farbe: und wir fragen nun, a) ob es möglich ist, die rote Figur mit der grünen zu überdecken; und fordern b) dazu auf, es zu tun. Das Dreiecksmodell wird zweimal gezeigt: einmal auf der Basis, einmal auf der Spitze stehend.

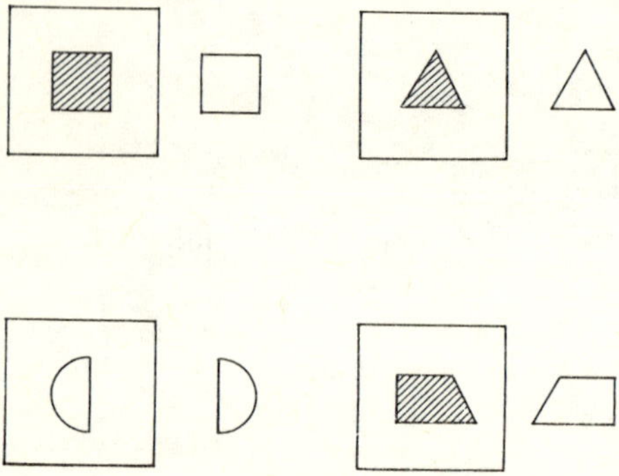

Abb.24

Die folgenden Ergebnisse (Tabelle 51) wurden in zwei Kategorien unterteilt, je nachdem, ob die Versuchsperson die Überdeckung für möglich hielt (oder unmöglich bei den Modellen 10–12) (bezeichnet als *M*), oder ob sie sie auch wirklich vorgenommen hat (bezeichnet als *V*) (Modelle 1–9). Wir setzen neben die sofortigen positiven Ergebnisse in Klammern die Erfolge, die erst nach Vorversuchen erzielt worden sind:

Tabelle 51: Richtige Ergebnisse bei der Überdeckung der Modelle von Abb. 24 (Vorübung) und 23 (in % der Antworten)

	Vorübung		1–4		5–9 (und 6)		10–12
	M	*Ü*	*M*	*Ü*	*M*	*Ü*	*M*
4 Jahre	91 (100)	67 (91)	100	100	97 (100)	40 (50)	60 (80)
5 Jahre	100	83 (97)	100	100	100	85 (91)	23 (88)
6 Jahre	100	86 (100)	100	100	100	66 (74)	31 (100)
7 Jahre	100	88 (100)	100	100	100	91 (91)	70 (92)

Man sieht, daß diese Versuche keinerlei Schwierigkeit darstellen, die mit der der Drehung des Dreiecks vergleichbar wäre (Tab. 50, Teil I). Höchstens liegt mit 4 Jahren bei den Modellen 5–9 eine Ungeschicklichkeit in der Realisierung *Ü* vor und Unschlüssigkeit in jedem Alter bei den unmöglichen Überdeckungen 10–12 (doch mit schließlich richtiger Antwort bei 80% von 4 Jahren an). Fast alle Entwürfe oder Skizzen von Überdeckungen (Frage *b* für die Modelle 1–9) sind vom gleichen Niveau wie die Ausführung selbst (Frage *c* – *Ü*), aber die Versuchspersonen (4–5 Jahre) unterscheiden bei den Modellen 1–4 die doppelte Möglichkeit von Drehungen in der Ebene und im Raum im allgemeinen schlecht.

Der Unterschied zwischen diesen Versuchen und den vorhergehenden besteht also darin, daß diese viel mehr von der Wahrnehmung abhängen als vom Bild: wenn man die Ausgangs- und Endpositionen (Daten) der zu verschiebenden Figur festgestellt hat, so besteht das Problem darin, sie in gewisser Weise in der Position der anderen »wahrzunehmen« und diese Überdeckung in einem Zug auszuführen, anstatt sie sich Relation für Relation vorstellen zu müssen. Hier liegt also ein Verhalten vor, das den automatischen perzeptiven Korrekturen, wie sie sowohl bei der Invarianz der Formen als auch bei ihrem perzeptiven Wiedererkennen in wechselnden Positionen eine Rolle spielen, näher steht als der Evokation durch das Bild, also der eigentlich bildhaften Repräsentation.

§ 5. Die Antizipation der Reihenfolge der Seiten eines in Drehung befindlichen Würfels oder von vier heruntergeklappten Seiten

Nachdem wir das Bild des Ergebnisses der Drehungen verschiedener Figuren in der Ebene untersucht haben, kann es interessant sein, den Fall des Würfels zu untersuchen: denn wenn die Kinder kaum gewöhnt sind, ein Quadrat oder ein Dreieck zu drehen, und zwar mit dem Ziel, die Position der jeweiligen Seiten zu erkennen, welche in der Regel nicht zu unterscheiden sind, so untersuchen schon Babies im Alter von 12 bis 18 Monaten gelegentlich die verschiedenen voneinander unterscheidbaren Seiten einer kubischen oder prismenförmigen Schachtel. Könnte eine solche früh erworbene Erfahrung in diesem Fall durch eine leichtere Bildung von Antizipationsbildern bei regelmäßigen Würfeln zum Ausdruck kommen?

Wir vermuten, daß dem nicht so sein wird und daß man bei diesem Punkt wie bei anderen die Bildung der euklidischen geometrischen Operationen abwarten muß, bevor die Bilder antizipatorisch werden können. Aber das Problem muß noch untersucht werden; wir werden dies mit Hilfe der gemeinsam mit C. Emery zusammengestellten Materialien tun.

I. – Man stellt zunächst zwei Würfel aus Karton von 5 cm Höhe auf, von denen der eine ganz weiß, der andere auf den 6 Seiten mit 6 verschiedenen Farben angemalt ist. Man zeigt dem Kind außerdem etwa zwanzig Quadrate aus Papier, die dieselben Farben haben wie der zweite Würfel, jede Farbe in mehreren Exemplaren. Der Versuchsleiter zeigt der Versuchsperson den farbigen Würfel und gibt Beispiele von drei möglichen Arten der Drehung (die wir als »in der Ebene« oder »im Raum« bezeichnen, parallel oder rechtwinklig zur Versuchsperson), jede in den beiden möglichen Drehrichtungen. Danach wird dieser Würfel in einer festen Position vor das Kind hingestellt: die grüne Seite vor ihm, die blaue gegenüber, rot oben, usw. Man läßt es die Farben aufzählen, die schwarze Unterseite eingeschlossen; dann gibt man ihm den weißen Würfel und die farbigen Quadrate und fordert es auf, die farbigen Quadrate in den Positionen auf den weißen Würfel zu setzen, die die Seiten des farbigen Würfels einnehmen würden, ließe man ihn sich drehen. Zu diesem Zweck läßt man den farbigen Würfel immer unbeweglich, aber man führt an dem weißen Würfel die gewünschte Drehung aus (während jeder neuen Frage), und läßt dann das Kind den unbeweglichen farbigen Würfel nach Belieben anschauen und die Farben auf dem weißen Würfel in die Positionen bringen, die der Drehung entsprechen, die man gerade an diesem letzteren ausgeführt hat.

Man läßt einige Drehungen von der Versuchsperson ausführen (nicht alle), um 90°, 180°, 270° und 360°, und man läßt jedes Mal die Ergebnisse sich vorstellen. Man stellt außerdem einige Fragen, die sich auf unmögliche Lösungen beziehen: den Würfel in der Weise zu drehen, daß zwei Nachbarfarben getrennte (gegenüberliegende) Positionen einnehmen, usw.

II. – Im zweiten Teil des Versuchs zeigt man einen hohlen Würfel in denselben Ausmaßen wie die vorhergehenden, bei dem aber zwei gegenüberliegende Seiten in der Weise entfernt sind, daß das Abwickeln der vier restlichen Seiten ein langes Band von 20 × 5 cm ergeben würde, aufgeteilt in vier farbige Quadrate, die in linearer Ordnung aufeinander folgen: grün, rot, schwarz und gelb. Außerdem zeigt man ein weißes Band von 20 × 5 cm mit vier leeren Feldern, die die Versuchsperson anmalen soll, und sechs Bänder von 20 × 5 cm mit vier farbigen Quadraten, die die vier Farben des Würfels zeigen, aber in unterschiedlichen Anordnungen, von denen nur zwei richtig sind, doch entgegengesetzt verlaufend. Man setzt nun den Würfel mit den vier Seiten in einer festen Position vor das Kind: mit der leeren Öffnung dem Kind gegenüber, grün links, rot unten, schwarz rechts und gelb oben. Das Kind wird aufgefordert, sich ein Aufschneiden zwischen der grünen und gelben Seite sowie das Auseinanderfalten des so durchschnittenen Würfels auf dem Tisch vorzustellen. Man stellt dann drei Aufgaben: 1. einfache Zeichnung: auf ein weißes Blatt soll das Ergebnis des Auseinanderfaltens mit den

Farben gezeichnet werden; 2. Zeichnung am Modell: hier wird das weiße Band mit den vier Feldern benutzt und soll in der richtigen Weise angemalt werden; 3. Auswahl der richtigen Reihenfolge unter den sechs vorbereiteten farbigen Bändern. Die Begründungen, wenn andere Reihenfolgen als die gewählte vorgeschlagen werden, werden aufgezeichnet. Bei den Aufgaben (1) und (2) nimmt man jede abgeschlossene Zeichnung weg.

Bei 48 Versuchspersonen haben wir die folgenden Ergebnisse erhalten (Tabelle 52):

Tabelle 52: Richtige Ergebnisse bei der Antizipation der Drehungen des Würfels (in % der Antworten)

	90°	180°	270°	360°	dopp. Drehungen	unmögl.
4 Jahre (*N*=12)	0	0	0	0	0	50
5 Jahre (9)	0	0	0	0	0	57
6 Jahre (11)	33	22	20	33	13	48
7 Jahre (10)	50	40	33	50	33	60
8–9 Jahre (6)	83	73	100	100	86	100

Obwohl die Drehung eines festen Körpers ohne Frage vertrauter ist als die Drehung einer in ihren Seiten betrachteten Oberfläche, sieht man also, daß diese richtigen Ergebnisse bis in das Alter von 5–6 Jahren hinein ein wenig später auftreten als diejenigen der Tabelle 45 und daß sie erst mit 8 Jahren einen Vorsprung gewinnen, das heißt, auf der Stufe der konkreten Operationen.

Die Untersuchung der Fehler zeigt, daß die Verwechslungen der Ebenen (parallele oder perpendikuläre Drehung im Raum) am schnellsten verschwinden, während die Fehler in der Drehungsrichtung länger anhalten. Unter den einfachen Fehlertypen sind die der Nachbarlage am merkwürdigsten:

Eli ... (4;6) läßt die blaue Farbe eine geringere Verschiebung vornehmen als die gelbe: »Ist es möglich, daß sich eine Farbe schneller dreht als eine andere? – *Ja.* – Warum ist die blaue hier? – *Weil sie hier stehengeblieben ist.*«

Fuc (4;11): »Berühren sich Blau und Grün auf meinem Würfel? – *Nein.* – Und auf deinem? – *Das ist etwas anderes.* – Du hast zweimal Blau gesetzt, ist das richtig? – *Ja.* – Ist es möglich, daß du zur gleichen Zeit hier und in deiner Klasse bist? – *Nein.* – Und daß Blau gleichzeitig hinten und vorn ist? – *Ja.*«

Com (5;11) hat zwei angrenzende Farben einfach vertauscht: »Ist es möglich, daß sich die Farben kreuzen (Geste), daß sie nicht in dieselbe Richtung laufen? – *Ja.* – Wie geht das? – *Weil Grün auf den Platz von Weiß geht und Weiß auf den Platz von Grün.*«

Nun, die Nachbarlage ist eine der elementarsten Relationen in der Topologie des Kindes, und die Reihenfolge geht aus einer Kombination von Nachbarlagen und Nicht-Nachbarlagen hervor (wenn *B* neben *A* und *C* liegt, *C* aber nicht neben *A*, dann hat man *ABC* oder *CBA*). Wenn diese Relationen in dem besonderen Fall die Bildung von besseren bildhaften Antizipationen vor 8–9 Jahren nicht erlauben, so geschieht das offensichtlich auf Grund ihrer Verbindung mit den Schwierigkeiten des kinetischen Bildes[62], wobei dieses so inadäquat bleibt, daß das Kind die Möglichkeit von sich kreuzenden Bewegungen (Com), von ungleichen Verschiebungen (Eli), oder sogar von Nachbarlageverlusten oder Verdoppelungen (Fuc) für möglich hält. Im übrigen müßte der Versuch II des Abwickelns (oder Auseinanderfaltens) der vier aufeinanderfolgenden Seiten viel früher ein positives Ergebnis bringen als der vorhergehende, wenn die Nachbarlagen für die kinetische Antizipation ausreichten. Das ist aber nur sehr selten der Fall (Tabelle 53, in % der Antworten):

Tabelle 53: Positives Ergebnis bei der Antizipation der Reihenfolge der vier umgeklappten Seiten, nach der ersten Antwort jeder Versuchsperson (in Klammern entsprechend der letzten Antwort nach spontanen Korrekturen)

	4 Jahre	5 Jahre	6 Jahre	7 Jahre	8–9 Jahre
einfache Zeichn.	0 (0)	28 (28)	33 (44)	50 (70)	60 (83)
Zeichn. am Modell	10 (25)	40 (40)	70 (60)	90 (90)	100 (100)
Auswahl	17 (50)	33 (44)	63 (50)	80 (89)	60 (100)

Die Auswahl ergibt schlechtere Resultate als die Resultate bei der Zeichnung am Modell, weil die sechs Bänder gleichzeitig gezeigt und nicht jedes für sich einzeln zur Beurteilung vorgelegt wurden.

Man sieht, daß erst mit 7 Jahren ein positives Ergebnis bei > 75 % erreicht wird, das heißt, daß auch hier noch das Bild erst auf der Stufe des Anfangs der konkreten Operationen adäquat ist, trotz eines Vorsprungs von ungefähr einem Jahr vor den komplizierteren Fragen der vorhergehenden Tabelle.

62 Wir haben gesehen (Tabelle 42), wie spät sich die Erhaltung der Nachbarlage zweier nebeneinanderliegender Seiten eines gedrehten Quadrats entwickelt. Dem ist hier hinzuzufügen, daß mehrere Nachbarlagen gleichzeitig zu betrachten sind und daß infolgedessen die Ordnung des Ganzen selbst erhalten bleiben muß.

§ 6. Vorstellung der Bahn eines Rohrs, das in der Luft umgekippt wird

Ein Rohr wird in der Weise auf den Rand einer Schachtel gelegt, daß ein großer Teil seiner Länge über diesen Rand hinausragt; übt man jetzt mit dem Finger auf das freie Ende dieses Rohrs einen Druck aus, so kippt es und fällt nach einer Drehung von 180° auf den Tisch. Man fordert das Kind auf, die Etappen der Bahn zu beschreiben, und zwar mit Hilfe von Zeichnungen, mit Hilfe der Sprache oder durch gestische Reproduktion. Wir reihen die Bilder ein in die Kategorie der Antizipationsbilder, weil ein solcher Anblick weniger vertraut ist als der Anblick eines Stabes, der um 90° umklappt und dabei einen festen Drehpunkt behält (Kap. III, § 3), weil die schnellere Geschwindigkeit des Kippens die Wahrnehmung des Details verhindert und weil es sich, wenn das Kind beim Purzelbaumschlagen diese Bewegung an sich selbst erfahren hat, um andere Wahrnehmungsformen handelt, besonders um Wahrnehmungen, die eher propriozetiv sind denn visuell. (Diese Untersuchung wurde zusammen mit Elsa Schmid-Kitsikis durchgeführt.)

1. Man legt zunächst auf den Kasten, der als Sprungbrett dient, ein Papprohr von 15 cm Länge, das an seinem überstehenden Ende blau und am anderen rot ist. Man läßt es kippen, nachdem man das Kind aufgefordert hat, genau aufzupassen, weil es zeichnen soll, was es gesehen hat.
2. Nach dem Kippen wird das Rohr sofort entfernt und man bittet, das Rohr mit den Farben zu zeichnen, »wie es auf dem Kasten war«, und dann, »wie es auf dem Tisch war«, ohne zunächst Zwischenstufen zu erwähnen (der Fall hat aber zu einem Wechsel der Farben geführt).
3. Man kommt dann zu der Zeichnung der einzelnen Etappen der Bahn selbst: »Zeichne das Rohr so, wie es ein wenig nach dem Kasten war« »und dann noch ein wenig später«, »und dann noch ein wenig später, bis es auf dem Tisch ankommt«.Man stellt keine anderen Aufgaben, aber man verlangt, die Enden farbig zu zeichnen.
4. Man fragt anschließend nach der Bahn der beiden Endpunkte: »Zeichne mir den Weg, den das blaue Ende des Rohrs genommen hat, um vom Kasten auf den Tisch zu kommen.« Dieselbe Aufgabe für das rote Ende (es handelt sich um einfache Striche mit blauem oder rotem Stift).
5. Danach fordern wir das Kind nur auf, mit dem Rohr selbst die Bewegung zu reproduzieren, die es ausgeführt hat, um vom Kasten auf den Tisch zu gelangen. Wir erlauben der Versuchsperson nicht, einfach mit Fingerdruck das Rohr kippen zu lassen, sondern wir bitten sie, den Gegenstand in die Hand zu nehmen und sehr langsam mit dem Rohr in der Hand die Bewegung zu reproduzieren, die das Rohr vorher unter dem Druck des Fingers ausge-

führt hat. Wir dringen darauf, um soweit wie möglich eine Reproduktion in Etappen mit Zerlegung der Bewegung zu erhalten.

6. Während der vorangegangenen Phasen der Befragung hat das Kind oft spontan in Worten die Etappen der Bewegung beschrieben. Wenn es das nicht getan hat, stellen wir ihm jetzt (aber erst jetzt, am Ende der Befragung) Fragen zu diesen Etappen der Drehung.

7. Wir haben außerdem mit einer getrennten Gruppe von Versuchspersonen ein ganz weißes Rohr verwendet und dabei von der Versuchsperson verlangt, sich die Farbe des vorderen und des hinteren Endes vorzustellen und den Platz dieser beiden Farben bei der Endposition anzugeben.

Untersuchen wir zunächst die Nachahmung der Bahn des Rohrs durch Handbewegungen, die seine Bewegung reproduzieren sollen (Frage 5). Wir unterscheiden zwischen dem Fehlen der Drehung und der richtigen Drehung zwei Arten von Zwischenreaktionen: die von Versuchspersonen, welche, nachdem sie eine Drehung angedeutet haben, ohne sie richtig ausgeführt zu haben, nichtsdestoweniger mit ihrer Lösung zufrieden sind; und die unvollständigen Versuche, mit denen sich Versuchspersonen selbst unzufrieden zeigen, ohne aber über sie hinauszukommen. Die Tabelle 54 liefert diese Ergebnisse (in Klammern die Versuchspersonen, denen die Drehung mit einer Zerlegung in langsamem Tempo und nicht nur in einer bestimmten konstanten Geschwindigkeit gelungen ist):

Tabelle 54: Tatsächliche Reproduktion der Bahn des Rohrs (in % der Antworten)

	keine Drehung	Zögern	falsch, unbefriedigt	richtige Drehung (und Zerlegung)[63]
4 Jahre (*N*=4)	75	0	0	25
5 Jahre (17)	41	18	18	23 (7)
6 Jahre (19)	26	32	0	42 (32)
7 Jahre (20)	25	20	10	45 (30)
8 Jahre (10)	10	20	0	70

Was die Zeichnungen und die mündlichen Beschreibungen anbetrifft, so unterscheiden wir drei Typen von Antworten: Fehlen von Drehung, Zwischenreaktionen, und richtige Dre-

63 Die Versuchspersonen in Klammern sind in den % der richtigen Drehungen enthalten.

hung. Doch es ist festzustellen, daß der Wechsel der Farben kein ausreichendes Indiz für eine Drehung darstellt, denn dieses Kreuzen der Farben kann angezeigt werden ohne Vorstellung von dem Wie, wenn das Rohr einfach geneigt bleibt oder in aufeinanderfolgenden fast parallelen, usw. Positionen gezeigt wird. Die Zwischenreaktionen bestehen in Zeichnungen mit gekrümmten Bahnen (Kreisbogen ohne Drehung), in Biegungen des Rohrs selbst, oder in mündlichen Ausdrücken wie: »Es ist nach hinten gefallen«, wenn solche Aussagen keine Drehung im eigentlichen Sinn bezeichnen. Die Drehungen selbst werden entweder graphisch oder mit Worten ausgedrückt: »Das hat sich umgedreht«, »Diese Seite (hinten) ist nach vorn gekommen«, usw. Siehe Tabelle 55:

Tabelle 55: Zeichnungen (*Z*) und wörtliche Beschreibung (*W*) der Bahnen des Rohrs (in % der Antworten)

	keine Drehung		Zwischen-Reaktionen		Drehungen	
	Z	*W*	*Z*	*W*	*Z*	*W*
4 Jahre (4)	100	75	0	0	0	25
5 Jahre (13)	100	41	0	0	0	59
6 Jahre (11)	64	20	18	16	18	64
7 Jahre (14)	36	20	22	5	42	75
8 Jahre (10)	10	0	30	0	60	100

Der Vergleich der drei Reaktionsarten (Tabellen 54 und 55) ist aufschlußreich, was die Natur des Bildes anbelangt. Die besten Ergebnisse sind diejenigen der wörtlichen Beschreibung (*W*), weil diese die Drehung als begrifflich ausgedrücktes Faktum übersetzen kann ohne Vorstellung des Details dieser Drehung: der Begriff scheint also dem Bild teilweise vorauszugehen. Der Ursprung des Begriffs muß natürlich in der Ausführung der Bewegung selbst gesucht werden, aber die gestische Reproduktion dieser Handlung (Tabelle 54) ist mit ihm keineswegs identisch und stellt seine analytische Nachahmung in langsamem Tempo dar, Schwierigkeiten also, die die Verzögerung dieser motorischen Reproduktion gegenüber der mündlichen oder begrifflichen Angabe erklären. Jetzt erst kommt die Zeichnung oder das graphische Bild, das weniger gut gelungen ist als die gestische Nachahmung (von 4 bis 6 Jahren).

Wenn man annimmt, daß die Zeichnung eine gewisse Verspätung gegenüber dem inneren Bild auf Grund ihrer technischen Schwierigkeiten zeigen kann, so bleibt doch die Tatsache bestehen, daß das Rohr selbst leicht zu zeichnen ist und daß seine Positionen symbolisch angegeben werden können, sobald sie mit genügend Präzision vorgestellt werden. Es ist also nicht voreilig, wenn man das innere Bild auf halbem Wege zwischen der gestischen und der graphischen Nachahmung situiert sieht, was bedeutet, daß das Bild eben eine interiorisierte Imitation und nicht eine einfache Verlängerung der primären Wahrnehmung ist und daß es eine aktive Rekonstitution ist, die einen Anteil von Motorik und einen nicht weniger wesentlichen Anteil von Verständnis umfaßt, wobei jene die Tätigkeit nachahmt, aus der sich dieses ableitet. Auf der Stufe der menschlichen Verhaltensweisen (wie übrigens auf der der Verhaltensweisen der Anthropoiden) hat die Nachahmung, auf die wir zurückgreifen, um die Ursprünge des Bildes wiederzufinden, nichts von einer automatischen Kopie an sich, für die einfache perzeptiv-motorische Übertragungen verantwortlich wären: sie ist von der Intelligenz abhängig, von der sie nur den Pol der Akkomodation darstellt, denn wenn sie ihre Modelle auf dem Wege der motorischen Rekonstruktion symbolisiert, dann in dem Maße, in dem sie versucht, ein Verständnis dieser Modelle auszudrücken, ein Verständnis, das nicht abstrakt oder assimilatorisch, sondern konkret und akkomodierend oder, wie man oft gesagt hat, »sympathetisch« (sympathique) ist.[64]

Untersuchen wir also, was von der Drehung verstanden wird, indem wir versuchen, in diesem konkreten Fall das Problem zu lösen, auf das man bei diesen Relationen zwischen Bild und Begriff fortwährend stößt: ob das imitatorische oder bildhafte Verstehen dem begrifflichen oder operatorischen Verstehen vorangeht und ihm die Richtung gibt oder ob es von ihm abhängt und es vervollständigt oder präzisiert, ohne es zu lenken.

Wir verfügen hierzu über drei Arten von Anhaltspunkten: a) die Zeichnungen der Bahnen der beiden Enden des Rohrs; b) die graphischen oder mündlichen Angaben über den Austausch ihrer Farben; c) die graphischen Hinweise zu den horizontalen und vertikalen Verschiebungen zwischen den Positionen

64 Vgl. G. Finnbogason, *L'intelligence sympathique*, Paris (Alcan)

des Rohrs bei Beginn der Bewegung und bei seiner Ankunft. Die Punkte *b*) und *c*) nun beziehen sich auf die Ergebnisse der Bewegung, während sich der Punkt *a*) auf die Bewegung als solche bezieht: es ist nun interessant festzustellen, daß die Bilder, die sich auf *b*) und *c*) beziehen, im Durchschnitt mit 7 Jahren (70%) adäquat ausfallen, in einem Alter also, in dem die Versuchspersonen bei den Darstellungen *a*) noch vollständig scheitern.
Was den Wechsel der Farben anbetrifft, so haben wir zwei Arten von Techniken angewandt. Das Rohr, dessen wir uns zunächst bedient haben (Aufgaben 1–6) war von Anfang an farbig gehalten (blau am vorderen und rot am anderen Ende), so daß die Versuchsperson den Austausch der Farben unterwegs oder bevor man das auf den Tisch gefallene Rohr wegnimmt, wahrnehmen und auf ihrer ersten Zeichnung (Aufgabe 2) angeben konnte. Wir haben diese erste Technik angewandt, weil es interessant ist festzustellen: 1. ob die Versuchspersonen diese Vertauschungen bemerken oder nicht; und 2. ob sie daraus den Schluß ziehen, daß eine Drehung des Rohrs stattgefunden hat oder nicht. Aber da diese Mitwirkung vorgegebener Farben es schwierig machte, die Faktoren der Wahrnehmung von denen der Vorstellung zu unterscheiden, haben wir auch eine zweite Technik bei einer Gruppe von Versuchspersonen angewandt, bei der wir ein ganz weißes Rohr verwendeten und das Kind aufforderten, sich die Farben der Enden zu Beginn und bei der Ankunft vorzustellen. Die Resultate dieser beiden Techniken sind auf Tabelle 56 angegeben:

Tabelle 56: Vertauschung der Farben (Richtige Antworten in % sämtlicher Antworten)

	5 Jahre (*N*=19)	6 Jahre (*N*=21)	7 Jahre (*N*=22)
Farbiges Rohr	47	50	66
Weißes Rohr	50	60	71

Man stellt zunächst fest, daß sich die positiven Ergebnisse spürbar gleichen, was einmal mehr zu zeigen scheint, daß die Versuchspersonen im wesentlichen bemerken, was sie verstehen können, und daß eine nicht verwendbare perzeptive Information nicht registriert wird. Aber man stellt auch fest, daß diese Ergebnisse deutlich über den gestischen und graphischen Nachahmungen der Bahnen des Rohrs liegen (Tabelle 54 und 55 *Z*), und ein wenig unter den mündlichen Beschreibungen (Tabelle 55 unter *W*). Anders gesagt schließt sich die Repräsentation des Austauschs der Farben dieser Art des globalen Verständnisses der Drehung an, das die mündlichen Beschreibungen übersetzen, und sie kommt keinesfalls einem detaillierten Bild der Drehung gleich.

Ein weniger deutliches Merkmal, das aber zur Ergänzung festgehalten werden sollte, ist das der horizontalen und vertikalen Verschiebungen, die von den Versuchspersonen auf ihren Zeichnungen spontan vorgenommen werden. Zwischen seiner Ausgangsposition (auf dem Kasten) und seiner Endposition (auf dem Tisch) verschiebt sich das Rohr gleichzeitig von links nach rechts (horizontale Verschiebung) und von oben nach unten (vertikale Verschiebung). Bei vielen Versuchspersonen nun stellen die Zeichnungen den Kippvorgang so dar, als ob das Rohr einfach von oben nach unten fiele (keine horizontale Verschiebung) oder als ob es sich darauf beschränkte, vorzurükken, ohne zu fallen (keine vertikale Verschiebung).[65] Eine adäquate Reproduktion des Kippvorgangs umfaßt die beiden Verschiebungen gleichzeitig, aber es handelt sich wiederum nur um ein globales Merkmal, das in keiner Weise eine Vorstellung von den Details der Drehung beweist (Tabelle 57):

Tabelle 57: Richtige Reaktionen (in % der Antworten) bei den vertikalen und horizontalen Verschiebungen

	nur vertikale Verschiebung	nur horizontale Verschiebung	beide zugleich
5 Jahre	46	30	24
6 Jahre	26	26	48
7 Jahre	25	5	70

Man sieht, daß diese globalen Merkmale mit 6–7 Jahren ungefähr dieselben Prozentsätze erreichen wie diejenigen der Tabelle 56. Dagegen bestätigt die Untersuchung der Bahnen der Enden des Rohrs (Aufgabe 4) deutlich den Rückstand des Bildes gegenüber dem globalen Verstehen, wie es in den mündlichen Beschreibungen (Tabelle 55 unter *W*) oder bei der Vertauschung der Farben (Tabelle 56) zum Ausdruck kommt. Man beginnt damit, daß man die beiden Endpunkte des Rohrs mit den Farben zeichnen läßt; dann gibt das Kind mit Hilfe von roten und blauen Stiften durch zwei Striche die Bahnen der Enden der entsprechenden Farben an (Abb. 25). Zwischen den einfachen Zeichnungen, die jede Drehung ausschließen (Abb. 25 *A*) und der richtigen Zeichnung (Abb. 25 *D*) findet man aber eine Reihe von miteinander unvereinbaren Bahnen (Abb. 25 *B* und *C*), von denen jede zwar eine Drehung evoziert, aber nur symbolisch, da sich, wenn man die Zeichnungen wörtlich nimmt, die beiden Endpunkte getrennt voneinander verschieben müßten (wie man es auf Tabelle 28 bei dem

65 Diese vertikale Verschiebung ist im Gegensatz zur anderen übrigens keineswegs notwendig, aber sie ist in diesem Fall Teil des vorgelegten Modells und bildet somit ein Indiz für die Genauigkeit des gewünschten Bildes.

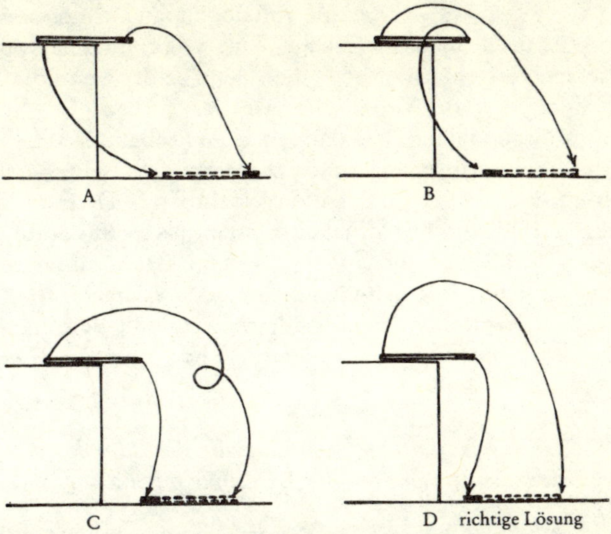

Abb. 25

Fall eines Stabs gesehen hat). Deswegen zeigen die Resultate der Tabelle 58 eine deutliche Zeitverzögerung gegenüber denen der Tabellen 54–55:

Tabelle 58: Zeichnung der Bahnen der Enden des farbigen Rohrs (in % der Versuchspersonen)

	keine Drehung	Zwischenreaktion zwei ungenaue Bahnen	eine Bahn richtig	beide Bahnen richtig
4 Jahre (4)	100	0	0	0
5 Jahre (16)	62	38	0	0
6 Jahre (18)	28	44	28	0
7 Jahre (20)	15	50	30	5
8 Jahre (10)	0	10	30	60

Insgesamt zeigen diese verschiedenen Daten einen systematischen Vorsprung des begrifflichen und operatorischen Verständnisses des Kippvorgangs vor seinem gestischen und insbesondere graphischen Bild (wobei das innere Bild wahrscheinlich zwischen den beiden letzteren liegt). Und dennoch scheint eine exakte Vorstellung von den Bahnen ein notwendiges Hilfsmittel für das Erreichen eines vollkommenen operatorischen Verstehens zu bedeuten, denn selbst wenn die Versuchspersonen von Vertauschungen der Farben (Tabelle 56) oder von irgendeiner Drehung sprechen (Tabelle 55 unter *W*), erhält diese nur ihren eigentlich geometrischen Sinn, wenn sie in ihren räumlichen Etappen vorgestellt wird. Da nun dieses konkrete Bild dem begrifflichen Verständnis nicht voraufgeht, sondern ihm folgt, zunächst von weitem, dann immer enger, macht die Annahme Schwierigkeiten, daß es sich autonomer entwickelt, ohne sich zugleich fortwährend mit Beiträgen anzureichern, die aus dem operatorischen Verstehen selbst stammen.

§ 7. Die gestische Reproduktion der Bahnen der Enden eines in der Luft kippenden Rohrs

Die eben mitgeteilten Ergebnisse (Tabelle 58) werfen ein wesentliches Problem auf, das die Beziehungen zwischen dem Bild und dem operatorischen Verstehen betrifft: wenn der Kippvorgang von 7 Jahren an im großen und ganzen (Tabelle 55: mündliche Reaktionen) und von 8 Jahren an korrekt nachgeahmt wird (Tabelle 54: 70% mit 8 Jahren) und wenn die Vertauschung der Enden von 7 Jahren an angenommen wird (Tabelle 56: 70% mit 7 Jahren), warum ist dann das Bild der Bahn dieser Enden deutlich in allen untersuchten Altersstufen im Rückstand, wenn nicht deswegen, weil das Bild eines vorhergehenden ausreichenden Verständnisses bedarf, um sich zu organisieren? Es schien also der Mühe wert, das Problem auf dem Gebiet des rein reproduzierenden Bildes noch einmal aufzunehmen, das heißt, indem man die Bahn der Enden allein im Detail zeigt und sie durch Zeigen mit den Fingern und nicht mehr durch Zeichnungen reproduzieren läßt.

In dieser neuen Untersuchung, die gemeinsam mit P. Mounoud durchgeführt wurde, haben wir ein System von Lichtpunkten verwendet (vgl. Kap. III, § 4): hinter einer Milchglasscheibe läßt eine mechanische Vorrichtung ein horizontales Rohr von 14 cm Länge, das mit einem roten Licht vorne und einem grünen hinten ausgestattet ist, unter Drehung um 180° langsam fallen, so daß sich das Rohr am Ende wieder in horizontaler Position mit Vertauschung der Farben befindet. Das Kind sitzt vor dem Schirm und sieht nicht das Rohr, sondern nur die Bahnen der Lichtpunkte, die es anschließend mit

dem Zeigefinger an dem Ort selbst, an dem es sie wahrgenommen hat, reproduzieren soll. Alles ist so eingerichtet, daß es die Bildung eines Reproduktionsbildes erleichtert, entweder unabhängig vom Verständnis (man geht dann genauso vor, wie eben beschrieben), oder indem man es zusätzlich heranzieht (in diesem Fall beschreibt man den Fall des Rohrs hinter dem Schirm, aber ohne direkt die Vorrichtung zu zeigen, da der Anblick der Mechanik die Aufmerksamkeit des Kindes ablenken würde).
Danach geht man mit den beiden Gruppen von Versuchspersonen folgendermaßen vor (I mit Erklärung des Falls des Rohrs, II ohne Erklärung): A) Man führt eine vollständige Bahn mit den beiden Lichtpunkten aus. Das Kind soll dann ihre Ausgangs-und Endpunkte zeigen, indem es seine beiden Zeigefinger auf den Schirm legt und die Bahnen entweder getrennt oder gleichzeitig reproduziert; B) man führt einen Teil der Bahn aus (man läßt das Rohr fallen, bis es sich in vertikaler Position befindet), und das Kind muß dann wie zuvor reproduzieren, was es gesehen hat; C) zweiter Teil der Bahn (bis $^3/_4$ des Kippvorgangs des Rohrs) und dieselben Aufgaben; D) Wiederholung der ganzen Bahn und dieselben Aufgaben.
Es wurden 27 Versuchspersonen in der Gruppe I und 34 in der Gruppe II befragt, alle beide von 5;0 bis 8;11. Auf Grund dieser 61 individuellen Reaktionen auf die Situationen und Fragen A bis D können wir folgende Klassifikation der gezeigten Bahnen vornehmen, und sie wird uns für die Deutung der Tabellen 59 und 60 nützlich sein.
Typ 1. – Das Kind zieht einfach mit dem Finger zwei mehr oder weniger gerade und parallele, abfallende Striche. Im allgemeinen vertauscht es nicht die Ausgangsfarben, aber es kommt vor (12 bis 25 %), daß es den Wechsel in der Anordnung bemerkt, was diesen Bahnen das Aussehen von exakten Bahnen ohne Krümmung verleiht. Erst bei der Befragung (immer notwendig, hier wie überall) bemerkt man, daß diese ausgetauschten Ankunftspunkte nicht als das Endergebnis der Bahnen betrachtet werden, sondern einfach als ein gegebenes Ereignis ohne Beziehung zu einer Drehung.
Typ 2. – Anfang einer Krümmung und Drehung, aber nur der Ansatz der Linien ist korrekt.
Typ 3. – Zwischenreaktionen mit korrektem Ergebnis der Bahnen, aber diese weisen zum Erzielen dieses Resultats oft nicht realisierbare Kreuzungen im Verlauf der Bahn auf (was man auch beim Typ 2 beobachtet), die stark an die Zeichnungen der Tabelle 58 erinnern (siehe Abb. 25 unter *B* und *C*).
Typ 4. – Vollständige Drehung und parallele Kurven, aber wir zählen diese Linien des Typs 4 nur dann als richtig, wenn sie mit einem Vertauschen der Farben verbunden sind, was bei den Großen, aber nicht immer bei den 5–6jährigen der Fall ist.

Hier nun entsprechend diesen vier Typen die gestischen Reproduktionen der vollständigen Bahnen wie unter *A* (Tabelle 59):

Tabelle 59: Fingeranzeige der vollständigen Bahnen des roten und grünen Punkts (in % der Versuchspersonen, Vertauschung der Farben in Klammern)

	Gruppe I (mit Erklärung) Typen 1	2	3	4	Gruppe II (ohne Erklärung) Typen 1	2	3	4
5 Jahre	75 (12)	12 (0)	0	12 (12)	50 (12)	12 (0)	0	37 (0)
6 Jahre	50 (12)	20 (0)	10 (0)	10 (0)	42 (0)	16 (8)	16 (0)	25 (17)
7 Jahre	40 (20)	0	20 (20)	40 (40)	33 (11)	22 (11)	11 (11)	33 (33)
8 Jahre	25 (25)	25 (0)	0	50 (50)	40 (0)	0	20 (20)	40 (40)

Bevor wir diese Ergebnisse untersuchen, geben wir noch, allerdings nicht im Detail, die richtigen Ergebnisse bei den Vorgängen *B*, *C* (Teilbahnen) und *D* (neue vollständige Bahnen) für die beiden Gruppen I und II an (Tabelle 60):

Tabelle 60: Richtige Ergebnisse (Typ 4) und in Klammern Vertauschung der Farben bei den Vorgängen *B* – *D* (in % der Versuchspersonen)

	Sit. *A*	Sit. *B*	Sit. *C*	Sit. *D*
5 Jahre	25 (5)	44 (5)	31 (12)	31 (5)
6 Jahre	18 (9)	46 (46)	39 (35)	40 (31)
7 Jahre	36 (36)	69 (52)	63 (52)	40 (32)
8 Jahre	44 (44)	57 (35)	45 (45)	57 (35)

Wir stellen zunächst fest (Tabelle 59), daß sich bei den Versuchspersonen der Gruppe II, die keine Erklärung erhalten haben, sehr wenig Entwicklung mit dem Alter findet, selbst von den positiven Ergebnissen (4) her gesehen, was ziemlich normal für ein einfaches Nachahmungsverhalten ist. Ihre einzige deutliche Entwicklung betrifft die auf die Vertauschung der Farben gerichtete Aufmerksamkeit, was das Bewußtwerden einer am Anfang nicht bemerkten Beziehung voraussetzt. Die Versuchspersonen der Gruppe, die mehr zu verstehen versuchen, weil man sie in diese Richtung gelenkt hat, fangen von weiter unten an, weil sie schlecht verstehen, aber sie überrunden die anderen im Alter von 7 und 8 Jahren ein wenig.

Andererseits führt die Zerlegung der Bahnen (Tabelle 60) zu zwei Arten von Verbesserungen, von denen die eine lokaler Art und einer leichteren Wahrnehmung zu verdanken ist (Situation B, wo die Farben an ihrem Ankunftsort vertikal übereinanderliegen), während die andere allgemeiner Art ist und

durch den zwischen den Situationen *A* und *D* auftretenden Lerneffekt gekennzeichnet ist. Da es sich jedoch um eine Zerlegung handelt, die das Verständnis erleichtert, und nicht um einen Lerneffekt durch einfache Wiederholung, macht diese Tatsache von neuem die Rolle des begrifflichen oder operatorischen Faktors deutlich.
Wenn in den Situationen *A* und *D* die Ergebnisse mit dieser einfach reproduktorischen Nachahmungstechnik der Fingeranzeige im Alter von 5–7 Jahren besser sind als die Zeichnungen der Tabelle 58, die eine Art von – wenn man so sagen kann – antizipatorischer Wiederherstellung einschlossen, so ist es interessant festzustellen, daß das Endergebnis von 57 % mit 8 Jahren für die Situation *D* genau mit den 60 % mit 8 Jahren der Tabelle 58 übereinstimmt. Diese Tatsache scheint anzuzeigen, daß die Geste auf der Stufe, auf der sich das Bild auf das operatorische Verständnis stützt, keinerlei erwähnenswerten Vorsprung gegenüber der Zeichnung zeigt, ebensowenig wie die direkte und reproduktorische Nachahmung gegenüber der kinetischen Antizipation.
Wenn dagegen die gestischen Nachahmungen ein wenig besser sind als die Zeichnungen des § 6 zwischen 5 und 7 Jahren, so ist die Situation bei der Vertauschung der Farben umgekehrt. Alle Versuchspersonen in den vier Situationen *A–D* zusammengenommen, und ohne Berücksichtigung ihres Fehlertyps oder ihres richtigen Ergebnisses von 1–4, stellt man in der Tat fest, daß die Vertauschung der Farben mit 5 Jahren von 23 % der Versuchspersonen, mit 6 Jahren von 39 %, mit 7 Jahren von 64 % und mit 8 Jahren von 67 % bemerkt wird. Bei der Technik des Vorführens des Kippvorgangs und der Zeichnung der farbigen oder weißen Rohre (siehe Tabelle 56) gelingt diese Vertauschung aber zu 47 bis 50 % mit 5 Jahren, zu 50 bis 60 % mit 6 Jahren und zu 66 oder 71 % mit 7 Jahren. Es besteht also ein Vorsprung der Versuchspersonen von 5–6 Jahren in diesem letzteren Fall, während die Ergebnisse mit 7 Jahren wieder miteinander übereinstimmen. Man kann hier also wieder von einer günstigen Einwirkung des Verständnisses auf das Bild sprechen, da bei der Technik des § 6 schon 59 % der Versuchspersonen von 5 Jahren und 64 % derer von 6 Jahren verstehen, daß eine Drehung erfolgt ist (mündliche Beschreibungen der Tabelle 55), während es sich bei der vor-

liegenden Technik vor allem um beiläufiges Vermerken im Zusammenhang mit einer reproduktorischen Nachahmungsanstrengung handelt. Anders gesagt ist die Versuchsperson in diesem Fall der Nachahmung nicht auf das Ergebnis der Drehung, sondern auf die wahrgenommenen Bahnen des roten und des grünen Punkts zentriert, während bei der antizipatorischen Rekonstitution des Kippvorgangs die Ankunftspunkte in Abhängigkeit von dem Gesamtprozeß der Drehung gesehen werden, ohne deswegen von vornherein an das Detail der Bahnen gebunden zu sein. Man muß sich nämlich daran erinnern, daß es sich bei der vorliegenden Technik um Bahnen ohne Bedeutung und mit sofortigem Verschwinden des Ankunftspunktes handelt (also ohne privilegierte Stellungen im Verlauf der Bahn).

§ 8. Die Bahnen dreier Perlen, die auf einem Stab befestigt sind, der einer Drehung um 180° unterworfen wird

Als ein Mitglied unseres Kreises früher einmal den Begriff der Bewegung beim Kind untersuchte, hatte er einen Test ersonnen, der sich auf die Untergruppe der Drehungen bezog und der erlaubte, die Umkehrung der Anordnung zu untersuchen (und die Umkehrung der Umkehrung, usw.): drei Perlen von verschiedenen Farben *A*, *B* und *C* waren auf einem festen Stab aufgereiht, der in ein Papprohr oder einen »Tunnel« in der Reihenfolge *A*, *B*, *C* (von links nach rechts) hineingeschoben wurde, und die Aufgaben bestanden darin, vorauszusehen, in welcher Reihenfolge sie den Tunnel auf der rechten Seite verlassen würden, wenn man den Tunnel nicht dreht, wenn man ihn um 180° dreht, wenn man ihn zweimal, dreimal usw. dreht.[66] Doch diese Untersuchung befaßte sich ausschließlich mit diesen Operationen selbst und nicht mit dem inneren Bild der Bahnen, die die Perlen während der Drehung des Stabes ausführen. Derselbe Versuch wurde von P. Greco[67] mit dem Ziel wieder aufgenommen, das Erlernen der Reihenfolge zu

66 J. Piaget, *Les notions de mouvement et de vitesse chez l'enfant*, 1946.
67 P. Gréco in »Apprentissage et connaissance«, in: *Etudes d'épistémologie génétique*, Bd. VII, Kap. III

untersuchen, was ihn dazu brachte, die Techniken bedeutend zu verfeinern und gelegentlich auch eine Zeichnung der Bahnen der Perlen zu verlangen. Wir haben dann bemerkt, daß sich auf diese Weise ein Problem bildhafter Vorstellung oder des kinetischen Antizipationsbildes stellte, das sich deutlich von dem Problem der Bildung der Operationen unterscheidet, und zwar so sehr, daß einem guten operatorischen Verständnis des Ergebnisses der Drehung ein sehr inadäquates Bild der Bahnen entsprechen kann.

Dieses Problem nun möchten wir hier der auftretenden Bilder wegen mehrmals wiederaufnehmen, denn wir haben hier ein besonders sprechendes Beispiel der Beziehungen zwischen dem operatorischen Verständnis der kinetischen Transformationen und der bildhaften Vorstellung der dabei auftretenden Bewegungen vor uns. (Durchgeführt zusammen mit E. Schmid-Kitsikis und A. Politi.)

Die Grundtechnik *A* umfaßt die fünf folgenden Etappen: 1. Das Kind kopiert die Ausgangsreihenfolge der drei auf dem festen Stab aufgereihten Perlen (es beschränkt sich darauf, sie auf einer vorbereiteten Zeichnung in der richtigen Reihenfolge zu kolorieren) und gibt die Positionen in dem undurchsichtigen Rohr an, sobald der Stab in dieses hineingesteckt worden ist. 2. Nachdem der Versuchsleiter gesagt sei: »Schau gut zu, was ich machen werde, du sollst es nachher zeichnen«, dreht er das Rohr um 180° (horizontal auf dem Tisch, um eine Achse, die durch die mittlere Perle hindurchgeht). Das Kind gibt nun die Stellung der Perlen in dem Rohr nach der Drehung an und zeichnet dann auf ein vorbereitetes Blatt die neue Reihenfolge der Perlen (wobei die Zeichnung der ursprünglichen Reihenfolge ihm vor Augen bleibt; die neue Zeichnung besteht auch nur darin, die Perlen auf einer fertigen Zeichnung zu kolorieren). 3. Jetzt fordert man das Kind auf, die Bahnen der drei Perlen, der roten (1.), der blauen (3.) und der grünen in der Mitte, auf ein weißes Blatt zu zeichnen (wobei die beiden vorhergehenden Zeichnungen wieder unter seinen Augen bleiben): »Zeichne den Weg, den diese Perle genommen hat, um von hier, wo sie vorher war, nach dort, wo sie jetzt ist, zu gelangen (2 und 3a). Dasselbe bei 360°. 4. Man fordert das Kind auf, jede Perle, eine nach der anderen, zwischen Daumen und Zeigefinger zu nehmen und die vorgestellte Bahn durch eine Geste zu beschreiben (diese gestischen Bahnen der Versuchspersonen werden sorgfältig aufgezeichnet). 5. Schließlich ist es von Nutzen, wenn man die relativen Lagen der Perlen während der Drehung unabhängig von der Zeichnung 3 und der Geste 4 bestimmen läßt. Der Versuchsleiter nimmt die rote Perle und setzt sie nacheinander in die vier Positionen von 45°, 90°, 135° und 180° und fordert dabei jedes Mal das Kind auf, die blaue Perle in bezug zur roten zu setzen. Bei dieser Frage ist es wie bei den vorhergehenden nützlich, immer wieder einmal an die Richtung der Drehung zu erinnern, indem man das Kind auffordert, die Gesamtbewegung des Rohrs nachzuahmen.

Eine zweite Technik *B* besteht darin, die Bahnen (3) vor der Zeichnung der vertauschten Endpositionen (2) zeichnen zu lassen. Schließlich haben wir als Ergänzung oft gebeten um: a) eine gestische Gesamtreproduktion der Bewegung des Rohrs, das die Perlen enthält; b) eine in Zeitlupentempo ausgeführte, analytische, gestische Imitation der Bewegung der Perlen; eine Zeichnung von den Bahnen, bei der man mit der mittleren Perle beginnt; und insbesondere d) haben wir zum Vergleich die gesamte Befragung mit sichtbarer Drehung durchgeführt (ohne Rohr). Um die Stufe des Bildes in bezug zu derjenigen der Operationen zu setzen, schien es darüber hinaus nützlich, zum Abschluß die Versuchsperson ihre Meinung über die Veränderungen der Reihenfolge und über die Bahnen sagen zu lassen.

Das bemerkenswerteste allgemeine Ergebnis dieser Untersuchung ist der beachtliche Rückstand des Bildes der Bahnen, das erst mit 8–9 Jahren gelingt, gegenüber dem operatorischen Verständnis der Veränderungen in der Reihenfolge, das der frühesten der Operationen entspricht, und zwar auf allen bis hierher untersuchten Gebieten; das führt in diesem besonderen Fall zu positiven Ergebnissen von 75 % und mehr von 5 Jahren an für eine einzige Umkehrung und von 6 Jahren an für die Umkehrung der Umkehrung.
Wenn wir mit den mit Hilfe der Technik *A*[68] untersuchten Versuchspersonen beginnen und die richtigen Ergebnisse bei den Veränderungen der Reihenfolge bei 180° und bei 360° mit den richtigen Ergebnissen bei der Zeichnung der Bahnen vergleichen, so erhalten wir die folgende synthetische Tabelle (Tabelle 61).
Es muß noch gesagt werden, daß die fraglichen Veränderungen der Reihenfolge auf dieser Tabelle nicht mit Hilfe einer Befragung operatorischer Art erzielt werden (in der Folge werden die Grenzen des Verständnisses der Kleinen deutlich werden, was die mittlere Perle betrifft), sondern durch Zeichnungen (die Zeichnungen 2 und 2a der Technik *A*). Es kommt bei ihnen also eine bildhafte Vorstellung ins Spiel, die sich jedoch nur auf das Ergebnis oder Produkt der Drehbewegung bezieht im Gegensatz zum Bild der Bewegungen als solcher oder der Bahnen (es handelt sich also um ein Bild *AKP* und nicht *AKM*, im Sinne von Kap. I, § 1). Es ist also erlaubt, aus dieser Tabelle die Schlußfolgerung zu ziehen, daß die Antizipation des Ergebnisses der Drehung in diesem Fall um 3 bis 4

68 In Technik *A* wird nach dem Wechsel der Anordnung (Zeichnung 2) vor der Zeichnung der Bahnen (3) gefragt.

Jahre der Vorstellung der Bahnen selbst vorausgeht (und es ist daran zu erinnern, daß, wenn sich die Zeichnung der Bahnen auf jede der drei Perlen für sich betrachtet bezieht, die Zeichnung der Veränderung in der Reihenfolge dasselbe verlangt). Das Problem liegt also darin, diese Verschiebung zu erklären.

Tabelle 61: Richtiges Ergebnis (in % der Versuchspersonen) bei der Veränderung der Reihenfolge und bei den Bahnen[69] (Technik *A*)

	eine Drehung (180°)		zwei Drehungen (360°)	
	Änderung d. Reihenf.	Bahn	Änderung d. Reihenf.	Bahn
4 Jahre (12)	25	0	8,3	0
5 Jahre (11)	73	0	18,2	0
6 Jahre (13)	100	7,7	84,6	7,7
7 Jahre (15)	100	13,3	80	6,6
8 Jahre (9)	100	55	100	33,3

Zunächst ist festzustellen, daß die richtigen Ergebnisse bei den beiden Fragen der Umkehrung der Reihenfolge und der Zeichnung der Bahnen nicht vollkommen unabhängig voneinander sind, trotz dieses beachtlichen Abstands. Das bemerkt man, wenn man die beiden Techniken *A* und *B* miteinander vergleicht. Wenn man mit den Bahnen vor dem Stellungswechsel (Technik *B*) beginnt, gelingt dieser letztere noch besser bei den Kleinen (54 % mit 4 Jahren gegenüber 25 % auf Tabelle 61), weil die Suche nach der Bahn den Gedanken der Umkehrung hervorruft.
Wenn man umgekehrt mit dem Stellungswechsel beginnt (Technik *A*), gibt es eine Verbesserung, zwar nicht in allen Aspekten der Zeichnung der Bahnen, wohl aber ihrer Kreisform (25 % gegenüber 18 % mit 5 Jahren, 83 % gegenüber 30 mit 6 Jahren und 80 % gegenüber 50 mit 7 Jahren), weil die vorhergehende Zeichnung der umgekehrten Position der Perlen nützliche Anhaltspunkte für die Konstruktion der Bahnen liefert. Diese relative Abhängigkeit der beiden Fragen voneinander macht also die beobachtete Verschiebung um so überraschender, und es geht jetzt folglich darum zu versuchen, die Schwierigkeiten bei der Zeichnung der Bahnen zu analysieren.

Im Hinblick darauf kann es nützlich sein, zunächst auf die Beziehungen zwischen den Ergebnissen der Geste und denen der Zeichnung hinzuweisen, um erst einmal die mögliche Rolle des eigentlich graphischen Faktors zu bestimmen. Was die Geste anlangt, so kann man sich einerseits fragen, ob die

69 Die Bewertung der Bahnen setzt ein völlig richtiges Ergebnis voraus, wobei die vier Kriterien der Tabelle 63 berücksichtigt werden: Richtung der Bahnen, Kreisform, Symmetrie relativ zu der horizontalen Achse, und einfache Drehung der mittleren Perle um sich selbst.

Drehung des Rohrs als solche (oder die des festen Stabs, auf dem die Perlen aufgereiht sind) in ihrer Gesamtheit in jedem Alter verstanden wird. Die globale gestische Reproduktion dieser horizontalen Drehung um 180° wird von 75 % der Versuchspersonen von 4 Jahren und von 100 % der Versuchspersonen von 5 Jahren an bewältigt. Was die Gesten anbetrifft, die die Bahn jeder Perle im einzelnen reproduzieren sollen, so findet man interessanter Weise mit dem Alter einen allmählichen Vorsprung der Zeichnung vor der Geste (Tabelle 62):

Tabelle 62: Vergleich zwischen den Zeichnungen und den Imitationsgesten in Zeitlupentempo (in % der Antworten)

Alter (und *N* der Vpn.)	4 (30)	5 (28)	6 (29)	7 (31)	8 Jahre (21)
Dasselbe Ergebnis	80	64	69	58	43
bessere Zeichnung	10	25	21	26	48
bessere Geste	10	11	10	16	9

In diesem besonderen Fall liegt der Vorteil der Zeichnung gegenüber der Geste offensichtlich darin, daß der Anfang der Zeichnungen sichtbar bleibt, während der Anfang der Gesten es nicht mehr ist, und daß der Vergleich, der sich daraus ergibt, die Ausführung der drei Bahnen erleichtert. Man kann also nicht dem graphischen Faktor als solchem die Schwierigkeiten der bildhaften Repräsentation der Bahnen zuschreiben.

Andererseits hat die ergänzende Technik (*d*) ein in jeder Hinsicht wichtiges Ergebnis geliefert: wenn man das Rohr wegläßt und wenn die Drehungen der drei auf einen festen Stab aufgereihten Perlen ganz und gar sichtbar sind, dann stellt man keinerlei bedeutsamen Unterschied zu den Techniken *A* und *B* fest! Anders gesagt zieht die Wahrnehmung der Drehung nicht von selbst die Ausbildung eines adäquaten Bildes nach sich, selbst nicht bei den Versuchspersonen, denen es gelingt (und man erinnert sich, daß das 73 % der Versuchspersonen mit 5 Jahren und 100 % mit 6 Jahren sind), die Veränderung der Reihenfolge oder Umkehrung der Positionen korrekt zu zeichnen.

Wenn wir jetzt diese Bilder oder Zeichnungen der Bahnen im Detail untersuchen (siehe Abb. 26), so bietet sich sofort eine

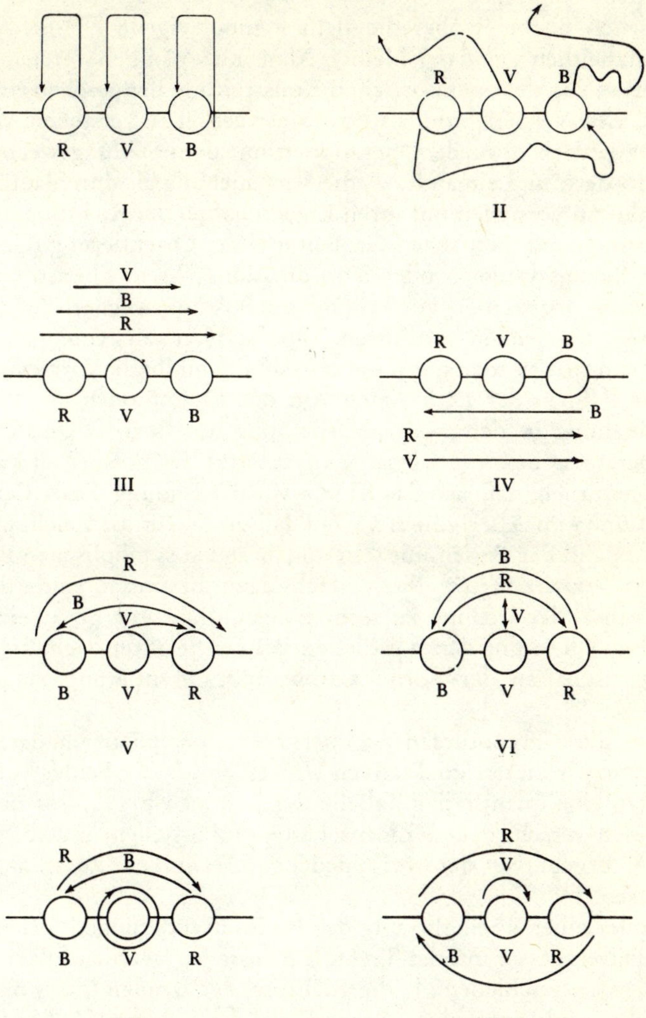

Abb. 26

Hypothese an, die ihren so überraschenden Rückstand erklären könnte: daß nämlich, da das Bild wesentlich ein Symbol darstellt, die Versuchsperson, die die Umkehrung der Reihenfolge versteht, sich dann für lange Zeit mit einem im wesentlichen schematischen Symbol zufriedengibt, dessen Detail willkürlich bleibt (wobei die dem Symbol eigene Ähnlichkeit ganzheitlich [*globale*] bleibt). Man muß nämlich verstehen, daß es von der operatorischen Konstruktion her gesehen eines ist, eine Verschiebung als Positionswechsel zu verstehen, was nur einfach ordinale Operationen mit dem Stellungswechsel erfordert, und ein anderes, die Verschiebung als durchlaufene Bahn zu verstehen mit ihren Eigenschaften der Richtung, der Formen und metrischen Größen und der Orientierung relativ zu Bezugssystemen oder Koordinationsachsen. Ebenso nun, wie die frühzeitige Vorstellung der Positionswechsel der Tabelle 61 frühen ordinalen Operationen zu entsprechen scheint, ist es auch gut möglich, daß die bildhafte Vorstellung der Bahnen der Perlen eine von den Operationen der Verschiebung in der zweiten Bedeutung des Begriffs gelieferte operatorische Unterstützung voraussetzt. In diesem Fall wäre es natürlich, daß sich das Kind – vor der Bildung dieser Operationen im Alter von etwa 7–8 Jahren[70] – für die Zeichnung der Bahn der Perlen mit sehr annähernden symbolischen Bildern zufriedengibt, die einfach dazu bestimmt sind, den Wechsel der Stellung zu rechtfertigen, ohne aber bis zu einer Ähnlichkeit mit den wirklichen Bahnen in ihren vielfältigen Eigenschaften der Form, Größe und Orientierung zu gelangen.

Um diese Hypothesen zu überprüfen, beginnen wir damit, bevor wir zu der qualitativen Untersuchung der Fehler kommen, eine quantitative Tabelle der richtigen Ergebnisse nach diesen verschiedenen Eigenschaften aufzustellen, indem wir die Ergebnisse der verschiedenen Techniken zusammenfassen.

Außer einer Wiederholung der Positionsänderungen (die mit 4 Jahren besser mit der Technik *B* ausfallen) werden folgende Züge unterschieden: 1. die Richtung der Bahnen (links nach rechts und umgekehrt); 2. die Form der Bahnen (Halbkreise im Gegensatz zu einfachen Geraden, Wellenlinien oder in verschiedenen Winkeln gebrochenen Linien); 3. die Bahn der mittleren Perle (die sich nicht verschiebt, sondern sich einfach um sich selbst dreht); und 4. die Symmetrie der Bahnen der äußeren Perlen in bezug auf die horizontale Achse (im Gegen-

70 Vgl. Piaget, *Les notions de mouvement et de vitesse chez l'enfant*, a. a. O., Kap. III, § 3.

satz zu solchen Zeichnungen, die die zwei oder drei Bahnen entweder oberhalb oder unterhalb dieser Achse gruppieren oder die willkürlich von dem einen dieser Felder zu dem anderen übergehen). Die so eingeordneten Ergebnisse sind in der Tabelle 63 niedergelegt:

Tabelle 63: Prozentsatz der positiven Ergebnisse bei den verschiedenen Aspekten der Zeichnung der Bahnen

	0) Positionsänderungen	1) Richtung	2) Form	3) mittlere Perle	4) Symmetrie
4 Jahre (N=30):					
(4;0–4;5)	22,2	16,6	0,3	0	10
(4;6–4;11)	62,3				
5 Jahre (29)	79	44,8	20,6	6,8	13,7
6 Jahre (30)	95	80	56,6	40	13,3
7 Jahre (31)	100	90,3	70,9	45,1	22,5
8 Jahre (21)	100	100	95,2	85,7	47,6

Man stellt zunächst fest, daß die Richtung der Bahnen (die rote Perle läuft nach rechts und die blaue nach links) von 6 Jahren an bewältigt wird (>75 %) und von dieser Stufe an zur einfachen Übersetzung des Stellenwechsels wird. Das aber bedeutet nicht, daß die Bahnen halbkreisförmig ausfallen (diese Form der Bahnen wird erst mit 7–8 Jahren erreicht), noch daß die mittlere Perle am Platz bleibt (richtiges Ergebnis mit 8 Jahren), noch vor allem, daß das Kind versteht, daß, wenn die eine der äußeren Perlen ihren Halbkreis auf einer der Seiten der horizontalen Achse durchläuft, die andere den ihrigen dann auf der anderen Seite durchläuft. Diese letzte Aufgabe wird im Alter von 8–9 Jahren noch nicht gelöst, zweifellos deswegen, weil es schwierig ist zu begreifen, daß, wenn das Rohr oder die feste Achse ihre Drehung in einer konstanten Richtung (im Uhrzeigersinn) verfolgen, die äußeren Perlen Wege zurücklegen, die zugleich im Gegensinn zueinander und symmetrisch verlaufen.

Wenn wir von da zur Untersuchung der Fehler übergehen, und zwar zunächst Alter für Alter, müssen wir im Alter von 4 Jahren drei Gruppen von Versuchspersonen unterscheiden. Es gibt zunächst diejenigen, die bei den Techniken *A* und *B* die Umkehrung der Reihenfolge verfehlen. Ihre Zeichnungen zeigen dann entweder überhaupt keine Bahnen (die Perlen drehen sich auf der Stelle, usw.) oder aber vertikale oder auch wellenförmige Bahnen, die zur Ausgangsposition zurückführen. Dann gibt es diejenigen, die die Drehung ohne Rohr sehen. Mehrere scheitern nichtsdestoweniger an der Umkehrung der Reihenfolge und liefern Zeichnungen oder Gesten, die den vorhergehenden ähnlich sind. Andere bewältigen die Umkehrung und zeichnen manchmal gekreuzte, aber geradlinige, oder bogenförmige, aber nicht symmetrische Bahnen. Schließlich gibt es diejenigen, denen mit den Techniken *A* und *B* die Umkehrung gelingt, die aber Zeichnungen aller vorhergehender Typen anfertigen, und außerdem geradlinige und parallele Bahnen, die alle von links nach rechts ohne Rückkehr, selbst bei 360°, orientiert sind (mit ähnlichen Gesten). Es scheint also klar zu sein, daß für diese Versuchspersonen das Bild der Bahn nur ein Symbol ist, das ausdrückt, daß sich irgend etwas gedreht hat, daß aber keine wirkliche Anstrengung unternommen wird, die genaue Bahn zu treffen[71], außer in einigen wenigen Fällen von Überkreuzungen.

Mit 5 Jahren fangen die gekreuzten Bahnen an zu überwiegen, Symbole gelungenen Stellungswechsels, aber mit geradlinigen Bahnen (die mittlere Perle eingeschlossen) oder sogar mit halben Quadraten oder mit völlig phantastischen Kurven oder schließlich mit richtigen, aber nicht symmetrischen Kurven. Alle diese Zeichnungen, außer den wenigen vollständig richtigen Ergebnissen (7%), scheinen mehr auf das Endergebnis als auf das Wie der Veränderung zentriert zu sein, die also symbolisch bleibt.

Mit 6 Jahren gibt es einen klaren Fortschritt bezüglich der Richtungen, der mittleren Perle und der Kurven, doch das Fehlen von Symmetrie bleibt der vorherrschende Fehler. Mit 7 bis 8 Jahren dagegen beobachtet man ein deutliches Bemühen, die Lageveränderung der beiden äußeren Perlen in bezug zueinander und teilweise sogar in bezug auf die horizontale Symmetrieachse zu koordinieren; das symbolische Bild neigt jetzt dazu, seiner Intention nach repräsentativ zu werden, und die Fehler haben nur noch Restcharakter, da es schwierig ist, die gleiche Aufmerksamkeit gegenüber allen Eigenschaften dieses komplizierten Systems der Verschiebungen gleichzeitig zu bewahren.

Zur Klärung der Vorstellungen geben wir hier eine Tabelle der Entwicklung der Fehler (Tabelle 64):

71 Wir haben (in Kap. II, § 7) gesehen, was die gestischen Reproduktionen der Bahnen, die den hier auftretenden entsprechen, darstellen und welches ihr durchschnittlicher Erfolg im Alter von etwa 6 Jahren ist.

Tabelle 64: Typen von Bahnen (alle Techniken zusammengenommen) (in % der Versuchspersonen der Tabelle 63)

	Keine Bahnen	Geradlinige	halbe Quadrate	verdrehte Kurven	gerade Kurven, aber ohne Symmetrie	Völliger Erfolg
4 Jahre	26,6	36,6	3,3	26,6	6,6	0
5 Jahre	17,7	37,9	6,8	20,6	13,7	6,8
6 Jahre	0	26,6	3,3	10	50,3	6,6
7 Jahre	0	16,1	0	25,8	38,7	19,3
8 Jahre	0	4,7	0	4,7	47	42,8
9 Jahre	0	0	0	0	40	60,0

Es muß noch über das merkwürdige Problem der mittleren Perle gesprochen werden. Einer von uns, der früher das Problem dieser aufeinanderfolgenden Umkehrungen aus operatorischer Sicht untersucht hatte, war ziemlich häufig auf Versuchspersonen von 4 und seltener von 5 Jahren gestoßen, die auf die Frage, welche von den drei aufgereihten Perlen *A*, *B* und *C*, die einen Tunnel passieren, als erste herauskommen würde, zunächst antworteten *A* oder *C* und dann nach einigen Drehungen die mittlere Perle *B* ankündigten, ohne daß irgendwie ergänzende oder in dieser Hinsicht suggestive Fragen gestellt worden wären.[72] Ein anderer von uns hat im Jahre 1953 einige Kontrollen unserer diesbezüglichen Zweifel wegen vorgenommen und dabei wieder Fälle dieser Art unter denselben Umständen angetroffen. Dagegen hat P. Gréco in der zitierten Untersuchung (1959) keinerlei Beispiel dieser Art mehr beobachtet. Aber W. R. Charlesworth, der dieselben Untersuchungen an der Universität von Minnesota an 200 Kindergartenkindern und Kindern der ersten zwei Grundschulstufen fortgesetzt hat, und zwar nach einem standardisierten Verfahren und mit nicht parametrischer statistischer Ausarbeitung, kam zu dem Schluß, daß nicht die jüngeren, sondern die älteren Versuchspersonen die Verschiebung des mittleren Elements in Richtung auf die äußeren Positionen

72 Vgl. Piaget, *Les notions de mouvement et de vitesse chez l'enfant*, a. a. O., S. 5–16, die Fälle von An., Ros., Jac., Fran. und Der.

voraussehen.[73] Dieser Glaube scheint also wirklich zu bestehen, aber seine obere chronologische Grenze scheint sich im Genfer Milieu zwischen 1940 und 1960 gesenkt zu haben. Das ist nichts Einmaliges, denn es gibt andere Reaktionen, die zwischen 1930 und 1940 ständig beobachtet worden waren und die man kaum mehr wiederfindet, wie die numerische Gleichheit, die im Fall von zwei Reihen ungleicher, doch gleichlanger Münzen allein nach der Länge der Reihen (nach dem eingenommenen Raum) geschätzt wird (man findet jedoch heute wie früher Entscheidungen über die numerische oder quantitative Ungleichheit im Fall von zwei Reihen von gleicher Anzahl, aber ungleichen Längen, wieder). Es ist möglich, daß diese Beschleunigung der Entwicklung von den aktiveren Techniken des heutigen Vorschulunterrichts abhängen. Überprüfen wir also im Hinblick darauf die vorliegenden Ergebnisse.

Diese Ergebnisse nun weisen Nuancierungen auf. Da eine Umkehrung von 25 % der Versuchspersonen mit 4 Jahren und von 73 % mit 5 Jahren (Tabelle 61) und eine doppelte Umkehrung von 8 bis 18 % mit 4–5 Jahren und von 85 % mit 6 Jahren verstanden wird, was einen gewissen Vorsprung gegenüber unseren Beobachtungen von 1946 bedeutet, haben wir in der Frage des Stellungswechsels (Frage 2 der Technik *A*, 3 der Technik *B*) keinen Fall gefunden, in dem eine Versuchsperson eine Veränderung der Position der mittleren Perle angekündigt hätte. Dagegen lassen bei der Zeichnung der Bahnen erst mit 8 Jahren mehr als 75 % der Versuchspersonen diese Perle an ihrer Stelle (40 bis 45 % mit 6 bis 7 Jahren), während mit 4 bis 5 Jahren der größte Teil der Versuchspersonen (Tabelle 63) hierzu nicht imstande ist. Tabelle 65 liefert zu diesem Punkt genauere Angaben:

Tabelle 65: Bahnen der mittleren Perle (in % der Versuchspersonen, alle Techniken zusammengenommen)

Alter (Jahre)	4	5	6	7	8
mit den anderen identische Bahnen	90	65,5	23,3	13	7,7
kleinere Bahnen (Zentrum)	10	17,7	36,7	41,9	6,6
keine Bahn (richtig)	0	6,8	40	45,1	85,7

73 William R. Charlesworth, *The Growth of Knowledge of the Effects of Rotation and Shaking on the Linear Order of Objects,* Vorlage (vervielf.) für die Minnesota Psychological Association Convention von 1962.

Wenn man die verkleinerten Bahnen, die zum Mittelpunkt zurückführen, als richtige zählt, sieht man, daß die Frage erst mit 6 Jahren zu einer korrekten Repräsentation führt (>75 %). Freilich ist das Bild nur symbolisch. Wenn man das Kind indes bei diesen Zeichnungen fragt, was die mittlere Perle »in Wirklichkeit« tut, gibt es drei Arten von Reaktionen:

1. Die einen, von 4 Jahren an, sagen wie Sen ... (4;11): »Sie ist immer in der Mitte, sie kann nicht als erste herauskommen«; 2. andere zögern und nehmen erst an, daß sie ihre Stellung ändern kann, korrigieren sich dann aber; 3. andere sagen schließlich wie Man ... (4;10): »Wenn man viele Male dreht, kann sie als erste herauskommen«, oder wie Gé ... (4;10): »Die grüne kann zuerst herauskommen.« Man erkennt also, wie wir früher einmal gesagt haben, daß Hilberts berühmtes Axiom der Reihenfolge: »Wenn *B* zwischen *A* und *C* liegt, so befindet es sich auch zwischen *C* und *A*«, anscheinend nicht einer Einsicht *a priori* entspricht. Diese Einsicht, die noch mit 4 bis 5 Jahren schwach ist, scheint im Gegenteil aus einer Konstruktion hervorzugehen, und wenn diese auf dieser Stufe schon beinahe vollendet ist, dann wird man zweifellos im Alter von 2 bis 3 Jahren die Anfänge finden, und zwar dann, wenn es gelingen wird, das präoperatorische Denken in diesen frühen Altersstufen mit Hilfe von Techniken zu untersuchen, die sich von jedem Rückgriff auf die Sprache befreit haben.

Abschließend ist zu sagen, daß die genannten Fakten ein bemerkenswertes Beispiel der Beziehungen zwischen den inneren Bildern und den Operationen bilden: den ordinalen Operationen, die früh da sind, entsprechen die gleichfalls frühen bildhaften Vorstellungen vom Ergebnis der Stellungswechsel, und den späteren Operationen der Lageveränderung (*de déplacement*) entsprechen die gleichfalls späten Bilder von den Bahnen der Perlen. Was die erste dieser beiden Entsprechungen anbetrifft, so ist es des Fehlens einer Untersuchung der früheren Altersstufen wegen nicht möglich zu sagen, ob das Bild der Operation vorausgeht und sie vorbereitet oder ob diese jenes lenkt oder ob sie sich gegenseitig stützen. Was dagegen die zweite Entsprechung anbetrifft, so sind zwei Umstände daran erstaunlich. Erstens, daß 3 oder 4 Jahre Abstand zwischen dem Bild der Positionen und demjenigen der Bahnen liegen (diese werden erst nach 9 Jahren bewältigt), während sich die Operationen der Lageveränderung mit 7 bis 8 Jahren ausbilden. Man versteht nun gut, daß diese letzteren komplizierter sind als die ordinalen Operationen (Erhaltung der Längen, Orientierung, usw.), wogegen die Schwierigkeit, sich die Bahnen der Perlen vorzustellen, nachdem einmal ihre Positionswechsel gegeben sind, mit Sicherheit überraschend ist. Die zweite erstaunliche Tatsache bei dieser Untersuchung ist der über lange Zeit symbolische Charakter dieser Vorstellung von den Bahnen und das späte Auftreten der Bemühung um eine adäquate Repräsentation. Diese beiden Umstände zusammengenommen scheinen den Schluß nahezulegen, daß sich in diesem Fall das kinetische Antizipationsbild, soweit es sich auf die Bewegung selbst bezieht (*AKM* im Gegensatz zu *AKP*), nicht bilden kann, ohne Stütze und Lenkung im operatorischen Denken zu suchen, wobei das Beispiel der sichtbaren Drehungen des näheren zeigt, daß die Wahrnehmung eines Vorganges keineswegs ausreicht, um daraufhin eine adäquate Vorstellung zu garantieren.

§ 9. Antizipation der Positionen von sechs Elementen auf einer sich drehenden Scheibe

I. – Als Ergänzung zur vorhergehenden Untersuchung kann es interessant sein, den Fall einer kreisförmigen und nicht mehr linearen Anordnung zu betrachten, wofür wir zunächst sechs Elemente heranziehen, um zu sehen, ob die Permutation von zwei polaren Elementen den Positionswechsel der vier anderen Elemente nach sich zieht, ohne die allgemeine Reihenfolge zu verändern (dieser erste Teil der Untersuchung wurde mit Cl. Émery durchgeführt).

Das Material setzt sich aus drei Kartons von 9 cm Seitenlänge und 1 cm Dicke zusammen. Auf jeden dieser Kartons ist ein Kreis von weißem Papier mit 8 cm Durchmesser geklebt. Der Kreis des Kartons I ist von sechs Reißnägeln eingefaßt, die in regelmäßigen Abständen (60°) gesetzt und von verschiedener Farbe sind, und zwar in der Reihenfolge: rot, braun, weiß, schwarz, gelb und blau (der rote und der schwarze liegen an den Endpunkten des Durchmessers parallel zum Rand des Tisches). Der Kreis des Kartons II ist von sechs Löchern durchbohrt, die den Positionen der Reißnägel in I entsprechen, und in

die das Kind seine eigenen farbigen Reißnägel einstecken kann. Der Kreis des Kartons III ist demjenigen von I gleich, aber er wird in seinem Mittelpunkt von einer vertikalen festen Achse durchschnitten, die erlaubt, die Vorrichtung in Drehung zu versetzen. Es ist möglich, an ihm eine Sichtblende aus Papier anzubringen, die nur einen einzigen Nagel sichtbar läßt.
Die Untersuchung verläuft in zwei Abschnitten. Man beginnt damit, daß man das Kind, das den Karton I vor sich hat, auffordert, sich die Drehung des Kreises, den es sieht, vorzustellen und die Position der Farben nach Drehungen zu antizipieren; die Reißnägel, die das Kind zur Verfügung hat, sind auf dem Tisch verstreut, und es soll sie auf dem Kreis II in diese antizipierten Positionen einsetzen. Da der rot-schwarze Durchmesser parallel zum Tischrand verläuft, geht man immer vom roten Reißnagel (links) aus, und der Versuchsleiter stellt Fragen zur Drehung, indem er einfach anzeigt, bis wohin sie gehen wird. Es handelt sich also darum, sich die Position der Perlen vorzustellen, wenn die rote »so (Geste im Uhrzeigersinn) bis zum Platz der schwarzen (= 180°) geht«; dann, wenn die rote »zum Platz der blauen geht (60° in umgekehrter Richtung)«; und schließlich, wenn die rote »zum Platz der schwarzen geht«, aber in der gegenüber der ersten Drehung umgekehrten Richtung.
In einem zweiten Teil der Befragung zeigt man den Kreis III (mit rot-schwarzem Durchmesser in derselben parallelen Position zum Rand des Tisches), und man läßt das Kind seine Übereinstimmung mit dem Kreis I feststellen, der im folgenden als Anhaltspunkt oder Gedächtnisstütze dient. Man bringt als nächstes die Sichtblende an, die nur den roten Reißnagel sichtbar läßt, und man fährt fort, aber dieses Mal materiell, mit denselben drei Drehungen, die es vorher zu antizipieren galt (180° in direkter Richtung, 60° in umgekehrter Richtung und 180° in umgekehrter Richtung); die Versuchsperson sieht also nur die Verschiebung des roten Reißnagels und soll die Positionen von fünf anderen Reißnägeln, die verdeckt bleiben, rekonstruieren (indem die vorgelegten Reißnägel auf den Kreis II gesetzt werden).

Nach jeder Reaktion fordert man das Kind auf, seine Antwort zu begründen. Man sieht also, daß sich das Problem von demjenigen des vorhergehenden unterscheidet: es handelte sich dort darum, sich die Positionen von drei Perlen, die ihre lineare Reihenfolge umkehren, vorzustellen, während hier die zyklische Reihenfolge von sechs Perlen wiederhergestellt werden muß, bei denen nur die Lageveränderungen einer einzigen gegeben sind. Es ging vorher insbesondere darum, sich die in Frage kommenden Bahnen vorzustellen, während bei der vorliegenden Untersuchung der Akzent nicht auf die Bahnen gelegt wurde, da sie alle kreisförmig sind, sondern nur die Ergebnisse der Drehungen betrachtet wurden (außer bei den Kleinen, wenn sie sich Sprünge zwischen dem roten und dem schwarzen Reißnagel vorstellen, während die vier anderen ihre Position beibehalten).

Die Lösungen lassen sich in vier Typen einteilen:
A. keiner der Reißnägel ist an seinem Platz (außer dem roten natürlich);
B. der rote und der schwarze sind korrekt vertauscht, aber die anderen haben ihre Position nicht verändert;
C. der rote und schwarze sind vertauscht, aber die anderen haben paarweise die Plätze gewechselt, und zwar nach drei Varianten:
a) sie gehen über Kreuz in der Weise, daß sie an der Seite des Reißnagels bleiben, den sie am Anfang umgaben (zum Beispiel: schwarz, weiß, braun, rot, blau und gelb); b) diejenigen, die sich um den roten gruppierten, gruppieren sich jetzt um den schwarzen und umgekehrt; c) Kombination der beiden vorhergehenden Vorgänge mit möglicherweise einem oder zwei Reißnägeln an ihrem richtigen Platz.
D. Vollständig richtiges Ergebnis. Hier zunächst (Tabelle 66) die quantitativen Ergebnisse bei 16 Versuchspersonen von 4–5 Jahren, 21 von 6 bis 7 Jahren und 16 von 8 bis 9 Jahren bei der Drehung um 180° in richtiger Richtung, und bei der Drehung um 60°. Die Ergebnisse bei beiden Arten von Fragen (mit oder ohne Sichtblende) sind wegen des Fehlens bedeutender Unterschiede zusammengefaßt worden:

Tabelle 66: Position der sechs Reißnägel bei Drehung um 180° und um 60° (in % der Lösungen)

	180°				60°			
	A	*B*	*C*	*D*	*A*	*B*	*C*	*D*
4–5 Jahre	25,2	19,0	38,7	17,1	18,4	15,6	38,5	27,5
6–7 Jahre	11,5	9,2	46,2	33,1	2,5	4,8	25,5	67,2
8–9 Jahre	1,5	0	22,0	76,5	0	0	6,5	93,5

Man sieht also, daß die Repräsentation der Positionen der sechs Reißnägel erst um 8 Jahre herum genau wird (mit einem gewissen Vorsprung bei 60° gegenüber 180°), während die Umkehrung der linearen Ordnung mit 6 Jahren bei 3 Perlen bewältigt wird. Dieser Unterschied hängt zweifellos nicht einfach von der Anzahl der Elemente ab, sondern von den besonderen Schwierigkeiten der zyklischen Anordnung, die jetzt untersucht werden müssen, wobei wir die Fehlertypen *A–C* wieder heranziehen.

Das Verhalten zu Beginn (Typen *A–B*) besteht darin anzunehmen, daß die Drehung der Vorrichtung nicht auch die Drehung der Elemente, die auf ihr angebracht sind, zur Folge hat; außer daß das Kind, nachdem der rote Reißnagel den Platz des schwarzen eingenommen hat, den schwarzen ganz natürlich an den Platz setzt, den der rote eingenommen hatte, und zwar durch eine Art Pseudo-Permutation, die nur eine erzwungene Substitution ist. Machen wir uns klar, daß dieses Fehlen der Drehung der Elemente physikalisch auch in anderen Situationen möglich ist: wenn man einen Behälter langsam dreht, so drehen sich weder die Flüssigkeit, die er enthält, noch die schwimmenden Objekte mit (zumindest nicht in derselben Geschwindigkeit). Dieses Experiment ist notwendig, damit man lernt, daß eine sich drehende Scheibe, auf die Reißnägel gesteckt sind, diese immer in ihre Bewegung mitnimmt.
Wenn das einmal klar ist, verändern manche Versuchspersonen (unter *A* eingeordnet) die Positionen willkürlich, aber das Kind kommt schnell dazu, daß es sich Regelmäßigkeiten ausdenkt, d. h. Lageveränderungen, die etwas invariant erhalten. Nur ist die erste erhaltene Relation nicht die der richtigen Reihenfolge, und das Kind gibt sich zunächst damit zufrieden, die Permanenz einer einfacheren Relation (Beziehung) sicherzustellen, von der wir früher einmal zu zeigen versucht haben, daß sie für die Ordnung konstitutiv ist[74]: nämlich die der Nachbarlage, unabhängig von der Richtung der Bahn (durch die Koordination der Nachbarlagen untereinander setzt sich diese Richtung der Bahn durch). Wenn die Versuchspersonen beispielsweise festgestellt haben, daß der braune und der blaue Reißnagel auf dem Modell den roten umgeben, dann setzen sie sie auch in der neuen Position neben ihn, aber in entgegengesetzter Richtung zur Bahnbewegung, so daß der, der oben war, auch oben bleibt und nicht »vor« den roten in der Richtung der Drehung tritt. Zur Erhaltung der Nachbarschaftslage kommt hier also eine bildhafte Pseudo-Erhaltung der oberen und unteren Positionen hinzu. Aber das ist nicht immer der Fall, und die Versuchsperson kann mit Hilfe von paarweisen Überkreuzungen vorgehen: während sie den roten und den schwarzen horizontal austauscht, wird sie zwei gegenüberliegende Perlen im Sinn dieser Richtung vertikal austauschen.[75] Sie wird auch Überkreuzungen und die Erhaltungen der Nachbarlage kombinieren, indem sie zum Beispiel um den schwarzen herum die Nägel setzt, die vorher den roten umgaben.
Diese verschiedenen Lösungen *C* nun (von denen keine für sich genommen sich regelmäßig mit dem Alter entwickelt) gehen einher mit einem systematischen Fehler bei der Vorstellung der Bahnen: alles geht so vor sich, als ob die Drehung der Vorrichtung ein allgemeines Durcheinander zur Folge hätte, so daß die Reißnägel unabhängig voneinander von einem Ort zum anderen springen, und vor allem, wie es die meisten Versuchspersonen im Alter von 4–5 Jahren ausdrücklich für möglich halten, die einen in die eine Richtung, die anderen in die andere. Zum Beispiel Phi (5 Jahre): »Sie drehen sich alle? – *Ja.* – Alle genauso? – *Ja.* – Die einen gehen in die eine Richtung, und die

74 *La représentation de l'espace chez l'enfant,* Kap. III.
75 Es ist zu beachten, daß die symmetrische und abstandsgleiche Anordnung, die beim folgenden Versuch (unter II) eliminiert sein wird, ein Artefakt einführen kann, das jedoch an sich interessant ist, weil es Pseudo-Erhaltungen nach sich zieht, die vom Bild oder der Konfiguration als solcher abhängen.

anderen in die andere (Gesten)? – *Ja.* – Wie ist der rote hierher gekommen? – *Er ist gesprungen* (Geste des direkten Sprungs auf die andere Seite). – Ist es möglich, daß er gesprungen ist? – *Ja.* – Hast du es gesehen? – *Nein, er ist nicht gesprungen, er ist plötzlich hierher gekommen, wie sich das gedreht hat.«* Und Der (5;7): »Sie wechseln alle den Platz? – *Nein, der blaue, der rote und der schwarze.* Und die anderen? – *Die Reißnägel oben haben sich nicht verändert.* – Wenn ich drehe, machen alle Reißnägel denselben langen Weg? – *Nein, es gibt welche, die legen einen großen Weg zurück und andere einen kleinen.«* Es ist zu beachten, daß der Glaube an diese Ungleichheit der Wege bis gegen 7 Jahre anhält.

Erst mit der Lösung *D*, also mit etwa 8 Jahren, werden die Nachbarlagen, das einzige konstante Element in diesem anfänglichen Durcheinander so miteinander koordiniert, daß eine permanente Ordnung der Abfolge gesichert ist: *Derjenige, der vor dem roten war, wird immer davor bleiben,* sagt also Nic (7;10), oder *derjenige, der hier dahinter kommt (I), kommt auch dort dahinter (II)* (Mal 8;7).

Wie wir früher gezeigt haben, reicht es nämlich aus, daß das Kind gleichzeitig die zwei Nachbarlagen eines Elementes berücksichtigt, und diese Koordination zieht die Bildung der richtigen Reihenfolge nach sich.

Wenn die für die Drehung von 60° erzielten Ergebnisse ungefähr ein Jahr früher liegen (Tabelle 66) als für 180°, so kann es gut sein, daß das daran liegt, daß das Kind bei 60° mehr von den Invarianzen der Nachbarlage und von den schrittweisen Lageveränderungen geleitet wird, während die Repräsentation der Positionen bei einer Drehung von 180° ein Mitwirken der Ordnungsoperationen nötig zu machen scheint, um eine allgemeine Verschiebung von drei Positionen systematisch zu bewältigen (von dem roten zum schwarzen): eine Lösung operatorischer Natur führt im allgemeinen zu einem Mehr an Fehlern, bevor die richtige Lösung erreicht wird. Im ganzen scheint die allgemeine Verspätung der vorliegenden Antizipationen gegenüber den Veränderungen der Reihenfolge der drei Perlen in der Untersuchung des vorhergehenden Abschnitts diese notwendige Mitwirkung der Operationen zu bestätigen, was uns im übrigen zu einiger Zurückhaltung bei der Interpretation der quasi-operatorischen Lösungen der Versuchspersonen bei diesem Experiment mit den drei Perlen führt.

Schließlich soll noch darauf hingewiesen werden (und das ist ein Beweis mehr zugunsten der Hypothese, daß sich die korrekten bildhaften Repräsentationen hier auf die Operationen stützen), daß wir bei den zur Drehung um 180° in umgekehrter Richtung befragten wenigen Versuchspersonen keine Unterschiede des Niveaus festgestellt haben zwischen dieser Antizipation der Positionen in umgekehrter Richtung und in normaler Ordnung; beide Arten von Reaktionen sind von 8 bis 9 Jahren an zu beobachten.

II. – Die genannten Ergebnisse betreffen eine gerade Zahl von symmetrisch verteilten Elementen. Bei allem, was mit der Untersuchung des Bildes wie mit der Wahrnehmung zu tun hat, kommt es darauf an, sämtliche Faktoren zu berücksichtigen, die bei der benutzten Vorrichtung eine Rolle spielen. Es schien uns also nützlich, zusammen mit J. Pascual-Leone zu untersuchen, welches Ergebnis diese selbe Untersuchung mit einer ungeraden Anzahl von Elementen (fünf), symmetrisch (in je 72° Abstand voneinander) oder asymmetrisch (Zwischenräume von 30°, 87°, 80°, 51° und 112°) verteilt, erbringen würde. Bei dieser Gelegenheit wurden andere Fragen hinzugefügt (siehe Abb. 27).

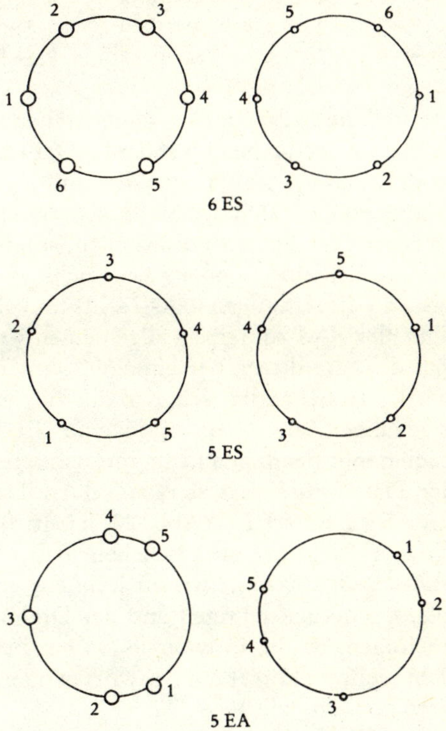

Abb. 27

Hier also zu Beginn das Ergebnis des Vergleichs unter denselben technischen Bedingungen und für eine Drehung um 180°, zwischen den drei Vorrichtungen zu 6 symmetrischen Elementen (Tabelle 66) zu 5 symmetrischen Elementen und zu 5 asymmetrischen Elementen (Tabelle 67):

Tabelle 67: Antizipation der Positionen von 6 symmetrischen Elementen (6 *ES*), 5 symmetrischen Elementen (5 *ES*) und 5 asymmetrischen Elementen (5 *EA*)[76] nach einer Drehung um 180°

	6 *ES*					5 *ES*					5 *EA*				
	A	*B*	*C*	*D*	*C+D*	*A*	*B*	*C*	*D*	*C+D*	*A*	*B*	*C*	*D*	*C+D*
4–5 Jahre	25	19	39	17	56	50	31	19	0	19	25	50	25	0	25
6–7 Jahre	12	9	46	33	69	50	25	19	6	25	8	33	58	0	58
8–9 Jahre	1	0	22	77	99	0	21	29	50	79	6	6	50	39	89

Man stellt fest, daß die Anlage zu 6 symmetrischen Elementen deutlich einfacher ist als die beiden anderen. Der Hauptgrund ist zweifellos der, daß es, um das Problem in diesem Fall zu lösen, nicht notwendig ist, sich den Stellungswechsel im Laufe der Drehung Schritt für Schritt vorzustellen, sondern daß es genügt, wenn man sich auf ein oder zwei Nachbarlagen stützt und gleichzeitig die Beziehungen links-rechts und oben-unten umkehrt (die Fehler *A–C* rühren im allgemeinen von der Tatsache her, daß die eine dieser Beziehungen ohne die andere umgekehrt wird); daraus ergibt sich, daß die Versuchsperson, wenn es ihr gelungen ist, die Position eines Elementes zu bestimmen, sich damit begnügen kann, intervertierend vorzugehen, um den Platz seines Vertreters zu finden. Dagegen hat bei den Figuren 5 *ES* und 5 *EA* (Abb. 27) das In-Beziehung-Setzen in schräger Richtung zu geschehen; dabei ist es, um sich die Vertauschungen vorstellen zu können, unerläßlich, die Reihenfolge zu berücksichtigen und der Drehung Schritt für Schritt zu folgen, da die Interversionen nur noch zu falschen und nicht mehr zu korrekten Antworten oder scheinbar richtigen führen können, wie bei 6 *ES*.
Hinsichtlich der Beziehungen zwischen den Vorrichtungen mit fünf Elementen stellt man fest, daß die radiale Symmetrie von 5 *ES* ein wenig die vollständig richtigen Ergebnisse *D*, verglichen mit der Asymmetrie von 5 *EA*, begünstigt, aber daß die Antworten *C*, die zumindest von einem Verständnis des Problems zeugen, bei 5 *EA* häufiger sind, woraus sich eine wesentlich höhere Summe von *C* und *D* ergibt. Der Grund dafür scheint zu sein, daß, die Fälle ausgenommen, in denen

76 Die neuen Versuchspersonen (für 5 *ES* und 5 *EA*) sind 16 bzw. 12 Kinder von 4–5 Jahren, 16 bzw. 12 von 5–6 und 13 bzw. 18 von 8–9 Jahren.

sich das Bild auf ein korrektes operatorisches Verständnis stützt, der figurale Faktor der Symmetrie der Versuchsperson falsche Lösungsmöglichkeiten anbietet, während die Struktur 5 *EA* mehr Überlegung erfordert, weil sie, was die herzustellenden Entsprechungen anbetrifft, objektiv schwieriger bleibt.

Es wurden dann zu den Anordnungen 5 *ES* und 5 *EA* dieselben Fragen gestellt wie für 6 *ES*: 1. Haben sich alle Reißnägel bewegt? 2. legen alle Reißnägel denselben langen Weg zurück? 3. drehen sie sich alle in derselben Richtung? 4. wie sieht ihr Weg aus? (das wird wegen des Urteils über die Richtung der Drehung gefragt). Der Prozentsatz der richtigen Antworten auf diese vier Fragen ist auf Tabelle 68 angegeben.

Es wird also in jedem Alter von mindestens (oder beinahe) 75 % der Versuchspersonen angenommen, daß alle Elemente im Fall der Drehung der Scheibe ihren Platz wechseln. Dagegen ist es weder für die Kleinen noch sogar für die 6–7jährigen bei 5 *ES*, noch für die 8jährigen bei 5 *EA* klar, daß die Länge des Wegs für alle Reißnägel die gleiche ist, und das vor allem in asymmetrischer Anordnung: bei den Kleinen aus figuralen Gründen, und bei den Großen zweifellos deshalb, weil ein auf operatorischer Ebene noch nicht gelöstes Problem (Tabelle 68) oft den Anlaß zu komplizierten Hypothesen bildet (in diesem Fall die Ungleichheit der Zwischenräume betreffend).

Tabelle 68: Urteile bei den Antizipationen der Drehung 1 (in % der Versuchspersonen)[77]

5 *ES*

	1	2	3	4 (rot. +)	4 (rot. −)	4 (gerade)
4–5 Jahre	86 (80)	62 (45)	46 (43)	63 (33)	31 (42)	50 (59)
6–7 Jahre	88 (79)	38 (25)	85 (77)	80 (100)	33 (29)	27 (13)
8–9 Jahre	92 (100)	100 (65)	91 (100)	100 (100)	14 (25)	0 (0)

5 *EA*

	1	2	3	4 (rot. +)	4 (rot. −)	4 (gerade)
4–5 Jahre	67 (78)	13 (43)	86 (25)	90 (100)	50 (89)	10 (11)
6–7 Jahre	100 (91)	80 (55)	100 (100)	92 (100)	0 (40)	0 (20)
8–9 Jahre	100 (94)	56 (53)	100 (100)	100 (100)	28 (11)	5 (0)

77 In Klammern die Drehungen im umgekehrten Uhrzeigersinn.

Außerdem sieht man, daß im umgekehrten Uhrzeigersinn (Ergebnisse in Klammern) die Gleichheit der Bahnen immer stärker zweifelhaft erscheint.

Was die Richtung der Bahnen anbetrifft, so sind die Versuchspersonen von 4–5 Jahren noch nicht sicher, daß alle beweglichen Objekte derselben Richtung folgen, zweifellos auf Grund der mit der zyklischen Anordnung verbundenen Schwierigkeiten. Andererseits ist es interessant festzustellen, daß die Häufigkeit der geraden Bahnen bei 5 *ES* größer ist als bei 5 *EA*, ebenso wie eine detaillierte Statistik eine immer größere Anzahl von Vertauschungen bei 5 *ES* als bei 5 *EA* ergibt: diese Gegebenheiten bestätigen, daß das Vorhandensein einer Symmetrie die Versuchspersonen dazu bringt, sich den Rückgriff auf die Drehung für die Vorstellung der Verschiebungen zu ersparen. Sie verwenden lieber die Relationen links-rechts und oben-unten, wie in 6 *ES*, oder sogar »gegenüber«, wie in 6 *ES*, bis zu dem Moment, in dem sie die Notwendigkeit verstehen (die ihnen durch die Anordnung 5 *EA* aufgedrängt wird, daher ihre Schwierigkeit), sich auf die zyklische Reihenfolge selbst zu stützen, was dann dazu führt, daß sich die bildhafte Vorstellung auf das operatorische Verständnis stützt.

§ 10. Antizipation der Verlängerung von Bewegungen konstanter Geschwindigkeiten, deren Anfang wahrgenommen wird

In den meisten der zuvor untersuchten Situationen ist es verständlich, daß mehr oder weniger bedeutende zeitliche Verschiebungen zwischen dem operatorischen Verständnis und der Bildung eines adäquaten Bildes auftreten können: man kann zum Beispiel bei einem Kippvorgang (§ 6) begreifen, daß er eine Drehung einschließt, das heißt eine Vertauschung der Endpunkte des kippenden Objekts, ohne deswegen die Details dieser Drehung in präzisen Bildern visualisieren zu können. Wenn wir jetzt die Untersuchung von Bildern vornehmen, die es gerade mit der Geschwindigkeit der Bewegungen zu tun haben, so würden wir demgegenüber gerne eine Situation analysieren, in der Bild und Operation enger miteinander verbunden und vielleicht sogar voneinander abhängig zu sein scheinen. Man muß sich nämlich daran erinnern, daß das Kind, bevor es den metrischen Begriff der Geschwindigkeit ($v = e{:}t$) erlangt, der sehr spät auftritt, weil er die Proportionalität oder das In-Beziehung-Setzen zweier Größen zueinander bedeutet, damit beginnt, zwei Bewegungen nur in ordinalen

(Überholen, also Veränderung der räumlich-zeitlichen Anordnung) oder hyperordinalen Begriffen miteinander zu vergleichen (im Sinne von Suppes, was hier bedeutet, daß die einzelnen aufeinanderfolgenden Zwischenräume zwischen zwei beweglichen Objekten verglichen werden, und zwar danach, wie sie wachsen, kleiner werden oder gleich bleiben).[78] Nun sind diese ordinalen oder hyperordinalen Vergleiche in den meisten Situationen nur möglich, wenn die Verlängerung der wahrgenommenen Bewegungen antizipiert wird: ein halbes Einholen zum Beispiel wird im allgemeinen von der Versuchsperson nur verstanden, wenn sie imstande ist, die Folge der Bewegungen bis hin zum eigentlichen Einholen und zum späteren Überholen zu antizipieren. In einem solchen Fall scheint sich also das operatorische Verständnis auf ein Bild stützen zu müssen, da die Tatsache, daß die späteren Bewegungen antizipiert werden, eine gewisse bildhafte Repräsentation vorauszusetzen scheint. Aber umgekehrt setzt ein solches Bild seinerseits vielleicht das operatorische Verständnis der perzeptiven Gegebenheiten voraus, die der Antizipation voraufgehen, es sei denn, man nähme an, daß das Bild ohne weiteres die voraufgegangenen Wahrnehmungen verlängert, und zwar nur als Wahrnehmungen.

Es liegt hier also ein interessantes Problem vor, was die Beziehungen zwischen der kinetischen Antizipation und den Operationen anbetrifft, ein Problem, dessen Lösung eine getrennte Untersuchung zunächst der einfach reproduktorischen, dann der antizipatorischen Bilder und ihrer Beziehungen zueinander verlangt. Diese Untersuchung wurde mit E. Schmid-Kitsikis und M. Boehme nach folgender Technik durchgeführt:

Die in Betracht kommenden beweglichen Objekte (kleine rote und gelbe Autos) folgen zwei geradlinigen parallelen Bahnen von 90 cm, deren letztes Drittel von einem Tunnel verdeckt ist. Die sichtbaren Bewegungen dauern 1½ Sek. mit konstanten Geschwindigkeiten und umfassen: 1. einen Überholvorgang (gerade vor dem Eintritt in den Tunnel); 2. ein Einholen (genau im Moment des Eintritts); und 3. ein halbes Einholen (wobei die beweglichen Objekte direkt nach dem Eintritt zusammentreffen). Die Ausgangspunkte sind verschoben, eines der beweglichen Objekte ist schneller als das andere, aber einmal ist es das rote, ein anderes Mal das gelbe, und alle beiden bleiben im Tunnel stehen. Das Kind sitzt direkt gegenüber der Mitte der Bahnen, den

78 Aber unabhängig von der metrischen Verhältnismäßigkeit.

Blick senkrecht zu ihnen. Es verfügt über ein Papierband von 180 cm Länge, ohne Tunnel (wobei aber das dem Tunnel entsprechende Drittel wie dieser selbst blau eingefärbt ist), und es weist alle 10 cm kleine Striche auf, die es in gleiche Teile unterteilen, so daß der Versuchsleiter feststellen kann, ob die Versuchsperson die Zwischenräume zwischen seinen Autos variieren läßt, wenn sie die wahrgenommenen Bewegungen reproduziert oder verlängert. Dieses Band von 180 cm ist länger als die Modellbahn von 90 cm, um die Antizipation dessen, was nach Eintritt in den Tunnel geschieht, zu ermöglichen.

Die gestellten Aufgaben sind: a) Verlängerung der wahrgenommenen Bewegungen, indem diese in ihrem sichtbaren Teil reproduziert werden und die Folge antizipiert wird (aber ohne Pause zwischen beidem, so daß die Gesamtbewegung ein einziges Ganzes bildet); diese Aufgabe *a* wird unmittelbar nach dem Anhalten der Autos im Tunnel gestellt, also ohne sichtbaren Ankunftspunkt; b) Abschätzen der Geschwindigkeiten (das betrifft nicht das innere Bild, aber es verhilft uns dazu, seine Stufe mit der der kinematischen Operationen in Beziehung zu setzen); c) Reproduzieren der auftretenden Bewegungen; hierbei wird der Tunnel weggenommen, und die Frage besteht nur noch darin, die Bewegungen in ihrer Gesamtheit nachzuahmen, aber nach ihren jeweiligen konstanten Geschwindigkeiten und ohne sich auf die Anfangs- und Endpositionen zu beschränken (diese Bewegungen werden natürlich anläßlich dieser Aufgabe nochmals gezeigt).

Man sieht, daß die Fragen *a*) und *c*) ausschließlich die inneren Bilder betreffen, die reproduktorischen *c*) und die antizipatorischen *a*), und dies mit Hilfe einer Methode gestischer Imitation[79] und nicht der Zeichnung. Man verlangt keineswegs (im Gegensatz zu Frage *b*), die Geschwindigkeiten abzuschätzen, sondern ausschließlich zu reproduzieren, was man gesehen hat, und es in gestische Antizipation zu verlängern: wenn diese letztere zu einem allgemein richtigen Ergebnis geführt hätte, so hätte man sogar vermuten können, sie bestünde lediglich in einem einfachen Festhalten (*persévération*). Mit den bei 161 Kindern von 5 bis 11 Jahren erzielten Ergebnissen sollte nun einerseits gezeigt werden, daß sogar die Reproduktionen weit davon entfernt sind, durchgehend korrekt auszufallen, und daß die Antizipation andererseits sogar im Falle einer exakten Reproduktion nicht als eine einfache Fortsetzung aus ihr hervorgeht, sondern daß sie neue und originale Beiträge voraussetzt.

79 Die gestische Nachahmung bedeutet also, daß das Kind die Bewegungen auf ihrer Bahn (Papierstreifen) reproduziert, und mit seinen eigenen Bewegungen (die Modellbewegungen werden mechanisch ausgeführt, um eine genaue Synchronie zu erreichen), wobei es seine Autos in der Hand hält.

Um mit der gestischen Reproduktion (mit Autos) zu beginnen, so ist es erstaunlich festzustellen, wie sehr sie den präoperatorischen und dann operatorischen Begriffen entsprechender Altersstufen entspricht, und nicht nur den Wahrnehmungsbildern, die als Modelle vorgelegt werden. So gesehen empfiehlt es sich, eine Reproduktion nicht nur dann als richtig zu betrachten, wenn sie die Ordnung der Anfangs- und Endpositionen der beweglichen Objekte beachtet (ordinale Reproduktion), sondern auch, wenn sie zumindest symbolisch die Kontinuität der Bewegung und die Erhaltung der Geschwindigkeit ausdrückt. Bei den Kleinen nun hat bei der Reproduktion wie im Begriff die Ordnung der Ankunftspunkte gegenüber dem ganzen Rest Vorrang, und die Nachahmung der Bewegung geht stoßweise vor sich, ohne Erhaltung der Geschwindigkeit und vor allem mit Beschleunigung vor dem Aufholen und einer zeitweiligen Vergrößerung des Zwischenraums nach dem Überholen. Erst mit etwa 8 Jahren stellen die Versuchspersonen von sich aus fest, daß man, um die Bewegungen genau reproduzieren zu können, die Objekte »fahren sehen«, das heißt, das kinetische Kontinuum (mit Erhaltung der Geschwindigkeit) und nicht nur die Ankunfts- und Ausgangspunkte berücksichtigen muß. Wir unterscheiden also in Tabelle 69 die hyperordinalen Reproduktionen, die sich auf die Zwischenräume beziehen, und die ordinalen Reproduktionen, die sich nur auf die Reihenfolge der beweglichen Gegenstände selbst beziehen.

Tabelle 69: Gelungene hyperordinale Reproduktionen der Bewegungen zweier beweglicher Objekte (im Modell ohne Tunnel; in Klammern: ordinale Reproduktionen, in % der Versuchspersonen)

	5 Jahre (N=15)	6 Jahre (N=14)	7 Jahre (N=14)
Überholen	20 (40)	35,7 (71,4)	64,2 (85,7)
Einholen	13,3 (20)	14,2 (57,1)	42,8 (64,2)
halbes Einholen	0 (26,6)	7,1 (30,7)	50 (50)

	8 Jahre (N=15)	9 Jahre (N=10)	10–11 Jahre
Überholen	73,3 (100)	100 (100)	
Einholen	66,6 (66,6)	100 (100)	
halbes Einholen	46,6 (46,6)	60 (100)	81 (100)

Man sieht also, daß das Überholen bei der Reproduktion wie auf der Ebene des Begriffs die von den Versuchspersonen am leichtesten zu bewältigende Situation darstellt, und zwar des Wechsels der Reihenfolge wegen, den es mit sich bringt.
Nichtsdestoweniger erreichen die richtigen Ergebnisse erst mit 7–8 Jahren 75 %, gerade auf der Stufe, auf der der Begriff des Überholens die Stufe der ordinalen Operationen erreicht und sich nicht mehr auf die bevorzugte Blickrichtung auf die Ankunftspunkte gründet. Man stellt auch fest, daß die einfache ordinale Reproduktion bei den drei Situationen viel leichter ist als die der Zwischenräume (hyperordinale Reproduktion). Es ist also sehr interessant festzustellen, daß man diese beiden Reihenfolgen im Schwierigkeitsgrad auf der Ebene der einfachen Reproduktion und auf der Ebene der Antizipationen wiedertrifft, obgleich doch diese nur darin bestehen, daß die wahrgenommene Bewegung verlängert wird, oder genauer gesagt, daß einfach die Reproduktion der vor Eintritt in den Tunnel wahrgenommenen Bewegung verlängert wird (Frage *a*). Wir sehen aber, daß diese antizipatorische Verlängerung noch weniger gelingt als die Reproduktion: wenn alle einer Antizipation fähigen Versuchspersonen eine exakte Reproduktion geliefert haben, so trifft das Umgekehrte bei weitem nicht ebenso zu, insofern, als eine Anzahl von Versuchspersonen (um so mehr, je jünger sie sind) die ohne Tunnel wahrgenommenen Bewegungen korrekt reproduzieren, ohne daß es ihnen gelingt, sich die Fortsetzung der vor dem Eintritt der beweglichen Objekte in den Tunnel wahrgenommenen Bewegungen innerhalb des Tunnels vorzustellen, obwohl es sich um dieselben Bewegungen handelt, jedoch nach den entsprechenden Aufhol- und Überholvorgängen; anderen Versuchspersonen gelingt es nicht einmal, sich dieses unsichtbare Aufholen und Überholen vorzustellen, und sie verlängern die wahrgenommenen Bewegungen, als ob die sich in dem Tunnel vollziehenden Bewegungen nicht eine Verlängerung der vor ihrem Eintritt in diesen Tunnel wahrgenommenen Bewegungen darstellten, sondern der gerade vor diesem Eintreten erreichten Positionen! Wir unterscheiden also in Tabelle 70 zwei Arten von Antizipationen, und zwar die einfach ordinalen, das heißt, die nur die Reihenfolge der beweglichen Objekte (vorher oder nachher) berücksichtigen, ohne die Größe der

Zwischenräume zwischen ihnen zu betrachten, und die »hyperordinalen«, das heißt diejenigen, die voraussehen, daß der Zwischenraum zwischen den beweglichen Objekten nach dem Aufholen allmählich größer wird:

Tabelle 70: Ordinale (*O*) und hyperordinale (*Ho*) Antizipationen, bezogen auf die Zahl der exakten hyperordinalen Reproduktionen (in Klammern *O* + *Ho* in absoluten %)[80]

Alter und *N* der Vpn.[81]	Überholen[82] Ho		Ho+O abs.	Einholen Ho		O	Ho+O abs.
5 Jahre (29)	10,6	7 s.	31,5	0	10 s.	50	18,0
6 Jahre (30)	22,2	9 s.	53,2	10	20 s.	60	46,6
7 Jahre (24)	40	15 s.	70,7	22,2	18 s.	53,3	49,9
8 Jahre (25)	43,8	16 s.	72,0	10,5	19 s.	57,8	56,0
9 Jahre (34)	50,0	20 s.	76,1	27,2	22 s.	45,4	50,0
10–11 Jahre (19)	76,5	17 s.	89,4	72,2	18 s.	16,6	84,1

Alter und *N* der Vpn.[81]	halbes Einholen Ho		O	Ho+O abs.
5 Jahre (29)	0	13 s.	15,3	7,0
6 Jahre (30)	16,6	12 s.	58,3	43,2
7 Jahre (24)	25,0	8 s.	25,0	21,6
8 Jahre (25)	15,3	13 s.	55,8	52,0
9 Jahre (34)	38,8	19 s.	55,5	51,5
10–11 Jahre (19)	77,0	16 s.	23,0	81,2

Man vermerkt zunächst, und das ist wesentlich, den allgemeinen Rückstand der Antizipationen gegenüber den Reproduktionen (Tabelle 69) in absoluten Prozenten, während man eine

80 Die Reproduktionen, in bezug auf welche die *relativen* Antizipationen dieser Tabelle berechnet sind, sind nicht die der Tabelle 69, welche bei einer Situation ohne Tunnel beobachtet worden sind. Bei dem vorliegenden Versuch, der mit Tunnel vorgenommen wird, reagieren die Versuchspersonen mit der Produktion einer einzigen und vollständigen Bewegung, die jedoch zwei (nicht getrennte) Teile umfaßt: *a*) die Reproduktion dessen, was sie vor dem Tunnel wahrgenommen haben; und *b*) die Antizipation der Fortsetzung im Tunnel. Die *relativen* Antizipationen der Tabelle sind in bezug auf die Reproduktionen (*a*) berechnet. Dagegen sind die in Klammern und in *absoluten* % gegebenen gelungenen Antizipationen ohne Berücksichtigung der Erfolge bei den Reproduktionen (*a*) berechnet.

81 Diese Versuchspersonen sind nicht zu allen Aufgaben befragt worden (vgl. 7 f, 9 f, usw.)

82 Beim Überholen sind keine Reihenfolgen zu antizipieren (0), da sie schon gegeben sind; hieraus resultiert die größere Anzahl von absoluten als von relativen % im Fall des Überholens.

einfache Verlängerung dieser in jenen hätte erwarten können.[83]

Zwei weitere Ergebnisse erstaunen an dieser Tabelle 70. Das eine ist der deutliche Rückstand der Antizipationen des hyperordinalen Typs hinter denen des ordinalen Typs, anders gesagt, die Schwierigkeit, das regelmäßige Anwachsen der Zwischenräume nach dem Überholen zu antizipieren. Während die Wahrnehmung der Geschwindigkeiten[84] diese Veränderungen der Zwischenräume berücksichtigt, wie die Wirkungen der scheinbaren Beschleunigung beweisen, die sich aus der Unterschätzung der abnehmenden Zwischenräume oder der Überschätzung der zunehmenden Zwischenräume ergibt, scheint das Antizipationsbild der Bewegungen diese hyperordinale Stufe erst mit 10–11 Jahren für die drei Situationen des Überholens, des Aufholens und des halben Aufholens zu erreichen. Diese Tatsache nun ist von einem gewissen Interesse, weil hier die Stufe des Übergangs liegt zwischen den ordinalen Operationen (Einschätzen von Geschwindigkeiten dank dem Wechsel in der Anordnung der beweglichen Objekte, oder Überholen) und den metrischen Operationen (Beziehungen zwischen durchlaufenen Strecken und Zeiten im Vergleich zwischen aufeinanderfolgenden Bewegungen). Freilich ist das Kind von etwa 8 bis 9 Jahren fähig, beim Vergleichen zwischen synchronen oder teilweise synchronen Bewegungen zu entscheiden, ob das Objekt, das den längeren Weg zurückgelegt hat, bei gleichen Zeiten schneller ist oder ob dasjenige, das als letztes losgefahren ist oder als erstes ankommt, bei gleichen Strecken gleichfalls eine größere Geschwindigkeit zeigt. Es handelt sich hier aber nicht um Maße, und die ordinalen Kennzeichen, die sich auf die Endpunkte der Bahnen beziehen, reichen für diese qualitativen Zuordnungen von Zeiten und Entfernungen aus, denn die Erhaltung der Geschwindigkeiten ist zu diesem Zeitpunkt noch nicht wirksam. Im Gegenteil, die hyperordinalen Antizipationen, deren Bildung die Tabelle 70 mit etwa 10–11 Jahren zeigt, schließen die Erhaltung der beiden miteinander verglichenen Geschwindigkeiten ein, und diese Erhaltung setzt, ohne eigentliches Messen einzuschließen, eine zumindest qualitative Proportionalität voraus.[85] Wenn nun die Proportionalität eine Struktur ist, die einfach wahrzunehmen ist (daher der hyperordinale Charakter der Geschwindigkeitswahrnehmung), so scheint ihre bildhafte Repräsentation die Wahrnehmung nicht ohne weiteres zu verlängern, sondern sich auf das operatorische Verständnis zu stützen; das macht das Interesse an diesem späten Auftreten der hyperordinalen Antizipationen aus. Die ordinalen Antizipationen dagegen, die einfach in der Voraussage bestehen, daß sich ein halbes Aufholen in ein Aufholen und dann in ein Überholen verlängern wird, daß ein Aufholen zu einem Überholen führen wird und daß ein Überholen zu einer Vergrößerung des Abstands führen wird (unabhängig von einer genauen Abschätzung der Zwischen-

83 Man beachte, daß die Tabellen 69 und 70 nicht ohne weiteres vergleichbar sind, da der Ausgangspunkt im Fall der Reproduktion vor dem Tunnel vom Versuchsleiter korrigiert worden ist, während bei der Antizipation ohne Tunnel (die eine teilweise Reproduktion des sichtbaren Teils einschließt) nichts korrigiert wurde.

84 J. Piaget, Y. Feller, E. McNear, »Essai sur la perception des vitesses« in: *Arch. de Psych.* Nr. 144

85 Vgl. Piaget, *Les notions de mouvement et de vitesse chez l'enfant,* Kap. X

räume), – diese Antizipationen entsprechen lediglich präoperatorischen Einsichten, bevor sie sich auf die ordinalen Operationen stützen.
Die zweite interessante Tatsache, die Tabelle 70 ausweist, ist die, daß – absolut gemessen – bei Antizipationen ebenso wie bei Reproduktionen das Abnehmen der positiven Resultate vom Überholen zum halben Aufholen wiedererscheint und daß, wenn man sie zu den Reproduktionen selbst in Beziehung setzt, die hyperordinalen Antizipationen beim Überholen verglichen mit den beiden anderen Situationen deutlich vorn liegen. Dieses neue Faktum tritt also zu dem vorher besprochenen hinzu als Argument für das Vorliegen eines Parallelismus zwischen der Entwicklung der Bilder und der der Operationen.

Damit kommen wir also zu dem Parallelismus, der dem zentralen Problem entspricht, das diese kinetischen Antizipationen aufwerfen, da, wie am Anfang dieses Abschnitts gesagt wurde, die begriffliche Abschätzung der Geschwindigkeiten im allgemeinen derartige Antizipationen voraussetzt. Man hätte auf der anderen Seite verstehen können, daß diese die Wahrnehmung der vorhergehenden Bewegungen ohne weiteres verlängern, während die Reproduktion dieser wahrgenommenen Bewegungen in der Tat deren operatorisches Verständnis (Tabelle 70a) und mehr noch ihre Antizipation zu verlangen scheint, wie wir gesehen haben. Es ist also wichtig, das Problem noch mehr aus der Nähe zu betrachten; die Frage *b*, die es nicht mehr mit den Bildern als solchen, sondern mit diesem Verständnis selbst zu tun hat, ist in dieser Absicht gestellt worden.[86] Die Frage *b* nun ergab folgende Ergebnisse (Tabelle 70a):

Tabelle 70a: Positives Ergebnis bei dem begrifflichen Verständnis der Geschwindigkeit (ohne Tunnel)

	Überholen	Einholen	halbes Einholen
6 Jahre	44	8	12
7 Jahre	64	24	20
8 Jahre	64	32	24
9 Jahre	88	64	68

Man muß hinzufügen, daß die positiven Ergebnisse beim Überholen ohne Tunnel zahlreicher sind als mit Tunnel, und

86 Es ist daran zu erinnern, daß ein solches Verständnis auf der täglichen Erfahrung von Autos beruht, die sich einholen, sich überholen, usw., auf einer Erfahrung also, die zur Bildung von Ordinalbegriffen führt.

zwar aus dem Grund, daß die Versuchsperson bei dieser letzteren Situation mehr auf die Ankunftspunkte zentriert ist als auf den Wechsel der Reihenfolge. Dagegen setzt das Verständnis der Geschwindigkeitsrelationen beim Aufholen und beim halben Aufholen eine Antizipation voraus, die durch das Vorhandensein des Tunnels begünstigt wird; daher auch das bessere Ergebnis in diesem letzteren Fall.

Anschließend muß darauf hingewiesen werden, daß das dieser Tabelle 70a eigene operatorische Verständnis das Erscheinen mehr oder weniger großer Abstände zwischen beweglichen Objekten voraussetzt, also einen Anfang hyperordinaler Abschätzung, aber ohne die für die bildhafte Reproduktion und Antizipation verlangten kontinuierlichen Veränderungen. Überprüfen wir also noch für die Situation des Überholens, in der die ordinalen Überlegungen für ein exaktes Verständnis ausreichen, die Beziehungen zwischen der hyperordinalen bildhaften Antizipation und den operatorischen Urteilen, ebenfalls unter Berücksichtigung der hyperordinalen Progressionen (Tabelle 71):

Tabelle 71: Beziehungen zwischen der hyperordinalen bildhaften Antizipation und dem hyperordinalen Urteil im Falle des Überholens (in % der Testpersonen)

Alter	5;0–5;5	5;6–5;11	6	7	8	9	10–11
bildhafte Antizipation	0	5,2	6,6	29,1	28	29,4	68
Urteil	0	5,2	16,6	33,3	32	52,5	73,6

Es ist also ein leichter Vorsprung der Operation vor dem Bild festzustellen. Ebenso weisen bei der Aufgabe *b* von 79 Versuchspersonen von 4 bis 9 Jahren alle diejenigen, denen eine exakte Antizipation gelingt (Spalte Ho + O abs., außer einer Versuchsperson von 5 Jahren und einer anderen von 7 Jahren, alle bei dem Überholen), auch ein korrektes Abschätzen der Geschwindigkeiten (mit Tunnel) vor. Doch das Gegenteil trifft nicht völlig zu, denn 8 Versuchspersonen (1 beim Überholen, 3 beim Aufholen und 4 beim halben Aufholen) schätzen die Geschwindigkeiten richtig ein, ohne daß ihnen die Antizipation gelingt. Die Tatsache, daß die Abschätzungen der Geschwindigkeit beim halben Aufholen weniger gut ausfallen als beim Aufholen, und weniger gut bei diesem als beim Überholen, stellt andererseits ein Indiz dar für die Korrelation zwischen dem Verständnis und der Antizipation, denn mangels Kenntnis des Bezugs $v = e{:}t$ setzt das Verständnis des halben Aufholens dessen Verlängerung in Aufholen und dann in Überholen voraus, und dasjenige des Aufholens setzt seine Verlängerung in Überholen voraus, während es für das Einschätzen der Geschwindigkeiten im Falle des Überholens ausreicht, den tatsächlich wahrgenommenen Wechsel in der Reihenfolge zu berücksichtigen.

Diese ungefähre Korrelation mit leichtem Vorsprung der der begrifflichen Interpretation verwandten Abschätzung der Geschwindigkeiten vor den bildhaften Antizipationen sowie die späte Ausbildung dieser letzteren stellen keine einfache Verlängerung der Wahrnehmung dar, die an den sichtbaren Bahnen vor Eintritt in den Tunnel gemacht wurde, sondern enthalten eine Strukturierung durch das Verstehen selbst. Wenn dieses letztere im Falle des halben Aufholens und des Aufholens eine Beachtung der mehr oder weniger großen Abstände zwischen den beweglichen Objekten voraussetzt, also einen Beginn hyperordinaler Strukturierung, dann bezieht es die bei der bildhaften hyperordinalen Reproduktion und Antizipation verlangten kontinuierlichen Veränderungen nicht ein. Man sieht also, daß das Verstehen dieser Antizipation in kurzem Abstand vorausgehen könnte, wobei es zugleich zu ihr hinführt und sie wiederum benutzt, während, wenn das Bild sich nicht mit Hilfe der Wahrnehmungen allein bilden kann, es natürlich ist, daß man für seine Ausbildung ein operatorisches Verständnis der auftretenden Beziehungen abwarten muß, welche es in der Weise des scheinbar-sinnlichen Symbolismus übersetzt, aus dem es in seinen vollendeten Ausprägungen besteht, oder sogar in der Weise der gestischen Imitation, mit der sich die vorliegenden Untersuchungen beschäftigen.

§ 11. Schlußfolgerungen

Das als Abschluß des vorhergehenden Kapitels gestellte Problem scheint uns gelöst zu sein: es besteht keinerlei systematischer Unterschied zwischen der Bildung oder der Entwicklung[87] der kinetischen Reproduktionsbilder und der Antizipationsbilder *AC*. In den vorliegenden Situationen wie in denen des Kapitels III ist es nicht die Neuartigkeit, sondern die Komplexität der auftretenden Relationen, die das mehr oder weniger späte Erscheinen des Bildes erklärt. Im Falle des Quadrats zum Beispiel, dessen zwei Seiten farbig sind, wird die Kreisbewegung von 100 % der Kinder von 7 Jahren richtig vorgestellt, während die Drehungen und Umkehrungen nicht von 75 % der Testpersonen von 9–10 Jahren bewältigt werden; in der täglichen Erfahrung des Kindes ist aber eine Kreisbewegung wahrscheinlich weniger häufig zu beobachten als eine Drehung in der Ebene oder eine Umkehrung im Raum (diese letzten Untersuchungen wurden in diesem Kapitel nur in Anbetracht der Untersuchung der einzelnen Seiten bewertet, da es den weniger bekannten Situationen vorbehalten ist). Wenn die Kreisbewegung zu einem besseren Bild führt, dann also nicht auf Grund der Tatsache, daß sie öfter beobachtet wird, sondern weil sie die Position der Seiten unverändert erhält. Ebenso gelingt die Antizipation der Reihenfolge der vier seitlichen Felder eines Würfels nach Herunterklappen mit 7 Jahren (§ 5), und die Zeichnung des Ergebnisses einer doppelten Umkehrung (§ 8) mit 6 Jahren, während die Antizipation der Geschwindigkeitsrelationen durch einfache Verlängerung der wahrgenommenen Bewegungen erst mit 9–10 Jahren gelingt: diese letzten Situationen (§ 10) sind nun zwar viel vertrauter als die beiden ersten, setzen jedoch hyperordinale Zusammensetzungen voraus, während die Reihenfolge der seitlichen Felder des sich drehenden Würfels und die doppelte Umkehrung nur einfache Relationen der Anordnung umfassen. Wir finden also am Ende dieses Kapitels dieselben Verbindungen wieder zwischen der Stufe der Ausbildung der Bilder und der begrifflichen Komplexität der in Betracht kommenden Relationen, während man an eine früh auftretende Vorstellung von Situationen hätte denken können, deren wesentliche Relationen erst anschließend verstanden würden (das geschieht übrigens manchmal, aber nur in seltenen Ausnahmefällen, wie wir in Kapitel VIII, § 1, und in Kapitel IX, §

87 Das schließt ihre späteren Unterschiede nicht aus, denn der Erwachsene unterscheidet genau zwischen der bildhaften Evokation einer bekannten Bewegung und der Antizipationsvorstellung von einer neuen Bewegung.

2, sehen werden, und das genügt, um die Berechtigung der Hypothese zu zeigen). Wenn das klar ist und also angenommen werden kann, daß jedes kinetische Bild im Prinzip antizipatorisch ist (außer den einfachsten wie der linearen Verschiebung eines beweglichen Objekts von *A* nach *B*, aber auch hier wäre es angebracht zu untersuchen, worin dieses Bild im Alter von 1 1/2–2 Jahren besteht), müssen wir noch den Grund suchen, warum die kinetischen Antizipationen erst mit der Bildung der konkreten Operationen, das heißt mit 7–8 Jahren (und bei den Operationen der Anordnung ab 6–7 Jahren) beginnen. Hier liegt nun ein Problem vor, sei das Bild eine Verlängerung der Wahrnehmung oder sei es, wie uns die Tatsachen zu zeigen scheinen, eine interiorisierte Imitation. Wenn es sich nur um perzeptive Ursprünge handelte, wäre das Problem sogar unlösbar, denn es gibt eine Wahrnehmung der Bewegung, die frühzeitig auftritt und denselben Gesetzen (Gestalten, usw.) gehorcht, wie die Wahrnehmung der statischen Formen: warum sollten dann die kinetischen Bilder so spät auftreten und eine antizipatorische Wiederherstellung voraussetzen? Wenn sich das Bild aus der Nachahmung ableitet, so sind die Merkmale des Problems zwar komplexer, doch dann ist eine Lösung mit Hilfe einer Unterscheidung möglich. Was die Modelle anbetrifft, die sich auf den eigenen Körper beziehen, so haben wir schon – I. Lézine folgend – gesehen, daß die Imitation einer Bewegung für die Versuchspersonen einfacher ist als die ihres statischen Ergebnisses allein für sich. Was dagegen die äußeren Bewegungen anbetrifft, so scheinen die in diesem Kapitel IV zusammengefaßten Daten deutlich genug zu zeigen, daß die Vorstellung der Ergebnisse einfacher ist als die des Vorgangs, das heißt der Bewegung selbst in ihrer Bahn (falls man nach beiden gefragt hat, was nicht immer der Fall ist). So wird die Vertauschung der Farben der Enden beim Kippen eines Rohrs (§ 6) lange vor der zu durchlaufenden Bahn vorgestellt, und im Falle der Umkehrungen der Anordnung (§ 8) wird die Umkehrung der Umkehrung mit 6 Jahren vorgestellt (und in ihrem Ergebnis gezeichnet), während die Bahn der Perlen noch nicht einmal mit 9 Jahren vorgestellt wird, usw. Diese Tatsachen zeigen also, daß die Nachahmung einer Bewegung außerhalb des eigenen Körpers sehr undifferenziert bleibt und einen in seinem Ablauf nur sehr ungenauen Symbolismus zeigt (was man immer wieder an den beiden erinnerten Beispielen feststellt); und daß es ihr vor allem erst dann gelingt, genauer zu werden, wenn sie auf das Zustandekommen des Ergebnisses zentriert wird. Unter solchen Bedingungen kann also allein das Erscheinen der konkreten Operationen das liefern, was der gestischen oder okulo-motorischen Nachahmung der äußeren Bewegungen bis dahin fehlte: ein Verständnis der auftretenden Relationen und einen systematischen Gebrauch der Bezugssysteme, denen gemäß die auftretende Bewegung situiert wird. Es folgt daraus, daß die kinetische Antizipation nicht mehr nur eine körperliche Nachahmung als einziges Instrument besitzt, eine Nachahmung, die zwangsläufig ungenau und von grobschlächtigem Symbolismus ist, sondern auch jene verfeinerte Nachahmung, zu der die verinnerlichte Reproduktion von operatorischen Manipulationen wird, welche nicht mehr nur zu dem Zweck benutzt werden, ein Resultat hervorzubringen, sondern auch dazu, den Repräsentationskontext nachzuzeichnen, durch den dieses Resultat erzielt worden ist.

So gesehen erscheint das kinetische Antizipationsbild als eine interiorisierte Nachahmung, die den Rahmen des elementaren statischen Reproduktionsbildes überschreitet und beweglich wird unter dem doppelten Gesichtspunkt des nachzuahmenden Inhalts und der Antizipationstätigkeit; doch das gelingt ihr nur, wenn sie von den beginnenden konkreten Operationen gelenkt und gestützt wird. Es bleibt jetzt zu untersuchen, ob die Bildung dieser Operationen durch die Bilder der voraufgegangenen Stufe begünstigt worden ist oder ob die Unterstützung durch die Operationen im Gegenteil eine den Bildern äußerliche Zutat darstellt. Die Untersuchung der Transformationsbilder wird uns vielleicht erlauben, dieses Problem klarzulegen (Kap. V und VI).

Kapitel V
Die Reproduktionsbilder der Transformationen

Eine Verschiebung ist eine Positionsveränderung, während eine Transformation eine Veränderung der Form darstellt. Aber die Form eines Objekts verändern bedeutet, dessen Teile zu verschieben. Wenn man umgekehrt ein Objekt verschiebt, ohne seine Form zu verändern, so kann es sich nur in bezug auf andere verschieben, und dann hat sich die Konfiguration des Ganzen verändert. Es gibt also nur einen Gradunterschied oder einen Unterschied der Komplexität zwischen Verschiebungen und Transformationen; was uns nicht daran hindert, aus methodischen Gründen die Bilder der kinetischen Reproduktion (*RK*) und jene der Transformationen (*RT*) zu unterscheiden, um anschließend durch die Untersuchung der Fakten feststellen zu können, ob sie auf derselben Stufe oder auf verschiedenen Stufen der Entwicklung erscheinen. Zweitens kann eine Transformation der Versuchsperson bekannt sein, und das Bild besteht dann nur darin, sie zu reproduzieren (*RT*), aber sie kann auch neu sein, und für die Versuchsperson handelt es sich dann darum, sie in der Vorstellung zu antizipieren (*AT*). Aber auch hier geht es darum, festzustellen, ob nicht jede Reproduktion einer Transformation ein Antizipationselement enthält, wobei diese zweite Unterscheidung zwar methodologisch nützlich, de facto aber nur ganz relativ sein kann.

§ 1. Die Transformation eines Bogens in eine Gerade und umgekehrt

Um weiterhin nur möglichst einfache Beispiele zu verwenden – in diesem Fall so einfache, daß man darin zunächst nur eine Frage der perzeptiven Bewertung sehen könnte –, werden wir die Bilder der Transformation der Bögen in Geraden untersuchen, und zwar aus zweifacher Sicht, derjenigen der Ergebnisse der Transformation (*RTP*), das heißt der Länge des umgeformten Elements auf der letzten Stufe, und aus der Sicht des Vorgangs der Transformation selbst (*RTM*), das heißt der Zwischenstufen zwischen den Konfigurationen des Beginns und des Endes. Diese Untersuchung ist zusammen mit F. Frank vorgenommen worden.

Man gibt dem Kind drei Bögen von 10, 13 und 24 cm (ausgeschnitten aus einer Bogenlänge von 26 cm) aus biegsamem Draht, und man stellt die Aufgaben: 1. sie zunächst so, wie sie sind, zu kopieren (um die eventuelle Unterschätzung in der Kopie beurteilen zu können (*RST*); 2. die Geraden, die sich bei dem Auseinanderziehen der Bögen ergeben, in ihrer genauen Länge zu zeichnen (man zeigt an einem beträchtlich längeren Draht die Transformation des Bogens in eine Gerade); 3. mit den beiden Zeigefingern (durch gestische oder Fingersymbolik, nicht mehr durch graphische Symbolik) die Länge dieser Geraden anzuzeigen, während man den entsprechenden Bogen betrachtet; 4. mit dem Finger einen Bogen zu verfolgen und eine Gerade derselben Länge zu ziehen; 5. unter fertigen Zeichnungen oder geraden Drähten Geraden von gleicher Länge wie der Bogen auszusuchen; 6. die Transformationsstufen zu zeichnen, die vom Bogen zur Geraden führen (mit mindestens drei Zeichnungen, von denen zwei die Endgestalten und zumindest eine, aber wenn möglich, mehrere Zwischenstufen darstellen); 7. unter fertigen Zeichnungen diejenigen auszuwählen, die die Stufen der Transformation am besten darstellen.
Diese sieben gleichen Fragen werden zweitens zu dem Übergang eines geraden Drahts in einen Bogen, der aus seiner Krümmung entsteht, gestellt, aber in diesem Fall überläßt man der Versuchsperson die Auswahl der Krümmung, die ihr zusagt.
Außerdem ist es gut, wenn man über die Stufe des Kindes, was die Erhaltung der Längen betrifft, unterrichtet ist. Man fragt es also, ob zwei gerade Stäbe von 11 cm, die man ihm in Kongruenz zeigt, dieselbe Länge behalten, wenn man einen von ihnen in einen Bogen verwandelt; um aber den Wert einer eventuellen mündlichen Bejahung oder Verneinung der Erhaltung zu kontrollieren, läßt man außerdem an einer Schnur oder einem langen Draht die Länge der Geraden und die des Bogens, der aus seiner Krümmung entsteht, angeben.
Schließlich, und immer noch als zusätzliche Information, zeigt man einen Bogen mit seiner Schnur und fragt, wobei man der Versuchsperson die Zeichnung vor Augen läßt, ob die Schnur gleich lang ist wie der Bogen, ob sie länger oder kürzer ist.

I. – *Die Zeichnungen der Ergebnisse der Transformationen.* – Wir beginnen damit, das Bild der Ergebnisse der Transformation des Bogens in eine Gerade zu untersuchen, und um es auswerten zu können, geben wir zunächst das Ergebnis der einfachen Kopien des Bogens an (Tabelle 72):

Tabelle 72: Kopien der Bögen von 10, 13 und 24 cm (in % des Modells; 15 Versuchspersonen pro Alter)

	10	13	24	Durchschnitt nach Alter (10–24)
5 Jahre (N=13)	−33	−33,1	−35,4	−33,5
6 Jahre	−11	−20	−15,4	−15,4
7 Jahre	−24	−26,2	−19,2	−23,1
8–9 Jahre	−16	−20	−14,6	−16,8
Durchschnitt nach Figuren	−21	−24,8	−21,1	

Man findet also bei den einfachen Kopien selbst eine beträchtliche Unterschätzung, die noch deutlicher ausfällt als im Fall der Geraden (Tabelle 3). Und das zweifellos, weil die Krümmung zusätzliche Vorsicht auferlegt, was die Grenzen anbetrifft, eine Sorge, deren Rolle wir im folgenden immer wieder feststellen können.

Hier also (Tabelle 73) die Ergebnisse der Transformation von Bögen in Geraden, die einmal in % der Modelle und andererseits in % des Durchschnitts der Kopien dieser Modelle gegeben werden:

Tabelle 73: Transformationen der Bögen (10, 13 und 24 cm) in Geraden (in % der Länge der Modelle und in % des Durchschnitts der Kopien der Tabelle 72)

	10		13		24		Durchschn. (10–24)	
	% Modelle	% Kopien	% Modelle	% Kopien	% Modelle	% Kopien	% Modelle	% Kopien
5 Jahre (N=15)	−43,0	−14,9	−48,5	−22,9	−57,5	−34,2	−49,6	−24,0
6 Jahre (N=15)	−28,0	−19,1	−24,6	− 5,8	−43,3	−34,0	−31,9	−19,6
7 Jahre (N=15)	−27,0	− 3,9	−30,8	− 6,2	−44,2	−30,9	−34,0	−13,6
8–9 Jahre (N=15)	−15,0	+ 1,2	−23,8	− 4,8	−35,0	−23,9	−24,6	− 9,1
Durchschn. 5–9 Jahre	−28,2	− 9,2	−31,9	− 9,9	−45,0	−30,7		

Man stellt zwei instruktive Fakten fest:

1. Die Unterschätzung der Längen der in Geraden transformierten Bögen ist noch beträchtlicher als die Unterschätzung

der Kopie der Bögen als solcher, und sie bleibt auch erheblich, wenn man sie in % dieser Kopie selbst ausdrückt;
2. diese Unterschätzung der resultierenden Geraden ist um so größer, je stärker der Bogen gekrümmt ist, wie es schon bei den Unterschätzungen der Kopien in Tabelle 72 der Fall war.
Man bemerkt also sofort, in welcher Richtung die Erklärung dieser Tatsachen zu suchen ist, da bei den Versuchspersonen von 5 Jahren die als Ergebnis des Auseinanderziehens des Bogens vorgestellte Gerade bei den Bögen von 10 und 13 cm von der Größenordnung der Sehne ist, während sie bei dem Bogen von 24 cm, der fast ein Kreis ist, etwa die Größe des Kreisdurchmessers hat. Mit anderen Worten, alles geht so vor sich, als ob die Vorstellung von der Transformation zunächst nur in einem Abflachen der Krümmung, aber ohne die Verlängerung, bestünde, wobei die Hauptsorge der Versuchsperson bei den Kleinen darin besteht, die Grenzen des Modells, also des Bogens selbst (bei den Bögen von 10 und von 13 cm) oder des Durchmessers (bei dem Bogen von 24 cm) nicht zu überschreiten.

Um diese Interpretation zu überprüfen, verfügen wir über eine Gesamtheit von Zusatzaufgaben, deren wichtigste diejenige der umgekehrten Transformation der Geraden in Bögen ist, die, wenn unsere Hypothese richtig ist, Bögen mit längeren Sehnen als korrekt ergeben und die Tendenz zeigen müßte, diese Sehnen den Modellgeraden anzugleichen. Aber bevor wir diese Fakten untersuchen, nehmen wir zunächst die einfachste der sich nahelegenden Kontrollen in Angriff, die darin besteht, nur die respektiven Längen eines Bogens und seiner Sehne vergleichen zu lassen.

Tabelle 74: Aussagen zu den Längen der Bögen (*B* 2) und ihren Sehnen (*S*) (in % der Antworten)

	10			13			24		
	$S > B2$	$S = B2$	$S < B2$	$S > B2$	$S = B2$	$S < B2$	$S > B2$	$S = B2$	$S < B2$
5 Jahre	22	44	33	0	44	56	0	11	89
6 Jahre	0	25	75	0	12	88	0	12	88
7 Jahre	0	20	80	0	10	90	0	0	100
8–9 Jahre	0	10	90	0	0	100	0	0	100

Tatsächlich wirft die Rolle der Grenzen, an die wir hier wie in §§ 1–3 des Kapitels II und in § 1 des Kapitels III denken, ein Problem von allgemeiner theoretischer Tragweite auf, die Natur des Bildes (als direkte Verlängerung der Wahrnehmung oder im Gegenteil als die Begriffe vertretende grundlegende Symbolik) betreffend, da diese Rolle der Grenzen wesentlich von der begrifflichen Strukturierung ordinalen Charakters (länger = weiter) und nicht von der Wahrnehmung als solcher abhängt. Im Falle der Bögen und Geraden könnte man zum Beispiel versucht sein, systematische Fehler der Tabelle 73 mit perzeptiven Fehlern durch Überschätzung der Krümmung und Unterschätzung der Sehne zu vergleichen, die ein Mitglied unseres Kreises zusammen mit E. Vurpillot untersucht hat und die wir auf das Gesetz der relativen Zentrierungen haben zurückführen können.[88] Doch einerseits sind die Größenordnungen dieser Wahrnehmungsfehler und der Fehler, das Bild betreffend, sehr verschieden, und diese beiden Arten von Fehlern stimmen im Detail der Transformationen der Figur keineswegs überein. Wenn andererseits der Ursprung dieser Fehler, das Bild betreffend, perzeptiv wäre, so ist offensichtlich, daß alle unsere Versuchspersonen bei dem Vergleich einer Sehne mit ihrem Bogen die erstere kürzer »sehen« würden, während aus der Sicht der präoperatorischen Ordinalbegriffe hier aus Gründen der gemeinsamen Grenzen Gleichheit bestehen muß. Wir haben also drei Zeichnungen mit schwarzen Bögen von 10, 13 und 24 cm vorgelegt, deren Sehnen rot gezeichnet waren, und wir haben gefragt, »muß man auf dem roten Weg länger gehen als auf dem schwarzen, oder muß man auf den beiden genauso lange gehen?« Die Ergebnisse bei 9–10 Versuchspersonen pro Alter sind auf der Tabelle 74 angegeben.

Man sieht also, daß die auf den Zwischenraum zwischen den Endpunkten gegründete metrische Abschätzung (die Abschätzung, die also allein der Wahrnehmung entspricht) in 75 % der Fälle erst mit 6 Jahren bei den Bögen 10 und 13 beginnt, während vorher das auf die Grenzen gegründete Urteil eine beherrschende Rolle spielt (außer natürlich bei dem Bogen von 24 cm, dessen Sehne weniger als 20 cm lang ist, und bei dem wir nach dieser letzteren und nicht nach dem Durchmesser gefragt haben). Zwei abweichende Versuchspersonen von 5 Jahren gehen sogar so weit, die Gerade (Sehne) für länger zu halten als die Kurve (Bogen), vielleicht, weil diese die Grenzen nur in schrägem Verlauf erreicht. Es scheint also klar, daß es diese ordinalen Betrachtungen, gestützt allein auf die Endpunkte oder Grenzen, sind, die das Ergebnis der Bilder von Tabelle 73 begründen, um so mehr, als es sich in diesem letzteren Fall nicht um Abschätzung allein handelt, sondern um die Vorstellung von dem Ergebnis der Transformation, was die Rolle der Grenzen bei dem Fehlen anderer referentieller Indizien um so entscheidender macht.

88 J. Piaget – E. Vurpillot, »La surestimation de la courbure des arcs de cercle« in: *Archives de Psychologie* 1956, Bd. XXXV, Nr. 139

Hier nun die Reaktionen durch das graphische Bild auf die Transformation von Geraden von 5 bis 16 cm in Bögen, ausgedrückt in % der objektiven Längen der Modelle sowie in % des Durchschnitts der Kopien dieser Modelle (Tabelle 75). Diese Kopien wurden zum Vergleich von einer getrennten Gruppe von Versuchspersonen verlangt, aber es ist nicht notwendig, sie zu reproduzieren, da sie mit den Ergebnissen der Tabelle 3 (Kap. II) übereinstimmen, mit Unterschätzungen von –22 (5 Jahre) bis –11 (8 Jahre).

Es besteht also bei den Kleinen eine leichte Überschätzung der aus der Krümmung von Geraden hervorgegangenen Bögen, aber da die Kopie dieser Geraden unterschätzt wird, wird diese Überschätzung ihrer einmal in einen Bogen transformierten Länge erst im Vergleich mit den Werten der Kopien sichtbar. Dieses Ergebnis bedeutet also, daß die Versuchspersonen, wenn sie in der Vorstellung eine Gerade zu einem Bogen krümmen, die Tendenz haben, die Länge dieses Bogens in der Weise zu vergrößern, daß seine Endpunkte oder Grenzen mit denjenigen der Ausgangsgeraden übereinstimmen, also so, daß die Sehne des zu konstruierenden Bogens die gleiche Länge erhält wie die Gerade. Das ist also, aber ein wenig undeutlicher, die Umkehrung des an der Tabelle 73 beobachteten Phänomens.

Tabelle 75: In Bögen transformierte Geraden (in % der Modelle und in % der Kopien dieser Geraden)

	5 cm		11 cm		16 cm		Durchschn. 5–16	
	% Modelle	% Kopien	% Modelle	% Kopien	% Modelle	% Kopien	% Modelle	% Kopien
5 Jahre (N=15)	+20,0	+76,5	−15,5	+ 4,5	−18,8	−3,7	− 4,6	+28,6
6 Jahre (N=15)	+ 2,0	+21,4	−19,1	−10,1	− 7,5	+2,1	− 8,2	+ 4,4
7 Jahre (N=15)	− 4,0	+ 6,7	−12,7	+ 7,9	−21,9	+4,6	−12,8	+ 6,4
8–9 Jahre (N=15)	+ 2,0	+13,3	− 5,5	+ 8,3	−10,6	+0,7	− 4,5	+ 7,4
Durchschn. 5–9 Jahre	+ 5	+29,5	−13,2	+ 2,6	−14,7	+0,9		

Zwar ist in diesem Fall die Überschätzung umgekehrt proportional den Größen der Modelle, während im Falle der Unterschätzungen der Tabelle 73 diese mit der Länge des Bogens zunahmen. Aber man darf nicht vergessen, daß sich die Modelle der Tabelle 73 nicht nur in ihren Längen, sondern vor allem in ihren Krümmungen voneinander unterscheiden, während im Fall der vorliegenden Tabelle 75 die Krümmung beliebig bleibt: die Tatsache, daß die größte Gerade (16 cm) zu keinem Fehler führt (+1), bedeutet also einfach, daß, je länger die Gerade ist, desto leichter sich das Kind vorstellen kann, daß eine leichte Krümmung sie nicht von ihren ursprünglichen Grenzen entfernt.

In großen Zügen sind also die beiden Wirkungen der Bilder der Unterschätzung der in Geraden verwandelten Bögen und der Überschätzung der in Bögen verwandelten Geraden reziprok, aber mit einer Abschwächung im zweiten Fall. Wir haben nun versucht, diese Ergebnisse mit Hilfe folgender Technik zu vervollständigen:

Man gibt dem Kind einen Bogen von 15 cm oder zwei aneinanderstoßende Bögen von 20 oder 30 cm insgesamt, wobei der erste bei $^2/_3$ seiner Länge mit einem großen schwarzen Punkt versehen ist, und die beiden anderen mit 3 Punkten, von denen ein schwarzer den Verbindungspunkt markiert und die beiden roten jeweils das erste Drittel (vom Bogenende her gesehen) jeden Bogens. Man fordert dazu auf, diese Bögen in Geraden zu verwandeln und dabei die Längen und die Punkte an ihrem Platz zu erhalten, und zwar mit der Absicht, die Abschätzung der ersteren zu erleichtern. Umgekehrt zeigen wir drei Geraden von 10 cm, ausgestattet mit: a) einem schwarzen Punkt in der Mitte; b) einem Punkt in der Mitte und zwei roten Punkten am ersten Drittel und am zweiten Drittel der Länge; und c) mit einem Punkt bei $^2/_3$ der Länge, und wir verlangen dabei, sie in einfache oder doppelte Bögen zu transformieren und dabei die Längen und die Position der Punkte zu erhalten.

Die Ergebnisse sind auf Tabelle 76 verzeichnet:

Tabelle 76: Transformationen von Bögen in Geraden oder von Geraden in Bögen mit Punkten, die auf der Bahn markiert werden müssen, und mit einfachen (I) oder doppelten Bögen (II) (in % der Länge der Modelle)

Bögen – Geraden

	Mod. 15 (I)	Mod. 20 (II)	Mod. 30 (II)	Durchschn. 15–30
5 Jahre	– 41	– 52	– 54	– 49
6 Jahre	– 18	– 29	– 40	– 29
7 Jahre	– 37	– 30	– 42	– 37
8–9 Jahre	– 40	– 34	– 33	– 36
Durchschn. 5–9 Jahre	– 34	– 37	– 43	

Geraden – Bögen

	Mod. 10 *a)*	I Mod. 10 *b)*	II Mod. 10 *c)*	II Durchschn. 10 *a–c*
5 Jahre	– 1	+ 35	+ 79	+ 37
6 Jahre	– 6	+ 24	+ 24	+ 14
7 Jahre	– 11	+ 6	+ 11	+ 2
8–9 Jahre	– 10	+ 1	– 2	– 4
Durchschn. 5–9 Jahre	– 7	+ 16	+ 28	

Bei der Transformation der Bögen in Geraden haben wir bei der Lage der Punkte keine Fehler gefunden, außer einem mit 5 Jahren. Dagegen findet man bei der Transformation der Geraden in Bögen in allen angegebenen Altersstufen 50 % Fehler, als ob die Krümmung zur Folge hätte, im Falle der beiden verbundenen Bögen die Punkte gegen die Endpunkte hin zurückzuschieben (kein Fehler bei dem einfachen Bogen).

Was die Längen anbetrifft, so sieht man, daß die Transformationen von Bögen in Geraden Resultate ergeben, die denen der Tabelle 73 (in % der Modelle) entsprechen, aber daß man bei den umgekehrten Transformationen auf eine größere Überschätzung (bei den doppelten Bögen) durch die Versuchspersonen stößt, da diese es für richtig halten, die äußeren Grenzen der Ausgangsgeraden zu bewahren, ohne sich um die Tatsache zu kümmern, daß zwei Krümmungen statt einer die metrische Länge deutlich verändern müßten.

II. – *Gegenproben durch Auswahl und Messungen.* – Bevor

wir die gestische Symbolik untersuchen, müssen wir noch die vorhergehenden Resultate mit der Methode der Auswahl unter fertigen Zeichnungen oder durch Messungen, die von dem Kind vorgenommen werden, kontrollieren.
Wir haben zunächst einen ersten Kontrolltyp zu der Transformation der Bögen in Geraden versucht: der Versuchsleiter zieht selbst die Geraden, Schritt für Schritt, und das Kind hält ihn an, wenn es die Länge für richtig erachtet (Tabelle 77):

Tabelle 77: Abschätzung der Länge der transformierten Bögen nach Geraden, die vom Versuchsleiter gezogen werden (in % der Länge des Bogens)

	Modell 10	Modell 13	Modell 24	Durchschn. 10–24
5 Jahre	– 34,0	– 34,6	– 50,0	– 39,5
6 Jahre	– 36,0	– 36,9	– 47,9	– 40,2
7 Jahre	– 29,0	– 27,7	– 39,2	– 31,9
8–9 Jahre	– 20,0	– 22,3	– 34,2	– 28,2
Durchschn. 5–9 Jahre	– 29,7	– 30,4	– 42,8	

Es gibt also eine relative Übereinstimmung mit den Ergebnissen der Tabelle 73, was den Schluß erlaubt, daß die Unterschätzung der Länge der graphischen Bilder nicht von den technischen (motorischen, usw.) Schwierigkeiten der Zeichnung des Kindes selbst abhing. Aber das beweist noch nicht, daß diese Unterschätzung nicht von der graphischen Repräsentation im allgemeinen abhängt.
Die Auswahl unter fertigen Zeichnungen weist auf dieselbe Schwierigkeit hin. Wir haben sie nichtsdestoweniger untersucht; wir haben sie aber bei zwei der drei Werte durch eine Auswahl vervollständigt, die an Geraden aus Draht vorgenommen werden mußte, was also jeden graphischen Faktor ausschließt. Wir haben drei Bögen aus Draht von 5,5 cm, 6,5 cm und 11,5 cm (genommen von Kreisen von 4 cm Durchmesser) vorgelegt. Für den Bogen von 5,5 cm werden vier Geraden zur Auswahl vorgelegt: 3 cm (= Sehne), 4 cm (Durchmesser des Kreises) und 5,5 cm (richtige Länge). Für den von 6,5 cm ebenfalls vier Geraden: 2 cm, 4 cm, 5,5 und 6,5 cm. Für den von 11,5: 1 cm, 4 cm (Durchmesser), 9 cm und 11,5 cm. Diese Ergebnisse sind auf Tabelle 78 verzeichnet:

Tabelle 78: Auswahl der Geraden unter gezeichneten Geraden (*Z*) oder Geraden aus Draht (*D*), die der Länge des vorgelegten Bogens entspricht[89] (in % der Antworten)

	Modell 5,5			Modell 6,5						Modell 11,5					
	3 (= 0,54) (1)	4 (= 0,72)	5,5 (= 1)	4 (= 0,61)		5,5 (= 0,84)		6,5 (= 1)		4 (= 0,34)		9 (= 0,78)		11,5 (= 1)	
	Z	*Z*	*Z*	*Z*	*D*	*Z*	*D*	*Z*	*D*	*Z*	*D*	*Z*	*D*	*Z*	*D*
5 Jahre	40	30	30	60	14	30	71	10	14	30	28	60	71	10	0
6 Jahre	0	80	20	60	30	40	70	0	0	10	30	90	70	0	0
7 Jahre	30	50	20	40	20	60	60	0	20	40	10	60	70	0	20
8–9 Jahre	0	56	44	33	22	56	67	11	11	22	11	78	66	0	22

Man stellt fest, daß die richtig getroffene Wahl unter 50 % bleibt (und sogar unter 25 % bei den Bögen von 6,5 und 11,5), und man sieht vor allem, daß die Auswahl unter den Drähten kaum besser ausfällt (außer bei 5–6 Jahren zwischen 4 und 5,5 cm bei dem Bogen von 6,5 cm), und manchmal sogar weniger gut (mit 6 Jahren bei dem Bogen von 11,5) als die Auswahl unter den Zeichnungen.

Was die umgekehrte Transformation der Geraden in Bögen anbetrifft, so haben wir für eine gleiche Gerade von 11 cm zwei Reihen von Bögen gezeigt: die Reihe I mit schwacher Krümmung, die umfaßt: *A* einen Bogen von mehr als 11 cm, dessen Sehne selbst 11 cm ist, *B* einen Bogen von 11 cm und *C* einen Bogen von 4 cm; die Reihe II mit der Krümmung im Halbkreis umfaßt *A* einen Bogen, dessen Sehne 11 cm lang ist, *B* einen Bogen von 11 cm und *C* einen Bogen von 4 cm Länge (Tabelle 79):

Tabelle 79: Auswahl des Bogens, der der Krümmung einer Geraden von 11 cm entspricht (in % der Antworten)

	Reihe I			Reihe II		
	A Sehne	*B* (=11 cm)	*C* (=4 cm)	*A* Sehne	*B* (=11 cm)	*C* (=4 cm)
5 Jahre	62,5	25	12,5	50	37,5	12,5
6 Jahre	20	80	0	0	100	0
7 Jahre	11	89	0	0	100	0
8–9 Jahre	17,5	82,5	0	0	100	0

89 In Klammern die Länge der Geraden in % von der des Bogens.

Die Ergebnisse der Tabelle 74 kehren hier also wieder: mit 5 Jahren wählt die Mehrzahl der Versuchspersonen einen zu großen Bogen aus, dessen Sehne jedoch mit der Ausgangsgeraden übereinstimmt. Dagegen wird von 6 Jahren an von beinahe allen Versuchspersonen der Bogen mit der richtigen Länge ausgewählt, was zeigt, daß mit der Technik der Auswahl wie mit derjenigen der Zeichnungen die Transformation der Geraden in einen Bogen leichter vorzustellen ist als die umgekehrte Transformation. Der Grund dafür ist zweifellos, daß beim Krümmen einer Geraden in einen Bogen die Endpunkte dieses Bogens innerhalb der Grenzen der Geraden bleiben, während man beim Abflachen eines Bogens in eine Gerade die Anfangsgrenzen überschreiten muß.
Aber die vorhergehenden Kontrollen reichen nicht aus, die Reaktionen des Kindes von den Faktoren der graphischen Repräsentation zu trennen, außer was die Drähte der Tabelle 78 anbelangt. Es mußte also eine Gegenprobe gefunden werden, die gleichzeitig unabhängig von jeder Zeichnung wäre und sich auf das Ergebnis der Transformationen bezöge. Wir haben also dem Kind dieselben drei Bögen von 10, 13 und 24 cm der Tabellen 73, 74 und 77 vorgelegt und es aufgefordert, die entsprechenden Längen auf einem geraden Draht von 34 cm Länge anzugeben. Die gestellte Frage spielt also nicht ausdrücklich an auf das Auseinanderziehen des Bogens, aber sie wird in Begriffen der Äquivalenz von Längen formuliert: »Wieviel müßte man von diesem Draht nehmen, um diesen Bogen herzustellen?«
Die Ergebnisse (Tabelle 80) zeigen eine sehr regelmäßige Entwicklung mit dem Alter, die jetzt mit den Zeichnungen von Tabelle 72 und 73 verglichen werden muß:

Tabelle 80: Messungen der Länge, die derjenigen des gezeigten Bogens entspricht, auf einem gespannten Draht (in % des Modells)

		Mod. 10 cm	Mod. 13 cm	Mod. 24 cm	Durchschn. 10–24 cm
5 Jahre	(*N*=10)	– 38,0	– 17,7	– 34,6	– 30,1
6 Jahre	(10)	– 19,0	+ 3,1	– 22,1	– 12,6
7 Jahre	(10)	– 7,0	+ 6,2	– 3,3	– 1,3
8–9 Jahre	(10)	+ 9,0	+ 4,6	– 6,2	+ 2,4
Durchschn. 5–9 Jahre	(40)	– 13,7	– 1,2	– 16,5	

Diese Durchschnittswerte scheinen zu beweisen, daß die Unterschätzungen der Tabellen 72 und 73 bis zum Alter von 7 Jahren unabhängig sind von dem graphischen Faktor und daß sie also wohl von der Vorstellung vom Ergebnis der Transformation abhängen. Dagegen sind von 7 Jahren an die Zeichnung und sogar die Auswahl unter den vorbereiteten Modellen (Tabelle 78) gegenüber diesen direkten Messungen im Rückstand.

III. *Gestische und motorische Symbolik.* – Zwei nützliche Informationsquellen bleiben zu untersuchen, was das Bild von den Ergebnissen der Transformationen anbetrifft, bevor wir zur Untersuchung der Vorstellung vom Vorgang als solchem übergehen: die Angabe der Länge der Geraden durch den Zwischenraum zwischen den beiden Zeigefingern und das Nachziehen dieser Länge durch eine Bahn mit dem Finger, also nicht mehr mit Hilfe einer graphischen Bahn.

Zu der ersten dieser beiden Fragen zeigen wir dem Kind hintereinander zwei Bögen aus Draht von 10 und 13 cm, die von dem Versuchsleiter in die Höhe gehalten werden, und das Kind setzt einen Zeigefinger auf jeden Endpunkt dieser Bögen; man fragt es dann, wobei man den Bogen wegnimmt: »Wohin gehen deine Finger, wenn dieser Draht flach und gerade wird (= wenn man ihn abgeflacht hat, um daraus eine Gerade zu machen)?«

Bei der zweiten Frage läßt man mit dem Finger den Bogen verfolgen, der horizontal hinter einem Schirm liegt, und man fordert dazu auf, mit dem Finger auf dem Tisch die Länge der Geraden zu zeichnen, die sich bei seinem Auseinanderziehen ergeben würde.

Diese beiden Fragen haben nun sehr verschiedene Resultate ergeben, die zu vergleichen aufschlußreich ist (Tabelle 81):

Tabelle 81: Länge der in Geraden transformierten Bögen, angezeigt entweder mit Hilfe von zwei erhobenen Zeigefingern (I) oder durch einen Fingerstrich (II) (in % der Modelle)

	Modell 10		Modell 13		Modell 24
	I	II	I	II	II
5 Jahre	+ 11,0	− 10,0	+ 4,6	− 18,5	− 46,7
6 Jahre	+ 22,0	− 4,0	+ 16,2	− 14,6	− 27,9
7 Jahre	+ 11,0	+ 6,0	+ 6,9	+ 0,8	− 31,2
8–9 Jahre	+ 21,0	− 0,1	+ 16,2	− 17,0	
Durchschn.	+ 18,2	− 2,0	+ 10,9	− 12,3	− 35,2

Man sieht, daß der Fingerstrich ähnliche Unterschätzungen ergibt wie die des graphischen Strichs, während der Zwischenraum zwischen den Zeigefingern systematisch überschätzt wird. Dieses letzte Ergebnis stimmt also mit denjenigen der Tabelle 3 (Kap. II) überein: eine statische Abschätzung mit dem Finger (Zwischenraum zwischen den Zeigefingern) führt zu einer Überschätzung, die zweifellos abhängt von dem Zusammenwirken eines leeren Raums und dem Nichtvorhandensein einer Bahn (der Draht der Tabelle 80 erweckt dagegen den Eindruck einer virtuellen Bahn), was den Grenzeffekt unterdrückt. Aber da die vorliegenden Werte (I) größer erscheinen als die der Tabelle 74, ist es möglich, daß ein zweiter Faktor ins Spiel kommt: die Geste, die man in diesem Fall von dem Kind verlangt hat, ist nicht einfach das Symbol einer Länge, sondern wohl das Symbol eines Tuns, nämlich des Auseinanderziehens (»Wohin gehen deine Finger, wenn der Draht flach wird?«), und sogar ein eigentlicher Entwurf dieses Tuns. In diesem Fall, außer in einigen wenigen Ausnahmen, nimmt das Kind die Zeigefinger auseinander, die es auf die Endpunkte des Bogens gelegt hatte: das bedeutet also, daß es richtig handelt, während seine graphischen, motorischen (Reihe II der Tabelle 81) und zweifellos inneren Bilder an die Vorstellungen von den zu durchlaufenden Längen und den nicht zu überschreitenden Grenzen gebunden bleiben. Dieser Vorsprung vor dem Bild läßt sich aber auch in vielen anderen Fällen beobachten, und wenn wir daraus eine Hypothese ableiten, ohne sie in dieser speziellen Situation verifizieren zu können, dann nicht nur deshalb, weil dieser Rückstand des Bildes geläufig ist (wir haben zum Beispiel in Kap. III die Schwierigkeiten gesehen, sich ein verschobenes Quadrat oder einen Stab, der fällt, vorzustellen, obwohl in der Ausführung nichts leichter ist, als das erstere anzustoßen oder den zweiten stürzen zu lassen), sondern auch, weil wir gleich den noch verblüffenderen Abstand zwischen den Bildern der eigentlichen Transformation (den Stufen des Auseinanderziehens des Bogens) und den in der Reihe I der Tabelle 81 angedeuteten Gesten feststellen werden.

IV. *Bilder der Transformationsstufen.* – Nachdem wir unter I – III die Bilder der Ergebnisse der Transformationen untersucht haben, müssen wir noch die Vorstellung von den Zwischenstufen zwischen dem Bogen und der Geraden oder umgekehrt untersuchen, was gleichzeitig ein neues Problem und die beste Kontrolle darstellt, um die voraufgegangenen Deutungen zu verifizieren.

Man zeigt den Bogen von 13 cm, den man zunächst abzeichnen läßt. Man bittet anschließend darum, ihn zu zeichnen, »wenn man an ihm gezogen hat (Geste), aber bevor er ganz gerade ist«. Wenn die erste Zeichnung fertiggestellt ist, sagt man: »Wenn das Wege wären, hätte man dann hier und da gleich viel zu gehen?« (= die Längen werden in Begriffen des Weges ausgedrückt, um nicht den Gedanken an die Grenzen aufkommen zu lassen). Wenn die Versuchsperson mit Nein antwortet, beginnt man wieder. Man verlangt, wenn möglich, 2–3 Zwischenstufen.
Bei der Auswahl unter den fertigen Zeichnungen läßt man jede Wahl und jede Ablehnung begründen.

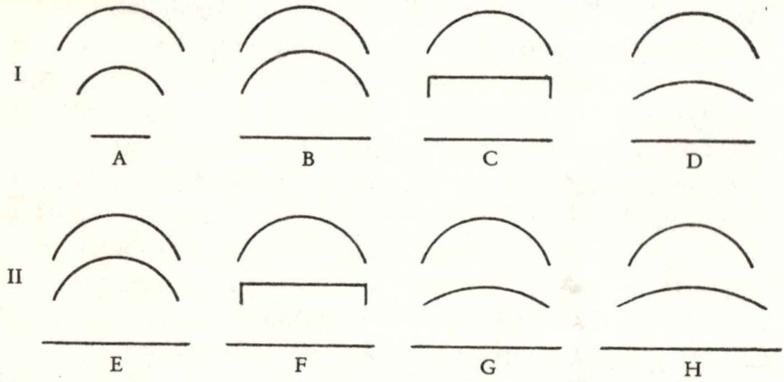

Abb. 28

Wir haben acht Typen von Zeichnungen (Abb. 28) erhalten, deren Häufigkeit auf Tabelle 82 verzeichnet ist. Wir haben sie

Tabelle 82: Zeichnung der Transformationsstufen vom Bogen in die Gerade (in % der 10 Versuchspersonen; nach Altersstufen)

					I					II			
	A	*B*	*C*	*D*	*(ABCD)*	*E*	*F*	*G*	*H*	*(EFGH)*	*BE*	*CF*	*DG*
5 Jahre	30	30	10	10	80	10	10	0	0	20	40	20	10
6 Jahre	20	20	0	10	50	20	0	10	20	50	40	0	20
7 Jahre	0	40	10	10	60	0	0	30	10	40	40	10	40
8–9 Jahre	0	0	20	30	50	0	0	30	20	50	0	20	60

übrigens als Modelle zur Auswahl reproduziert, und die Häufigkeit der einzelnen Wahlen ist auf Tabelle 83 angegeben:

Tabelle 83: Auswahl der Figuren *A–H* (Abb. 27)

					I					II			
	A	*B*	*C*	*D*	*(ABCD)*	*E*	*F*	*G*	*H*	*(EFGH)*	*BE*	*CF*	*DG*
5 Jahre	56	0	0	11	67	11	22	0	0	33	11	22	11
6 Jahre	0	0	0	0	0	22	11	11	56	100	22	11	11
7 Jahre	0	0	0	0	0	20	0	20	60	100	20	0	20
8–9 Jahre	0	0	0	0	0	0	0	17	83	100	0	0	17

Der Vergleich dieser beiden Tabellen untereinander und mit Tabelle 73 ist aufschlußreich. Man stellt zunächst fest, daß die Versuchspersonen, wenn sie sich das Detail der Transformation des Bogens in eine Gerade vorstellen und es zeichnen wollen, zu einer Vorstellung des Endergebnisses kommen, die weit unter dem liegt, was wir finden, wenn diese Vorstellung des Ergebnisses von vornherein um ihrer selbst willen gesucht wird: die Lösungen *EFGH* (mit einer korrekten Schlußgeraden) nehmen nämlich mit dem Alter kaum zu. Wenn man dagegen Transformationsmodelle zur Auswahl vorlegt, wodurch den Versuchspersonen ja Lösungen suggeriert werden, die sie von selbst nicht in Bilder übersetzen könnten, wählen 100 % der Kinder von 6–9 Jahren (gegenüber 33 % mit 5 Jahren) solche Zeichnungen aus, in denen die Schlußgerade länger ist als die Sehne des Anfangsbogens (und mit regelmäßiger Zunahme von 0 auf 83 %, was die korrekten Stufen *H* anbetrifft).
Mit anderen Worten, während Handlungsandeutung sofort auf die Transformation einwirkt (vgl. Tabelle 81, Reihe I: die Geste des Auseinanderziehens), wirkt die bildhafte Repräsentation zunächst mehr auf das Ergebnis dieser Transformation ein als auf ihre einzelnen Stufen. Und dieses Bild des Ergebnisses wird sogar gleich besser, wenn kein Versuch gemacht wird, sich die Transformation als solche vorzustellen, wie es einem ja besser gelingt, ein Hindernis zu überwinden, wenn man nicht versucht, sich das Detail der zu durchlaufenden Positionen vorzustellen. Wenn man dagegen der Versuchsperson hilft, sich diese Repräsentation der Transformationen zu bilden, indem man ihr alle (für ihre Sehweise) möglichen Modelle liefert, verbessert diese so begünstigte Vorstellung wiederum die Repräsentation der Ergebnisse, zumindest von dem

Alter von 6 Jahren an (mit 5 Jahren verstärkt die Auswahl den Fehler *A*!).
Es ist weiter festzustellen, daß alle angegebenen Lösungstypen außer *H* vom Problem der Grenzen beherrscht zu sein scheinen, sei es, daß sie sie niemals überschreiten (*A–D*) oder daß sie dahin gelangen, aber erst auf der letzten Stufe (*E–G*). Wenn die Tabellen 82 und 83 also die Rolle der Grenzen zu bestätigen scheinen, so machen sie uns darüber hinaus klar, daß die Wichtigkeit dieses Faktors an der Tatsache hängt, daß die kleinen Versuchspersonen versuchen, sich das Ergebnis der Transformation unabhängig von dieser selbst vorzustellen: diese letztere, die durch das Bild schwieriger zu erreichen ist, stellt zunächst ein Hindernis dar bis zu dem Moment, wo sich endlich nach vielen Umwegen eine Koordination der Transformation und ihres Ergebnisses ausbildet. Erst in diesem Moment kann man vom Transformationsbild sprechen.
Was die umgekehrte Transformation der Geraden in Bögen oder der Bögen in eigentliche Kreise anbetrifft, so haben wir die Aufgabe in zwei Stufen gestellt. Wir haben einen biegsamen Stab von 11 cm gezeigt und zunächst darum gebeten, sich vorzustellen und zu zeichnen, welche Stufen er durchlaufen wird, wenn man ihn krümmt, bis man einen Halbkreis erhält (mit anzeigender Geste und passenden Ausdrücken: ein »Tunnel« zum Beispiel). In einem zweiten Teil fragt man, welche Stufen dieser Halbkreis durchlaufen wird, wenn man ihn noch mehr krümmt, bis man einen Kreis erhält.
Die erzielten Ergebnisse nun bilden nicht die Umkehrung der umgekehrten Transformation (Tabelle 82), denn es gibt hier keine Grenze mehr, die nicht überschritten werden dürfte: da der Halbkreis innerhalb der Grenzen der Ausgangsgeraden bleibt, liefern alle Versuchspersonen einen Halbkreis eines Durchmessers, der kleiner ist als die Länge der Geraden, und das Festhalten an den Grenzen dieser Geraden zeigt sich nur in den seltenen Fällen, in denen die Versuchsperson damit beginnt, wenig gekrümmte Bögen zu zeichnen, deren Sehne dann mit der Ausgangsgeraden übereinstimmt (oder wenn sie von einem wenig gekrümmten Bogen zu einem etwas stärker gekrümmten Bogen übergehen, der dann dieselbe Sehne beibehält), oder, aber dann viel häufiger (90% mit 5 Jahren), beim Übergang vom Halbkreis zum Kreis.

Folgende Reaktionstypen wurden beobachtet: I. Übergang der Geraden zum Halbkreis:
A. Unvermögen und Ablehnung; *B* direkter Übergang, ohne Zwischenstufen, zu einem Halbkreis von geringerem Durchmesser; *C*. ein oder zwei Zwischenstufen, die aber schon Halbkreise sind und mit dem vorigen übereinstimmen; *D*. Übergang von der Geraden zu einem ersten Halbkreis und von diesem zu einem zweiten Halbkreis, aber mit kleinerem Durchmesser; *E*. Übergang von der Geraden zu einem Bogen von weniger als 180° und von diesem zu einem Halbkreis, aber mit einem Durchmesser, der mit der Sehne des vorhergehenden Bogens übereinstimmt; *F*. richtige Lösung mit einer Zwischenreaktion zwischen *D* und *E* in einem Fall.
II. Übergang des Halbkreises zum Kreis:
A'. Unvermögen und Ablehnung; *B'*. der Kreis hat denselben Durchmesser wie der Halbkreis; *C'*. der Kreis hat einen kaum kleineren Durchmesser; *D'*. richtige Lösung. Siehe Tabelle 84:

Tabelle 84: Stufen der Transformation einer Geraden in einen Halbkreis und von diesem in einen Kreis (in % der Antworten)

	Gerade – Halbkreis						Halbkreis – Kreis			
	A	*B*	*C*	*D*	*E*	*F*	*A'*	*B'*	*C'*	*D'*
5 Jahre (*N*= 14)	0	29	35	29	0	0	9	91	0	0
6 Jahre (11)	18	0	36	27	9	9	38	50	0	12
7 Jahre (10)	0	10	10	0	50	30	0	86	0	14
8–9 Jahre (10)	0	10	0	0	20	70	0	80	10	10

Es ist also viel einfacher, sich die Krümmung einer Geraden in einen Halbkreis vorzustellen, als sich in einem korrekten Bild das Auseinanderziehen eines Bogens in eine Gerade oder sogar den Übergang des Halbkreises zum Kreis vorzustellen. Diese Tatsachen zeigen zunächst, daß es sich dabei nicht um Operationen handelt, weil diese Transformationen jeweils Umkehrungen oder die Verallgemeinerungen der anderen Fälle darstellen, sondern wohl um bildhafte Repräsentationen mit ihren besonderen Eigenschaften, die sich stärker auf die Ergebnisse als auf die Transformationen als solche auswirken. In dieser Hinsicht besteht eine Analogie zwischen den Reaktionen *A–E* dieser Tabelle 84 und den Reaktionen *E*, *F*, *G* der

Tabelle 82, wenn es dem Kind gelang, eine längere Gerade als die Bogensehne anzuzeigen, aber erst im Endstadium, während die Zwischenstufen die Länge der Anfangssehne beibehielten. Der einzige Unterschied zwischen der Gesamtheit der Reaktionen auf diese beiden Fragen nach dem Übergang des Bogens zur Geraden oder dem Umgekehrten ist also der, daß in dem ersten Fall eine Grenze gegeben ist, von der die Versuchsperson meint, sie nicht überschreiten zu dürfen, während im zweiten Fall die Krümmung die Grenzen unverletzt läßt, was ihre Repräsentation erleichtert. Diese wird übrigens um so mehr begünstigt, als es zweifellos öfter in der vom Kind gemachten gewöhnlichen Erfahrung vorkommt, daß ein zunächst gerader Stab oder eine gerade Schnur gebogen werden, als daß ein Bogen zu einer Geraden auseinandergezogen wird.

V. *Bild und Operation.* – Das späte Auftreten der Transformationsbilder, die wir anläßlich dieses Versuchs mit dem Bogen untersucht haben, scheint anzuzeigen, daß sich diese Bilder nur unter dem direkten oder indirekten Einfluß der räumlichen Operationen selbst ausbilden. Es ist also nützlich, die Beziehung zwischen den verschiedenen beobachteten Stufen der Entwicklung dieser Bilder und den präoperatorischen oder operatorischen Stufen zu untersuchen, die ihnen eventuell entsprechen. Da der am einfachsten erreichte Zug der operatorischen Stufen die Erhaltung ist, haben wir zu dieser zwei Arten von Fragen gestellt.

1. Wir zeigen der Versuchsperson zwei Drähte von 11 cm, deren Gleichheit wir durch Kongruenz feststellen lassen: »Muß man auf diesen beiden Wegen gleich lange gehen?« Dann biegt man einen davon und fragt: »Muß man immer noch gleich lange gehen?« Die Ergebnisse sind auf Tabelle 85 (8–10 Versuchspersonen pro Alter) angegeben:

Tabelle 85: Erhaltung (in % der Versuchspersonen) zwischen der Geraden und dem Bogen

	längere Gerade	kürzere Gerade	Erhaltung
5 Jahre (*N*=10)	70	0	30
6 Jahre (*N*= 8)	12,5	0	87,5
7 Jahre (*N*=10)	0	10	90
8–9 Jahre (*N*=10)	10	0	90

Beim Studium dieser Resultate könnte man meinen, daß die Erhaltung mit 6 Jahren erworben ist. Aber nachdem ein Kind von 7 Jahren bei der Aufgabe mit dem gespannten Draht (Tabelle 80) gefragt hat, bevor es die der Länge des Bogens entsprechende Länge anzeigte, »geschieht das, um ihn gerade oder rund zu machen?«, haben wir dann einer neuen Gruppe von Versuchspersonen die folgenden Fragen gestellt, die es mit den Problemen der Erhaltung zu tun haben.

2. Man verwendet wiederum die beiden Stäbe von 11 cm, deren Gleichheit die Versuchsperson durch Kongruenz feststellt; dann biegt man einen von ihnen und fragt: »Muß man genausoviel Schnur verwenden (von einem biegsamen Draht von 34 cm), um den Bogen rund zu machen wie hier und um ihn gerade zu machen wie hier (Auseinanderziehen)?« Wenn die Versuchsperson geantwortet hat, bitten wir sie, die Abmessung für die beiden Fälle anzuzeigen, und das sogar (und vor allem!), wenn sie die Gleichheit mündlich behauptet hat.

Wir haben nun drei aufeinanderfolgende Stufen gefunden: I. mündlich angegebene Ungleichheit und Ungleichheit der Abmessungen; II. mündlich behauptete Gleichheit, aber mit ungleichen Abmessungen; III. mündlich angegebene Gleichheit und Gleichheit in den Abmessungen. Siehe Tabelle 86:

Tabelle 86: Bestätigte oder abgemessene Gleichheit der Drahtlängen, die notwendig ist, um einen Bogen mit seiner Krümmung oder denselben in eine Gerade auseinandergezogenen Bogen zu reproduzieren (in % der Antworten)

	Stufe I		Stufe II		Stufe
	Gerade >Bogen	Bogen >Gerade	Gerade >Bogen	Bogen >Gerade	III
5 Jahre	50	0	50	0	0
6 Jahre	25	0	25	0	50
7 Jahre	0	0	25	25	50
8–9 Jahre	25	0	12,5	0	62,5

Man sieht, daß die Erhaltung bei den Abmessungen weniger gut ist als bei der mündlichen Beurteilung, was interessant ist und zu ähnlichen Untersuchungen zu den anderen Begriffen der Erhaltung Anlaß geben sollte (in den Fällen, in denen Abmessung möglich ist). Hier zwei Beispiele von Nicht-Erhaltung bei der Abmessung durch Versuchspersonen, denen in Tabelle 85 die mündliche Erhaltung gelang, und die sie bei dem vorliegenden Versuch (Stufe II) von neuem bestätigten:

Sim (7;3): *Wenn es gerade ist, ist es gerader, ist es länger; wenn es gebogen ist, muß man weniger davon nehmen.*

Char (8;3): *Wenn es rund ist, braucht es mehr Schnur ... Oh nein, wenn es gebogen ist, ist es weniger lang, wenn es ganz gerade ist, ist es länger.*

Man sieht also, daß das Bild in allen seinen in diesem Abschnitt untersuchten Aspekten den Begriffen näher liegt als den entsprechenden Perzeptionen: während es auf der präoperatorischen Ebene inadäquat ist, wird es erst als Transformationsbild auf der Ebene der Operationen und der räumlichen Erhaltungen adäquat.

Man wird hier vielleicht einwenden, daß, wenn das Bild nur den Begriff ausdrückt, es als Bild nichts Besonderes oder Interessantes an sich hat. Aber woher kommen die präoperatorischen Begriffe, die die für das Alter von 5 bis 6 Jahren untersuchten Bilder beeinflussen, angefangen bei den Grenzbegriffen? Zunächst aus dem anfänglichen Primat der ordinalen Betrachtungen gegenüber den metrischen Strukturen, und dieser anfängliche Primat hat tatsächlich begrifflichen Charakter ohne direkte Beziehung zu dem Bild. Aber es kommt hinzu: 1. daß sich diese Relationen der Anordnung zunächst nur auf die Ankunftspunkte allein beziehen; 2. daß das »weit« und das »lang« nicht auf Grund eines einfachen semantischen Mißverständnisses ersetzt, sondern daß zunächst eine Indifferenzierung unter ihnen vorliegt; und 3. daß die Beachtung der nicht zu überschreitenden Grenzen eine allgemeinere und nicht einfach ordinale Rolle spielt, wie man schon bei dem verschobenen Quadrat gesehen hat (§ 2 des Kap. III). Unsere Deutung ist nun die, daß die ordinalen Relationen begrifflichen Charakters nicht alleine verantwortlich sind für die anfänglichen bildhaften Reaktionen, sondern daß ihre übertriebene Einwirkung gerade aus der Tatsache hervorgeht, daß sie an Bilder gebunden sind. Die Tatsache, daß es sich auf Bilder stützt, könnte die dem präoperatorischen Denken eigenen Zügen erklären; womit wir zu dem Problem des Bildes als solchem zurückgeführt würden.

In unserem Fall stellt man zum Beispiel ein merkwürdiges Paradoxon fest, das nur aus dem Spiel der Bilder und nicht der Begriffe hervorgehen kann, denn diese haben für sich allein nicht die Angewohnheit, sich in Widersprüche zu verschließen: die aus dem Bogen hervorgegangene Gerade wird in den Tabellen 85 und 86 angesehen, als würde sie länger als er, wobei die Sehne ihrerseits mit diesem Bogen gleich bleibt (außer in seltenen Fällen, in denen sie als länger angesehen wird!), weil ihre Endpunkte zusammenfallen (Tabelle 74), und dabei führt das Auseinanderziehen des Bogens zu einer kürzeren Geraden, die mit 5–6 Jahren nur 41 bis 72 % seiner objektiven Länge mißt! Das Bild dehnt sich also je nach der Situation aus oder zieht sich zusammen, weil keine Operationen da sind, die die Erhaltung der Längen im Laufe der

Transformationen sicherstellen und dem Bild selbst das Modell dieser Transformationen liefern könnten. Gerade wegen des Fehlens von Operationen, gestützt also auf solche Bilder, funktioniert das präoperatorische Denken: man erkennt, daß sich das Problem der Bilder von selbst und um seiner selbst willen stellt, weil sie, bevor sie durch die Operationen geformt werden, mit dem Tun als solchem eine der wenigen Stützen des präoperatorischen Denkens bilden.

Die Elemente dieses Problems sind also die folgenden: *a*) Wie erklärt man auf der präoperatorischen Stufe das Nichtvorhandensein der Koordination zwischen dem Tun (*les actions*), das eine praktische Kenntnis der Transformationen liefert (vgl. das Auseinanderziehen des Bogens in eine Gerade oder die Biegung dieser Geraden), und den Bildern, die eine Repräsentation der Zustände oder Konfigurationen liefern, von denen diese Transformationen ausgehen oder zu denen sie hinführen? (denn gerade dieses Nichtvorhandensein der Koordination stellt das klarste Ergebnis dieser Untersuchungen des Bogens und der Geraden dar); *b*) wie erklärt man andererseits die Verbesserung der kinetischen Bilder und der Transformation auf der Stufe der Operationen?

Man kann nun die Lösung dieser beiden Fragen in der folgenden Richtung suchen. Die Operation, die einen Bogen in eine Gerade transformiert, oder umgekehrt, ist im wesentlichen ein »Akt«, der die beiden folgenden Eigenschaften zeigt: a) er realisiert die Transformation in kontinuierlicher Weise; b) er erklärt die invariante Länge im Laufe der Veränderung der Form. Nun ist es leicht zu sehen, daß selbst bei dem Erwachsenen, sei er noch so sehr Mathematiker, kein inneres Bild ausreicht, die Operation adäquat zu symbolisieren: obgleich sie beweglich sind, laufen unsere Bilder in Sprüngen ab und beschränken sich nach der berühmten Formel von Bergson darauf (die, um das noch einmal zu wiederholen, ja nur eine Kritik der bildhaften Vorstellung und keineswegs der Intelligenz als solcher in Gestalt der Operation war), durch einen »kinematographischen Vorgang« Momentaufnahmen aus dem Kontinuum herauszuschneiden, anstatt ihn als Transformation zu erfassen; darüber hinaus gibt uns keines unserer Bilder, mögen sie auch noch so statisch bleiben, die mindeste Gewißheit einer Erhaltung. Es sind also diese Lücken des Bildes, das im wesentlichen symbolisch und unfähig bleibt, die Operation auszuschöpfen, die sich, aber vervielfacht, auf der präoperatorischen Ebene wiederfinden, da die Erhaltung erst von 15% der Versuchspersonen von 5 Jahren akzeptiert wird; was die Kontinuität anbetrifft, so zeigen die Tabelle 82 und die Abbildung 27, was von ihr zu halten ist: es ergibt sich

daraus die Unfähigkeit zu antizipieren und sogar die Abfolge der Zwischenstufen in der Vorstellung wiederherzustellen; und da Übergänge, die die Kontinuität symbolisieren, nicht vorgestellt werden, ergibt sich auch ein Abschätzen, das sich allein auf die Ankunftspunkte und auf den Sondercharakter der Grenzen stützt.
Auf der Ebene der Operationen bildet sich dagegen unter ihrem Einfluß ein neuer Typ von Bildern aus, weil sich das Bild, das ja interiorisierte Nachahmung ist, unter der Einwirkung der neuen Modelle entwickelt, die außerhalb seiner liegen und die die Entwicklung der Intelligenz in ihrem Funktionszusammenhang liefert: das reproduktorische Transformationsbild bildet sich also durch symbolische Nachahmung der Operationen, was dazu führt, daß die Momentaufnahmen vervielfacht werden, um das Kontinuum zu simulieren und um unter Berücksichtigung der Erhaltungen die Verlängerung der so evozierten Abfolgen zu antizipieren.

§ 2. Die Transformation von Winkeln in Geraden und umgekehrt

Die vorhergehende Untersuchung verlangt natürlich als Ergänzung die Untersuchung derselben Fragen, bezogen auf Drähte in Form von Winkeln und nicht mehr von Kreisbögen. Nachdem wir die bei den Bögen beobachteten Fakten im einzelnen untersucht haben, können wir uns zum Thema der Winkel kürzer fassen. Deshalb werden wir uns darauf beschränken, obwohl wir in einem Jahr 83 Kinder von 5 bis 8 Jahren und 60 in einem anderen[90] befragt haben, hier nur die Punkte herauszustellen, bei denen die beiden Untersuchungsweisen verschiedene Ergebnisse gebracht haben.

Man benutzt eine Platte von 30 × 30 cm, auf der in ihrem Mittelpunkt ein starrer schwarzer Draht oder Metallstab von 1 mm Durchmesser befestigt ist, dessen beide gleiche Abschnitte von 7,5 cm einen Winkel von 90° bilden. Da diese beiden Abschnitte beweglich sind, ist es möglich, den Winkel zu vergrößern bis zu seiner Verwandlung in eine Gerade. Man verfügt des weiteren über eine andere Platte von 30 × 30 cm, auf der sich ein anderer Winkel befindet mit ebenfalls metallischen Seiten, dessen Spitze jedoch nicht mehr

90 In Zusammenarbeit mit F. Frank und D. Nicollier.

fest ist, und bei dem die freien Enden der Seiten in der Weise eingerichtet sind, daß sie sich entlang einer horizontalen Gleitschiene verschieben können. Außerdem ist es nützlich, einen dritten Metallwinkel von 7,5 cm Seitenlänge zeigen zu können, wobei diese in zwei verschiedenen Farben gehalten sind, sowie zwei Winkel von ebenfalls 90°, aber von 20 cm Seitenlänge, von denen der eine schwarz und der andere zweifarbig ist. Zwei gerade Metallstäbe von 40 cm Länge, der eine schwarz und der andere zweifarbig, dienen zum Anzeigen der Längen unabhängig von der Zeichnung.
Ebenso kann es nützlich sein, zwei Sätze von fünf Winkeln von 90° zu zeigen, die jeweils (beide Seiten zusammengerechnet) eine Gesamtlänge von 13, 14, 15, 16 und 17 cm haben, von denen die einen schwarz und die anderen zweifarbig sind, sowie zwei Sätze von geraden Stäben von 13 bis 17 cm, die einen schwarz, die anderen zweifarbig, um Längenentsprechungen ohne Zeichnung herstellen zu lassen. Was die Zeichnungen anbetrifft, so werden sie nur auf Blättern von 30 × 30 cm vorgenommen, wenn es sich um die anfangs angegebenen Platten handelt.
Die gestellten Aufgaben sind nun die folgenden, und wir haben sie nach sechs Gruppen von Versuchspersonen unterteilt:
Gruppe I: 1. Man zeigt, daß der Metallwinkel beweglich ist, dann stellt man ihn auf 90° ein und fordert dazu auf, sich die Stufen seiner Transformation in eine Gerade vorzustellen (bei Zeichnungen auf demselben Blatt, oder bei der anderen Hälfte der Versuchspersonen auf getrennten Blättern); 2. man verlangt die Kopie des Winkels von 90° mit exakten Abmessungen; 3. das Kind zeichnet anschließend die Gerade (indem es die Abmessungen berücksichtigt), die sich aus dem Umklappen des Winkels ergibt; 4. man zeigt den Winkel im großen Format (20 cm) und fordert dazu auf, bei seinen Seiten die Länge des Modellwinkels (7,5 cm) abzuschätzen; 5. man zeigt den Stab von 40 cm und fordert dazu auf, an diesem die Länge der Geraden anzugeben, die sich aus dem Umklappen des Winkels von 7,5 cm Seitenlänge ergibt; 6. man zeigt den Modellwinkel von 7,5 + 7,5 cm und läßt ihn mit sechs schwarzen Winkeln von 90° in der Reihenfolge 15, 17, 13, 16, 14 und 15 cm (Gesamtlänge) vergleichen und fragt dabei jedesmal, welches der kürzere oder der längere ist; 7. man zeigt ebenfalls den Winkel von 7,5 cm Seitenlänge und die geraden schwarzen Stäbe von 15, 17, 13, 16, 14, und 15 cm und fordert zum Vergleich der Gesamtlänge der beiden Seiten des Winkels mit derjenigen der Stäbe auf; 8. das Kind tastet mit verbundenen Augen das Winkelmodell von 7,5 cm Seitenlänge ab. Wir tauchen dann seinen Finger in Fingerfarbe und bitten es, den untersuchten Winkel genau zu reproduzieren; 9. derselbe Anfang, aber das Kind muß den Winkel in der Form einer Geraden reproduzieren; 10. man zeigt den Winkel auf der Platte, und man bittet das Kind, mit dem Finger anzuzeigen, wo sich die freien Endpunkte der Seiten befinden werden, wenn der Winkel in eine Gerade transformiert wird.

Gruppe II: Dieselben Aufgaben 1 bis 9 (10 ausgelassen), aber alle Transformationen führen von der Geraden zum Winkel und nicht mehr vom Winkel zur Geraden.
Gruppe III: Dieselben Aufgaben 1 bis 10 mit der Platte mit Gleitschienen.

Gruppe IV: Dieselben Aufgaben wie in II, aber mit der Platte mit Gleitschienen.
Gruppe V: Aufgaben 2 bis 9, aber mit dem zweifarbigen Material, wobei man jedes Mal zunächst die rote Seite und dann die schwarze zeichnen (bei den Aufgaben 2 und 3) oder Seite für Seite vergleichen läßt (Aufgaben 7 und 9).
Gruppe VI: Dieselben Fragen wie in V, aber diesmal werden die Geraden in Winkel transformiert.
Die beiden Hauptergebnisse waren die folgenden:
1. Das Ergebnis der Transformationen ist viel einfacher zu antizipieren als ihre aufeinanderfolgenden einzelnen Stufen, das heißt, daß man im Falle des Winkels von 90° nicht mehr auf dasselbe stößt wie bei dem Kreisbogen: die Transformation in eine Gerade, die nicht die Grenzen der Ausgangsgeraden überschreitet;
2. die Transformationsstufen zeugen dagegen von einer systematischen Schwierigkeit für das Alter von ungefähr 5 bis 6 Jahren, nämlich den Winkel zu verändern und insbesondere die freien Enden der Seiten auseinander zu ziehen, was uns zu dem Problem der Grenzen zurückführt (denn es ist etwas anderes, einen Winkel von 90° in einen benachbarten Winkel von 100 bis 130° zu verändern, als ihn direkt in eine völlig heterogene Figur (wie eine Gerade) zu transformieren.
Beginnen wir also mit der Frage der progressiven Transformationen. Wenn wir uns auf eine rein qualitative Auswertung beschränken, d. h. wenn wir die Abmessungen nicht zu dem objektiven Modell in Beziehung setzen, sondern nur die Abwandlungen (größer – kleiner – gleichbleibend) von einer Zeichnung zur anderen berücksichtigen, und zwar unter dem Gesichtspunkt entweder der Winkel (*W*) oder des Abstandes zwischen den freien Enden der Seiten (*E*) oder der Länge dieser Seiten (*L*), so erhalten wir die folgenden sechs Kombinationen (von den 27 möglichen und den 13 realisierbaren):

$$W - E - L -;\ W = E - L -;\ W = E = L =;$$
$$W + E = L -;\ W = E + L + \text{ und } W + E + L +$$

Die letzte Kombination ist die einzige richtige und bedeutet also: Anwachsen des Winkels im Laufe der Transformationen; Auseinandertreten der Endpunkte und relative Gleichheit der Seitenlängen (selbst wenn sie alle unterschätzt werden). Hinzu kommt eine letzte, nach diesen Kriterien nicht klassifizierbare Kategorie, die aber wenig häufig ist und bei der die Seiten in einer entweder asymmetrischen Form gezeichnet werden (eine der beiden wird länger und die andere kleiner, bis sie verschwindet, so daß eine Gerade übrigbleibt) oder in einer gebogenen Form. Wenn wir uns nun an die klassifizierbaren Fälle halten (das heißt nur an diejenigen, die die Gegebenheiten der starren Vorrichtung respektieren), dann erhalten wir die folgende Tabelle (Tabelle 87):

Tabelle 87: Qualitative positive Ergebnisse bei der Transformation der Winkel in Geraden (in % der Antworten)

	5 Jahre	6 Jahre	7 Jahre	8 Jahre
Veränderungen des Winkels	25	19	50	80
Entfernungen zwischen den Endpunkten	25	6	40	80
Konstante Seitenlänge	25	19	30	60

Eine analoge Auswertung bei den umgekehrten Transformationen hat die Kategorien ergeben:

$W = -$ (n Wiederholungen der Geraden und plötzlicher Übergang zum Winkel von 90° $L = E =$; $W = E = L =$; $W = E + L +$;
$W - E = L +$; $W = E - L -$; $W - E - L -$; $W - E - L =$ (richtig).

Daher die Tabelle 88:

Tabelle 88: Qualitative positive Ergebnisse bei der Transformation der Geraden in Winkel (in % der Antworten)

	5 Jahre	6 Jahre	7 Jahre	8 Jahre
Veränderungen des Winkels	25	75	90	100
Abstand zwischen den Endpunkten	50	63	90	100
Konstante Seitenlänge	33	44	80	83

Diese Entwicklungen erfolgen also ziemlich regelmäßig gemäß dem Alter, wobei die einzige Umkehrung (zwischen 5 und 6 Jahren auf Tabelle 87) zweifellos zu den nicht klassifizierbaren Fällen gehört.

Man stellt andererseits fest, daß es offensichtlich einfacher ist, sich die Handlung, einen Stab von Winkel zu Winkel von 180° auf 90° zu biegen, vorzustellen, als die, den Winkel in eine Gerade zu transformieren, ebenso wie es leichter ist, sich die Biegung eines Stabes (Tabelle 84) als die Transformation eines Bogens in eine Gerade (Tabelle 88) vorzustellen. Vergleicht man dagegen die Tabellen 82 und 87 oder 84 und 88, dann sieht man, wieviel einfacher diese Antizipationen bei den Winkeln im Vergleich zu denen bei den Bögen sind, weil es sich um bildlichen Umgang nur mit Geraden handelt.

Wenn die Transformationen auch einfacher sind, so findet man doch dieselben Grenzgesetze wieder. Einerseits gelingt es 75 % der Versuchspersonen erst mit 8 Jahren, die Grenzen des Winkels zu überschreiten, um ihn in eine Gerade zu transformieren (Abstand zwischen den Endpunkten): mit 5 und 6 Jahren bleiben 60 % der Versuchspersonen bei demselben Abstand (die anderen verringern ihn sogar), was mit 7 Jahren bei 27 % noch der Fall ist. Andererseits ist die Beobachtung des Abstands zwischen den Endpunkten auf Tabelle 88 besser als auf Tabelle 87, weil es sich im Fall des Übergangs von der Geraden zum Winkel darum handelt, diesen Abstand einfach zu verringern, ohne Grenzen zu überschreiten.

Wenn diese Grenzfragen jedoch ihre ganze Schärfe behalten, wenn es sich darum handelt, Schritt für Schritt von einem Winkel von 90° zu einem stumpferen Winkel usw. bis zu der Schlußgeraden vorzugehen, dann ist es bemerkenswert, daß der Übergang vom Winkel zur Geraden nicht mehr dieselbe Schwierigkeit bereitet, zweifellos wegen der Heterogenität der beiden äußersten Formen. Wenn wir nämlich bei den Versuchspersonen der Gruppen I, III und V die Resultate der einfachen Kopie der Winkel (Frage 2) und die des Umklappens des Winkels in eine Gerade (Frage 3) herausgreifen, so stellen wir fest, daß, wenn die Kopie, wie zu erwarten, ein wenig unterschätzt wird (siehe Kap. II), die Zeichnung des Umklappens eher noch weniger unterschätzt wird – im Gegensatz zum Fall der Bögen (Tabelle 72 und 73) –, was relativ gesprochen heißt, daß die kopierte Grenze des Winkels ohne systematische Schwierigkeit überschritten wird (Tabelle 89):

Tabelle 89: Kopie des Winkels und Zeichnung seines Umklappens in eine Gerade (Fehler in % von 15 cm)

	Kopie	Umklappen	Differenz
5 Jahre (12)	−4,6	−3,6	+1,0
6 Jahre (18)	−3,2	−3,6	−0,4
7–8 Jahre (5)	−0,9	−0,6	+0,5

Was die Kopie der Geraden und die Zeichnung des Winkels anlangt, der aus ihrer Biegung entsteht, so findet man bei 21 Versuchspersonen von 5–6 Jahren (Gruppen II, IV und VI) bezeichnenderweise einen Unterschied von praktisch Null (–0,2 %) zwischen diesen beiden Arten von Aufgaben.

Man sieht also, daß, verglichen mit den direkten Kopien, keine Unterschätzung bei der Antizipation des Endresultats der Transformation der Winkel in Geraden oder der Geraden in Winkel stattfindet, und wir werden dasselbe Phänomen, nur noch deutlicher, bei den Winkelmaßen beobachten (§ 3). Im Gegensatz zu den Bögen, die eine Gerade (ihre Sehne) einzuschließen scheinen, von der sie sich nur durch eine Krümmung unterscheiden, die in den Augen der kleinen Versuchspersonen nur einen unwesentlichen Umweg darstellt, bereiten die Winkel von 90° nicht die Schwierigkeit der nicht zu überschreitenden Grenzen[91], und der Abstand zwischen den freien Enden der Seiten wird bei der Transformation des Winkels in eine Gerade ohne Schwierigkeit vergrößert, wenn man nicht in fortschreitenden Stufen vorgeht (wie in Tabelle 87, wo das Problem der Grenzen natürlich wieder erscheint, da es sich da für die Versuchsperson darum handelt, von einer Figur zu einer Nachbarfigur überzugehen).

Was das Abmessen des Modellwinkels (7,5 cm Seitenlänge) an dem Winkel im großen Format (20 cm) sowie die Vorhersage der Länge des Umklappens des ersteren auf dem großen Stab von 40 cm (Frage 4 und 5) anlangt, so stellen wir fest, daß bei 33 Versuchspersonen von 5–6 Jahren (Gruppen I, III und V) bei der Messung die Fehlerquote gleich Null ist (Durchschnitt 0), und ebenfalls bei der Vorhersage (Durchschnitt −0,15 % mit Höchstabständen von +2,5 und −1,9 nach Gruppen); das Anzeigen der Endpunkte mit dem Finger (Frage 10) ergibt dagegen, wie zu erwarten, eine Überschätzung: +2,9 bei 25 Versuchspersonen von 5–7 Jahren. Beide Arten von Aufgaben zeigen also wieder einmal mehr, daß der Fehler verschwindet oder sich umkehrt, wenn es nicht mehr darum geht, einer Bahn zu folgen, wie es die Zeichnung tut, sondern Endpunkte anzugeben, wobei nur die Abstände berücksichtigt werden müssen.

Es verhält sich genauso, wenn man von der Geraden (angezeigt auf dem Stab von 40 cm) zum Winkel (angezeigt auf dem Winkel von 20 cm Seitenlänge)

91 Wenn man den Kindern von 5–7 Jahren drei gleichschenklige Dreiecke zeigt (*ABC*, wobei der Winkel in *B* 45°, 90° bzw. 135° mißt) und fragt, ob der Weg *ABC* länger oder weniger lang (oder gleich) ist als der (direkte) Weg *AC*, so erhält man 100 % von *ABC*>*AC* bei 45°, 62 % bei 90° und nur 50 % bei 135°. Was hier über die nicht beachteten Grenzen gesagt wird, gälte also nicht mehr für die Winkel ⩾135°.

übergeht: in diesem Fall beträgt bei 25 Versuchspersonen von 5–7 Jahren (Gruppen II, IV und VI) der Fehler bei der Kopie +0,9 und der Fehler der Vorhersage +1,4; beide zeigen also eine Tendenz zur Überschätzung. Die Auswahl unter verschiedenen Winkeln und Stäben (Fragen 6–7) hat nichts Bemerkenswertes ergeben. Dagegen haben die taktilo-kinästhetischen Kopien und Vorhersagen (Fragen 8–9) trotz ihrer Ungenauigkeit zwei interessante Resultate geliefert. Das eine ist, daß man im Durchschnitt die Unterschätzungen wie im Falle der Zeichnungen wiederfindet, da die Geste in beiden Fällen einer Bahn mit Grenzproblemen folgt. Das andere Resultat ist, daß indes der bei der Vorhersage erhaltene Durchschnittsfehler, verglichen mit dem bei der Kopie, gleich oder niedriger ist: bei 35 bzw. 25 Versuchspersonen liegt der Unterschied zwischen den beiden Fehlern bei +0,2 im Falle des Übergangs vom Winkel zur Geraden und bei +1,25 im Falle des umgekehrten Übergangs. Alle diese Ergebnisse sind zwar kohärent, es wäre aber unklug, detaillierte Zahlen für diese Reproduktionen oder Vorhersagen auf taktilo-kinästhetischem Weg anzugeben, denn diese Untersuchungen entbehren der Präzision. Wir haben insbesondere bemerkt, daß, wenn das Kind langsam seinen Finger über das Modell gleiten läßt, es danach die Tendenz hat, mit Fingerfarbe einen längeren Strich zu zeichnen, als wenn die Untersuchung schnell vor sich gegangen ist: die auftretenden Maße werden so zu räumlich-zeitlichen und sind nicht mehr ausschließlich räumlich, was von großer Bedeutung für das Problem der Bilder ist, das Aufzeichnen jedoch schwierig macht.

§ 3. Die Transformation eines Winkelmaßes (rechten Winkels) in eine Gerade

Nachdem wir den Unterschied zwischen den Transformationen der Bögen und der Winkel in Geraden festgestellt haben, kann es interessant sein, auch die Transformation eines rechten Winkels, aber mit ungleichen Seiten, mit anderen Worten eines Winkelmaßes, zu untersuchen. Wir beschäftigen uns hier nicht im einzelnen mit den Stufen der Transformation[92], sondern nur mit ihrem Ergebnis, und wir fordern die Versuchspersonen auf, sich so weit wie möglich an die gegebenen Längen zu halten; was uns übrigens zu den bekannten Problemen der Unterschätzung (Kap. II) zurückführt, denn die graphischen Überschätzungen, die möglich gewesen wären (zumindest in der Idee), sind nicht eingetreten.

Da andererseits dieses Problem, das wir zusammen mit S. Taponier im Jahre 1957 in Angriff genommen haben, den Fragen der Wahrnehmung näher verwandt erscheinen könnte

92 Vgl. Kap. III, § 3, unter III.

als denen des inneren Bildes, zumindest zu einem Zeitpunkt, an dem wir noch schlecht über dieses letztere unterrichtet waren, haben wir parallel zu dieser Untersuchung (und mit anderen Versuchspersonen) eine Anzahl zusammenhängender perzeptiver Maßnahmen ergriffen, indem wir ein konstantes Winkelmaß oder einen Maßstab von 65 × 35 cm mit einer Reihe von 12 verschiedenen Geraden, die jeweils um 4 mm Länge voneinander differierten, vergleichen ließen. Der Vergleich beider Arten von Ergebnissen wird zeigen, wie sehr sich die graphische Repräsentation des in eine Gerade transformierten Winkelmaßes von den perzeptiven Abschätzungen unterscheidet (ohne daß es nötig wäre, hier im Detail die Ergebnisse dieser letzteren darzustellen).

Zur Untersuchung des Bildes benutzt man eine Unterlage aus Karton vom 74 × 54 cm und von 25–30° (dem Neigungswinkel der Schultische). Man legt darauf ein weißes Blatt von 37 × 27 cm, auf das das Winkelmaß gelegt ist. Auf dem Tisch befindet sich ein weißes Blatt in denselben Dimensionen, auf das die Versuchsperson zeichnen wird. Die gezeigten Winkelmaße bestehen

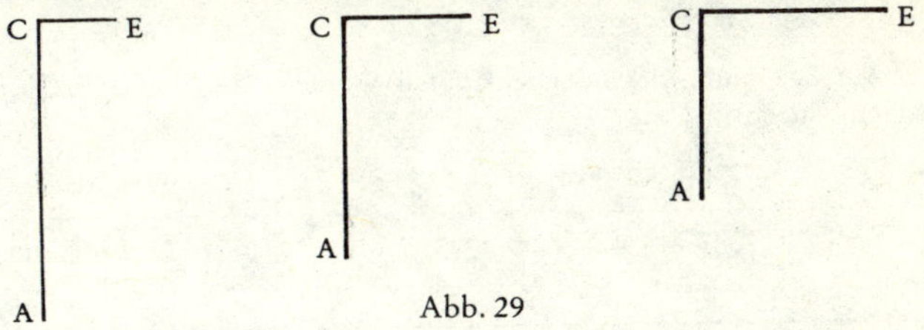

Abb. 29

aus zylindrischen Stäben von 2 mm Durchmesser und 20 cm Länge, die am Punkte C (Abb. 29) nach den drei folgenden Kombinationen auf 90° geknickt sind.

Tabelle 89 a:

	AC	*CE*
Stab 16	160 mm	40 mm
Stab 13	130 mm	70 mm
Stab 10	100 mm	100 mm

Andererseits sind einige dieser Stäbe von 16, 13 und 10 cm schwarz, während andere (mit denselben drei Längen) farbig sind, *AC* grün und *CE* blau.[93] Man hat schließlich drei gerade Stäbe von 160, 130 und 100 mm für die einfache Kopie zur Verfügung.

93 Die Ränder wurden auf dem Blatt, das dem Winkelmaß als Unterlage diente, konstant gehalten.

Die Anweisungen sind:
1. Zeichnen der in der Vorstellung hochgeklappten schwarzen Winkelmaße (nach Demonstration an einem Winkelmaß mit anderen Abmessungen, das man vor dem Kind in eine Gerade transformiert), wobei das Winkelmaß dem Kind vor Augen auf der geneigten Unterlage liegen bleibt;
2. Zeichnen der in der Vorstellung hochgeklappten farbigen Winkelmaße;
3. Kopie des schwarzen Winkelmaßes (ohne Transformation);
4. Kopie der geraden Stäbe von 160, 130 und 100 mm.
Die Kopien 3) werden in zwei Lagen angefertigt: *V* = Abschnitt *AC* in sagittaler Position und *CE* in horizontaler Position (auf dem oberen Teil des Blattes, vom Kind her gesehen; *H* = Abschnitt *AC* in horizontaler Position und *CE* = sagittal (ein wenig links vom Kind, um direktes Übertragen zu vermeiden).
Zwei Gruppen von Versuchspersonen nach der Reihenfolge der Vorlagen:
A. hochgeklappte Zeichnung in Schwarz, dann in Farben, dann Kopien;
B. Kopie, hochgeklappte Zeichnung in Schwarz, dasselbe in Farben. Die Stäbe 16, 13 und 10 sind in den sechs möglichen Reihenfolgen vorgelegt worden.

Hier zunächst (Tabelle 90) die Durchschnittswerte der erhaltenen Fehler bei der Zeichnung der in der Vorstellung hochgeklappten Winkelmaße (vertikale Position):

Tabelle 90: Zeichnung der hochgeklappten Winkelmaße (Fehler in % der objektiven Längen)

	schwarz			
	16/4	13/7	10/10	Durchschn. *AE*
6–7 Jahre (*N*=24):				
AC	− 18,0	− 17,1	− 16,8	
CE	+ 1,0	− 17,3	− 23,6	
AE	− 14,3	− 17,1	− 20,2	− 17,2
8 Jahre (*N*=11):				
AC	− 16,0	− 17,6	− 20,5	
CE	− 11,2	− 10,4	− 26,5	
AE	− 15,0	− 14,7	− 23,5	− 17,5
6–8 Jahre:				
AE	− 14,5	− 16,3	− 21,1	− 17,5
Erwachsene (*N*=24):				
AC	+ 0,4	− 0,4	− 0,8	
CE	− 6,0	− 1,1	− 5,6	
AE	− 0,9	− 1,6	− 3,2	− 1,9

farbig

	16/4	13/7	10/10	Durchschn. *AE*
6–7 Jahre (*N*=24):				
AC	– 18,4	– 14,6	– 16,0	
CE	– 8,7	– 16,0	– 10,6	
AE	– 16,5	– 15,1	– 13,3	– 15,0
8 Jahre (*N*=11):				
AC	– 15,5	– 16,8	– 16,1	
CE	– 9,1	– 13,8	– 14,9	
AE	– 13,7	– 15,8	– 15,5	– 15,0
6–8 Jahre:				
AE	– 15,6	– 15,3	– 13,8	– 15,0
Erwachsene (*N*=24):				
AC	– 1,5	– 1,5	– 4,7	
CE	– 6,0	– 2,0	+ 0,5	
AE	– 2,4	– 1,7	– 2,1	– 2,1

(Der Durchschnittsfehler von –17,5 mit 6–8 Jahren entspricht also einer Zeichnung von 165,2 mm anstatt von 200 und derjenige von –15 entspricht einer Zeichnung von 170 mm).

Man stellt fest, daß trotz der individuellen Verschiedenartigkeit und trotz der Abwandlungen je nach den Situationen des Experiments die allgemeinen Durchschnittswerte *AE* mit 6–7 Jahren und mit 8 Jahren völlig übereinstimmen und sich sehr von denen des Erwachsenen unterscheiden. Aber es handelt sich da um absolute Fehler, und es geht darum, ihre Verbindungen mit den bei den Kopien der nicht hochgeklappten Winkelmaße erhaltenen Fehler zu untersuchen, und zwar nach oder vor der Zeichnung, die die aus dem Hochklappen hervorgegangene Gerade darstellt. Die Tabelle 91 verzeichnet diese Ergebnisse bei 14 Versuchspersonen von 6–7 Jahren und bei 11 Versuchspersonen von 8 Jahren:

Tabelle 91: Vergleich der hochgeklappten Zeichnungen (Längen *AE*) und der Kopie der Winkelmaße nach oder vor diesem Umklappen (Fehler in % der objektiven Längen *AE*)

I. Kopie nachher	hochgeklappt schwarz				hochgeklappt farbig			
	16/4	13/7	10/10	Total	16/4	13/7	10/10	Total
6–7 Jahre (14)	−12,3	−15,5	−19,7	−15,8	−16,7	−15,1	−13,2	−14,3
8 Jahre (11)	−15,0	−14,7	−23,5	−17,5	−13,7	−15,8	−15,5	−15,0

I.	Kopie			
	16/4	13/7	10/10	Total
6–7 Jahre (14)	−19,3	−17,6	−10,6	−15,5
8 Jahre (11)	−14,8	−17,2	−19,6	−17,1

II. Kopie vorher	hochgeklappt schwarz				hochgeklappt farbig			
	16/4	13/7	10/10	Total	16/4	13/7	10/10	Total
6–7 Jahre (14)	−13,5	−18,1	−12,7	−14,8	−9,5	−9,4	−14,0	−11,0

II.	Kopie			
	16/4	13/7	10/10	Total
6–7 Jahre (14)	−21,8	−19,9	−21,7	−21,1

Diese Tabelle macht drei interessante Tatsachen deutlich:
1. Die Unterschätzung ist bei der direkten Kopie genauso stark wie die Unterschätzung beim Hochklappen der schwarzen Winkelmaße, wenn diese Kopie hinterher erfolgt; 2. diese Unterschätzung bei der Kopie ist um 1,2 bis 2,1 % stärker als bei dem Hochklappen der zweifarbigen Winkelmaße, wenn die Kopie hinterher kommt; 3. die Unterschätzung in der Kopie ist deutlich stärker, wenn die Kopie vor dem Hochklappen angefertigt wird, und sie überschreitet dann sogar um 10 % die Unterschätzung bei dem Hochklappen der farbigen Winkelmaße.
Wenn man bei allen Versuchspersonen, die das Hochklappen des zweifarbigen Winkelmaßes (vertikal oder horizontal) und die Kopie (vorher oder nachher) durchlaufen haben, die beiden Unterschätzungen vom Gesichtspunkt der Abschnitte *AC* und *CE* her miteinander vergleicht, so findet man einen Unterschied von +5,2 % zugunsten des Hochklappens bei dem Abschnitt *AC* und von 11,1 % bei dem Abschnitt *CE*.

Man findet also hier in verstärkter Form wieder, was wir schon bei dem Umklappen des Winkels mit gleichen Seiten festgestellt haben. Die Kopie scheint also eine Unterschätzung nach sich zu ziehen, die sich den gewöhnlichen Grenzeffekten verdankt, während die Antizipation des Hochklappens diesen Effekt abschwächt, insbesondere in dem vorliegenden Fall, bei dem die Seiten ungleich sind und die eine leichter als Grenze für die andere erscheint.

Es ist noch festzustellen, daß in horizontaler Position (*AC* horizontal und *CE* vertikal) das Winkelmaß zu weniger starken Unterschätzungen bei der Antizipation des Hochklappens (schwarz −14,6% und Farbe −7,9%) führt als bei der Kopie (−9,0%), was mit dem übereinstimmt, was wir schon in Kap. II, § 3, gesehen haben. Die größere Unterschätzung bei der Vertikalen kann von einem Wahrnehmungseffekt abhängen (Überschätzung der Vertikalen), der sich auf die Zeichnung auswirkt, nicht aber auf das Modell (vgl. die Häufigkeit, mit der sich das Kind bei dem Versuch mit dem Maßstab irrt: dieser Irrtum wirkt sich bei den Varianten aus, nicht an dem Maßstab selbst); aber das bedeutet nicht, daß die Grenzeffekte (selbst wenn sie mehr oder weniger aus Wahrnehmungsgründen variieren) als solche von der Wahrnehmung abhängen.
Nichts zeigt dagegen besser den wesentlichen Unterschied zwischen den Gesetzen des Bildes und denen der Wahrnehmung, als der Vergleich der vorhergehenden Ergebnisse mit der Untersuchung, die für die perzeptive Abschätzung der Längengleichheit von geraden Variablen und Maßstäben in Form von Winkelmaßen angestellt wurde. Man findet in der Tat bei dem Kind von 6 Jahren (mit großer inter- und intraindividueller Variationsbreite) Durchschnittswerte von nur −5,2 bis −2,8 für das erste dieser Winkelmaße und von −4,1 bis +3,3 für das zweite in der Vertikalen. In der Horizontalen belaufen sich die Fehler von −1,0 bis +1,6 und von −3,0 bis −1,1%. Bei dem Erwachsenen ist der Unterschied zum Bild noch deutlicher, aber in umgekehrter Richtung, zumindest in der Horizontalen: in der Vertikalen beläuft sich der Durchschnittswert der Fehler auf +0,4 bis +3,0 und von +1,1 bis +3,3, was die gleiche Größenordnung darstellt wie die Fehler der Erwachsenen bei dem Bild; aber in der Horizontalen beobachtet man eine überraschende Überkompensierung von +13,4 bis +17,7 und von 12,9 bis 17,7, was an die Überkonstanzen bei der Wahrnehmung der Erwachsenen von Größen in Tiefenrichtung erinnert. So ist die kindliche Wahrnehmung der Beziehungen zwischen den Winkelmaßen und ihrem Hochklappen viel besser als die bildhafte Reproduktion, während die Wahrnehmung der Erwachsenen, zumindest in der Horizontalen, zu deutlich stärkeren Fehlern führt.

§ 4. Spiralen und konzentrische Kreise

Nehmen wir ein Bezugssubstrat in Kreisform, dessen Durchmesser man aber mit einem Schlag deutlich vergrößern kann: etwa einen Regenschirm, von oben gesehen (von der Spitze her, zunächst geschlossen, und den man dann mit einem Mal öffnet). Man kann dann an diesem ausdehnbaren Substrat Gummibänder befestigen, die, wenn sie sich ausdehnen, zu der Konfiguration von konzentrischen Kreisen oder einer Spirale führen. Um die erstere Form zu erhalten, befestigt man einfach an drei verschiedenen Höhen des Regenschirms (in diesem Fall ist es besser, nur das Holzgestell und die Stangen zurückzubehalten und den Stoff zu entfernen)[94] drei Gummibänder, die die Stangen in ausreichender Entfernung voneinander umgeben, aus denen dann beim Öffnen drei ungefähre Kreise entstehen oder drei Vielecke mit ganz verschiedenen Durchmessern, die an ihren jeweiligen Farben erkennbar sind. Um die zweite Form zu erhalten, befestigt man dagegen an der Spitze des Schirms (an der roten Spitze unseres Puppenschirms) ein Stück Gummiband, und man umwickelt die Stangen bis zum freien Ende einer von ihnen, an dem man das andere Ende des Gummibandes befestigt: daraus wird dann, wenn das die Stangen umgebende Gummiband in verschiedenen Höhen derselben richtig angebracht ist, beim Öffnen des Schirms eine mehr oder weniger regelmäßige Spirale. Das Problem besteht nun darin zu untersuchen, ob sich die Versuchsperson diese konzentrischen und spiralförmigen Konfigurationen adäquat vorstellen kann, wobei zu sagen ist, daß man ihr die Zeichnung des von oben gesehenen geöffneten Regenschirms an die Hand gibt (um die Frage nicht auf die Vorstellung des Bezugssubstrats zu verschieben), so daß sie den Verlauf der geschlossenen und konzentrischen Gummibänder oder des Gummibandes in Form einer Spirale einfach in den vorgegebenen Rahmen einzeichnen muß.[95]

Wir stellen nun fest, daß die erste dieser beiden Fragen erst mit 6 Jahren (> 75 %) und die zweite erst mit 8 Jahren gelöst wird. Es empfiehlt sich also, um entscheiden zu können, ob es sich hier um eine Schwierigkeit der bildhaf-

94 Wir haben einen Puppenregenschirm von 23 cm Stocklänge benutzt, mit 7 Stangen und einer roten Spitze.

95 Dieser Versuch wurde von D. Nicollier durchgeführt.

ten Vorstellung oder einfach des perzeptiven Unterscheidungsvermögens handelt, damit zu beginnen, dieses Unterscheidungsvermögen zu untersuchen. Wir haben damit begonnen, drei Kreise und eine Spirale von drei Umdrehungen (Abb. 30 *A* und *B*) zu vergleichen, was eine 100%ige Unterscheidung von 5 Jahren an ergab, und wir sind dann mit dem Vergleich der Formen *A* und *C* der Abbildung 30 fortgefahren, das heißt, wir haben die geöffnete Spirale *B* durch eine »geschlossene« Spirale *C* ersetzt, die mit einem kleinen Anfangskreis beginnt und in einen großen ganzen Kreis derselben Dimensionen wie bei *A* (10 cm) einbeschrieben wird. Wenn der Unterschied zwischen *A* und *C* ebenso wie der zwischen *A* und *B* verstanden worden war, haben wir sodann 10 Tafeln aussortieren lassen, die immer zahlreichere und engere Spiralen (vom Typ *B* oder *C*) enthielten, und darum gebeten, sie in zwei Gruppen entweder nach der Ähnlichkeit mit *A* oder mit *B* (oder mit *C*) einzuteilen.

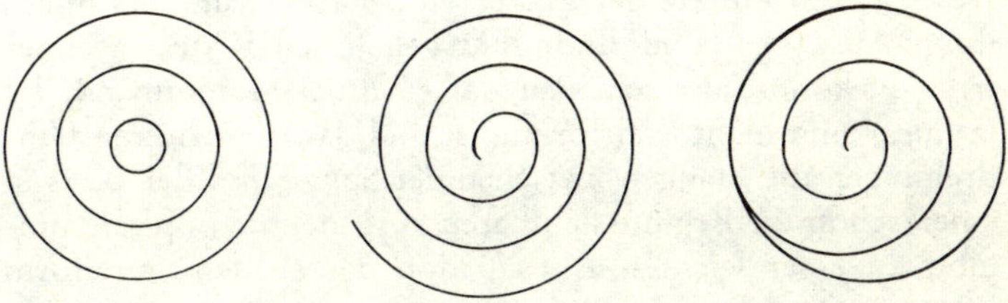

A B C

Abb. 30

Das Ergebnis dieser Klassifizierungen betrug bei 270 auszuwählenden Figuren (27 Versuchspersonen von 5 bis 8 Jahren) 97% positive Ergebnisse von 5 Jahren an bei den Vergleichen *AB* und 96% mit 6 Jahren oder 45% mit 5 Jahren bei den Vergleichen *AC*. Die Untersuchung der von dem Kind angewandten Verfahren zeigt (und darauf kam es uns besonders an), daß die Versuchsperson im wesentlichen den Mittelpunkt oder Ausgangspunkt und die Peripherie oder den Endpunkt der Kurven untersucht. Wenn man die Mitte der Figuren oder die Mitte und den äußeren Rand versteckt, die Zwischenbahnen aber sichtbar läßt, dann schaltet man die richtigen Unterscheidungen nicht aus, aber man verringert sie um ungefähr 50%.

Eine andere Beobachtung, die nützlich sein kann, wurde mit Hilfe von Vorrichtungen mit sechs konzentrischen Kreisen aus Draht oder mit einer Spirale mit sechs Umdrehungen gemacht, an deren Peripherie man eine Perle aufzieht, die eine Fliege darstellt, die die Bahnen durchlaufen soll. Man fragt dann, wo die Fliege nach einem Umlauf, nach einem zweiten, usw., bis zum Mittelpunkt, sein wird, und wieviele Umläufe sie schließlich vollziehen muß, um in die Mitte zu gelangen. Diese Untersuchung nun hat drei Dinge gezeigt. Zunächst die Tatsache, daß die Versuchspersonen mit 5 Jahren und oft sogar noch mit 6 Jahren große Schwierigkeit haben, der Bahn einfach mit dem Blick zu folgen: sie müssen einen Finger zu Hilfe nehmen, ohne den sie mangels einer ausreichenden okulo-motorischen Anpassung den Faden verlieren. Zweitens aber stimmen alle darin überein, daß im Falle der Kreise die Fliege von einem zum anderen springen muß, wenn sie vorankommen will, während sie im Falle der Spirale ihren Weg ohne diskontinuierliches Wechseln verfolgt. Drittens, und zweifellos gerade auf Grund dieser zugleich mit den Händen und mit den Augen untersuchten Kontinuität ist die Anzahl der Fehler beim Lokalisieren der Punkte bei jeder Umdrehung und beim Abzählen dieser Umdrehungen sowohl bei der Spirale wie bei den konzentrischen Kreisen zweifellos niedriger, obwohl dieser zweite Teil des Versuchs immer nach dem ersten stattfindet. Insgesamt liegen die positiven Ergebnisse mit 5 Jahren bei 33 %, mit 6 Jahren bei 78 % und mit 7 Jahren bei 91 %.

Kehren wir zu unserem Regenschirm zurück, wobei jetzt klar ist, daß die Kinder zumindest ab 6 Jahren alle notwendigen Instrumente für die Unterscheidung einer Spirale von konzentrischen Kreisen besitzen, insbesondere was die beiden wesentlichen Punkte der Einzigkeit der Kurve und der durch ihren Ausgangs- und Endpunkt gelieferten Kriterien anbetrifft. Es könnte also scheinen, daß ein Stück Gummiband, das ja linear und nicht kreisförmig ist und das in mehreren Umdrehungen die Stangen zwischen der Spitze und der Basis in einer schon zu Beginn sichtbaren ausgedehnten Spirale umgibt, zu einer leichten Antizipation der ebenen Spiralform führen mußte, die sich aus der Entfaltung des Regenschirms in ein kreisförmiges Substrat ergibt (das im voraus auf dem graphischen Schema, das dem Kind vorgelegt wird, angegeben ist). Tabelle 92 zeigt jedoch das Gegenteil:

Tabelle 92: Positive Ergebnisse bei der graphischen Darstellung der konzentrischen Kreise (3 Gummibänder) und der Spirale (1 Gummiband)

	5 Jahre	6 Jahre	7 Jahre	8 Jahre	9 Jahre
Konzentrische Kreise	60	87	81	83	100
Spirale	0	50	62	83	85

Es stellt sich natürlich die Frage nach dem Einfluß der graphischen Schwierigkeit. Die einfachsten Reaktionen stellen nämlich das einzige Gummiband in der Form eines oder mehrerer (nicht konzentrischer) Kreise oder eines von der Spitze zur Basis absteigenden gewellten Gewebes dar. Aber man findet auch Kurven, die, ausgehend von demselben Punkt oder von derselben Linie, einander umwickeln und die das Bemühen zeigen, die Spirale von den konzentrischen Kreisen zu unterscheiden, die aber scheitern, wenn sie die beiden Endpunkte des Drahts oder der Kurve freilegen sollen. Von den technischen Schwierigkeiten der Zeichnung her gesehen, wäre es ja einfach, die Darstellung von konzentrischen Kreisen, die früh bewältigt wird, vorzunehmen und die Endpunkte freizulegen. Es ist in jedem Fall erstaunlich festzustellen, daß das Kriterium der Endpunkte, das eine so offensichtliche und so frühe Rolle bei den perzeptiven Unterscheidungen und bei der Vorrichtung der Perle, die einen Draht entlangläuft, spielt, erst mit 8 Jahren durch eine gelungene Darstellung der Spirale zum Ausdruck kommt.

Wir haben versucht, diese Schwierigkeit beim Vorstellen der Spirale zu kontrollieren, indem wir den Versuchspersonen ein ihnen allen wohlbekanntes Spiel zeigten, eine Papierpfeife, die aus einem Rohr heraustritt, wenn man in dieses hineinbläst, und sich ausdehnt und sich wieder zu einer Spirale aufwickelt. Wir haben also von 42 Versuchspersonen verlangt, die vier wichtigsten Positionen der Pfeife graphisch zu reproduzieren, darunter das halbe Einrollen und das vollständige Einrollen in der Form einer Spirale. Die Ergebnisse nun waren nicht besser; mit 7 Jahren gab es erst 50 % positive Ergebnisse.

Wir werden jetzt statt dessen ein verwandtes und präziseres Problem untersuchen.

§ 5. Die Vorstellung der Längen bei der Transformation einer Geraden in eine Kreislinie und umgekehrt

Beinahe alle in diesem Werk beschriebenen Tatsachen entsprechen Fällen, in denen das innere Bild mit dem Alter besser wird und infolgedessen eine relative, immer mehr zunehmende Hilfe bei dem operatorischen Funktionieren und der Angleichung der Vorstellung an die Wirklichkeit leistet. Aber man kann sich Situationen vorstellen, in denen der Fortschritt des Bildes in Richtung auf die kinetischen Vorstellungen oder die Transformation zu Fehlern führt – durch Sekundäreffekte –, die mit dem Alter zunehmen und von gewissen Überkompensationen abhängen können, die aus den Transformationen selbst entstehen. Diese Situationen wären dann auf perzeptivem Gebiet mit denjenigen vergleichbar, in denen die »perzeptiven Aktivitäten«, die spät (im allgemeinen gleichzeitig mit den operativen) auftreten, »Sekundäreffekte« erzeugen, die von Vergleichungen (*rapprochements*) stammen, welche durch diese Aktivitäten selbst hervorgerufen wurden[96] (zum Beispiel die sogenannte Gewichtstäuschung, die auf irrige Antizipationen zurückgeht).

Ein Beispiel für diese zunehmenden Fehler der bildhaften Repräsentation könnte dasjenige der Transformation eines Kreisumfangs in eine Gerade und umgekehrt sein. Man weiß ja, daß der Kreis, obwohl er für die Wahrnehmung eine »gute Form« darstellt, zu zwei Arten von systematischen Fehlern Anlaß gibt. Erstens erscheint sein Durchmesser (selbst wenn er durch eine Linie gekennzeichnet ist) kürzer als eine Gerade derselben Länge, schon in der Horizontalen, und besonders in der Vertikalen. Zweitens (und hier liegt zweifellos eine Mischung von Wahrnehmung und bildhafter Repräsentation vor) erscheint ein Kreisumfang bedeutend kürzer als die Gerade derselben Länge. Da dem so ist, haben die Versuchspersonen, die man auffordert, sich die Länge einer Geraden vorzustellen, die genauso groß sein soll wie ein Kreisumfang, oder umgekehrt, dann die Tendenz, eine zu kurze Gerade oder einen zu großen Kreis zu zeichnen, um den Effekt des Wahrnehmungsfehlers zu kompensieren. Es ist nun festzustellen, ob diese Fehler des Bildes mit dem Alter zu- oder abnehmen. Die perzeptiven Illusionen des Kreises nehmen mit dem Alter ab[97], wenn der systematische Fehler des Bildes im Laufe der Entwicklung zunimmt, und zwar wohl einfach deswegen, weil die anfänglichen Bilder wenig antizipatorisch sind und weil der Fortschritt der Transformationsbilder den älteren Versuchspersonen erlauben könnte, aus »unbewußter Vorsicht« Überkompensationen vorzunehmen (analog zu dem, was man im Falle der perzeptiven Überkonstanzen beobachtet), deren die jüngeren Versuchspersonen weniger fähig wären, weil es ihnen an transformatorischer Antizipation mangelt. Das wäre also ein gutes Beispiel für einen sekundären Bildirrtum, der gerade aus dem Erwerb des Bildes resultieren würde.

96 Vgl. J. Piaget, *Les mécanismes perceptifs,* Presses Universitaires de France, 1961, Kap. III.

97 Vgl. die Untersuchung von J. Piaget und E. Vurpillot, die in Piaget, *Les mécanismes perceptifs,* S. 47–51, Tab. 7, zusammengefaßt ist.

Frau Kathia Tyborowska, Assistentin an der Universität Warschau, hat freundlicherweise das Problem untersucht, als sie in Genf war; zu Ende geführt wurde ihre Untersuchung in Polen. Die angewandte Technik war die folgende:

1. Man zeigt der Versuchsperson eine Schnur von 12 cm Länge und fordert sie auf, eine Gerade derselben Länge zu zeichnen und dann die Schnur zu zeichnen, wobei sie sich vorstellen soll, daß sie in Kreisform hingelegt worden ist. Dieselbe Aufgabe mit einer Schnur von 24 cm.
2. Man zeigt danach eine Schnur von 12 und dann eine von 24 cm, als regelmäßige Kreise hingelegt, und man bittet zunächst darum, den Kreis unter Erhaltung seiner Größe zu kopieren und dann die Schnur zu zeichnen und sich dabei vorzustellen, daß man sie zu einer Geraden abgewickelt hat.
3. Auf der anderen Seite stellt man die Frage nach der Erhaltung: behält die Schnur ihre invariante Länge, wenn man ihr die Form eines Kreises und die einer Geraden gibt? 200 Kinder von 5 bis 6 Jahren (20 pro Alter von 5 bis 13 Jahren und 20 von 14 bis 16 Jahren) und 20 Erwachsene sind befragt worden.

Was die Erhaltung der Längen anbetrifft, so nehmen nur 47 % der Versuchspersonen von 5 bis 7 Jahren sie bei der Transformation der Geraden in einen Kreis an: von denen, die sie verneinen, halten die einen die Schnur für länger, weil sie »mehr Platz einnehmen wird«, und die anderen für kürzer, weil sie »weniger weit« geht (wobei die Endpunkte des Durchmessers gezeigt werden). Bis zum Alter von 7 Jahren haben sich die Versuchspersonen wenig um die Genauigkeit bei der Kopie der Geraden oder des Kreises gekümmert, vielleicht weil es sich darum handelte, ein Objekt von empirischer Bedeutung wie eine Schnur zu kopieren, und nicht um eine Modellgerade oder um einen Modellkreis in ihrer Eigenschaft als Gestalten. Deswegen trifft man nicht immer (besonders mit 6 Jahren) auf die starken Unterschätzungen, die in Kapitel II untersucht wurden, sondern auf ein wenig schwächere, dauerhaftere Unterschätzungen. Ab 8 Jahren dagegen erlebt man eine Bemühung um Präzision, die sich in zahlreichen Verbesserungen der ursprünglichen Zeichnung äußert, was übrigens gewisse Unterschätzungen nicht ausschließt.
Hier also die Ergebnisse (Tabelle 92*a*):

Tabelle 92a: Transformation der Geraden in einen Kreis (I) und umgekehrt (II) (in cm und im Durchschnitt der Versuchspersonen)[98]

Längen	I 12			I 24		
	Gko	*Kim*	*K/G*	*Gko*	*Kim*	*K/G*
5 Jahre	9,5	11,0	1,15	19,7	20,7	1,05
6 Jahre	10,0	12,7	1,27	22,1	24,5	1,11
7 Jahre	9,4	10,1	1,07	17,3	19,2	1,11
8 Jahre	7,8	9,1	1,16	16,2	16,2	1,00
5–8 Jahre	*9,2*	*10,7*	*1,16*	*18,8*	*20,1*	*1,06*
			(=16%)			(=6%)
9 Jahre	8,8	13,8	1,56	16,8	19,3	1,15
10 Jahre	8,6	13,4	1,57	17,1	22,3	1,30
11 Jahre	10,0	13,2	1,32	19,7	20,7	1,05
12 Jahre	9,9	13,0	1,31	19,8	23,6	1,19
13 Jahre	10,2	12,5	1,22	19,8	23,9	1,20
14 Jahre	10,3	14,4	1,39	20,0	24,9	1,25
9–14 Jahre	*9,6*	*13,4*	*1,39*	*18,8*	*22,4*	*1,19*
			(=39%)			(=19%)
Erwachsene	*9,9*	*13,2*	*1,33*	*20,0*	*22,7*	*1,13*
			(=33%)			(=13%)

Längen	II 12			II 24		
	Kleo	*Gim*	*K/G*	*Kko*	*Gim*	*K/G*
5 Jahre	10,5	9,6	1,09	19,6	16,8	1,16
6 Jahre	10,5	9,8	1,07	20,0	19,5	1,02
7 Jahre	9,2	7,7	1,19	19,2	15,6	1,23
8 Jahre	8,6	7,5	1,14	16,8	13,4	1,25
5–8 Jahre	*9,7*	*8,6*	*1,12*	*18,9*	*16,3*	*1,16*
			(=12%)			(=16%)
9 Jahre	9,7	6,8	1,27	17,9	12,4	1,44
10 Jahre	11,0	7,4	1,48	20,3	24,0 (!)	0,84
11 Jahre	10,4	8,9	1,16	21,1	16,2	1,30
12 Jahre	11,1	9,3	1,19	21,2	17,1	1,24
13 Jahre	11,0	9,1	1,20	21,4	17,6	1,21
14 Jahre	12,0	9,0	1,33	23,9	18,5	1,29
9–14 Jahre	*10,8*	*8,4*	*1,28*	*21,0*	*17,5*	*1,22*
			(=28%)			(=22%)
Erwachsene	*11,6*	*9,4*	*1,23*	*22,2*	*18,4*	*1,20*
			(=23%)			(=20%)

98 Abkürzungen: *Gko* = Kopie der geraden Schnur; *Kim* = Zeichnung des vorgestellten Kreises; *K/G* = Verhältnis Kreis/Gerade; *Kko* = Kopie der kreisförmig gelegten Schnur; *Gim* = Zeichnung der vorgestellten Geraden. In Klammern der Fehler in % der vorgestellten Kopie.

Um mit den Unterschätzungen bei der Kopie der geraden Schnüre (*Gko*) zu beginnen, so stellt man fest, daß die Schnur von 12 cm Länge zwischen 5 und 8 Jahren auf Längen von 10 bis 7,8 cm verkleinert wird (mit Abweichungen, die mit den Umständen zusammenhängen, von denen die Rede war) und die Schnur von 24 cm auf Längen von 22,1 bis 16,2 cm, was im Durchschnitt Fehler von −2,8 cm bzw. von −5,2 ergibt, das heißt 23,3 bzw. 21,7% (in% der objektiven Maße). Im Alter von 9 bis 14 Jahren fällt diese Unterschätzung auf −20,0 bzw. −21,7% (bei 12 bzw. 24 cm) und bei den Erwachsenen auf −17,5 bzw. 16,6%.

Wenn dagegen die Kopie der zum Kreis gelegten Schnüre (*Kko*) mit 5–8 Jahren Unterschätzungen derselben Rangordnung ergibt wie die Geraden (9,7 bzw. 18,9 cm bei 12 bzw. 24 cm), das heißt Fehler von −19,1 bzw. −21%, so nimmt der Fehler im Alter von 9–14 Jahren stark ab (10,8 bzw. 21,0 cm, das heißt −10,1 bzw. −12,5%), sowie bei den Erwachsenen −3,3 bzw. −7,5%. Es ist wichtig, diese Tatsache festzustellen, da gerade der Fehler der Transformation *K/G* in diesen Altersstufen zunimmt. Aber nicht diese geringere Unterschätzung bei den Zeichnungen der Kreise erklärt diese Zunahme der Transformationsfehler, denn diese ist in etwa gleich, ob man nun von der Geraden ausgeht (*Gko*) oder von dem Kreis (*Kko*): errechnet man die Durchschnittswerte der Transformationsfehler *K/G* bei 12 bzw. 24 cm, so erhält man in der Tat im ersten Fall (*Gko* → *Kim*) 11%, 29% bzw. 23% mit 5–8 Jahren, 9–14 Jahren bzw. bei den Erwachsenen; und im zweiten Fall (*Kko* → *Gim*) 14%, 25% bzw. 21,5%; diese Transformationsfehler stehen also in keinem Verhältnis zu den Unterschätzungen bei den Kopien. Wenn die Kopien des Kreises von 9 Jahren an weniger unterschätzt werden als die Kopien der Geraden, dann ganz einfach deshalb, weil den Versuchspersonen, da sie aufmerksamer geworden sind, die Ungleichheiten im Fall des Kreises stärker auffallen, weil dieser eine Oberfläche ist, und sich jede Abweichung in den Maßen potenziert und dadurch besser wahrzunehmen ist. Übrigens beeinflußt jeder Wahrnehmungsfehler den Kreis betreffend sowohl die graphische Kopie als auch das Modell selbst. Man muß also die Gründe für die Zunahme des Transformationsfehlers in einer anderen Richtung suchen.

Wenn wir diesen Transformationsfehler mit Hilfe der Beziehung *K/G* messen, egal ob es sich um den auf Grundlage der kopierten Gerade vorgestellten Kreis oder um die auf der Grundlage des kopierten Kreises vorgestellte Gerade handelt, stellen wir zunächst fest, daß der Fehler bei den Schnüren von 12 cm ein wenig stärker ist als bei denen von 24 cm (außer mit 5–8 Jahren bei der vorgestellten Geraden). Wenn man dagegen die Durchschnittswerte pro Altersgruppe berechnet, um die Situationen, in denen der Kreis vorgestellt wird, mit denen zu vergleichen, in denen die Gerade wiederhergestellt werden soll, findet man keinen systematischen Unterschied (die Zeichnungen von 12 und 24 cm wurden zusammengefaßt): 1,11 gegenüber 1,14 mit 5–8 Jahren; 1,29 gegenüber 1,25 mit 9–14 Jahren und 1,23 gegenüber 1,21 bei den Erwachsenen.

Obwohl der Fehler einer großen individuellen Streuungsbreite unterliegt, ist er also im Durchschnitt ziemlich stabil, je nachdem, ob man von der Geraden oder vom Kreis ausgeht. Es ist nun erstaunlich festzustellen, daß dieser Fehler die deutliche Tendenz aufweist, mit dem Alter größer zu werden: eine klare Tendenz bei den Schnüren von 12 cm, ein bißchen weniger klar bei denen von 24 cm mit weniger starken Fehlern (aber sie wären genauso stark bei II 24, wenn nicht bei den 10jährigen eine aus dem Rahmen fallende Gruppe[99] aufträte, die in ganz ungewöhnlicher Weise den Fehler in II bei dem Übergang von 12 zu 24 cm umkehrt; vielleicht letztlich aus Furcht vor einer Falle bei dem 4. Versuch?).

Nun ist es schwierig, diesen größer werdenden Fehler einer Wahrnehmungsillusion zuzuschreiben, nicht nur deshalb, wie in Erinnerung gebracht wurde, weil die Kurvenillusionen im Durchschnitt mit dem Alter abnehmen, sondern auch aus dem folgenden Grund. Man kann von Wahrnehmungstätigkeiten sprechen, wenn eine Größe oder eine Beziehung in der Entfernung im Raum oder in der Zeit von einem Objekt zum anderen »transportiert« werden, wenn eine Antizipation, ein In-Beziehung-Setzen, Transposition einer Form oder einer Melodie, usw. vorliegen, aber unter der Bedingung, daß die wahrgenommenen Objekte nicht verändert werden oder daß die Transformation selbst wahrnehmbar ist. Wenn es sich dagegen darum handelt, sich die Transformation eines Kreises in eine Gerade oder das Umgekehrte vorzustellen, ohne daß man diese Transformation als solche wahrnimmt, und wenn man sich darauf beschränken muß, sie ohne jede sinnliche Stütze zu evozieren, dann verläßt dieses Verhalten in beachtlichem Maß die Grenzen der Wahr-

99 Ohne diese Gruppe von 10 Jahren findet man in der Tat eine mittlere Fehlerquote von 1,19 (= 19%) zwischen 9 und 14 Jahren bei II 24 gegenüber 1,28 bei II 12.

nehmung, da es in diesem Fall notwendig ist, das Gegebene zu überschreiten und die verlangte Veränderung vollständig zu konstruieren. Man kann hier also nicht von perzeptiver Antizipation sprechen, da sich die Wahrnehmung nur auf den Ausgangspunkt richtet, während das zu erreichende Ergebnis nichts Wahrnehmbares mehr an dem Objekt selbst hat. Man wird vielleicht einwenden, daß die Versuchsperson ja ihre Zeichnung wahrnimmt und sie mit dem Ausgangsobjekt vergleicht (mit der geraden Schnur, wenn sie einen Kreis gezeichnet hat, oder mit der runden Schnur, wenn sie eine Gerade gezeichnet hat). Der Einwand wäre gültig (obgleich noch mehr dazu zu sagen wäre), wenn die Zeichnung nur eine Kopie wäre; aber sie drückt gerade das Ergebnis einer nicht wahrgenommenen Transformation aus und setzt also eine Vorstellung voraus, die die Wahrnehmung überschreitet. Was den direkten Vergleich einer Geraden mit einer Kreislinie anbetrifft, so ist sogar er nicht rein perzeptiv, denn er verlangt, daß man die Gerade in Gedanken krümmt oder daß man den Kreis transformiert, indem man ihn abwickelt, und das sind keine Leistungen, die allein durch die Tätigkeit der Augenbewegungen realisierbar sind; diese können sich zwar hin und her bewegen, können virtuell eine Schräge aufrichten, die Form eines durch die unbewegliche Perspektive veränderten Objekts wiederherstellen, usw.; sie sind aber nicht fähig, die objektive Form eines festen Körpers zu transformieren, wie es die Operationen des Denkens vermögen und das innere Bild, das sich auf diese stützt und dadurch antizipatorisch wird.

Es ist also bemerkenswert, daß die jungen Versuchspersonen, obwohl sie die zu kopierenden Figuren unterschätzen und obwohl sie immer eine Kreislinie für länger ansehen als die Gerade (auf Grund des Wahrnehmungsfehlers, der darin besteht, daß die erstere unterschätzt wird), im Durchschnitt von 5 bis 8 Jahren nur Transformationsfehler von 6 bis 16 %[100] zeigen (obwohl sie in diesem Zusammenhang oft die Erhaltung der Längen leugnen!), während die Großen von 9 bis 14 Jahren Fehler von 19 bis 39 % produzieren (mit einem leichten Rückgang bei dem Erwachsenen, von 13 bis 33 %). Wir sehen also nur eine Erklärung für diese Tatsache: weniger antizipatorisch und stärker reproduktorisch, bleibt das Bild der jungen Versuchspersonen näher an der sichtbaren Länge, die auf dem Ausgangsmodell wahrgenommen wird (Wahrnehmungsfehler eingeschlossen). Man erinnert sich ja (Tabelle 84), daß die Vorstellung der einzelnen Stufen bei der Transformation einer Geraden in einen Halbkreis erst mit 8 bis 9 Jahren beginnt (70 % Erfolg gegenüber 30 % mit 7 Jahren) und daß der Übergang vom Halbkreis zum Kreis in diesem

100 Die Durchschnittswerte nach Jahrgängen berechnet gehen von 27 % (6 Jahre, I 12) bis 0 %! (8 Jahre, I 24), aber ohne systematische Abnahme zwischen 5 und 8 Jahren.

Alter noch mit sehr viel Mühe vorgestellt wird: die Versuchspersonen von 5 bis 8 Jahren springen also ohne Übergang vom Ausgangspunkt zum Ergebnis der Transformation, was zweifellos die Vorstellung der Längen für sie vereinfacht. Wenn das Bild antizipatorisch und geeignet wird, den Vorgang der Krümmung selbst zu repräsentieren, dann wird die Reaktion auf die Wirkungen der Wahrnehmungsillusion, die den Kreis unterschätzt, verstärkt, und sie kann die bildhafte Vorstellung zu dieser Art von Überkompensation führen, die wir hier vor uns haben (in bezug natürlich auf die kopierende Zeichnung und nicht auf den objektiven Maßstab), mit Fehlern, die im Alter von 10 Jahren bis zu 48–57% steigen, das heißt gerade in dem Alter, in dem die Antizipation dieses Vorgangstyps beginnt (beachtliche Fehler, aber mit der Umkehrung – in diesem Alter von 10 Jahren –, von der wir schon gesprochen haben, die von 1,57 auf 1,30 und von 1,48 auf 0,84 springt, als ob die Versuchspersonen nacheinander die beiden extremen Lösungen ausprobierten).
Noch ein Wort zu den Bögen und zu den Geraden (§ 1 dieses Kapitels): obwohl die Transformation einer Kreislinie in eine Gerade oder umgekehrt dasselbe operatorische Problem darstellt wie das der Bögen und der Geraden, sieht man doch, daß die auf diese beiden Situationen bezüglichen bildhaften Vorstellungen keinerlei Beziehung zueinander aufweisen, weil der den Bogen betreffende Fehler mit dem Alter kleiner wird (Tabellen 73 und 75–78), während der eben besprochene Fehler größer wird. Der Bogenfehler wird von dem Problem der Grenze beherrscht, während der der Kreislinie, obwohl auch er indirekt auf diesem beruht, vor allem aus einer Reaktion auf die perzeptive Erscheinung im ganzen hervorgeht.

§ 6. Schlußfolgerungen

Nachdem wir im Laufe des letzten Kapitels festgestellt hatten, daß sich die kinetischen Antizipationsbilder nicht vor den Anfängen der Ebene der konkreten Operationen bilden, haben wir uns im Moment der Schlußfolgerungen gefragt, ob dieser Anteil der Operationen an der zunehmenden Flexibilität der Bilder nur als in einer Richtung wirkend zu denken ist oder ob im Gegenteil die Operationen der Verschiebung, usw. nicht von den voraufgegangenen Bildern vorbereitet worden sind. Eine Frage, die auf dem Gebiet der Bewegungen allein schwer zu lösen ist und die wir in allgemeiner Form im Kapitel VII wieder aufnehmen werden, zu deren Lösung das vorliegende Kapitel indes einen gewissen Beitrag liefert.

Zunächst ist festzustellen, daß die Reproduktionsbilder der Transformation ebensowenig wie die kinetischen Reproduktionsbilder imstande sind, sich in einer adäquaten Form zu organisieren, und daß diese erst mit dem Beginn der Operationen erscheinen. So kommt es, daß die Transformationen von Bögen in Geraden und umgekehrt lange Zeit zu falschen Vorhersagen führen und daß das Erfassen und Darstellen der Zwischenstufen erst mit 8–9 Jahren erreicht wird (und auch erst bei der Auswahl unter fertigen Zeichnungen, Tabelle 83). Es verhält sich genauso bei den Transformationen von Winkeln in Geraden (Tabellen 87 und 88). Was die Spiralen anbetrifft (Tabelle 92), so ist die Situation ähnlich, und wenn die Tabelle 92 positive Ergebnisse bei den konzentrischen Kreisen schon ab 6 Jahren enthält, dann deshalb, weil es sich in diesem Fall nur um Vergrößerungen und nicht um Transformationen handelt.

Wenn es nun im Falle der in den §§ 1–2 untersuchten Transformationen unmöglich ist, die Geschichte der Interaktionen zwischen Bildern und Operationen auf den verschiedenen Stufen ihrer jeweiligen Ausbildung im Detail nachzuzeichnen, so scheinen doch zumindest zwei Punkte gesichert zu sein. Einerseits setzt die Transformation der Bögen in Geraden und umgekehrt und sogar die der Winkel in Geraden und umgekehrt für das Erzielen eines richtigen Bildes (Tabellen 82–84 und 87–88) einen Rahmen der Erhaltung voraus, der die Invarianz der Länge und des Stabes, den man biegt, oder der Seiten des Winkels, die ihre Form nicht verändern, sichert. Die Erhaltung geht in der Tat aus einem Zusammenspiel von Schlußfolgerungen und nicht aus bildhaften Vorstellungen hervor, und sie ist an eine operatorische Umkehrbarkeit gebunden, die das Bild in diesem Fall keineswegs vorbereitet, sondern im Gegenteil von 7–8 Jahren an auf die Bilder einwirkt, indem sie sie in ein System einfügt, das erlaubt, die Transformationen zu strukturieren.

Wenn andererseits diese Einwirkung der Erhaltung auf das Bild ein zweifellos authentisches Beispiel des Einflusses der Operation auf das Transformationsbild darstellt, so liefern die auf demselben Gebiet der Krümmungen und der Winkel gesammelten Fakten ein nicht weniger klares Beispiel von Einwirkung im umgekehrten Sinn, aber auf der präoperatorischen Stufe. Die Vorhersagen der Versuchspersonen über das Strecken des Bogens in eine Gerade oder über die Krümmung der Geraden in einen Winkel zeugen von einer Fixierung auf die Endgrenzen (*frontières terminales*), die die Abschätzungen verfälscht. In diesem Fall scheint das Bild nach seinen eigenen Gesetzen zu funktionieren, nach Gesetzen einer Pseudo-Erhaltung der Grenzen und des allgemeinen qualitativen Aussehens (*allure*) der Figuren; es ist fast sicher, daß diese Gesetze die Begriffe der entsprechenden Stufe beeinflussen; deshalb ist es möglich, die präoperatorische Nicht-Erhaltung der Längen zu beschreiben.[101] Allgemein gesehen, kann das präoperatorische Denken als ein System von Begriffen verstanden werden, innerhalb dessen die figurative Betrachtung der Zustände stärker ist als das Verständnis der Transformationen und in dem infolgedessen die Bilder das Denken leiten, während sich auf der präoperatorischen Ebene die Situation umkehrt.

Aber es wäre zu einfach, sich auf die zwei Angaben zu beschränken, die der Tabelle voraufgehen. Man kann so zweifellos die Funktion des Bildes auf der präoperatorischen Stufe verstehen, weil seine Aufgabe dann darin bestünde, der Unzulänglichkeit der Urteile, die zum Erfassen der Transformationen noch nicht geeignet sind, abzuhelfen, aber man könnte seine Rolle, die in diesem Fall eben den Operationen der folgenden Stufe untergeordnet ist, nicht mehr verstehen. In Wirklichkeit hat diese Unterordnung nichts von einem funktionalen Verschwinden an sich, denn wenn die Zustände auf der operatorischen Stufe als Ergebnisse der Transformationen begriffen werden, bestehen diese wiederum nur in Veränderungen der Zustände: die figurative Rolle der Bilder, die vor allem auf die Zustände einwirkt, bleibt also selbst in dieser Situation der Unterordnung der Zustände unter die Transfor-

101 Wir erinnern daran (vgl. Kap. II), daß das Bild natürlich nicht die ordinalen Begriffsstrukturen der Bewertung erklärt, aber innerhalb ihrer den Primat der Endgrenzen und die Vernachlässigung der Ausgangsgrenzen.

mationen unentbehrlich, und ein adäquates Bild der Zustände kann in einer solchen Situation das Verständnis der Transformationen so sehr begünstigen, daß es die Bildung von annähernd objektiven Bildern der Transformationen selbst erlaubt. Um zu überprüfen, ob sich das wirklich so verhält, müssen wir jetzt die Antizipationsbilder untersuchen, die bei komplizierteren Transformationen ins Spiel kommen (Kap. VI), bevor wir das Problem der Relationen zwischen den Bildern und den Operationen unmittelbar in Angriff nehmen können (Kap. VIII).

Kapitel VI
Die Antizipationsbilder der Transformationen

Man erinnert sich, daß wir einen Positionswechsel ohne Veränderung der Form Ortsveränderung (Verlagerung, *déplacement*) nennen, und eine Veränderung von Formen (die infolgedessen von einer Ortsveränderung mindestens der Teile der Figur oder des Objekts begleitet ist) als Transformation bezeichnen. Wir haben andererseits (Kap. V) von einem reproduktorischen Transformationsbild gesprochen, wenn dieses als dem Kind mehr oder weniger bekannt angesehen wird (wie das Aufrichten der zu Bögen gekrümmten oder in Winkel oder in Winkelmaße geknickten Stäbe), und wir werden jetzt von antizipatorischen Transformationsbildern sprechen, wobei wir voraussetzen, daß diese dem Kind in seiner voraufgegangenen Erfahrung nicht bekannt geworden sind, und sie werden auch während des Experiments nicht in ihrem Wahrnehmungsdetail gezeigt.

Aber es versteht sich von selbst, das sei noch einmal wiederholt, daß diese Unterscheidung zwischen reproduktorischen und antizipatorischen Transformationsbildern (wie übrigens die ähnliche Unterscheidung zwischen den beiden Formen kinetischer Bilder) nur als methodologische Vorsichtsmaßnahme Wert hat und daß allein die Tatsachen hinterher zeigen können, ob sie einem wirklichen Unterschied entspricht oder nicht. Es könnte sehr gut sein, daß jedes reproduktorische Transformationsbild ebenso komplexe Antizipationen enthält, wie wenn es sich darum handelt, sich ganz neue Transformationen vorzustellen; und die Tabellen 82 und 83 haben uns schon anläßlich des Übergangs vom Bogen zur Geraden gezeigt, daß die korrekten Zwischenstufen *H* erst mit 8–9 Jahren (83 %) bei einer Auswahl unter fertigen Zeichnungen erreicht und von dem Kind selbst zwischen 6 und 9 Jahren erst in 10 bis 20 % der Fälle gezeichnet werden. Es ist also jetzt festzustellen, ob die Antizipationen, die sich auf für die Versuchsperson wirklich neue Transformationen beziehen, noch schwieriger sind oder ob die Unterscheidung zwischen reproduktorischen und antizipatorischen Bildern im Fall der Transformationen im allgemeinen jede Bedeutung verliert.

Wir werden in diesem Kapitel also versuchen, die bildhafte Repräsentation einiger Transformationen zu untersuchen, von denen anzunehmen ist, daß sie den Versuchspersonen kaum bekannt sind, und deren Hauptmerkmal in Faltungen (*pliages*) von verschiedener Komplexität besteht, wobei allerdings von den einfachsten ausgegangen wird. Es wird auch um die Umkehrung von Dreiecken gehen und um das Finden ihrer Spitzen, deren Positionen sich im Laufe der Drehungen ändern, und um die Reihenfolge im Raum der Positionen, die die Seiten eines Würfels beim Umklappen einnehmen.

§ 1. Antizipation der Nachbarlagen bei Umschließung (enveloppement) und des Ergebnisses der Drehungen nach Faltung

Um die Probleme der Faltung in ihrer einfachsten Form in Angriff zu nehmen, haben wir zusammen mit F. Frank, A. Sella und P. Galindo versucht, die Antizipationen auf die allgemeinsten topologischen Relationen, wie die Nachbarlage und die Umschließung, zu beziehen, und zwar in der Weise, daß die bei der Faltung auftretende Drehung bestimmte Nachbarlagen und bestimmte Positionen eines Elementes relativ zu den Grenzen einer geschlossenen Figur bewahrt oder verändert, von der infolgedessen je nach dem Fall gesagt wird, sie »umschließe« das fragliche Element, oder sie »umschließe« es nicht.[102]

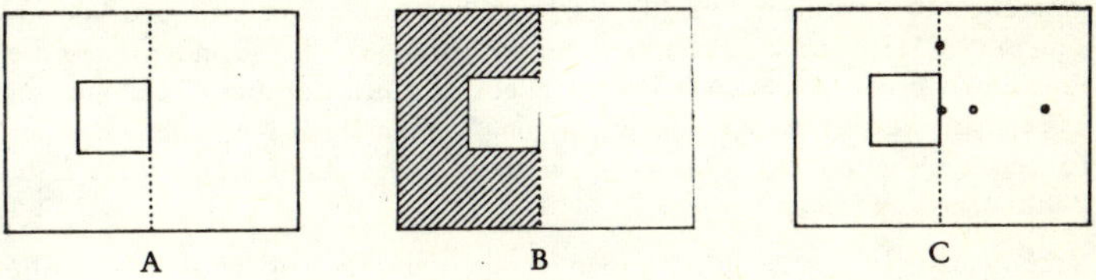

Abb. 31

102 Wir ziehen den topologischen Begriff der »Umschließung« (*enveloppement*) zur Bezeichnung beispielsweise der Lage eines kleinen Kreises innerhalb der Grenzen eines großen Quadrats dem Begriff »Ineinanderschieben« (*emboîtement*) vor, der, wie uns scheint, mehr an Einschlüsse von Klassen oder zusammenhängenden Größen denken läßt, trotz der »ineinandergeschobenen Zwischenräume« von Cantor.

Um darüber hinaus das Erfassen der Faltung vertrauter zu machen, bedienen wir uns zweier transparenter Blätter, die an derselben starren Achse befestigt sind und infolge von Drehung zusammentreffen oder sich voneinander entfernen können in der Art und Weise zweier Blätter eines Heftes oder eines Buches (Abb. 31 *A*) oder auch zweier undurchsichtiger Blätter, wobei aus dem einen ein kleines Quadrat, anstatt auf dem Blatt wie in *A* gezeichnet zu sein, in Form eines durchsichtigen Fensters ausgeschnitten ist (Abb. 31 *B*).

Die angewandten Techniken waren folgende:
Zunächst wird das Vokabular der Versuchsperson präzisiert, indem man ihr einen kleinen roten Kreis innerhalb oder außerhalb der Grenzen einer mehr oder weniger kreisförmigen geschlossenen Kurve zeigt und sich der Bedeutung der Worte »drinnen« und »draußen« versichert. Ebenso präzisiert man mit Hilfe des »Buches« *A* (Abb. 31) die Worte »offen« und »geschlossen« und überzeugt sich vor allem, daß die Versuchsperson annimmt, daß sich allein die linke Seite »bewegt«, während das rechte Blatt unbeweglich bleibt. Wenn das geschehen ist, stellt man die folgenden Aufgaben.

Technik I (Material *A* und *C*): 1. Man zeigt, daß das kleine Quadrat von 5 × 5 cm des »Buches« *A* vier verschiedene Farben hat. Es handelt sich nun darum, mit dem Finger zu zeigen, »wo das Quadrat ist, wenn das Buch geschlossen ist«, und wo die Farben liegen werden, wobei diese nacheinander aufgezählt werden sollen.
2. Man zeigt den roten Punkt in der Position 0/0 (die erste Zahl bezieht sich auf die Vertikale und die zweite auf die Horizontale: siehe 0 auf der Abb. 31 *C*), und man fordert dazu auf, mit dem Finger zu zeigen, »wo sich der rote Punkt befinde, wenn das Buch geschlossen ist«.
3. Dieselbe Aufgabe für die Position 0/2 (siehe *C*).
4. Dieselbe Aufgabe für die Position 0/7 (ebd.).
5. Dieselbe Aufgabe für die Position 4/0.
Nachdem diese fünf Aufgaben einmal mit Hilfe der »direkten Antizipation« (Sprache und Anzeige mit dem Finger) gestellt worden sind, stellt man sie von neuem mit Hilfe der »graphischen Antizipation«, das heißt, indem man die Positionen genau zeichnen läßt. Vor allem im Blick auf diese Zeichnungen kann man die vier Arten von wichtigen Nachbarlagen beurteilen: die der Farben der Seiten des Quadrats, sowie die Beziehungen Quadrat-Stab, Punkt-Stab und Punkt-Quadrat.

Technik II. – Die gleichen Aufgaben (direkt, dann graphisch), aber mit Hilfe des »Buches« *B*, das dieses Mal undurchsichtig und weiß ist, aber ein leeres quadratisches Fenster aufweist.

Technik III. – Dasselbe mit einem Modell, welches *B* gleicht, dessen an das Fenster angrenzende Seiten aber farbig sind.
Zu dieser Technik wurde die Reihenfolge der Aufgaben 2 und 3 verändert, aber ohne daß Unterschiede zwischen den beiden Versuchsgruppen festgestellt worden wäre.

Wir haben 98 Kinder von 5 bis zu 8 Jahren, das heißt 24 oder 25 pro Alter, untersucht, die in Gruppen von 8 oder 9 nach den drei Techniken eingeteilt waren. Bevor wir die qualitative Bedeutung der Schwierigkeiten oder Fehler untersuchen, geben wir die quantitativen Ergebnisse an und beginnen mit denen der Drehungsaufgabe. Die Tabelle 93 liefert dazu die Durchschnittswerte der positiven Ergebnisse zu den Aufgaben 1 (direkt *Dir* und graphisch *Zchn*) und der positiven Ergebnisse bei den Farbangaben der Zeichnungen 2–5, die zeigen, daß verstanden wurde, daß das Quadrat eine Drehung und keine Verschiebung beschrieben hat.

Tabelle 93: Positive Ergebnisse bei den Aufgaben I: direkte (*Dir*) oder graphische (*Zchn*) Drehung; in Klammern die positiven Ergebnisse der Drehung bei den Zeichnungen zu den Aufgaben 2–5 (in % der Antworten)

	Technik I		Technik II	
	Dir	*Zchn*	*Dir*	*Zchn*
5 Jahre	33	22,2 (13,8)	50	50 (53,1)
6 Jahre	44,4	55,5 (44,4)	100	75 (75)
7 Jahre	50	50 (50)	75	62,5 (62,5)
8 Jahre	100	75 (81,2)	100	87,5 (87,5)

	Technik III		Total	
	Dir	*Zchn*	*Dir*	*Zchn*
5 Jahre	62,5	50 (50)	48,5	40,4 (38,5)
6 Jahre	75	75 (81,2)	76,1	68,5 (66,8)
7 Jahre	87,5	75 (68,7)	70,8	62,5 (60,4)
8 Jahre	100	62,5 (94)	100	75 (87,4)

Man sieht, daß die Zeichnungen in allen Altersstufen leicht unter den direkten Anzeigen liegen, aber daß das Bild der Ergebnisse der Drehung (das übrigens natürlich nur ein kinetisches Reproduktionsbild und noch kein antizipatorisches Transformationsbild ist) ab 8 Jahren bei 75% der Versuchspersonen da ist, mit einer beträchtlichen Annäherung von 6–7 Jahren an (76 % bei der direkten Anzeige mit 6 Jahren).

Tabelle 94: Positive Ergebnisse bei den direkten (*Dir*) oder graphischen (*Zchn*) Aufgaben 1 der Nachbarlage; in Klammern die positiven Ergebnisse der Nachbarlagen bei den Zeichnungen zu den Aufgaben 2–5 (in % der Antworten)

	Technik I		Technik II	
	Dir	*Zchn*	*Dir*	*Zchn*
5 Jahre	88,8	44,4 (51,7)	50	50 (47,9)
6 Jahre	77,7	55,5 (50,8)	100	75 (76)
7 Jahre	63,5	62,5 (66,6)	50	62,5 (76)
8 Jahre	100	75 (80,1)	100	87,5 (94,8)
	Technik III		**Total**	
	Dir	*Zchn*	*Dir*	*Zchn*
5 Jahre	75	62,5 (56,0)	71,2	52 (51,9)
6 Jahre	87,5	62,5 (70,7)	88,4	64,1 (65,8)
7 Jahre	88,5	62,5 (76)	67,3	62,5 (72,8)
8 Jahre	100	75 (90,6)	100	79 (88,5)

Was die Nachbarlagen anbetrifft, so liefert die Tabelle 94 zu den vorhergehenden parallele Ergebnisse; direkte und graphische, was die Aufgabe 1 anbetrifft (Nachbarlage der Seiten des Quadrats, erkennbar an ihren Farben), und graphische, was die Aufgaben 2–5 anbelangt (Nachbarlagen des Quadrats zum Stab, des roten Punkts zum Stab und des roten Punkts zum Quadrat).

Man stellt fest, daß diese Nachbarlagen, die doch während der Drehungen erhalten oder verändert werden, zu besseren Antizipationen führen als die von diesen Drehungen abhängenden Positionsveränderungen. Zwar werden beinahe alle diese Nachbarschaften erhalten, was übrigens nicht verhindert, daß das graphische Bild viel mehr Fehler enthält als die direkten Anzeigen. Aber die Nachbarlage Punkt-Quadrat verändert sich im Gegensatz zu den anderen. Hier das Detail der drei Situationen von Nachbarlagen der Aufgaben 2–5 (Tabelle 95):

Tabelle 95: Vergleich der veränderten (Punkt-Quadrat) mit den erhaltenen (Technik I–III) Nachbarlagen (in % der Antworten)

	Punkt-Quadrat	Quadrat-Stab	Punkt-Stab
5 Jahre	48,0	52,1	55,8
6 Jahre	66,6	62,7	68,3
7 Jahre	82,1	62,4	73,9
8 Jahre	91,7	82,1	91,6

Man sieht, daß es beinahe keine Unterschiede zwischen veränderten und erhaltenen Nachbarschaften gibt, außer daß von 7–8 Jahren an die Position der Punkte relativ zum Quadrat und dem Stab besser beobachtet wird als die des Quadrats in bezug auf den Stab. Kommen wir also zu der Hauptsache, nämlich der direkten oder graphischen Antizipation der Umschließungsrelationen in den Aufgaben 2–5; in den Situationen 0/0 und 0/2 wird der rote Punkt von dem Quadrat nach einer Drehung umschlossen, und in den Situationen 0/7 und 4/0 nicht, was Gelegenheit gibt zu einem nützlichen Vergleich zwischen modifizierten Relationen (Aufgaben 2–3) und erhaltenen Relationen (Aufgaben 4–5) und insbesondere zwischen direkten und graphischen Antizipationen (Tabelle 96).

Tabelle 96: Positive Ergebnisse zu den Antizipationen der Umschließung (Technik I–III) (in % der Versuchspersonen)

	0/0		0/2		0/7		4/0		Total	
	Dir	*Zchn*	*Dir*	*Zchn*	*Dir*	*Zchn*	*Dir*	*Zchn*	*Dir*	*Zchn*
5 Jahre	92,5	48,6	96,2	44,4	92,1	71,2	88,5	71,2	92,3	58,8
6 Jahre	95,8	65,7	100	69,4	92,5	84,7	100	95,8	97	78,9
7 Jahre	95,8	87,5	100	87,5	95,8	91,6	95,8	95,8	96,8	90,6
8 Jahre	100	87,5	100	87,5	100	100	100	100	100	93,7

Man kann auf dieser Tabelle drei interessante Fakten ablesen:
1. Die direkten Antizipationen sind in jedem Alter hervorragend und viel besser als die Zeichnungen mit 5 Jahren (bei 4/0 ist der Durchschnitt von 88,5 niedriger als die anderen, und zwar nur wegen der Technik I, da die Techniken II und III 100% positive Resultate ergeben); der Unterschied zwischen *Dir* und *Zchn* wird mit dem Alter geringer;
2. in den Fällen der direkten Antizipation gibt es keinen bedeutenden Unterschied zwischen den positiven Ergebnissen bei den Aufgaben 2–3 (0/0 und 0/2) und 4–5 (0/7 und 4/0), also zwischen den in Umschließungen transformierten und den erhaltenen Nicht-Umschließungen;
3. dagegen besteht in jedem Alter, aber insbesondere bei den Kleinen von 5–6 Jahren, die systematische Schwierigkeit in den Situationen 0/0 und 0/2, den roten Punkt in das Quadrat zu zeichnen (durch die Drehung in Umschließung transfor-

mierte Nicht-Umschließung), verglichen mit der Leichtigkeit, mit der der rote Punkt in den Situationen 0/7 und 4/0 (Fragen 4–5) draußen gelassen wird (erhaltene Nicht-Umschließung). Man erkennt die Bedeutung dieser Tatsachen für die Theorie des Bildes. Das Kind weiß sehr gut, wann der rote Punkt von dem Quadrat umschlossen wird und wann nicht, da es ihm in direkter und mündlicher Antizipation mit 5 Jahren schon in einem Verhältnis von 88,5 bis 92,5 % gelingt. Es kann natürlich ab 4 Jahren einen roten Punkt in ein Quadrat einzeichnen. Und dennoch weigert es sich in 51,4 bis 55,6 % der Fälle mit 5 Jahren, in einer solchen Zeichnung darzustellen, was es gerade mit Worten angekündigt hat, als ob es ihm nicht gelänge, ein seinem Urteil entsprechendes Bild zu konstruieren. Zwar kann das Bild schon in der direkten oder mündlichen Antizipation eine Rolle spielen, aber es ist nicht notwendig, daß es detailliert und genau ist, und es kann sich auf einen globalen Symbolismus beschränken, obgleich es einer genauen Beurteilung der topologischen Relation entspricht. Andererseits ist es richtig, daß die Zeichnung zusätzliche Schwierigkeiten gegenüber dem Bild mit sich bringt, aber in diesem besonderen Fall gibt es gerade keine (im Gegensatz zu den Aufgaben zu der Abschätzung von Längen, usw.).
Um hier klarer zu sehen, sollen die Ergebnisse der drei Techniken miteinander verglichen werden, deren Verschiedenartigkeit gerade dazu bestimmt ist, eine eventuelle Trennung der auftretenden Faktoren zu ermöglichen (Tabelle 97):

Tabelle 97: Vergleich der positiven Ergebnisse bei den drei Techniken (Zeichnungen) der Aufgaben 2–3 (Situationen 0/0 und 0/2) und 4–5 (Situationen 0/7 und 4/0) (in % der Antworten)

Aufgaben	Technik I		Technik II		Technik III	
	2–3	4–5	2–3	4–5	2–3	4–5
5 Jahre	33,3	88,8	53,2	62,5	62,5	62,5
6 Jahre	27,6	83,3	75	100	100	87,5
7 Jahre	87,5	93,8	93,8	93,8	81,7	93,8
8 Jahre	75	100	93,8	100	93,8	100
Durchschn.	55,9	91,4	78,9	89,1	84,5	85,9

Es ist also zu erkennen, daß der Unterschied zwischen den Reaktionen auf die zwei Arten von Aufgaben bei der Technik I beträchtlich ist, daß bei der Technik II ein schwacher Unterschied besteht und bei der Technik III überhaupt keiner. Nun ist bei I das Quadrat eine auf ein durchsichtiges Glimmerblatt gezeichnete Figur, während es bei II und III nur ein offenes Fenster ist, also ein Stück »Hintergrund« und keine »Figur« mehr. Außerdem ist dieser Hintergrund in der Vorrichtung II weiß und in III von farbigen Oberflächen oder Seitenwänden eingerahmt, das heißt, daß sich bei III noch eher der Eindruck von Leere ergibt als bei II.

Jeder kennt ja das Wahrnehmungsgesetz der Grenzen, das Rubin gefunden hat, nach dem, wenn sich eine Figur von einem Hintergrund abhebt (wie in I) oder wenn im Gegenteil ein Hintergrund aus einer Oberfläche herausgeschnitten wird und dann als Figur dient (wie der Karton in II und in III, aus dem das Hintergrundquadrat herausgeschnitten ist), die Grenze *immer* zu der Figur und nicht zum Hintergrund gehört. Daraus ergibt sich also, daß das Setzen eines kleinen Kreises in das Quadrat in der Versuchsanordnung von Technik I eine Verletzung der Grenze dieses Quadrats bedeutet, während das, was bei II und insbesondere bei III diesselbe Handlung bzw. dieselbe Zeichnung zu sein scheint, in Wirklichkeit nur darin besteht, den kleinen Kreis in einen leeren Raum ohne eigene Grenzen zu setzen (was die Grenze des Kartons anbelangt, so ist sie viel weniger deutlich als die Grenze des Quadrats in I, da das Quadrat eine gute Form ist, ein durchlöcherter Karton aber nicht, oder jedenfalls viel weniger). Die paradoxe Situation der Versuchspersonen, die das Urteil akzeptieren (direkte Antizipation), daß der kleine Kreis in das Quadrat hineinkommen wird, die ihn aber, sobald sie ihr Bild durch eine Zeichnung konkretisieren, neben das Quadrat und nicht mehr in dieses hinein zeichnen, ist somit wiederum nur ein Beispiel für dieses Tabu der Grenze, das wir so oft im Zusammenspiel der inneren Bilder auf der präoperatorischen Stufe festgestellt haben.

Einzelheiten der aufgetretenen Fehler teilen wir in § 2 mit, wo wir neue Fakten zu dieser selben Situation vorlegen wollen. Anschließend sollen also nur noch die Tabelle der vollständig richtigen Ergebnisse bei den drei Aufgaben zu Drehung, Nachbarlage und Umschließung gegeben werden, die uns ein weiteres Mal die Möglichkeit gibt, den Abstand zwischen den direkten und den graphischen Antizipationen zu ermessen (Tabelle 98):

Tabelle 98: Positive Ergebnisse zu der Gesamtheit der Aufgaben (in % der Antworten)

	5 Jahre	6 Jahre	7 Jahre	8 Jahre
direkte Antizipation	56,9	76,8	75,8	100
graphische Antizipation	8	48	54	75

Dieser Unterschied zwischen den beiden Arten der Antizipation ist viel schwächer bei der Drehung (Tabelle 93), stärker bei den Nachbarlagen, zumindest mit 5–6 Jahren (Tabelle 94), und sehr stark bei den Umschließungen (Tabelle 96). Was die Reihenfolge der Schwierigkeit der drei Arten von Aufgaben anbelangt, so zeigt der Vergleich der Tabellen 93, 94 und 96, daß mit 5–6 Jahren die topologischen Relationen der Umschließung am besten antizipiert werden und daß die euklidischen Relationen der Drehung am wenigsten leicht vorauszusehen sind, während die Nachbarlagen zwischen beiden liegen.

§ 2. Antizipation der Umschließungen und der Überschneidungen nach Faltung

Die folgende Untersuchung wurde von S. Taponier begonnen[103], der die Reaktionen von 46 Versuchspersonen von 5–7 Jahren gesammelt hatte. Diese Fakten, die er mit Hilfe einer Fragetechnik erhalten hatte, die leichte Unterschiede zu der Technik des § 1 aufweist, sollen uns als Gegenprobe dienen, führen uns aber vor allem zu einer Ausweitung des Problems in Richtung auf die Überschneidung hin. Wenn nämlich das Quadrat von 5 x 5 cm auf dem Glimmerblatt der Figur 31 in *A* beibehalten wird, wobei man jedoch den kleinen roten Kreis von einigen Millimetern Durchmesser durch eine zweite quadratische Figur ersetzt, die nur mit roten Seiten gezeichnet ist, kann man dieser Figur in der Weise variable Dimensionen und Positionen verleihen, daß die Faltung dazu führt, daß zwischen dem schwarzen Quadrat und dem roten entweder Relationen der Umschließung des roten Quadrats durch das schwarze oder der umgekehrten Umschließung eingeführt werden, das heißt Relationen der gegenseitigen Überschneidung (Abb. 32).

103 Fortgesetzt von M. Antonini und L.-P. Poirier.

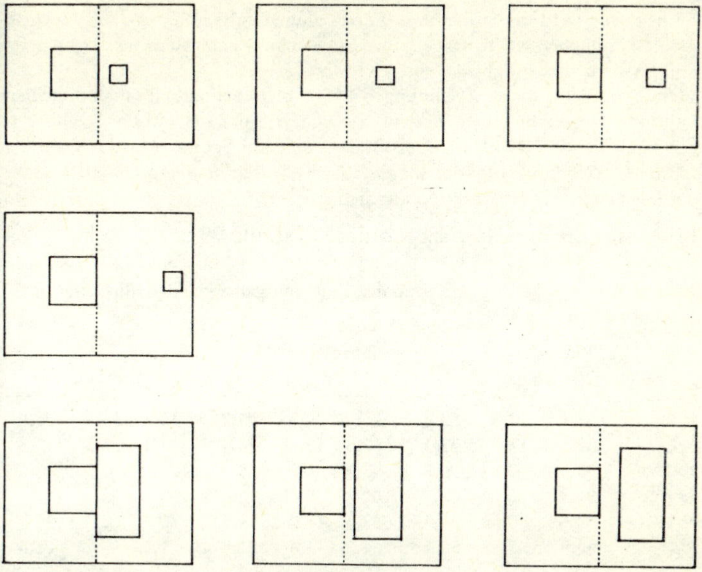

Abb. 32

I. – Um mit den Problemen der Umschließung des kleinen roten Quadrats von dem großen Quadrat (Abb. 31 in *A*) zu beginnen, so bleibt das Material das gleiche wie in § 1, Technik *A*, außer daß der feste Stab des zu faltenden »Buches« durch eine Schnur ersetzt wird. Folgende Aufgaben zu der inneren oder äußeren Position des Kreises relativ zum Quadrat wurden gestellt:

Man beginnt damit, daß man sich von dem Verständnis des Vokabulars »innerhalb«, »außerhalb«, usw., und von dem Verständnis der Faltung und der Transparenz überzeugt. Danach verlangt man eine direkte oder verbale Antizipation der Position des roten Kreises in den Situationen 0/0 und 0/2. Wenn das Kind scheitert, was selten ist (7 Versuchspersonen von 46), gibt man indirekte Hinweise, die darin bestehen, Fragen der Nachbarlagen zu stellen: »Bleibt der rote Kreis in der Nähe der Schnur oder nicht?«, »Und das Quadrat?«, usw., und man fragt dann von neuem, ob der rote Kreis in dem Quadrat liegen wird oder nicht. Nur zwei der hinter den anderen zurückgebliebenen Versuchspersonen werden dann gebeten, zu zeichnen, was folgt, beginnend mit dem Quadrat, und dann weiter mit dem Kreis: 1. Situation 0/0 (vgl. Technik I in § 1); 2. Situation 0/2; 3. Situation 0/7; 4. Situation 4/0; 5. noch einmal Situation 0/0; man bittet bei Situation 0/0, zunächst den roten Kreis in seiner konstanten Position zu zeichnen (einfache Kopie) und anschließend nur das Quadrat zu zeichnen (was wir als *R* + *N* notieren);

7. bisweilen wird die Situation 0/0 noch einmal aufgenommen, und zwar in der gewöhnlichen Reihenfolge (zunächst Zeichnung des schwarzen Quadrats und erst anschließend die des roten Kreises: $N + R$).
Wenn irgendeine dieser Zeichnungen 1 bis 7 nicht gelingt, gibt man dieselben indirekten Anregungen wie in dem verbalen Teil, der sich auf die Nachbarlagen bezieht: »Ist der kleine Kreis in der Nähe der Schnur?« usw. Wenn die spontane Zeichnung unkorrekt ausfällt, nach den Anregungen aber exakt wird, notieren wir die Reaktion mit dem Zeichen ±.

Hier nun die erzielten Ergebnisse (Tabelle 99):

Tabelle 99: Positive Ergebnisse zu den Zeichnungen der Umschließung (in % der Antworten)

	5 Jahre			6 Jahre			7 Jahre		
	+	±	−	+	±	−	+	±	−
1) 0/0	33,3	13,3	53,3	25	31,3	43,7	40	33,4	26,6
2) 0/2	53,3	13,3	33,3	62,6	12,5	24,9	73,3	13,3	13,3
3) 0/7	93,3	0	6,7	93,3	6,7	0	100	0	0
4) 4/0	92,3	0	7,7	100	0	0	100	0	0
5) 0/0	63,6	0	36,4	27,3	18,2	54,5	70	0	30
6) $R+N$	33,3	8,3	58,4	64,2	14,4	21,4	71,4	0	28,6

Man stellt zunächst fest, daß sich der Unterschied zwischen den Reaktionen auf die Situationen 0/0 und 0/2 (Umschließung) und 0/7 und 4/0 (Nicht-Umschließung), der sich auf den Tabellen 96 und 97 (Technik I) so deutlich gezeigt hatte, ebenso deutlich bei dieser neuen Gruppe von Versuchspersonen wiederfindet, und zwar bis in das Alter von 7 Jahren.[104] Man stellt dann fest, daß man, wenn man die Aufgabe 0/0 nach den Situationen 0/7 und 4/0 wiederholt, die Reaktionen ein wenig verbessert (zumindest mit 5 und 7 Jahren, als ob der Vergleich der Positionen des roten Punkts in den verschiedenen Situationen die Versuchspersonen gegenüber ihrem Skrupel, die Grenze zu verletzen, toleranter machte). Dagegen führt die Zeichnung des roten Kreises (einfache Kopie) vor derjenigen des Quadrats (Aufgabe $R + N$) die Versuchspersonen von 5 Jahren zu ihrer ersten Haltung zurück (33,3 % bei Aufgabe 6 wie bei Aufgabe 1), während sie die graphische Antizipation mit 6 und 7 Jahren erleichtert. Was die Zeichnungen 7 anbetrifft, die in der gewöhnlichen Reihenfolge aus-

104 Wie erinnerlich, handelt es sich um Versuchspersonen, denen die direkte oder sprachliche Antizipation sämtlich gelungen ist, und in den meisten Fällen sogar ohne Hilfen.

geführt wurden (Quadrat vor dem Kreis), so entsprechen sie der in den Zeichnungen (1) und (5) befolgten Reihenfolge und ändern nichts an den Ergebnissen.

Da diese Tatsachen also mit denen des § 1 übereinstimmen, empfiehlt es sich jetzt, die Haupttypen der aufgetretenen Fehler zu untersuchen, denn diese Untersuchung ist so beschaffen, daß sie uns die Kontrolle der Hypothese erlaubt, nach der das Mißlingen bei den Aufgaben 1 und 2 vor allem auf das Tabu der Grenze zurückzuführen ist. Die Hauptfehler bei der Aufgabe 1 (0/0) bestehen nun darin, den Kreis um das Quadrat herum zu malen: der häufigste Fall ist der, bei dem das Quadrat zwar an die Achse gesetzt wird, wo sich der rote Kreis jedoch genau rechts neben seiner rechten Seite (also außerhalb) und nicht neben seiner linken Seite befindet. In einem anderen Fall liegt der Kreis richtig, direkt an der Achse, aber das Viereck ist ein wenig nach rechts verschoben. Oder aber das Quadrat ist richtig gesetzt, aber der rote Kreis, der direkt an der Schnur bleibt, ist nach oben oder nach unten verschoben, um außerhalb des Quadrats zu liegen. Diese Fehler findet man bei Position 0/2 unverändert wieder, oder sie sind lediglich im Platz des roten Kreises verändert, indem dieser außerhalb bleibt. Wenn die Fehler einmal gemacht worden waren, haben wir immer, wenn die Hinweise auf die Nachbarlage unwirksam blieben, den verbalen Anfangsteil der Befragung wiederaufgenommen: es ist interessant, daß das Kind wiederum korrekt antwortet, seine Zeichnung aber trotzdem nicht verändert.
»Wenn ich mein Buch zumache«, sagen wir zum Beispiel zu Ger (5;2), nachdem er den roten Kreis unterhalb des Quadrats, direkt an der Schnur gezeichnet hat, »ist dann der Kreis im Quadrat oder außerhalb? – *Drinnen.* – Und auf deiner Zeichnung? – *Ist er draußen.* – Dann zeichne richtig.« (Er beginnt von neuem und setzt ihn nach draußen!) Isa (6;2) setzt den Kreis rechts vom Quadrat. »Wo ist der Kreis in meinem Buch? – *An der Schnur.* – Und ist er auf deiner Zeichnung an der Schnur? – *Nein.* – Und in deinem Buch ist er wo? – *Genauso wie bei Ihnen.* – Dann kannst du ihn an der Schnur zeichnen? – *Nein, weil das Quadrat an der Stelle ist.* – Man kann ihn nicht dahin zeichnen, direkt an der Schnur? (man zeigt, wie er nach der Faltung im Quadrat liegt) – *Nein, man müßte ihn hierhin zeichnen* (zeigt in das Quadrat auf seiner Zeichnung).

Bei anderen Versuchspersonen haben wir bei dem Versuch 0/0 am Ende sogar verlangt: »Also setze ihn hinein«, was natürlich ohne Schwierigkeit ausgeführt wurde, was diese Versuchspersonen aber nicht daran hinderte, bei der folgenden Aufgabe 0/2 den roten Kreis außerhalb des Quadrats zu zeichnen, obgleich sie gesagt hatten, er wäre drinnen . . .
II. – Um dagegen den Übergang von der Umschließung zur Überschneidung zu untersuchen, haben wir Glimmerblätter von 20 x 15 cm verwandt mit dem gewöhnlichen Quadrat von 5 x 5 cm mit schwarzen Rändern auf der linken Seite und mit einem Quadrat mit roten Rändern von entweder 2 x 2 cm oder

7,5 x 7,5 cm auf der rechten Seite, und zwar in den verschiedenen Positionen der Figur 32. Aber während die Positionen 0/5 bei dem kleinen roten Quadrat und 0/1,5 oder 0/2,5 bei dem großen tatsächlich bei der Faltung Überschneidungen mit dem schwarzen Quadrat ergeben, führen die Positionen 0/1 und 0/3 des kleinen roten Quadrats und 0/0 des großen dagegen zu Umschließungen entweder des kleinen roten Quadrats durch das schwarze oder des schwarzen durch das große rote Quadrat.

Es liegt nun ein gewisses Interesse in der Feststellung, daß die 20 Versuchspersonen (von den 46 vorhergehenden), die zu diesen Problemen der Überschneidung geprüft wurden (von 5;1 bis 7;3 Jahren), bei der Aufgabe der Umschließung des kleinen roten Quadrats bei 0/1 deutlich bessere Ergebnisse produziert haben, als bei dem kleinen roten Kreis. Dagegen ergibt die umgekehrte Umschließung (des linken schwarzen Quadrats in das rechte große rote Quadrat) in der Position 0/0 dieselben Ergebnisse wie bei dem kleinen Kreis (Tabelle 100):

Tabelle 100: Graphische Antizipation der Umschließung des kleinen roten Quadrats oder des kleinen roten Kreises

Kleiner Kreis (0/0)			Kleines Quadrat (0/1)			Großes Quadrat (0/0)		
−	±	+	−	±	+	−	±	+
25 %	40 %	35 %	10 %	10 %	80 %	35 %	25 %	40 %

Man sieht also, daß im Falle der Umschließung einer kleinen Figur durch eine große das Tabu der Grenze, das die Versuchspersonen der Tabelle 99 und 100 daran hinderte, den kleinen roten Kreis in das Innere des Quadrats zu zeichnen, beinahe vollständig aufgehoben ist (außer bei 2 Versuchspersonen von 20 und 2 Unschlüssigen), wenn diese kleine Figur dieselbe Form hat wie die große, das heißt, wenn es sich um ein kleines rotes Quadrat und nicht mehr um einen kleinen Kreis handelt! Hier haben wir ein schönes Beispiel für die Heterogenität der Gesetze des Bildes gegenüber denen der Wahrnehmung (denn nichts hindert daran, in dem schwarzen Quadrat den roten Kreis ebenso wie das rote Quadrat wahrzunehmen, während es so schwierig ist, sich den ersteren dort vorzustellen), und gegenüber denen der Operation (denn alle diese Testpersonen haben ja bei der direkten Antizipation genauso bestätigt, daß der rote Kreis »im« schwarzen Quadrat sei, wie wenn es sich um das kleine rote Quadrat handelte). Wenn dagegen die betreffenden beiden Figuren ungefähr dieselben Dimensionen haben wie die Quadrate von 5 und 7,5 cm Seitenlänge, dann erschienen die Schwierigkeiten wieder, aber zweifellos deshalb, weil die Situation dann derjenigen der Überschneidung ähnlich ist.

III. – Was die eigentlichen Überschneidungen betrifft (Situationen 0/5 für das kleine rote Quadrat, 0/1,5 oder 0/2,5 für das große), so findet man in diesem Zusammenhang der Faltung die Schwierigkeiten wieder, die wir schon in Kapitel III, § 2, im Zusammenhang mit beweglichen und transparenten Quadraten untersucht haben, von denen man das eine relativ zu dem anderen verschiebt. Daher können wir uns kurz fassen.

Was das kleine rote Quadrat anbetrifft, so gelang es nur 15% der Versuchspersonen, die Überschneidung in Position 0/5 spontan zu markieren, wogegen die anderen das rote Quadrat nach innen oder nach außen setzten. Auf die Frage: »Bist du sicher, daß es ganz drinnen oder ganz draußen ist?«, antworteten die meisten mit Ja. Aber auf die Frage: »Sieht man es nicht vielleicht ein wenig innen und ein wenig außen?«, haben 35 % die Überschneidung akzeptiert, während die anderen das kleine rote Quadrat an die rechte Seite des schwarzen Quadrats klemmten, aber außen und innen und ohne Interferenz.

Was die Überschneidung des schwarzen und des großen roten Quadrats anbetrifft, so gelang sie nur 15 % von selbst, während sich die anderen in der Weise behalfen (insbesondere in der Position 0/2,5, bei der die Überschneidung durch die Dimensionen der Anlage erzwungen wird), daß sie die Quadrate ziemlich klein zeichneten, um sie ohne Interferenz nebeneinandersetzen zu können. Wenn man mit suggestiven Fragen nach den Dimensionen und den Nachbarlagen insistiert, markieren einige schließlich die Überschneidung bei 0/2,5, verallgemeinern sie deswegen jedoch nicht bei 0/1,5, wo sie nicht notwendig auftritt, und auf die präzise Frage: »Sieht man nicht vielleicht das rote Quadrat ein wenig drinnen und ein wenig draußen?«, erhalten sie ihre Ablehnung aufrecht.

Nun weiß man, daß sich die Kopie der Überschneidung sogar zwischen Figuren von ungleichen Ausmaßen in einer sehr frühen Form zeigt. Wir haben früher[105] auf den Fall der kleinen Versuchspersonen von 3 Jahren hingewiesen, die noch kein Quadrat zeichnen können und es in der Form einer geschlossenen kreisförmigen Kurve darstellen, die aber angesichts von drei großen Ovalen, von denen eines einen kleinen Kreis enthält, ein zweites

105 Piaget – Inhelder, *La représentation de l'espace chez l'enfant*, Kap. II, a. a. O.

einen kleinen Kreis außerhalb seiner Grenzen und ein drittes einen kleinen Kreis auf seiner Grenze, diese drei Modelle perfekt reproduzieren, wobei sie sogar bei Gelegenheit die Überschneidung mit Vokabeln wie »zwischen-draußen« bezeichnen. Wenn die Überschneidung und die Umschließung hier soviel mehr Schwierigkeiten machen als bei der Kopie, dann doch zweifellos deshalb, weil es darum geht, im Bild eine Transformation zu antizipieren (die sogar einfach genug ist, um im Denken, in der direkten oder verbalen Antizipation bewältigt zu werden), während das Bild als solches lange Zeit statisch bleibt.

Aber es empfiehlt sich, nicht zu schnell Schlußfolgerungen zu ziehen, denn es könnte sein, daß zwei Faktoren hier ihre Wirkungen kumulieren, um die Überschneidung zu komplizieren:
a) der Umstand, daß die sich schneidenden Figuren von ziemlich ungleichen Abmessungen sind, was dazu beitragen kann, das Bedürfnis nach Integrität ihrer Grenzen zu verstärken; *b*) die Tatsache, daß die Überschneidung ausschließlich auf der distalen Seite – in bezug auf die Achse der Faltung – des Quadrats erfolgt, das diese Achse berührt, was zu vielleicht schwierigen Abschätzungen von Entfernungen zwingt. Es bleibt also zu fragen, was die Antizipationen der Überschneidung von Figuren derselben Abmessungen ergeben werden, die beide die Achse der Faltung berühren (was diese Überschneidungen zu lateralen und nicht mehr distalen machen würde), denn es könnte sein, daß die in Kapitel III, § 2, festgestellten Schwierigkeiten von Verschiebungssituationen abhängen, die die Grenzprobleme verstärken, während sie in einer Faltungssituation abnehmen könnten, bei der sich die Fragen in Begriffen des Alles oder Nichts stellen, also der Lageveränderung auf ein Mal und nicht in fortschreitendem Ablauf, wie bei einer allmählichen Verschiebung.

§ 3. Angrenzung (contiguïté), Überschneidung und Überlagerung durch Faltung

Wir haben also in Zusammenarbeit mit E. Schmid-Kitsikis Quadrate und Dreiecke umklappen lassen, deren Grundlinien mit der Faltungsachse zusammenfallen (Abb. 33), und zwar in der Weise, daß das Umklappen des einen auf das andere zu einfachen Angrenzungen, Überschneidungen oder vollständigen Überdeckungen führt. Diese Figuren werden entweder in Umrissen auf transparenten Glimmer gezeichnet, aber dann mit Seiten in unterschiedlichen Farben, damit man auch Aussagen über die Antizipation der Drehung machen kann, oder als undurchsichtige farbige Flächen, damit man im Falle der vollständigen Überlagerungen sehen kann, ob das Kind die Abdeckungen berücksichtigt oder (im Sinne von Luquet) mit »Transparenz« zeichnet. Man zeigt die Figuren hintereinander, und das Kind soll, nach entsprechender Erklärung, die Faltungsachse und die Figur zeichnen, die sich aus der Faltung selbst ergibt. Die Versuche haben sich vor allem auf die Reihen *A* und *B* der Abbildung 33 erstreckt, aber wir haben anschließend zur Kontrolle die Reihe *C* hinzugefügt, um zu vermeiden, daß die Dreiecke immer auf ihrer Grundlinie gezeichnet werden.

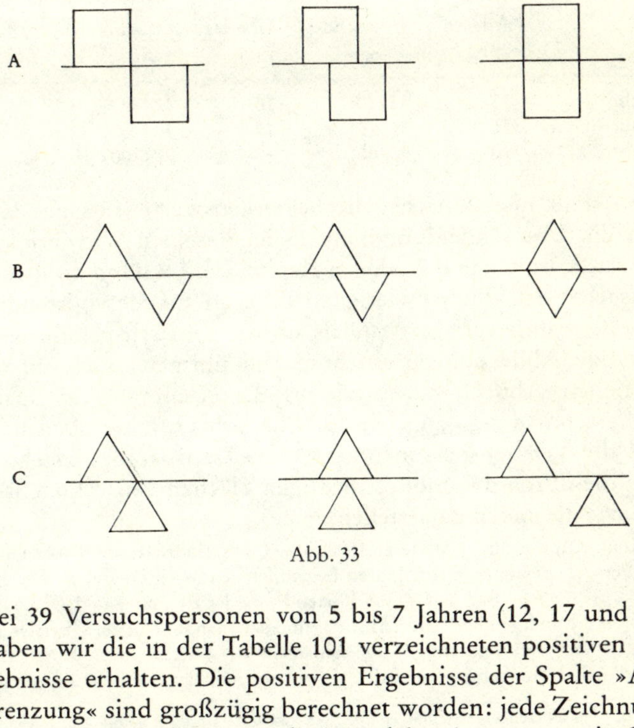

Abb. 33

Bei 39 Versuchspersonen von 5 bis 7 Jahren (12, 17 und 10) haben wir die in der Tabelle 101 verzeichneten positiven Ergebnisse erhalten. Die positiven Ergebnisse der Spalte »Angrenzung« sind großzügig berechnet worden: jede Zeichnung wird als korrekt bewertet, die irgendeine Angrenzung in Opposition zu einer Trennung anzeigt (bzw. umgekehrt bei der letzten Figur C), selbst wenn diese Angrenzung in Überschneidung übergeht. Die positiven Ergebnisse bei der Drehung setzen dagegen eine detaillierte und exakte Angabe der jeweiligen Farben der Seiten des Quadrats oder des Dreiecks voraus, aber wir haben in Klammern die Fälle hinzugefügt, in denen das Kind einfach den Übergang von einem halben Feld zum anderen bei der Faltung markiert. Schließlich verzeichnet die Spalte »Überschneidung« die globalen Erfolge zu dieser, aber mit den Fällen in Klammern, in denen bei undurchsichtigen Oberflächen das Kind die tatsächlichen Abdeckungen berücksichtigt, anstatt alles (im Sinne von Luquet) mit »Transparenz« zu zeichnen.

Tabelle 101: Positive Ergebnisse bei den Angrenzungen, Überschneidungen, Überlagerungen und Drehungen (in % der Versuchspersonen)[106]

	Angrenzung	Überschneidung	Überlagerung	Drehungen	ganz richtig
5 Jahre	33	33 (0)	16	42 (42)	0
6 Jahre	76	53 (0)	12	40 (65)	6
7 Jahre	90	90 (60)	–	90 (100)	80

Man stellt hier zunächst die bemerkenswerte Tatsache fest, daß die Überschneidung nicht mehr dieselben Schwierigkeiten darstellt wie in § 2 oder in Kapitel III, § 2. Und die zweite Tatsache: daß die Schwierigkeit dagegen auf die vollständige Überlagerung verlagert ist, als ob die Versuchsperson vollständige Abdeckungen ablehnte und übrigens auch auf die partiellen Abdeckungen, wie es die Klammern in Spalte »Überschneidung« angeben (0% bei 5 bis 6 Jahren bedeutet, daß die Versuchspersonen alles mit »Transparenz« zeichnen und die durch die undurchsichtigen Flächen verdeckten Striche wie die anderen darstellen).

Beginnt man mit diesen letzteren Reaktionen, so stellt man zunächst fest, daß die Versuchspersonen mit 5 Jahren begrifflich schon sehr wohl wissen und auch aussprechen, daß im Fall der letzten Paare der Reihen *A* und *B* eine der Figuren die andere überdeckt (Abb. 33) und daß man im Fall der Überschneidungen von undurchsichtigen Flächen nicht alle Striche sehen kann. Man kann auch nicht behaupten, daß die Schwierigkeit an der Ausführung der

106 Bei den Übereinanderstellungen mit 7 Jahren wurde nur die Technik *C* angewendet, ohne vollkommene Übereinanderstellung.

Zeichnung selbst hängt, denn es ist im Fall der vollständigen Überdeckung sehr viel einfacher, nur eine Figur statt zweier ineinandergeschobener mit quasi sich berührenden Seiten zu zeichnen. Wollte man mit Luquet sagen, daß ein »intellektueller Realismus« vorliegt, und zwar in dem Sinne, daß das Kind das zeichnet, was es von der Figur weiß, und nicht das, was es von ihr sieht, so paßte das auf der anderen Seite ziemlich schlecht zu dieser Situation, da das Kind gerade sehr gut weiß, daß eine Abdeckung vorliegt, sie also nicht darstellen will. Wir möchten also eher sagen, daß in diesem Fall der »intellektuelle Realismus« der Zeichnung (und das gilt vielleicht für alle Fälle) eher die bildhafte Repräsentation als den Begriff übersetzt, was ihn nicht daran hindert, »intellektuell«, oder besser kognitiv zu sein, aber in einem figurativen und nicht operativen Sinn. Tatsächlich besteht eine der Eigenschaften des statischen Bildes auf der präoperatorischen Stufe darin, daß es Pseudo-Erhaltungen mit sich bringt, die sich auf die Grenzen und die Kontur der Figuren beziehen, und diese Pseudo-Erhaltungen sind es, die gewöhnlich die korrekte Figuration der Überschneidungen und der Überdeckungen verhindern, und die in diesem Fall nur bei letzteren gegeben sind.
Was die relative Leichtigkeit der Überschneidung in diesem speziellen Fall anbetrifft, so ist sie zweifellos, wie am Schluß des § 2 angegeben, der Tatsache zuzuschreiben, daß es sich um Figuren handelt, die (im Gegensatz zu denen von Kap. III, § 2) ihren Platz nicht durch teilweise Verschiebung verändern, sondern auf ein Mal umgeklappt werden, und um Figuren mit denselben Ausmaßen[107], mit lateralen und nicht distalen Überschneidungen (wie in § 2 dieses Kap. VI).
Diese Drehungen haben einen Schwierigkeitsgrad, der mit demjenigen der Drehungen der Tabelle 93 vergleichbar ist.

§ 4. Faltung und Transformation von Geraden[108]

Wenn zu den Positionsveränderungen Veränderungen der Abmessungen und der Form hinzukommen, können die Versuche mit der Faltung besonders komplex werden, wenn man nicht bei den elementarsten Modellen bleibt. Es geht hier also nur um Geraden (Abb. 24), die von zwei oder drei Querstrichen durchkreuzt werden oder sich in einem Winkel von 90° schneiden; es ist nun verlangt, ihre Formen und relativen Längen zu antizipieren, wenn man das Papier, auf das sie gezeichnet sind, an den gepunkteten Linien der Abb. 34 zusammenfaltet.

107 Was manche Versuchspersonen nicht daran hindert, die bewegliche Figur bisweilen zu verkleinern und ein Quadrat wie ein winziges Rechteck zu zeichnen.
108 In Zusammenarbeit mit F. Frank und M. Anthonioz.

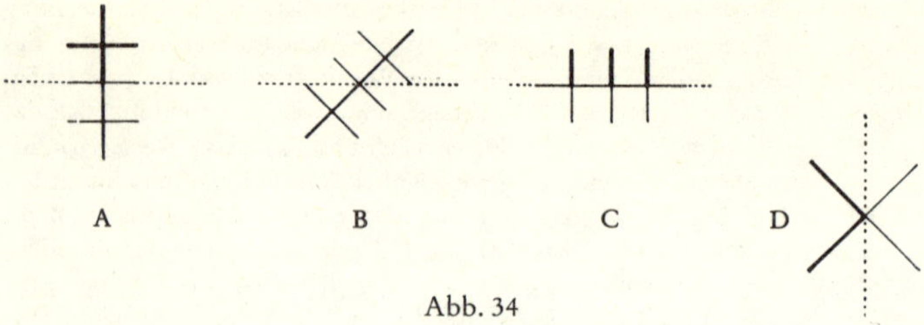

Abb. 34

Die Untersuchung der Versuchspersonen beginnt mit einer einleitenden Übung. Man zeigt dem Kind die Zeichnung eines Hauses mit zwei Fenstern und einer Tür auf transparentem Papier, und man verlangt, verbal die Form zu antizipieren, die die Zeichnung haben wird, wenn das Blatt einmal um eine horizontale Achse gefaltet worden ist. Danach führt man die Faltung aus und läßt das Ergebnis erklären: »Warum sieht man nur ein Fenster? Warum dieses und nicht jenes? Warum sieht man die Tür?«, usw.

Danach zeigt man eine der Formen *A* bis *D* der Abbildung 34; wir haben mit vier getrennten Gruppen von Versuchspersonen gearbeitet, von denen jede nur eines dieser Modelle sieht, um störende Einflüsse zu vermeiden. Daraus ergeben sich sieben Aufgaben:

1. *Kopie der gezeigten Figur.* Auf dem Modell hat jede der drei Querlinien eine andere Farbe, ebenso wie die vier Abschnitte der Form *D* und die beiden Abschnitte (oberhalb und unterhalb der Faltlinie) der Hauptgeraden der Formen *A* bis *C*. Aber die Kopie des Kindes wird in Schwarz verlangt.
2. *Verbale Antizipation.* Wir falten das Papier, doch da dieses transparent ist, bedecken wir es mit der Hand und bitten das Kind, die Farben aufzuzählen, die es auf dem Ergebnis sieht, sowie die Formen, Größen und Positionen anzugeben.
3. *Graphische Antizipation.* Man bittet anschließend darum, das Ergebnis der Faltung in Farben zu zeichnen, und um die Schwierigkeiten des Memorierens zu vermeiden, läßt man ein auseinandergefaltetes Demonstrationsexemplar sichtbar daliegen, oder man zeigt in kurzen Abständen das auseinandergefaltete Modell nochmals.
4. *Erklärung der Antizipation.* Man bittet die Versuchsperson, die Einzelheiten seiner Zeichnung zu begründen.
5. *Auswahl aus fertigen Zeichnungen.* Man legt der Versuchsperson vier Zeichnungen zur Auswahl vor (fünf für die Form *B*), die außer der richtigen Lösung die häufigsten falschen oder unvollständigen Lösungen aufweisen, und man läßt die richtigste Lösung auswählen.
6. *Kopie des Ergebnisses der Faltung.* Man faltet das Papier von neuem, aber man läßt dabei das Ergebnis sichtbar und läßt es kopieren.
7. *Erklärung des Ergebnisses.* Man erfragt im Detail das Warum der festgestellten Transformationen.

Wir haben mit dieser Technik 20 Versuchspersonen von 5 Jahren, 19 von 6 Jahren und 25 von 7 Jahren untersucht, außerdem 24 Versuchspersonen von 5–7 Jahren mit einer ersten Technik, die sechs Figuren umfaßte, von denen jeder Versuchsperson zwei in verschiedener Reihenfolge gezeigt wurden. Diese Versuche nun, die so einfach zu sein scheinen, machen eine überraschende Schwierigkeit bei den Antizipationen der Veränderungen deutlich, verglichen mit der allerdings relativen Einfachheit der bloßen Positionsveränderungen (§§ 1–2). Wenn wir nämlich alle Fehler in zwei große Klassen einteilen: I. diejenigen, die nicht einmal die Dimensionen der Figur verändern (und auch nicht das Wesentliche ihrer Form); und II. diejenigen, die sie verkleinern, aber ohne zu exakten Formen und Positionen zu gelangen, so erhalten wir für die vier Figuren zusammen (Tabelle 102; die Erwachsenen sind junge Leute in der Lehre):

Tabelle 102: Faltung der vier Figuren (der Abb. 34) in graphischer Antizipation und, in Klammern, in der Auswahl[109] aus vorgelegten Modellen (in % der Antworten)

		Fehler I		Fehler II	Erfolg	
5 Jahre	(80)	59,7	(22,2)	33,3	7	(24,9)
6 Jahre	(72)	38,9	(35,9)	61,1	0	(19,0)
7 Jahre	(75)	22	(18,9)	62,2	15,8	(36,1)
8 Jahre	(22)	17		30	53	
9 Jahre	(22)	7,5		10,5	82	
10 Jahre	(24)	3,5		7,2	89,3	
11 Jahre	(23)	0		14,5	85,5	
Erwachsene	(24)	0		4,2	95,8	

Die am wenigsten schwierige Antizipation (die einzige, die einige positive Ergebnisse vor 7 Jahren bringt, und noch ohne Berücksichtigung der Farben) ist diejenige der Figur *C*, weil die Faltachse mit der Hauptgeraden übereinstimmt und sich die Reduktion der Abmessungen somit nur auf die Querstriche bezieht. Die schwierigste Antizipation (kein positives Ergebnis) ist natürlich die der Figur B, die die Faltung die Hauptgerade in zwei Abschnitte transformiert, die untereinander einen Winkel von 90° bilden.

Man stellt außerdem fest, daß, wenn die Auswahl unter den fertigen Figuren zu einer Verbesserung der Antizipationen führt, diese bescheiden bleibt. Bevor wir an die Untersuchung

109 Die Auswahl hat außerdem 25,9 % mit 5 Jahren und 13,1 % mit 6 Jahren Ablehnung oder Annahme der Gesamtheit der vorgelegten Modelle ergeben.

der Kopien des Ergebnisses der Transformationen und insbesondere der Erklärungen herangehen, die die Versuchspersonen dazu geben und die uns über die Ursache der Fehler Aufschluß geben können, beginnen wir damit, diese noch mehr in Einzelheiten zu untersuchen, wobei wir die verbalen Antizipationen mit heranziehen.
Der bemerkenswerteste Fehler (I) besteht in einer bildhaften Pseudo-Erhaltung der allgemeinen Form und der Abmessungen der Figur. Wenn die Versuchsperson das Modell unverändert reproduziert, als ob die Faltung nichts an ihm geändert hätte, so kann man sich zwar immer fragen, ob es sich nicht um eine Lösung der Trägheit oder der perzeptiven Prägnanz des Gegebenen handelt. Aber in den meisten Fällen hat das Kind sehr wohl den Eindruck, daß die Faltung die Sichtbarkeit irgendeines Teils der Figur aufhebt: nur, anstatt Abmessungen in senkrechter Richtung zur Faltachse zu verringern, verändert oder läßt die Versuchsperson das weg, was verändert werden kann, ohne die Gesamtlängen oder die Gesamtform zu verändern. Zum Beispiel nimmt sie bei Figur *A* die Hauptlinie weg, behält aber die drei Querlinien mit ihren Farben unverändert bei; ebenso bei der Figur *C*, mit eventuell einer Veränderung der Farben (während gerade sie sich nicht verändern); die Figur *B* führt einfach zur Beseitigung eines Querstrichs, ohne daß die schräge Hauptlinie berührt würde, oder zu einer Farbveränderung, und die Figur *D* zu Farbveränderungen, ohne etwas an der Form zu verändern, oder zu der Beseitigung des Mittelpunkts (= vier Arme ohne den Schnittpunkt), oder auch zu einem Aufrichten x nach +. Bei der verbalen Antizipation nun (die vor der Zeichnung stattgefunden hat) haben alle Versuchspersonen, außer 40 % mit 5 Jahren, eine Verkürzung der Figuren *A* und *B* vorausgesehen, ohne daß es ihnen doch anschließend immer gelingt, sie graphisch zu realisieren; beinahe alle Versuchspersonen haben angenommen, daß die Querlinien des Modells *C* in der Länge abnehmen, aber alle haben eine verbale Antizipation der Figur *D* geliefert, die mit ihrer späteren Zeichnung übereinstimmte. Was die Abmessungen anbelangt, so scheint die verbale Antizipation also einen deutlichen Vorsprung vor der Zeichnung zu haben, aber das bedeutet zweifellos, daß sie ein einfaches Gesamturteil ausdrückt, ohne präzises Bild, während die

Zeichnung dieses zumindest voraussetzt, ihm allerdings graphische Schwierigkeiten hinzufügt. Bei den anderen Eigenschaften hat die verbale Antizipation beinahe immer dasselbe Niveau wie die Zeichnung, außer in einigen Fällen außergewöhnlichen Vorsprungs.

Bei den Versuchspersonen, die nicht den Fehler I machen, die also die Figur in der Zeichnung verkürzen, findet man als häufigste Form von Fehlern der Gruppe II denjenigen, bei dem das Kind versteht, daß ein Teil der Figur durch die andere bei der Faltung abgedeckt wird (abgesehen von Fig. *B*), und bei dem ihm ziemlich leicht die Voraussage gelingt, welches die abdeckenden Farben und welches die abgedeckten Farben sind, aber es gelangt nicht dahin, die Position des abdeckenden Teils zu finden und zeichnet sie einfach in unveränderter Position, wobei es den abgedeckten Teil wegläßt. Das geschieht bei der Mehrzahl der Fehler II bei der Figur *A* (abgesehen von einigen Versuchspersonen, die den abgedeckten Teil an Stelle des abdeckenden Teils zeichnen und diesen beseitigen), bei der Figur *C* (die Querstriche werden um die Hälfte verkleinert, aber die abdeckende Hälfte, die allein gezeichnet wird, bleibt an ihrer Stelle, anstatt unter die Horizontale zu gehen), und bei Figur *D*. Was das Modell *B* betrifft, das bis zu 7 Jahren einschließlich zu einem totalen Mißerfolg geführt hat, so wird hiervon der obere Teil gezeichnet und an seiner Stelle belassen, während der untere Teil weggelassen wird, anstatt sichtbar zu bleiben und mit dem ersten einen Winkel von 90° zu bilden, wie es die Faltung bewirkt.

Die anderen Fehlertypen bestehen, was aus der Sicht des Bildes interessant ist, in der Reduktion der zu den Hauptgeraden der Figur nicht senkrecht verlaufenden Faltachsen (Modelle *B* und *D*) zu senkrechten Achsen, und zwar wegen der Prägnanz der besten perzeptiven Form, und, was weniger interessant ist, in der Tendenz, die in der Faltachse gelegenen Striche verschwinden zu lassen, weil, wie eine Versuchsperson vom Hauptstrich sagt, »er in der Falte versteckt ist«.

In großen Zügen ist die Vorstellung von den Ergebnissen der Faltung also viel rudimentärer, wenn es sich um eine Veränderung der Formen und Abmessungen handelt, als im Falle der topologischen Grenzrelationen (§ 1). Die Frage ist jetzt, ob diese Unzulänglichkeit des Bildes von den Schwierigkeiten des Verständnisses der auftretenden Beziehungen abhängt oder einfach von ihrer Figuration. Der Vergleich der Zeichnungen und der Auswahl auf Tabelle 102 scheint schon zu zeigen, daß das Verständnis einen Vorsprung vor dem Bild besitzt, führt aber auch nicht sehr weit. Nur zeugt die Auswahl der richtigen Zeichnung unter mehreren möglichen von einem noch an die graphische Repräsentation gebundenen Verständnis. Wir haben also am Schluß der Befragung die Ergebnisse der Faltungen zeichnen lassen und die Erklärung dieser Ergebnisse verlangt. Wenn nun die Kopie keine Probleme zeigt (außer bei den Modellen *B* und *D*), ist die Erklärung der Ergebnisse der Transformation recht aufschlußreich. Unterteilt man die Antworten in richtige (+) falsche (−) und in Zwischenantworten (±), so erhält man Tabelle 103:

Tabelle 103: Erklärungen der Ergebnisse der Faltung nach Kopie (in % aller Versuchspersonen)

	−	±	+
5 Jahre	33,7	45,0	21,3
6 Jahre	14,7	34,7	50,6
7 Jahre	17,7	16,7	65,6

Die Faltung, die am schwierigsten zu erklären ist, ist natürlich die der Figur *B*. Man stellt zum Beispiel fest, daß auch angesichts der richtigen Ergebnisse und ohne jeden Rückgriff auf die Antizipation die korrekte Erklärung nur von 50 % der Versuchspersonen von 6 Jahren und 65 % von 7 Jahren erreicht wird. Es ist normal, daß das antizipatorische Bild noch schwieriger ist, wenn sich das Bild darauf beschränkt, das Verständnis des Vorgangs zu übersetzen. Aber man hätte das Vorhandensein von korrekten Bildern, die dem Verständnis vorangehen, begreifen können, und zwar in dem Maße, in dem sie eine einfache empirische Vorhersage geliefert hätten, die von den wahrgenommenen Gegebenheiten und der Ankündigung der Faltung der transparenten Blätter abhängig gewesen wäre: man stellt jedoch fest, daß dem nicht so ist, und daß das genaue Bild im Gegenteil dem Gesamtverständnis folgt, anstatt zu ihm hinzuführen.

§ 5. Antizipation der Veränderungen von Formen und Abmessungen durch Auseinanderziehen der Seiten geschlossener Figuren

Der verblüffende Unterschied zwischen der Antizipation der Veränderungen in den Abmessungen und den Formen in § 4 und den Veränderungen der Position (und der Form, aber ohne dimensionelle Veränderungen) in den §§ 1–3 hat uns dazu bewogen, die Untersuchung der Frage mit F. Frank und

G. Voyat weiterzuführen, und wir haben uns dabei einer stärker intuitiven Anlage als der der Faltungen bedient, derart, daß das ganze Detail der Transformation auf eine vollständig perzeptive Weise entweder wahrnehmbar oder vorstellbar ist. Wir haben also eine einzige Ausgangsfigur, ein Quadrat, verwendet, dessen Seiten aber durch ein Gummiband markiert sind, das an den vier Ecken von vier Streichhölzern gehalten wird, die in eine Platte aus Knetmasse gesteckt worden sind. Wenn man nun zwei oder vier oder ein einziges der Streichhölzer versetzt, transformiert man das Quadrat in ein größeres Quadrat, in ein Trapez, einen Rhombus oder ein Dreieck. Man kann in diesem Fall mit einem Minimum an störenden Schwierigkeiten entweder die neue Form antizipieren lassen, indem man die Versetzungen der Streichhölzer angibt, oder die Versetzungen der Streichhölzer antizipieren lassen, die vorgenommen werden müssen, wenn man eine neue Form erhalten will, die in einer Zeichnung angegeben wird. Die Aufgabe besteht also darin festzustellen, ob derart elementare Transformationen von den präoperatorischen Stufen an durch korrekte Bilder antizipiert werden oder ob man wiederum abwarten muß, bis sich die Antizipationen auf Operationen stützen können.

Das Material besteht aus einer Platte, auf der die Knetmasse verteilt ist. Man steckt vier Streichhölzer hinein, und zwar in der Weise, daß sie die vier Ecken eines Quadrats von 3 cm Seitenlänge bilden; dann zeigt man der Versuchsperson ein Gummiband und fragt, welche Figur das Gummiband bilden wird, wenn man es um die vier Streichhölzer legt: alle Versuchspersonen haben mit Leichtigkeit ein Quadrat vorhergesehen, weil es sich ja erst nur um perzeptives Ablesen handelt. Danach zeigt man, daß das Gummiband die Form und die Abmessungen verändern kann (aber ohne das auf der Knetmasse zu zeigen). Dann legt man es um die Streichhölzer und stellt die folgenden Aufgaben:

1. *Vorstellung der Form auf der Grundlage von Versetzungen.* – Man zeigt dem Kind, daß man die Streichhölzer in den Bahnen (Abb. 35) versetzen wird, die man einzeln mit einer deutlichen und langsamen Geste zeigt. Bei unterschiedlicher Länge der Bahnen (Form *D*) hebt man sie mit Worten noch hervor: »Dieses hat einen langen Weg bis dahin, dieses hier einen kurzen Weg bis hierhin.« Wenn die Verschiebungen gezeigt worden sind, soll das Kind die Form zeichnen, die das Gummiband mit der neuen Position der Streichhölzer einnimmt.

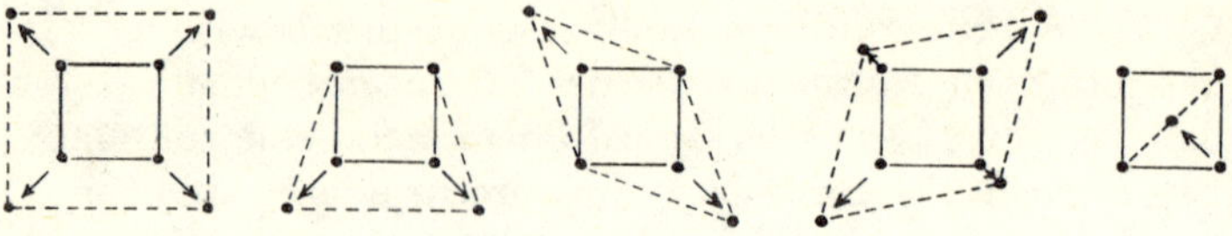

A B C D E

Abb. 35

2. *Vorstellung von den Versetzungen auf Grundlage der Formen.* – Man zeigt anschließend dem Kind (hintereinander) fünf Zeichnungen mit den fünf Formen, zu denen die Versetzungen der Abbildung 35 führen, wobei diese Zeichnungen die Größe des Vorbildes haben, und man fragt bei jeder Zeichnung: »Wie müßte man die Streichhölzer bewegen, damit das Gummiband genauso aussieht wie hier?« Das Kind soll zunächst mit einer Geste auf der Knetmasse die Bahn der Streichhölzer angeben; danach macht man deutlich, daß jedes von ihnen also »ein bißchen wandert«, und man bittet darum, die kleinen Bahnen zu zeichnen, ausgehend von einem fertigen Schema, das mit Punkten die vier Ausgangspunkte (= die Ecken des Quadrats von 3 cm Seitenlänge) darstellt.

Hier zunächst die quantitativen Ergebnisse (Tabelle 104), wobei wir bei jeder der fünf Formen *A-E* der Abbildung 35 die Antizipation der Form *F* auf der Grundlage der Bahnen und die der Bahnen *W* auf der Grundlage der gezeigten Formen unterscheiden. Die ohne Klammern angegebenen % sind die der positiven Ergebnisse bei der Zeichnung, und die % in Klammern sind die der positiven Ergebnisse bei der Antizipation durch Gesten.

Man stellt zunächst fest, daß, abgesehen von dem Quadrat *A*, diese Transformationsantizipationen, obwohl sie im Durchschnitt ein Jahr früher (8 Jahre anstatt 9) als diejenigen der Faltungen von Tabelle 102 zu positiven Ergebnissen führen,

Tabelle 104: Positive Ergebnisse bei der Antizipation der Formen (*F*), hervorgehend aus vorgegebenen Versetzungen, und der Bahnen (*W*) auf Grund der vorgegebenen Formen (in % der Antworten)

	A		*B*	
	F	*T*	*F*	*T*
4 Jahre (9)	56 (72)	23 (14)	0 (0)	0 (0)
5 Jahre (9)	45 (55)	66 (66)	40 (33)	33 (48)
6 Jahre (14)	54 (86)	79 (70)	39 (50)	42 (58)
7 Jahre (12)	58 (83)	37 (55)	27 (44)	46 (60)
8 Jahre (11)	91 (91)	87 (75)	73 (87)	75 (87)
9 Jahre (8)	100 (100)	100 (87)	100 (100)	100 (87)

C		D		E	
F	*T*	*F*	*T*	*F*	*T*
0 (0)	0 (0)	0 (0)	0 (0)	0 (25)	0 (13)
13 (0)	13 (0)	0 (0)	0 (0)	33 (60)	22 (25)
0 (0)	30 (43)	10 (0)	30 (67)	46 (100)	18 (0)
15 (25)	30 (56)	33 (34)	33 (63)	46 (80)	18 (17)
58 (100)	87 (87)	46 (50)	86 (72)	44 (100)	86 (64)
87 (72)	100 (100)	75 (80)	100 (100)	87 (100)	100 (100)

nichtsdestoweniger schwieriger bleiben als die Antizipationen, die sich auf die nicht dimensionellen Transformationen der §§ 1-3 beziehen. Der Grund dafür ist wahrscheinlich der, daß das Bildsystem der jungen Versuchspersonen nicht nur statisch bleibt, sondern auch an die Ausgangskonfigurationen durch solche Pseudo-Erhaltungen gebunden bleibt, von denen wir schon manche Beispiele gesehen haben. In diesem Fall ist schon die Vorstellung einer Transformation ein Problem (und das sich, wie wir gesehen haben, zuspitzt, wenn es darum geht, Umschließungen zu zeichnen, anstatt sie nur zu zeigen), aber sich vorzustellen, daß diese Transformation die Abmessungen der Elemente und gleichzeitig die Gesamtform der Figur verändert, läuft der Tendenz zu den Pseudo-Erhaltungen in doppelter Weise zuwider.

Man versteht also einerseits, warum die Zeichnung des Quadrats *A* der aller anderen Figuren überlegen ist, obwohl unter gewöhnlichen Umständen die jungen Versuchspersonen ein Dreieck (ein »Dach«) genauso leicht zeichnen: und zwar erhält die Transformation *A* dem Quadrat, obwohl sie es vergrößert, seine Form und ist also keine Transformation in dem Sinne, in dem wir diesen Begriff auf dem Gebiet der Bilder verwendet haben. Andererseits versteht man, warum außer in zwei oder drei Ausnahmen bei dem Quadrat und dem Dreieck die Antizipation durch Geste immer besser ausfällt als die durch Zeichnung (wie man es schon laufend in §§ 1–3 beobachtet hat), aber nicht notwendigerweise im Falle der einfach kinetischen Antizipationen oder Reproduktionen. Die Geste wird wie die Zeichnung in aufeinanderfolgenden Bewegungen ausgeführt, aber sie hinterläßt kein simultanes und dauerhaft wahrnehmbares Ergebnis wie das graphische Bild: was dem-

zufolge bei der Geste annehmbar ist, wie die Überschneidungen usw. der §§ 1–3 und die Transformationen der dimensionellen Beziehungen, die in dem vorliegenden Fall auftreten, wird bedenklicher bei der Zeichnung, bei der das Ergebnis viel offenkundiger ist und bei der daraufhin die Ansprüche der Pseudo-Erhaltung zunehmen, die dem statischen Bildervorrat der jungen Versuchspersonen eigentümlich ist.
Was die Beziehungen zwischen der Antizipation der Formen *F* und derjenigen der Bahnen *W* anbetrifft, so sieht man, daß bei dem Quadrat *A* die erste dieser Antizipationen aus den schon beobachteten Gründen im Durchschnitt leichter ist. Bei den drei folgenden Figuren *B-D* ist dagegen die Antizipation der Bahnen überlegen, sei es, daß eine zunehmende Adaptationswirkung vorliegt, da die Aufgabe an zweiter Stelle kommt, sei es, daß die auftretenden Formen ein wenig komplex sind (aber der größere Erfolg bei den Bahnen ist bei der Geste wie bei der Zeichnung zu beobachten). Was das Dreieck *E* anbetrifft, so ist wiederum die Antizipation der Form am einfachsten, diesmal offensichtlich deshalb, weil eine einfache und keine doppelte und symmetrische Bahn verlangt wird und weil sie nicht mit einem der Winkel des Dreiecks, sondern mit der Mitte einer seiner Seiten verbunden ist, im Gegensatz zu dem, was bei den anderen Figuren geschieht.

Festzuhalten sind auch die interessanten Rückschritte, die manchmal bei den Versuchspersonen von 7 Jahren zu beobachten sind: 37% bei *A* (*W*) gegenüber 79% mit 6 Jahren, oder 27% bei *B* (*F*) gegenüber 39% mit 6 Jahren. Solche Fakten, die oft mit 7 Jahren zu registrieren sind, scheinen einen Methodenwechsel bei der Antizipation anzuzeigen: die Intervention operatorischer Überlegungen kann so zu einer Komplizierung der Repräsentation führen, bevor sie ihr als Stütze dient. Das bringt uns dazu, die qualitativen Fehlertypen zu untersuchen und zu versuchen, den Mechanismus der verlangten Antizipationen zu erkennen, denn die vorliegende Technik erlaubt, die verschiedenen Probierschritte leichter zu verfolgen als die Technik der Faltung.
Die beobachteten Fehler verteilen sich in drei Gruppen:
a) Verweigerung der Antwort, oder, was auf dasselbe hinausläuft, einfache Kopie der in die Knetmasse gesteckten Streichhölzer; *b*) Reproduktion der Bahnen des Versuchsleiters (bei *F*), während es darum ging, ihr Ergebnis zu antizipieren, oder der gezeigten Form (bei *W*), während die Bahnen verlangt sind; *c*) Zwischenantworten zwischen *b* und der richtigen Lösung.
Sowohl diese Verteilung als auch die Analyse der Antworten des Typs *c*) scheinen nun zu zeigen, daß die antizipatorische Repräsentation drei und nicht nur zwei notwendige Momente umfaßt: 1. ein Loslösen von der gegen-

wärtigen Situation (daran scheitern die Versuchspersonen bei den Fehlern *a* und *b*); 2. eine Rückkehr zum Anfang, die, wie wir sehen werden, die Bedingung für 1. und für 3. ist; 3. eine Reproduktion des Vorgangs, der vom Ausgangspunkt zu dem gegebenen oder wahrnehmbaren Zustand geführt hat, wobei aber verändert wird, was verändert werden muß, unter Beibehaltung dessen, was in die neuen Bedingungen übertragbar bleibt. Um diese Interpretation zu rechtfertigen, sollen zwei besondere Fälle von Versuchen betrachtet werden, die von dem Fehler *b* zu *c* und zum Erfolg führen (Abb. 36). Diese beiden Versuchspersonen bleiben zunächst hängen an dem aktuell Gegebenen, nicht nur indem sie mit Fehler *b* beginnen (bei 1: einfache Reproduktion der Bahnen), sondern auch, indem sie bei den Versuchen 2 (bei I) und 2–4 (bei II) manche der Winkel oder sogar ganze Seiten des Quadrats erhalten. Wie gelingt es ihnen, sich von dieser perzeptiven Gegebenheit zu befreien? Die Versuchsperson II macht es verständlich, wenn sie spontan bemerkt, daß auf der linken Seite in 4 »eine gerade Linie« da sein muß (ohne das übrigens für die andere, rechte Seite zu verallgemeinern): anders gesagt, um sich von dem Quadrat zu lösen und sich gleichzeitig die neue Form vorzustellen, die durch den Positionswechsel von zweien der vier Streichhölzer festgelegt ist, genügt es dem Kind (und das sieht nach gar nichts aus, aber erst mit 8 Jahren wird diese Lösung allgemein), die Situation in Begriffen von gespannten Gummibändern neu zu denken und nicht mehr nur in Begriffen der Position der Streichhölzer. Sich von der Gegebenheit *N* zu lösen, um das Resultat *R* der Transformation zu antizipieren, das heißt also zunächst, das Gegebene *N* in Abhängigkeit von den voraufgegangenen Transformationen zu verstehen, aus denen es hervorgeht, und anschließend auf *R* anzuwenden, was von *N* verstanden worden war: mit einem Wort, das heißt, zu dem Ursprungsort *O* zurückzukommen, um zu konstruieren: $O \rightarrow R$ in Analogie zu $O \rightarrow N$; denn andernfalls umfaßt der Übergang von *N* nach *R* eine Unmenge von Lösungen, die alle akzeptabel sind (wie 2 und 2–4 in Abb. 36). Das antizipatorische Bild kann sich folglich nicht bilden, ohne sich auf einen operatorischen Vorgang mit seiner doppelten Eigenschaft der reversiblen Retroaktion und der progressiven Konstruktion zu stützen; andernfalls kann es

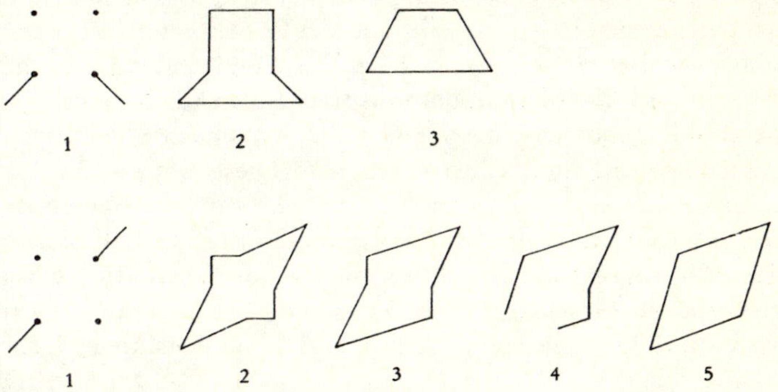

Abb. 36

keine Antizipation geben mangels eigentlicher Transformationen (das heißt, außerhalb ihrer gibt es kein »Verstehen« der Zustände, sondern nur Beschreibungen). Es ist also natürlich, daß sich die antizipatorischen Transformationsbilder erst auf der Stufe von 7–8 Jahren bilden und daß bis dahin ein einigermaßen systematischer Primat der statischen Bilder andauert.

§ 6. Antizipation von n *Faltungen und von* n' *Löchern*

Bei den vorhergehenden Versuchen trat nur eine einzige Faltung auf, deren Antizipation also keine Probleme stellte, im Gegensatz zu der Antizipation ihres Ergebnisses. Was dieses anbetrifft, so handelte es sich entweder um einfach topologische Transformationen (Nachbarlagen, Umschließungen, Überschneidungen: Tabellen 94–100) oder um euklidische Verschiebungen (Drehungen: Tabellen 94 und 98) oder schließlich um Veränderungen der Abmessungen und um euklidische Formen (verkürzte, abgedeckte oder geknickte Geraden oder Querlinien: Tabellen 102 und 103). Das ziemlich deutliche Ergebnis dieser Untersuchungen ist nun dieses, daß die topologischen Transformationen am wenigsten schwer zu antizipieren sind (insbesondere in direkten Antizipationen, aber mit der systematischen Schwierigkeit, einige von ihnen in Transformationsbilder zu übersetzen), dicht gefolgt von den kinetischen Antizipationen, daß aber die Veränderungen von Formen und Abmessungen (§ 3) beachtliche Widerstände hervorrufen. Es ist also interessant, jetzt ein Beispiel der klassischen Faltversuche zu analysieren, bei denen es sich darum handelt, einerseits die Anzahl und die Position der Faltungen selbst (wobei $n > 1$) zu antizipieren, und andererseits die Anzahl und die Position der entsprechenden Löcher, die sich beim Ausschneiden eines kleinen Elements nach n Faltungen aus einer der Falten selbst ergeben.[110] Diese Art von Versuchen erlaubt uns einmal mehr, das Bild mit dem operatorischen Urteil zu vergleichen, wobei dieses im Einzelfall entweder zur progressiven Induktion oder zu der Deduktion eines eigentlichen Gesetzes führen kann. Die bei diesem Versuch angewandten Techniken, die mit E. Schmid-Kitsikis in Genf

110 Vgl. beispielsweise die Tests von Terman-Merril: Versuche für die Stufen von 9 Jahren, von 14 Jahren, und für die »oberen Erwachsenen III«.

durchgeführt und in Barcelona mit Z. Mendez wieder aufgenommen worden sind, waren folgende.

Technik A (von 4 bis 8 Jahren). – *Aufgabe 1.* Man faltet unter den Augen des Kindes ein weißes Blatt Papier einmal zusammen, und man fordert das Kind auf, das Blatt so zu zeichnen, wie es gefaltet aussieht, und wie es aussieht, wenn es auseinandergefaltet ist, und dabei die Position der Falte (Faltungsachse) anzugeben. Ebenso bei einem zweimal gefalteten Blatt.
Aufgabe 2. Man zeichnet einen kleinen Kreis oder einen Halbkreis auf das gefaltete Blatt (Abb. 37), und das Kind soll sich den Platz dieses Elementes vorstellen, nachdem das Blatt wieder auseinandergefaltet worden ist (wobei wiederum die Falte angezeigt werden soll).

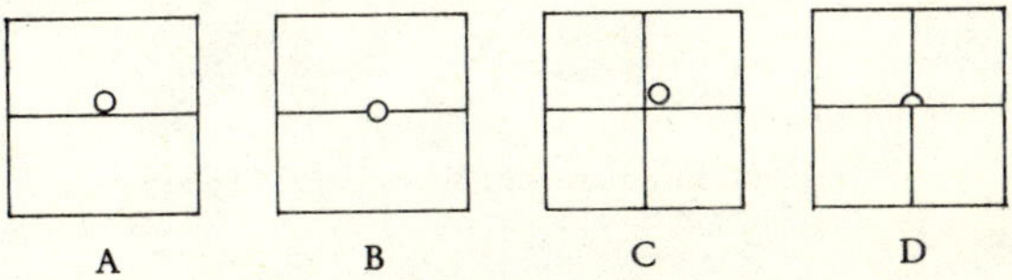

Abb. 37

Aufgabe 3. Man schneidet ein Element aus dem gefalteten Papier aus und verlangt die Zeichnung des Ergebnisses nach dem Auseinanderfalten: *a)* einen Halbkreis in der Mitte der Falte des einmal gefalteten Blattes (Abb. 38 unter *E*); *b)* einen Halbkreis in der Mitte der Hauptfalte des zweimal gefalteten Blattes (Abb. 38 unter *F*); *c)* einen Viertelkreis am Schnittpunkt der Achsen des zweimal gefalteten Blattes (Abb. 38 unter *G*). Zu allen diesen Aufgaben verlangt man vom Kind die Begründung oder Erklärung seiner Zeichnungen.

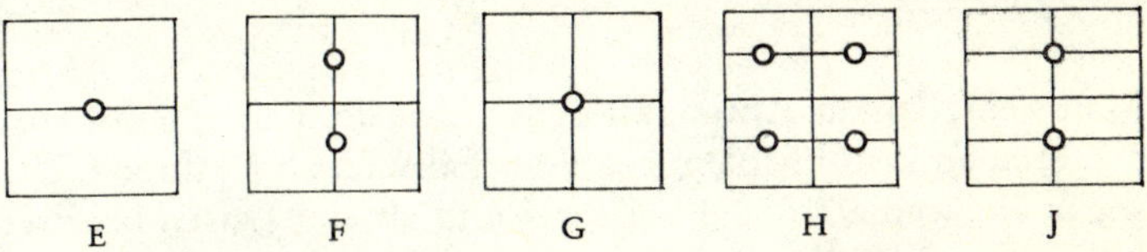

Abb. 38

Technik B (8 bis 15 Jahre). – Man beginnt mit den vorhergehenden Aufgaben, fügt aber ein in 8 Teile gefaltetes Blatt hinzu (also drei Faltungen). Was die Aufgabe 3 anbelangt, so fügt man zwei Situationen hinzu: *d)* das Herausschneiden eines Halbkreises in der Mitte der Hauptfalte des in 8 Teile gefalteten Blattes, was also vier Löcher ergibt (Abb. 38 unter *H*); *e)* das Herausschneiden eines Viertelkreises am Schnittpunkt der Falten des in acht Teile gefalteten Blattes, was dann zwei Löcher ergibt (Abb. 38 unter *J*).
Darüber hinaus unterwirft man die Versuchspersonen einem Lernprozeß in folgender Weise: nach jedem Fehler faltet man das Blatt auseinander und läßt es kopieren, dann geht man zu der Antizipation des folgenden Blattes über, nachdem die Versuchsperson die Zeichnung aus der Erinnerung reproduziert hat, die zu einem Fehler und anschließend zu einer Kopie geführt hatte.

Schließlich fragt man die Versuchsperson nach dem Warum der Anzahl der Falten und der Löcher und betont den Unterschied zwischen Ausschnitten aus der Mitte und solchen am Schnittpunkt der Falten, und man entscheidet, ob sie das Gesetz entdeckt hat.

96 Versuchspersonen zwischen 4 und 11–15 Jahren sind in Genf und 50 zwischen 6 und 10 Jahren in Barcelona befragt worden. Hier zunächst die Ergebnisse zu Aufgabe 1 der Position der Falten für 1–3 Faltungen, mit oder ohne Lerneffekt (Tabelle 105, in Klammern die % von Barcelona). Das richtige Ergebnis wird aus dem Gedächtnis reproduziert.

Tabelle 105: Antizipation der Position der Falten (in % der Versuchspersonen), mit und ohne Lerneffekt

	mit Einüben 1 Falte	2 Falten	3 Falten	ohne Einüben 3 Falten
4 Jahre	50	10		
5 Jahre	85	73		
6 Jahre	100 (100)	61 (44)	(33)	
7 Jahre	100 (100)	78 (44)	(33)	
8 Jahre	100 (100)	90 (90)	(77)	60
9 Jahre	(100)	(90)	(90)	80
10 Jahre	(100)	(100)	(90)	70
11–15 Jahre	100			92

Man sieht, daß die Antizipation der Lage der Falten selbst von 5 Jahren an kein Problem bei einer Faltung, ab 7 Jahren (oder sogar ein wenig früher) bei zwei und ab 8–9 Jahren bei drei Faltungen darstellt, weil es sich einerseits um schon bekannte Transformationen handelt, also eher um reproduktorische Bilder als um antizipatorische, und weil andererseits die Versuchsperson, die zusieht, wie der Versuchsleiter vor ihr sein Papier faltet, daraus mehr oder weniger leicht auf die Anzahl und die Mittelposition der Falten schließen kann.
Wenn man dagegen von der Antizipation der Falten selbst zu der der neben diesen Falten oder auf ihnen gezeichneten Kreise oder Halbkreise übergeht, werden die Dinge natürlich komplizierter, denn es handelt sich dieses Mal um ein echtes Antizipationsbild. Die Tabelle 106 liefert zu diesem Punkt die Reaktionen zwischen 4 und 8 Jahren für die Aufgabe 2 und

die Formen *A* bis *D* der Abbildung 37 (in % der Versuchspersonen, in Klammern die % von Barcelona):

Tabelle 106: Antizipation der Position der gezeichneten Kreise und Halbkreise (Aufgabe 2)

	A	*B*	*C*	*D*
4 Jahre	0	0	0	0
5 Jahre	13	33	7	0
6 Jahre	23 (40)	38 (40)	8 (0)	15
7 Jahre	64 (70)	93 (80)	36 (10)	7
8 Jahre	70 (60)	90 (70)	40 (10)	10
9 Jahre	(89)	(100)	(30)	(30)
10 Jahre	(80)	(80)	(30)	(20)

Es besteht natürlich ein großer Unterschied zwischen den Antizipationen mit einer Falte (*A*, *B*) und mit zwei Falten (*C*, *D*). Was die ersteren anbelangt, so ist es leichter, sich den auf die Falte (*B*) als den neben die Falte (*A*) gezeichneten Kreis vorzustellen, wobei die positiven Ergebnisse zu *B* von 7 Jahren an 75 % überschreiten. Was die Position der Löcher anbetrifft (Aufgabe 3), so liefert die Tabelle 107 dazu die zu den Modellen *E–J* der Abbildung 38 gelungenen Antizipationen, mit oder ohne Lerneffekt.

Tabelle 107: Antizipation der Position der Löcher (in % der positiven Erfolge; in Klammern die Versuchspersonen von Barcelona)

	ohne Einüben					mit Einüben				
	E	*F*	*G*	*H*	*J*	*E*	*F*	*G*	*H*	*J*
4 Jahre	0	0								
5 Jahre	20	6	6							
6 Jahre	38 (60)	0 (0)	(0)	(0)	(0)					
7 Jahre	78 (60)	7 (14)	14 (11)	(0)	0 (0)					
8 Jahre	90 (100)	10 (10)	20 (30)	0 (0)	20 (0)	100	55	50	10	20
9 Jahre	100 (100)	40 (40)	50 (80)	30 (0)	40 (30)	100	70	80	30	50
10 Jahre	100 (100)	10 (20)	60 (60)	10 (10)	50 (20)	100	70	100	40	60
11–15 Jahre	100	57	65	7	29	100	78	92	50	65

Zwei Tatsachen, deren erste übrigens selbstverständlich ist, werden an dieser Tabelle deutlich: a) die Antizipation gelingt um so besser, je weniger Falten da sind, daher die Reihenfolge *E* > *F*, *G* > *H*, *J*, die einer, zwei und drei Faltungen entsprechen; b) andererseits gibt es um so mehr positive Ergebnisse, je weniger Löcher da sind, bei gleicher Anzahl von Faltungen, daher also *G* > *F* und *J* > *H*, da *G* ein Loch hat gegenüber zwei bei *F*, und da *J* zwei hat gegenüber vier bei *H*. Und diese zwei Reihen der Erfolge *E* > *F*, *G* > *H*, *J* sowie *G* > *F* und *J* > *H* sind, mit und ohne Lerneffekt, in Barcelona wie in Genf festzustellen. Die Ungleichheiten zwischen *G* > *F* und *J* > *H* bedeuten andererseits, daß die Ausschnitte am Schnittpunkt der Falten zu einer leichteren Antizipation der Position der Löcher führen im Vergleich zu den Ausschnitten in der Mitte der Falten, da die ersteren zu einer zweimal geringeren Anzahl von Löchern führen.

Wenn nun der Erfolg in umgekehrter Proportion zu der Anzahl der Faltungen ganz natürlich ist, so trifft dies auf den Einfluß der Anzahl der Löcher weniger zu, denn man versteht einerseits nicht, warum die Position von zwei symmetrischen Löchern schwieriger vorzustellen wäre als die eines einzigen Loches, und andererseits müßte die Relation zwischen der Anzahl der Löcher und dem Ausschnitt in der Mitte oder am Schnittpunkt der Falten derjenige Faktor sein, der sich bei den Lageantizipationen durchsetzt: tatsächlich bestehen die meisten Fehler im Falle des Ausschnitts aus der Mitte der Falten darin, die Löcher an die Schnittpunkte zu setzen, während die Fehler im Falle des Ausschnitts am Schnittpunkt nicht darin bestehen, sie in die Mitte der Falten, sondern (und manchmal in größerer Anzahl!) an die Ecken der Blätter zu setzen (da der Schnittpunkt, wenn das Blatt gefaltet ist, an einer der Ecken sitzt). Bevor wir die Schlußfolgerungen ziehen, wollen wir also die Tabelle der Antizipationen der Anzahl betrachten (Tabelle 108):

Tabelle 108: Antizipation der Anzahl der Löcher (in % der positiven Ergebnisse; in Klammern die Ergebnisse von Barcelona)

	ohne Einüben					mit Einüben				
	E	*F*	*G*	*H*	*J*	*E*	*F*	*G*	*H*	*J*
4 Jahre	0	0								
5 Jahre	20	0	13							
6 Jahre	46	8 (0)	8 (33)	(0)	(0)					
7 Jahre	57	7 (14)	14 (33)	(0)	(16)					
8 Jahre	80	10 (10)	30 (70)	10 (0)	30 (33)	100	55	50	30	20
9 Jahre	100	40 (40)	60 (90)	40 (10)	40 (50)	100	70	80	40	60
10 Jahre	100	20 (30)	60 (70)	10 (20)	60 (50)	100	70	100	40	80
11–15 Jahre	100	50	71	28	36	100	78	92	57	71

Man findet auf dieser Tabelle, wie schon bei den Positionen, die beiden Reihenfolgen der richtigen Ergebnisse wieder, in umgekehrtem Verhältnis zur Anzahl der Faltungen $E > F$, $G > H$, J und in umgekehrtem Verhältnis zur Anzahl der Löcher $G > F$, $J > H$, mit und ohne Lerneffekt, und zwar in Barcelona ebenso wie in Genf. Das läuft darauf hinaus, auch dieses Mal zu sagen, daß die Anzahl der Löcher besser antizipiert wird, wenn die Ausschnitte am Schnittpunkt der Falten (= an einer der Ecken des gefalteten Blattes) und nicht in ihrer Mitte gemacht werden.
Wir haben alle Elemente des Problems vor uns. Einerseits bestehen die häufigsten Fehler bei den Antizipationen der Anzahl darin, nur ein Loch vorherzusehen, weil man nur einen Ausschnitt vornimmt: die Ausschnitte an den Schnittpunkten der Falten sind also im Vorteil, weil sie zu weniger Löchern führen. Wenn andererseits das Ausschneiden an den Schnittpunkten der Falten vorgenommen wurde (also an der Ecke des gefalteten Blattes, an der es die meisten Falten gibt), dann muß die Versuchsperson nur noch diese Situation voraussehen, um anschließend die Löcher auf dem auseinandergefalteten Papier an den Schnittpunkten der Falten zu lokalisieren, was sie zu einem einzigen Punkt bei *G* führt (recht gutes Ergebnis) und zu zwei oder drei Punkten bei *J* (aber die Symmetrie wird ihr in diesem Fall helfen, sich zugunsten von zweien zu entscheiden).
Von diesen Faktoren her sind also die Reihenfolge der Ergebnisse und ihre Entwicklung mit dem Alter auf den Tabellen 107 und 108 recht gut erklärbar, abgesehen von einem ziemlich häufigen Absinken der Ergebnisse um 10–11 Jahre herum in den Fällen ohne Lerneffekt; es kommt jedoch häufig vor, daß zu Beginn der hypothetisch-deduktiven Operationen die Versuchspersonen auf Grund ihrer neuen operatorischen Möglichkeiten zuviel denken und Schwierigkeiten sehen, wo keine sind (zum Beispiel 3 bis 5 Löcher statt 2 bei *F* und *G*, oder ein einziges Loch mit vier Ausbuchtungen usw.).
Dennoch wurde das genaue Gesetz, das die Anzahl der Löcher bestimmt, von 20 % der Versuchspersonen von 10 Jahren für beide Situationen des Ausschneidens in der Mitte und am Schnittpunkt der Falten gefunden, und von 28,5 % der Versuchspersonen von 11–15 Jahren für die erste Situation und

von 35,5 % für die zweite. Was die anderen Versuchspersonen ab 8 Jahren anlangt, so bestehen die Gesetze, die sie zu entdecken glaubten, in der Antizipation einer Anzahl von Löchern, die mit denjenigen der Faltungen übereinstimmt, einer Anzahl, die $n - 1$ oder $n + 1$ Faltungen entspricht, oder schließlich $n + 2$ und bis zu $n + 4$.

Erst mit 9 Jahren beginnen die ersten Versuche multiplikativer Gesetze, während die vorhergehenden Funktionen sämtlich additiv waren, aber sie bleiben zunächst dabei stehen, daß sie die Anzahl der Faltungen mit zwei multiplizieren.

Im ganzen gesehen, bildet sich das Antizipationsbild, wie es bei den in diesem Abschnitt betrachteten Versuchen erscheint, wiederum in Zusammenhang mit der Operation, doch man bemerkt, daß die Verbindung zwischen ihnen komplexer ist als zuvor: wenn das antizipatorische Bild operatorischer Prozesse bedarf, um sich zu konstituieren, verwenden dann diese vielleicht mehr als an anderer Stelle das Bild, um funktionieren zu können? Das bleibt noch zu untersuchen.

§ 7. Schlußfolgerungen

Wir haben uns am Ende des vorhergehenden Kapitels gefragt, worin die Rolle des Bildes auf der präoperatorischen Stufe bestehen kann, wenn die Zustände den Transformationen und infolgedessen der figurative Aspekt des Denkens seinem operativen Aspekt unterworfen sind. Die Versuche mit der Faltung, deren Resultate wir jetzt untersucht haben, liefern hierzu eine einfache Antwort, die, wenn sie auf Situationen angewandt wird, die für diese Diskussion besonders charakteristisch sind, für jedes System sequentieller Transformationen zu verallgemeinern ist. In den meisten untersuchten Situationen, mit denen die Fähigkeiten des Kindes beurteilt werden sollten, die Transformationen zu verstehen und sich vorzustellen, beschränkt man sich darauf, entweder eine einzige von diesen zu betrachten (wie den Übergang vom Bogen zur Geraden) oder eine bestimmte Anzahl von ihnen, die aber voneinander unabhängig sind (vgl. die Versuche des § 5 dieses Kapitels oder in Kapitel VIII, § 3, die Formveränderungen eines Tonkügelchens in eine Wurst oder in einen runden Kuchen, usw.). In diesen Fällen bestimmt entweder das Bild das Denken und führt zu operatorischen Nicht-Erhaltungen, oder das Umgekehrte ist der Fall, und man sieht nicht mehr, welche notwendige Rolle das Bild spielen könnte, wenn es einfach verwendet wird, um die Ideen zu konkretisieren. Doch bei einer Abfolge von Faltungen wie derjenigen der Tabellen 105–108 sieht man sich einer Reihe von Transformationen gegenüber, von denen jede die folgende bedingt, und zwar in der Weise, daß, wenn die Erkenntnis eines Zustandes (*n*), der aus der Transformation *T* (*n*) resultiert, nicht genügend präzise ist, ein Verständnis weder des Zustandes (*n* + *1*) noch der Transformation *T* (*n* + *1*) zustande kommen kann. Hier nun spielt das Bild seine zweifellos unentbehrliche Helferrolle, zumindest vom heuristischen Standpunkt aus gesehen. Vielleicht gibt es abstrakte Geister, die auf Grund einer Definition der Faltungen durch rein operatorisches geistiges Vorgehen das Gesetz finden können, ohne den Weg über das Bild zu nehmen, aber es wäre noch zu beweisen, daß sich ihre operatorische Intuition auf keinen voraufgegangenen bildhaften Symbolismus gestützt hat, und wäre es auch in indirekten Analogien. Für den Durchschnitt der nicht spezialisierten Versuchspersonen ist das Bild dagegen notwendig als Repräsentationsinstrument der Zustände, da die Repräsentation ihrerseits notwendig ist für das Verständnis der Transformationen.

Das Paradoxe an den Tabellen 107 und 108 ist in dieser Hinsicht die Schwierigkeit für die 11–15jährigen (und selbst für die Erwachsenen), zu positiven Ergebnissen zu kommen, da die auftretenden Transformationen sehr einfach sind, und da, wenn man ihre Ergebnisse einmal erfaßt hat (Abb. 37–38), deren Reproduktionsbild leicht zu evozieren ist. Diese Schwierigkeit hängt also allein an der Vorstellung der Transformationen, das heißt, sie hängt weder mit der Operation als solcher, noch mit dem reproduktorischen Bild zusammen, sondern mit der besonderen Koordination von Bildern und Operationen, wie sie das antizipatorische Transformationsbild darstellt. Das macht hinreichend deutlich, daß in solchen Fällen eine funktionale Notwendigkeit gegeben ist, daß sich die Operationen auf Bilder stützen und umgekehrt (eine funktionale, keine logische Notwendigkeit, denn wenn das Bild zwar der Entdeckung dient, so reicht es doch keineswegs für den Beweis aus, in der Weise nämlich, daß wir sehen, wie das Bild hier eine positive Rolle auf der operatorischen Ebene spielt und nicht nur im Laufe der präoperatorischen Stadien. Aber wenn es sich so verhält, muß man dann das Bild weiterhin als ein Symbol betrachten, so wie es sich bisher nahezulegen schien, oder wird es in solchen Fällen zu einem Element des Denkens als objektives Abbild der Wirklichkeit? Man muß, so scheint es uns, die These von seiner symbolischen Natur aufrechterhalten, und das aus den drei folgenden Gründen. Erstens: auch wenn das Bild in diesen Situationen noch so adäquat zu sein scheint, so bleibt es doch unfähig, die Kontinuität einer Transformation wiederzugeben; diesen Inhalt vermag es nur durch eine Folge von einigen markanten Stufen (den »kinematographischen« Vorgang Bergsons) zu symbolisieren. Der zweite Grund ist der, daß, wenn das Bild auch dazu dient, Deduktionen oder Schlußfolgerungen zu illustrieren, es diese doch keineswegs begründet und keinerlei Beweiselement liefert. Es empfiehlt sich also, innerhalb der Repräsentation das zu unterscheiden, was Bild ist, und das, was dieses Bild darstellt, das heißt, das Spiel der konkreten räumlichen, physikalischen, usw. Relationen zwischen den Objekten: da diese zwei Aspekte der bildhaften Repräsentation nicht im selben Maße für das Denken grundlegend sein können, ergibt sich, daß das System der Relationen aus einem Geflecht (*ensemble*) von Signifikaten besteht und die Bilder aus einem Geflecht von Signifikanten; dies ist ein dritter Grund, das Bild als Symbol zu betrachten. Um es noch einmal zu wiederholen: wenn ein Symbol ein »motivierter« Signifikant, das heißt, seinem Signifikat ähnlich ist, dann schließt dieser symbolische Charakter keineswegs aus, daß das Bild der operatorischen Stufe den (räumlichen) Relationen, die es visuell symbolisiert (im Fall des Raumes), immer genauer entspricht.

Ein weiteres Ergebnis dieses Kapitels besteht darin, die Beziehung zwischen der Bildung der Operationen und der der antizipatorischen Transformationsbilder am Detail der in den Blick kommenden Gebiete zeigen zu können. Erstens stellt man recht erstaunliche allgemeine Übereinstimmungen fest: so springen zum Beispiel auf Tabelle 101 – vom Bildersystem (*imagerie*) her gesehen – die völlig positiven Ergebnisse zwischen 6 und 7 Jahren von 6 auf 80 %, was ohne die Mitwirkung der Operationen schwer erklärbar ist. Wenn man zweitens die Gebiete trennt, so stellt man einen frappierenden Gegensatz fest zwischen den positiven Ergebnissen bei der Faltungsantizipation, wenn es sich um Lageveränderungen handelt, die die Beziehungen der Interiorität, der Nachbarlage, usw. (§§ 1–3) verändern oder erhalten, und den positiven Ergebnissen bei den Veränderungen von Formen und Abmessungen (§ 4): während die ersteren Antizipationen von 7 bis 8 Jahren an möglich sind (> 75 %), ergeben die Faltungen der Geraden in Tabelle 102 nur erst 16 % positive graphische Ergebnisse mit 7 Jahren und 36 % bei der Methode der Auswahl. Wenn diese letzteren Antizipationen sich viel später entwikkeln, dann deswegen, weil sie Operationen entsprechen, die gleichzeitig von einem Maßsystem und vom Gebrauch von Bezugssystemen abhängen.

Vergleicht man jetzt die Gesamtheit der Ergebnisse der Kapitel III bis IV aus der Sicht der Erfolgsstufen, so stellt man zunächst fest, daß kein natürlicher Unterschied besteht zwischen reproduktorischen und antizipatorischen Transformationsbildern, da beide die Mitwirkung von Antizipationen oder von Reantizipationen voraussetzen, einerlei, ob die vorzustellenden Situationen dem Kind vertraut erscheinen oder nicht. Wir finden also hinsichtlich der Transformationsbilder im allgemeinen das wieder, was wir auch bei den kinetischen Bildern beobachtet hatten. Andererseits können wir jetzt daraus folgern, daß auch kein wesentlicher Unterschied besteht zwischen den kinetischen Bildern und den Transformationsbildern, nicht nur, weil sie beide die Notwendigkeit einer Antizipation einschließen, sondern weil sich auch sowohl die einen als auch die anderen erst vom Beginn der Stufe der konkreten Operationen an bilden; da sich diese Operationen ebensosehr auf die Veränderungen der Position (Verschiebungen) wie der Formen (Transformationen) beziehen, ist es nur natürlich, daß die entsprechenden Bilder in ihrer Gesamtheit einer realen Einheit entsprechen. Kurzum, die einzige große Unterscheidung, an der wir festhalten müssen, ist diejenige, die die statischen oder einfachen Reproduktionsbilder der präoperatorischen Stufe von den antizipatorischen Bildern trennt, die sich auf die Operationen stützen und alle kinetischen oder Transformationsmöglichkeiten umfassen.

Dagegen muß innerhalb dieser großen Kategorie der antizipatorischen Bilder eine bestimmte Anzahl einzelner Stufen unterschieden werden, die von der Komplexität der vorzustellenden Inhalte abhängen; diese Ebenen folgen, wie wir eben anläßlich der die Abmessungen verändernden Faltungen sagten, in der Reihenfolge des Auftretens der entsprechenden Operationen aufeinander. Doch diese immer enger werdende Entsprechung zwischen den antizipatorischen Bildern und den Operationen bedeutet keineswegs, daß auch eine zunehmende Identifikation zwischen diesen beiden Termen vorliegt: die Operation bewirkt die Transformationen, während das Bild sie repräsentiert. Die Repräsentation einer Operation bleibt figurativ und verschmilzt nicht mit der Operation selbst: so genau diese Vorstellung auch sein mag, sie bleibt eine Imitation der Operation, ebenso wie eine nachahmende Geste eine Handlung imitieren kann, ohne mit ihr zu verschmelzen. Hier liegt zwischen dem Bild, selbst wenn es in den Rang des antizipatorischen Transformationsbildes erhoben würde, und der entsprechenden kognitiven Struktur wiederum der ganze Unterschied, der den Symbolisanten vom Symbolisat trennt, trotz der immer engeren Zusammenarbeit, die zwischen ihnen entsteht.

Kapitel VII
Bilder statischer Reproduktion und Handlung

Für eine Sicht, nach der das Bild aus einer aktiven und interiorisierten Nachahmung hervorgeht und nicht einfach eine Verlängerung der Wahrnehmung darstellt, wobei es jedoch Anlaß sein kann für bestimmte Reafferenzen und Reinzitationen auf verschiedenen Stufen der Empfindungsorgane, ist der Versuch interessant, die Relationen zwischen Bild und Handlung zu präzisieren. Wenn ein kinetisches Bild aus der interiorisierten Nachahmung einer Bewegung hervorgeht, und das Transformationsbild aus der Nachahmung einer Operation, dann versteht es sich von selbst, daß diese Kategorien von Bildern eng von der Handlung abhängen, und es ist überflüssig, hier auf diesen Gesichtspunkt zurückzukommen. Aber ist das auch der Fall bei den einfachen Bildern statischer Reproduktion? Das ist das Problem, das uns zu untersuchen bleibt.

Dies ist um so wichtiger, als wir die statischen Reproduktionsbilder bisher erst gestreift haben, und außerdem im wesentlichen nur unter dem Blickwinkel der Vor-Bilder, die bei den direkten Kopien eine Rolle spielen (Kap. III). Der Grund dafür ist, daß das Problem der reproduktorischen Bilder in das des Gedächtnisses mündet, und daß dieses Problem den Rahmen dieses Werks mit seiner sehr begrenzten Zielsetzung sprengt. Aber wenn die Fragen nach dem Festhalten (*retention*) des Erinnerungsbildes in der Zeit auch über die Grenzen unseres Themas hinausgehen, so interessieren uns doch die nach seiner Bildung und nach seiner Evokation nach einem kurzen Zeitabschnitt, und zwar gerade aus der Perspektive der Beziehungen zwischen der Ausbildung des reproduktorischen Bildes und der Handlung.

Jedermann weiß zum Beispiel, daß man den Plan einer fremden Stadt oder irgendeines Geländes besser entdeckt und behält, wenn man alleine darin spazierengeht und für seine eigenen Wege verantwortlich bleibt, als wenn man einfach einem Begleiter folgt, der uns führt, obwohl die perzeptiven Gegebenheiten in beiden Fällen vergleichbar bleiben. Jede sogenannte »aktive« Erziehung beruht auf der Hypothese, daß ein Schüler das Ergebnis eines Experiments besser registriert, wenn er es selbst gemacht hat, als wenn er sich darauf beschränkt zuzuschauen, wie es vor ihm vorgenommen wird (wobei der Begriff des Experiments [*expérience*] in seiner weitesten Bedeutung verwendet wird). Welches auch die Komplexität der Situationen dieser Art sein mag, die sich von einem Glied jedes Begriffspaars zum anderen durch die affektive Motivation ebenso wie durch die kognitive Strukturation unterscheiden, sie sind es, von denen wir uns zu der Planung der Befragungen haben anregen lassen, deren Ergebnisse jetzt folgen.

Das allgemeine Problem, mit dem wir uns beschäftigen wollen, ist es festzustellen, ob das Bild von Konfigurationen, auch von statischen, sich auf unterschiedliche Weise bildet, je nachdem, ob diese zu einer einfachen Perzeption seiner Konstruktion durch einen anderen führen, oder zu einer Konstruktion durch die Versuchsperson selbst, ob es sich dabei um die Konstruktion eines vorgeschriebenen Modells oder, allgemeiner und als Vergleich, um die freie Konstruktion einer spontanen Konfiguration handelt. Wir werden also die einfachsten möglichen Situationen auswählen, an denen diese drei oder vier Möglichkeiten unterschieden werden können; die einzigen Variablen sind dann die Grade oder die Formen der Aktivität, während die anderen Faktoren soweit wie möglich konstant gehalten werden.

Es ist nur wichtig, das Problem zu präzisieren, das wir behandeln werden. Es geht nämlich nicht darum, direkt die Hypothese zu untersuchen, nach der das Bild ein Produkt der interiorisierten Nachahmung darstellt, denn jeder der vier Entwicklungsmodi, die wir aufgezählt haben, kann ein Element der Nachahmung enthalten. Um mit dem Ende zu beginnen: wenn die Versuchsperson spontan eine Gestalt konstruiert und sie dann reproduziert, dann stellt diese Reproduktion (die es allein erlaubt, die Produktion des Bildes und seine Genauigkeit zu testen) eine »Imitation ihrer selbst« oder der eigenen Aktivität dar. Wenn die Versuchsperson damit beginnt, ein vorgeschriebenes Modell (als Konstruktion) zu kopieren und es dann reproduziert, so geschehen nacheinander Imitation des Modells und dann darüber hinaus Imitation ihrer selbst. Wenn die Versuchsperson zuschaut, wie ein anderer das Modell konstruiert und es dann reproduziert, so geschehen

gleichzeitig Imitation des anderen und des Modells. Wenn die Testperson schließlich das Modell nur betrachtet und es dann rekonstruiert, so gibt es noch mehrere Möglichkeiten, insbesondere je nach dem Alter (was die Interpretation schwierig macht): *a*) eine ein wenig erfahrene Versuchsperson kann in dem Modell eine Analogie zu bekannten Strukturen wiedererkennen und also gleich auf der Grundlage der Perzeption das wahrgenommene Gegebene möglichen Aktionsplänen assimilieren, was ein Element der Nachahmung seiner selbst enthält; *b*) selbst wenn diese Bedingung nicht erfüllt ist, kann die Versuchsperson eine aktive okulo-motorische Untersuchung ausführen, was, wie schon Claparède bemerkte, eine Art Nachahmung der Konturen des Objekts durch die Bewegungen des Blicks einschließt: das Bild, das sich dann daraus ergeben kann, wird also auch imitatorisch sein; *c*) schließlich kann die Wahrnehmung (bei den jüngsten Versuchspersonen) passiver, »synkretistisch« bleiben, das heißt ohne analytische Aktivität, usw.: nur in diesem Fall kann die Nachahmung als auf ihr *Minimum* reduziert betrachtet werden, und die Wirkung auf das Bild wird entsprechend ausfallen.
Die Untersuchungen, die nun folgen, können also nicht das Problem lösen, ob das Bild von einer interiorisierten Nachahmung abhängt oder nicht, und sie zielen nur darauf ab, herauszustellen, ob der Präzisionsgrad des Bildes von den Aktivitätsmodi der Versuchsperson abhängt oder nicht. Aber es versteht sich von selbst, daß, falls es uns gelingt, einige, vielleicht auch noch nicht völlige Klarheit über diesen wesentlichen Punkt zu erhalten, die eine indirekte Gelegenheit sein kann, den Nachahmungsmodus zu klären, der bei der Entwicklung der an solche Aktivitäten gebundenen Bilder eine Rolle spielt.

§ 1. Die Entwicklung des Bildes einer Zusammenstellung von Würfeln[111]

Die zu reproduzierenden Modelle sind hier Zusammenbauten von Würfeln *E* und *F* für Kinder von 4–6 Jahren, *E'* und *F'* für die späteren Altersstufen (siehe Abb. 39; die auf den Elemen-

111 Diese Untersuchung wurde zusammen mit Françoise Frank, Joan Bliss, M. Levret und L. Pecsi durchgeführt.

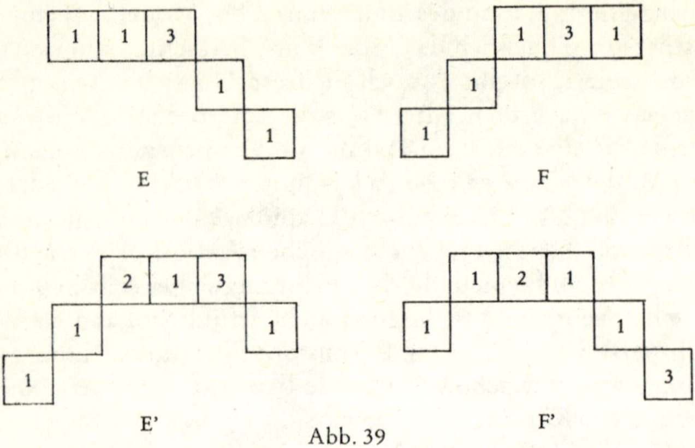

Abb. 39

ten angegebenen Zahlen sind die der vertikal aufeinandergestapelten Würfel: einer allein, zwei oder drei). Das Bild dieser Modelle wird nicht nach der Zeichnung, nach Gesten oder verbalen Beschreibungen bewertet, wie bei den meisten der bisher untersuchten Fälle, sondern nach einer Rekonstruktion, die nur ein Minimum an motorischen Schwierigkeiten oder Schwierigkeiten der Repräsentation (Lagen und Anzahl) aufweist, wenn das festgehaltene Bild genau ist, und die erlauben kann, ein annäherndes Urteil über die Entsprechung dieses statischen Reproduktionsbildes abzugeben. Was dagegen die Entwicklung des Bildes anbetrifft, so bieten sich uns drei Möglichkeiten, und darüber hinaus eine vierte, die als Kontrolle nützlich sein kann: 1. *Einfache Perzeption:* das Kind kann sich darauf beschränken, das Modell während einer gegebenen Zeit wahrzunehmen (ungefähr 20 s); dann wird das Modell weggenommen, und es muß rekonstruiert werden; 2. *Aktivität des Kindes*: das Kind kopiert das Modell, das es wahrnimmt; dann werden Kopie und Modell entfernt, und die Versuchsperson muß es reproduzieren; 3. *Perzeption der Aktivität eines anderen:* der Versuchsleiter konstruiert das Modell vor dem Kind (während 20 s wie bei 1); sobald das Modell fertig ist, und ohne Zeit für eine detaillierte perzeptive Untersuchung des Ergebnisses zu lassen, wird das Modell weggenommen, und das Kind muß es rekonstruieren; 4. *freie Aktivität*: man verlangt von dem Kind, ein Modell zu schaffen, und man beschränkt sich darauf, die Anzahl der zur Verfügung gestellten Würfel zu begrenzen: auch hier beseitigt man wie in 3 das Ergebnis, sobald es fertig ist, und das Kind muß es reproduzieren.

I. – Wenn wir diese vier Fälle vergleichen, die wir mit den Symbolen *E.W.* (1), *A.K.* (2), *W.A.* (3) und *F.A.* (4) bezeichnen, hoffen wir, einige Erkenntnisse über die Beziehungen zwischen der Art und Weise der Aktivität der Versuchsperson und der Entwicklung eines mehr oder weniger genauen Bildes zu gewinnen. Aber wenn bei den Fällen *F.A.* (4), *A.K.* (2) und sogar *W.A.* (3) der Grad dieser Aktivität relativ leicht festzustellen ist, so liegt das bei der einfachen Wahrnehmung *E.W.* (1) anders, worauf wir schon bei der Einführung zu diesem Kapitel hingewiesen haben. Hier besteht die einzig mögliche Methode darin (und sie läuft Gefahr, häufig wenig schlüssig zu sein), daß man die eventuellen Veränderungen der Relationen mit dem Alter analysiert: nimmt man zum Beispiel an, die einfache Wahrnehmung *E.W.* ergäbe schlechtere Resultate als die Aktivität *A.K.* bei den Kleinen, und gleiche oder bessere bei den Großen, so wäre das ein Indiz dafür, daß sich die Aktivität der Versuchsperson während der Wahrnehmung selbst, usw., in der Zwischenzeit verändert hat. Aber auf diesen komplizierten Gebieten ist es besser, mit einer gewissen Kühnheit vorzugehen und dann die gesammelten Fakten mit Bedacht zu analysieren, als sich vorher zuviele Probleme zu stellen. Hier also die angewandte Methode:

Der Versuch wird in zwei Teilen, I und II, unternommen, die beide allen Versuchspersonen vorgelegt werden, aber in der Reihenfolge I–II bei einer Gruppe *A* von Kindern, und in der Reihenfolge II–I bei einer anderen Gruppe *B*. Außerdem liegt bei den Versuchspersonen von 4 bis 6 Jahren mindestens ein Zeitraum von einer Woche zwischen beiden Teilen, und zwei Wochen bei denen von 7 bis 10 Jahren (am Ende haben wir diesen zweiten Zeitraum allgemein angewandt).

Teil I. – Er ist unterteilt in zwei Stufen: (I 1) zunächst *einfache Wahrnehmung* des Modells *E* (oder *E'*), das ganz fertig gezeigt wird. Man weist das Kind an, »genau hinzuschauen, weil wir es danach wegnehmen werden und du es rekonstruieren mußt«. Wir bemühen uns, daß das Kind dieses Modell 20 s lang anschaut (aber ohne ungeschickte Worte, die ein Gefühl des Zwangs oder der Langeweile aufkommen lassen), dann nehmen wir es weg und fordern auf, es neu zu machen, und bieten dabei 20 Würfel an; (I 2) *Wahrnehmung der Aktivität des Versuchsleiters*: dieser konstruiert das Modell *F* (oder *F'*) während 20 s. Sobald der letzte Würfel gesetzt ist, nimmt er das Modell weg, und das Kind soll es rekonstruieren (nach derselben am Anfang gegebenen Ankündigung, und indem es wieder 20 Würfel zur Verfügung hat).

Teil II. – (II 1) Zunächst *einfache Wahrnehmung* des Modells *F* (oder *F'*) unter denselben Bedingungen wie bei Modell *E* in Teil I 1 und mit Rekonstruktion nach 20 s; (II 2) *Aktivität des Kindes*[112] an *E* (oder *E'*): das Modell *E* wird schon fertig gezeigt, und das Kind kopiert es. Danach nimmt man Modell und Kopie weg und fordert das Kind auf, es aus dem Gedächtnis zu reproduzieren; (II 3) *freie Aktivität*: man zeigt dem Kind 7 oder 9 Würfel (7 mit 4–6 Jahren und 9 mit 7–10 Jahren), und man fordert es auf, selbst irgend etwas Neues zu bauen, wobei man aber – soweit möglich – ein einfaches Nebeneinandersetzen, falls es vorkommt, ablehnt: »Mache irgend etwas Neues in der Art, wie wir es vorher gemacht haben, aber irgend etwas Neues.« Sobald der letzte Würfel gesetzt ist, nimmt man das Ganze weg und bittet darum, es genau zu reproduzieren.

Es wurden 7 Testpersonen von 4 Jahren, 26 von 5, 12 von 6, 12 von 7, 12 von 8 und 14 von 9-10 Jahren untersucht. Die Hauptschwierigkeit bei der Ausarbeitung der Ergebnisse hängt an der Klassifikation der Fehler. Beginnen wir also damit, uns über die Reaktionstypen und über ihre Klassifikation zu verständigen:

1. Ablehnung oder einfaches Aneinanderreihen (horizontal, sagittal oder diagonal).
2. Nichts außer Höhe: Aneinanderreihen, d. h. Aufstapeln auf einem der Würfel.
3. Globalform: das Kind hat die Tatsache behalten, daß manche Würfel in gerader Linie gesetzt werden, andere in diagonaler Linie, und wieder andere aufeinander, aber die Struktur ist nicht korrekt. Wir haben in diese Kategorie solche Versuchspersonen eingeordnet, die mehr als zwei Fehler bei der Lage, der Richtung oder der Anzahl machen, oder auch diejenigen, die, obwohl sie die anfängliche Anordnung der Grundwürfel korrekt reproduzieren, sie nicht in die Höhe, sondern durch ein horizontales Umklappen vervollständigen, was dann die Gesamtstruktur verändert.
4. Richtung (*orientation*): die Konstruktion ist richtig, außer einem Orientierungsfehler, der sich auf mehrere Würfel auswirkt (zum Beispiel werden die diagonal angeordneten Elemente durch eine horizontale Reihe von Würfeln ersetzt, die von der freien unteren Ecke des letzten Würfels der Anfangsreihe ausgeht).
5. Anzahl: die Konstruktion ist korrekt in der Form, aber einer oder mehrere Würfel sind weggelassen oder hinzugefügt.
6. Lage: die Konstruktion ist korrekt, außer daß das Übereinanderstapeln der Würfel an falsche Stellen gesetzt ist.
7. Die Konstruktion ist vollkommen richtig.

II. – Wir können auf diese Weise ohne voreilige Kunstgriffe die Reaktionen in drei Gruppen aufteilen: *a*) Fehler 1–3; *b*) Fehler 4–6; *c*) richtige Konstruktionen. In dem häufigen Fall,

112 Fast alle Versuchspersonen von 4–6 Jahren haben mit II2 begonnen und sind dann zu II1, dann zu II3 übergegangen.

bei dem mehrere Fehler zugleich auftreten, wird die Konstruktion in die Gruppe *a*) eingereiht, wenn zu den Fehlern der Zahl, Richtung oder Lage noch Fehler des Typs 2 oder 3 vorliegen. Danach läßt sich nun leicht beurteilen, ob eine als Reproduktion angefertigte Konstruktion (nach Verschwinden des Modells) besser ausfällt nach der einfachen Wahrnehmung (*E.W.*) oder nach einer Konstruktionsaktivität der Versuchsperson (*A.K.*): jede Reproduktion vom Typ *b*) wird im Vergleich *a*) als besser bezeichnet, *c*) im Vergleich mit *b*) oder*a*)). Die Tabelle 109 liefert das Ergebnis dieser Vergleiche:

Tabelle 109: Vergleich der Reproduktionen (Modelle *E* und *E'*) nach einfacher Wahrnehmung (*E. W.*) und nach Aktivität (*A. K.*) (in % der Antworten)

	Gruppe *A* (*EW* → *AK*)		
	EW=AK	*AK>EW*	*EW>AK*
4–5 Jahre (*N*=28)	32	64,5	3,5
6–7 Jahre (*N*=19)	31,5	58	10,5
8–9 Jahre (*N*=37)	48,5	24,5	27
	Gruppe *B* (*AK* → *EW*)		
	EW=AK	*AK>EW*	*EW*°AK
4–5 Jahre (N=*28)*	*73*	*13,5*	*13,5*
6–7 Jahre (N=*19)*	*61*	*23,5*	*15,5*
8–9 Jahre (N=*37)*	*40,5*	*8,2*	*51,3*

(=) selbes Niveau
(°) besser

Man stellt zunächst fest, daß in Gruppe *A*, bei der die einfache Wahrnehmung *E.W.* der Aktivität der Versuchsperson *A.K.* um eine oder zwei Wochen vorausgeht, letztere zwischen 4 und 7 Jahren mehr als fünfmal bessere Ergebnisse bringt. Mit 8 bis 9 Jahren gleichen sich die Antworten aus (9 Versuchspersonen *A.K.* < *E.W.*, 10 Versuchspersonen umgekehrt), zweifellos deshalb, weil in diesem Alter die visuelle Wahrnehmung besser imstande ist, sich sofort in Handlungsgrößen zu übersetzen, wie die Ergebnisse der Gruppe *B* zeigen. In Gruppe *B* nämlich, bei der die Aktivität *A.K.* um eine oder zwei Wochen der einfachen Wahrnehmung *E.W.* voraufgeht, neigen Ergebnisse dazu, sich zwischen 4 und 7 Jahren auszugleichen (starker Anteil von *A.K.* = *E.W.*, und etwa ebensoviel *E.W.* > *A.K.* wie umgekehrt); dagegen überwiegt mit 8–9 Jahren die Wahrnehmung *E.W.*, die an zweiter Stelle steht, deutlich die Aktivität *A.K.* des Anfangs, im Gegensatz zu Gruppe I, bei der die Ergebnisse *A.K.* und *E.W.* einigermaßen gleich sind. Diese beiden Gruppen von Ergebnissen sind aufschlußreich. Zweifellos zeugen beide von einer Interferenz zwischen einem Dominanzeffekt der Aktivität und einem Lerneffekt, aber dieser Lerneffekt bildet hier keinesfalls, wie es oft der Fall ist, für die Hauptwirkung einen störenden oder fremden Sekundärfaktor: er verlängert sie vielmehr und liefert wesentliche Hinweise zu ihr. Im Falle der Gruppe *A* könnte man sagen, daß die anfängliche einfache Wahrnehmung *E.W.* (erste Sitzung) die reproduktorische Aktivität *A.K.* (spätere Sitzung) verstärkt, und das ist auch zweifellos der Fall: aber das Ergebnis ist dann eine massive Mehrzahl von *A.K.* > *E.W.*, verglichen mit der umgekehrten Relation und sogar mit der Äquivalenz, und zwar in dem Sinne, daß die aktive Konstruktion des Kindes zu einem Bild führt, das besser ist als dasjenige, das aus der einfachen Wahrnehmung hervorgeht.[113] Im Falle der Gruppe *B* dagegen verbessert die vorangegangene konstruktive Aktivität (*A.K.*) (erste Sitzung) die Wirkungen der späteren einfachen Wahrnehmung *E.W.* (folgende Wochen), aber in welcher Weise? So, daß das Kind, wenn es schon ein solches Modell konstruiert hat, dieses perzeptiv in einer viel aktiveren Weise untersucht und mit den Steinen gemäß bestimmten gleichzeitig perzeptiven und motorischen Verbindungen umgeht, wie sie die einfache Wahrnehmung (*E.W.*) der Gruppe *A* nicht liefern konnte: daraus ergibt sich dann, daß sich die Wahrnehmung *E.W.* der Gruppe *B* in ihren reproduktiven Ergebnissen verbessert, aber doch nicht so weit, daß sie die Wirkungen *A.K.* überträfe, da zwar ein Ausgleich der Reproduktionen, aber keine Umkehrung der Verhältnisse der Gruppe *A* erfolgt. Mit anderen Worten spricht hier der Lerneffekt zugunsten der Aktivitätseffekte *A.K.*, die das Wahrnehmungsvermögen *E.W.* verändert und perfektioniert ha-

113 Man könnte einwenden, daß die mittlere Konstruktionszeit länger ist als die 20 s von *EW*: sie hat 28,4 s mit 4 Jahren betragen, 36,4 mit 5 Jahren, 35,6 mit 7 Jahren und 33,7 s mit 9–10 Jahren. Aber es wäre unmöglich gewesen, die 20 s der Wahrnehmung *EW* zu verlängern, denn nach 15 s schaut die Versuchsperson kaum noch hin, wogegen der erste Vorzug der Aktivität *AK* es ist, daß sie dazu führt, genauer zu beobachten!

ben; er stellt keinen hemmenden oder störenden Effekt dar, der die Ergebnisse der Aktivität *A.K.* zugunsten derjenigen der Wahrnehmung *E.W.* verschlechtert hätte.
Es lohnt sich also die Mühe, diese Lerneffekte sowie die Wirkung der Entwicklung mit dem Alter genauer zu untersuchen, und wir wollen damit beginnen, die Ergebnisse der einfachen Wahrnehmungen *E.W.* bei den Modellen *E* und *E'* – dieses Mal nur nach vollständig positiven Ergebnissen (Reaktionen 7 oder Typ *c*) und nicht nach Teilfortschritten – zu vergleichen mit denselben Ergebnissen bei den Modellen *F* und *F'* sowie mit den Ergebnissen der Kopie-Aktivitäten des Kindes *A.K.*, wobei wir die Antworten der Gruppen *A* und *B* der Versuchspersonen zusammenfassen, das heißt also, ohne die Reihenfolge I–II oder II–I zu berücksichtigen, die ja Lerneffekte nach sich gezogen haben (Tabelle 110):

Tabelle 110: Vollständig positive Ergebnisse (c) bei den Reproduktionen nach Wahrnehmung (*E.W.*) der Modelle *E, E'* oder *F, F'* und nach Aktivität (*A.K.*) an den Modellen *E, E'* (in % der Antworten)

	4 Jahre	5 Jahre	6 Jahre	7 Jahre	8 Jahre	9–10 Jahre
EW an *F, F'*	0	39	45	8	8	43
EW an *E, E'*	29	31	50	50	42	42
AK an *E, E'*	72	85	75	75	67	72

Man liest also zwei wichtige Fakten ab: 1. Mögen die Aktivitäten *A.K.* die Wahrnehmungen *E.W.* bei den Modellen *E* (4–6 Jahre) und *E'* (7–10 Jahre) begünstigt haben oder umgekehrt, die positiven Ergebnisse nach Aktivität sind im Durchschnitt immer besser als die positiven Ergebnisse nach einfacher Wahrnehmung, und zwar in Verhältnissen, die von 3:2 und mehr bis zu 2:1 gehen.
2. Obwohl die Modelle *E* und *F* (4–6 Jahre) oder *E'* und *F'* (7–10 Jahre) paarweise völlig vergleichbar sind, was die Reproduktionsschwierigkeiten anbetrifft (siehe Abb. 39), liegen die positiven Ergebnisse bei *E* und *E'* im Durchschnitt höher als die bei *F* und *F'*, wobei dann der Unterschied daher kommt, daß ein Teil der Reproduktionen nach *E.W.* bei *E* und *E'* durch einen Lerneffekt auf Grund der Aktivität der Versuchspersonen *A.K.* begünstigt wird, während die Reproduktionen nach Wahrnehmung *E.W.* bei *F* und *F'* nur durch die

Wahrnehmung der Aktivitäten der Versuchsleiter *W.A.* beeinflußt werden können, auf die wir noch zurückkommen wollen, ohne zu Kopie-Aktivitäten der Versuchsperson *A.K.* zu führen.

Bevor wir zu den Effekten *W.A.* kommen, müssen wir also die Effekte *E.W.* bei *E, E'* und bei *F, F'* näher überprüfen. Die Tabelle 111 gibt diese Details an, indem sie die Reaktionen auf diese Modelle nach den Typen *a* (Fehler 1–3), *b* (Fehler 4–6) und *c* (vollständig positives Ergebnis) miteinander vergleicht, und zwar nach den Gruppen der Versuchspersonen *A* (Reihenfolge I–II) und *B* (Reihenfolge II–I), oder beide zusammengefaßt:

Tabelle 111: Reproduktion der Modelle *E* und *E'* nach einfacher Wahrnehmung (*E. W.*) (in % der Antworten)

Typen	Gruppe *A* *a*	*b*	*c*	Gruppe *B* *a*	*b*	*c*
EW von *E* et *E'*:						
4–5 Jahre (*N* = 28 et 22)	44	42	14	5	31	64
6–7 Jahre (*N* = 19 et 13)	37	26	37	0	30	70
8–9 Jahre (*N* = 37 et 37)	5,5	54	40,5	0	16	84
EW von *F* et *F'*:						
4–5 Jahre (25 et 19)	20	52	28	36	26	38
6–7 Jahre (19 et 12)	26	47	27	25	42	33
8–9 Jahre (37 et 37)	11	48	41	16	32	52

Der Vergleich der Gruppen *A* und *B* zeigt einen klaren Lerneffekt bei den Modellen *E* und *E'* auf Grund der vorhergehenden Aktivität der Versuchsperson *A.K.* in der Gruppe *B*, während die Wahrnehmung *E.W.* in der Gruppe *A* davon nicht profitiert. Was die Modelle *F* und *F'* anbetrifft, so sieht man, daß die Ergebnisse bei beiden Gruppen ungefähr gleich sind. Diese Modelle *F* und *F'* entsprechen nun Reproduktionen nach *E.W.*, die, wenn sie durch Übung auf Grund der Wahrnehmung der Aktivitäten des Versuchsleiters (*W.A.*) verbessert worden wären, in der Gruppe *A* (zweite Woche) besser gelungen sein müßten, was nicht der Fall ist: es gibt sogar etwas mehr positive Ergebnisse vom Typ *c* bei Gruppe *B*, als ob der Anblick der Arbeit des Erwachsenen die direkte Wahrnehmung des Kindes eher hemmen würde (siehe weiter unten Tabelle 113)!

Was die Reproduktionen nach Aktivitäten der Versuchsperson (*A.K.*) anbetrifft, so ist es unnötig, eine detailliertere Untersuchung davon zu geben als zu den Tabellen 109 und 110, denn sie führen weder zu einer Entwicklung mit dem Alter (siehe Tabelle 110 *A.K.* bei *E* und *E'*), noch zu klaren Lerneffekten auf Grundlage der Wahrnehmung *E.W.*, außer im Alter von 6 Jahren, bei dem die Reaktionstypen *a–c* jeweils 0, 40 bzw. 60 % bei der Gruppe *B* (erste Woche) betragen, und 0, 14 bzw. 86 % bei der Gruppe *A* (zweite Woche).

III. – Näher untersuchen wollen wir dagegen die Reproduktionen der Modelle *F* und *F'* nach einfacher Wahrnehmung *E.W.* und nach Wahrnehmung der Aktivität des Versuchsleiters *W.A.*, wenn dieser dieselben Modelle unter den Augen des Kindes konstruiert. Den Globalvergleich (Gruppen *A* und *B*) zwischen diesen beiden Arten von Reproduktionen liefert Tabelle 112:

Tabelle 112: Vollständig positive Ergebnisse (Typ c) nach einfacher Wahrnehmung (*E. W.*) oder nach Wahrnehmung der Aktivität des anderen (*W. A.*) in den Modellen *F* und *F'* (in % der Antworten)

	4 Jahre (*F*)	5 Jahre (*F*)	6 Jahre (*F*)	7 Jahre (*F'*)	8 Jahre (*F'*)	9–10 Jahre (*F'*)
EW	0	39	45	8	8	43
WA	0	7	36	8	16	29

Die Tabelle 113 bringt einen detaillierten Vergleich nach dem Modell der Tabelle 109:

Tabelle 113: Vergleich der Reproduktionen nach einfacher Wahrnehmung (*E. W.*) und nach Wahrnehmung der Aktivität des Versuchsleiters (*W. A.*) (in % der Versuchspersonen)

	Gruppe *A*		
	EW = *WA*	*WA* > *EW*	*EW* > *WA*
4– 5 Jahre (14 et 11)	35,7	14,3	50,0
6– 7 Jahre (13 et 10)	30,8	23,1	46,1
8–10 Jahre (16 et 10)	25,0	6,3	68,7

Gruppe *B*

	EW=WA	*WA>EW*	*EW>WA*
4– 5 Jahre (14 et 11)	27,3	27,3	45,4
6– 7 Jahre (13 et 10)	20,0	40,0	40,0
8–10 Jahre (16 et 10)	50,0	30,0	20,0

(=) selbes Niveau
(>) besser

Die Ergebnisse dieser beiden Tabellen decken sich vollkommen; obwohl die Reproduktion der Modelle *F* und *F'* wegen des fehlenden Lernvorganges auf Grund der Aktivität der Versuchsperson *A.K.* weit unter der der Modelle *E* und *E'* liegt (vgl. Tabelle 110), fällt die Reproduktion derselben Modelle *F* und *F'* nach der Wahrnehmung ihrer Konstruktion durch einen anderen (W.A.) noch weniger gut aus. Das bedeutet einfach, daß es leichter ist, das fertige Ergebnis einer Konstruktion als ihren Vorgang zu behalten, was sich von selbst versteht, wenn es sich um ein äußeres Modell handelt. Wenn es sich dagegen um eine Imitation handelt, die mit dem eigenen Körper zu tun hat, so hat Irène Lézine gezeigt, daß es für die jungen Versuchspersonen leichter ist, eine Bewegung nachzuahmen (zum Beispiel seinen Zeigefinger auf seine Stirn zu legen), als das Ergebnis allein ohne den Vorgang nachzuahmen. Bei einem äußeren Modell wie bei unseren Modellen *F* und *F'* ist das nicht so, denn es fehlt der Wahrnehmung des Vorgangs (Aktivität des anderen) der Überblick über das Ganze, den die Wahrnehmung des Ergebnisses an die Hand gibt. Es ist nun um so interessanter festzustellen, daß im Falle der eigenen Aktivität (*A.K.*), bei der gleichzeitig die Wahrnehmung des zu erreichenden Ergebnisses (das zu kopierende Modell) und die des Vorgangs der eigenen Handlung mitwirken, dieser letztere Faktor deutlich das verbessert, was die einfache Wahrnehmung des Ergebnisses ergibt (*E.W.*: Tabelle 109).

Aber trotz dieses relativ schwachen Effekts der Wahrnehmung der Aktivität des anderen (*W.A.*) beobachtet man an diesem Punkt nicht nur einen Fortschritt mit dem Alter (Tabelle 112, wenn man den Unterschied in der Schwierigkeit zwischen den Modellen *F* und *F'* berücksichtigt), sondern noch einen gewissen Lerneffekt: das Ergebnis *W.A.*>*E.W.* ist besser in der zweiten Sitzung (Gruppe *B*) als in der ersten, während der Primat von *E.W.*>*W.A.* von Gruppe *A* zu Gruppe *B* kleiner wird. Nur und gerade im Gegensatz zu dem, was im Falle der Relationen zwischen der einfachen Wahrnehmung *E.W.* und der eigenen Aktivität *A.K.* geschieht, ist es hier das Ergebnis der Wahrnehmung der Aktivität des anderen (*W.A.*), das durch die einfache Wahrnehmung *E.W.* verbessert wird, und nicht umgekehrt! Mit anderen Worten liefert der Versuch *W.A.* bessere Ergebnisse in der zweiten Woche, weil die Wahrnehmung der Aktivität des anderen durch die vorhergegangene Wahrnehmung des Ergebnisses (erste Woche) verbessert worden ist, während im Falle der eigenen Aktivität *A.K.* diese es ist, die die Wahrnehmung *E.W.* von einer Woche zur anderen verbessert. Dieser interessante Effekt wird auf der Tabelle 114 noch klarer:

Tabelle 114: Reproduktion nach Wahrnehmung der Aktivität des anderen (*W. A.*) der Modelle *F* und *F'* (in % der Antworten)

	Gruppe *A*			Gruppe *B*			Gruppe *A*+*B*		
Typen	*a*	*b*	*c*	*a*	*b*	*c*	*a*	*b*	*c*
4 Jahre	75	25	0	33	67	0	57	43	0
5 Jahre	40	47	13	18	81	0	31	62	7
6 Jahre	43	43	14	0	25	75	26	36	36
7 Jahre	50	33	17	17	83	0	33	58	8
8 Jahre	25	62	13	25	50	25	25	58	16
9–10 Jahre	50	50	0	0	33	67	29	42	29

Man stellt einen beinahe allgemeinen leichten Lerneffekt zwischen der ersten Woche (Gruppe *A*) und der zweiten Woche (Gruppe *B*) fest, was den Unterschied zwischen den Reaktionen auf die Aktivität des anderen (*W.A.*) und den Reaktionen auf die eigene Aktivität (*A.K.*) bestätigt, die keinen vergleichbaren Lerneffekt auf Grund der einfachen Wahrnehmung *E.W.* zeigen.

IV. – Es bleibt noch der Vergleich der Ergebnisse der eigenen Aktivität der Kopie des Modells (*A.K.*) mit den Ergebnissen der freien Aktivität (*F.A.*) vorzunehmen. Die Ergebnisse dieses letzten Versuchs waren die folgenden (Tabelle 115). (Zur Erinnerung: die Testpersonen von 4–6 Jahren verfügen nur über 7 Würfel, während die von 7–10 Jahren 9 Würfel anordnen müssen):

Tabelle 115: Reproduktion eines spontanen Modells nach freier Aktivität (*F. A.*) (in % der Antworten; Gruppen *A* und *B* zusammengefaßt)

	4 Jahre	5 Jahre	6 Jahre	7 Jahre	8 Jahre	9–10 Jahre
Typ *a*	28	11	0	8	17	21
Typ *b*	57	50	17	50	50	43
Typ *c* (richtig)	14	38	83	42	33	36

Der Rückgang der positiven Ergebnisse bei 7 bis 10 Jahren hängt ab nicht nur von der Auflage, 9 Würfel zu benutzen, sondern auch von den immer komplexeren Konstruktionen der Versuchspersonen, die ihre Reproduktionen aus dem Gedächtnis schwieriger machen.

Man stellt also fest, daß außer einem besonderen Durchschnittserfolg im Alter von 6 Jahren (7 Würfel) das erzielte Ergebnis systematisch weniger gut ist als im Falle der eigenen Kopie-Aktivitäten (*A.K.*) (vgl. Tabelle 110: *A.K.* bei *E* und *E'*), was nicht überraschend ist, weil man die spontane Konstruktion wegnimmt, sobald sie fertiggestellt ist, und weil es dann keine Wahrnehmung des erzielten Ergebnisses im Ganzen gibt, während im Falle der Versuche *A.K.* das zu kopierende Modell während der ganzen Kopie unter den Augen der Versuchsperson bleibt. Das Phänomen ist also dem vergleichbar, was wir unter III gesehen haben (Tabellen 112–114): es ist leichter, ein Modell zu reproduzieren, nachdem man es im Ganzen wahrgenommen hat, als wenn man nur den Vorgang der Konstruktion in aufeinanderfolgenden Stufen wahrgenommen hat.

Wenn man dagegen die Reihe der vollständig positiven Ergebnisse (Typ *c*) dieser Tabelle 115 mit der letzten Spalte (Typ *c*, Gruppen *A* + *B*) der Tabelle 114 vergleicht, dann stellt man fest, daß diese Ergebnisse *F.A.* zwischen zwei- und fünfmal besser sind als diejenigen der Reproduktion der Aktivität des anderen (*W.A.*); das heißt 0 bis 36 % für die Aktivität des anderen und 14 bis 83 % für die freie Aktivität *F.A.*, was noch einmal mehr und entscheidend den Primat der eigenen Aktivität unterstreicht. Die aktive Schule hat also nicht unrecht, wenn sie annimmt, daß ein Schüler besser behält, was er selbst entdeckt hat, als was er von Versuchen wahrnimmt, die man vor ihm und an seiner Stelle macht, oder a fortiori von einem Unterricht in Form von Vorträgen, mit denen man ihn allzu oft überschüttet, anstatt ihn mit einem vernünftigen Minimum an Anleitung arbeiten zu lassen.

§ 2. Das Bild einer Reihe farbiger Oberflächen[114]

Nach den völlig homogenen Würfeln des vorhergehenden Experiments kann man sich fragen, wie es sich nun mit Oberflächen verhält, die gleichzeitig in Form und Farbe verschieden sind und in einer Reihe gezeigt werden, die nur willkürliche Reihenfolgen mit einer Andeutung von Symmetrie umfaßt (Abb. 40). Dasselbe Modell wird benutzt für die Rekonstruk-

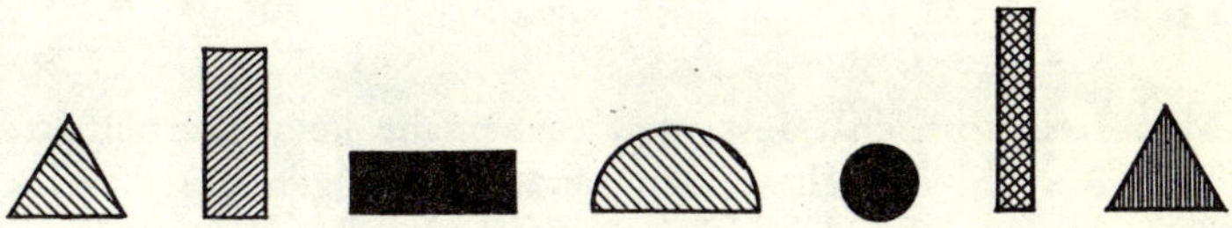

Abb. 40

tion nach Wahrnehmung (*E.W.*) und nach einer ersten Konstruktion als Kopie durch das Kind (*A.K.*), aber in zwei aufeinanderfolgenden Sitzungen mit 14 Tagen Unterbrechnung. Man legt das Modell unter einen Schirm und weist das Kind darauf hin, daß es genau betrachten bzw. kopieren soll, was man ihm zur anschließenden Reproduktion aus dem Gedächtnis zeigt, und man läßt ihm 30 s Zeit für die eine oder andere der beiden Aufgaben, bevor man es wieder bedeckt. Für die Rekonstruktion verfügt die Versuchsperson über 21 verschiedene Formen.

Diese Rekonstruktionen wurden nach vier Typen klassifiziert:

a) Auslassungen, Umstellungen und Hinzufügungen; *b*) richtige Elemente (außer einer Auslassung), aber veränderte Reihenfolge; *c*) ein einzelner Fehler (Farbe, Auslassung oder Umstellung zwischen zwei nehmen Elementen); *d*) richtige Rekonstruktion. Siehe Tabelle 116 (70 Testpersonen):

114 In Zusammenarbeit mit Tuat Vinh-Bang.

Tabelle 116: Rekonstruktionen nach einfacher Wahrnehmung (*E. W.*) und nach aktiver Kopie (*A. K.*)

Einfache Wahrnehmung (*EW*)

	1. Sitzung				2.Sitzung				zusammen			
	a	*b*	*c*	*d*	*a*	*b*	*c*	*d*	*a*	*b*	*c*	*d*
4 Jahre	25	0	75	0	70	29	0	0	55	18	27	0
5 Jahre	70	20	10	0	54	27	19	0	62	24	14	0
6 Jahre	30	40	30	0	25	25	50	0	27	34	39	0
7 Jahre	27	18	54	0	22	44	33	0	25	30	45	0

Aktive Kopie (*AK*)

	1. Sitzung				2. Sitzung				zusammen			
4 Jahre	57	14	29	0	25	0	75	0	45	10	45	0
5 Jahre	36	19	45	0	50	0	40	10	42	10	42	5
6 Jahre	50	12,5	12,5	25	40	20	30	10	43	17	22	17
7 Jahre	11	33	33	22	9	36	27	27	10	35	30	25

Man stellt zunächst fest, daß es beinahe keine Lerneffekte gibt, obwohl es sich in den beiden Sitzungen um dieselbe Konfiguration handelt: leichter Effekt bei der aktiven Kopie mit 4 Jahren (Verschiebung der Fehler *a*, *b* nach *c*), aber umgekehrte Wirkung bei einfacher Wahrnehmung; ebenfalls variable leichte Effekte mit 5–7 Jahren.

Der schwache Wert dieser Lerneffekte, verglichen mit denen der vorhergehenden Untersuchung, entspricht andererseits einem weniger großen Unterschied zwischen den Rekonstruktionen nach aktiver Kopie und nach einfacher Wahrnehmung: die erste dieser Formen des Erwerbs (*formes d'acquisition*) führt zu einigen völlig richtigen Resultaten (*d*), im Gegensatz zur zweiten, und die Spalte *c* zeigt eine gewisse Ungleichheit im selben Sinne. Untersucht man die Unterschiede bei den einzelnen Versuchspersonen, so findet man (Tabelle 117):

Tabelle 117: Bessere Ergebnisse bei aktiver Kopie (*A. K.*>*E. W.*) oder bei der einfachen Wahrnehmung (*E. W.*>*A. K.*) (in % der Antworten)

	4 Jahre	5 Jahre	6 Jahre	7 Jahre
AK>*EW*	36	48	33	50
EW>*AK*	27	19	44	19
AK=*EW*	37	33	23	31

Dieser schwächere Unterschied zwischen den beiden Entwicklungsvorgängen des Bildes kann auf zwei Weisen erklärt werden. Ein erster möglicher Faktor ist der, daß die vorgelegte Konfiguration zu einer weniger guten aktiven Strukturierung führt als im Falle der Abbildung 39, wobei unter aktiver Strukturierung nicht die Wirkung einer guten perzeptiven Form verstanden wird, sondern das Herstellen von Relationen, die die Besonderheiten des Modells (wie die Asymmetrien in der Ebene und in der Höhe bei Abb. 39) deutlich machen. Tatsächlich sind die vollständig positiven Ergebnisse (*d*) viel weniger häufig in Tabelle 116 als in Tabelle 117: in diesem Fall würde sich natürlich der Unterschied zwischen den Ergebnissen der Kopie und denjenigen der Wahrnehmung verringern. Der zweite mögliche Faktor ist dagegen der, daß die einfache Wahrnehmung bessere Ergebnisse bringt im Vergleich zum Fall der Würfel des § 1, sei es aus eigentlich perzeptiven Gründen (Andeutungen von Symmetrie zwischen den beiden äußeren Dreiecken und den beiden vertikalen Stäben von Platz 2 und 6), sei es, daß die Wahrnehmung von Anfang an zu einer Assimilation an Handlungspläne führt, die die Mitwirkung des ersten der eben genannten Faktoren einschließt. Diese zweite Möglichkeit nun ist aus den schon genannten Gründen zweifellos ausgeschlossen. Was die erstere anlangt, so bildet die vorgelegte Reihe keine gute Form, die erwähnten Symmetrieansätze treten bei den Rekonstruktionen vom Typ *a* und *b* kaum auf; vor allem zeigt das Fehlen von völlig positiven Ergebnissen *d* bei der perzeptiven Methode, daß es kaum Prägnanzen des eigentlich perzeptiven Typs gegeben hat. Wir können also mit einer gewissen Wahrscheinlichkeit den geringeren Effekt *A.K.>E.W.* – wie übrigens auch den geringeren Lerneffekt (verglichen mit denen des § 1) – einer schwächeren Mitwirkung der aktiven Strukturationen im soeben angegebenen Sinn zuschreiben.

§ 3. Das Bild von fünf nach der Größe angeordneten Quadraten

Das Experiment mit den Würfeln (§ 1) hat einen ziemlich deutlichen Unterschied zwischen den Wirkungen der einfachen Wahrnehmung und denen einer Kopieraktivität bei der Bildung des Reproduktionsbildes gezeigt. Figuren in willkürlicher Anordnung (§ 2) haben dagegen in dieser Hinsicht nur ein schlechteres Resultat ergeben. Es ist also wichtig, jetzt einen besser strukturierten Komplex als die beiden vorhergehenden zu untersuchen und dabei sogar ein operatorisches Prinzip der Reihenbildung heranzuziehen. Aber da es viel zu einfach wäre, das Bild einiger nach Größe aufgereihter Quadrate zu behalten, haben wir eine Reihenbildung der Überlagerung gewählt und sie durch zwei zusätzliche, willkürliche Eigenschaften schwieriger gemacht: durch verschiedene Farben je nach der Position in der Reihe, oder durch eine genau zentrierte oder dezentrierte Lage. Der Versuch wurde zusammen mit G. Voyat durchgeführt.

Man verfügt über quadratische Kartons von 5, 4, 3, 2, 5 und 2 cm Seitenlänge, die in ihrer Mitte und an einer ihrer äußersten Ecken eine Öffnung haben. Einer der beiden Versuche (*A*) besteht darin, fünf Quadrate von verschiedener Farbe zu verwenden, die vom größten zum kleinsten übereinandergelegt werden, wobei man sie mit den im Mittelpunkt liegenden Löchern auf einer vertikalen Achse (einem Nagel) aufreiht (Abb. 41 unter *A*). Der zweite Versuch (*B*) arbeitet nur mit roten Quadraten, wobei die ersten beiden zentriert und die letzten drei dezentriert sind (Abb. 41 unter *B*), wiederum nach abnehmender Größe. Das Kind verfügt für seine Rekonstruktion über 30 Quadrate der fünf angegebenen Größen, wobei jede Größe mit den fünf Farben des Versuchs *A* (braun, schwarz, blau, gelb und grün) und mit der roten Farbe des Versuchs *B* vertreten ist.

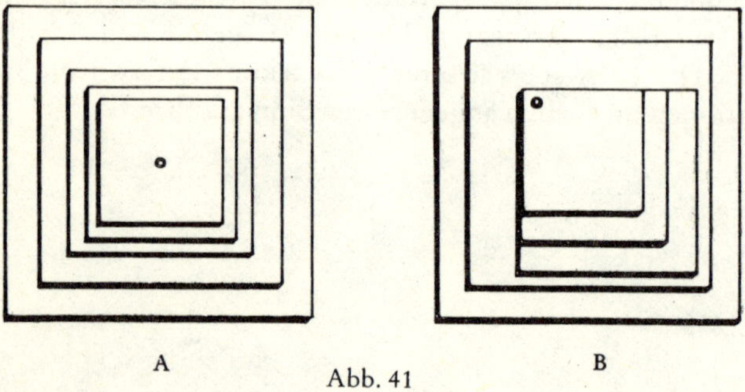

Abb. 41

Die Versuchspersonen sind in vier Gruppen danach unterteilt, ob das Experiment mit einer einfachen Wahrnehmung des zu rekonstruierenden Modells beginnt oder mit einer aktiven Kopie vor der Reproduktion aus dem Gedächtnis, und ob es sich um das Material *A* oder um das des Versuchs *B* handelt.
Erste Gruppe: In einer ersten Sitzung betrachtet das Kind während 20 s die Serie *A*, dann nimmt man sie auseinander, und es geht darum, sie zu rekonstruieren. Vierzehn Tage danach legt man ihm die gleiche Serie vor, die es direkt kopiert, dann nimmt man das Modell und die Kopie auseinander; und man fordert es auf, das erstere zu rekonstruieren.
Zweite Gruppe: Derselbe Vorgang, aber in umgekehrter Reihenfolge, mit aktiver Kopie in der ersten Sitzung und einfacher Wahrnehmung vierzehn Tage später.
Dritte Gruppe: Wie die erste, aber mit dem Material *B*.
Vierte Gruppe: Wie die zweite, aber mit dem Material *B*.
Es muß noch darauf hingewiesen werden, daß man bei der zweiten Sitzung immer von der Versuchsperson verlangt, wenn sie ihre Konstruktion beendet hat, diese noch einmal in umgekehrter Reihenfolge herzustellen (in zunehmender Größe, wenn die erste abnahm, usw.).

Es wurden 120 Versuchspersonen im Alter von 4 bis 9 Jahren auf diese Weise untersucht, das heißt 20 pro Alter. Die Versuche *A* und *B* haben beinahe genau dieselben Ergebnisse gebracht (mit Abweichungen von 0 bis 5% und einem maximalen Unterschied von 10% mit 9 Jahren), was uns erlaubt, sie zusammenzufassen und unsere Aufmerksamkeit auf das Wichtigste zu richten, nämlich auf die Reihenfolge der beiden Reproduktionsarten: nach einfacher Wahrnehmung in der ersten (I) oder zweiten Sitzung (II), oder mit Aktivität des Kindes in der ersten (I) oder in der zweiten Sitzung (II). Bei den folgenden Ergebnissen unterscheiden wir außerdem die erste Reproduktion des Kindes und seine letzte Reproduktion nach spontanen Korrekturen, die die einzige ist, von der das Kind selbst befriedigt ist (wir setzen jedoch die Anfangsergebnisse auf der Tabelle 118 in Klammern):

Tabelle 118: Völlig positive Ergebnisse zu den Versuchen *A* und *B* (in Klammern die Anfangsergebnisse; in % der Antworten)

	4 Jahre	5 Jahre	6 Jahre	7 Jahre	8 Jahre	9 Jahre	Durchschnitt
Wahrn. I	0 (0)	0 (10)	0 (0)	10 (10)	10 (10)	30 (20)	10 (6,6)
Aktiv. I	10 (10)	20 (10)	10 (10)	60 (20)	40 (20)	70 (50)	35 (20)
Wahrn. II	0 (0)	20 (20)	30 (30)	40 (40)	60 (50)	80 (70)	38 (35)
Aktiv. II	0 (0)	20 (20)	40 (30)	50 (50)	80 (70)	100 (100)	48 (45)

Man stellt zunächst fest, daß in der ersten Sitzung das positive Ergebnis nach aktiver Kopie in jedem Alter größer ist, vor allem vom Alter von 7 Jahren an, als nach einfacher Wahrnehmung. Aber man sieht insbesondere, daß der Unterschied zwischen den Ergebnissen der Aktivität in der ersten und der zweiten Sitzung gering ist: das bedeutet also, daß, wenn der aktiven Kopie vierzehn Tage vorher eine einfache perzeptive Anschauung (Perz.I) vorausgegangen ist, der Lernvorgang, der sich daraus ergibt, minimal ist, verglichen mit dem, was die der direkten Kopie (Akt. I) ohne diese Reproduktion nach der Wahrnehmung (Perz.I) ergaben. Wenn man dagegen die positiven Ergebnisse nur nach einfacher Wahrnehmung in der zweiten Sitzung (Perz. II) mit den entsprechenden positiven Ergebnissen in der ersten Sitzung (Perz. I) vergleicht, stellt man eine beachtliche Verbesserung fest, sosehr, daß diese Ergebnisse (Perz. II) sogar diejenigen der Aktivität in der zweiten Sitzung (Akt. II) übertreffen. Eine solche Tatsache ist in zweierlei Hinsicht aufschlußreich.

Sie zeigt natürlich zunächst, daß die durch die aktive Kopie in der ersten Sitzung herbeigeführte Wirkung des Lernvorgangs (Akt. I) auf die einfache Wahrnehmung in der zweiten Sitzung (Perz. II) viel stärker ist als der Lerneffekt (Perz. I, Akt. II), dessen geringes Ergebnis wir eben erwähnt haben. Mit anderen Worten, da die Versuchsperson vierzehn Tage vorher eine direkte Kopie, gefolgt von einer Reproduktion aus dem Gedächtnis, vorgenommen hat, hat sie besser gelernt, ihr Modell zu analysieren, was ihr anschließend ermöglicht, wenn sie es nur noch einmal betrachtet, seine grundlegenden Relationen (es handelt sich also um eine Reihenbildung) mit besserem Verständnis wahrzunehmen, als ohne die vorhergehende Übung.
Zweitens aber ist auch die Tatsache der Erwähnung wert, daß diese Wahrnehmung in der zweiten Sitzung sogar die aktive Kopie in der zweiten Sitzung in den positiven Ergebnissen der Reproduktion aus dem Gedächtnis übertrifft. Es ist zunächst hervorzuheben, daß das erst ab 6–7 Jahren zutrifft, das heißt vom Beginn des Stadiums der konkreten Operationen an. Nun handelt es sich gerade darum, in dem Modell eine Struktur der Reihenbildung zu erkennen. Man kann also annehmen, daß, wenn die Wahrnehmung in der zweiten Sitzung (Perz.II) *nach* einer aktiven Kopie in der ersten Sitzung (Akt. I) bessere Ergebnisse bringt, als der umgekehrte Fall (Akt. II nach Perz. I), dann deswegen, weil die Anschauung des fertigen Modells in 20 s Wahrnehmung (Perz. II) die Möglichkeit einer simultanen Restrukturation dessen liefert, was im Laufe der aktiven Kopie Schritt für Schritt und nacheinander konstruiert wird. Das soll natürlich nicht heißen, daß die Wahrnehmung im allgemeinen zu besseren Ergebnissen führt als die Aktivität, da im Gegenteil die anfängliche Wahrnehmung (Perz. I) weniger gute Resultate erzielt, als die anfängliche Aktivität (Akt. I: 10 zu 35 im Durchschnitt gegenüber Perz. II und Akt. II:

48 zu 38): aber nach vorhergehender Aktivität erlaubt die perzeptive Untersuchung des Ganzen eine Synthese und eine simultane Anschauung, die einen zusätzlich positiven Faktor bildet, obgleich sie, um zum Erfolg zu kommen, die Mitwirkung dieser vorhergehenden Aktivität erforderlich macht.
In der Tat, wenn man die verschiedenen Fehlerarten untersucht, die sich auf die Reihenbildung, die Farben, die Zentrierung oder Dezentrierung der Quadrate und schließlich auf ihre Anzahl beziehen, stellt man fest (ohne daß es notwendig wäre, hier eine genaue Tabelle zu liefern), daß die letzteren Fehler mehr oder weniger regelmäßig mit dem Alter abnehmen, während die Reaktionen auf die Reihenbildung recht bezeichnend sind: bei Perz. I wird die Reihenbildung bis 8 Jahre einschließlich nur von 10 bis 35% der Versuchspersonen (70% mit 9 Jahren) erkannt, während es bei Akt. I einen plötzlichen Übergang von 20–30 auf 60–85% von 7 Jahren an gibt, und bei Akt. II und besonders bei Perz. II die positiven Ergebnisse ab 6 Jahren 50% und ab 7 Jahren 70% überschreiten. Die Aktivität der Versuchsperson stellt also von Beginn der operatorischen Ebene an diesen Reihencharakter her, den auch die Wahrnehmung in der zweiten Sitzung erfaßt, während die Wahrnehmung in der ersten Sitzung noch bis in das Alter von 9 Jahren daran scheitert! Das ist um so bemerkenswerter, als wir dem Versuch mit der direkten Reihenfolge systematisch eine Reproduktion in umgekehrter Reihenfolge hinzugefügt haben, und den Versuchspersonen, denen der erste gelang, auch der zweite gelang.

§ 4. Das Bild einer Zusammenstellung von heterogenen Oberflächen und Körpern

Die folgenden Untersuchungen, die wir zusammen mit D. Nicollier durchgeführt haben, beschäftigen sich zunächst mit der Zusammenstellung von Figuren, die keine regelmäßigen Relationen und gewöhnlichen Bedeutungen aufweisen (Abb. 42) und die entweder während einer beliebigen Zeit betrachtet werden oder (während einer ebenfalls beliebigen Zeit) mit Hilfe von Formen aus Karton direkt nachgebildet werden sollen; diese werden in größerer Anzahl und Verschiedenartigkeit als notwendig gezeigt und sollen dann nach derselben Methode aus dem Gedächtnis rekonstruiert werden.[115] Ungefähr die Hälfte der Versuchspersonen haben an dem Versuch *E.W.* (Wahrnehmung und Rekonstruktion bei einer ersten Sitzung) und vierzehn Tage später an dem Versuch *A.K.* (aktive Konstruktion und Rekonstruktion) teilgenommen, während die anderen Versuchspersonen ebenfalls an diesen beiden

115 Man kündigt der Versuchsperson vorher an, daß sie hinterher eine Reproduktion aus dem Gedächtnis anfertigen soll.

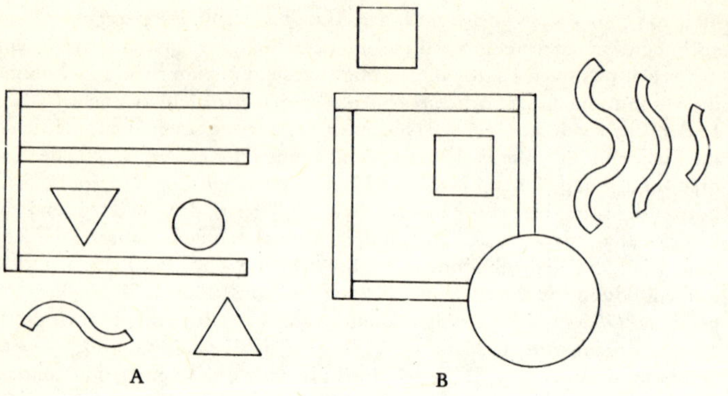

Abb. 42

Versuchen, aber in umgekehrter Reihenfolge teilgenommen haben.

Die Reaktionen der Versuchspersonen sind in vier Typen aufgeteilt: *a*) keinerlei Erinnerung oder Phantasie; *b*) einige Elemente der Figur, aber ohne genaue Relationen; *c*) alle Elemente außer einem, oder mit einem in verkehrter Lage; *d*) richtige Figur.

Bei 23 Versuchspersonen von 5–6 Jahren waren die Ergebnisse folgende (Tabelle 119):

Tabelle 119: Reaktionen *a–d* bei der Rekonstruktion nach einfacher Wahrnehmung (*E. W.*) oder nach einer ersten Konstruktion *A. K.* (in % der Versuchspersonen)

	EW				*AK*			
	a	*b*	*c*	*d*	*a*	*b*	*c*	*d*
Figur *A:*								
MP oder *MA* bei d. 1. Sitz'g.	23	54	8	15	0	10	60	30
MP oder *MA* bei d. 2. Sitz'g.	0	44	33	22	0	28	14	58
Zusammen	14	59	19	17	0	17	41	42
Figur *B:*								
Zusammen	0	50	33	16	0	0	0	100

Im Gegensatz zum Fall der Tabelle 116 stellt man einen relativ deutlichen Lerneffekt fest bei der einfachen Wahrnehmung *E.W.* in der zweiten Sitzung, und zwar unter Einwirkung der aktiven Kopie in der ersten Sitzung, wie übrigens auch bei der aktiven Kopie (2. Sitzung) unter Einwirkung der Wahrnehmung in der ersten Sitzung.

In möglicher Übereinstimmung mit diesem besseren Lerneffekt als in § 2 beobachtet man einen größeren Unterschied zwischen den Rekonstruktionen nach aktiver Kopie und nach einfacher Wahrnehmung: 41 bzw. 42% vom Typ *c* und *d* bei *A.K.* gegenüber 19 bzw. 17% bei *E.W.*, und 0 bzw. 17% der geringeren Typen *a* und *b* bei *A.K.* gegenüber 14 bzw. 50% bei *E.W.* Der Grund für diesen größeren Unterschied zwischen den Effekten *A.K.* und *E.W.* scheint der zu sein, daß die Konfigurationen der Abb. 42 mehr als diejenigen der Abb. 41 dem zugänglich sind, was wir aktive Strukturierungen genannt haben: es sind zwar keine »guten Formen«, aber doch Figuren, bei denen es leicht ist, mit ein wenig Aufmerksamkeit die asymmetrischen Elemente zu einem allgemeinen Rahmen in Bezug zu setzen, der partielle Symmetrien enthält.

Aber da es sich um eine einzige Figurenzusammenstellung bei einem zweifachen Experiment handelt, das heißt, daß sie bei der zweiten Sitzung identisch wiedererscheint und sowohl der Reproduktion nach direkter Kopie als auch der Reproduktion nach einfacher Wahrnehmung als Modell dient, könnte man vielleicht sagen, daß es zugleich natürlich und zwangsläufig ist, daß eine Kopie aus dem Gedächtnis nach direkter Kopie besser ausfällt als eine Kopie aus dem Gedächtnis nach einfacher Wahrnehmung: bei dem ersten dieser beiden Fälle kommt die Wahrnehmung ja tatsächlich ebensosehr ins Spiel, aber darüber hinaus mit der motorischen Erinnerung an die bei der direkten Kopie ausgeführten Bewegungen, womit nun beide Faktoren zusammen die Wahrscheinlichkeit eines verbesserten Ergebnisses offensichtlich machen. Aber die Dinge liegen nicht so einfach, denn die Versuchsperson, die von vornherein weiß, daß sie eine Rekonstruktion aus dem Gedächtnis liefern muß, könnte sehr gut während der einfachen Wahrnehmung schon das, was sie wahrnimmt, den Handlungsplänen assimilieren, das heißt, sie könnte sofort in Begriffen der ausführenden Bewegungen wahrnehmen. Pierre Janet sagte, das Wahrnehmen eines Sessels bedeute, ein Objekt zu sehen, in das man sich setzen wird; und V. Weizsäcker behauptete ebenfalls, daß bei der Wahrnehmung eines »wirklichen« Hauses nicht das Haus in das Auge der Versuchsperson eintritt, sondern daß es im Gegenteil diese letztere ist, die sich anschickt, in das wahrgenommene Objekt einzutreten. Es ist also gar nicht so natürlich, daß die Rekonstruktion einer Figurenzusammenstellung nach aktiver Kopie ein wenig besser ausfällt als die Rekonstruktion nach einfacher Wahrnehmung, und zwei Arten von Fakten beweisen das.

Die ersten sind der ungleiche Unterschied zwischen den Ergebnissen von *A.K.* und *E.W.* bei den vorangehenden Experimenten (§§ 1–3 und hier § 4 unter I), doch wir wollen nicht darauf zurückkommen. Aber die zweiten

Daten sind ebenso aufschlußreich: es gibt Fälle, in denen man keinerlei Unterschied zwischen den Rekonstruktionen nach aktiver Kopie *A.K.* und den Rekonstruktionen nach einfacher Wahrnehmung *E. W.* feststellt.

II. – Untersuchen wir also einen dieser Fälle, der ebenfalls zusammen mit D. Nicollier analysiert worden ist. Es handelt sich um eine Zusammenstellung von Körpern verschiedener Formen, die durch Metallstäbe verbunden (Abb. 43) und einem Spielmaterial entnommen sind, das die Kinder kennen (dem »Matador«-Baukasten). Ohne eine besondere Bedeutung aufzuweisen (eine Versuchsperson hat sie allerdings als »Mühle« bezeichnet), legt das ausgewählte Modell doch eine viel aktivere (und übrigens viel länger dauernde) Konstruktion nahe als die vorhergehenden. Es ist also besonders interessant, dieses Beispiel zu beschreiben, da, wie wir sehen werden, der einfachen Wahrnehmung in diesem Fall ebenso gute Rekonstruktionen folgen wie nach direkter Kopie, trotz der unterschiedlichen Dauer des Einprägens. Die Kopie dauert nämlich im Durchschnitt 4 Min. (ganz genau 3′55″), während man nach 20 bis 30 s keine aufmerksame Wahrnehmung mehr erhält.

Wir haben also für die Versuche keine Zeit fixiert und zwischen die erste und die zweite Sitzung 14 Tage gelegt, indem wir im übrigen wie vorher verfuhren. Es wurden 25 Versuchspersonen von 7 bis 10 Jahren in zwei Gruppen nach der Reihenfolge *A.K.* – *E.W.* oder umgekehrt untersucht. Was die Bewertung der Resultate anbetrifft, so konnte sie auf die Tatsache gegründet werden, daß die verschiedenen Teile der Konstruktion (*A1*, *A2*, *B1*, usw., Abb. 43) zu unter sich verschiedenen und ganz analogen Ergebnissen nach *A.K.* und nach *E.W.* führen, was es möglich macht, sie einzeln nach ihrem relativen Wert zu beurteilen und daraus eine einigermaßen objektive Bewertung der Reaktionen zu gewinnen.

Von den 25 Versuchspersonen haben nun 10 bessere Rekonstruktionen nach direkter Kopie *A.K.*, 13 bessere Rekonstruktionen nach einfacher Wahrnehmung *E.W.*, und 2 gleiche Rekonstruktionen geliefert. Aber wenn man bei 25 Versuchspersonen den Durchschnitt der Ergebnisse nach *A.K.* und nach *E.W.* berechnet (wobei berücksichtigt ist, daß die Reihenfolge bei 13 von ihnen umgekehrt wurde), kommt man zu 61,2 % positiver Ergebnisse nach direkter Kopie (Durchschnitt der

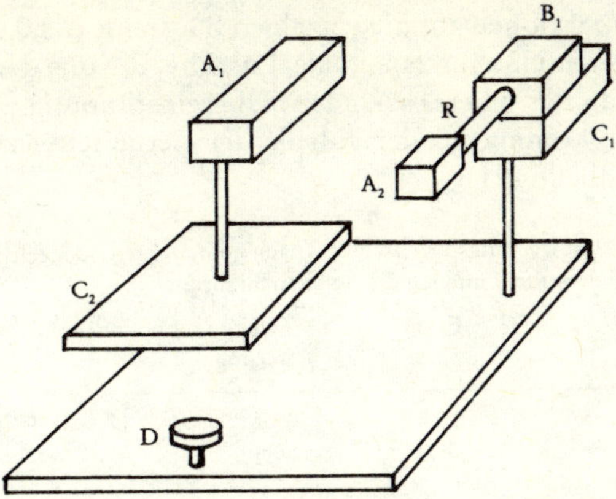

Abb. 43

individuellen Berechnungen), und zu 60,0% nach einfacher Wahrnehmung, was also absolut gleich ist.
Doch die Gleichheit der beiden Rekonstruktionsarten (mit 14 Tagen Unterbrechung, wie gesagt) kommt in noch verblüffenderer Weise zum Ausdruck, wenn wir die positiven Ergebnisse der Konstruktion Teil für Teil untersuchen (Tabelle 120):

Tabelle 120: Positive Ergebnisse[116] durch richtige Auswahl der Bausteine, in % der Antworten (in Klammern die vergessenen Bausteine)

	A1	*A2*	*B1*	*C1*
nach *AK*	76 (12)	88 (12)	28 (28)	44 (8)
nach *EW*	56 (32)	68 (20)	40 (28)	56 (20)
	C2	*D*	*R*	Durchschnitt
nach *AK*	72 (16)	76 (24)	92 (0)	68,0 (14,3)
nach *EW*	68 (16)	80 (12)	88 (4)	65,1 (18,9)

Die Durchschnittswerte sind also dieselben, und wenn man die beiden Kurven zeichnet, so erhält man dieselben Spitzen bei *A2* und *R*, sowie dieselbe untere Grenze bei *B1*. Beide Rekonstruktionsarten sind sich also sehr ähnlich.
Aber hinter dieser Ähnlichkeit der individuellen Bewertungsdurchschnitte (61,2 und 60,0%) und der Durchschnittswerte

116 Von 25 Versuchspersonen zwischen 7 und 10 Jahren.

für die Reaktionen auf die einzelnen Bausteine (68,0 und 65,1) verbirgt sich eine fundamentale Tatsache, die uns den Schlüssel zu diesen überraschenden Übereinstimmungen liefern kann. Sie kommt auf der Tabelle der Lerneffekte zum Ausdruck (Tabelle 121):

Tabelle 121: Bewertungsdurchschnitt (nach gebrauchten oder fehlenden Bausteinen) bei der ersten und bei der zweiten Sitzung

	Erste Sitzung	Zweite Sitzung	Differenz
direkte Kopie	51,4	69,2	17,8/51,4 = 34,6 %
einfache Wahrn.	44,0	80,4	36,4/44,0 = 82,7 %

Man sieht also, daß, wenn die Wahrnehmung das Anfangsergebnis der direkten Kopien (51,4) um 34,6 % verbessert, die direkte oder aktive Kopie das Anfangsergebnis der Wahrnehmungen (44,0) um 82,7 % verbessert. Man sieht außerdem, daß hinter den täuschenden Durchschnitten von 61,2 bei den direkten Kopien und von 60,0 bei der einfachen Wahrnehmung die entscheidende Tatsache stand, daß die Ergebnisse der einfachen Wahrnehmung bei *der zweiten Sitzung* besser sind als diejenigen der direkten Kopie, daß sie aber deswegen besser sind, weil sie von dem Lerneffekt profitieren, den sie der Aktivität *A.K.* in der ersten Sitzung verdanken, während die direkte Kopie in der zweiten Sitzung viel weniger von der einfachen Wahrnehmung *E.W.* in der ersten Sitzung profitiert! Mit anderen Worten, die Lernvorgänge in der Richtung *A.K.* → *E.W.* und in der Richtung *E.W.* → *A.K.* sind nicht symmetrisch, wie wir es schon in den §§ 1 und 3 gesehen hatten, und wenn hier ein gewisser Lerneffekt der Richtung *E.W.* → *A.K.* besteht, so ist er zweimal weniger wirksam als in der anderen Richtung.

Wir verstehen nun, warum dieser Versuch keine Unterschiede des allgemeinen Durchschnitts zugunsten der direkten Kopie erbringt, wie es der Fall bei den vorhergehenden war (§§ 1–3 und Teil I dieses § 4). Als wir in § 2 die Gründe für diese ungleichen Ergebnisse von einem Versuch zum anderen erörterten, hatten wir mehrere Arten möglicher Faktoren in Betracht gezogen: das Nichtvorhandensein von Gelegenheiten zu einer ausreichenden aktiven Strukturierung könnte die Rolle der direkten Kopie abschwächen, während dagegen die Rolle der perzeptiven Lektüre verstärkt wurde, entweder im Falle von prägnanten Strukturen, oder wenn die Versuchsperson fähig ist, das, was sie in *E. W.* wahrnimmt, sofort in Aktionspläne zu übersetzen. In dem besonderen Fall nun ist die Annahme ausgeschlossen, die vorgelegte Konfiguration könnte keine aktiven Strukturierungen provozieren, da es sich um unvorhergesehene und verschiedenartige Kombinationen handelt, die sich für alle Arten von In-Beziehung-Setzen eignen: dieser Umstand begünstigt also die Rolle der direkten Kopie, deren Bedeutung durch die Lerneffekte bewiesen wird. Wenn im ganzen die Ergebnisse der Vorgänge *A.K.* und *E. W.* gleich sind, dann liegt das also nicht an einer Verringerung der Wirkung von *A.K.*; es kann sich im Gegenteil nur um eine Verstärkung der Kraft der Wahrnehmung *E. W.* handeln. Die Figur 43 nun enthält keinerlei perzeptiv prägnante gute Form. Im Gegenteil, da es sich um ein Spielmaterial handelt, das den Kindern bekannt ist, hätte man voraussagen können, noch bevor man die Tabelle 121 kannte, daß die Wahrnehmung des Modells der Abbildung 43 sofort an Aktionspläne assimiliert werden und schon in der ersten Sitzung beinahe so gute Ergebnisse bringen würde wie die direkte Kopie *A.K.* Aber Tabelle 121 lehrt uns noch mehr: indem sie uns zeigt, daß mit 14 Tagen Unterbrechung die Wirkung der aktiven Kopie *A.K.* auf die Wahrnehmung *E. W.* mehr als zweimal größer ist als die Wirkung von *E. W.* auf *A.K.*, bestätigt sie greifbar die Macht, die die Wahrnehmung besitzen kann (und diese Tatsachen lassen darauf schließen, daß es sich sehr wohl um eine Erwerbung handelt), oder daß jedenfalls eine teilweise Erwerbung im Spiel ist, um das Gegebene an Aktionspläne zu assimilieren, d. h. das, was visuell wahrgenommen wird, in Größen möglicher Verarbeitung (*manipulation*) zu übersetzen. Man wird vielleicht einwenden, daß während der aktiven Kopie *A.K.* Wahrnehmungen auftreten, die sogar im Durchschnitt 4 Min. dauern, und daß diese der *A.K.* eigenen Wahrnehmungen, in Erinnerungsbilder übersetzt, die einfache Wahrnehmung *E. W.* 14 Tage später verstärken. Aber man darf nicht vergessen, daß, wenn die Wahrnehmungen, die bei *A.K.* ins Spiel kommen, wirksamer sind als die von uns so genannten »einfachen« Wahrnehmungen *E. W.*, der Grund dafür nicht der ist, daß sie 4 Min. und nicht 20–30 Sek. dauern, denn man erhält keineswegs ein anderes Ergebnis, wenn man die Zeit von *E. W.* verlängert (sie ist übrigens beliebig): es liegt vielmehr daran, daß sie von Anfang an in die Handlung eingefügt sind und somit einen Teil eines allgemeinen senso-motorischen und nicht ausschließlich okulo-motorischen Kontexts bilden. Die Tabelle 121 macht also deutlich, daß es möglich ist, diesen senso-motorischen Schematismus über eine Distanz von 14 Tagen auf die spätere »einfache« Wahrnehmung *E. W.* zu übertragen, die dann gerade aufhört, »einfach« zu sein, um, ausgehend von der okulo-motorischen Erforschung, die Fähigkeit anzunehmen, den Platz für die folgende Handlung zu entwerfen, d. h. ihre okulo-motorische Aktivität in eine allgemeinere senso-motorische Aktivität zu integrieren.

Man kann also aus dieser Höherbewertung der Wirkungen *E. W.* bei dem vorliegenden Versuch kein Argument zugunsten des ausschließlich perzeptiven Ursprungs der Bilder ableiten. Und zwar zunächst deswegen, weil uns diese Fakten wieder einmal zeigen, daß die Wahrnehmungen nicht alle auf eine und dieselbe Ebene gebracht werden können: es gibt Wahrnehmungen, die von einem Mehr oder Weniger an perzeptiver Aktivität zeugen und die deshalb vom sensorischen Kontakt an mehr oder weniger passiv oder aktiv sind. Aber es gibt andererseits perzeptive Aktivitäten, die mehr oder weniger in die allgemeineren repräsentativen oder operatorischen senso-motorischen Aktivitäten integriert sind. Was das Bild anbetrifft: selbst wenn wir annehmen, daß sich die »einfache« Wahrnehmung *E.W.* in Erinnerungsbilder verlängert, ohne auf die vorhergehenden Handlungen der Versuchsperson Bezug zu nehmen (was mit Sicherheit infolge der Gesamtheit der in diesem Kapitel beschriebenen Fakten unwahrscheinlich wird, ganz abgesehen davon, daß dies in Übereinstimmung mit den verbreitetsten und banalsten Meinungen vorhersehbar war . . .), so bliebe nichtsdestoweniger bestehen, daß das Bild nicht die primäre Wahrnehmung als sensorische Organisation, sondern die perzeptiven Aktivitäten als okulo-motorische Nachahmung der Konturen des Objekts verlängert. Nachdem die Brücke zwischen den perzeptiven Aktivitäten und den senso-motorischen Aktivitäten im allgemeinen wieder hergestellt ist, erscheint das Bild nun nicht mehr als etwas, das die Wahrnehmungen verlängert, sondern als etwas, das die Wahrnehmungen kopiert oder nachahmt, was nicht dasselbe ist, und als etwas, das im Innern und in noch ausgedehnterer Weise das Ergebnis der Handlungen nachahmt, in die die Wahrnehmungen integriert sind: wenn die Wahrnehmungen *E.W.* in der zweiten Sitzung (Tabelle 121) zu ausgezeichneten Rekonstruktionen führen (80,4 %), dann also auf Grund eines äußerst reichen extra-perzeptiven Beitrags, von dem das Bild nur die imitierenden oder imitierbaren Aspekte festhält.

§ 5. Das Bild einer einfachen, aus einer komplexen perzeptiven Struktur herausgelösten Konfiguration[117]

I. – Gegeben ist eine komplexe Figur *G* (siehe Abb. 44), innerhalb derer eine einfache Figur *F* in so deutlicher Weise unterschieden werden soll, daß sie anschließend graphisch reproduziert werden kann (aber ohne daß am Anfang angekündigt würde, daß diese Reproduktion aus dem Gedächtnis am Ende verlangt wird): und es fragt sich, ob die Versuchsperson die gleichen Ergebnisse erzielt, wenn sie selbst der Bahn *F* mit eigener Aktivität *A.K.* folgt oder wenn sie *nur* die Bewegungen des Versuchsleiters wahrnimmt, der ihr diese Bahn *F* zeigt, indem er sie an ihrer Stelle nachzieht (Wahrnehmung der Aktivität des Versuchsleiters, also *W.A.*). Dieser Versuch dient also dem Vergleich der Ergebnisse von *A.K.* und *W.A.*, einem Problem, das wir schon in § 1 angetroffen hatten, und nicht dem von *A.K.* und von *E.W.* (vgl. §§ 2–4 und einen Teil des § 1).

117 Die Untersuchung wurde von M. Bovet durchgeführt.

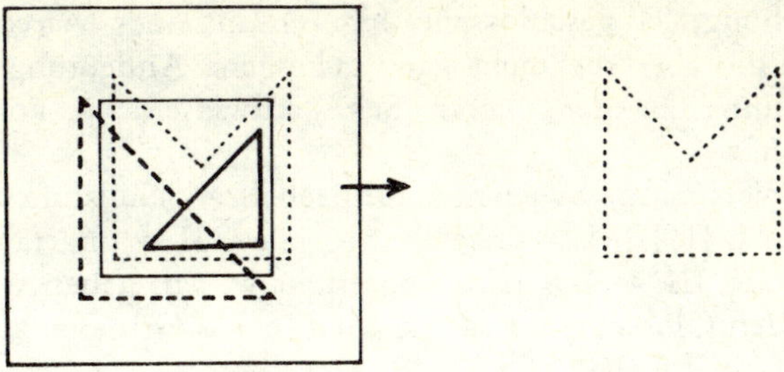

G F

Abb. 44

Die Figur *G* ist 40 cm breit und 40 cm hoch, auf einem Blatt von 360 cm^2. Die Bahn *F* ist blau gezeichnet, das Viereck, das sie schneidet, rot, das rechte Dreieck ist braun und das linke grün. Die Versuchspersonen sind in zwei Gruppen unterteilt, von denen die eine in der Reihenfolge *W.A.* → *A.K.* (mit einer Woche Abstand) arbeitet, die andere in umgekehrter Reihenfolge. In der Phase *W.A.* sieht die Versuchsperson einfach dem zu, was der Versuchsleiter macht: dieser zeigt die Bahn, indem er ihr mit Hilfe eines kleinen Autos folgt, wobei er immer von der unteren rechten Ecke ausgeht und zunächst nach oben geht. Vor dieser Demonstration macht man jedoch die Versuchsperson mit dieser Art von Aufgabe vertraut, indem man ihr eine vereinfachte Struktur zeigt und vor ihr eine der Bahnen der komplexen Einführungsstruktur verfolgt. Wenn die Bewegung des Versuchsleiters auf der Bahn *F* beendet ist, verdeckt man das Ganze und verlangt zwei Dinge von der Versuchsperson (ohne das vorher angekündigt zu haben):
1. »die blaue Straße« zu reproduzieren (also die Form von *F*, unabhängig von den bei der Zeichnung verwendeten Bewegungen), mit einem blauen Stift auf einem Blatt in denselben Dimensionen wie das Modell; 2. die Bahn *F* als Bahn zu reproduzieren und dabei denselben Ausgangspunkt zu verwenden und die Richtung und das Kontinuum der Bewegung zu erhalten: das geschieht mit einer Geste, indem der Weg mit dem Finger auf einem weißen Blatt in denselben Ausmaßen angezeigt wird.
In der Phase *A.K.* (also eine Woche danach oder vorher) geschieht alles in derselben Weise, außer daß die Versuchsperson selbst mit einem kleinen Auto die blaue Bahn *F* auf der Figur *G* zeigt. Man bittet darum, von der unteren rechten Ecke auszugehen (indem man sie einfach zeigt), und man gibt ihr die Richtung der Bahn an.
Am Ende der zweiten Sitzung (ob es sich nun um *A.K.* oder *W.A.* handelt) verlangt man zur zusätzlichen Information (sie wird uns noch nützlich sein) eine direkte Kopie der Figur *G*, die dem Kind wieder vorgelegt wird, und wenn es nicht dazu imstande ist, eine direkte Kopie nur der Form *F* (wobei aber nur die Figur *G* vor seinen Augen liegen bleibt).

Die Reproduktionen der Form *F* können in vier Kategorien aufgeteilt werden: *a*) offene Figuren, die nur mit einem Teil des Modells übereinstimmen; *b*) geschlossene Figuren ohne

Einziehung; *c*) geschlossene Figuren in einer viereckigen Form, die aber die nicht ganz gelungene Andeutung einer Einziehung an der oberen Seite aufweisen; *d*) korrekte Figuren.

Bei 50 Versuchspersonen nun, die nach ihrer Schulstufe in drei Klassen I, II, III (I = ungefähr 5–6 Jahre; II = ungefähr 6–7 Jahre und III = 7–8 Jahre) unterteilt waren, haben wir die folgenden Globalergebnisse erhalten (beide Gruppen zusammengefaßt, Tabelle 122):

Tabelle 122: Aufteilung der Rekonstruktionstypen *a–d* der Konfiguration *F* nach der Schulstufe (in % der Antworten)[118]

	WA						*AK*					
	a	*b*	*c*	*d*	*a–b*	*c–d*	*a*	*b*	*c*	*d*	*a–b*	*c–d*
I	10	45	20	25	55	45	5	45	30	20	50	50
II	15	21	36	28	36	64	15	7	21	57	22	78
III	12	19	31	38	31	69	6	13	25	56	19	81

Man sieht zunächst, daß die positiven Ergebnisse mit dem Alter stark zunehmen, was die Analyse kompliziert. Aber vergleicht man die Unterschiede zwischen den Spalten *a–b* (deutlich unzureichende Zeichnungen) und *c–d* (die Zeichnungen *c* sind beinahe korrekt, das heißt, sie liefern die allgemeine Form und die Einziehung, die letztere aber mit graphischer Ungeschicklichkeit), so stellt man fest, daß die Unterschiede zwischen *a–b* und *c–d* deutlich schneller nach der eigenen Aktivität *A.K.* zunehmen, als nach der Wahrnehmung der Aktivität des anderen *W.A.*: − 5 + 28 und + 38 bei *W.A.*, und 0 + 56 und + 62 bei *A.K.*: es besteht also ein leichter Effekt der Vereinfachung bei der Entwicklung des Erinnerungsbildes auf der Grundlage der eigenen Aktivität.

Dagegen haben wir nichts Entsprechendes gefunden, was die Bahnen F (im Gegensatz zu der Konfiguration) anbetrifft, die mit dem Finger und nicht mehr graphisch angezeigt wurden (vielleicht, weil sie als gestische leichter reproduzierbar sind). Es ist also unnötig, dazu die Einzelheiten mitzuteilen. Dagegen ist es von gewissem Interesse, darauf hinzuweisen, daß

118 Zur Erinnerung: *WA* = Wahrnehmung der Bahn *F*, die der Versuchsleiter ausführt, und *AK* = dieselbe Bahn, ausgeführt von dem Kind selbst.

man bei den Versuchspersonen, denen die Reproduktion der Gestalt von *F* oder der Bahn in direkter Kopie am Schluß der letzten Sitzung nicht gelungen ist und die man einer neuen Einübung unterwirft, um diese Kopie zu verbessern, gerade bei der Bahn bessere Ergebnisse in Abhängigkeit von der eigenen Aktivität der Versuchsperson (*A.K.*) erhält als in Abhängigkeit von der Wahrnehmung der Bewegung des Versuchsleiters (*W.A.*). Wenn man andererseits den Graphismus der 31 Versuchspersonen untersucht, denen es gelungen ist, die Konfiguration *F* genau zu reproduzieren, so findet man unter ihnen 24, die ihren Stift in einer Weise geführt haben, die mit der Bahn identisch ist, und das vor allem bei denjenigen (16 von 19), deren Rekonstruktion der eigenen Aktivität *A.K.* gefolgt ist.
Aber wenn die Tabelle 122 den Hinweis auf einen leichten Vorsprung der Aktivität der Versuchsperson *A.K.* bei der Wiederherstellung der Konfiguration als solcher liefert (was man bei der Reproduktion der Bahnen nicht wiederfindet), so bleibt festzustellen, in welcher Richtung der Erwerb geschieht: in der Reihenfolge *A.K.* → *W.A.*, oder umgekehrt. Das wird uns die Tabelle 123 in Form eines Vergleichs der Ergebnisse zeigen (das Symbol *A.K.* > *W.A.* bedeutet: bessere Ergebnisse nach *A.K.* als nach *W.A.*, usw.).
Was zunächst die Gestalten anbetrifft, so ist die Situation klar und mit der Beziehung zwischen *A.K.* und *E.W.* der Tabelle 109 (§ 1) vergleichbar (aber mit geringeren Unterschieden). Wenn einerseits die Versuchspersonen mit *W.A.* beginnen und mit der eigenen Aktivität (in der zweiten Sitzung) aufhören, so ergibt diese bessere Ergebnisse (50 gegenüber 4%, mit 46% Gleichheit). Nur, selbst wenn diese Wirkung von *A.K.* durch die vorhergehende Wahrnehmung *W.A.* verstärkt wird, reicht diese letztere nicht völlig zur Begründung aus, da sich, wenn man die Reihenfolge umkehrt, keine Umkehrung der Situation ergibt, sondern einfach ein Ausgleich: 15 gegenüber 15%, mit 70% Gleichheit. Die Tabelle 123 spricht also bezüglich der Gestalten ebenso zugunsten des Primats von *A.K.* wie die Tabelle 109, wenn auch mit schwächeren Wirkungen.

Tabelle 123: Vergleich der Wiederherstellung der Form *F* nach Abfahren der Form durch das Kind selbst (*A. K.*) oder nach Wahrnehmung ihres Abfahrens durch den Versuchsleiter (*W. A.*) (in Klammern die nicht zu entscheidenden Fälle; in % der Antworten insgesamt)

	Reihenfolge *WA*→*AK*		
	WA>*AK*	*AK*>*WA*	*AK*= *WA*
Konfiguration	4	50	40 (6)
Bahn	7	46	40 (7)
	Reihenfolge *AK*→ *WA*		
	WA>*AK*	*AK*>*WA*	*AK*= *WA*
Konfiguration	15	15	57 (13)
Bahn	26	13	53 (8)

Es bleibt zu klären, warum es der Wahrnehmung *W.A.* in der zweiten Sitzung gelingt, mit *A. K.* in der ersten Sitzung gleichzuziehen, und welcher Art also der Lernvorgang oder die Übertragung ist, die *W.A.* auf der Grundlage von *A.K.* derart verstärkt. Es ist zunächst festzustellen, daß sich die Wahrnehmung der Aktivität eines anderen in *W.A.* hier deutlich von dem unterscheidet, was wir in § 1 als *W.A.* bezeichnet haben: in diesem letzteren Fall schaute die Versuchsperson dem Erwachsenen zu, wie er eine Zusammenstellung von Würfeln konstruierte, ohne das Endergebnis wahrzunehmen, woraus sich die Schwierigkeit der Nachahmung ergab, während in dem vorliegenden Fall die Versuchsperson dem Versuchsleiter zuschaut, wie er einer blauen Linie folgt, und gleichzeitig diese Bahn als Konfiguration *F* wahrnimmt, wobei die einzige Schwierigkeit darin besteht, sie im Innern von *G* zu unterscheiden (Abb. 44). In dem vorliegenden Fall ist also die Nachahmung dessen, was der Erwachsene macht, viel leichter, und es ist sogar erstaunlich, daß *W.A.* nicht ebenfalls mit *A.K.* in der ersten Gruppe der Versuchspersonen gleichzieht. Aber wenn es sich um eine einfache Nachahmung handelt, dann ist das Umgekehrte noch viel richtiger, das heißt, daß, wenn das Kind damit angefangen hat, selbst der blauen Linie zu folgen (*A.K.*), und eine Woche später sieht, wie der Versuchsleiter selbst die gleiche Nachahmung vornimmt, es natürlich sein Verhalten durch direkte Assimilation auf dasjenige des Erwachsenen projizieren oder genauer diesem introjizieren wird, was auch eine Imitation ist, aber eine umgekehrte Imitation: es ist also ganz natürlich, daß eine Übertragung von *A.K.* auf *W.A.*, bis hin zum Ausgleich, stattfindet.

Was die Bahnen als solche anbetrifft (im Gegensatz zu den Gestalten), so ist die Situation in ihrem allgemeinen Mechanismus dieselbe, aber da es sich dieses Mal um den kinetischen oder motorischen Aspekt der Bahn *F* handelt und nicht mehr um ihre statische Konfiguration, wird die – was den vorhergehenden Aspekt betrifft – schon im Spiel befindliche Imitation und Introjektion hier verstärkt, und die umgekehrte Reihenfolge (*A.K.* → *W.A.*) hat die Tendenz, die in der direkten Reihenfolge erhaltenen Proportionen umzukehren, und zwar in der Weise, daß die Durchschnittswerte keinerlei Unterschied mehr zeigen zwischen den Ergebnissen *W.A.* und *A.K.*, wie wir weiter oben gesehen haben. Mit anderen Worten, wenn die Versuchsperson mit *W.A.* beginnt (erste Sitzung) und mit *A.K.* (zweite Sitzung) aufhört, dann wird diese letztere mehr oder weniger stark unterstützt durch die von *W.A.* ausgegangene Nachahmung, und wenn die Versuchsperson mit *A.K.* beginnt und mit *W.A.* aufhört, dann wirkt diese zweite Methode intensiver, dieses Mal verstärkt durch die von *A.K.* ausgegangene Introjektion. Wir haben zwar darauf hingewiesen, daß sich die jüngsten Versuchspersonen, die zur direkten Kopie unfähig sind, als besser geübt erweisen, wenn sie von *A.K.*, als wenn sie von *W.A.* ausgehen, aber das hindert die weiter fortgeschrittenen Versuchspersonen keineswegs daran, sowohl *A.K.* mit *W.A.* durch ein aus Introjektionen und Imitationen kombiniertes Spiel zu assimilieren, als auch umgekehrt. Was die häufige Identität des Graphismus und der gestischen Reproduktion der Bahn anbetrifft, so unterstreicht sie nur diese vermutete Rolle der direkten und reziproken Imitationen.

Kurzum, diese Untersuchung erlaubt ebensowenig wie die vorhergehenden, den motorischen Aspekt und die Rolle der Wahrnehmungsmodelle bei der Entwicklung der Bilder mit Genauigkeit voneinander zu trennen, aber sie zeigt von neuem, daß in den Fällen, bei denen man versucht sein könnte, die Wirkung dieser Modelle als Wahrnehmungsmodelle zu überschätzen, sie der Untersuchung als mit Motorik geladen erscheinen. Zusätzlich nämlich zu den motorischen Elementen, die bei der perzeptiven Aktivität ins Spiel kommen und sie auf eine okulo-motorische Nachahmung der Konturen des Objekts ausrichten, insofern als die Funktion dieser Aktivitäten figurativ bleibt im Gegensatz zu den operativen Bewegungen, sind die Wahrnehmungen, die bei der Entwicklung der Bilder eine Rolle spielen, fortwährend in einen imitativen Kontext einer höheren Ebene integriert: in den Imitationskontext des anderen im Falle unserer Wahrnehmungen *W.A.*, aber auch, was noch viel wichtiger ist, in den Kontext der Imitation von sich selbst oder der Reproduktion der eigenen Aktivität in dem Fall, in dem das Nachziehen *A.K.*, das von der Versuchsperson selbst vorgenommen wird, ihre perzeptive Information erleichtert und sich in dieser interiorisierten Imitation, die das Bild ist, verlängert.

II. – Nachdem die vorhergehende Untersuchung zum Teil positive (Tabelle 123), zum Teil nicht signifikative Ergebnisse (Bahnen) gebracht hat, kann es von Nutzen sein, den Vergleich mit einer anderen Untersuchung anzustellen, deren Ergebnisse negativ erscheinen könnten, außer daß es gerade aufschlußreich ist, zu untersuchen, warum sich das so verhält.

Es handelt sich wieder um eine komplexe Figur (Abb. 45), die man dem Kind vorlegt, blau gezeichnet, und in den Abmessungen 12 × 20 cm. 90 Versuchspersonen von 5;11 bis 8;11, aufgeteilt in drei Gruppen von 30 (10 pro Alter), erhalten drei Anweisungen, wobei jede Gruppe nur jeweils eine dieser Anweisungen anwendet, um anschließend die Zeichnung aus dem Gedächtnis nachzubilden:

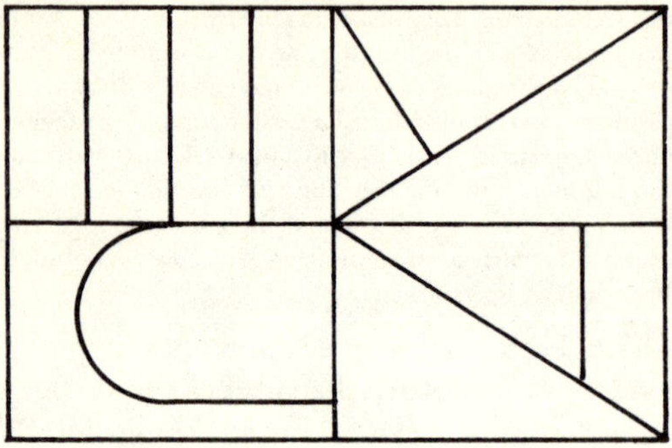

Abb. 45

1. »genaues Betrachten« der Zeichnung während ungefähr 2 Min.;
2. Nachfahren aller (blauen) Linien der Zeichnung mit einem gelben Stift;
3. Anmalen aller Oberflächen zwischen den blauen Strichen mit gelber Farbe.

Mangels einer Untersuchung der Wirkungen einer der Methoden auf die anderen (da wir mit getrennten Gruppen gearbeitet haben), haben wir nur einen minimalen Unterschied zwischen den Reaktionen auf die Methoden (1) und (2) festgestellt, sowie ein deutlich schlechteres Ergebnis bei der Methode (3).

Um einige Beispiele zu nennen, so fehlen in 2 Fällen von 30 bei der Methode (1), in 5 Fällen bei (2) und in 10 Fällen bei (3) der allgemeine Rahmen und die Achsen. Die Häufigkeit der schlecht placierten Parallelen beträgt 6/30 bei (1), 5/30 bei (2) und 10/30 bei (3). Die Diagonale des oberen rechten Teils wird im Verhältnis von 17/30, 20/30 und 19/30 vergessen, aber wenn sie da ist, ist sie bei Methode (3) schlechter angeschlossen als bei den beiden anderen, und sie ist nur in 2 Fällen von 30 bei der Methode (2) und in 4 Fällen bei (1), usw. ungenügend angeschlossen.

Im Licht der vorangegangenen Resultate nun (§§ 1 bis 4 I) sind diese Tatsachen, die wir zu Beginn dieser Art von Untersuchungen zusammengestellt haben, leicht zu erklären. Die Methode (3) erzielt schlechtere Ergebnisse, weil sie die Aktivität nur auf die Bemalung von »Hintergrundflächen« ausrichtet und dabei die Striche selbst vernachlässigt, das heißt die »Figuren« als solche; es ist also natürlich, daß die Strukturierung des Modells unzureichend und die Kopien aus dem Gedächtnis inadäquat bleiben. Was die Methode (2) anbetrifft, so erfordert sie zwar eine besser strukturierende Aktivität von seiten der Versuchsperson, aber sie hat zwei Handicaps, die verhindern, daß sie Methode (1) übertrifft: *a*) es handelt sich nicht um eine Aktivität im eigentlichen Sinn, weil man nur verlangt, schon fertige Striche nachzuziehen (in diesem Fall kann die visuelle Untersuchung bei 1 ebenso »aktiv« sein, entsprechend der Bemühung der Versuchsperson); *b*) sie geht in aufeinanderfolgenden Schritten vor, ohne einen vorgängigen Gesamtplan zu erfordern (im Gegensatz zu den aktiven Kopien der §§ 1–3), während Methode (1) eine Zentrierung auf das Ganze wie auf die Details erlaubt; es läßt sich also erklären, warum die Methode (2) der einfachen Wahrnehmung nicht überlegen ist, da ein Verfolgen der Linien mit dem Blick genausoviel Aktivität erfordern kann, wie das Nachziehen der Linien mit dem Stift.

Was uns jedoch vor allem das Nichtvorhandensein deutlicher Unterschiede zwischen den Ergebnissen der Methoden (1) und (2) lehrt, paßt zu dem, was uns unter I der nicht vorhandene Unterschied zwischen den Ergebnissen von *W.A.* und von *A.K.* bei den Bahnen selbst gelehrt hat: die Aktivität der Versuchsperson liefert im allgemeinen nicht nur deswegen ein besseres Ergebnis bei der Entwicklung der Bilder als die bloße Wahrnehmung, weil sie die Motorik stärker ins Spiel bringt, da ja die perzeptiven Aktivitäten selbst schon einen hohen Grad an motorischem Funktionieren mit sich bringen. Was bei der Handlung der Versuchsperson zählt, ist die Integration der kognitiven Faktoren (Wahrnehmung, motorische Angleichung [*ajustement*] und Angleichung der Haltung, Verständnis und mögliche Nachahmung) und der affektiven Faktoren (Interesse und Bemühung) in ein einziges Ganzes: in diesem Fall verstärkt die Aktivität der Versuchsperson die Ausbildung des Bildes, weil die interiorisierte Nachahmung, die diese ausmacht, jetzt von der Gesamtheit des Handlungsschematismus und nicht mehr nur von der Gesamtheit der perzeptiven Aktivitäten abhängt (obwohl diese ihrerseits ebenso verstärkt werden). Aber um diese Stufe zu erreichen, muß eine vollständige Handlung gegeben sein, das heißt, ein Hindernis, das bezwungen, oder ein Problem, das gelöst werden muß; und gerade das fehlt, wenn eine schon gezeichnete Figur einfach mit einem gelben Strich nachzuzeichnen ist, während die bei der vorhergehenden komplexen Figur (Abb. 45) zu treffenden Unterscheidungen und noch mehr die aktiven Kopien der §§ 1–4 schon ein Problem darstellen.

§ 6. Schlußfolgerungen

Am Ende des Kapitels VI kamen wir zu dem Schluß, daß der einzige natürliche große Trennungsstrich zwischen den Kategorien der Bilder der ist, der die statischen Bilder, die sich von der präoperatorischen Ebene an bilden, von den antizipatorischen Bildern scheidet, die mit den Operationen auftreten und die kinetischen Bilder ebenso wie die Transformationsbilder umfassen. Darüber hinaus erscheinen die antizipatorischen Bilder in zwei Formen, je nachdem, ob man sich das Ergebnis der Transformationen und der Bewegungen vorstellt oder die Veränderung selbst in ihren aufeinanderfolgenden Stufen. Die Vorstellung der Ergebnisse nun ist immer leichter als die der Veränderungen oder der Bewegungen als solcher (ausgenommen die mit dem eigenen Körper zusammenhängenden Imitationen), denn das antizipatorische Bild, das sich auf die Veränderung als solche bezieht, setzt mehr noch als für seine Ergebnisse eine innere Nachahmung der Operationen voraus.

Diese Dichotomie zwischen den statischen und den antizipatorischen Bildern evoziert jetzt eine weitere zweiteilige Klassifizierung, die die andere figurative Funktion, die Wahrnehmung, angeht (die drei grundlegenden figurativen Funktionen sind Wahrnehmung, Imitation und Bild). Die perzeptiven Mechanismen können nämlich in primäre Prozesse oder Feldwirkungen und in perzeptive Aktivitäten, von denen sich die sekundären Effekte ableiten, unterteilt werden. Die Analogie zwischen beiden Dichotomien besteht darin, daß auch im Falle der Wahrnehmung die zweite Klasse dynamischere Prozesse umfaßt als die erste, und solche, die darauf angelegt sind, mehr und mehr von den Aktivitäten der Stufen geleitet zu werden, die oberhalb der Wahrnehmung liegen, bis hin zu den operatorischen Aktivitäten. Nachdem wir die Hypothese aufgestellt haben, daß die Primäreffekte in genetischer Hinsicht ursprünglich sind, sind wir zu dem Schluß gekommen, daß auch sie aus – noch früheren – perzeptiven Aktivitäten hervorgegangen sind und daß sie ihrerseits in ihrer Gesamtheit zweifellos in den Schematismus der Handlung integriert sind.

Die partielle Analogie zwischen den beiden Dichotomien legt nun mutatis mutandis einen analogen Interpretationsschritt nahe: wenn sich die antizipatorischen Bilder in Abhängigkeit von Beiträgen von außerhalb des Bildes entwickeln und ausrichten, also mehr oder weniger direkt vom Fortschritt der Operationen abhängen, könnten dann die statischen Reproduktionsbilder ihrerseits nicht von einer früher anzusetzenden Dynamik belebt sein, die den Operationen voraufgeht, aber von äquivalenter genetischer Natur ist? Diese Frage hatte uns dazu geführt, die möglichen Verbindungen zwischen der Entwicklung der statischen Reproduktionsbilder und der eigenen Aktivität der Versuchsperson zu untersuchen, und man hat in diesem Kapitel gesehen, daß eine solche Verbindung existiert.

Diese Hypothese war ja um so wahrscheinlicher, als – wenn die Wahrnehmung nur auf sich selbst ruht –, das Bild durch eine interiorisierte Nachahmung gebildet zu sein scheint, und da die Nachahmung ihrerseits durch einen Primat der Anpassung (*accomodation*) an das Objekt charakterisiert ist und damit den akkomodierenden Pol der Handlung darstellt. Zu behaupten, daß das statische Reproduktionsbild im Vorteil ist, wenn es Gestalten reproduziert, die aus den Handlungen der Versuchsperson hervorgehen, und daß es zu einem geringeren Grad ein Vorteil ist, wenn diese Gestalten nur Anlaß zur perzeptiven Aktivität eines Nachzeichnens gewesen sind (oder auch, was sich daraus ableitet, zu behaupten, daß die wahrgenommene Gestalt im Falle der einfachen Wahrnehmung besser in Form eines Bildes behalten wird, wenn eine Assimilation des Wahrgenommenen mit Handlungsplänen stattgefunden hat, als wenn die Wahrnehmung der ganzen Aktivität sozusagen äußerlich geblieben wäre), das hieße doch einfach die Behauptung aufstellen, daß das Bild um so genauer ist, je mehr es mit besser imitierbaren Aktivitäten verbunden ist. Aber das läuft auch auf die Behauptung hinaus, daß die okulomotorische Nachahmung (in der zweifachen Bedeutung, nach der schon die Augenbewegungen der perzeptiven Erforschung die Kontur des Objekts imitieren und nach der dieselben Bewegungen, wenn sie bei der Evokation durch das Bild reproduziert werden, diejenigen imitieren, die bei der Wahrnehmung ausgeführt worden sind) in dem Maße verstärkt wird, in dem sie in die Pläne der gesamten Aktivität integriert ist; man sieht hier, wie die Untersuchung der Relationen zwischen dem statischen Reproduktionsbild und der Handlung sich dem anschließt, was wir von den Bezügen zwischen primärer Wahrnehmung, perzeptiver Aktivität und Handlung gesagt haben.

Kapitel VIII
Innere Bilder und Operationen

Es ist eines der Ergebnisse der vorhergehenden Kapitel, daß sich die inneren Bilder nicht autonom zu entwickeln scheinen: sowohl der Übergang der Reproduktionsbilder zu den Antizipationsbildern als auch die relative Beweglichkeit, die sie beide erreichen, scheinen von der Ausbildung der Operationen und von der von diesen allmählich erworbenen Fähigkeit abzuhängen, die bildhaften Repräsentationen zu dirigieren, die figurativen Zustände den Transformationen unterzuordnen und die annähernde Vorstellung dieser letzteren zu begünstigen. Aber selbst wenn sich diese Hypothesen bestätigen, bleiben zwei große Probleme hinsichtlich der Beziehungen zwischen Bildern und Operationen übrig.

Erstens ist festzustellen, ob die Bilder der präoperatorischen Ebene, so statisch und wenig antizipatorisch sie auch sein mögen, eine Vorbereitung der Operationen darstellen oder, wenn nicht, zumindest eine notwendige oder einfach nützliche vorgängige Bedingung für ihre Ausbildung oder diesbezüglich überhaupt keine Rolle spielen. Sowohl die funktionale Eigenschaft als Symbol, die wir immer wieder am Bild erkannt haben, als auch der Charakter bildhafter Repräsentation, der in dem präoperatorischen Denken vorherrscht, führen zu der Annahme, daß diese Repräsentation neben ihren Lücken und systematischen Fehlern, die sie nach sich zieht (Grenzen, usw.), eine positive Funktion bei der Ausbildung des operatorischen Denkens ausübt und nicht nur Hindernisse auf seinem Weg entstehen läßt. Aber welche Funktion ist es?

Zweitens, wenn die Operationen dahin gelangt sind, die bildhafte Repräsentation zu strukturieren und zu orientieren, bewahrt diese dann nur die auf der präoperatorischen Ebene erworbenen Positionen, oder wirkt sie, um neue Funktionen erfüllen zu können, auch umgekehrt durch progressive Interaktion zwischen dem Figurativen und dem Operativen? Hier haben wir ein Problem vor uns, das dem vorhergehenden analog ist, aber dessen Elemente sich erneuern, sobald die operatorischen Strukturen konstituiert sind.

Um diese beiden Arten von Fragen zu beantworten, gibt es keine bessere Technik, als eine Anzahl unserer gewöhnlichen Untersuchungen über Operationen (Erhaltungen, usw.) wiederaufzunehmen, aber dabei alle auftretenden Transformationen (Umfüllen, Auseinanderziehen, usw., mit ihren Ergebnissen) durch die bildhafte Vorstellung antizipieren zu lassen, bevor man sie materiell vor der Versuchsperson durchführt. Man erhält dadurch einerseits das antizipatorische Bild der Vorgänge und der Zustände, und andererseits ihre operatorische oder präoperatorische Erklärung nach der effektiven Realisierung, und man kann dann ihre Beziehungen bestimmen.

§ 1. Antizipation der Höhe des Flüssigkeitsspiegels und die Erhaltung der Flüssigkeitsmenge

Ein erstes Beispiel dieser Technik wird uns sofort zeigen, zu welchen unvorhergesehenen Ergebnissen sie führen kann. Der gewöhnliche Versuch der Erhaltung der Flüssigkeiten bestand darin, dem Kind zwei Gläser *A*1 und *A*2 von derselben Form und denselben Ausmaßen zu zeigen, die bis zu derselben Höhe gefüllt waren; der Inhalt von *A*2 wurde dann in ein breiteres Glas *B* oder in ein engeres Glas *C* (die Höhe der Gläser bleibt gleich) geschüttet, und es wurde gefragt, ob in *B* und dann in *C* genau so viel zu trinken bleibt wie in *A*1. Die Resultate waren die, daß sich die Kinder bis zu 6–7 Jahren weigerten, wegen der Veränderung des Flüssigkeitsspiegels die Erhaltung anzunehmen, während von 7 Jahren an 75 % der Versuchspersonen[119] oder noch mehr mit Hilfe operatorischer Argumente zur Invarianz kamen. Wir werden dagegen jetzt im Hinblick auf die Untersuchung der eventuellen Rolle der bildhaften Vorstellung antizipieren lassen, was Umfüllen von *A*2 in *B* oder in *C* ergibt, indem wir die Gläser entweder leer lassen, oder noch besser, indem wir sie mit einer dünnen undurchsichtigen Hülle umgeben, um die Vorstellung des Umfüllens, das stattgefunden hat, aber nicht mehr sichtbar ist,

119 Wir erinnern an die Ergebnisse der Standardisierung von Vinh-Bang und Bärbel Inhelder für die Erhaltung von Flüssigkeiten: 4 % völlig richtiger Ergebnisse mit 5 Jahren, 18 % mit 6 Jahren, und 74 % mit 7 Jahren.

zu erleichtern. Danach wollen wir die Ergebnisse dieser Antizipationen mit den Reaktionen bei sichtbarem Umfüllen vergleichen. Im einzelnen stellen wir vier Arten von Aufgaben:

1. Man läßt die Höhen des Spiegels in *B* und dann in *C* voraussehen (nur Glas *A*1 bleibt sichtbar);

2. man gibt dem Kind die Gläser *A* und *B*, dann *A* und *C*, die leer und sichtbar sind, und man fordert es auf, selbst soviel Flüssigkeit in je zwei Gläser zu schütten, daß man »genausoviel zu trinken« hat;

3. man nimmt wieder die Gläser *A*1 und *A*2, die bis zur selben Höhe gefüllt sind, und man fragt, ob, wenn man *A*2 in *B* und dann in *C* gießt (wobei diese leer oder unsichtbar bleiben), das Umfüllen von *A*2 in *B* oder in *C* die Quantität erhält (Antizipation der Erhaltung und nicht mehr nur des Niveaus, wie in 1);

4. man nimmt dieselben Gläser *A*1, *A*2, *B* und *C* und gießt *A*2 in *B* oder in *C*, diesmal sichtbar, und stellt die gewöhnlichen Fragen nach der Erhaltung.

Es ist zu beachten, daß diese vier Fragen relativ unabhängig voneinander sind: man kann eine korrekte Antizipation der Niveaus (1) bei Versuchspersonen erhalten, die bei der Angleichung der Quantitäten scheitern (2), weil sie *A* und *B* oder *C* bis zur gleichen Höhe füllen, und man kann eine Antizipation der Erhaltung (3) von Versuchspersonen bekommen, die diese angesichts des sichtbaren Umfüllens (4) leugnen, weil die antizipierte Erhaltung in ihren Augen eine Invarianz des Flüssigkeitsspiegels selbst mit einschließt! Die neuen und unvorhergesehenen Ergebnisse dieser Technik der bildhaften Antizipation haben uns nämlich gezeigt: *a*) daß die jüngsten Versuchspersonen eine Art von Erhaltung oder von verallgemeinerter Pseudo-Erhaltung auch des Niveaus erwarten und daß sie auf diese Erhaltung erst angesichts des sichtbaren Umfüllens verzichten (Aufgabe 4), weil sie dann feststellen, daß die Niveaus im Gegensatz zu ihrer Erwartung bei *B*, *C* und *A* verschieden sind; *b*) daß es den Versuchspersonen des Zwischenalters von 5–6 Jahren dagegen ziemlich oft gelingt, sich die genaue Höhe der Spiegel bei *B* oder *C* bei der unsichtbaren Umfüllung vorzustellen, wobei sie aber eine Nicht-Erhaltung antizipieren, denn auch für sie noch impliziert die Erhaltung die Invarianz des Niveaus; *c*) daß die Versuchspersonen der höheren Stufe (die einzigen, die die Erhaltung angesichts der sichtbaren Umfüllung akzeptieren) gleichzeitig die exakten Niveaus und die Erhaltung voraussehen, wobei dann die verschiedenen Höhen als abhängig von einer Reihe von Kompensationen verstanden werden.

I. – Hier zunächst die Reaktionen in den verschiedenen Altersstufen auf die Aufgaben 1 (Voraussage der Niveaus) und 2 (Ausgleichung der Quantitäten) (Tabelle 124; diese sowie die drei folgenden stammen von S. Taponier):

Tabelle 124: Vorhersage der Niveaus und Ausgleichung der Quantitäten[120] (in den Gläsern *B* und *C*; in % der Versuchspersonen)

	Aufgabe 1			Aufgabe 2		
	$A=B=C$	$A=B$ und $A<C$ oder $A>B$ und $A=C$	richtig	$A=B=C$	$A=B$ und $A<C$	richtig
4 Jahre ($N=4$)	75	0	25	100	0	0
5 Jahre (17)	52	24	24	76	6	18
6 Jahre (29)	31	31	38	62	4	34
7 Jahre (11)	12	24	63	37	18	45
8 Jahre (7)	0	28	72	28	14	58

Man findet hier den Vorgang des antizipatorischen Bildes der Niveaus (Aufgabe 1) vor der Ausgleichung der Quantitäten bestätigt. Wenn man dagegen die klassifizierbaren Versuchspersonen (ohne Zwischenlösungen) in die vier Gruppen $-N$ $-Es$; $+N$ $-Es$; $-N$ $+Es$ und $+N$ $+Es$ aufteilt, je nachdem, ob ihnen die Antizipation der Niveaus (*N*) oder die Erhaltung angesichts der sichtbaren Umfüllung *Es* (Aufgabe 4) gelingt (+) oder nicht (−), erhält man (Tabelle 125):

Tabelle 125: Beziehungen zwischen der Antizipation der Höhen (*N*) und der operatorischen Bewahrung (*Es*) bei denselben Versuchspersonen wie in Tabelle 124 (in %)

$-N$ $-Es$	$+N$ $-Es$	$-N$ $+Es$	$+N$ $+Es$
30	22,5	5	42,5

Wie soeben erwähnt, findet man also vor allem drei Kategorien von Versuchspersonen: *a)* solche, die bei der Antizipation der Niveaus scheitern, weil sie an ihre Permanenz glaubten, und die also auch bei der Erhaltung mit sichtbarem Umfüllen scheitern ($-N$ $-Es$); *b)* solche, denen die Antizipation der Niveaus gelingt, die aber nicht an die Erhaltung glauben ($+N$ $-Es$); *c)* solche, denen beides gelingt ($+N$ $+Es$). Was die wenigen Versuchspersonen betrifft, denen die Erhaltung gelingt, ohne zunächst die Antizipation der Niveaus bewältigt

120 Das Zeichen = zeigt Gleichheit der Flüssigkeitsspiegel bei den Fragen 2 wie 1 an.

zu haben (5% $-N$ $+Es$), so sind es jene, die nach ihrer falschen Antizipation der Niveaus die Erhaltung an Ort und Stelle entdecken, woraufhin sie die unvorhergesehene Verschiedenartigkeit der Niveaus feststellen und sie dann als eine Kompensation deuten (es könnten auch solche sein, die am Beginn der Erhaltung stehen, aber einer Erhaltung durch einfache Identität, ohne noch daraus die Konsequenzen hinsichtlich der Niveaus zu ziehen).

Hier nun ein Beispiel der Kategorie *a*, die also dem elementarsten Stadium entspricht:

Grou (4;10) stellt fest *A1* = *A2*. Man gießt *A2* in *B* (verdeckt): »Hat man genausoviel zu trinken? – *Ja.* – Warum? – . . . – Bis wohin steigt das hier (*B*)? (Sie zeigt auf der Papphülle dasselbe Niveau wie bei *A*) – (Man gießt *A1* in das verdeckte *C*). Haben wir genausoviel zu trinken? – *Ja.* – Warum? – *Weil Sie ein bißchen davon hineingeschüttet haben.* – Bis wohin? – *Bis dahin*« (zeigt auf der Hülle von *C* dieselbe Höhe wie bei *A*).

Aufgabe 2: »Wir wollen hier und dort genausoviel zu trinken einfüllen (*A* und *C* nicht verdeckt). Bis wohin muß man eingießen? – (Zeigt dieselbe Höhe). – (Man gießt ein). Haben wir genausoviel zu trinken? – *Ja, Sie haben eingegossen, und es ist enger.* – Das ergibt also dasselbe? – *Ja.* – Warum? – *Sie haben bis dahin eingegossen* (zeigt dasselbe Niveau).«

Erhaltung, unverdeckt (Aufgabe 4): (Grou stellt fest *A1* = *A2*, dann schüttet man *A2* in *B*). »Haben wir genausoviel zu trinken? – *Nein, das hier ist höher* (*A1*). – Habe ich mehr oder weniger (in *B*)? – *Sie haben weniger.* – Warum? – *Dieses Glas ist größer* (*B*, größer). – Ja und? – *Das sieht kleiner aus* (= niedrigerer Spiegel). – (Man gießt *A1* in *C*, nachdem man *B* in *A2* umgefüllt hat). Ergibt das genausoviel? – *Nein, Sie haben mehr* (in *C*). – Warum? – *Das Glas ist kleiner* (= enger). – Und was bedeutet das? – *Das sieht höher aus.* – Dann habe ich genausoviel zu trinken? – *Nein.*«

Wil (5;3), dieselben Reaktionen; aber bei der Aufgabe 4 weist er darauf hin, daß in *B* weniger zu trinken ist als in *A*, weil »*das kleiner ist* (= niedriger). – Und um genausoviel zu trinken zu haben? – *Man muß nachfüllen.* Und in *C*: »*Das ist nicht genausoviel.* – Was muß man tun? – *Man muß hier soviel hineintun* (Höhe von *C*) *wie da*« (Höhe von *A*).

Diese Anfangsreaktionen sind sehr kohärent und sind in vielfacher Hinsicht aufschlußreich. Sie lehren zunächst, daß die präoperatorischen Nicht-Erhaltungen nicht von einer Haltung abhängen, die von vornherein auf die Veränderung ausgerichtet ist, sondern daß in dem Maße, wie sich die Transformationen nicht in zwingender Weise aufdrängen, die jungen Versuchspersonen gleichzeitig durch aktive Assimilation und durch einen Beharrungseffekt (*persévération*) oder durch Ökonomie zu dem geführt werden, was wir eine primäre

Pseudo-Erhaltung[121] oder »Persistenz« nennen wollen. In dem besonderen Fall, in dem das Kind genau sieht, daß man die Flüssigkeit von *A* in weitere oder engere Gläser *B* oder *C* gießt (und das ausdrücklich sagt), muß es also annehmen, daß sich die Breite der Flüssigkeitssäule verändern wird, aber es beginnt damit, daß es die »Persistenz« des ganzen Rests postuliert, das heißt, die der Quantität und des Niveaus (Höhe) selbst, wobei übrigens dieses letztere in seinen Augen den Maßstab für jene darstellt. Erst angesichts des sichtbaren Umfüllens (Aufgabe 4) fühlt es sich also eines Besseren belehrt, was die Persistenz der Höhen anbelangt, und gezwungen, die Nicht-Erhaltung der Quantität zu akzeptieren, weil es diese an der Höhe mißt und es ihm nicht gelingt, sie davon zu trennen, wie es das in dem letzten unserer Stadien tun wird. Daß das Niveau anfänglich das Maß für die Quantität darstellt (Aufgabe 2), ist die zweite Erkenntnis, zu der wir durch diese Reaktionen gelangen, und man muß darin zweifellos einen Sonderfall der ordinalen Bewertungen (vom Urteil her gesehen) und der Unterordnung unter die Endgrenze (vom Bild her gesehen) erblicken, an die uns so viele der vorhergehenden Daten gewöhnt haben. Ebenso wie unter diesem doppelten Einfluß die Länge einer Geraden oft auf der präoperatorischen Ebene nach ihrem Ankunftspunkt bewertet wird, unabhängig von ihrem Ausgangspunkt, ebenso wird die Quantität des Wassers zunächst an der oberen Grenze (Höhe) seiner Säule, unabhängig von der Breite bemessen.

Drittens erkennen wir aus diesen Ergebnissen, daß, obwohl die Versuchspersonen der Kategorie *a* zweifellos manchmal Gelegenheit gehabt hatten festzustellen, daß eine aus einem weiteren in ein engeres Glas umgefüllte Flüssigkeit einen höheren Flüssigkeitsspiegel zeigt (vgl. die Versuchspersonen des Typs *b* oder $+N$ $-Es$), sie sich die Niveaus mehr in Abhängigkeit von begrifflichen Implikationen vorstellen (dieselbe Quantität impliziert dasselbe Niveau), als von ihren möglichen vorhergehenden Perzeptionen; und das im Gegensatz zu dem, was wir jetzt sehen werden.

121 Um sie von den operatorischen Pseudo-Erhaltungen zu unterscheiden, bei denen die Versuchsperson, die die Stufe der operatorischen Erhaltungen erreicht hat, diese auf illegitime Fälle ausdehnt, wie bei der Pseudo-Erhaltung der Oberfläche eines in immer schmalere Rechtecke transformierten Quadrats bei konstantem Umfang.

Die Versuchspersonen der Kategorie *b* (wir wagen nicht zu sagen, des Stadiums II, denn es ist keineswegs bewiesen, daß alle die Fälle, die zwischen den begrifflichen Stadien I oder *a* und III oder *c* liegen, was das Bild anbetrifft, diese Reaktion *b* durchlaufen) glauben weiter, daß sich die Quantität der Flüssigkeit an ihrem Niveau abmessen läßt, wie ihre Antworten auf Aufgabe 2 (Ausgleichung) zeigen. Aber zweifellos können sie auf Grund gemachter Erfahrung die Niveaus auf dem Weg der bildhaften Repräsentation voraussehen: sie antizipieren also eine Nicht-Erhaltung, und sie erhalten diese Meinung auch angesichts des sichtbaren Umfüllens aufrecht:

Aeb (4;11) Aufgabe 1: man gießt *A2* in *B* (verdeckt): »Gibt das genausoviel zu trinken? – *Nein, weil es breiter ist.* – Wie das? – *Hier ist weniger Sirup, weil es breiter ist* (*A* in *C*, verdeckt). – Genausoviel zu trinken? – *Nein, weil es kleiner ist* (enger). – Wer hat mehr? – *Da* (*C*), *weil man in ein kleineres Glas gegossen hat.* – Wie kommt das? – *Es ist mehr da, weil es weniger breit ist. Es ist größer* (= höher), *es ist mehr darin.*« Aufgabe 2: »Sag mir, bis wohin man gießen muß, um in diesen beiden Gläsern genausoviel zu trinken zu haben (*A* und *B* sichtbar). – *Bis hierhin* (er zeigt dieselben Höhen und ist nach dem Einfüllen einverstanden. Dasselbe, wenn *A* und *C* sichtbar sind. Man geht nun zum sichtbaren Umfüllen über (Aufgabe 4), aber man läßt zunächst die Niveaus antizipieren (zur Bestätigung dessen, was er schon bei Aufgabe 1 gesagt hat). Bei dem Übergang von *A2* zu *B* sieht er das exakte Niveau (niedriger) voraus und sagt nach dem Umfüllen: »*Es ist weniger drin, es ist breiter.*« Bei *C* sieht er die größere Höhe voraus und sagt anschließend: »*Hier ist mehr, weil es kleiner ist, es ist höher.* – Aber gibt das genausoviel zu trinken? – *Nein.*«

Dec (6;0), *A2* in *B* (verdeckt): »Genausoviel zu trinken? – *Ja . . . nein.* – Ja oder nein? – *Nein, weil dieses* (*A*) *mehr hat.* – Warum? – *Weil dieses da* (*B*) *größer ist* (= breiter), *das ist nur die Hälfte.* – Aber im Ernst, hat man nun genausoviel zu trinken oder nicht? – *Nein.* – Und da (*A1* in *C*)? – (Er betrachtet lange Zeit die Papphülle). *Nein* (er zeigt eine größere Höhe). – Warum? – *Weil dieses Glas* (*C*) *kleiner* (= enger) *ist.* – Wer hat mehr? – *Man hat weniger in diesem da* (*A*) *und mehr in jenem* (*C*).« Aufgabe 2 (Egalisierung): er zeigt dieselben Niveaus. Aufgabe 4 (sichtbares Umfüllen): in *B* »*wird das kleiner* (= niedriger), *weil das Glas dicker ist* (= breiter«, und in *C*: »*Sie sind es* (*C*), *der mehr hat.*«

Clo (5;5). Dieselben Reaktionen: sieht eine größere Höhe bei *C* voraus und zieht den Schluß: »*Das ergibt mehr, weil das ein kleines* (= enges) *Glas ist*«; er sieht eine niedrigere Höhe bei *B* voraus und schließt daraus: »*Das ist nicht genausoviel, weil man es in ein großes Glas geschüttet hat.* – Was macht das aus? – *Daß man nicht viel hat.*«

Diese Versuchspersonen sind für die Probleme des inneren Bildes von gewissem Interesse, da sie mehr oder weniger korrekt die Niveaus antizipieren, dabei aber weiter glauben, daß sich die Quantität der Flüssigkeiten nach diesen Höhen allein bemißt (Aufgabe 2) und dann daraus ganz logisch auf eine Nicht-Erhaltung schließen, sowohl in der Antizipation als auch, wenn sie beim Umfüllen zusehen. Die zentralen Fragen bestehen also darin, festzustellen, woraus diese antizipatorischen Bilder der Niveaus hervorgehen, und ob sie eine Vorbereitung auf die späteren Operationen der Erhaltung darstellen oder nicht.

Zwei Arten von Tatsachen lassen uns glauben, daß diese Antizipationen der Niveaus auf eine einfache Anwendung von reproduktorischen Bildern, die von der erworbenen Erfahrung abhängen, gegründet sind, und noch nichts von einer Kompensation im operatorischen Sinn des Wortes haben. Die erste dieser Tatsachen ist die Häufigkeit der Fehler (Gleichheiten vermischt mit Ungleichheiten oder momentane Umkehrung der Beziehungen enger × höher oder breiter × niedriger), nicht in den zitierten Fällen, sondern in den meisten anderen (eingeschlossen Clo in nicht wiedergegebenen Passagen). Die zweite dieser Tatsachen ist die, und das ist das Wesentliche, daß diese Versuchspersonen, obwohl sie im großen und ganzen voraussehen, daß eine Flüssigkeit in einem engen Glas höher steigt und in einem weiten Glas niedriger bleibt, darin einig sind (und ohne Zögern), daß sie die Höhen ausgleichen, wenn es darum geht, die Quantitäten auszugleichen (Aufgabe 2), und also auf eine Nicht-Erhaltung schließen. Ihre ungefähr korrekte bildhafte Vorstellung reicht also keineswegs aus, sie zu einer operatorischen Kompensation des Typs »enger × höher = dieselbe Quantität« zu führen, das heißt, daß das Bild darauf beschränkt ist, einen gesetzhaften Bezug bildlich darzustellen (»wenn ein Glas eng ist, steigt das Wasser höher«, usw.), aber ohne bis zu dem kausalen Zusammenhang vorzudringen, der die Erhaltung herstellen würde. Mit anderen Worten, diese Versuchspersonen beschränken sich darauf, sich vorzustellen, was sie bei vorhergehenden Umfüllungen haben sehen können; aber es ist etwas anderes, zu einer korrekten Beschreibung der Beziehungen zu gelangen, und etwas anderes, sie zu verstehen.

Nichtsdestoweniger bleibt bestehen, daß die Repräsentation der Niveaus, selbst wenn sie nicht die ausreichende Bedingung für die operatorische Kompensation darstellt, früher oder später notwendig für sie ist und ihr also als unentbehrliches Hilfsmittel dienen wird. Es ist also natürlich, daß man zwischen den eindeutigen Fällen der Kategorie *b* von Versuchspersonen und den eindeutigen Fällen der Kategorie *c* (Stadium der operatorischen Erhaltung und Kompensation) alle findet, die dazwischen liegen und bei denen sich die korrekte Beschreibung in das Verständnis hinein verlängert und so zur Kompensation führt. Aber wie wir an einigen Beispielen sehen werden, sind das ausschließlich die Fälle solcher Versuchspersonen, die während der Befragung selbst zur Erhaltung kommen, und die Aufgabe stellt sich jetzt, herauszufinden, ob es das Bild ist, das sie zu der Operation geführt hat, oder ob sich ihre anfänglich beschreibende bildhafte Repräsentation auf Grund ihres operatorischen Fortschritts durch ein Verständnis der Kompensation hat vervollständigen können:

Ost beginnt mit einer Reaktion des Typs *a*: Wenn man *A2* in *B* gießt, hat man dieselbe Quantität an Flüssigkeit und dieselben Höhen, aber bei dem Glas *C* kommt er zu einer Reaktion des Typs *c*: »*Hier (C) muß mehr sein, weil dieses da enger ist und mehr hineingeht* (!) – Was geschieht, wenn das da dünn ist? – *Dadurch steigt der Saft* (!) – Aber hat man nun dieselbe Menge zu trinken oder nicht? – *Ja.* – Bis wohin steigt das? – *Das ist höher.*« Ost zögert schließlich zwischen den Reaktionen *b* und *c* bei der Aufgabe 2 (*A* und *B*): »*Man muß bis zu derselben Höhe eingießen* (um dasselbe zu trinken zu haben). – Wir haben dann genausoviel zu trinken? – *Nein.* – Was muß man machen? – *Da* (*B*) *die Hälfte eingießen.* – Warum? – *Weil das da* (*B*) *breiter ist und das da* (A) *enger, da geht mehr hinein.* – Und hier (*A* und C)? – (Sieht bei *C* ein höheres Niveau voraus.) *Das da (C) ist enger und das da (A) ist breiter, also ist das genausoviel.«* Aufgabe 4 (Erhaltung): *»Das ist genausoviel, weil man genausoviel eingegossen hat, man hat nur eingegossen«* (ohne etwas hinzuzufügen oder wegzunehmen).

Obr (6;10) geht schon bei Aufgabe 1 von dem Reaktionstyp *a* zu dem Reaktionstyp *b* und dann *c* über: »(Wir gießen *A2* in *B*, verdeckt); *das ergibt dieselbe Menge zu trinken.* – Bis wohin steigt das? – (zeigt dieselbe Höhe = Reaktion *a*). – (Wir gießen *B* in *A2* zurück). Ist das dasselbe? – *Nein, Sie haben zuviel.* – Und (*A2* in C)? – *Nein, nicht genausoviel zu trinken, weil es kleiner ist* (*C*, eng). – Bis wohin steigt das? – *Bis dahin* (höher in *C* = Reaktion *b*). – Hast du oder habe ich mehr zu trinken? – *Nein, alle beide dasselbe: das da* (*C*) *ist kleiner, also steigt das höher* (= Reaktion *c*, da jetzt Erhaltung mit Ungleichheit der Höhen vorliegt).« Aufgabe 2 und 4: dieselben Reaktionen *c*.

Tac (7;3) beginnt mit der Reaktion *b* (Aufgaben 1 und 3 zusammengefaßt); er kommt zu der Reaktion *b* erst bei Aufgabe 2 und bleibt bei Aufgabe 4 dabei. Aufgaben 1 und 3: (wir gießen *A2* in *B*, verdeckt) »*Es ergibt weniger, weil das Glas dicker ist.* – Bis wohin steigt das? – *Niedriger.* – Warum? – *Weil es dicker ist.* – Also? – *Es ist weniger drin.* – (*A*1 nach *C*, verdeckt) – *Es ist mehr drin, weil es kleiner ist* (= enger). – Bis wohin steigt das? – *Höher.*« Aufgabe 2: Tac antizipiert dieselben Niveaus bei *B* und *C* wie bei *A*, um dieselben Quantitäten zu trinken zu haben, aber wenn man zu der Realisierung kommt, stellt er seinen Fehler fest und gießt mehr in *C*, um die Egalisierung zu erreichen: »*Weil das da kleiner ist* (= enger), *muß man höher eingießen.*« Die Aufgabe 4 (Erhaltung) veranlaßt dann zu einer richtigen Reaktion mit derselben Rechtfertigung durch Kompensation.

Chab (7;10) gelangt schnell bei den Aufgaben 1 und 3 von der Reaktion *a* zu *b* und dann schließlich zu *c*: nachdem er die richtige Höhe bei dem Glas *C* vorausgesehen hat (für *B* war er noch bei denselben Höhen), antwortet er: »Genausoviel zu trinken? – *Nein . . ., eh ja, nein, ja, ja, weil das Glas* (*C*) *dünner ist, und es macht nichts, daß der Sirup höher ist.*« Aufgaben 2 und 4: richtig.

Rio (8;1), dieselben Reaktionen bei den Aufgaben 1 und 3: Übergang von Antworten des Typs *b* zu Antworten des Typs *c*: Aufgabe 2: »*Höher* (bei *C*). – Woher weißt du das? – *Ich habe das mit meiner Mutter gemacht, einmal hatte meine Schwester ein Glas wie dieses da* (dünn). *Sie hat es genommen* (um mehr zu haben), *sie hat es nicht verstanden!*«

Man sieht, daß jede dieser Versuchspersonen eine genaue Voraussage der Höhen erreicht, und das mit beinahe sofortigem Verständnis der Kompensation des Typs *c* (enger × höher = dieselbe Quantität), was sie von den eindeutigen Fällen des Typs *b* unterscheidet. Aber man stellt auch fest, daß, wenn sie eine Reaktion des Typs *b* durchlaufen, sie das wegen ihres Alters (6;10 bis 8;1) nur als Durchgangsstadium und sehr rasch tun (sie springen manchmal sogar direkt von den Typen *a* nach *c*, wie Ost bei den Aufgaben 1 und 3). Es ist also schwierig anzunehmen, daß, wenn ihre genaue bildhafte Repräsentation so weit gekommen ist, daß ihr ein Verständnis der Kompensation zur Seite tritt (wenn sie also von der einfachen Beschreibung des Gesetzes zu der kausalen Interpretation gelangt), das Bild allein für diesen Fortschritt verantwortlich sein soll, da die Operation bei ihnen schon im Begriff ist, sich zu bilden, und sich sofort danach durchsetzt, während das Bild bei den eindeutigen Fällen des Typs *b* (Aeb, Dec und Clo) keineswegs ausreicht, diese operatorische Ausarbeitung nach sich zu ziehen. Mit anderen Worten, diese Versuchspersonen befinden sich an der Schwelle des operatorischen Stadiums und der Erhaltung, und wenn sie die Reaktionen des Typs *b* durchlaufen, dann geschieht das nur in Form eines raschen Übergangs oder sogar als Restphänomen: die entstehende Operation also erlaubt ihnen, ihr genaues Bild der Niveaus in der Sicht der Kompensation zu deuten. Das bedeutet nicht, daß dieses Bild der Niveaus selbst von den Operationen abhängig ist, da das Vorhandensein eindeutiger Fälle des Typs *b* zeigt, daß sich das erstere unabhängig von den letzteren und unter dem bloßen Einfluß der erworbenen Erfahrung bilden kann, aber das bedeutet nur, daß das genaue Bild der Niveaus nicht aus sich selbst ein Kompensationsschema mitbringt, und daß dieses von den Operationen abhängt. Das bedeutet ebensowenig, daß das genaue Bild der Niveaus unnötig für die Ausbildung der Operationen und der Kompensation wäre, aber selbst wenn es eine notwendige Voraussetzung dafür bildete (was übrigens zweifelhaft ist, da es manchmal einen direkten Sprung von den Reaktionen *a* zu *c* zu geben scheint), handelte es sich auf jeden Fall nicht um eine ausreichende Voraussetzung: das Bild erscheint vielmehr als nützliches Hilfsmittel, das der Erkenntnis der Zustände dient, das aber unfähig ist, die Transformationen zu beherrschen.

Hier nun schließlich eindeutige Fälle der Reaktion *c*, also des operatorischen Stadiums:

Vui (7;7). (Wir gießen *A2* in *B*, verdeckt): *»Das ergibt dieselbe Menge zu trinken.* – Bis wohin steigt das? – *Bis dahin* (1/4 unterhalb der Höhe von *A*). – Warum? – *Weil das Glas dicker ist.* – Und wenn wir es dahinein zurückfüllen (in *A*)? – *Höher* (exakte Höhe). – Genausoviel zu trinken? – *Ja, weil Sie keinen Sirup nachgefüllt haben.* – (*A2* in *C*, verdeckt). – *Es ergibt genausoviel, aber das steigt höher.«* Aufgabe 2: korrekte Ungleichheit der Höhen.

Pri (8;2). (*A2* in *B*, verdeckt): *»Das ist dicker, breiter, und dann ergibt es dasselbe.* – Bis wohin steigt das? – *Niedriger.* – (In *C*) – *Das ist enger, und das steigt höher.* – Hat man genausoviel zu trinken? – *Ja.* – Warum? – *Das ist dieselbe Menge«* (sic). Aufgaben 2 und 4: korrekt.

Das ist also die Endstufe, auf der sowohl die operatorischen Interpretationen als auch die antizipatorischen Bilder richtig sind.

II. – Wir müssen noch einige Worte über eine Gegenprobe sagen, die war an 32 Versuchspersonen von 5;0 bis 7;5 vorgenommen haben, mit Hilfe von sechs Gläsern *B* und *C* anstatt von zweien und mit ungleichen und nicht mehr konstanten Höhen.[122] Die Aufgaben 1 bis 4 wurden beibehalten, aber sie wurden in der folgenden standardisierten Weise gestellt:

122 Die Gläser *B* sind immer weiter als die Gläser *A*, und die Gläser *C* enger; aber im einzelnen gilt für die Weiten: *B*1 = *B*2 und C1 = C2, aber *B*3>*B*2 und C3<C2. Für die Höhen gilt: *B*1 = *A* = C1; *B*2 = *B*3 und C2 = C3, aber *B*2<*B*1 und C2>C1.

Aufgabe 1 (Antizipation der Niveaus), verdeckt, und mit nicht sichtbarer Umfüllung: Reihenfolge *B*1, *B*2, *B*3, *C*1, *C*2, *C*3.
Aufgabe 2 (ebenso), unverdeckt, ohne Umfüllung, alle Gläser (*A* bis zu ³/₄ gefüllt, *B* und *C* leer) auf dem Tisch. Nach jeder Antizipation der Höhe legt man ein Gummiband um das Glas, um die angegebene Höhe festzuhalten, was dem Kind einen allgemeinen Vergleich ermöglicht. Wenn die Ergebnisse notiert sind, entfernt man die Gummibänder, nimmt die drei Gläser *B* und fragt, ob die Höhen dieselben sein werden wie bei *A*, oder wenn nicht, welches das Glas mit der niedrigsten Höhe sein wird. Ebenso bei den drei Gläsern *C*, wobei eventuell nach der höchsten Höhe gefragt wird.
Aufgabe 3: Antizipation der Erhaltung (verdeckt, unsichtbares Umfüllen) bei *B*1, *B*3, *C*3 und *C*1.
Aufgabe 4: Erhaltung mit tatsächlichem Umfüllen.

Die Ergebnisse haben zunächst eine gute Korrelation[123] zwischen den Antizipationen mit und ohne Sichtblende sowie zwischen den Reaktionen zu den Gläsern *B* und den Gläsern *C* gezeigt. Dagegen ist wegen der Anzahl der zu vergleichenden Gläser eine erhöhte Anzahl von Zwischenreaktionen zwischen den Reaktionen des Typs *a* und denen des Typs *b* aufgetreten, was beweist, daß die exakte Antizipation der Höhen (Reaktion *b*) nicht plötzlich, sondern auf dem Weg über eine Reihe von Übergängen erscheint. Diese Zwischenreaktionen sind sogar noch zahlreicher als die eindeutigen Fälle des Typs *a*, wobei der größte Teil der ersteren eine Persistenz der Niveaus und der Quantitäten bei drei von sechs Gläsern voraussieht, während die anderen Gläser zu Schwankungen Anlaß geben (unglücklicherweise mit dem Hinzutreten von perzeptiven Illusionen, die es schwierig machen, die angenommene Gleichheit des Niveaus abzuschätzen).
Es ist nur um so erstaunlicher, daß es eine ausgezeichnete Korrelation gibt zwischen den Reaktionen auf die Aufgabe 2 (Ausgleichung der Quantitäten *E* bei den sechs verschiedenen Gläsern und bei den Gläsern *A*), und auf die Aufgabe 4 (Erhaltung im Falle der sichtbaren Umfüllung *Es*). Siehe die Tabelle 126:

Tabelle 126: Beziehungen zwischen der Egalisierung *E* und der Erhaltung *Es*

−*E* −*Es*	+*E* −*Es*	−*E* +*Es*	+*E* +*Es*
53,8	3,9	0	42,3

123 Das Ergebnis hätte auch anders aussehen können. – Zwischen beiden Methoden finden sich 86,2% von Fällen ++ und −− gegen 13,8% von −+ und +−, und zwischen beiden Sorten von Gläsern finden sich 76,2 Fälle ++ und −− gegen 23,8 von −+ und +−.

Das bedeutet also, daß alle Versuchspersonen, die den Erhaltungsversuch nicht bewältigen, der Meinung sind, daß die Niveaus bei den sechs Gläsern *B* und *C* ungefähr gleich sein müssen, daß man in jedem genausoviel zu trinken hat.[124] Diesbezüglich besteht eine perfekte Korrelation zwischen den drei Gläsern *B* und den drei Gläsern *C* (−*B* −*C* = 57,7%, +*B* +*C* = 42,3% gegenüber + − und − + = 0). Das Anfangsgesetz der präoperatorischen Stadien »dieselbe Quantität = dieselbe Höhe« bestätigt sich also.

Sucht man zweitens die Beziehungen zwischen der Antizipation der Niveaus *N* (Aufgabe 1) und der Egalisierung *E* (Aufgabe 2), die also ziemlich genau mit der endlichen Erhaltung korreliert, so findet man wieder den Vorsprung der ersteren, was die Reaktionen des Typs *b* charakterisiert:

Tabelle 127: Beziehungen zwischen der Antizipation der Niveaus (*N*) und der Egalisierung (*E*) (in % der Versuchspersonen)

−*N* −*E*	+*N* −*E*	−*N* +*E*	+*N* +*E*
30,7	26,9	5,9	36,5

Insgesamt bestätigt diese Kontrolle an einem Satz von sechs Gläsern die vorhergehenden Schlußfolgerungen.

§ 2. Antizipation der Niveaus und der Erhaltung beim Umfüllen der Perlen

Man kann dieselben Behälter *A, B* und *C* wie vorher verwenden und sie mit Perlen und nicht mehr mit Flüssigkeiten füllen; die Reaktionen zu denselben Aufgaben werden untersucht. Wir haben das mit F. Paternotte an 34 Versuchspersonen von 5 bis 7 Jahren durchgeführt, aber wir wollen auf diese Ergebnisse nicht weiter eingehen, denn obwohl noch Gläser hinzugefügt wurden (Gläser *B* und *C* wie in § 1 unter I, Gläser *D* = 4 enge kleine Gläser, und Gläser *E* = 3 bis 6 weitere Gläser), was vier Umfüllungen von *A* nach *B–E* voraussetzt, haben wir dieselben Reaktionen hinsichtlich der Antizipation der Niveaus gefunden (siehe Tabelle 124 in § 1):

124 Bei der einzigen Versuchsperson −*E* + *Es* handelt es sich um die Entdeckung der Erhaltung im Augenblick des Versuchs.

28 % positive Ergebnisse mit 5 Jahren, 37 % mit 6 Jahren und 66 % mit 7 Jahren.
Dagegen sind die Beziehungen zwischen den analogen Antizipationen der Niveaus und den Erhaltungen ganz abweichend, und zu diesem Punkt würden wir gerne einige Worte sagen. Man weiß nämlich seit den Standardisierungen von Vinh-Bang und Inhelder, daß die Erhaltung der Perlen im Falle einfachen Umgießens früh erworben wird. Die Gesamtergebnisse belaufen sich auf:

5;0 bis 5;5	5;6 bis 5;11	6;0 bis 6;5	6;6 bis 6;11	7;0 bis 7;5
25 %	25 %	47 %	75 %	94 %

Daraus ergibt sich, daß die Antizipation der Niveaus in diesem Fall hinter der Erhaltung zurückbleibt und ihr nicht mehr voraufgeht, wie im Falle der Flüssigkeiten. Aber dann kann man sich fragen, ob eine Erhaltung ohne Kompensation eine echte Erhaltung darstellt und ob im Falle der Perlen nicht eine mehr oder weniger vollständige Kontinuität zwischen dem vorliegt, was wir (in § 1) »Persistenz« oder primäre Pseudo-Erhaltung genannt haben, und der eigentlichen Erhaltung. Als wir die Erhaltung bzw. die Nicht-Erhaltung im Falle der Umfüllungen von *A* nach *B–E* antizipieren ließen, fanden wir nämlich 62 % »Persistenz« oder Erhaltung mit 5 Jahren, 80 % mit 6 Jahren und 100 % mit 7 Jahren, was bedeutet, daß man erwarten muß, zwischen den Reaktionen des Typs *a* von § 1 (Persistenz der Quantität und des Niveaus zusammengenommen) und jenen des Typs *c* (Erfolg bei der Antizipation der Niveaus und tatsächliche Erhaltung) nur wenige Reaktionen des Typs *b* anzutreffen (genaue Voraussage der Niveaus und der Nicht-Erhaltung). Tatsächlich erhält man, wenn man die zwischen der Antizipation der Niveaus *N* und der Antizipation der Erhaltungen (*E*, ob es sich nun um »Persistenzen« oder um echte Erhaltungen handelt) liegenden Beziehungen zu bestimmen sucht, die folgende Tabelle 128:

Tabelle 128: Beziehungen zwischen der Antizipation der Niveaus (*N*) und der Antizipation der Erhaltungen (*E*) (in % der Versuchspersonen)

$-N\ -E$	$+N\ -E$	$-N\ +E$	$+N\ +E$
7,3	6	49,2	37,5

Man sieht, daß die Kategorie $+N\ -Es$, die der Reaktion des Typs *b* entspricht, hier nur 6 % beträgt gegenüber 22,5 % auf der Tabelle 125 (dabei handelt es sich in diesem Falle nur um die Beziehungen zu den operatorischen Erhaltungen und nicht zu den *E* im allgemeinen), und gegenüber 26,9 % der Tabelle 127.

Die Ursache für diesen Unterschied zwischen dem Fall der Perlen und dem der Flüssigkeiten läßt sich mit Sicherheit aus der Tatsache ableiten, daß die Perlen gleichzeitig formbeständig, zusammenhanglos und zählbar sind[125], was es einfacher macht, sich mit Formulierungen wie *»wir schütten alle Perlen da hinein«* (Ris, 6;1) oder *»wir haben immer genauso viele Perlen«* (Pid, 6;5) zufriedenzugeben, die auf halbem Wege zwischen der Persistenz und der Erhaltung liegen. Da die Antizipation der Höhen bei den Perlen genauso schwierig ist wie bei den Flüssigkeiten, die Bewahrung dagegen einfacher, ist es ganz natürlich, daß die Reaktionen des Typs *b* ($+N\ -E$) viel weniger zahlreich sind.

Von den Beziehungen zwischen Bild und Operation her gesehen bestätigt diese unterschiedliche Situation zwischen den Perlen und den Flüssigkeiten mit Analogie bei den antizipatorischen Bildern der Niveaus, daß diese letzteren nicht den Ursprung der Operationen bilden, die bei den Erhaltungen und den Kompensationen auftreten, da ein und derselben Entwicklung der Bilder mit dem Alter zwei ganz verschiedene operatorische Entwicklungen entsprechen. Nichtsdestoweniger bleibt die Tatsache bestehen, daß das Bild der Niveaus, das zweifellos hier wie vorher aus den von der Versuchsperson gemachten Erfahrungen hervorgeht, eine nützliche Hilfsrolle bei der Ausbildung der Operationen und der Kompensationen spielen kann. Aber in diesem besonderen Fall ist diese Rolle weniger eine der Vorbereitung (da die Erhaltung der Antizipation der Höhen vorausgeht, anstatt ihr zu folgen) als eine solche der Konsolidierung und Perfektionierung in den Strukturierungen, was den Übergang von der Erhaltung durch einfache Identität zu der Erhaltung durch Kompensation begünstigt, wobei diese letztere wiederum einen Rahmen operatorischer Erhaltung voraussetzt, um sich entwickeln zu können.

125 Daher ein geheimer Rest von Rekurrenz.

§ 3. Antizipation der Formveränderungen des Tonkügelchens und die Erhaltung der Substanz[126]

In den beiden vorhergehenden Situationen (Umfüllen der Flüssigkeiten bzw. der Perlen) ist die spontane Haltung der jüngsten Versuchspersonen die einer verallgemeinerten Pseudo-Erhaltung oder »Persistenz«, die auf die Niveaus selbst im Falle von Behältern verschiedener Formen (wobei man die andere Dimension oder Weite vernachlässigt) angewandt wird. Im Falle eines Tonklümpchens, dessen Transformation in eine Wurst oder in eine andere Form antizipiert werden soll, besteht die anfängliche Reaktion dagegen darin, eine Nicht-Erhaltung der Quantität der Materie oder Substanz vorauszusehen, da die Veränderung entsprechend *einer* Dimension zwangsläufig erfolgt und die andere (wiederum die Breite, usw.) vernachlässigt werden kann. Es ist also eine neue Situation eingetreten, deren Untersuchung wir in Angriff nehmen, wobei das Problem bestehen bleibt, die Verbindungen zwischen dem Bild und der Operation zu untersuchen, je nachdem ob ersteres es erlaubt, die Veränderungen auf eine oder auf zwei bis drei Dimensionen zu beziehen.

Die angewandte Technik war die folgende: 1. es wird angekündigt, daß man ein Kügelchen in eine Wurst, in einen Kuchen oder in kleine Stücke umformen wird, und man läßt die Formen und Abmessungen dieser Produkte *a*) mit Worten, *b*) mit Gesten, *c*) durch Zeichnung und *d*)[127] mit einer Auswahl aus fertigen Zeichnungen antizipieren; 2. man fordert anschließend auf, vorauszusagen, ob das umgeformte Kügelchen aus genausoviel Modelliermasse bestehen wird (auch im Laufe der Zwischenstufen), wie bei seinem Anfangszustand; 3. drittens zeigt man einerseits eine Wurst, dann einen Kuchen, dann eine Ansammlung von Stücken, und andererseits drei Kügelchen in verschiedenen Größen zur Auswahl und man fragt, was herauskommen wird, wenn man diese Würste usw. in Kugeln zurückverwandelt. Es handelt sich bei dieser Aufgabe 3) um ein Problem der umgekehrten Antizipation und nicht der Erhaltung, denn das Kind hat nicht gesehen, aus welchen Kügelchen die Würste usw. hervorgegangen waren, deren Rückverwandlung in eine Kugel es sich vorstellen soll; 4. man stellt schließlich die übliche Frage nach der Erhaltung angesichts der sichtbaren Transformationen.

Die wichtigsten Ergebnisse waren die folgenden: 1. daß die Antizipationen der Formen und Abmessungen, wie vorherge-

126 In Zusammenarbeit mit H. Niedorf.

127 Man verlangt drei aufeinanderfolgende Zeichnungen, die dem Fortgang der Transformation entsprechen.

sehen, damit beginnen, daß nur eine einzige Dimension in Betracht gezogen wird und dabei die anderen vernachlässigt werden und daß sie erst mit 8 Jahren (Alter der Erhaltung) zu einem adäquaten Bild in 75 % der Fälle gelangen; 2. daß die umgekehrte Antizipation noch schwieriger ist; und 3. daß es am Anfang eine Antizipation der Nicht-Erhaltung gibt und nicht der »Persistenz« wie im Fall der Flüssigkeiten und der Perlen.

Hier zunächst die Antizipationen der Formen (oder der jeweiligen Dimensionen) mit Worten, in der Zeichnung oder mit der Auswahl unter fertigen Zeichnungen (die Hinweise durch Gesten haben sich als sehr schlecht und schwierig zu deuten erwiesen). Die Antizipationen sind schwer zu chiffrieren, und wir geben infolgedessen drei Arten von Bewertungen an: 1. die positiven Ergebnisse, die großzügig bemessen werden, selbst wenn das Kind die beiden Dimensionen hintereinander (die eine bei der einen Transformation und die andere bei der folgenden) und nicht gleichzeitig angibt, denn man muß einfach die Schwierigkeiten der Aufmerksamkeit berücksichtigen; 2. in Klammern (. . .) geben wir die gleichzeitig erzielten positiven Ergebnisse an; 3. schließlich ziehen wir noch in eckigen Klammern [. . .] die positiven Ergebnisse bei solchen Fragen ab, die suggestiv gewesen sein könnten, um nur die im engsten Sinne positiven Ergebnisse festzuhalten. Was die umgekehrten Antizipationen anbetrifft, so geben die Zahlen in Klammern drei richtige Antworten bei drei Vorführungen an (was insgesamt neun ergibt bei den Würsten, Torten und Stücken), während die erste angegebene Zahl den Durchschnitt von zwei positiven Ergebnissen bei drei Vorführungen bezeichnet. Im allgemeinen bilden die auf der Tabelle 129 angegebenen positiven Ergebnisse die Durchschnittswerte der positiven Ergebnisse zu den Würsten, Torten und Stükken, und das Kriterium des Erfolgs bleibt bezogen auf die qualitative Kompensation. Es ist also ein positives Ergebnis, sobald das Kind bei den direkten Antizipationen angibt, daß sich die beiden Dimensionen verändern, und zwar in einander entgegengesetzter Richtung: Dünnerwerden und Verlängerung bei der Wurst, Abflachen und Verbreiterung bei der Torte und zahlenmäßiges Anwachsen und Kleinerwerden der Stücke. Was die umgekehrte Antizipation betrifft, so wird das

positive Ergebnis von der Auswahl der entsprechenden Größe bestimmt. Schließlich ist das positive Ergebnis der Antizipation der Erhaltung durch die mündliche Angabe gegeben.
Man sieht nun, daß bei den drei Arten der Auswertung und bei jeder der fünf Arten von Aufgaben die 75% erst mit 8 Jahren nach einer Zwischenstufe im Alter von 6–7 Jahren erreicht werden. Andererseits stellt man fest, daß der mündliche Ausdruck der repräsentativen Antizipationen besser bewältigt wird als die Zeichnung, und zwar aus verständlichen Gründen der graphischen Technik, da es sich darum handelt, die Veränderung zweier Dimensionen auszudrücken (die Schwierigkeit ist vor allem bei der Zeichnung der Torten beachtlich; im übrigen sind die Antizipationen, die sich auf die Würste, Torten und Stücke beziehen, von derselben Schwierigkeit). Was die Auswahl unter den fertigen Zeichnungen anbetrifft[128], führen sie zu besseren Antworten, da sie etwas nahelegen, was sich die Versuchsperson nicht selbst vorgestellt hatte: trotzdem werden die 75% erst mit 8 Jahren erreicht (70% durchschnittlich mit 6–7 Jahren).

Tabelle 129: Erfolge bei den Antizipationen der Form und der Erhaltung (in % der Antworten zu den drei Formen)

	5 Jahre (*N*=3×31)			6 Jahre (3×24)		
sprachlich	22,5	(5,3)	[5,3]	69,4	(63,8)	[23,6]
graphisch	7,5	(5,3)	[5,3]	35,9	(33,3)	[28,2]
Auswahl	47,2			73,6		
umgekehrte Antizipation	20,4	(4,3)		44,4	(31,9)	
Antizipation der Erhaltung	16,6			33,3		
	7 Jahre (3×23)			**8 Jahre (3×8)**		
sprachlich	60,8	(60,8)	[52,7]	91,6	(91,6)	[75]
graphisch	38,6	(38,6)	[38,6]	100	(91,6)	[91,6]
Auswahl	66,6			100		
umgekehrte Antizipation	52,1	(44,9)		100	(83,3)	
Antizipation der Erhaltung	66,6			100		

128 Es ist hier darauf hinzuweisen, daß diese Zeichnungen von guter Qualität sein müssen, besonders, was den Eindruck der Plastizität betrifft.

Schließlich scheinen die umgekehrten Antizipationen und die Antizipationen der Erhaltung ziemlich dicht beieinanderzuliegen. Es ist also interessant, ihre Relationen zueinander und zu den tatsächlichen Erhaltungen (Aufgabe 4) zu untersuchen. Das Ergebnis dieser Untersuchung liefert Tabelle 130, in der wir die beiden Beziehungen zusammengefaßt haben (*Ea* – antizipierte Erhaltung; *Ep* – operatorische Erhaltung angesichts der Transformationen, und *Au* – umgekehrte Antizipation):

Tabelle 130: Beziehungen zwischen den Reaktionen *Ea* und *Ep*, und *Ea* und *Au* (in % der Antworten)[129]

N	*−Ea −Ep*	*−Ea +Ep*	*+Ea −Ep*	*+Ea +Ep*
132	*52,2*	*0*	*1*	*46,8*
N	−Ea −Au	−Ea +Au	+Ea −Au	+Ea +Au
105	*40,9* (*37,1*)	*10,5* (*10,5*)	*3,8* (*13,3*)	*45,7* (*39*)

Die Korrelation zwischen der Antizipation der Erhaltung (*Ea*) und der endgültigen Erhaltung (*Ep*) ist also vollkommen, und sie bleibt auch gut zwischen der Antizipation der Erhaltung (*Ea*) und der umgekehrten Antizipation (*Au*). Die erste dieser Korrelationen zeigt, daß hier keine »Persistenzen« auftreten, sondern nur echte Erhaltungen, was ihre späte Entwicklung erklärt im Gegensatz zu der Erhaltung der Perlen (§ 2). Was die umgekehrten Antizipationen anbelangt, die ein quantitatives Element enthalten (die Dimensionen der auszuwählenden Kugel) und infolgedessen ein wenig später als die direkten Antizipationen, die nur die Form betreffen, bewältigt werden, so versteht sich ihre relative Korrelation mit den Erhaltungen von selbst, wenn diese auf der Umkehrbarkeit beruhen. Es muß auch noch darauf hingewiesen werden, daß bei unseren 86 Versuchspersonen die Erhaltungen einen gewissen Vorsprung zeigen gegenüber den Durchschnittswerten von Vinh-Bang (vollständig positives Ergebnis + Zwischenergebnisse = 16 % mit 5 Jahren, 32 % mit 6 Jahren, 36 % mit 7 Jahren, 76 % mit 8 Jahren und 88 % mit 9 Jahren); zweifel-

129 Die Zahlen in Klammern entsprechen den Erfolgen 3 auf 3 bei den *Au* (vgl. Tabelle 129).

los, weil die Gesamtheit der Fragen 1–3 eine gewisse Vorbereitung auf die Lösung dieses Problems darstellt.

Nun muß noch der wesentliche Punkt ermittelt werden, nämlich die Beziehungen zwischen den Antizipationen der Formen oder relativen Abmessungen (Aufgabe 1) und der Antizipation der Erhaltung. Die Tabelle 131 gibt diese Beziehungen für die Gesamtheit der Versuchspersonen an (wobei die großzügigen und die strengen Bewertungen der Tabelle 129 unterschieden werden; letztere sind in Klammern gesetzt) und getrennt davon für die Versuchspersonen von 5, 7 und 8 Jahren (die 6jährigen wurden ausgeschlossen); man wird sofort sehen, warum.

Tabelle 131: Beziehungen zwischen den direkten Antizipationen der Form *(Ad)* und der Erhaltung (*Ea*) (in % der Antworten)

	−*Ad* −*Ea*	+*Ad* −*Ea*	−*Ad* +*Ea*	+*Ad* +*Ea*
5–8 Jahre	19,8 (47,7)	35,2 (8,1)	9,9 (21,6)	35,1 (22,5)
5 und 7–8 Jahre	28,0 (31,6)	5,3 (1,7)	8,8 (26,3)	57,9 (40,3)

Berechnet man die positiven Ergebnisse großzügig (indem man also die aufeinanderfolgenden und nicht nur die gleichzeitigen Kompensationen einbezieht sowie die positiven Ergebnisse nach Fragen, die eine Rolle der Hilfe spielen können), so erhält man nur 54,9 % günstige Fälle für die Korrelation + + und − − gegenüber 45,1 % ungünstiger Fälle: von diesen sind 35,2 % vom Typ +*Ad* −*Ea*, das heißt, sie zeigen einen Vorsprung der Antizipation der Formen vor derjenigen der Erhaltung, wie es der Fall ist bei der Antizipation der Niveaus der Flüssigkeiten (Typ *b*). Der Vorsprung zeigt sich beinahe ausschließlich mit 6 Jahren, also vor dem Eintreten der Erhaltung: mit 5, 7 und 8 Jahren fallen die Fälle +*Ad* −*Ea* und −*Ad* +*Ea* auf 14,1 % zurück, und die Fälle der Korrelation auf 85,9 %. Nimmt man dagegen nur die vollständig gelungenen bildhaften Antizipationen *Ad*, so betragen die Fälle der Nicht-Korrelation (− + und + −) 29,7 % und die günstigen Fälle 70,2 %, und diesmal hat die Antizipation der Bewahrung *Ea* einen Vorsprung vor derjenigen der Formen *Ad*: 21,6 % gegenüber 9,1 (und 26,3 gegenüber 1,7 mit 5, 7 und 8 Jahren).

Diese Tatsachen sind in gewisser Weise interessant für die

Theorie der Beziehungen zwischen dem Bild und der Operation und liegen im großen und ganzen parallel zu dem, was wir bei den Flüssigkeiten gesehen haben (§ 1). Sie zeigen uns einerseits, daß die Bilder, zweifellos unter dem Einfluß der erworbenen Erfahrung, den Operationen ein wenig voraufgehen können, aber ohne daß die Kompensation verstanden würde, und sie bleiben dabei sogar als Bilder relativ ungenau und vag (daher das Interesse an einer großzügigen Bewertung auf Tabellen 129–131). Aber sobald sich andererseits die Operationen mit den Erhaltungen ausbilden, wirken beide auf die Bilder ein, und diese werden unter dem Einfluß des Kompensationsrahmens, den die ersteren abgeben, genauer: daher die Umkehrung der Beziehungen, wenn man nur die strengen Bewertungen berechnet und nur die genauen Antizipationen ins Auge faßt.

Um diese Entwicklung zu illustrieren, wollen wir nun einige Beispiele für diese drei Stufen geben und beginnen dabei mit der ersten, auf der es weder Erhaltung noch Antizipation, – nicht einmal ungefähre – der Veränderungen der Form in zwei Dimensionen gibt:

Far (5;2) macht eine Geste der Verlängerung und zeichnet die Wurst ein wenig länger als den Durchmesser der Kugel und genauso dick. »Und wenn ich mit dem Ausrollen fortfahre? – *Sie wird größer* (länger, Zeichnung von gleicher Dicke). – Und wenn ich weiter fortfahre? – *Noch größer*« (längere Zeichnung und noch dicker). Beim Kuchen: »Wenn ich drücke? – *Dann wird das so* (zeichnet einen Kreis desselben Durchmessers wie die Kugel). – Und wenn ich noch mehr drücke? – *Dann wird das kleiner* (zeichnet einen Kreis mit einem kleineren Durchmesser). – Und wenn ich weiter fortfahre? – *Das wird dann noch kleiner*« (er zeichnet einen Kreis, der einen noch kleineren Durchmesser hat als der vorhergehende). Die Stücke stellt er sich immer kleiner vor, aber ohne ihre Zahl zu vergrößern, und bei der umgekehrten Antizipation wählt er drei immer größere Kugeln aus für die Wurst, die Torte und die Stücke (wovon nur die zweite passend war, aber aus Zufall).

So (5;9) sieht voraus, daß sich die Kugel in eine Wurst von 10 cm (Geste) verwandeln wird, mit einer Zeichnung von 13,5 cm Länge auf 4 cm Breite. »Und wenn ich mit dem Ausrollen fortfahre? – *Dann wird sie kleiner, nicht größer!* (Zeichnung von 16,5 cm Länge auf 5 cm Breite; beide Dimensionen werden also vergrößert). – Und wenn ich noch fortfahre (Geste, wie der Teig auf dem Tisch ausgerollt wird)? – *Er wird so, aber rund* (Zeichnung von 17 cm Länge und 5–6 cm Breite, mit einer geraden und einer gewölbten Seite). Bei den auszuwählenden Zeichnungen nimmt er die dicksten. Bei der Torte reagiert So wie Far, und bei den Stücken macht er sie »ganz klein«, dann »ganz, ganz klein« und schließlich »ganz winzig«, aber ohne sich um die Anzahl zu kümmern. Bei der umgekehrten Antizipation wählt er eine erste

Kugel für die Wurst, eine »größere« Kugel, wenn man sie weiter ausrollt, und eine »sehr große« Kugel, wenn man sie noch mehr verlängert. Für die Torte und die Stücke wählt er ebenso immer größere Kugeln: *»Sie ist sehr groß* (die dritte), *weil es viele kleine Stückchen sind.«*

Com (5;0) sieht dagegen voraus, daß sich das Kügelchen in eine dünnere Wurst verwandeln wird, *»vielleicht so* (Zeichnung derselben Länge wie der Durchmesser der Kugel, aber dünner). – Und wenn ich mit dem Ausrollen fortfahre? – *Dünner* (Zeichnung derselben Länge und dünner). – Und wenn ich noch weiter ausrolle? – *Noch dünner«* (aber die Zeichnung behält ihre Länge). Ebenso liefert Com bei der Torte drei aufeinanderfolgende Zeichnungen mit demselben Durchmesser, aber immer *»flacher«*. Umgekehrte Antizipation: »Aus dieser Wurst will ich eine Kugel machen. Wird sie so sein wie diese hier? – *Nein, größer.* – Oder so (zweimal längere und zweimal dünnere Wurst?) – *Ein wenig größer als die erste.* – Und jetzt (noch länger und noch dünner)? – *Dicker als die zweite.«* Dieselben Reaktionen bei der Torte. Man zeigt ihm schließlich 4 Stücke, dann 8, dann 16 durch aufeinanderfolgende Teilungen, und er antizipiert die Transformation in drei immer größere Kugeln.

Hier jetzt ein Beispiel für einen Fall, der dazwischen liegt, ohne Erhaltung, aber mit Antizipation der Formen, der einen Anfang der Veränderung beider Dimensionen zugleich zeigt:

Bel (6;1): »Wenn ich dieses Kügelchen in eine Wurst ausrolle, habe ich dann genausoviel Teig? – *Nein, weil die Wurst länger ist.* – Und wenn ich es zu einer Torte forme? – *Nein, in der Kugel ist mehr, weil die Torte dünn ist.* – Und in Stücke? – *Es ist mehr in der Kugel, weil die Stücke klein sind«* (immer bei der Antizipation). Antizipation der Formen: *»Die Wurst wird lang sein* (Geste 40 cm) – Und wenn ich fortfahre? – *Sehr lang* (Geste 60 cm). – Und wie wird das aussehen? – *Dünn* (er zeichnet dick). – Warum hast du sie dick gemacht? – *Ich mache sie noch einmal.* – Wie? – *Dünn und lang.«* Die Torte: *»Flach und rund.* – Und wenn ich weiter darauf drücke? – *Dicker«* (Geste: breit), usw. Bei der umgekehrten Antizipation akzeptiert Bel, daß die äußersten Modelle dieselbe Kugel ergeben, und er scheint dann der Kompensation nahe zu sein, aber er lehnt es für die Zwischenmodelle ab: zum Beispiel bei den ersten Stücken: *»Ja, man kann diese Kugel machen, weil die Stücke groß sind und es nur vier gibt.* – Und damit (8 Stücke)? – *Nein, das geht nicht, weil es mehr Teig ist* (in den 8 kleinen Stücken). – Und damit (16)? – *Ja, das ist genauso, weil die klein sind und es viele davon gibt.«* Dieselben Reaktionen bei den drei Würsten und den drei Torten.

Man sieht, daß es bei den Versuchspersonen dieses Typs eine ungefähr korrekte Antizipation der Formen gibt, die aber dem beschreibenden Bild näher ist als einem Verständnis der Kompensation; daher das Nichtvorhandensein der Erhaltung. Hier zum Vergleich ein Beispiel der höheren Stufe:

Gau (7;11), Antizipation der Bewahrung: *»Das ergibt dasselbe, weil es derselbe Teig ist.* – (Form: Wurst). – *Das wird länger und dann weniger dick.* – (Torte?) – *Flacher und größer* (breiter). – Genausoviel Teig? – *Ja, weil sie vorher gleich sind.«* Umgekehrte Antizipation (Wurst): »Die Wurst (3) ist länger und dünner, und die da (1) ist kürzer, aber dicker, und diese da (2) ist auch länger und dünn: das ergibt dieselbe Kugel, weil es genausoviel Teig ist.«

Die antizipatorischen Bilder der Transformationen erreichen so gleichzeitig eine größere Genauigkeit und eine Kompensationsbedeutung im Rahmen einer Erhaltung, die sie allein nicht zustande bringen können.

§ 4. Antizipation der bi-univoken Übereinstimmungen zwischen Spielmünzen[130]

Das Verblüffende bei unseren alten Versuchen über die numerischen Gleichwertigkeiten durch Entsprechung ist das offensichtliche Fehlen der bildhaften Repräsentation: während das Kind von 4–5 1/2 Jahren feststellt, daß 8–9 rote Spielmünzen ebenso vielen blauen Spielmünzen gleichen, weil sie Stück für Stück in zwei parallelen Reihen derselben Länge einander gegenüberliegen, scheint es ihm nicht möglich zu sein, wenn man vor ihm blaue Münzen um 3 oder 4 mm verschiebt, sich die Möglichkeit vorzustellen, sie an den Platz gegenüber den roten Münzen zurückzulegen, um zu bestätigen, daß die Gleichheit erhalten geblieben ist! Und dennoch hat die Versuchsperson die Verschiebung wahrgenommen: ist das innere Bild auf diesen präoperatorischen Altersstufen so arm, daß es sich die Vorstellung einer Rückkehr in die alte Lage um einige Millimeter nicht erlauben kann? Die Schwierigkeit hängt zwar für das Kind vielleicht nicht so sehr von dieser Antizipation als solcher ab, als vielmehr von der Tendenz, die Quantität oder sogar die Anzahl durch den besetzten Raum (Länge der Reihen) abzuschätzen. Aber in diesem Fall entfernen wir uns ebenfalls nicht von den Problemen des Bildes, denn die jungen Versuchspersonen beurteilen die Länge einer Reihe nach den Überschreitungen relativ zu den Grenzen der anderen, und wenn sie aus diesen Überschreitungen ein Kriterium der numerischen Zunahme machen, ohne sich um die Dichte der Reihe zu kümmern, dann tun sie es vielleicht deswegen, weil sie nicht die mögliche Rückkehr irgendeines isolierten Elementes in seine Anfangsposition, sondern die Verkürzung durch Kontraktion einer Reihe schlecht antizipieren, die sich durch Überschreitung der Grenzen der anderen verlängert hat, oder, allgemein gesprochen, die Veränderungen der

130 In Zusammenarbeit mit S. Taponier.

Länge einer Reihe an sich auf einer Stufe, auf der die Länge ein vor allem ordinaler Begriff bleibt: dieser ordinale Charakter aber hängt, wie wir es vorausgesehen haben (Kap. II–III) zum Teil von der Rolle des Bildes ab.[131]
In einer Untersuchung, die einer von uns mit A. Morf durchgeführt hat[132] und bei der zwei Reihen von 4 Elementen einfach so oder mit Hinzufügung von Stäben oder Strichen, die die Elemente der einen Reihe mit denen der anderen verbanden, verglichen werden sollten, haben wir außerdem festgestellt, daß, wenn die jüngsten Versuchspersonen von dem Vorhandensein der Striche nicht beeinflußt waren, dieses Vorhandensein dagegen ab 5–5 ½ Jahren die Oberhand über die Ungleichheit der Länge der Reihen zu gewinnen vermochte. Warum reicht also in diesem Fall das Bild nicht aus, die Rolle zu spielen, die die Stäbe so leicht erfüllen?
Es mußte also eine Vorrichtung erfunden werden, die im Falle von zwei Reihen ungleicher Länge mit bi-univoker Entsprechung die Vorstellung der Verschiebungen selbst erleichtern und der Versuchsperson erlauben würde, sich anhand einer einfachen Prüfung von vorher gezeichneten Wegen vorzustellen, was aus einer der beiden Reihen würde, wenn ihre einzelnen Elemente zu den Elementen der anderen Reihe hinrückten, um in einer eigentlichen optischen Entsprechung eine Lage genau ihnen gegenüber einzunehmen. Der verwendete Apparat bestand aus einem Fächer von 12 Bahnen (Abb. 46), deren Mediane 24 bzw. 50 cm lang sind (Modelle I–II und III), und die alle 5 (I–II) oder 7,5 (III) cm an der oberen Seite breit sind und 1,5 cm an der anderen. Die Bahnen sind durch Fäden oder besser durch Zwischenwände aus Karton von 1 cm Höhe getrennt. An der Vorrichtung befindet sich eine Reihe von 12 festen Münzen *F* in einer bestimmten Farbe, und an der Basis eine andere Reihe *M* von 12 Münzen, die aber beweglich und von anderer Farbe sind. Je nach Modell unterscheiden wir 6 oder 10 mögliche Positionen zwischen der

131 Zu beachten ist jedoch, daß einige wenige Versuchspersonen, vor allem mit 6 Jahren, die kürzeren Reihen für zahlreicher halten und dabei den Charakter der Dichte (des Zusammengedrängtseins) hervorheben. Doch das ist ein erster Entwurf in Richtung auf das In-Beziehung-Setzen der beiden auftretenden Faktoren, das die operatorische Stufe ankündigt.
132 *Etudes d'épistémologie génétique*, Bd. VI, Kap. III: »Logique et perception«, Presses Universitaires de France, 1958.

beweglichen, zunächst engliegenden Reihe (Position 0) und der festen und breiten Reihe des Oberteils (Position 10): die Probleme bestehen nun einerseits darin festzustellen, ob die Versuchsperson bei einfacher Betrachtung der Vorrichtung die Äquivalenz der Gesamtheiten *F* und *M* sofort erkennt, und andererseits zu bestimmen, in welchem Maße die Verschiebung der Elemente *F* entlang den Bahnen (in den Positionen 1, 3, 5, 6 bis zu Position 9, die unmittelbar vor der Reihe *F* in Position 10 liegt) zu der Egalisierung führt, gleichgültig, ob es sich um reale Verschiebungen handelt, die aber das Bild ihrer Fortsetzung suggerieren, oder ob alles in bildhafter Antizipation geschieht.

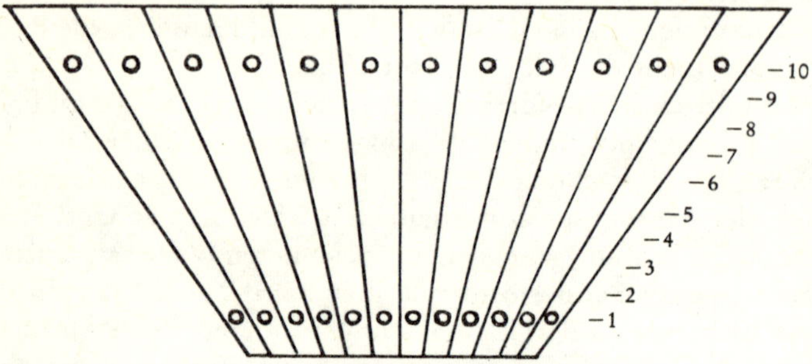

Abb. 46

Da es sich ergab, daß die Bahnen auf den präoperatorischen Stufen (vor 7 Jahren im Durchschnitt) die Entdeckung der Erhaltung kaum erleichtern, haben wir uns weniger um die Herstellung einer statistischen Tabelle der positiven Ergebnisse bemüht (siehe dazu § 5), als um die qualitative Untersuchung der Unzulänglichkeiten des Bildes, die zweifellos mit der Tatsache zusammenhängen, daß die Versuchsperson den Akzent mehr auf die ungleichen Längen der horizontalen Reihen legt, als auf die individuellen Bahnen der Münzen in der vertikalen Dimension. Wir haben also eine Anzahl verschiedener Techniken verwandt, die sich qualitativ ergänzen, deren Ergebnisse aber von quantitativen oder statistischen Standpunkt aus heterogen sind:

Die Technik I (Fächer I, nach der Höhe aufgeteilt in 6 aufeinanderfolgende Stufen) umfaßt die vier folgenden Aufgaben:

Aufgabe 1) man fragt zunächst, ob genauso viele rote Knöpfe in Position 0 und schwarze Knöpfe in Position 6 da sind, oder nicht; Aufgabe 2) im Falle der Nicht-Ausgleichung schiebt man einen roten in Position 1 und läßt zeigen, wo er ankommen müßte, wenn man ihn immer weiterschieben würde, und man fordert zu der Vorhersage auf, wie es mit den roten wäre, wenn man sie alle direkt vor die schwarzen schöbe (Position 6 direkt unterhalb der schwarzen); dazu gibt man dem Kind neue rote Münzen, die es in einer Reihe unter die schwarzen legt (in manchen Fällen haben wir zwischen die Zwischenpositionen eine Sichtblende gesetzt, haben aber diese unnütze Komplikation schließlich weggelassen); Aufgabe 3) wir fragen jetzt, ob in Position 6 genauso viele rote wie schwarze da sind; da die Reihe der roten ein wenig kürzer ist, als die der schwarzen (vor allem bei den Fächern I–II von 24 cm Höhe, was uns dazu gebracht hat, in der Folge ein Modell III von 50 cm zu verwenden), kommt es vor, daß die Versuchsperson meint, es wären weniger rote; man fragt dann, »ob jede schwarze eine rote bei sich hat?«, und man stellt von neuem die Frage nach der Gleichheit der Reihen; Aufgabe 4): schließlich wird noch einmal gefragt, ob genausoviel rote in Position 0 liegen wie schwarze in Position 6, und warum ja oder nein.

Die Technik II (Modell II mit 10 Stufen nach der Höhe) gleicht der vorhergehenden, aber wir haben das Kind bei Aufgabe 2 darum gebeten, selbst die grünen Knöpfe von der Position 0 (grüne und nicht mehr rote, weil diese letztere Farbe manchmal, so scheint es, zu einer Überschätzung der Quantitäten einfach wegen geschmacklicher Bevorzugung geführt hat) bis zur folgenden Position zu schieben: es handelt sich nun darum, sich die Verteilung der grünen in Position 9 gegenüber den braunen in 10 vorzustellen und sie quantitativ zu vergleichen. Aber selbst dann schien es, daß die Versuchsperson nicht eine reale Antizipation der Bahnen nach den Feldern vornahm (trotz der Pappwände, die wir an die Stelle der Fäden gesetzt hatten) und sich damit begnügte, die Ersatzelemente (Papierstückchen, Pfennige, gelbe Münzen) in Position 9 unabhängig von den Bahnen aufzureihen.

Die Technik III *A* versucht, dieser negativen Reaktion (die in sich selbst übrigens interessant ist) abzuhelfen: Aufgabe 1) man setzt grüne Knöpfe in 0 und braune in 10, und man läßt die Quantitäten vergleichen, mit Begründung; Aufgabe 2) man läßt die Verteilung der grünen Knöpfe in Position 9 antizipieren, aber ohne sie materiell verschieben zu lassen, indem man die Antizipation in der folgenden Weise überwacht: man zeigt auf jeden einzelnen grünen Knopf und fragt, wo er ankommen wird (und man verzeichnet entweder die Geste oder den Blick des Kindes, der von 0 nach 9 wandert), und man läßt einen gelben Stein (Floh) an den Ankunftspunkt setzen; darüber hinaus fragt man das Kind bei dem achten Knopf, ob es richtig ist, eine gelbe Münze an die Stelle zu setzen, die es angibt, und welchem grünen Knopf sie entspricht; Aufgabe 3) man läßt die Gleichheit der braunen (Position 10) und der gelben (Position 9) Serien abschätzen; Aufgabe 4) man läßt Verteilung und Menge der grünen in den Positionen 1, 3, 6 und 9 antizipieren; man läßt diese Positionen durch deutliche Gesten zeigen, die braunen bleiben dabei in 10 und die grünen in 0; Aufgabe 5) wenn es schließlich im Laufe der vorhergehenden Antizipationen keine Erhaltung gegeben hat, geht man wieder von einer Abschätzung in 0 und in 10 aus (»genausoviel oder nicht?«), und man läßt die grünen Knöpfe materiell in die Positionen 3 und 10, dann 6

und 9, usw. schieben, bis die Versuchspersonen die Gleichheit definitiv annimmt oder ablehnt (mit Begründung).
Die Technik III *B* schließlich ist nach der vorhergehenden gebildet, aber in absteigender Reihenfolge: 1. während die grünen Knöpfe in 9 und die braunen in 10 stehen, fragt man, ob es genauso viele sind, oder nicht; 2. Antizipation der Verschiebung der grünen von 9 nach 0, wobei man die gelben Flöhe in 0 setzt; 3. quantitativer Vergleich zwischen 9 und 0; 4. vgl. Aufgabe 4 von III *A*, aber in der Reihenfolge der Positionen 9, 6, 3 und 0; 5. vgl. Aufgabe 5, aber in der Reihenfolge 9, 6, 3 und 0, dann in steigender Reihenfolge, wenn es sich empfiehlt.

I–II. – Die Techniken I und II haben bei den jungen Versuchspersonen zu anfänglichen Reaktionen von gewissem Interesse geführt, das darin liegt, daß der ganze Akzent auf das Bild der Reihen als solcher gelegt wird[133], im Gegensatz zu der Individualisierung der Elemente und ihrer Entsprechung Einheit mit Einheit. Daraus ergibt sich, daß, wenn es sich darum handelt, das Aufsteigen der roten oder grünen Münzen von Position 0 in die höhere Position (6 oder 9) zu antizipieren, das Kind sich entweder nicht mit den Feldern beschäftigt und die Markierungsmünzen einfach in die Position direkt vor der obersten Reihe (schwarze oder braune) bringt, was übrigens deswegen nicht immer die Gleichheit der Serien nach sich zieht (denn die Reihe der schwarzen bleibt objektiv ein wenig länger auf Grund der Fächerform), oder aber, daß es die Felder zwar berücksichtigt (vor allem wenn man die Abdeckung wegnimmt), aber trotzdem nicht wagt, das Steigen sämtlicher unteren Elemente vorzunehmen, aus Furcht, die antizipierte Reihe der roten oder grünen könnte im Raum die Grenzen der unteren Ausgangsreihe zu weit überschreiten! Hier nun Beispiele für den ersten Fall:

Mei (5;10): »Sind es genauso viele, oder nicht (*S* in 6, *R* in 0)? – *Mehr schwarze, weil es größer ist* (= längere Reihe). – Du siehst, man kann sie hinaufschieben (man schiebt vier in die Position 1), kannst du es machen? – (Er schiebt den Rest nach 1). – Sieh genau hin und zeige mir, wie es aussieht, wenn sie ganz oben ankommen (man verdeckt erst dann die Positionen 2 bis 5 mit dem Karton). – (Er stellt dann eine Übereinstimmung von Münze zu

133 Vgl. die elementare Stufe der Klassifikationen (Inhelder – Piaget, *La genèse des structures logiques élémentaires*, [deutsch: *Die Entwicklung der elementaren logischen Strukturen*, Düsseldorf 1973] Kap. 1), auf der es »figurale Sammlungen« gibt und noch keine Klassen oder nicht-figuralen Sammlungen, da die Sammlungen (*collections*) durch eine Figur im Raum charakterisiert sind (Reihen, Oberflächen, usw.), die von den Eigenschaften der Elemente verschieden ist.

Münze in 6 her). – Es sind also genausoviel rote (in 6) wie schwarze? – *Mehr schwarze.* – Warum? – *Hier ist es größer* (die Reihe der schwarzen übertrifft die Reihe der roten in 6 um 1–2 cm). – Gibt es schwarze ohne rote? – *Nein.* – Und rote ohne schwarze? – *Nein.* – Bist du sicher? – *Ja.* – Es sind also genauso viele rote wie schwarze? – *Mehr schwarze und mehr rote* (was zweifellos bedeutet, daß sich die Versuchsperson nicht festlegen will, aber auch, daß es mehr rote in 6 als in 0 gibt). – Und wenn man die roten hinunterschiebt (man nimmt die Abdeckung weg und man geht um eine oder zwei Positionen hinunter)? – *Mehr schwarze.* – Warum? – *Weil das größer ist.* – Und wenn man ganz nach oben steigt (hinaufschiebt, man legt sie zurück nach 6)? – *Mehr schwarze und mehr rote.* – Aber ergibt das nun genausoviel oder nicht? – *Mehr schwarze.* – Warum? – *Weil das hier größer ist* (zeigt die Endpunkte der Reihe der schwarzen) *und hier* (die roten in 6) *kleiner.* – Fehlen welche? – *Nein.* – Dann sind es genauso viele? – *Mehr schwarze und mehr rote.* – Und wenn die roten unten sind? – *Mehr schwarze.* – Und rote? – *Weniger.* – Hat man welche weggenommen? – *Nein.* – Wie kann das sein, mehr oben und weniger unten? – *Weil das kleiner ist.* – Wenn du keine weggenommen hast, woher weißt du, daß es weniger sind? – *Das ist kleiner.*«

Thie (5;10) *S* in 10, *R* in 0 (ohne Schirm): »*Es sind mehr schwarze.* – Warum? – *Es sind viele.* – Und die roten, schau (man weist auf die Bahnen). – *Es sind nicht viele.* – Du siehst, man kann sie hinaufschieben (man setzt die erste rote in Position 1, dann nach 6, dann nach 7). Mach so weiter. – (Er stellt eine Übereinstimmung Münze für Münze her). – Sind es gleichviele? – *Mehr schwarze.* – Warum? – *Hier ist mehr* (die Reihe ist um 1–2 cm länger). – Es gibt immer eine schwarze bei einer roten? – *Ja.* – Gibt es schwarze ohne rote? – *Nein.* – Und rote ohne schwarze? – *Nein.* – Sind es nun genauso viele oder nicht? – *Mehr schwarze.*«

Tea (6;0): »*Mehr schwarze.* – Warum? – *Das ist größer.* – Du siehst, man kann sie hinaufschieben, usw. – (Er setzt 12 rote gegenüber 12 schwarzen in Position 9). – Sind es genauso viele? – *Nein, mehr schwarze.* – Gibt es immer eine rote mit einer schwarzen? – *Ja.* – Es waren die roten, die unten waren, du erinnerst dich? – *Ja, es waren weniger.* – Und wenn man sie hinaufschiebt? – *Oben sind es mehr.*«

Um den Fall dieses ersten Typs zu interpretieren, erinnern wir zunächst daran, daß die Abschätzung der Quantität der Elemente durch die Länge ihrer Reihe wohlbekannt ist. Wenn dieses Kriterium angesichts eines Fächers mit 12 Bahnen, die die 12 roten Knöpfe der unteren kurzen Reihe mit den 12 schwarzen Köpfen der oberen langen Reihe verbinden, nicht an Wirksamkeit verliert, während in dem schon zitierten Wahrnehmungsversuch (mit A. Morf) die Striche, die die Elemente verbinden, ziemlich schnell über die Länge der Reihen die Oberhand gewinnen, dann deswegen: 1. weil es hier 12 Bahnen und zwei Sätze von 12 Elementen gibt, während es sich bei dem anderen Versuch nur um 4 Striche und um zwei

Sätze von 4 Elementen (mit 5 oder 6 wurde die Rolle der Striche schon schwächer) handelte; und 2. weil die Striche Morfs eng mit den durch sie verbundenen kreisförmigen Figuren verwachsen waren (die Kinder verglichen jedes Paar von »Kreisen«, die durch einen Strich verbunden waren, mit »Hanteln«), während es sich hier um Bahnen handelt, deren Rolle nicht figurativ, sondern nur kinetisch ist (zu durchlaufende Wege). Was nun auffällt bei den vorhergehenden Reaktionen ist die Tatsache, daß die ganze Bemühung um die bildhafte Repräsentation und die Antizipation (in dem Maße, in dem sie eine Rolle spielt) in die transversale (oder horizontale) Richtung der Länge der Reihen orientiert ist und beinahe vollständig die longitudinale (oder vertikale) Richtung – die der zu verfolgenden Felder – vernachlässigt. Diese longitudinale Antizipation der zu verfolgenden Bahnen macht zwar nicht die geringste Schwierigkeit, aber da liegt nicht das Problem für das Kind: alles geschieht so, als ob die Versuchsperson der Identität der individuellen Elemente keinerlei Bedeutung beimäße und nur die Reihe als solche betrachtete. So kommt es, daß Mei erkennt, daß nichts weggenommen ist, aber vom Standpunkt der transversalen Reihe aus gesehen »ist das kleiner«, und Tea erkennt, daß es sich um dieselben roten handelt, aber »es waren weniger«, während »es oben mehr sind«, wenn man sie hinaufschiebt.

Hier gibt es also zwei Probleme, eines der begrifflichen Strukturierung (Nicht-Erhaltung), und ein anderes der bildhaften Repräsentation. Das erste ist uns wohlbekannt: vorausgesetzt, daß das Ganze nicht gleich der Summe der Teile oder Elemente ist, besteht keine größere Schwierigkeit darin, anzunehmen, daß eine Reihe, wenn sie sich verlängert, in der gesamten Quantität größer wird, unabhängig von ihrer Dichte, als anzunehmen, daß ein Stab, den man relativ zu einem anderen verschiebt, länger wird als dieser, weil er ihn überragt, unabhängig von den Ausgangspunkten (vgl. weiter unten § 5). Aber von den Bildern her gesehen ist es außergewöhnlich, daß diese Haltung sich auch angesichts einer Anlage weiter durchsetzt, bei der alles dazu hergerichtet ist, die longitudinale Antizipation und die bildhafte Repräsentation der Identität der Elemente zu erleichtern, da jedes in seinem individuellen Feld bleibt: entweder also wird diese Antizipation der

Bahnen vernachlässigt (was passieren kann, wenn das Kind rote Münzen in die Positionen 6 oder 9 setzt und dabei die von unten vergißt), oder aber sie wird vollzogen, hat aber keinerlei Gewicht neben der transversalen Antizipation, die sich auf die Länge der Reihen bezieht und es mit der in den Augen des Kindes einzig wichtigen Frage zu tun hat, ob nämlich eine der Reihen die Grenzen der andern überschreitet, oder nicht.

Abb. 47

Diese Beachtung der Grenzen, deren Prägnanz sich im Laufe beinahe aller voraufgegangenen Untersuchungen herausgestellt hatte (Kap. II–V), geht bei den obengenannten Versuchspersonen sogar so weit, daß sie die Gleichheit von schwarzen und roten Knöpfen ablehnen, wenn sie Element für Element in Kontakt miteinander sind; doch sobald die Reihe der schwarzen ganz leicht über die der roten hinausgeht (Abb. 47), mag das Kind noch so sehr zugestehen, daß es keinen schwarzen Knopf gibt ohne einen roten, und auch umgekehrt, es wird fortfahren, die Gleichheit der Summen zu leugnen.[134] Dieses paradoxe Urteil kann übrigens entweder einfach von dieser momentanen geringen Überschreitung in der höheren Lage abhängen, oder aber von der Tatsache, daß die roten, da sie in den internen Positionen als weniger zahlreich eingeschätzt worden waren, diese Minderwertigkeit bis in die höheren Positionen behalten, obwohl sie zahlreicher werden (daher die Ausflucht von Mei: »mehr schwarze« und »mehr rote« trotz einer Überlegenheit der schwarzen).

Die Versuchspersonen einer zweiten Gruppe gehen dagegen (besonders ohne Sichtblende) zunächst in Richtung der longitudinalen Antizipation (Aufsteigen in den Feldern) vor, was ihnen am Ende erlaubt, die Gleichheit von schwarzen und roten in der höheren Position anzunehmen. Trotzdem leugnen sie sie weiterhin hartnäckig, sobald die roten in Position 0 stehen, und vor allem sind ihre ersten Antizipationen des Aufsteigens der roten interessanterweise von der Sorge begleitet, die Grenzen der Ausgangsreihe in Position 0 nicht allzusehr zu überschreiten:

Cer (5;6): »Du glaubst, daß wir genauso viele hingetan haben (*S* in 6, *R* in 0)? – *Nein, es sind weniger rote und mehr schwarze.* – Und wenn man alle roten dahin setzt (Position 1)? – *Das wird sehr groß.* – Zeige, wie das sein wird. – (Er setzt die roten in 1, aber hält bei 9 an in der Höhe der Grenze der vorhergehenden Reihe in 0). – Und wenn ich alle roten nehme (nach 0 zurückgesetzt) und sie da hinaufschiebe (nach 2)? – *Das wird sehr breit* (er setzt sie, hält aber bei 7 ein, um die Linie 0 nicht allzu sehr zu überschreiten). – Und wenn man sie da hinschiebt (obere Reihe 6)? – *Das wird wie die schwarzen sein* (aber er setzt sie ohne Übereinstimmung und konstruiert eine Reihe von 28 cm anstatt von 60!). – Aber wenn ich alle nehme und sie so hinaufschiebe (entlang den Feldern)? – (Er macht es und gelangt zu der optischen Übereinstimmung). *Das macht genauso viele.* – (Man legt die roten zurück nach 0, indem man sie entlang den Feldern hinunterschiebt). Sind es genauso viele? – *Mehr schwarze.* – Und wenn ich sie hinaufschiebe? – *Das ergibt genauso viele.* – Und wenn man hinabgeht? – *Mehr schwarze.* – Und wenn man sie wieder hinaufschiebt? – *Genauso.* – Also glaubst du, daß es oben genauso viele sind und unten nicht genauso viele? – *Nicht genauso viele.* – Warum? – *Weil ich sie hier (6–6) auf denselben Platz gelegt habe und (6–0) die Reihen nicht an derselben Stelle sind.* – Aber es sind genauso viele, wenn sie da (6) und da (0) sind? – *Nein, weil es mehr schwarze und weniger rote sind.* – Warum? – *Weil Sie mehr schwarze und weniger rote hingetan haben.* – Und da (6–6)? – *Genauso viele.* – Und wenn ich sie nach unten schiebe, ergibt das weniger? – *Ja.* – Warum? – *Weil . . . man weniger hingetan hat.* – Sind welche weggenommen worden? – *Nein.* – Sind welche dazugetan worden? – *Nein.* – Dann ist das genausoviel? – *Nein, mehr schwarze.*

Gre (5;1) sagt, daß in der oberen Position »*die roten unter den schwarzen sind*«, aber er setzt nur 10 in eine Reihe von 24 cm, um die Anfangsreihe in 0 nicht zu sehr zu überschreiten. Dann schiebt er sie schließlich alle hinauf und erkennt, daß es dann genauso viele rote sind wie schwarze. »Und wenn man sie hinunterschiebt? – *Mehr schwarze.* – Warum? – *Weil das länger ist,* usw.

Für die Versuchspersonen dieses Typs gibt es also eine ursprüngliche Ungleichheit zwischen den roten in 0 und den schwarzen oben, aber wenn man die roten entlang den Feldern hinaufschiebt, muß diese Ungleichheit, anstatt zu verschwinden, erhalten bleiben! Die longitudinale Antizipation führt also zunächst zu kurzen roten Reihen, um die Ausgangsgrenzen nicht zu überschreiten. Wenn dann die Gleichheit in der höheren Position akzeptiert wird, wird sie wieder beseitigt, sobald die Knöpfe wieder nach unten verschoben werden.

Diese letztere Reaktion charakterisiert nun die große Mehr-

134 P. Gréco hat gezeigt, daß in solchen Fällen (Reihen ungleicher Längen, aber mit Gleichheit X = Y) das Urteil »mehr als X« eine Ungleichheit der Anteiligkeit (*quotité*) (verschiedene Zahlen) bedeuen kann, oder eine Ungleichheit der Quantität mit Gleichheit der Anteiligkeit (vgl. *Etudes d'épistémologie génétique,* Bd. XIII, Kap. I, Presses Universitaires de France, 1962).

zahl der Versuchspersonen von 5–6 Jahren. Die des Typs III haben keine Schwierigkeiten mehr, die Gleichheit in der oberen Position sofort vorauszusehen, aber sie halten nachdrücklich daran fest, daß sie in allen anderen Positionen der Ungleichheit Platz macht:

Tis (5;6): »Was siehst du? – *Rote und schwarze Knöpfe.* – Und was noch? – *Linien.* – Wie sehen sie aus? – *Schräg.* – Was geschieht, wenn man die roten hinaufschiebt? – *So* (Übereinstimmung ausgeführt nach 6). Die roten werden in 0 zurückgelegt: »Wenn man alle roten hinaufschiebt, fehlen welche? – *Nein, weil sie alle auf den Linien sind.* – Haben wir genauso viele rote wie schwarze? – *Mehr schwarze.* – Warum? – *Sie sind oben, und da ist es breiter, und unten ist es kleiner.* – Und wenn ich die roten hinaufschiebe? – *Dann gibt es dieselbe Menge.* – Von was? – *Von roten und von schwarzen.* – Dann haben wir also dieselbe Menge? – *Es sind mehr schwarze, aber wenn man die roten hinaufschiebt, ist es gleich.* – Was ist nun, sind es genauso viele, oder mehr? – *Das sind genauso viele, wenn man sie hinaufschiebt, und es sind mehr schwarze, wenn man sie unten läßt.* – Warum? – *Weil die Linien schräg sind.*

Mos (5;10). Derselbe Anfang mit 6 und 0: »*Mehr schwarze.* – Woher weißt du das? – *Es sind hier mehr Knöpfe* (schwarze). – Du siehst, man kann sie bewegen (nach 1)? – *Ja.* – Fahre fort. – (Er setzt die roten nach 6, und nach Zögern der Grenzen wegen akzeptiert er die Gleichheit). *Jetzt ist es gleich.* – Und wenn man sie hinunterschiebt, ist es dieselbe Menge? – *Nein, mehr schwarze.* – Nicht genauso viele rote? – *Weniger rote.* – Warum? – *Weil man welche wegnimmt.* – Schiebe sie selbst hinunter (er setzt sie selbst zurück nach 0). Mußtest du welche wegnehmen? – *Nein.* – Und es ist dieselbe Menge, oder nicht? – *Mehr schwarze.* – Und oben? – *Genauso viele.* – Und unten? – *Weniger rote.* – Und wenn man sie zählen würde? – *Nicht dieselbe Zahl.*«

Mon (5;6). Dieselben Reaktionen: »*Weniger rote, das ist klein, und mehr schwarze, das ist länger.* – Wenn man die roten hinaufschiebt, dann werden sie wo sein? – (Er zeigt die Entsprechung). – Dieselbe Menge? – *Ja.* – Und unten? – *Mehr schwarze, weniger rote.* – Haben wir welche weggenommen? – *Nein* – Und wenn man sie zählen würde, wären es weniger? – *Ja.*«

Cec (6;1): »*Es sind nicht genauso viele* (in 6 und in 0). – Um genauso viele zu haben, was muß man machen? – *Sie nach oben schieben.*«

Dun (6;1): »*Mehr schwarze.* – Und wenn man die roten hinaufschiebt? *Das ergibt genauso viele.* – Warum? – *Weil man welche dazugetan hat.* – Was? – *Rote.* – Wer hat welche dazugetan? – . . . – Also? – . . . – Und wenn man sie hinunterschiebt? – *Mehr schwarze.* – Warum? – *Oben ist mehr Platz.*«

Diese Fälle (die häufigsten der drei Anfangstypen) zeugen also offensichtlich von Umrissen longitudinaler Antizipation, insoweit als es sich darum handelt, vorauszusehen, wie sich die roten Knöpfe in der oberen Position verteilen werden, und daraus die Schlußfolgerung zu ziehen, die die Versuchspersonen des Typs I ablehnten und die die des Typs II mit Mühe und nach einigem Zögern akzeptierten: daß nämlich die roten in der oberen Position genauso viele sind wie die schwarzen. Nur bezieht sich diese Antizipation noch nicht auf die individuelle Identität der Elemente (»man nimmt welche weg«, sagt Mos, »man fügt welche hinzu«, meint Dun), und vor allem nicht auf die Identität des Gesamten: es wird nur die Tatsache vorausgesehen, daß sich die Reihe der roten Knöpfe im Laufe ihres Hinab- oder Hinaufschiebens vergrößert oder verkleinert; der Ansatz zu einem longitudinalen kinetischen Bild bleibt also beherrscht von der transversalen Betrachtungsweise, da angenommen wird, daß diese Reihen veränderlicher Länge in der Quantität und oft sogar in der Anzahl zunehmen oder abnehmen. Das drückt in bemerkenswert deutlicher Weise die Versuchsperson Tis aus, wenn er sagt, daß sich die Anzahl der roten verändert (weil die Linien schräg sind).

Diese Interpretation wird durch das Vorhandensein von Versuchspersonen des Zwischentyps IV bestätigt, die mit denselben halb-longitudinalen und halb-transversalen Antizipationen beginnen, um im Lauf der Zeit beständige Gleichheit der roten und der schwarzen zu entdecken und am Ende den Standpunkt der longitudinalen Verschiebungen einzunehmen:

Wi (5;8), 6 und 0: »*Mehr schwarze, weil es da (0) klein ist und da (6) groß.* – Du siehst, man kann sie hinaufschieben. – (Setzt sie in 6, nachdem er sie in 1 gesetzt hatte; Schirm zwischen 1 und 6). – Es sind genauso viele? – *Ja.* – Und wenn man sie hinunterschiebt? – *Weniger rote als schwarze.*« Man beginnt das ganze noch einmal: »Also, sind es genauso viele rote wie schwarze? – *Ja.* – Und da (in 0) – *Man hat sie hinuntergeschoben, das gibt weniger.* – Dann sind es weniger, oder genauso viele? – *Es ist gleich.* – Warum? – *Da sind ja die Linien!*«

Vol (5;10): »*Mehr schwarze.* – Warum? – *Es sind mehr Linien da* (!) – Warum? – *Sie sind schräg.* Dann schiebt er die roten nach 1, man setzt die Abdeckung, und er antizipiert sie in 6: »Das macht genauso viele, oder nicht? – *Ja, weil die schwarzen oben sind und die roten oben sind.* – Und wenn man sie hinunterschiebt? – *Mehr schwarze, weil es weniger rote sind.* – Mach es. – (Er läßt sie über die Kartonabdeckung gleiten und folgt dabei der Ordnung der Felder). – Das gibt dann also genauso viele oder nicht? – *Dieselbe Menge, weil sie unten enger beieinander sind und oben breiter. Ich habe unter den Karton gesehen!*«

Eg (5;11): Dieselben Reaktionen und endgültige Gleichheit, »*weil die Fäden da sind*« (die Fäden, die die Felder des Fächers I begrenzen).

Ael (6;1) sagt zunächst, daß es mehr schwarze sind, »*weil das breiter ist*« und die roten beim Hinaufschieben mehr werden und beim Hinunterschieben weniger. Dann, nachdem er es gemacht hat (mit Abdeckung), dreht er sein Argument um: »*Das ist dieselbe Menge, weil es da* (unten) *kleiner ist und da* (oben) *breiter ist.*«

Man sieht, wie sich die Antizipation des Typs III plötzlich in eine im eigentlichen Sinne longitudinale Antizipation verwandelt, wenn die Versuchsperson die Länge der Reihen den individuellen Verschiebungen der Elemente (»Da sind ja die Linien« oder »die Fäden« sagen Wi und Eg schließlich) oder ihrer Dichte (»gedrängt«, Vol, oder »breit«, Ael) unterordnen. Mit anderen Worten weicht das statische Bild der mehr oder weniger langen Reihen plötzlich dem kinetischen Bild der longitudinalen Bahnen, aber nach einem langen Anfang, der den Reaktionen des vorhergehenden Typs gleicht.
Die Versuchspersonen eines Typs V schließlich antizipieren sofort in dieser longitudinalen Weise und sind nicht mehr unschlüssig über die Erhaltung der Gleichheiten, oder im Falle der Gegenproben, der anfänglichen Ungleichheiten:

Hen (6;1), 6 und 0: »Sind es genauso viele? – *Ja, weil es da eng ist und da dann nicht.* – Und wenn man die roten hinaufschiebt? – *Das sind genauso viele, weil in jeder Reihe einer ist.*« (10 rote und 12 schwarze): »*Weniger rote, weil da* (Feld Nr. 1) *keine sind und da auch keine* (Feld Nr. 8).«
Per (6;2) (10 *R* in 0 und 12 *S* in 6): »*Mehr schwarze, weil man weniger rote hingetan hat.* – Und wenn man sie hinaufschiebt? – *Nicht nötig: jeder liegt in seiner Reihe!* – (12 und 12). – *Das macht genauso viele, man hat wieder welche dazugesetzt.*«

Die sofortige Wahrnehmung der Vorrichtung wird also von jetzt an mit der Bedeutung versehen, die ihr die kinetische Antizipation des longitudinalen Typs verleiht.
III A und III B. – Die Techniken III *A* und III *B* sind dazu bestimmt, die Ergebnisse der vorhergehenden zu überprüfen, indem die Versuchsperson zu longitudinalen Antizipationen durch Individualisierung der Elemente sowie der Bahnen gezwungen werden soll und indem sie den Anteil der reinen Antizipation (Aufgaben 2 und 4) und von dem der tatsächlichen Verschiebung (Aufgabe 5) trennen soll. Die erzielten Ergebnisse sind ein wenig besser als mit den vorhergehenden Techniken, was zeigt, daß die longitudinale Antizipation den Kindern von 5 und 6 Jahren zugänglich ist, aber die positiven Ergebnisse bleiben bescheiden, was zeigt, daß sie trotz dieser Übung eine systematische Schwierigkeit enthält. Von 26 Versuchspersonen im Alter von 5–6 Jahren, denen wir alle Aufgaben 1–5 der Technik III *A* stellen konnten, nehmen 23 % (das heißt 6) die Gleichheit ab der Aufgabe 1 (Erhaltung) an, und von den restlichen 20 bringen 10 (38,3 %) positive Ergebnisse

bei den Aufgaben 3 (antizipierte Gleichheiten = 6 Versuchspersonen) und 5 (Ausgleichung nach realer Verschiebung = 4 Versuchspersonen), während 10 (38,5 %) bei den beiden gleichen Aufgaben trotz der Möglichkeit zur Einübung scheitern. Diese Ergebnisse der Technik III *B* sind von derselben Art, aber nicht mit denen der Techniken I–II vergleichbar.
Es ist unnötig, auf die Versuchspersonen zurückzukommen, die Erhaltung von Aufgabe 1 an akzeptieren (Vergleich der braunen Knöpfe in Position 10 mit den grünen in Position 0), weil sie ohne weiteres zu dem Reaktionstyp V gehören, den wir soeben untersucht haben (Versuchspersonen Hen und Per). Kehren wir dagegen zu der Frage des Vergleichs der unbeweglichen Elemente in Position 10 und der beweglichen in Position 9 zurück, da die Versuchspersonen des Typs I bei den Techniken I–II ihre Gleichheit leugneten, entweder aus Mangel an völliger optischer Übereinstimmung, oder weil sie die Anzahl der beweglichen Elemente in Position 0 als geringer einschätzten. Der Vergleich der Techniken III *A* und III *B* erlaubt also, drei Arten von Ergebnissen herauszustellen:
1. Wenn man bei der Technik III *A*, bei der die braunen Knöpfe in Position 10 sind und die grünen in Position 0, den Weg jedes grünen bis in Position 0 antizipieren läßt, auf der dann eine gelbe Münze zur Erinnerung gesetzt wird, akzeptieren 90 % der Versuchspersonen (die keinen Ausgleich für die Positionen 10 und 0 vorgenommen hatten) die Gleichheit der braunen in 10 und der gelben in 9, und zwar dank einer longitudinalen Antizipation des Weges der grünen Knöpfe plus einer perzeptiven Konkretisierung mit Hilfe der gelben Chips (Aufgabe 3).
2. Läßt man dagegen, wieder mit der Technik III *A*, bei der die braunen Knöpfe noch in Position 10 und die grünen in Position 0 sind, den Weg jedes grünen in die Positionen 1, 3, 6 und 9 antizipieren, ohne einen gelben Stein nach 9 zu setzen (also ohne perzeptive Konkretisierung: Aufgabe 4, aber mit Gesten, die die Positionen anzeigen), so sinkt die antizipierte Gleichheit der braunen in 10 und der grünen in 9 auf 50 % ab und ihre Verneinung steigt auf 50 %! Die longitudinale Antizipation versagt hier mangels materieller Konkretisierung, und das Fehlen dieser letzteren schließt den Faktor einer unvollkommenen optischen Übereinstimmung aus (leichtes

Überschreiten der Reihe 10 in bezug auf Reihe 9, wobei diese also nicht gesetzt ist): um diese Nicht-Ausgleichung bei 50% der Versuchspersonen zu erklären, muß man sie also wohl einer Pseudo-Erhaltung durch Festhalten an der anfänglichen Ungleichheit in den Positionen 10 und 0 zuschreiben.

3. Aber neben diesem Faktor, zu dem wir bei dem Reaktionstyp I bei den Techniken I–II eine Hypothese aufgestellt hatten, bleibt der Faktor der unvollständigen optischen Entsprechung bestehen, und genau das zeigt die Technik III *B*, bei der am Anfang vor jedem Vergleich zwischen den braunen in 10 und den grünen in 0 die Positionen 9 und 10 gegeben werden: in diesem Fall sinkt die Gleichheit zwischen den braunen in 10 und den grünen in 9 auf 65% ab (gegenüber 90% unter 1), und die Ungleichheit wird von 35% der 28 geprüften Versuchspersonen bestätigt. Mehrere unter ihnen (Cê 5;1, Du 5;4 usw., und sogar Fra 6;5), nachdem sie die 12 braunen gezählt haben, antworten, wenn man von ihnen verlangt, die Anzahl der grünen zu erraten: *»Ich weiß nicht«*, oder *»es sind keine zwölf«*, oder *»es werden weniger sein«*, usw. Diesbezüglich muß noch erwähnt werden, daß wir beiläufig eben diese unvollständige Übereinstimmung, unabhängig von dem Fächer (Knöpfe auf dem Tisch, leicht schräg, in Paaren) und auf dem Fächer haben vergleichen lassen: die Gleichheit, die in letzterem Fall geleugnet wird, wird nun außerhalb des Fächers akzeptiert, als ob die Felder störten, anstatt die Sache zu erleichtern.

Wir wollen jetzt die anderen Reaktionen auf die Aufgabe 4 untersuchen, die die Egalisierung der braunen in 10 und der grünen betrifft, mit Antizipation der Zwischenpositionen zwischen 0 und 9. Die sechs Versuchspersonen, die die Gleichheit der braunen und grünen Knöpfe nicht sofort bei der anfänglichen Überprüfung der Vorrichtung erkannt haben (Aufgabe 1), die sie aber nach der Antizipation der Bahnen und der Positionen (Aufgabe 2) doch mit Bezugnahme auf die ersten Zwischenpositionen (Aufgabe 4) bejahen, sind sich darin einig, die Felder verantwortlich zu machen: *»Weil die Linien da sind«* (Bla 5;3); *»Weil sie auf derselben Linie sind«* (Bu 5;10), usw. Aber es ist interessant, bei manchen ein anfängliches Zögern zwischen transversalen und longitudinalen Antizipationen festzustellen: nachdem sie zunächst die (horizontalen) Längen der Reihen in Position 10 betont haben, entdecken sie, *»daß es keine* (vertikalen) *Linien gibt, die fehlen«* (Mu 5;3), *»daß die Linien auf die grünen Knöpfe zulaufen«* (Bi 6;3) oder daß, wenn die Felder oben breiter und unten enger sind, die Münzen *»in demselben Dreieck sind, oben und unten«* (Ba 5;11). Dagegen scheitern 14 Versuchspersonen von 5–6 Jahren, obwohl sie die Bahnen und Positionen der grünen (Aufgabe 2) korrekt antizipiert haben, bei dieser Aufgabe 4, weil sie den longitudinalen Standpunkt nicht an die Stelle der transversalen Betrachtungsweisen setzen können und so zu dem vorher untersuchten Reaktionstyp III gehören (Veränderung der Anzahl der grünen Münzen im Verlauf des Hinauf- und Hinabschiebens). Von diesen vierzehn werden dagegen nur vier in ihrer Überzeugung von der Nicht-Gleichheit erschüttert, wenn sie die Knöpfe wirklich in den Feldern sich bewegen sehen (Aufgabe 5), und das deshalb, weil es *»einen Knopf pro Linie gibt, nicht zwei auf einer Linie«* (La 5;4), usw. Die übrigen zehn Versuchspersonen bleiben unnachgiebig:

Dar (5;2) meint zum Beispiel, daß die grünen, wenn sie in Position 3 hinaufgeschoben sind, *»mehr grüne«* ergeben als in Position 0 und daß man, wenn man sie nach 0 zurückschiebt, *»nicht viele grüne hat«*. Sie zählt 12 schwarze in Position 10. »Und wieviel grüne sind da (in 0)? – *Man kann das nicht wissen, nicht genauso viele, es sind mehr schwarze.*«

Lur (6;3) bestätigt dieselben Veränderungen der Anzahl bei den grünen im Laufe des Hinauf- und Hinabschiebens. *»Es sind mehr schwarze, weil sie weiter auseinanderliegen.«* Man nimmt die 12 schwarzen in Position 10 in eine Hand und in die andere die 12 grünen in 0: er schließt daraus, daß mehr schwarze Knöpfe in der ersten sind als in der zweiten.

Was die Reaktionen auf die Technik III *B* anbetrifft, so findet man 8 bis 9 Versuchspersonen von 28, denen es bei Aufgabe 3 gelingt, die schwarzen in Position 10 und die grünen in 0 auszugleichen (indem sie also von der Situation ausgehen, bei der die schwarzen in 10 sind und die grünen in 9); fünf zögernde oder schwankende Versuchspersonen sind hinzuzufügen. Von den restlichen (14) Versuchspersonen bejahen 8 die Gleichheit bei Aufgabe 4, nachdem sie sie bei Aufgabe 3 abgelehnt haben, wenn sie die Zwischenpositionen zwischen 9 und 0 antizipieren, und entdecken dann erst die Rolle der Felder. Schließlich gelangen von den restlichen Versuchspersonen 2 zu der Ausgleichung bei Aufgabe 5 (reale Verschiebungen), während sich die anderen vor allem durch Schwankungen auszeichnen. Diese verschiedenen Reaktionen sind also gut mit denjenigen vergleichbar – aber in absteigender Reihenfolge –, die wir anläßlich der Technik III *A* beobachtet hatten.

Daraus läßt sich die Schlußfolgerung ziehen, daß diese verschiedenen Tatsachen in dreifacher Hinsicht aufschlußreich sind, nämlich im Hinblick auf die Bilder, auf die Operationen, die zu der Erhaltung führen, und auf die Beziehungen zwischen Bildern und Operationen.

Was die Bilder anbetrifft, so haben wir zwei Arten repräsentativer Antizipation unterscheiden müssen, die von einer gewissen Stufe der Entwicklung an vollständig miteinander verbunden sind, bis dahin aber merkwürdig unabhängig voneinander waren, und das so sehr, daß, wie die Versuchsperson Vol (siehe Typ IV) sagt, es ihm scheint, daß es im Oberteil der Felder *»mehr Linien gibt«* als unten, weil sie schräg oder geneigt sind: die transversale Antizipation oder Repräsentation der horizontalen Verlängerung der Reihen und die longitudinale Antizipation oder Repräsentation der Bahnen der Knöpfe entlang der vertikalen oder schrägen Felder. Diese Antizipationsarten sind bis ungefähr in das Alter von 7 Jahren hinein nicht koordiniert, weil die bildhafte Repräsentation der Bahnen der Knöpfe die geringste Schwierigkeit darstellte: die Aufgabe 2 der Technik III *A*, die sich auf diese Bahnen als solche bezieht, wird von 100% der Versuchspersonen ab 5 Jahren gelöst, und es handelt sich in diesem Fall also keineswegs um eine Schwierigkeit, die mit den Gegebenheiten des Problems selbst zusammenhängt (wie wenn man verlangt, die Niveaus beim Umfüllen von Flüssigkeiten oder die Breite der Verlängerung des Tonklümpchens in eine Wurst zu antizipieren). Infolgedessen hängt die fehlende Koordination zwischen den transversalen und den longitudinalen Antizipationen nicht von der fehlenden Einfachkeit dieser letzteren ab, sondern allein von der Tatsache, daß sie von den jungen Versuchspersonen weder angewandt noch spontan ausgeführt werden. Die Ursache der Inkoordination ist die, daß die bei der transversalen Antizipation auftretenden Bilder wesentlich unvollständig sind; anstatt sich gleichzeitig auf die Länge und die Dichte der Reihen auszuwirken, zielen sie nur auf die erstere ab (oder sehr selten auf die zweite, wobei dann aber die erstere vernachlässigt wird), und das geschieht aus zwei Gründen, deren einer von den Gesetzen des Bildes als solchem abhängt (Betrachtung der Grenzen, daher die Bedeutung der Länge), der andere von der entsprechenden begrifflichen Struktur: das Ganze wird noch nicht als die Summe seiner Elemente verstanden, und das Bild versucht also noch nicht, diese zu individualisieren.

Was die Operationen anbetrifft, so lehren uns diese Tatsachen, daß die Nicht-Erhaltung nicht von der Unmöglichkeit abhängt, sich die Bahnen vorzustellen, sondern von dem Desinteresse der Versuchsperson an ihnen mangels einer Additivität, die dazu führen würde, die Elemente zu individualisieren, wobei aber zugleich die Reihe im ganzen als ihre Summe begriffen würde. Dieser letztere Zug erscheint nämlich auf der Stufe der erhaltenden Operationen, und es ist festzustellen, daß das Antizipationsbild der Bahnen, das durch die Aufgaben 2 bis 4 der Technik III *A* eingeübt und durch sie verstärkt wird, diese additive Erhaltung begünstigt.

Dieses Bild, das von Anfang an möglich ist (da es 100 % positive Ergebnisse bei Aufgabe 2 gibt), mangels Benutzung aber nicht ausgearbeitet wird, scheint sich dagegen, außer im Falle gelegentlicher Übung (wie bei den Techniken III), erst unter dem Einfluß der entstehenden Operationen zu bilden, die ihnen einen Rahmen der Additivität liefern und damit ein Interesse an der Individualisierung der Elemente hervorrufen. Hier ist es also wiederum die Operation, die die Bilder auf ihre Stufe der endgültigen Angemessenheit (*adéquation*) hin zu orientieren scheint. Dagegen sind es auf der präoperatorischen Stufe der Nicht-Erhaltung und der Unterordnung der longitudinalen Antizipationen unter die unvollständigen transversalen zweifellos die Anfangsbilder in ihrem zweifachen statischen und globalen Aspekt, die, indem sie die Sorge um die Grenzen zum Kriterium für die Bewertungen von Längen und Quantitäten im allgemeinen machen, für die den begrifflichen Strukturen eigene Nicht-Additivität verantwortlich sind; diese aber verzögert die Ausbildung der Operationen und der Erhaltung.

§ 5. Antizipation der bi-univoken Übereinstimmungen bei gleichzeitiger Verschiebung der Münzen

Die Ergebnisse der vorhergehenden Abschnitte sind so überraschend, daß es sich empfahl, den einzigen entscheidenden Gegenbeweis vorzunehmen, der es erlaubt, jede Art von Zweifel oder Mißverständnis darüber auszuräumen, wie das Kind über die Bedeutung der Aufgaben, die man ihm stellt, denkt: man verwendet wieder die Fächervorrichtung der Abbildung 46, und ohne irgendeine Verwendung von Abdeckungen noch irgendeine andere Komplikation läßt man gleichzeitig die 12 Münzen entlang den 12 Feldern aufsteigen mit Hilfe einer mechanischen Vorrichtung, die direkt wahrnehmen läßt, wie sie miteinander in Übereinstimmung gebracht werden. Diesen Versuch haben wir zusammen mit M. Aboudaram durchgeführt. Man konnte sich tatsächlich bei dem Experiment des § 4 fragen, ob die Herstellung individueller Übereinstimmung Münze für Münze und Feld für Feld ausreichte, die Übereinstimmung der beiden Gesamtheiten (12 gegen 12) Element für Element für Versuchspersonen visuell zu symbolisieren, die wie die Kinder der präoperatorischen Stufe nicht glauben, daß das Ganze gleich der Summe seiner Teile ist. Wenn man die 12 grünen Münzen, die im unteren Bereich der Fächervorrichtung angeordnet sind (sie sind grün geworden, um den Kontrast rot–schwarz zu vermeiden), gleichzeitig die 12 Felder entlang bis zu dem Punkt steigen läßt, an dem sie an die 12 schwarzen Münzen des Oberteils stoßen, werden sowohl das antizipatorische Bild wie auch die direkte Wahrnehmung so prägnant, daß die Aufgaben von jeder Unklarheit befreit sind: Wenn die Kinder von 4 bis 6 Jahren in dieser Situation so reagieren wie vorher, dann wohl deswegen, weil das Bild nicht ausreicht, das operatorische Verständnis bei einer Sehweise auszulösen, die durch andere interpretierende Postulate charakterisiert ist.

Die Vorrichtung ist also im ganzen gleich derjenigen des § 4, außer daß jedes Feld mit einer feinen longitudinalen Rille versehen ist, und daß die beweglichen Münzen von unten, quer über die Rillen, an einem transversalen (horizontalen) beweglichen Stab befestigt sind, den die Versuchsperson nicht sieht, da er sich hinter der Vorrichtung befindet, und der es dem Versuchsleiter ermöglicht, alle Münzen gleichzeitig in Stufen, die nach Belieben einstellbar sind, zu verschieben: der Apparat ist in Richtung der Höhe in zehn gleich weit voneinander entfernte Positionen aufgeteilt (0 unten und 10 oben). Die gestellten Aufgaben sind die folgenden:

1. Zwölf grüne Knöpfe am Punkt 0 und zwölf schwarze am Punkt 10: man fragt, ob es genausoviel grüne wie schwarze sind oder nicht, und warum ja oder nein.

2. Man verlangt (wie in § 4), die Position der grünen Knöpfe am Punkt 9 zu antizipieren, ohne sie steigen zu lassen. Das Kind muß anzeigen, wo jeder einzelne grüne Knopf ankommen wird, und einen gelben Floh an die in 9 angegebene Stelle setzen.

Man vermerkt den Blick des Kindes und die verfolgte Bahn. Nach dem siebten Knopf fragt man das Kind, ob das, was es gemacht hat, richtig ist, und welcher grüne Knopf »da ankommen wird« (8. Platz am Punkt 9).

3. Man fragt, ob es genauso viele gelbe Flöhe an Punkt 9 wie schwarze Knöpfe an Punkt 10 (oder grüne an Punkt 0) sind oder nicht, und warum ja oder nein.

4. Man bittet darum, die Positionen der grünen Knöpfe in den Positionen 1,

3½, 6½ und 9 zu antizipieren und jedesmal abzuschätzen (außer in 1), ob die Mengen gleich sind zwischen den grünen in der vorhergesehenen Position (aber ohne sie tatsächlich steigen zu lassen) und den schwarzen in 10.
5. Man läßt die grünen Knöpfe schließlich wirklich alle zusammen nach 3½, 6½, 9 und 10 steigen, wobei man jedesmal fragt, ob Gleichheit von grünen und schwarzen besteht, und warum ja oder nein.
6. Nachdem man die grünen wieder auf 0 zurückgesetzt hat, fragt man schließlich wie in 1), ob zwischen den grünen in 0 und den schwarzen in 10 Gleichheit besteht oder nicht.

Bei 77 Versuchspersonen waren die quantitativen Ergebnisse die folgenden (Tabelle 132, wobei die Aufgabe 2 natürlich in jedem Alter gelöst wurde):

Tabelle 132: Antizipation (3–4) und Beurteilung bei direkter Wahrnehmung (1 und 5–6) der Gleichheit von grünen und schwarzen Knöpfen (in % der Antworten)[135]

Aufgaben		1	3	4				5		6
Positionen	0	9	3,5	6,5	9	3,5	6,5	9	10	0
4 Jahre (*N*=16)	12	47	31	38	42	41	59	71	81	33
5 Jahre (30)	10	37	23	32	39	33	46	52	77	33
6 Jahre (18)	56	72	67	72	76	67	73	89	94	80
7 Jahre (13)	77	84	92	92	92	92	92	100	100	92

Die Tabelle bringt eine Anzahl aufschlußreicher Erkenntnisse. Man stellt zunächst fest (Aufgabe 1), daß wie gewöhnlich erst mit 7 Jahren die Gleichheit zwischen einer längeren und einer kürzeren Reihe von 75 % der Versuchspersonen angenommen wird, obwohl die Übereinstimmung Element für Element vorher festgestellt werden konnte oder, wie hier, durch eine sichtbare Vorrichtung festgestellt werden kann: die Felder (wir erinnern uns, daß die Aufgabe 2 in jedem Alter gelöst wird, das heißt, daß jede Versuchsperson die Möglichkeit erkennt, wenn sie die Felder verfolgt, einer grünen Münze eine schwarze Münze entsprechen zu lassen, und jedesmal nur eine).
Anschließend stellt man fest, daß trotz der Einübung, die

135 Man stellt auf dieser Tabelle einen scheinbaren Rückgang bei den Versuchspersonen von 5 Jahren gegenüber denen mit 4 fest. Aber da es 30 Versuchspersonen von 5 Jahren und 16 von 4 sind, muß eher die Gruppe der Vierjährigen als fortgeschritten betrachtet werden. Es ist leider schwierig, so viele Kinder von 4 Jahren zu sehen, wie man möchte, so daß wir die Kontrolle durch Verdoppelung der verfügbaren Zahl von 16 nicht vornehmen konnten.

durch die Reihe der acht Aufgaben und Unter-Aufgaben 3–5 gegeben ist, erst mit 6 Jahren (Aufgabe 6) derselbe Vergleich zwischen den grünen in 0 und den schwarzen in 10 zu einem Gleichheitsurteil führt. Erst wenn die Versuchsperson an der Schwelle des Stadiums steht, in dessen Verlauf sich die konkreten Operationen bilden, zieht der Umstand, daß man alle grünen Münzen zusammen sich hat verschieben sehen, bis sie Element für Element an die schwarzen stoßen (in 9 und 10) und sodann auf ihren Platz zurückkehren, die Überzeugung von einer dauerhaften Gleichheit zwischen beiden Reihen nach sich.

Was diese Aufgabe 5 anbetrifft, deren Analyse das Ziel dieser Untersuchung bildete, so sieht man, daß sie ungefähr dieselben Ergebnisse bringt wie Aufgabe 4, das heißt, daß die Wahrnehmung der zwölf grünen Knöpfe, die sich gleichzeitig auf den zwölf Feldern bewegen und Element für Element zu den schwarzen hingeführt werden, nur wenig zu der Antizipation der einzelnen Bahnen beiträgt, was die Gleichheit der beiden Reihen anbetrifft. Mit 4 und 5 Jahren ist der Unterschied größer, anders gesagt, es entsteht ein ganz deutlicher Überraschungseffekt, zweifellos wegen einer gewissen Unzulänglichkeit oder wegen des nicht ausreichend lebendigen Charakters der Antizipationen bei Frage 4. Aber trotz dieses leichten Fortschritts akzeptieren mit 6 Jahren erst 75 % der Versuchspersonen die Gleichheit von grünen und schwarzen von Punkt 6,5 ab (und noch nicht einmal an Punkt 3,5).

Im Kommentar zu den Versuchen des § 4 kamen wir dahin, die Unzulänglichkeit der Antizipation der Bahnen, zu der Gleichheit von grünen und schwarzen zu gelangen, der Tatsache zuzuschreiben, daß diese Antizipation im wesentlichen transversal und nicht longitudinal blieb, das heißt, daß sie sich auf die Länge der horizontalen Reihen und nicht auf die Bahnen selbst bezog, insofern diese eine Übereinstimmung Element für Element herstellen. Wir bemerken jetzt, daß diese transversale Tendenz sogar so stark ist, daß die direkte Wahrnehmung der simultanen Bahnen sie nur wenig erschüttert. Es gibt mehr schwarze als grüne, sagt zum Beispiel Isa (4;9) bei 3,5 bis 6,5 und noch bei 9, *»weil das länger ist«* (= weil die Reihe der schwarzen länger ist), oder (Jer 5;5), weil die grünen nicht *»mehr zusammengedrängt sind«*, oder auch, *»weil es bei den schwarzen ein wenig breiter ist«* (Mar 5;8), *»weil bei den schwarzen die Linien zahlreicher sind«*, *»weil mehr Platz ist«*, usw. Was die richtigen Antworten anbetrifft, so berufen sie sich dagegen im allgemeinen auf die longitudinale Vergleichung: *»genauso, weil das in denselben Linien ist«* (Oli 4;10), *»weil in allen Reihen welche sind«* (Iea 5;5), usw.

Erwähnen wir zum Abschluß noch einige Beobachtungen, die festgehalten zu werden verdienen. Zunächst meint die Mehrheit unter den präoperatorischen Versuchspersonen, die die Gleichheit von grünen und schwarzen Chips nicht annehmen, daß die schwarzen zahlreicher sind, weil ihre Reihe länger ist. Aber wie wir schon an anderer Stelle anläßlich anderer Untersuchungen hervorgehoben haben, gibt es auch eine Minorität, die die Menge nach der Dichte bemißt: *»Es gibt mehr grüne«*, sagt zum Beispiel Pie (4;11) an Punkt 6,5, *»weil sie sich nähergerückt sind«*, und zu Punkt 9: *»weil sie nicht auseinandergezogen sind«*. Nun beweist das Vorhandensein dieser Minorität, daß die Nicht-Erhaltung der numerischen Ganzheiten nicht von einer semantischen Verwechslung zwischen der Anzahl, der Quantität und der räumlichen Länge der Reihen abhängt, da diese Nicht-Erhaltung bald (in den meisten Fällen) mit der Ungleichheit der Längen, bald aber auch mit dem entgegengesetzten Kriterium gerechtfertigt wird: tatsächlich gibt es hier zwei Dimensionen, deren Veränderungen einander kompensieren (länger = weniger dicht); der allen Nicht-Erhaltungen gemeinsame Zug ist einfach der, daß nur an der einen von beiden festgehalten und die andere dabei vernachlässigt wird, in völliger Übereinstimmung mit dem, was man bei den Antizipationen feststellt, die sich mit dem Tonkügelchen beschäftigen: das in eine Wurst verwandelte Kügelchen enthält im allgemeinen mehr Teig, weil sie länger ist (wobei das Dünnerwerden vergessen wird), aber manchmal auch weniger, weil sie dünner ist (wobei die Verlängerung vergessen wird).

Ein anderer Fall, der erwähnt werden muß, ist der folgende, bei dem die Versuchspersonen, um die Reihen auszugleichen, Elemente hinzufügen: zum Beispiel setzt Mic (4;7) bei Aufgabe 3 18 gelbe Flöhe, um Gleichheit mit den schwarzen zu erreichen. Es ist auch darauf hinzuweisen, daß bei der direkten Wahrnehmung (Aufgabe 5), wie wir in § 4 gesehen haben, mehrere Versuchspersonen die Gleichheit von grünen und schwarzen sogar in Position 9 ablehnen, solange sie sich nicht berühren: *»die müssen sich berühren«* (Mar 5;8), oder *»das muß aneinanderstoßen, dann ist es dasselbe.«*

Schließlich ist noch eine merkwürdige Reaktion zu erwähnen, die man häufig bei der Antizipation des Hinaufschiebens der grünen Knöpfe beobachtet. Eine ziemlich große Anzahl von jungen Versuchspersonen ordnen sie in einem Kreisbogen an, anstatt sie horizontal in eine Reihe zu legen: *»Das muß rund sein, weil die Hölzer geneigt sind* (= die Felder schräg sind), *und weil sie in der Mitte schneller ankommen«*, . . . *»Weil das in der Mitte gerade ist* (= vertikal) *und an den Enden geneigt ist.«* Diese Reaktion hat zwar keine direkte Auswirkung auf die Erhaltung der Äquivalenzen, ist aber nichtsdestoweniger in mehrfacher Hinsicht interessant, und wäre es nur zu zeigen, daß, wenn die Antizipationen der jungen Versuchspersonen im wesentlichen transversal und nicht longitudinal verlaufen (in der Bedeutung, die wir weiter oben und in § 4 gesehen haben), dies wesentlich von einer begrifflichen Zentrierung abhängt; und das schließt keineswegs ein konkretes und lebendiges Bild vom Aufsteigen der Chips aus, auch wenn es sich in dieser eigentümlichen gebogenen Form ausdrückt.

§ 6. Das Bild der Verschiebungen zwischen gleichen oder ungleichen parallelen Geraden[136]

Angesichts zweier Stäbe, deren Gleichheit durch Kongruenz festgestellt wurde und von denen dann einer verschoben wurde, bis er den anderen ein wenig überragte, behaupteten die Versuchspersonen von 4–8 Jahren im allgemeinen, daß dieser verschobene Stab »länger« geworden ist. Man kann sich nun natürlich fragen, ob hier eine echte Nicht-Erhaltung vorliegt, in derselben Bedeutung wie bei den vorher diskutierten Beispielen (§§ 1 bis 5), oder ob sich alles auf semantische Fragen zurückführen läßt, indem das Kind einfach die Begriffe »länger« und »weiter weg« verwechselt. Aber die verschiedenen in den Kapiteln II–V des vorliegenden Werks beschriebenen Tatsachen sind schon der Art, daß sie uns in dieser Hinsicht Gewißheit geben, da sie uns zunächst die Rolle der Grenzen bei den räumlichen Repräsentationen zeigen und uns dann zeigen, daß zwischen den ordinalen und den metrischen Abschätzungen der Längen während langer Zeit Indifferenzierung besteht aus Gründen, die nicht allein von den den präoperatorischen Phasen des Denkens eigenen Begriffen und Schlüssen abhängen, sondern auch von den Eigenschaften der ursprünglichen räumlichen Bilder. Es war also besonders angezeigt zu versuchen, die Rolle des Bildes sowohl bei der Nicht-Erhaltung der Längen als auch bei der Konstituierung der entsprechenden Erhaltung herauszuarbeiten. Wir hatten schon früher zusammen mit S. Taponier[137] festgestellt, daß diese Nicht-Erhaltung nicht auf Wahrnehmungsfaktoren zurückzuführen ist, da die Kleinen von 5 Jahren die relativen Längen zweier gleicher, aber gegeneinander verschobener Horizontalen mit einer Präzision abschätzen können, die größer ist als bei den Versuchspersonen von 8 bis 11 Jahren. Aber wenn also die Wahrnehmung den Begriff nicht erklärt, so müssen noch die möglichen Einflüsse der bildhaften Repräsentation bestimmt werden.

Zu diesem Zweck kann man entweder als Reproduktion nach Wahrnehmung oder als Antizipation drei Arten von Gegebenheiten vorstellen lassen, die sämtlich bei der Frage der

136 In Zusammenarbeit mit S. Taponier, A. Papert-Christofides und M. Bovet.

137 Vgl. J. Piaget, *Les mécanismes perceptifs,* a. a. O., S. 393, Tabelle 117.

Erhaltung eine Rolle spielen: 1. die Längen der Stäbe *A* und *E*, kongruent oder verschoben (indem man diese Längen bei verschiedenen Abständen antizipieren läßt); 2. die Längen des Überragens *c* (von *B* in bezug auf *E*) und *d* (von *E* in bezug auf *B*); und schließlich 3. immer als Reproduktion oder Antizipation, die Länge der leeren Zwischenräume *a* und *f* (vgl. Abb. 48), die diesem Überragen entsprechen. Tatsächlich hat Vinh-Bang bei 242 Versuchspersonen von 5 bis 9 Jahren festgestellt, daß sich für die meisten (I) die herangezogenen Argumente, die die Nicht-Erhaltung begründen sollten, auf die Bewegung des verschobenen Stabes bezogen (II) auf sein Überragen in der Richtung der Ankunft, und (III) auf die vorgebliche Nicht-Kompensation zwischen dem Überragen des Stabes *B* auf der rechten Seite und dem des Stabes *E* auf der linken Seite. Es lohnt sich, die zahlenmäßigen Ergebnisse der Standardisierung Vinh-Bangs (Tabelle 133) (in % der Versuchspersonen zu zitieren:

Tabelle 133: Positive Ergebnisse bei der Erhaltung und Begründung der Nicht-Erhaltungen (Vinh-Bang)

		Erfolg	Bewegung	Ankunfts-punkt	Nicht-erhaltung	andere Antworten
5 Jahre	(N=25)	0	44	20	12	24
6 Jahre	(50)	10	18	40	20	12
7 Jahre	(67)	40	11	12	37	
8 Jahre	(50)	60	8	24	8	
9 Jahre	(50)	94	0	2	2	

Man stellt zunächst fest, daß diese Form der Erhaltung erstaunlich spät auftritt[138] (und sie tritt noch später auf, mit plötzlichem Erfolg mit 9 Jahren, bei der Erhaltung der Länge von in gebrochenen Linien transformierten Geraden durch einfache Neu-Anordnung der Segmente), was zu zeigen scheint, daß in diesen Fällen das präoperatorische Problem den Fragen der bildhaften Repräsentation entweder untergeordnet oder eng mit ihnen verknüpft ist samt allem, was sie hinsichtlich der Grenzen einschließen. Zweitens läßt sich nun

138 Wir erinnern daran, daß die standardisierten Versuche immer Verspätungsergebnisse bringen, da man in Ermangelung des freien Gesprächs nicht die maximalen Möglichkeiten der Versuchsperson erreichen kann.

aus dieser Tabelle schließen, daß in der großen Mehrzahl der Fälle von Nicht-Erhaltung die Versuchsperson den verschobenen Stab betrachtet, als verlängere er sich auf Grund seiner Bewegung (vor allem mit 5 Jahren) oder, was praktisch auf dasselbe hinausläuft, weil er über den anderen hinausragt (so vor allem mit 6 Jahren), oder schließlich (wobei sich der Vergleich der beiden Fälle des Überragens erst mit 7 Jahren durchsetzt), weil das Überragen in Richtung der Bewegung *c* wichtiger genommen zu werden scheint als das andere (*d* in Abb. 48): *»das fehlt hier (d)«*, usw.

Es liegt also ein gewisses Interesse darin, die bildhaften Repräsentationen zu untersuchen, die es mit diesem Problem der Bewahrung zu tun haben, und dabei den Akzent vor allem auf das Bild zu legen, das das Kind sich macht von dem Überragen *c* und *d* (Aufgabe 2) bzw. den entsprechenden leeren Strecken *a* und *b* (Aufgabe 3), ohne sich auf die Repräsentation der Stäbe *B* und *E* selbst (Aufgabe 1) zu beschränken. Aber die paradoxe Situation, der wir uns hier gegenüber befinden (und auf die wir gleich näher hinweisen müssen, da sie vielleicht die überraschende Verspätung von anscheinend so einfachen Formen der Erhaltung erklärt), ist die, daß die Versuchsperson aus der Sicht des präoperatorischen Urteils heraus eine klare Tendenz erkennen läßt, den verschobenen Stab *B* und die Überschreitung *c* (begrifflich) zu überschätzen, während sie vom Standpunkt der bildhaften Repräsentation aus nicht weniger systematisch dazu geneigt ist, die Elemente, die eine Grenze überschreiten, also eben diesen Stab *B* oder das überschreitende Segment *c* (im Bild) zu unterschätzen. Eine solche Situation ist also sehr aufschlußreich, denn sie macht in allgemeiner Weise die naturgegebene Dualität der Bilder und der Operationen (oder Präoperationen) deutlich, und in diesem speziellen Fall erklärt sie die sonst unverständlichen Schwierigkeiten, denen wir bei der Koordinierung der durch die bildhafte Repräsentation gelieferten Daten und der Schlußfolgerungen, die zur Erhaltung führen, begegnen werden.

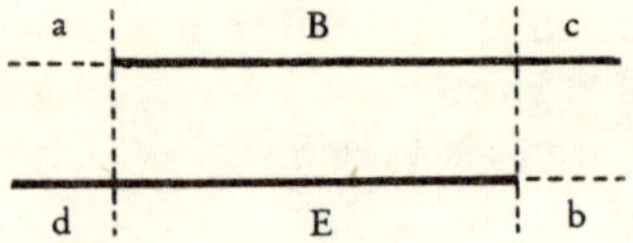

Abb. 48

Technik I. – Der erste zu untersuchende Punkt ist die Art und Weise, in der das Kind mittels Geste oder Zeichnung die Länge einer Linie darstellt, wenn es darum geht, sie einer anderen gleich zu machen, aber mit Verschiebung der Ausgangspunkte.[139] Man sieht also, daß das Problem darin liegt, die Ergebnisse einer Reihe von Techniken mitzuteilen, die den sukzessiven Annäherungen der Untersuchung entsprechen.

Man zeigt der Versuchsperson nacheinander Papierbögen von 21 × 15 cm. Auf dem ersten I1 ist eine Horizontale von 8 cm gezeichnet, die als Modell *M* dient und zwischen den Punkten *M*1 und *M*2 liegt. In *M*1 geht die Linie *M* von einem kleinen Quadrat aus, das ein Haus darstellt (*M* ist ein Weg). 2 cm oberhalb *M*1 und des Quadrats, das vor ihr liegt, ist ein anderes kleines Quadrat gezeichnet, das das Haus des Kindes sein soll und von dem aus eine Linie *C* gezogen wird, parallel zu *M*, die das Kind von C1 aus zeichnen soll, wobei es sich einen Weg derselben Länge vorstellt: der Punkt *C*1 liegt oberhalb von *M*1, und die Versuchsperson hat keine Mühe, die Linie bis nach *C*2 oberhalb von *M*2 zu ziehen.

Auf dem zweiten Blatt I2 findet man die Linie *M* sowie das »Haus« in *M*1 wieder. Aber das Haus des Kindes sowie der Punkt *C*1 sind um 2 cm nach rechts verschoben: die Aufgabe besteht also darin, festzustellen, ob das Kind, wenn es einen genauso langen Weg machen soll, an einem Punkt *C*2 oberhalb von *M*2 anhält oder ob es ihm gelingt, den Ankunftspunkt *C*2 ebenfalls um 2 cm über *M*2 hinaus zu verschieben.

Auf dem Blatt I3 bleiben die Linie *M* und das »Haus«, von der sie ausgeht, unverändert. Aber der Punkt *C*1 (mit dem Haus des Kindes) ist um 2 cm nach links verschoben. Es geht also für die Versuchsperson darum, den Ankunftspunkt *C*2 seiner Linie *C* diesseits von *M*2 anzusiedeln, ohne bis zu derselben Endgrenze vorzudringen.

Auf Blatt I4 wird das Experiment des zweiten Blattes wiederholt.

Auf Blatt I5 versetzt man den Punkt *C*1 (vor dem das »Haus« liegt) um 6 cm nach rechts von *M*1, also auf Dreiviertel von *M*, und auf dem Blatt I6 setzt man ihn um 4 cm nach rechts, also genau über den Mittelpunkt von *M*.

Man zeigt diese sechs Blätter dem Kind zunächst nacheinander und kündigt ihm an, daß es Wege *C* von derselben Länge wie *M* zeichnen soll. Aber bevor man an die Zeichnungen herangeht, fordert man das Kind auf, mit dem Finger auf den sechs Blättern nacheinander anzugeben, bis wohin seine Zeichnung gehen wird. Erst nach diesen sechs Finger-Angaben geht man »dieses Mal ernstlich« zu den Zeichnungen über. Nach jeder Zeichnung fragt man das Kind, ob sie ihm gelungen ist: »Sind unsere beiden Wege genausolang? Ist nicht einer länger als der andere?« Wenn das Kind annimmt, daß keine Gleichheit besteht, fragt man es, was zu tun ist, lehnt aber ab, die

139 In Zusammenarbeit mit S. Taponier.

Häuser in *M*1 oder in *C*1 zu verschieben. Wenn das Kind nach zunächst festgehaltenen Fehlern im Laufe des Versuchs zum Erfolg kommt (zum Beispiel bei dem großen Abstand des Blatts I5), nimmt man noch einmal die ersten Blätter, um neue Zeichnungen zu erhalten. Außerdem sagt man im Falle von anhaltenden Fehlern nach der Zeichnung I6, daß »ein kleiner Junge damit angefangen hat, es genauso zu machen wie du, aber er war nicht der Meinung, daß diese Wege genauso lang sind, und er ist bis dahin gegangen (der Versuchsleiter zeichnet selbst, während er spricht). Hat er recht?« Wenn sich die Versuchsperson dem anschließt, läßt man sie ihre vorhergehenden Zeichnungen noch einmal machen.

Wenn dieser Teil der Befragung beendet ist (der es also mit der bildhaften Repräsentation zu tun hat), geht man zu dem operatorischen Problem der Erhaltung über. Man zeigt dem Kind vier Stäbe, zwei von 16 cm, einen von 14 und einen von 18 cm Länge. Man fordert es auf, die gleichen Stäbe auszuwählen; dann legt man sie 1. horizontal auf den Tisch in 4–5 cm Abstand voneinander, aber in genauer Kongruenz, ohne Verschiebung, und man läßt die Gleichheit bestätigen; 2. wenn diese bestätigt worden ist, schiebt man den oberen Stab um 5 cm nach rechts und fragt von neuem: »Sind sie genauso lang, oder gibt es einen, der länger ist als der andere?« Im Falle eines Urteils der Ungleichheit (Nicht-Erhaltung) fragt man, warum, und legt die Stäbe von neuem übereinander; 3. dann verschiebt man den unteren Stab um 5 cm nach links und wiederholt die Fragen; 4. nachdem man die Stäbe schließlich wieder übereinandergelegt hat, verschiebt man den einen um 2,5 cm nach links und den anderen um 2,5 cm nach rechts und wiederholt die Fragen, wobei man jedesmal eine Begründung verlangt.

Die folgende Tabelle (Tabelle 134) enthält die Ergebnisse der Antizipation der Längen durch Fingerangabe und durch Zeichnung bei den Versuchen I1 bis I6 zusammen (auf den sechs bei der Technik beschriebenen aufeinander folgenden Blättern). Das Symbol + bezeichnet ein vollständig positives Ergebnis, das Symbol – das Fehlen positiver Ergebnisse von Blatt I2 an (Verschiebungen), und das Symbol ± ein positives Ergebnis erst von den Blättern I5 und I6 an bei den Angaben mit dem Finger oder nach den ergänzenden Fragen und den Korrekturen an den Zeichnungen. Wir fügen die Reaktionen auf die Versuche der Erhaltung hinzu, bei denen das Symbol ± den positiven Erfolg bei der einzigen Aufgabe 4 (doppelte Bewegung) bezeichnet:

Tabelle 134: Antizipationen durch Fingerangabe oder durch Zeichnung der Länge der verschobenen Wege I1–I6, und Reaktionen zu der Erhaltung (in % der Versuchspersonen)

	Index			Zeichnung			Erhaltung		
	–	±	+	–	±	+	–	±	+
5 Jahre (*N*=18)	94	6	0	39	22	39	68	5	27
6 Jahre (18)	61	17	22	22	22	56	50	0	50
7 Jahre (20)	40	25	35	10	20	70	30	30	40
8 Jahre (19)	26	11	63	0	16	84	21	5	74

Man stellt zunächst fest, daß die positiven Ergebnisse bei der Angabe mit dem Finger weniger häufig sind, als bei der Zeichnung, was interessant ist. Im allgemeinen zeigt sich das Umgekehrte (Kap II, Tabellen 3–5, und Kap. V, Tabelle 81), und man beobachtet sogar gewöhnlich Überschätzungen bei der Angabe mit dem Finger und Unterschätzungen bei der Zeichnung. Aber in diesen Fällen der Überschätzungen mit den Fingern handelt es sich nur darum, die Länge eines isolierten Stabs zu reproduzieren, wobei die einzigen auftretenden Grenzen die Endpunkte dieses einzigen Stabes sind, die gleichzeitig angegeben werden, das heißt ohne Ausgangs- oder Ankunftspunkt (während die Zeichnung auf einer Seite beginnt und auf der anderen aufhört). In diesem Fall dagegen geht es einerseits darum, die Länge eines relativ zu einem anderen verschobenen Weges anzugeben, das heißt, daß eine Grenze *M2* eine Rolle spielt, die der des zu konstruierenden Weges äußerlich ist, und daß sich für die Versuchsperson die Frage stellt, ob sie sie überschreiten muß oder nicht; andererseits ist der Ausgangspunkt der anzugebenden Linie *C* in *C1* schon fixiert, und das Problem besteht in der Auswahl eines Ankunftspunkts *C2* in Bezug zu *M2*: es besteht also eine virtuelle Bewegung von *C1* nach *C2* ohne gleichzeitige Angaben, was die Schwierigkeit der der Zeichnung vergleichbar macht. Das erklärt auch, warum die Fingerangabe nicht besser gelingt als die Zeichnung. Aber warum fällt sie sogar schlechter aus? Zweifellos deshalb, weil die Zeichnung, einmal fertiggestellt oder während der Ausführung, in einem fortlaufenden Strich *c* besteht, dessen perzeptiver Vergleich mit dem Modell *M* erlaubt, die Einschätzung der Längen im Blick auf den einzigen Ankunftspunkt *M2* zu dirigieren oder zu korrigie-

ren, während die Angabe mit dem Finger die verschiedenen Ausgangspunkte *M*1 und *C*1 eher vernachlässigen kann.
Die zweite bemerkenswerte Tatsache ist das späte positive Ergebnis dieser Versuche mit der Zeichnung (8 Jahre für mehr als 75%) und insbesondere mit der Geste. Die Anfangshaltung besteht natürlich darin, die Zeichnung *C* oberhalb des Punkts *M*2 anzuhalten und die Linien *C* und *M* für gleich zu erklären, da sie an demselben Ankunftspunkt enden. Die Verhaltensweisen, die dazwischen liegen, bestehen darin, dieselbe Zeichnung anzufertigen, aber hinterher festzustellen, daß die Längen nicht gleich sind, und insbesondere bei Versuch I5 (Verschiebung auf Dreiviertel von *M*) in Zweifel zu geraten.
Die dritte bemerkenswerte Tatsache ist die Korrelation der positiven Ergebnisse zwischen den Versuchen zur Repräsentation und denen zur Erhaltung. Die Tabelle der Kontingenzen ergibt diesbezüglich (Tabelle 135):

Tabelle 135: Beziehungen zwischen der bildhaften Antizipation und der Erhaltung mit 5–8 Jahren (in % der Versuchspersonen)

	Nicht-Erhaltung (– *E*)	Erhaltung (+ *E*)
Antizipation nicht gelungen (– *A*)	65 (– *A* – *E*)	5,5 (– *A* + *E*)
Antizipation gelungen (+ *A*)	1,5 (+ *A* – *E*)	28 (+ *A* + *E*)

Es muß gesagt werden, daß in dem vorliegenden Fall die Gesten und die Versuche mit der Fingeranzeige und der Zeichnung I1–I6 eine Art von Lernvorgang der Erhaltung darstellen, da sie das Kind allmählich von den Ankunftspunkten allein befreien. Die Versuche zur Erhaltung 1–4 sind schon zahlreich genug, um eine Einübung zu ermöglichen, so daß die positiven Ergebnisse bei dieser Erhaltung ein wenig besser sind, als die der Tabelle 133, vor allem, wenn man die Fälle anfänglichen Mißerfolgs und endlichen positiven Ergebnisses hinzufügt (was 32% mit 5 Jahren, 50% mit 6, 70% mit 8 Jahren ergibt). Daraus folgt nicht nur, daß sich die positiven Ergebnisse bei der Erhaltung in der Mitte zwischen denen mit Fingerangabe und denen mit Zeichnung befinden, sondern auch, daß es mit 8 Jahren dieselben Versuchspersonen sind, denen die Antizipation und die Erhaltung gelingt (außer einem, dem die erstere und nicht die zweite gelingt, und einem anderen in umgekehrter Situation).

Technik II. – Eine zweite Untersuchung war auf dasselbe Problem bezogen, aber anstatt zwei Bleistiftstriche (»Wege«) vergleichen zu lassen, von denen der eine von dem Kind gezeichnet wird, verwendet man zwei Stäbe (Drähte), entweder kongruent oder verschoben, von denen der eine beinahe vollständig von einer Sichtblende (oder einem »Tunnel«) verdeckt ist. Die Fingeranzeige besteht nun darin zu zeigen, bis wohin der Stab hinter der Blende vorrückt, und die Zeichnung soll die beiden Stäbe reproduzieren (wobei der eine sichtbar ist, der andere zu 19/20 unsichtbar). Der Ablauf des Versuchs ist derselbe, aber das Neue besteht darin, daß das Kind selbst auf seinen Zeichnungen die Ausgangs- sowie die Ankunftspunkte festsetzen (während bei I die Ausgangspunkte gegeben waren) und den Umfang des Überragens *c* und *d* der Abbildung 48 bestimmen muß (während bei I das eine Überragen gegeben war). Wir werden also die Längen der Zeichnungen der Stäbe *B* und *E* sowie die der Zeichnungen der Überstände *c* und *d* miteinander vergleichen können, bevor wir nach ihren Beziehungen zu den positiven Ergebnissen bei den Versuchen zur Erhaltung fragen.

Das Material besteht aus zwei Stäben von 10 cm (ausgeschnitten aus Fahrradspeichen), einem von 12 und einem von 8 cm, und aus zwei Sichtblenden oder »Tunnels« (metallenen Vorhangstangen) von 16 mm Breite (7 mm Höhe) und von 32 oder 40 cm Länge. Man legt eine weiße Pappe von 54 × 70 cm vor die Versuchsperson und legt die Stäbe horizontal in die Mitte der oberen Hälfte des Kartons, wobei der untere Stab sichtbar ist und der obere 3 cm höher gelegt ist, aber verdeckt von der Blende, aus der er nur um einen halben Zentimeter herausragt. Man legt ein Blatt Papier auf die untere Hälfte des Kartons, auf dem das Kind mit Blick auf die Vorlage seine Zeichnungen anfertigen soll.

Man beginnt damit, das Kind zu der Wahl desjenigen unter den vier Stäben aufzufordern, die genau dieselbe Länge haben. Wenn es die beiden Stäbe von 10 cm gezeigt hat, legt man den einen (*E*) in die untere Position und schiebt den anderen (*B*) in den Tunnel, indem man nur eine konstante Länge von 5 mm sichtbar läßt. Danach bittet man die Versuchsperson, durch einfache Fingerangabe den verdeckten Endpunkt des Stabes *B* je nach seiner Verschiebung gegen den unbeweglichen Stab *E* auf dem Tunnel zu zeigen, und das in sechs Positionen, die mit den Positionen I1–I6 der vorhergehenden Technik übereinstimmen: (II1) keine Verschiebung; (II2) Verschiebung um ein Viertel (= 2,5 cm) nach rechts; (II3) Verschiebung um ein Viertel nach links; (II4) wie in II2; (II5) Verschiebung um drei Viertel (= 7,5 cm) nach rechts; (II6)

Verschiebung um die Hälfte (= 5 cm) nach rechts. Es ist selbstverständlich, daß während jeder Verschiebung die Blende gleichzeitig mit dem Stab *B* verschoben wird, so daß dieser nur um 5 mm aus dem Tunnel herausragt, einmal auf der linken Seite (II1–II2 und II4–II6), einmal auf der rechten (II3). Außerdem stellt man nach jeder Fingeranzeige eine Frage zur Erhaltung: »Sag mir, sind die Stäbe genauso lang, oder ist einer da, der länger ist als der andere?«
Danach läßt man den Stab *E* kopieren, indem man verlangt, daß die Zeichnung genau ist, »nicht länger und nicht kürzer«. Dann setzt man den Stab *B*, der von dem Tunnel bedeckt ist, 3 cm über *E*, wobei nur das linke Ende von *B* aus dem Tunnel herausragt in Kongruenz mit dem linken Endpunkt von *E*, und man bittet darum, den Stab in seiner exakten Länge zu zeichnen, »als ob man ihn sehen würde, wenn man den Tunnel wegnimmt«. Man geht bei den Verschiebungen II2–II6 genauso vor, indem man jedesmal wieder mit einer Kopie des unbeweglichen Stabs *E* beginnt.
Nach diesen sechs Zeichnungen macht man wieder einen Versuch zu der Erhaltung mit denselben Stäben, aber ohne Abdeckung: 1. in Kongruenz; 2. mit Verschiebung um die Hälfte, wobei *B* um 5 cm nach rechts verschoben wird; 3. dasselbe nach links. Wenn das Kind die Erhaltung leugnet, kann man insistieren: »Aber im Ernst, sind sie genauso lang oder nicht?«

Um mit den globalen Ergebnissen zu beginnen: die Tabelle 136 liefert die positiven Ergebnisse bei der Antizipation (Versuchspersonen, denen gleichzeitig die Fingerangabe und die Zeichnung gelingt) und die positiven Ergebnisse bei der Erhaltung (sowohl bei der Fingerangabe als auch bei dem letzten Versuch).
Zunächst ist festzustellen, daß die Aufgaben zur Erhaltung, die bei der Fingeranzeige gestellt wurden, natürlich bessere Ergebnisse bringen als die kompletten letzten Aufgaben: die ersten gelingen bei 55–58% der Versuchspersonen von 6–7 Jahren, während die letzteren nur von 21 bzw. 40% bewältigt werden. Alle diejenigen, die die zweite bewältigt haben, haben auch die erste bewältigt, aber das Umgekehrte trifft nicht zu. Daraus folgt, daß hier wiederum ein gewisser Lernvorgang der Erhaltung unter dem Einfluß der Antizipationen stattgefunden hat, aber auch unter dem Einfluß der ersten von beiden Arten gestellter Aufgaben: daher der Vorsprung gegenüber Tabelle 133. Es ist nur um so interessanter festzustellen, wie häufig diese Erhaltung mit 5–7 Jahren abgelehnt wird.

Tabelle 136: Positive Ergebnisse (in % der Versuchspersonen) bei der digitalen und der graphischen Antizipation (Versuche II2–II6, sämtlich gelungen)[140] und bei der Erhaltung

	5 Jahre (N=17)	6 Jahre (19)	7 Jahre (20)	8 Jahre (20)
Antizipation	45	55	75	100
Erhaltung	29	21	40	80

Um zunächst bei diesem Aspekt der Probleme zu bleiben, so ist zu vermerken, daß wir besonders auf die Versuchspersonen geachtet haben, deren Antizipationen besser waren als die Urteile zur Erhaltung, um eine mögliche semantische Konfusion »weiter = länger« einkalkulieren zu können. Diese Verwechslung nun existiert mit Sicherheit, aber es ist die Frage, ob sich die Nicht-Erhaltung auf dieses verbale Mißverständnis reduziert oder ob im Gegenteil die begriffliche Indifferenzierung zwischen ordinalen Kriterien (mehr oder weniger entfernte Ankunftspunkte) und metrischen Kriterien (Größe als Zwischenraum zwischen dem Ausgangs- und dem Ankunftspunkt) den primären Faktor bildet, wobei dann das semantische Mißverständnis, wenn es in scheinbar reinem Zustand auftritt, in Wirklichkeit nur verbales Residuum einer vorangegangenen begrifflichen Stufe bildet, ein Residuum, das von einem noch nicht vollständig operatorischen Zustand zeugt. Zum Beispiel kommt es manchmal vor, daß die Versuchspersonen von 8 Jahren die Erhaltung zunächst ablehnen, dann aber, wenn man eine Begründung verlangt, mit guten Gründen zu ihrer Bejahung kommen oder *distinguos* dieser Art heranziehen: »*Sie sind gleich lang, aber einer ist weiter weg als der andere.* – Ist der, der weiter weg ist, länger oder nicht? – *Er ist länger, aber von derselben Größe!*«
Aber die wesentliche Tatsache ist die, daß diese Tabelle 136 nicht mehr wie die Tabellen 134 und 135 eine erhöhte Korrelation zwischen Antizipation und Bewahrung zeigt, sondern einen deutlichen Rückstand dieser letzteren. Wenn man die Beziehungen zwischen beiden nach dem Modell der Tabelle

140 Es handelt sich um qualitative, nicht metrische Ergebnisse: als richtig wird jede Zeichnung oder Fingeranzeige von *B* gewertet, die die von *E* um 2,5 % der Länge von *t* (= 100 mm) übertrifft. Wenn *E* mit 50 mm gezeichnet ist, ist die als richtig bewertete Überschreitung größer als 1,25 mm.

135 ausrechnet (und wenn man bei den Reaktionen auf die Erhaltungen unterscheidet zwischen den vollständig positiven Ergebnissen, die allein auf der Tabelle 135 als »gelungen« festgehalten sind, und den Zwischenreaktionen mit zunehmend richtigen Antworten), so erhält man (Tabelle 137):

Tabelle 137: Beziehung zwischen der bildhaften Antizipation (Technik II) und der Erhaltung (in % der 76 Versuchspersonen von 5–8 Jahren)

	Nicht-Erhaltung	Zwischenlösung	Erhaltung
Antizipation nicht gelungen	25	1	4
gelungene Antizipation	29	13	28

Es gibt also 53 % Fälle, die der Korrelation günstig sind (– – und + +), 33 % ungünstige (–+ oder +–) und 13 halb-günstige Fälle gegenüber 1, was bedeutet, daß zwar eine gewisse Verwandtschaft zwischen diesen Antizipationen[141] und der Erhaltung existiert, aber mit einem Vorsprung der ersteren, die sich als ein wenig leichter erweisen als die der Tabelle 134. Versuchen wir also, diese beiden Arten von Beziehungen zu interpretieren.

Daß diese bildlichen Antizipationen der Tabelle 137 ein wenig früher bewältigt werden als diejenigen der Tabelle 134, kann paradox erscheinen, da bei diesen letzteren der Ausgangspunkt der zu ziehenden Linien gegeben ist, während im vorliegenden Fall das Kind auf seiner Zeichnung die Verschiebung und den Ausgangspunkt selbst ansetzen muß. Aber wie das Bewußtwerden erst bei Problemen oder Desadaptationen erfolgt, so zieht die Tatsache, daß man auf Tabelle 134 dem Kind die Ausgangspunkte vorgibt, gerade eine bevorzugte Zentrierung der Aufmerksamkeit auf den Ankunftspunkt nach sich: daher die Tendenz, die Endgrenze der Modellinie nicht zu überschreiten. Wenn man dagegen wie hier die Testperson zwingt, ihren Ausgangspunkt selbst zu wählen, bringt man sie dazu, die allgemeine Verschiebung und infolgedessen die Überschreitung stärker zu berücksichtigen.

141 Zu beachten ist, daß diese digitalen Antizipationen besser sind als auf Tabelle 134, weil die Versuchsperson wegen der Abdeckung zweifellos nicht von den Grenzen des Gegenstands gehemmt wird.

Aber ist es nun nicht um so seltsamer, daß die vorliegenden Antizipationen weniger gut mit den Erhaltungen korrelieren, als die der Tabelle 134? Einerseits sind jedoch die positiven Ergebnisse bei den Antizipationen der Tabellen 136 und 137 nur qualitativ (also unabhängig von der Länge der Überschreitungen), während die Erhaltung quantitativ ist. Andererseits, und das ist entscheidend, ist es zweierlei, zwei Stäbe als gleich zu beurteilen, von denen man den einen gerade bis zu einer gewissen Überschreitung verschoben hat, und sich diese Überschreitung vorzustellen, ohne sie wahrzunehmen; denn in dem ersten dieser beiden Fälle besteht eine klare Tendenz, die Überschreitung zu überschätzen (siehe Tabelle 133), und in dem zweiten Fall besteht eine nicht weniger deutliche Tendenz, sie zu unterschätzen! Mißt man nämlich die Dimensionen, die die Versuchspersonen ihren Zeichnungen des unbeweglichen und sichtbaren Stabs *E* und des verschobenen Stabs *B* (unter die Blende geschoben) verleihen, so stellt man fest, daß die von *B* beinahe immer unter denen von *E* liegen: während die Kopie *E* (nach der Regel) eine durchschnittliche Abwertung von −17,1 bis −25,4% zeigt (= Kopien von 7,48 bis 8,29 cm), führt die Vorstellung von *B* zu Durchschnittswerten nach dem Alter von −25,2 bis −28,4% (von 6,77 cm bis 7,58 bei einem Stab von 10 cm). Was die Abmessungen der beiden Überschreitungen anbetrifft (am Anfang [*d*] und am Ende [*c*] siehe Abb. 48), so sind zwei entscheidende Tatsachen hervorzuheben: einerseits gelingt es einer großen Anzahl von Versuchspersonen nicht, sich eine Überschreitung *c* vorzustellen (wir haben entsprechend der resultierenden bimodalen Kurve eine Überschreitung als Null bewertet, wenn sie weniger als 2,5% von *E* betrug oder unter 0,25 cm lag; die tatsächlichen Überschreitungen lagen zwischen 2,5 und 7,5 cm); andererseits liegt die Überschreitung *c* beinahe immer (im Falle von 18 Durchschnittswerten von 20) unter der Überschreitung *d*. Die Tabelle 138 liefert die % der Versuchspersonen, nach dem Alter und für jeden Versuch (II2 bis II6), die keine Überschreitung *c* zeigen, sowie die durchschnittlichen Unterschiede zwischen den Überschreitungen *d* und *c* (in mm) bei den Versuchen II2–II4 (Überschreitung von 2,5 cm) und II2–II6 (2,5 bis 7,5):

Tabelle 138: Prozentsatz der Versuchspersonen, die keine Überschreitung *c* zeichnen,[142] und durchschnittliche Differenzen zwischen den Überschreitungen am Anfang *(d)* und am Ende *(c)* – (in mm)

	II2	II3	II4	II5	II6	*d–c* (II2–II4)	*d–c* (II2–II6)
5 Jahre	35	35	30	20	25	+4,0	+6,4
6 Jahre	26	30	20	10	10	+1,6	+2,2
7 Jahre	5	0	10	5	5	+2,1	+2,4
8 Jahre	0	0	0	0	0	+3,2	+2,9

Man beobachtet also einen gleichmäßigen Fortschritt mit dem Alter bei der Angabe der Überschreitungen, aber in jedem Alter (und ohne Zunahme zwischen 6 und 8 Jahren) ist die Überschreitung am Ende (*c*) deutlich kürzer als die Überschreitung am Anfang (*d*). Man kann daraus schließen, daß das Bild dazu neigt, die Überschreitung *c* zu unterschätzen, während das präoperatorische Urteil während der Versuche zur Erhaltung dazu neigt, gleichzeitig den quantitativen Wert und seine qualitative Bedeutung zu überschätzen (siehe Tabelle 133 und den Kommentar)! Es besteht da kein logischer Widerspruch, weil das in beiden Fällen bedeutet, daß zwei gegeneinander verschobene Stäbe um so eher gleich bleiben, als die Verschiebung geringer ist, aber es gibt einen Gegensatz in den Verhaltensweisen (die Verschiebung zu minimalisieren, um die Gleichheit zu bewahren, oder sie zu erkennen und zu betonen, dabei aber auf die Erhaltung zu verzichten), dessen Vorhandensein zu der Erklärung ausreicht, warum die Korrelation zwischen der Antizipation der Längen der Stäbe *B* und *E* und dem Urteil über die Erhaltung nicht vollkommen ist. Es ist sogar erstaunlich festzustellen, daß von 6 bis 8 Jahren die Unterschätzung der Verschiebung am Ende dazu neigt, größer zu werden (von +1,6 bis +3,2 bei II2–II4), also auf den Stufen, auf denen sich die Erhaltung bildet!

Aber erinnern wir uns, daß diese Angaben über die Überschreitungen von Zeichnungen erbracht werden, die sich mit den Stäben *B* und *E* selbst beschäftigen, und nicht von einer Technik, die den Akzent auf die Überschreitungen als solche legt: deshalb gelingen bei dieser Technik II die Antizipationen

142 Die Fingeranzeige gibt bessere Resultate, aber man findet noch 5 % der Versuchspersonen von 5–7 Jahren, die bei den Versuchen II2 und II4 keine Überschreitung *c* anzeigen, und 10 bis 21 % bei Versuch II3 (links).

im Durchschnitt vor den Urteilen über die Erhaltung. Wenn wir uns dagegen auf die Überschreitungen *d* und *c* als solche konzentrieren (oder auf die entsprechenden leeren Abschnitte *a* und *f*) wie bei den Techniken IV und V, werden wir feststellen, daß dann im Durchschnitt die Erhaltung der Antizipation vorausgeht, was ein neues Problem aufwerfen wird!

Technik III. – Bevor wir aber dahin gelangen, sind noch einige Angaben zu den Ergebnissen einer von S. Taponier erdachten Technik zu machen, die die Tunnel vermeiden soll: der Stab *E* bleibt unbeweglich und horizontal, während der Stab *B* vertikal gezeigt wird, und es geht darum, ihn so zu zeichnen, wie er in der horizontalen Position ankommt, wenn er sich um seine Basis dreht: diese Basis nun liegt am Endpunkt von *B*, entweder rechts oder links davon, mit Verschiebungen derselben Größen wie die, die vorher verwendet wurden (Versuche 2–6). Aber da der Versuch 3 (Verschiebung nach links) einen kleinen Unterschied in den Techniken I3 (Ausgangspunkt von *B* links) und II3 (Ausgangspunkt von *B* am rechten Endpunkt des Tunnels, der nach links verschoben ist) mit sich bringt, unterscheiden wir auch eine Technik III*A* (vergleichbar mit I) und III*B* (vergleichbar mit II) bei diesem Versuch III3, wobei der Unterschied der Ergebnisse übrigens minimal ist.

Bei 20 Versuchspersonen von 5 Jahren und 20 von 6 Jahren sind die Ergebnisse dieser Techniken III*A* und III*B* interessanterweise ein wenig besser als bei den Techniken I und sogar II, von der qualitativen Angabe der Überschreitungen her betrachtet:

1. Mit 5 Jahren bewältigen 65% der Versuchspersonen alle Versuche zur Antizipation durch Geste und durch Zeichnung (gegenüber 45% auf der Tabelle 4), und mit 6 Jahren sind es 80% der Versuchspersonen, denen III*A* gelingt, und 95%, denen III*B* gelingt;
2. dagegen bleiben die Überschreitungen *c* deutlich kürzer als die Überschreitungen *d*: +6,4 mm Unterschied *d–c* mit 5 Jahren, und +5,8 mit 6 Jahren,.
3. die Beziehung der Antizipationen zu den Erhaltungen besteht in einem zumindest ebenso großen Vorsprung der Antizipation vor der Erhaltung wie bei der Technik I (siehe Tabelle 139, bei der die sogenannten Zwischenfälle in Wirklich-

keit Fälle sind, die schwer zwischen Mißerfolg und Erfolg einzuordnen sind):

Tabelle 139: Beziehung zwischen der bildhaften Antizipation (Technik III) und der Erhaltung (in % von 40 Versuchspersonen von 5 und 6 Jahren)

	Nicht-Erhaltung	Zwischenlösung	Erhaltung
Antizipation nicht gelungen	17,5	2,5	7,5
gelungene Antizipation	45	10	17,5

Man sieht, daß die Fälle gelungener Antizipation, aber ohne Erhaltung, weit vorn liegen. Bei dieser Technik III ist also zu zeigen, daß die Vorstellung von einem Stab, der einen anderen überragt, paradoxerweise einfacher ist, wenn sie am Anfang nicht parallel liegen; zweifellos deswegen, weil der Parallelismus zwischen zwei Stäben, deren Längengleichheit zuvor festgestellt worden war, das Bild einer gemeinsamen Endgrenze stärker nahelegt. Aber diese qualitativ einfachere Antizipation wird ausgeglichen durch eine um so stärkere quantitative Unterschätzung (Unterschied *d–c*), was wieder einmal die Verknüpfung des Bildes mit der Frage der Grenzen deutlich macht. Diese Unterschätzung des Bildes also, die sich bei den letzten Versuchen zur Erhaltung (in ihrem Parallelismus vollständig sichtbare, verschobene horizontale Stäbe) mit der Überschätzung der Überschreitung *c* in Konflikt befand, erklärt den Rückstand eben dieser Erhaltung hinter der qualitativen Antizipation.

Wir wollen hierzu, was uns gleich zu den Problemen der Technik IV führen wird, noch auf die Verteilung der Versuchspersonen im Hinblick auf den Unterschied zwischen den Überschreitungen *d* und *c* hinweisen. Wir unterscheiden da fünf Bewertungsklassen: 1. ≪ mehr als 10 mm Unterschied zugunsten von *d*; 2. < von +9,9 bis +5; 3. = von +4,9 bis –4,9; 4. > von –5 bis –9,9; und 5. ≫ mehr als –10 mm (Tabelle 140).

Man sieht, daß die Reaktionen der Gleichheit, obwohl sie (unregelmäßig) mit dem Alter zunehmen, mit 8 Jahren noch nicht 50 % erreichen!

Tabelle 140: Prozentsatz der Versuchspersonen (Techniken II und III) nach den Bewertungsklassen *d–c* (Versuche II2–II6 und III2–III6)[143]

	keine Überschreitung (±2,5mm)	≪	<	=	>	≫
II:						
5 Jahre	29	37	23	23	10	7
6 Jahre	19	19	15	44	10	12
7 Jahre	5	22	21	37	10	10
8 Jahre	0	14	25	47	12	2
III:						
5 Jahre	11	35	23	28	7	7
6 Jahre	1	34	21	34	8	3

Technik IV. – Nachdem wir die Antizipation durch das Bild, bezogen auf die verschobenen Stäbe *B* und *E*, betrachtet haben, müssen wir noch die Überschreitungen als solche, *d* und *c* bzw. die entsprechenden leeren Strecken *a* und *b* vorstellen lassen, da wir festgestellt hatten, wie spät sich ihre spontane Egalisierung entwickelt. Diese Frage ist ja von einem gewissen Interesse, denn wenn diese Repräsentation der Überschreitungen oder leeren Räume von denen der verschobenen Stäbe allein relativ unabhängig war, und wenn sich ihre Verspätung insoweit bestätigte, als sie sich nach der Erhaltung und in Abhängigkeit von ihr bilden, anstatt ihr vorauszugehen, wie die anläßlich der Techniken II und III beschriebenen qualitativen Antizipationen, so wäre das ein wichtiges Indiz für eine wirkliche Indifferenzierung zwischen der ordinalen und der metrischen Länge und spräche gegen eine rein semantische oder verbale Interpretation der Nicht-Erhaltung. Nach der Hypothese, gemäß der eine scheinbare Nicht-Erhaltung der Längen nur an einer semantischen Konfusion hängt, die dem Wort »länger« die Bedeutung von »weiter weg ankommen« beilegt, müßte sich das Kind ja eine präzise Vorstellung von den auftretenden Längen machen, oder es müßte zumindest, selbst im Fall von Unschlüssigkeit über die absoluten Längen der Stäbe *B* und *E*, von der Gleichheit der Überschreitungen *c* und *d* oder der leeren Abschnitte *a* und *b* überzeugt sein: in

143 Die % der Null-Überschreitungen sind extra gezählt. Die anderen % beziehen sich auf alle Versuchspersonen zusammen, die eine Überschreitung größer als Null anzeigen.

diesem Fall müßten die Aufgaben, die wir zu den Überschreitungen als solchen stellen werden, zur gleichen Zeit gelöst werden wie die vorhergehenden (Techniken II und III) und deutlich vor den Problemen der Erhaltung (wenn wir diese per Hypothese einmal nur von verbalen Mißverständnissen abhängen lassen). Wenn wir das Gegenteil finden, so wäre das umgekehrt der Beweis dafür, daß die Nicht-Erhaltung der Längen begrifflicher und nicht nur semantischer Natur ist und daß der semantischen Indifferenzierung von »weit« und von »lang« eine begriffliche Indifferenzierung zwischen dem Ordinalen und Metrischen entspricht.

Dieses Problem des antizipatorischen Bildes der Überschreitungen *c* und *d* wurde mit Hilfe zweier verschiedener Techniken, IV und V, gestellt:

Bei der Technik IV verfügt man über zwei Stäbe von 10 cm Länge und 1 mm Durchmesser, einem Stab von 9 und einem von 10 cm, und über neun verschiedene Paare von Stäben von 0,5 bis 8 cm Länge. Einer der Stäbe von 10 cm, bezeichnet als *B*, ist auf einen Karton geklebt (in horizontaler Position), und wenn einer der anderen relativ zu ihm verschoben wird (*E*, entsprechend den Positionen der Abb. 48, deren Terminologie wir beibehalten), ist die Überschreitung *c* des Stabes *B* dann durch einen Schirm *I*, genannt »Tunnel«, von 20 cm Länge, 2 cm Breite und 0,5 cm Höhe verdeckt. Es geht jetzt darum, sich vorzustellen, ob die verdeckte Überschreitung *c* mit der sichtbaren Überschreitung *d* gleich ist, oder nicht, und dazu stellt man die folgenden Aufgaben:

IV (1). Stäbe von 10 und 10 cm. Man fordert das Kind auf, einen Stab auszuwählen, der demjenigen gleicht, der aufgeklebt ist (10 cm), und dann verschiebt man ihn um eine Strecke *d* (2 cm). Man zeigt die Verwendung des Tunnels und legt ihn über die Überschreitung *c*. Man einigt sich anschließend über den Namen, den man dem Zwischenraum *a* geben will (»Loch«, »Lücke«, »Treppe«, »Leere«, usw.), und man fordert das Kind auf, ihn mit Hilfe eines der kleinen Stäbe (von 0,5 bis 8 cm) auszufüllen, der folglich der Überschreitung *d* entsprechen soll. Danach sagt man: »Jetzt wähle ein anderes Stück, das genauso groß ist wie das hier verdeckte Stück (*c*) und setze es auf den Tunnel direkt über das Stück, das du nicht sehen kannst.« Und man fügt hinzu: »Wie hast du diese Stücke ausgewählt? Zwei gleich große, oder ist eines größer als das andere? Und warum?« Bei den Versuchspersonen von 7–8 Jahren kann man sich mit der mündlichen Frage nach der Gleichheit oder Nicht-Gleichheit der Stücke *d* und *c* zufriedengeben.

Anschließend stellt man dieselben Aufgaben mit einer Verschiebung.

Schließlich bittet man die Versuchsperson abzuschätzen, ob die Stäbe selbst, *B* und *E*, gleich lang sind oder nicht, um zu sehen, ob sie daran gedacht hat, wenn sie zu der Gleichheit der Überschreitungen antwortet.

IV (2). Man legt dieses Mal parallel zu dem festen Stab von 10 cm einen kürzeren Stab von 9 cm hin, und man legt ihn zunächst dem von 10 cm gegenüber, damit die Versuchsperson die Ungleichheit feststellen kann. Dann verschiebt man ihn um 2 cm, indem man den Tunnel auf die Überschreitung *c* setzt. Man stellt dieselben Aufgaben wie vorher (unter IV) und beginnt von neuem mit einer Verschiebung von 7 cm.

IV (3). Dieselben Aufgaben mit denselben Stäben von 10 und 9 cm, aber ohne Tunnel.

Wenn das Kind auf die Fragen IV2 und IV3 korrekt antwortet oder wenn im Gegenteil die Antworten schwierig zu deuten sind, stellt man dieselben Fragen von neuem mit Stäben von 10 und von 11 cm und mit Tunnel.

Das allgemeine Ergebnis bei 42 Versuchspersonen von 5 bis 12 Jahren weist eine relativ gute Korrelation zwischen den positiven Ergebnissen bei dem Versuch IV1 und der Erhaltung auf sowie einen Vorsprung der Urteile zur Erhaltung relativ zu den positiven Ergebnissen bei den Versuchen IV2 und IV3 (vgl. Tabelle 141, bei der das Zeichen $+A\ +E$ ein positives Ergebnis bei der Antizipation der Gleichheit der Verschiebungen und positives Ergebnis bei der Erhaltung bedeutet, $+A\ -E$ Erfolg bei der Antizipation, aber Mißerfolg bei der Erhaltung, und $\pm$ schließlich Erfolg bei der Antizipation bei einer Verschiebung von zweien):

Tabelle 141: Beziehungen zwischen den positiven Ergebnissen bei der Antizipation der Gleichheit bzw. der Ungleichheit der Überschreitungen und den positiven Ergebnissen bei der Erhaltung (in % der Versuchspersonen)

	$+A+E$	$-A-E$	$+A-E$	$-A+E$	$\pm A-E$	$\pm A+E$
IV1	51,2	26,9	2,4	12,1	5,0	2,4
IV2	36,6	19,6	2,4	19,6	12,1	9,7
IV3	28,2	33,3	0	23,0	2,6	12,9
Durchschnitt	38,7	26,6	1,6	18,2	6,6	8,3

Wie man sieht, betragen bei Versuch IV1 die Erfolge bei der Erhaltung (+ + und − − 78) 1 % und die Mißerfolge (+ − und − +) nur 14,5 %, während bei den Versuchen IV2 und IV3 die günstigen Fälle nur 58,8 % betragen und die ungünstigen Fälle 21,4 %. Aber die Tatsache ist auch interessant, daß bei den drei Versuchen der Durchschnitt der Fälle $-A\ +E$ und $\pm A\ +E$ die Fälle $+A\ -E$ und $\pm A\ -E$ überwiegt, das heißt, daß bei diesen Fällen ohne Korrelation dreimal mehr Versuchspersonen die Erhaltung vor der korrekten Antizipation der Beziehung der Überschreitungen gelingt, als umgekehrt. Was die Werte $+A\ -E$ und $-A\ +E$ allein anbetrifft, die am ehesten Aufschluß geben (da die Fälle ± mehrdeutig sind), so ist die Proportion sogar noch viel stärker: 18,2 % Vorsprung der Erhaltung vor der Antizipation gegenüber 1,6 % im umgekehrten Fall.

Das Problem ist also zu verstehen, warum die Antizipation der Überschreitungen der Erhaltung voraufgeht (Tabelle 137), wenn es darum geht, sich die beiden Verschiebungen vorn und hinten vorzustellen (es korreliert einfach mit der Bewahrung, wenn die Ausgangsverschiebung gegeben ist und nicht konstruiert wird: Tabelle 135), während die Vorstellung der Gleichheit der Verschiebungen auf die Erhaltung folgt. Die Antwort ist zunächst die, daß die Antizipation der Überschreitungen (wobei nach den Stäben *B* und *E* selbst gefragt wird und nach ihren Positionen, nicht aber nach den Überschreitungen *a* und *d* als solchen oder zu den leeren Strecken *a* und *f*) bei den auf der Tabelle 137 als richtig bewerteten Antworten qualitativ[144] bleibt, während die Bewertung der Gleichheit der Überschreitungen eine Quantifizierung dieser letzteren einschließt. Aber vor allem entspricht die Reihenfolge der Reaktionen der logischen Reihenfolge bei der Konstruktion der Begriffe selbst: 1. um zu der Erhaltung zu gelangen, ist das Vermögen notwendig, sich zumindest vorzustellen, daß beim Vorrücken des Stabes *B*, der dem Stab *E* gleicht, der erste den zweiten überragen wird; 2. aber in ihrer noch unentwickelten Form erfordert die Erhaltung nur die einfache Umkehrbarkeit (= wenn man *B* zurückschiebt, ist er wiederum mit *E* kongruent) oder die Identität (= »man hat ihn nur verschoben«, wobei man die Länge invariant läßt), noch nicht aber die Kompensation (Gleichheit der Überschreitungen), obwohl diese von Anfang an auftreten kann; 3. wenn dagegen die Erhaltung einmal erworben ist, dann bildet sie einen Rahmen, in den sich die Kompensation früher oder später einfügt, wenn sie nicht von Anfang an herangezogen wurde. Aus dieser Reihenfolge ergibt sich, daß, wenn das Bild dem Begriff nachgebildet ist, anstatt aus einem einfachen Registrieren der zufälligen vorangegangenen perzeptiven Feststellungen hervorzugehen, die Gleichheit der Überschreitun-

144 Das heißt, daß das positive Ergebnis einfach das Vorhandensein einer Überschreitung einschließt (>2,5 % von *E*), unabhängig von seinem quantitativen Wert.

gen (Kompensation) entweder mit der Erhaltung korrelieren oder ihr folgen muß, ihr jedenfalls nicht vorausgehen kann.
Das Ergebnis der Tabelle 141 ist also, daß die bildhafte Repräsentation tatsächlich dem Begriff näher steht als den vorhergehenden Wahrnehmungen, und das in diesem so einfachen Fall, bei dem es sich nur darum handelt, die Verschiebung eines Stabes relativ zu einem anderen zu antizipieren, wie auch in dem nicht weniger einfachen Fall, bei dem es darum ging, die Verschiebungen eines Quadrats relativ zu einem anderen zu antizipieren (Kap. III, §§ 1 und 2). Aber es muß festgehalten werden, daß die von den Versuchspersonen angewandten Verfahren, die Gleichheit der Überschreitungen bei dem Versuch IV1 zu antizipieren, nichtsdestoweniger mehr repräsentativer oder bildhafter als operatorischer Natur sind (im Gegensatz zu den Ungleichheiten der Versuche IV2 und IV3, wo das Denken vorherrscht): nur erscheinen diese Korrekturen bildhafter Vorstellungen erst auf der Stufe der Erhaltung und sind bei den Versuchspersonen ohne Erhaltung beinahe überhaupt nicht vorhanden!
Untersucht man jetzt die von den Versuchspersonen angewandten Verfahren, so findet man sechs verschiedene Arten: 1. zufälliges »Erraten«; 2. sich nur an die Wahrnehmung halten (»ich sehe«), was meistens täuschend ist; 3. sich ungenaue Gesetze ausdenken (immer gleich oder immer ungleich); 4. sich die Größe von *c* (oder von *f*) in Relation zu derjenigen von *d* (oder von *a*) vorstellen und dabei die zunehmenden Veränderungen zueinander in Beziehung setzen; 5. die Gleichheit oder die Ungleichheit der Überschreitungen von denjenigen der Stäbe selbst (operational) ableiten; 6. dasselbe, aber mit Bezugnahme auf den Tunnel und seine Verschiebungen.
78 % der Versuchspersonen nun, die die Erhaltung noch nicht haben, wählen zufällig aus, während die anderen gewöhnlich die Verfahren 2 und 3 anwenden. Dagegen beobachtet man bei den Versuchspersonen, die die Erhaltung erreicht haben, 59 % an repräsentativen Verfahren (4) bei Versuch IV1, 67 % der Verfahren 5 bei IV2 und 60 % der Verfahren 6 bei IV3 (wobei die Verfahren 5 und 6 übrigens keineswegs das Vorhandensein von Bildern ausschließen). Man sieht nun, daß die bildhafte Repräsentation mit Sicherheit eine Rolle spielt, aber daß sie

erst von der Stufe der Bewahrung an oder mit einiger Verzögerung adäquat wird, was zeigt, wie sehr diese Adäquation von den Operationen bestimmt oder zumindest gelenkt wird. Was die Frage anbetrifft, die wir uns zu Beginn dieses Abschnitts IV stellten, so scheint klar zu sein, daß die Unfähigkeit, die Gleichheit oder die Ungleichheit der Überschreitungen vor der Stufe der Erhaltung zu antizipieren, verhindert, die Nicht-Erhaltung der Längen einfachen semantischen Mißverständnissen zuzuschreiben; und das beweist, daß sie (ebenso wie jene als Restphänomen) aus einer Indifferenzierung zwischen den ordinalen Abschätzungen (± weit) und den metrischen Abschätzungen (± lang) hervorgeht. Es kann diesbezüglich also von Nutzen sein, einige Beispiele von Reaktionen während der Voruntersuchungen zu zitieren, die zu dieser Technik IV geführt haben (wir hatten damals mit kleinen Linealen von 14, 16 und 18 cm begonnen und die Länge der leeren Strecken *a* und *f* voraussehen lassen mit Hilfe von 2×8 Pappstücken zur Auswahl, von der Breite der Lineale, blau für den Zwischenraum *a*, gestaffelt von 1 bis 7 cm, und grün für den Zwischenraum *f*, gestaffelt von 0,5 bis 6 cm; oder es wurden gleiche und ungleiche Stäbe verwendet, und es sollten die Verlängerungen *d* und *c* einfach gezeichnet werden):

Eli (6;2), 2 Lineale zu 16 cm; sie untersucht aufmerksam die Überschreitungen von 2 cm, die am Anfang beide sichtbar sind, nachdem sie die Gleichheit der Stäbe festgestellt hat. Sie nimmt 2 und 2, sagt aber: »*Vielleicht ist dasselbe Stück nicht da.* – Muß man zwei gleiche nehmen? – *Nein* (sie mißt mit dem Finger). *Ja.* – Und wenn ich noch mehr ziehe? – *Wenn Sie weit schieben, muß man diese da nehmen* (5 für *f* und 3 für *a*). – Warum? – *Weil das sehr lang ist.* – Aber braucht man nicht zwei gleiche? – *Nein, einen, der ein wenig größer ist.* – Welchen? – *Diesen da* (*f*). – Wenn ich noch mehr ziehe? – *Diesen da* (7 für *f* und 4 für *a*). – Nun sieh mal her (man macht den Versuch): ist das das gleiche? – *Nein, dieser Stab* (*B*) *ist größer, weil man geschoben hat.*« Bei den Stäben 18 und 16 stellt Eli fest, daß $f > a$, und hält an dieser Ungleichheit bei allen Verschiebungen fest; aber wenn man zu 16 und 16 zurückkehrt, akzeptiert sie wiederum $a = f$ nur bei den kleinen Verschiebungen und sieht $f > a$ bei den größeren voraus. Mißerfolg bei dem letzten Versuch zur Erhaltung.

Seg (5;9), der mit gleichen Überschreitungen ($a = f$) bei den kleinen Verschiebungen beginnt, stellt sich dagegen vor, daß, nachdem man *B* weitergeschoben hat, »*dieser da* (*a*) *größer wird und dieser da* (*f*) *derselbe bleibt.*« Die Kopie aus der Erinnerung bei einer Verschiebung von 4 cm ergibt auch $a > f$ (3,6 und 1,7 cm), und die Antizipation ergibt: »*Dieser da* (*a*) *ist größer*« (6,7 für *a* und 4,8 für *f*). Man zieht dann in die andere Richtung, und Seg kehrt seine Vorhersagen um. Man schiebt schließlich hintereinander *B* in die eine

Richtung und *E* in die andere: »*Das macht die beiden Stücke genausolang.*« Was den Versuch zur Erhaltung anbetrifft, so wird diese abgelehnt: »*Dieser Stab* (*B*) *ist länger, weil man an ihm gezogen hat.* – Woher weißt du, daß er länger ist? – *Ich habe es gesehen.*«

Ber (6;1) nimmt Gleichheit $a = f$ bei den kleinen Verschiebungen an, »*weil die Stäbe genausolang sind* ($B = E$, was also die Erhaltung impliziert). – Und wenn ich noch weiter schiebe? – *Dieses Stück* (*f*) *ist dann länger.* – Warum? – . . . – Bist du sicher? – *Ja.* – Haben die Stäbe dieselbe Länge, oder nicht? – *Genausolang* (*E* und *B*).« Hier liegt also Erhaltung vor ohne korrekte Vorstellung der Überschreitungen.

Gan (6;11) mit 2 Stäben von 16 cm wählt richtig: »*Das ist dieselbe Größe, weil die beiden Stücke, die fehlen, gleich sind* . . . – Und wenn ich ziehe? – *Die beiden gleich, weil die beiden ersten gleich waren. Also muß man dasselbe hinlegen.* – Und wenn ich sehr schiebe? – *Ein bißchen* (6 für *a* und 7 für *f*). – Warum? – *Weil es da größer ist* (*f*).« Erhaltung: unentschieden.

Hier dagegen der Fall einer richtigen Antwort:

Eve (7;4): » *Beide gleich.* – Und wenn ich ziehe? – *Dieselbe Größe.* – Warum? – *Weil die beiden Stäbe dieselbe Größe haben.* – Und wenn ich sehr weit schiebe? – *Immer noch genauso*«, usw. 16 und 18: »*Ein größeres, weil ein Stab größer ist als der andere.*«

Man erkennt an diesen Beispielen zur Genüge, wie die Nicht-Erhaltung von der realen Schwierigkeit begleitet ist, die Überschreitungen abzuschätzen, selbst im Falle perzeptiver Feststellung zu Beginn (Eli), und sogar dann, wenn die Gleichheit bei den kleinen Verschiebungen vorausgesehen wird (Seg und Gan); man stellt auch fest, wie diese Probleme über die Erhaltung hinaus (Gan) fortbestehen können bis zu dem Moment, in dem sich die Gleichheit der Überschreitungen stabilisiert, weil sie in den Rahmen der Kompensationen eingeführt ist (Eve). Schließlich stellt man fest, daß man, wenn sich die Fragen auf reale oder vorherzusehende Bewegungen beziehen, im allgemeinen $f > a$ erhält (Eli, Ber und Gan), während die nachträgliche Vorstellung eher $a > f$ (Seg) ergibt.

Technik V und Schlußfolgerungen. – Der Rückstand der Antizipation der Gleichheit der Überschreitungen *c* und *d* hinter der Erhaltung selbst schien uns ein genügend wichtiges Ergebnis zu sein, um eine Kontrolle an jüngeren Versuchspersonen als den vorhergehenden erforderlich zu machen. Wir haben daher zusammen mit E. Schmid-Kitsikis die Reaktionen von 34 Kindern von 5 bis 7 Jahren gesammelt, mit Hilfe einer vereinfachten Technik, die der Technik V analog ist, aber nur mit gleichen Stäben arbeitet. Diese werden zunächst in Kongruenz gezeigt, dann, wenn die Gleichheit festgestellt wurde,

verdeckt man ihre rechten Enden und läßt mit dem Finger anzeigen, wo sie sich befinden, und verschiebt dann einen von beiden um 2,5 cm, dann um 1,5 cm und dann um 4 cm, und man bittet jedesmal darum, die Stabstücke auszuwählen (unter 5 Abschnitten von 0,5, 1,5, 2,5, 4 und 5 cm), die der sichtbaren Überschreitung *d* und der unsichtbaren Überschreitung *c* entsprechen.
Die Ergebnisse dieser Kontrolle ähneln denjenigen der Tabelle 141, wenn man das Alter dieser 34 neuen Versuchspersonen berücksichtigt (Tabelle 142):

Tabelle 142: Beziehungen zwischen den positiven Ergebnissen bei der Antizipation (+*A*) der Gleichheit der Überschreitungen und den positiven Ergebnissen bei der Erhaltung (+ *E*). (in % der Antworten)

$+A$ $+E$	$-A$ $-E$	$+A$ $-E$	$-A$ $+E$	$\pm A$ $-E$	$\pm A$ $+E$
23,5	38,2	0	23,5	11,7	3,1

Man sieht, daß keiner Versuchsperson die Antizipation der Gleichheit der Überschreitungen vollständig gelungen ist, ohne daß sie auch die Erhaltung erreicht hätte, während der umgekehrte Fall 23,5 % darstellt. Die Versuchspersonen, die einen halben Erfolg ohne Erhaltung ($\pm A$–C) erreichen, sind diejenigen, die die Gleichheit bei den kleinen Überschreitungen voraussehen, während sie bei den größeren scheitern. Aber da es oft vorkommt, daß die jüngeren Versuchspersonen gleiche Überschreitungen aus Gründen der Ökonomie oder der Beharrung ohne irgendein Verständnis auswählen, bilden diese Versuchspersonen $\pm A - C$ keine entscheidende Ausnahme bei dem Vorsprung der Bewahrung.
Im allgemeinen (Tabellen 141 und 142) scheint also die korrekte bildhafte Vorstellung der Überschreitungen (Gleichheit, wenn $B = E$, oder Ungleichheit, wenn $B \neq E$) den der Erhaltung eigenen Kompensationsrahmen vorauszusetzen. Aber es ist in gewisser Weise interessant festzustellen, daß umgekehrt die Tatsache, daß man die Aufmerksamkeit auf die Überschreitungen (Techniken IV und V) oder sogar auf die exakte Länge und Position der Stäbe und Bahnen lenkt (Techniken I–III), ihrerseits die Erhaltung erleichtert. Wenn wir die Prozente der 267 mit Hilfe der Techniken I–V befragten

Versuchspersonen ausrechnen, so erhalten wir nämlich (Tabelle 143):

Tabelle 143: Vollständig positive Ergebnisse bei der Erhaltung (in % der Versuchspersonen) nach Antizipation der Länge der Bahnen oder der Stäbe (Techniken I–III) oder der Länge der Überschreitungen (Techniken IV–V)

	5 Jahre ($N=72$)	6 Jahre ($N=78$)	7 Jahre ($N=57$)	8 Jahre ($N=46$)	9–12 Jahre ($N=14$)
Techniken I–III	21	37	40	77	
Techniken IV–V	5	38	70	85	100

Vergleicht man diese Ergebnisse mit denjenigen der Tabelle 133, so stellt man eine sehr deutliche Verbesserung fest. Da sich die Ergebnisse von Vinh-Bang auf 242 Versuchspersonen beziehen, erfaßt dieser Vergleich also mehr als 500 Kinder, was den Zufall auszuschließen scheint; es scheint also klar zu sein, daß das Bemühen um eine adäquate bildhafte Repräsentation der Längen den Übergang von der ordinalen Abschätzung (sie ist die Quelle der Nicht-Erhaltung in dem Fall, in dem allzu summarische Bilder die Aufmerksamkeit nur auf die Endgrenzen lenken) zu der metrischen Abschätzung, der Quelle der Erhaltung, begünstigt. Das ist insbesondere der Fall mit 7 bis 8 Jahren bei der Repräsentation der Überschreitungen (Techniken IV und V). Aber da sich diese letztere nur in einem Rahmen der Erhaltung als möglich erweist (Tabellen 141 und 142), muß man annehmen, daß das Bild der Überschreitungen nur adäquat werden kann, wenn es von schon strukturierten oder auf dem Wege der Strukturierung befindlichen Operationen (an der Schwelle der Erhaltung) gelenkt wird, wobei es dann seinerseits wieder diese Strukturierung begünstigt.

Insgesamt ziehen diese vielfältigen Untersuchungen mindestens drei Schlußfolgerungen nach sich. Die erste ist die, daß die Nicht-Erhaltung der Längen eine wirkliche Nicht-Erhaltung ist, die mit den anderen vergleichbar ist und nicht einfach aus semantischen Verwechslungen hervorgeht, obwohl sie solche nach sich zieht und diese länger anhalten können als die tatsächliche Nicht-Erhaltung, aber nur als Restphänomen. Die zweite entscheidende Schlußfolgerung ist die, daß sich auf diesem Gebiet das Bild von dem präoperatorischen Urteil unterscheidet, da das erstere dazu neigt, die Länge des beweglichen Stabs *B* und der Überschreitung *c* zu unterschätzen, während das Urteil dazu neigt, sie zu überschätzen. Die dritte Schlußfolgerung ist, daß die bildhafte Repräsentation der Überschreitungen nur unter dem Einfluß der entstehenden Operationen adäquat wird, aber daß, wie man gesehen hat, dieses adäquate Bild, oder genauer dieses Bemühen um Angleichung, und mindestens die Aufmerksamkeit, die es auf das Problem des Vergleichs zwischen den Überschreitungen *c* und *d* lenkt, ihrerseits die Ausbildung der Erhaltung begünstigen. Hier haben wir also ein schönes Beispiel für die Unterscheidung, aber auch für die Interaktion zwischen den Prozessen, die die Bilder, und den Prozessen, die die Operationen entstehen lassen.

§ 7. Schlußfolgerungen

Mit der Untersuchung der Beziehungen zwischen den Bildern und den Operationen stehen wir mitten in den Problemen der Natur der antizipatorischen Bilder und kommen damit zur Fortsetzung der am Schluß des Kapitels VI diskutierten Fragen zurück: in welchem Maße hängt das antizipatorische Bild von der Operation ab, und in welchem Maße begünstigt es seinerseits wiederum deren Funktionen? Doch das war nicht die zunächst zu klärende Frage; sie war ganz anders zentriert: in welchem Maße tragen die präoperatorischen Bilder dazu bei, die Operation vorzubereiten, und in welchem Maße wirkt diese, wenn sie einmal ausgebildet ist, ihrerseits ein auf das Bild, so daß es antizipatorisch wird? Wir haben hier drei verschiedene Fragen vor uns, denn es bedeutet nicht dasselbe, daß das präoperatorische Bild zur Bildung der Operationen beitragen kann, was die Ergebnisse dieses Kapitels bezweifeln lassen; und, daß das Bild, wenn es dank der Operation antizipatorisch geworden ist, das Funktionieren eben dieser Operationen begünstigt, was wir eben festgestellt haben, und was das folgende Kapitel uns noch genauer zeigen wird. Wir werden uns also die Diskussion dieser beiden zentralen Fragen für die allgemeinen Schlußfolgerungen aufsparen, wenn wir unsere Information noch durch die Untersuchung der bei der geometrischen Intuition auftretenden Bilder vervollständigt haben, und wir wollen uns für den Moment darauf beschränken, an das zu erinnern, was uns das vorliegende Kapitel hinsichtlich der Bildung der antizipatorischen Bilder an Neuem gelehrt hat.

Hierzu gibt es unter den vorher besprochenen Fällen nur zwei Bilder, die als antizipatorisch gelten können und deren Erscheinen dem der entsprechenden Operationen deutlich vorausgeht: das ist die Vorhersage des Niveaus der Flüssigkeiten (§ 1) durch eine Anzahl von Versuchspersonen, die nicht bis zur Erhaltung kamen, und das ist die qualitative Vorhersage der Überschreitung eines der verschobenen Stäbe (§ 5) vor der Erhaltung der Längen. Aber da das Kind in keinem der beiden Fälle auf Grund dieser Vorhersagen auf eine Kompensation zwischen den auftretenden Variablen schließt, ist es erlaubt, diese Bilder als abhängig von der Erfahrung anzusehen, die von der Versuchsperson vorher erworben wurde: sie konnte tatsächlich oft feststellen, daß eine Flüssigkeit in einem dünnen Glas höher steigt als in einem breiten und daß ein Stab von zwei gleichen Stäben den anderen überragt, wenn man ihn verschiebt. Mit anderen Worten hängt die Vorhersage der Ergebnisse der Bewegung oder der Transformation in diesen Situationen nur von reproduktorischen und nicht von antizipatorischen Bildern ab, und man kann aus diesen Tatsachen keinen Beweis dafür ableiten, daß es authentische antizipatorische Bilder gibt, die sich unabhängig von den Operationen bilden.

Dagegen gibt es drei Fälle, bei denen wir die Bildung von solchen authentischen antizipatorischen Bildern erlebt haben: der Übergang der transversalen Antizipationen[145] zu den longitudinalen Antizipationen im Fall der Entsprechungen zwischen Knöpfen (§ 4), die Antizipation der Gleichheit der Verschiebungen im Fall der Stäbe des § 5 und die Antizipation der Form der ausgezogenen Tonkügelchen (mit genauer Bewertung: § 3). Bei diesen drei Fällen nun haben wir festgestellt, daß sich diese Antizipationen erst nach der Bildung der entsprechenden Operationen oder im Moment ihrer Erarbeitung und an der Schwelle ihrer Vollendung bilden. In solchen Fäl-

145 Diese stützen sich auch nur auf Reproduktionsbilder, und sogar auf recht unmittelbare, insofern sie sich auf die Struktur der Vorrichtung stützen.

len hängt die bildhafte Antizipation, die bisweilen keinerlei Schwierigkeit bietet und viel früher entwickelt sein könnte, wenn das präoperatorische Bild nicht so statisch wäre, ganz offensichtlich von den Beiträgen ab, die dem Bild äußerlich sind und von der Operation geliefert werden. Dieser exogene Bildungsprozeß ist besonders offensichtlich im Falle der longitudinalen Antizipationen der Bewegung der Knöpfe des § 4, wo die wahrgenommene Versuchsanlage zum Gebrauch eines solchen antizipatorischen Bildes geradezu einlädt und wo jedoch die Operationen des In-Beziehung-Setzens und die Erhaltung der Äquivalenzen abgewartet werden müssen, ehe sich die longitudinale Antizipation bildet.

Dieser Gegensatz zwischen den scheinbaren Antizipationen, die der Bildung der Operationen voraufgehen, tatsächlich aber auf einfache reproduktorische Bilder gegründet sind, und den echten antizipatorischen Bildern, die vom Eingreifen der operatorischen Mechanismen abhängen, entspricht sehr genau dem Unterschied, den wir in einer früheren Arbeit[146] zwischen den beiden Antizipationsarten (die wir damals die globale und die analytische nannten) festgestellt hatten und die von der Operation der Reihenbildung abhängen. Es lohnt die Mühe, diese Tatsachen in Erinnerung zu rufen, da sie diejenigen nützlich ergänzen, die wir in diesem Kapitel beschrieben haben.

Es handelt sich nämlich um einen Fall, bei dem die bildhafte Antizipation die entsprechende Operation zunächst vorzubereiten scheint: und zwar um den der Reihenbildung von Längen (10 kleine Lineale von 10 bis 16,5 cm sind nach den 25 zunehmenden Größen in Form einer »Treppe« anzuordnen), welcher erst mit 7–8 Jahren durch systematische Operation und nicht mehr durch tastende Versuche bewerkstelligt wird, der aber schon bei 55 % der Versuchspersonen von 5 Jahren und bei 73 % von 6 Jahren zu einer bildhaften Antizipation durch korrekte Zeichnung und ohne zu konstruierendes Treppenmodell führt. Schaut man aber genauer hin, so bemerkt man von neuem den Abstand zwischen dem Bild und der Operation. Erinnern wir zunächst daran, daß man diese an drei Kriterien erkennt, im Gegensatz zur empirischen Konstruktion durch tastende Versuche: a) die Versuchsperson wählt das kleinste aller Elemente aus, dann den kleinsten von denjenigen, die übrigbleiben, usw., so daß sie von vornherein versteht, daß ein Element E gleichzeitig größer ist als die vorhergehenden $E > D \ldots A$ und kleiner als die folgenden $E < F, G$; b) sie gelangt damit sogar zu einer Transitivität $(A < B) + (B < C) = (A < C)$, was die präoperatorischen Versuchspersonen noch

146 *La genèse des structures logiques élémentaires,* Delachaux & Niestlé, 1959

nicht ableiten können; c) im Falle der Hinzufügung neuer Zwischenelemente nach Vollendung der Anfangsreihe placiert sie sie sofort korrekt, anstatt alles neu zu beginnen. Eine erstaunliche erste Tatsache ist die, daß die Versuchspersonen von 5–6 Jahren, die vorher eine gute Zeichnung des zu erreichenden Ergebnisses anfertigten, deshalb aber noch nicht zu dieser systematischen Methode gelangen, wenn es sich darum handelt, zur Bildung der Reihe überzugehen, weil die Operation umkehrbar ist (Kombination des aufsteigenden Verlaufs *E, F, G* . . . mit dem absteigenden *E, D, C* . . .), während die Zeichnung der Treppe ein Verhalten nur in einer Richtung ist. Es ist nämlich zweierlei, immer größere Striche zu ziehen, die man frei zeichnet, und mit Linealen zu hantieren, wobei man ihre gegebenen Größen berücksichigen muß.

Um diesen Unterschied deutlich zu machen, haben wir den Versuchspersonen Lineale in pro Element verschiedenen Farben gegeben, und wir verlangten entweder eine Zeichnung in Schwarz oder eine Zeichnung in den Farben, die denjenigen der einzelnen Elemente entsprachen. In diesem Fall ist nun die »analytische« Antizipation (in Farben) viel schwieriger als die »globale« Antizipation (in Schwarz): 3 % gegenüber 55 % mit 5 Jahren, 22 % gegenüber 73 mit 6 Jahren, und 80 zu 100 % mit 7 und 8 Jahren! Der Grund dafür ist offensichtlich der, daß die analytische Antizipation dieselben Operationen voraussetzt, wie die Konstruktion der Reihe selbst, während die globale Antizipation keine Reihenbildung voraussetzt. Genauer gesagt setzt die analytische Antizipation die Anwendung eines wirklichen antizipatorischen Bildes voraus, während die globale Antizipation nur auf einem und sogar statischen Reproduktionsbild beruht, das eine bekannte gute perzeptive Form imitiert (die Figur der Treppe, die symmetrisch und regelmäßig ist). Das »globale« Bild ist also keine Vorbereitung auf die Operation.

Dagegen hat A. Rey[147] eine andere Antizipation ersonnen, die genauso wie die vorhergehende analytische Antizipation von den Operationen der Reihenbildung abhängt: er ließ die Versuchspersonen ein Quadrat in die Mitte eines weißen Blattes zeichnen und verlangte dann die Zeichnung des kleinstmöglichen Quadrats (und gelegentlich auch des größtmöglichen Quadrats, das sich mit dem Blatt vereinbaren läßt). Während es nun dem Kind von 8 Jahren an sofort gelingt, ein Quadrat von 1–2,2 mm zu zeichnen (oder ein Quadrat, das sich an den Grenzen des Blattes orientiert), gelingt es den jüngeren Versuchspersonen nicht, außer mit kleinen Abweichungen nach oben oder unten, die Größe des Ausgangsquadrats, das im allgemeinen mit einigen Zentimetern Seitenlänge gezeichnet wird, zu überschreiten! Dieses vorzüglich ausgedachte Experiment ist mindestens in zweierlei Hinsicht äußerst aufschlußreich. Erstens zeigt es deutlich, daß das antizipatorische Bild der Stützung durch die Operationen bedarf, da das Alter der operatorischen Reihenbildung abgewartet werden muß, bis die Entfernung, die das Ausgangsquadrat vom anderen Endpunkt der Reihe trennt, in einem großen Sprung überschritten werden kann. Zweitens bestätigt es in frappierender Weise den statischen Charakter der präoperatorischen Bilder, da es den Ver-

147 A. Rey, »Le problème psychologique des ›quantités limites‹ chez l'enfant«, in: *Revue suisse psychol.* II (1944), S. 238–249

suchspersonen nicht gelingt, die Größe des Ausgangsquadrats im Bild zu überschreiten.[148]

Kurzum, diese auf die Reihenbildung bezogenen Fakten zeigen von neuem, daß das Bild der präoperatorischen Stufe nicht eine Vorbereitung der Operationen darstellt, während sich die »analytischen« Antizipationen und die des kleinstmöglichen Quadrats von Rey dagegen den operatorischen Mechanismen zuordnen lassen.

148 A. Rey hat seinen Versuch übrigens in einer auch für uns sehr lehrreichen Weise verbessert: er gibt der Versuchsperson eine horizontale Linie von 4 cm und fordert sie auf, auf die Blätter immer kürzere Linien zu zeichnen. A. Rey, *Etudes des insuffisances psychologiques*, Bd. I, S. 48–52, Delachaux & Niestlé, 1947–1962

Kapitel IX
Das räumliche Bild und die »geometrische Intuition«

Die relative Heterogenität, die wir zwischen dem Bild und der Operation und im allgemeinen zwischen den figurativen und den operativen Aspekten des Denkens zu erkennen glaubten, scheint eine bemerkenswerte Ausnahme im Falle dessen zu haben, was die Mathematiker gewöhnlich die geometrische »Intuition« nennen. Ein erwachsener Mensch, der »räumlich« sieht, sei er Geometer, Zeichner oder einfach geübt, vermag nämlich nicht nur, sich statische Konfigurationen in drei Dimensionen ebenso gut wie in zwei vorzustellen; er ist auch fähig, sich die kompliziertesten Bewegungen und sogar Transformationen vermittels einer bemerkenswerten Angleichung dieser Bilder an die Operationen vorzustellen. Und diese Entsprechung bleibt außerordentlich wirkungsvoll, trotz der bekannten Schwächen der Intuition (der Schwierigkeit, Kurven zu visualisieren, die keine Tangenten zulassen, usw.). Die geometrische Intuition wirft also eine Reihe von speziellen Problemen auf hinsichtlich der Beziehungen zwischen den Bildern und den Operationen, deren wichtigste die folgenden sind.

Es geht einerseits darum, warum das Bild in besonderem Maß fähig ist, die räumlichen Operationen figurativ zu repräsentieren, während sein Symbolismus auf dem logisch-arithmetischen Gebiet viel summarischer ist. Aber es ist andererseits wichtig, genau zu untersuchen, ob, wenn man von dieser privilegierten Angleichung ausgeht, die genetischen Beziehungen zwischen dem Bild und der Operation dieselben auf geometrischem Gebiet wie in den anderen Bereichen sind oder ob im Gegenteil, was den Raum betrifft, das Bild nicht eine bedeutendere Bildnerrolle als Vorbereitung auf die Operation spielen könnte. Im allgemeinen empfiehlt es sich also, eine Entscheidung darüber zu suchen, ob die geometrische »Intuition« vor allem bildhaft ist, oder ob sie wesentlich operatorisch bleibt, und welches die Beziehungen zwischen diesen beiden möglichen Komponenten sind.

Da beinahe alle der in diesem Werk untersuchten Bildformen räumlicher Natur sind, könnten wir uns für die Diskussion dieser Probleme fast mit einer rückblickenden Untersuchung unter diesen neuen Gesichtspunkten zufriedengeben. Es schien uns jedoch nützlich, um diese Untersuchung voranzutreiben, Probleme des Denkens im eigentlichen Sinn zu untersuchen, bei denen das Bild aber eine entweder beherrschende oder untergeordnete Rolle im Spiel der Operationen spielen kann, das sie dabei zugleich erleichtert (es ist das eine Untersuchung, die übrigens schon mehrmals begonnen wurde, insbesondere in Kap. V, § 1, Tabelle 73, anläßlich des Bogens und der Sehne).

§ 1. Die Abschätzung der relativen Längen der Konturen von einbeschriebenen und umschriebenen Figuren[149]

Nehmen wir ein in einen Kreis einbeschriebenes Quadrat, dessen vier Seiten den Kreisumfang berühren (siehe Abb. 49 unter I*a*): kann man sagen, daß es nur eine Sache der Wahrnehmung ist, wenn man diesen Kreisumfang für länger hält, als den Umfang des Quadrats? Aber wir haben gesehen (Tabelle 74), daß für viele Versuchspersonen von 5–6 Jahren der Bogen genausolang ist wie seine Sehne oder manchmal sogar weniger lang: die Figur 49 I*a* reproduziert diese Relation eines Bogens zu seiner Sehne viermal, und wenn diese Figur I*a* zu viel früheren positiven Ergebnissen führt, bringt die Figur I*k* (der Abb. 49) dagegen für die jungen Versuchspersonen Schwierigkeiten mit sich, die die Wahrnehmung auf keinen Fall allein lösen kann.

Das allgemeine Problem, das wir hier in Angriff nehmen, nämlich zu beurteilen, ob der Umfang einer umschriebenen Figur in den verschiedenen Fällen der Abb. 49 länger oder kürzer ist als der der einbeschriebenen Figur sowie in den halboffenen Figuren, die einigen dieser geschlossenen Figuren entsprechen[150], ist also ein Problem, das nicht allein zu dem Wahrnehmungsurteil gehört, sondern auch zu dem Denken im eigentlichen Sinn und zu dem inneren Bild. Die Rolle die-

149 Der Versuch wurde von M. Bovet in Zusammenarbeit mit H. Sinclair und I. Pecsi durchgeführt.

150 Die von uns »offen« genannten Figuren bilden Teile (die Hälfte, usw.) der entsprechenden geschlossenen Figuren.

ses Bildes zeigt sich schon, wenn es darum geht, sich die auftretenden Längen in Begriffen zu durchlaufender Bahnen vorzustellen, wie es die Anweisung vorschreibt, aber vor allem, wenn sich das Kind daran versucht, die zu vergleichenden Figuren zu zerlegen (Operationen der Zerlegung [*partitions*], die sich aber auf bildhafte Repräsentationen stützen), und wenn es versucht, wie das auch vorkommt, eine der Linien in die andere zu transformieren. Es scheint uns dies also

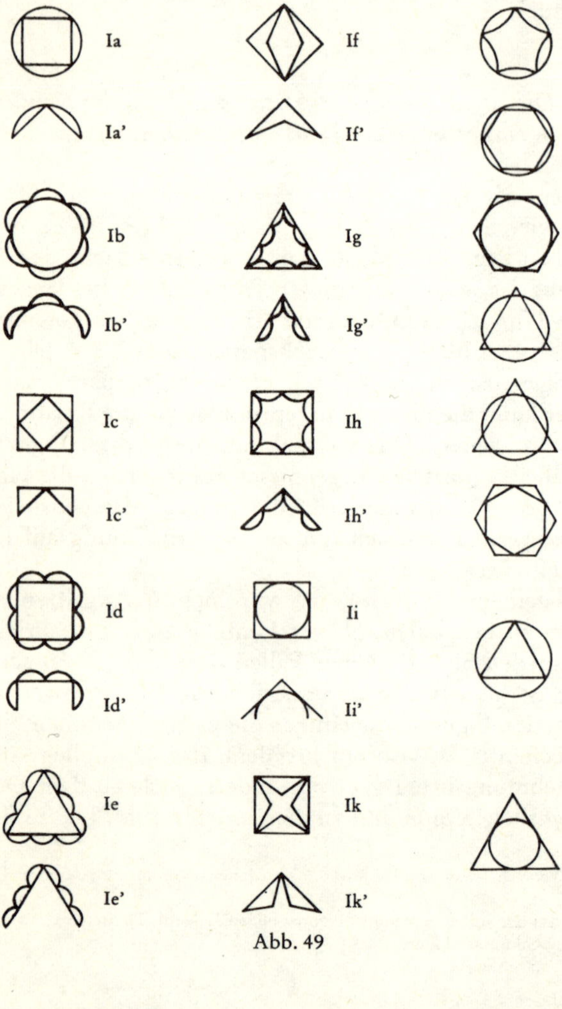

Abb. 49

eine gute Gelegenheit zu sein, die respektive Rolle des Bildes und der Operation bei den elementaren Formen geometrischer Intuition zu untersuchen.

Man zeigt eine Reihe von Kartons von 11 × 15 cm, auf die Figuren von ungefähr 8 cm Durchmesser gezeichnet sind, die einen einbeschriebenen Teil und einen umschriebenen Teil umfassen, die durch zwei verschiedene Farben gekennzeichnet sind. Diese Figuren sind ganz oder geschlossen oder in offene oder halboffene Figuren zerlegt (wie die der Abb. 49 I*a'* bis *k'* im Gegensatz zu I*a* bis *k*). Man fragt nun das Kind: »Ich habe diese zwei Linien gezeichnet, eine rot und die andere blau (oder andere Farben, um den Beharrungseffekt von einer Figur zur folgenden zu vermeiden). Wir wollen sagen, daß das Wege sind. Kannst du mir sagen, welcher Weg der längere ist? Oder meinst du, daß sie beide genausolang sind?« Um sicher zu gehen, daß die Urteile von dem Kind auf jeden Fall in Begriffen der Länge geäußert werden, haben wir bei den Kleinen manchmal folgende Kontrolle angewandt: wir haben eine Karte gezeigt, auf der 6 horizontale Linien in 5 verschiedenen Längen und in 6 verschiedenen Farben gezeichnet waren, die aber nicht von derselben vertikalen Achse ausgingen, um zu vermeiden, daß sich das Längenurteil nur auf das ordinale Kriterium der Überschreitung gründete, und wir haben gefragt: »Welcher Weg ist der längste?«, »Welcher ist der kürzeste?«, und »Gibt es zwei, die dieselbe Länge haben?« Eine einzige Versuchsperson konnte diese voraufgehenden Fragen nicht beantworten und wurde ausgeschieden. Bei den Versuchspersonen von 5–6 Jahren haben wir außerdem den Begriff der Längen konkretisiert, indem wir zwei Ameisen zu Hilfe nahmen, von denen die eine den blauen Weg und die andere den roten Weg durchlief, und wir haben gefragt, ob die eine einen längeren Weg zurückgelegt habe als die andere: der Vorteil besteht also darin, daß der zu durchlaufende Abstand hervorgehoben wird, während der Nachteil darin besteht, eine physikalische Bewegung ins Spiel zu bringen.

Wie man sieht, geht es hier nicht mehr, wie in den Kapiteln II–VII, und zum Teil auch noch in VIII, um die Aufgabe, durch Zeichnung, Geste oder Wort das Bild einer Konfiguration, einer Bewegung oder einer Transformation zu liefern, sondern darum, ein begriffliches oder operatorisches Urteil abzugeben. Was uns nun bei diesen Urteilen interessiert, ist die mögliche Rolle des Bildes, sowohl bei den Fehlern, als auch bei den Erfolgen, das heißt vor allem der Mechanismus des Übergangs von jenen zu diesen: hängt dieser Übergang von einer inneren Entwicklung des Bildes ab, von einer Mitwirkung der Operationen, die dem Bild widersprechen, oder von einer reziproken Anpassung (*ajustement*) zwischen den Operationen und der bildhaften Repräsentation?

I. Wir wollen unter diesem Gesichtspunkt die verschiedenen von den Versuchspersonen angewandten Kriterien untersuchen, wobei diese mehr oder

weniger bildhaft oder operatorisch sein und mit richtigen oder falschen Antworten einhergehen können, je nach den Fällen:
A) Keine Begründung oder *ohne Bedeutung* (»ich habe gesehen«, usw.), oder einfache *Beschreibungen* und *Tautologien* (»das ist groß«, usw.).
B) Kriterien, die auf die *Position* oder die *Anordnung* bezogen sind. Es handelt sich hier um Quantifikationen, die aus topologischen oder semi-topologischen Beziehungen (Umschließung und Anordnung) gewonnen werden, die dergleichen selbst nicht enthalten, was analoge Probleme aufwirft wie die, die wir schon anläßlich der Beziehungen zwischen Größen und Grenzen (Kap. II, usw.) angetroffen haben. Wir unterteilen diese Kriterien in drei Spielarten: *B*1. Abschätzungen nach *Umschließung* und *Innenlage*. – Im Prinzip wird in diesem Fall die innere Figur für kleiner gehalten, sogar bei der Figur II*i*, von der Mar (5;10) sagt: *»Die rote* (außen) *ist länger, weil immer die in der Mitte die kleinste ist;«* und Ale (5;5) zu Figur Ig: *»Die grüne ist länger, weil die rote darin ist.«* – Und zu der gleichen Figur sagt noch Aeg (6;11): *»Die grüne ist größer, weil sie außen herum ist.«* Dagegen fällt im Fall der Figur I*i* das Kriterium mit einer exakten Bewertung zusammen: *»Das rote* (Quadrat) *ist größer, weil der Kreis darin ist«*, sagt Ale (5;5), und die Frage stellt sich natürlich, ob er dieses tatsächlich exakte Urteil mit Hilfe des ungenauen Kriteriums gewonnen hat oder ob dieses nur im nachhinein zur Rechtfertigung einer auf anderem Weg gewonnenen Abschätzung dient.

Die wirkliche Bedeutung des Kriteriums *B*1 umfaßt nun zwei Begriffe, einen richtigen und einen falschen: der erste ist der, daß die umschließende Figur eine größere Oberfläche darstellt als die andere, und die zweite ist die, daß der Umfang der Oberfläche proportional ist. Daraus ergibt sich, daß, wenn der weniger großen Oberfläche der einbeschriebenen Figur ein größerer Umfang entspricht (Abb. I*h*, usw.), das Kriterium *B*1 zu einer falschen Antwort Anlaß gibt, während in den Fällen, bei denen die Oberfläche und der Umfang zusammen abnehmen (wie bei dem in das Quadrat einbeschriebenen Kreis, oder umgekehrt) die Antwort richtig ist. Das läßt daran denken, daß sogar in diesen letzten Fällen eben das fragliche Kriterium es ist, das den Ursprung des Urteils bildet, wenn die illusorische Entsprechung von Umfang und Oberfläche einmal angenommen worden ist (eine Entsprechung, der man sofort anmerkt, daß sie mit 5–6 Jahren mehr von der Natur der Bilder als von operatorischen Gründen abhängt).

Es ist auch festzuhalten, wie sehr dieses Kriterium *B*1 der Umschließung, das also über die Zwischenstufe der falschen Entsprechung zwischen Oberfläche und Umfang zu einer irrigen Quantifikation führt, dem ebenfalls topologischen Kriterium der Grenze nahesteht, das wir in den Kapiteln II usw. lange diskutiert haben und das auch seinerseits zu einer irrigen (und der vorhergehenden nah verwandten) Quantifikation führt, die sich auf die falsche Entsprechung zwischen den Längen und der Anordnung der Ankunftspunkte (länger = weiter) stützt, und zu einer irrigen Ausgleichung, die sich auf Grenzen stützt, die nicht überschritten werden dürfen (Kap. V, § 1). Man darf also nicht erstaunt sein, alle Zwischenstufen zu finden zwischen diesem Kriterium *B*1 und dem folgenden *B*2, das auf die Grenzen gegründet ist.

*B*2. Einschätzung nach den *Grenzen*: *Anordnung der Endpunkte* (Überschreitung oder Konvergenz) und *Punkte der Nachbarlage* (lokale Berührung der Grenzen). – Im Fall der offenen Figuren, von denen beinahe alle konvergierende Endpunkte haben, ist das häufigste Argument im Falle von Fehlern, daß die Längen gleich sind, weil sich die beiden Linien an den Endpunkten »berühren« (oder an einem Konvergenzpunkt »zusammentreffen«). Zum Beispiel Fran (5;7) zu der Figur I*a*': *»Die sind genauso groß, weil diese da anstößt, und diese auch«;* Pat (5;8) wiederholt zu den Figuren I*a*', *b*', usw. immer wieder *»Das ist dasselbe, die hören an derselben Stelle auf«;* Rol (6;8): *»Gleich lang, sie treffen zusammen«*, und Bou (6;9): *»Genauso, sie kommen an demselben Ende an«* (von 7 bis 8 Jahren an verschwindet dieses Argument, und wenn eine Ausgleichung vorliegt, wird sie mit »derselben Form« erklärt). Im Falle der geschlossenen Figuren fällt dieses Kriterium *B*2 sowohl mit den richtigen Antworten als auch mit den Fehlern zusammen. Von diesen letzteren zitieren wir Aeg (6;11) zu der unbestimmten Figur II*c*: »Das Dreieck ist größer, weil es über den Kreis hinausgeht«, und zu II*p*: *»Das Dreieck ist größer, weil es herausragt. Es ist größer, selbst wenn der Kreis auch heraussteht, aber er steht weniger heraus als das Dreieck«* (man sieht, daß die Überschreitung hier zu einem Oberflächenmaß wird). Zu denselben unbestimmten Figuren antwortet dagegen Thi (6;11) mit Genauigkeit: *»Das Dreieck ist vielleicht größer, weil es weiter reicht, aber der Kreis ist vielleicht größer, weil er auch überschreitet.«*

Dieses Kriterium der Überschreitung (oder nicht) der Grenze führt andererseits im Fall der geschlossenen Figuren zu einer Verallgemeinerung in der Form von Ausgleichungen, wenn es sich um lokale Berührung der Grenzen handelt. So gibt die Figur II*i* Anlaß zu Argumenten, die diesen Übergang von der Nicht-Überschreitung zur Kontiguität ausdrücken: *»Das ist dasselbe, weil beide Linien zu demselben Endpunkt laufen«*, oder *»weil sich die beiden Formen berühren«* (Flo 6;7). Der in ein Quadrat einbeschriebene Kreis mit vier Berührungspunkten (Abb. I*i*) gibt Anlaß zu demselben Argument, das von Pat (5;8) nacheinander in der Weise ausgedrückt wird: *»Sie berühren sich . . . sie gehen zusammen . . . sie gehen nicht weiter.«*

Man erkennt die Verwandtschaft der Kriterien *B*1 und *B*2: das erstere quantifiziert indirekt die Länge des Umfangs in Abhängigkeit von den Umschließungen in zwei Dimensionen, die eine ordinale Quantifikation der Oberflächen liefern (daher der unerlaubte Übergang von der Ordination der Oberfläche zu der des Umfangs); das zweite quantifiziert direkt die Länge des Umfangs in Abhängigkeit von den positiven oder nicht vorhandenen Überschreitungen, die tatsächlich Umschließungen in einer Dimension oder lineare Umschließungen bilden. Das Prinzip ist also in beiden Fällen dasselbe: es ist gleichzeitig topologisch und ordinal, und in beiden Fällen kann es ebenso zu korrekten wie zu irrigen Bewertungen führen.

*B*3. Bewertung, die sich auf die *untere* und *obere Position* stützt. – Diese Verwandtschaft der Kriterien *B*1 und *B*2 wird auch durch das Vorhandensein des Kriteriums *B*3 bestätigt, das eine Verallgemeinerung der beiden vohergehenden zugleich darstellt. Im Falle der offenen Figuren kommt es häufig vor, daß die Versuchsperson die obere Linie für länger erachtet, weil »sie höher geht«, was eine Überschreitung bedeutet, aber eine Überschreitung, die noch halb zu der Umschließung gehört, denn die Versuchsperson fügt manchmal hinzu, *»Das da steigt höher, es ist ein Zwischenraum zwischen den Wegen«* (Ano 6;3). Die Bewertung ist in diesem Fall im allgemeinen korrekt.

Man findet eine analoge Reaktion bei den geschlossenen Figuren: zum Beispiel Vil (6;10), nachdem er zu einem in einen Kreis einbeschriebenen Dreieck gesagt hat, daß jener größer ist, *»weil das Dreieck nicht wie die anderen darübergeht«*, fügt anläßlich des in ein Dreieck einbeschriebenen Kreises hinzu, daß es größer ist, *»weil es viel Zwischenraum gibt«*, das heißt, weil die Spitzen des Dreiecks aus dem Kreis heraustreten und damit »Zwischenraum zwischen den Wegen« lassen, wie Ano . . . sagte.

Diese Bezugnahme auf den eingeschobenen Raum führt uns zu den Kriterien *C*.

C. Kriterien, die auf die *allgemeine Form* oder auf die *Zusammensetzung der Teile* begründet sind. – Diese Kriterien könnten sehr verschieden von den vorhergehenden erscheinen, aber sie sind mit ihnen in ganz kontinuierlicher Weise durch die implizite oder explizite Bezugnahme auf die Oberfläche verbunden. Ihr allgemeines Prinzip ist ja, daß irgendeine globale Form, verglichen mit einer anderen, »größer«, »dicker« usw. ist, was entweder ohne Bedeutung ist und uns zu den tautologischen Beschreibungen des Kriteriums *A* zurückführt, oder aber eine implizite Bezugnahme auf die Umschließung (Kriterium *B*1) darstellt. Aber wenn wir die Kriterien *C* von den Kriterien *B* unterscheiden, dann nicht nur deshalb, weil sie sich voneinander in ihrem sprachlichen Ausdruck unterscheiden, sondern weil das Kind, von der Gesamtform ausgehend (Kriterium C1), dahin gelangt, die Komposition der Teile zu untersuchen, was es dann wiederum zu zwei neuen Unterkriterien hinführt: zu C2, dem Vergleich der eingeschobenen Räume im Hinblick auf ihre Anzahl und ihre Abmessungen, und zu C3, dem Vergleich der Teile, der Umfangslinien selbst, ebenfalls im Hinblick auf ihre Anzahl (länger, weil mehr »Striche« oder Abschnitte, usw.) und ihre Dimensionen (länger, weil gewisse Abschnitte länger sind). Dieses letzte Unterkriterium C3 nun stellt, wie wir sehen werden, eine Vorbereitung auf das grundlegende Kriterium *D* dar, das sich auf die Umwege stützt und gleichfalls (was damit parallel geht) eine Vorbereitung auf die Trennung von Oberfläche und Umfang bedeutet.

C1. Bewertung, die auf die *Gesamtform* oder *Gesamtoberfläche* gegründet ist. – Wie wir gerade sagten, beschränkt sich in diesem Fall C1 die Versuchsperson darauf, sich direkt auf die Gesamtform zu berufen: *»Die gelbe«*, sagt Fran (5;7) von einem Kreis, in den ein Quadrat (I*a*) einbeschrieben ist, *»ist länger, weil sie rund ist, das sieht dann größer aus«*, oder auch: *»Das ist länger, weil es dicker ist; das ist größer«* (Nov, 6;1); *»Da ist ein kleines Dach* (Dreieck) *und ein großer Kreis«* (Ver, 6;10), oder *»Die eine macht einen Buckel, die andere einen Kreis«*. Die Verwandtschaft zwischen diesem Kriterium und dem der Umschließung wird durch den Übergang von dem einen zum anderen bestätigt, den man bei manchen Versuchspersonen beobachtet. Zum Beispiel sagt Auc (6;3) von dem in ein Sechseck einbeschriebenen Kreis, *»daß er kleiner ist, weil er drinnen ist«* (was richtig ist); dann sagt er von dem das Sechseck umschreibenden Kreis, daß er einen weiteren Weg macht, *»weil er dicker ist«*, was in diesem Zusammenhang offensichtlich bedeutet, daß er das Sechseck umschließt.[151] Aber merkwürdigerweise stellt der Übergang von

151 In der Folge verwendet Auc ständig dieses Argument »dicker«, das zu »größer« wird, bis zu dem Augenblick, in dem er zum höheren Kriterium *E* der Transformationen übergeht: *»Wenn man das Innere auseinanderfaltet* (einen in ein Quadrat einbeschriebenen Stern), *dann würde es größer.«*

der Umschließung zu der einfachen Gesamtform (als Gesamtoberfläche verstanden) keine Rückwärtsbewegung dar, wie es scheinen könnte: tatsächlich ersetzt das Kriterium *C*1 das Kriterium *B*1 und wird im Alter von 7 Jahren allgemein, in dem 23% der richtigen Antworten zu den offenen Figuren mit der Form begründet werden, gegenüber 4,2% bis 7,2% mit 5–6 Jahren. Wenn es nun einen Fortschritt gibt, dann deswegen, weil, wie schon gesagt, diese auf die Form gerichtete Aufmerksamkeit schnell zu einer Zerlegung der Teile führt, was in seinem metrischen (oder hyperordinalen) und nicht mehr nur ordinalen Aspekt neu ist.

*C*2. Bewertung, die sich auf die *freien Räume* und die *Leerstellen* stützt. – Die einfachste Zerlegung besteht darin, auf die leeren Räume zu verweisen, worauf schon in *B*3 hingewiesen wurde, was hier aber zu einer detaillierteren Quantifizierung führt. Zum Beispiel sagt Mont (8;6) zu der Figur II*p*, *»Das Dreieck ist größer, weil es da größere Räume gibt* (zeigt die Überschreitungen), *als da* (die des Kreises)«, und zu der Figur II*r*: *»Die rote* (innen) *ist länger, weil es diese leeren Stellen gibt«;* dann sagt er zu dem in einen Kreis einbeschriebenen Sechseck (II*m*), daß der Kreis größer ist, weil *»das hier* (die leeren Räume) *frei ist«*, wobei also dasselbe Argument dazu dient, abwechselnd die größere Länge der inneren oder der äußeren Figur zu begründen.
*C*3. Bewertungen, die von der *Anzahl* und der *Größe der Teile* abhängen. – Die Betrachtung der allgemeinen Form C1 führt andererseits rasch zu einer Zerlegung in Teile, die deren Anzahl ins Spiel kommen läßt (*»es gibt vier runde Stücke«, »da sind zwei Stäbe« [*Abb. I*h'*]), oder ihre Größe, (*»da sind große Striche, da gibt es nur kleine«*). Aber diese Zerlegung ist nicht sofort adäquat, insofern als die Versuchsperson, wenn sie an die Anzahl der Teile denkt, oft deren Größe vergißt, und umgekehrt; insbesondere, wenn eine der zu vergleichenden Linien oder »Wege« einen längeren geradlinigen Abschnitt enthält als die andere der beiden Linien, wird sie manchmal insgesamt für länger gehalten, unabhängig von der Anzahl der Abschnitte.

Zum Beispiel hält Jar (5;6) bei der Figur I*e'* das Dreieck zu Unrecht für länger, weil *»da große Striche sind, und das andere hat nur kleine Striche«;* dagegen antwortet er bei der Figur I*c'* korrekt: *»Die grüne Linie ist länger: es sind vier Striche«,* aber bei I*h'* urteilt er von neuem falsch, daß das Dreieck die längere Linie darstellt, weil *»es zwei* (große) *Striche sind«.* Geo (6;11) hält fälschlicherweise bei einem in ein Sechseck einbeschriebenen Stern mit sechs Ecken den Umfang dieses Sechsecks für länger, weil *»es größere Striche«* hat, dann korrigiert er sich, weil es in dem Stern *»viele große Stäbe gibt«.* Bei der Figur I*b »sehen die Spitzen länger aus«.* Mor (7;5) beginnt mit Reaktionen der Gesamtform: in der Figur II*l* ist der Kreis länger, *»weil er rund ist«* (und wenn man ihn in ein Sechstel zerlegt, sind für ihn Sehne und Bogen gleich), dann gibt er eine Reihe von richtigen Antworten: das einen Kreis umgebende Sechseck (Abb. II*n*) ist länger, *»weil es kleine Unterbrechungen gibt«* (durch Ecken getrennte Abschnitte), die Figur I*e*, *»weil da Buckel sind«*, die Figuren I*d* und I*b*, *»weil er Unterbrechungen hat«*, und die Figur I*i*, *»weil es große Unterbrechungen gibt«;* aber die Zerlegung hat Grenzen: in dem Fall des in ein Quadrat einbeschriebenen Sterns (Abb. I*k*) wird der Umfang des Quadrats für länger gehalten, *»weil es größere Seiten hat«.*

Der Vorteil dieses Kriteriums C3 liegt nicht nur darin, daß es sich in Form eines Gesetzes verallgemeinern läßt, wenn die Anzahl und die Größe der Teile einmal koordiniert sind, sondern auch, daß es unmerklich zu dem Kriterium höheren Ranges *D* führt, das mit der größeren Länge der Umwege gegenüber den direkten Wegen arbeitet. So hält Jac (8;0) bei dem in ein Sechseck einbeschriebenen Kreis (Abb. II*n*) den Umfang des Sechsecks für länger, *»weil es Teile gibt* (= Winkel), *und der Kreis ganz gerade ist«*, ein Argument, das genau zwischen *C*3 (= die Teile sind durch Winkelscheitel getrennt) und *D* (der »gerade« Weg relativ zum anderen) liegt. Ebenso sagt Ros (8;8), der anläßlich der gewellten Linie der Figur II*l* von »Buckeln« spricht, daß das einen Kreis umschreibende Sechseck (Abb. II*n*) länger ist als dieser letztere, *»weil es Aufstiege und Abstiege gibt«*, also Umwege im Sinne von *D*.

D. Kriterium, das sich auf die *Umwege* stützt. – Der bemerkenswerte Charakter der vorher genannten Kriterien bis zu *C*2 ist die relative Indifferenzierung des Umfangs, die von der Oberfläche abhängig bleibt, als ob zwischen dieser und jenem Proportionalität bestünde. Zweifellos legt das Kriterium *B*2 den Akzent auf die Grenzen, also in einer Hinsicht auf den Umfang als solchen, aber wir haben die enge Verwandtschaft zwischen der Betrachtung der Grenzen und der der Umschließungen gesehen, die die Oberfläche einbeziehen. Erst mit dem Kriterium *C*3 beginnt der Umfang sich zu differenzieren, aber in konfuser Weise, solange keine Koordination zwischen Anzahl und Größe der Teile hergestellt wird. Diese Koordination führt notwendigerweise dazu, auch die umgekehrte Orientierung der Teile zu berücksichtigen, was die Frage nach den Umwegen und den direkten Wegen aufwirft: erst mit dem Kriterium *D* also wird der Umfang an sich betrachtet in einer ganz und gar differenzierten Form, so daß wir hier schließlich das erste der beiden einzigen adäquaten Kriterien vor uns haben, die zu der richtigen Antwort führen, richtig durch objektive Verallgemeinerung und nicht mehr durch in jedem zweiten Fall zufällige Konvergenz. Auch bringt das Argument des Umwegs beinahe nur richtige Antworten hervor, außer mit 5 Jahren (und manchmal noch ein wenig später), weil die Umwege und die »geraden« Wege schlecht abgeschätzt werden können.

Es folgen Beispiele: Gen (5;5) zu Figur I*e'*: *»Man zieht Schleifen mit dem blauen, der andere ist gerade, also ist der blaue länger.«* Ar (6;2): *»Das steigt und fällt, das andere ist gerade«*, oder *»das ist gebogen, das andere liegt«* (= ist gerade); Thi (6;11) glaubt bei der Figur II*l* zu Unrecht, daß die innere Kurve länger ist und begründet es, indem er sagt: *»Das macht mehr Kurven.«* Vel (8;0): *»Das ist länger, das macht eine Kurve«*, *»Das da ist länger, das macht eine Spitze«*, oder zu Figur II*m*: *»Das ist ein Kreis, während das da ganz gerade ist.«* Rob (9;8) täuscht sich zunächst über das in einen Kreis einbeschriebene Sechseck (Abb. II*m*): *»Das Innere ist größer, weil es Ecken machen muß, und das andere dreht sich im Kreis«*, aber wenn man ihn ein Sechstel der Figur untersuchen läßt (den Bogen und die Sehne), korrigiert er sich: *»Nein, es ist der Kreis, weil er einen Umweg macht.«* Did (9;9) zu dem einen Kreis umschreibenden Dreieck: *»Es macht große Ecken.«* Fri (9;11) zu der Figur I*g*: *»Das Dreieck ist gerade, das andere hat Windungen.«*

E. Kriterium, das sich auf die *Transformationen* stützt. – Die am weitesten entwickelte Spielart im Argumentationsprinzip besteht darin, die Form einer der Linien in Gedanken zu transformieren, um sie der Form der anderen identisch zu machen und ihre Längen zu vergleichen, oder auch in Gedanken die Gesamtkonfiguration zu transformieren, um die beiden parallel gewordenen Linien zu vergleichen: *»Wenn man sie gerade machte, wäre sie länger«*, *»wenn sie rund wäre wie die andere, wäre sie länger«* oder *»wenn man sie zusammenlegt, geht sie weiter«*. Aber wenn dieses Kriterium im Prinzip höher rangiert als das der Umwege, da es ein antizipatorisches Transformationsbild und eine Operation enthält, muß man nichtsdestoweniger deutlich sagen, daß die Neuheit in Wahrheit vielleicht nur an einer expliziten Formulierung hängt, und daß das Kriterium des Umwegs (*D*) implizite Transformationen enthalten kann. Zwischen einer Formulierung wie der: *»Das ist rund, während das da ganz gerade ist«*, und den Äußerungen, *»wenn man ihn gerade machte, wäre er länger«*, oder *»wenn man sie zusammenlegt, geht er weiter«*, besteht tatsächlich vielleicht nur ein sprachlicher Unterschied: das würde erklären, daß bei den offenen Figuren die Transformationen *E* mit 6 Jahren überwiegen, um anschließend den Umwegen *D* den Platz zu überlassen, während bei den geschlossenen Figuren (bei denen sich der Umweg weniger aufdrängt) die Transformationen *E* mit 8–9 Jahren die Oberhand gewinnen. Hier einige Beispiele: Ros (7;1) versucht eine Transformation an der Figur I*k*, scheitert aber daran, sie zu verwirklichen: *»Sie waren genausogroß, und der grüne ist gefaltet worden«* (der Stern). Bad (7;3) hält bei der Figur I*h* das Quadrat zunächst für länger, *»weil es viereckig ist«* (Kriterium C1), dann sagt er auf einmal: *»Klar, wenn man es ganz gerade macht* (= das Innere), *dann ist es länger.«* Er wiederholt dieses Argument immer wieder und geht hinsichtlich des einen Kreis umschreibenden Dreiecks soweit zu sagen: *»Wenn man es gerade macht, ist es länger.«* Stei (9;9) zu dem in einen Kreis einbeschriebenen Quadrat (Figur I*a*): *»Wenn man es rund machte, ginge es nicht bis an den Rand«* (= bis zu dem anderen Kreis), und zu dem in das Quadrat einbeschriebenen Kreis (Figur I*i*): *»Wenn man den Kreis quadratisch machte* (die Quadratur des Kreises!), *wäre er kleiner.«* Zu der Figur II*l* gibt er diese ausgezeichnete Antwort: *»Sie sind gleich, weil man sie übereinandersetzen kann.«* Dagegen täuscht er sich hinsichtlich des in ein Sechseck einbeschriebenen Kreises: *»Man könnte den grünen* (= den Kreis) *in die Ecken schieben«* (die Ecken des Sechsecks). Danach gibt er eine Reihe von richtigen Antworten des folgenden Typs: *»Wird das Dreieck in einen Kreis verwandelt, dann wird es kleiner«*, usw., und zu der zweideutigen Figur (Dreieck und Kreis, Fig. II*p*): *»Sie sind gleich, denn wenn man die beiden transformierte, wären sie gleich, das macht nichts, daß das Dreieck überschreitet.«* Und schließlich zu der Figur II*n*: *»Wenn man das äußere biegen könnte, sähe man, daß es größer ist.«* Bei den beiden Sechsecken (Fig. II*q*) geht er soweit, die beiden in Quadrate zu verwandeln, um daraus zu schließen, daß das Äußere größer ist.

Abschließend sieht man, daß sich die spontan angewandten Kriterien von *B–C* nach *D–E* entwickeln, und zwar in dem doppelten Sinn einer Befreiung des Umfangs in bezug auf die Oberfläche und einem zunehmenden Übergewicht der Beweglichkeit (Umwege und Transformationen) über die statischen Konfigurationen, die von topologischen und ordinalen Erwägungen beherrscht werden.

II. – Wenn wir von dieser qualitativen Untersuchung der Kriterien zur Untersuchung ihrer Entwicklung mit dem Alter übergehen, empfinden wir eine gewisse Schwierigkeit, quantitative Ergebnisse vorzulegen, die mit einem genauen Sinn ausgestattet sind. Es versteht sich zunächst von selbst, daß es nicht so sehr die Erfolge oder Mißerfolge sind (von der größeren der beiden Entwicklungslinien her gesehen), die uns interessieren, sondern die in den beiden Fällen angewandten Kriterien, denn je nach den Figuren kann ein und dasselbe Kriterium mit richtigen oder falschen Antworten zusammenfallen. Was die Entwicklung der Kriterien selbst anbetrifft, so sind wir gezwungen, uns dabei an die ersten Antworten des Kindes zu halten, da die Vielfalt der Figuren eine etwas tiefergehende Befragung über jede einzelne unmöglich macht. Außerdem haben wir damit begonnen, eine große Anzahl offener und geschlossener Figuren bei verschiedenen Versuchspersonen zu untersuchen, aber in der Folge (Tabellen 147–149) haben wir bei denselben Versuchspersonen eine Gegenprobe vorgenommen und danach nur an einigen Figuren für diese systematischere Untersuchung festgehalten. Hier jedoch ein Versuch der Aufteilung der Kriterien nach dem Alter bei allen offenen (Tabelle 144) und allen geschlossenen Figuren (Tabelle 145) mit verschiedenen Versuchspersonen, in % der Antworten (natürlich nicht in % der Versuchspersonen, da sich die Antworten nach den Figuren unterscheiden):

Tabelle 144: Verteilung der Kriterien *A–E* auf alle offenen Figuren (in % der Antworten)[151a]

	A			*B*		
	–	+	*T*	–	+	*T*
5 Jahre	23	27	50	8,3	7,2	15,5
6 Jahre	5,4	26,7	32	10,7	17,7	28,4
7 Jahre	12	18,4	30,4	1,2	23,2	24,4
8–9 Jahre	5,5	17,2	22,8	3,5	16,8	20,3

151a Das Zeichen – entspricht den falschen Antworten, + den richtigen, *T* der Summe beider; insgesamt 210 Antworten

C			D			E		
–	+	T	–	+	T	–	+	T
1,7	11,1	12,8	8,3	8,3	16,7	2,8	2,2	5
0,4	11,1	11,5	0,4	10,3	10,7	0,4	17	17,4
1,2	23,2	24,4	0,6	19	19,6	0	1,2	1,2
2	16,4	18,4	1	36,1	37,1	0	1,5	1,5

Man sieht, daß das Kriterium *A* mit dem Alter abnimmt, daß das Kriterium *B* von 5 bis 6 Jahren auf beiden Tabellen zunimmt und dann mit dem Alter abnimmt (außer einem Rückfall mit 9 Jahren, der zweifellos mit dem unzureichenden Ausdrucksvermögen der Versuchsperson zusammenhängt), daß das Kriterium *C* nach 7 Jahren abnimmt, und daß die Kriterien *D* und *E* mit dem Alter kräftig zunehmen, bis auf die Ausnahme, daß bei den offenen Figuren die Transformationen *E*, die mit 6 Jahren relativ häufig sind, aus den genannten Gründen im folgenden durch die Umwege *D* ersetzt werden. Nimmt man die Durchschnittswerte beider Tabellen, so stellt man also fest, daß die statischen Begründungen (»Interiorität« *B* und »Form« *C*) dazu neigen, mit dem Alter abzunehmen (44 % mit 5–6 Jahren und 35 % mit 8–9 Jahren), während die

Tabelle 145: Verteilung der Kriterien *A–E* auf alle geschlossenen Figuren (in % der Antworten)

	A			B		
	–	+	T	–	+	T
5 Jahre	11	28,5	39,5	1	1	2
6 Jahre	8,2	10,3	18,5	3	7,5	10,5
7 Jahre	6,7	11,8	18,5	2,5	2,5	5
8 Jahre	2,5	5,5	8	0,5	1	1,5
9 Jahre	1	1	2	2,0	10,5	12,5

C			D			E		
–	+	T	–	+	T	–	+	T
11,5	39,5	51	0	7,5	7,5	0	0	0
11,5	34,5	46	1,5	20	21,5	3	0,5	3,5
10,2	38,3	48,5	1	16,5	17,5	4,7	5,8	10,5
4	27	31	0	27	27	7	25,5	32,5
2,3	20,7	23	0	27,5	27,5	11,5	23,5	35

auf die Bewegungen *D* und die Transformationen *E* gestützten Begründungen sichtbar an Bedeutung zunehmen (23 % mit 5–6 Jahren und 53 % mit 8–9 Jahren).

Im Prinzip sind nur diese letzten Begründungen korrekt und verallgemeinerungsfähig, aber natürlich unter der Bedingung, daß die herangezogenen Umwege und Transformationen exakt sind. Dagegen sind die Begründungen *A–C* ihrer Natur nach unvollständig, wenn sie getrennt herangezogen werden: zum Beispiel beweist die Interiorität (*B*) nichts ohne einen Rückgriff auf die Form der Figur (*C*); auch die Anzahl der Teile beweist nichts, unabhängig von ihrer Größe, und umgekehrt. Wenn nichtsdestoweniger der Gebrauch jedes dieser Kriterien eher von richtigen als von falschen Schätzungen begleitet wird, so kann das zwei Gründe haben: entweder sind die Begründungen der Versuchspersonen unvollständig und berücksichtigen mehr Kriterien, als sie zum Ausdruck bringen, oder aber (was am wahrscheinlichsten ist) das Kind gelangt bei dem Vergleich der Figuren zu einem exakten perzeptiven Urteil, gibt aber eine Begründung ohne ausreichende Beziehung zu diesem perzeptiven Urteil und bringt nur einen einzigen Aspekt unter anderen von dem zum Ausdruck, was es wahrgenommen hat.

Dieser Unterschied nun zwischen der perzeptiven Abschätzung und der begrifflichen Begründung verdient eine aufmerksame Untersuchung in zweifacher Hinsicht, der bildhaften Repräsentation und der geometrischen Intuition; denn wenn die Wahrnehmung für die einfachen Figuren ausreicht und scheitert, sobald die Komplexität zunimmt, ist es die Frage, ob die notwendige bildhafte Intuition in diesem zweiten Fall einfach die perzeptiven Mechanismen verlängert oder ob sie mehr einer Konzeptualisierung nahesteht, die vom ersten Fall an von der Wahrnehmung selbst deutlich unterschieden bliebe. Man weiß ja auf Grund der Untersuchung der graphischen Kopien geometrischer Figuren[152], daß die Zeichnung der Figuren auf den elementaren präoperatorischen Stufen keineswegs ihrer perzeptiven Form entspricht: Quadrate, Dreiecke, Kreise und Rechtecke, die perzeptiv gesehen völlig verschieden sind, werden zum Beispiel einheitlich durch ge-

152 Piaget – Inhelder, *La représentation de l'espace chez l'enfant,* Kap. II: »Le dessin des formes géometriques«.

schlossene kreisförmige Kurven, ohne Beachtung der Ecken usw., dargestellt, weil die topologische Konzeptualisierung noch stärker ist als die metrischen Eigenschaften (während ein Kreuz, ein halber Ring, usw. in Form von offenen Figuren gezeichnet werden). Das ist ein Dualismus von derselben Art, wie wir ihn bei den vorliegenden Tatsachen zwischen der begrifflichen Begründung und der perzeptiven Abschätzung beobachtet haben. Der Vergleich der offenen und geschlossenen Figuren wird uns jetzt dazu dienen, unter anderen auch dieses Problem zu untersuchen.

III. – Dieser Vergleich ist nicht nur aufschlußreich aus der Sicht des genannten Problems, sondern auch, wie schon die Tabellen 144 und 145 zeigen, aus der Sicht der Beziehungen zwischen den statischen (*A–C*) und den dynamischen Kriterien (*D–E*). Um diese Untersuchung durchzuführen, wollen wir von der Gesamtheit unserer Figuren an den zehn Paaren festhalten, die so beschaffen sind, daß die offene Figur die Hälfte der geschlossenen Figur bildet[153]: wenn zum Beispiel die geschlossene Figur ein in einen Kreis einbeschriebenes Quadrat darstellt, dann stellt die entsprechende offene Figur einen in einen Halbkreis einbeschriebenen rechten Winkel dar. Die Ergebnisse des Vergleichs (an anderen Versuchspersonen)[154] sind in der Tabelle 146 aufgeführt.

Man stellt zunächst fest, daß sich bei den ersten sechs dieser zehn Paare ein klarer Vorsprung für die geschlossene Figur ergibt, daß die zwei oder drei folgenden keinen systematischen Unterschied aufweisen und daß nur die zwei letzten oder sogar das letzte allein bessere Ergebnisse bei der offenen Figur zeigen. Aber man sieht anschließend, daß diese Unterschiede in der einen oder anderen Richtung dazu neigen, von 7 Jahren an abzunehmen.

153 Das sind die Figuren 49 I *a' – k'*.

154 Bei den offenen Figuren: 11 Versuchspersonen von 5 Jahren, 12 von 6, 10 von 7 und 11 von 8–9 Jahren. Bei den geschlossenen Figuren: 9 Versuchspersonen von 5 Jahren, 11 von 6 Jahren, 9 von 7 Jahren und 18 von 8–9 Jahren.

Tabelle 146: Positive Ergebnisse bei einander entsprechenden offenen und geschlossenen Figuren (in % der Antworten)

Figuren	5 Jahre	6 Jahre	7 Jahre	8–9 Jahre
I*a*	100	100	100	89
I*a*'	60	64	50	64
I*b*	100	91	84	100
I*b*'	45	83	89	80
I*c*	89	100	78	94,5
I*c*'	45	73	89	90
I*d*	89	91	89	89
I*d*'	30	67	86	89
I*e*	100	91	56	89
I*e*'	45	83	60	81
I*f*	100	100	89	100
I*f*'	61	83	100	100
I*g*	33	40	50	83,5
I*g*'	32	67	70	91
I*h*	44	36	56	83,5
I*h*'	30	67	43	89
I*i*	89	82	100	89
I*i*'	100	100	100	82
I*k*	22	18	56	61,5
I*k*'	45	73	75	78

Muß diese im Durchschnitt größere Einfachheit der geschlossenen Figuren perzeptiven Faktoren zugeschrieben werden? Wenn es sich darum handelt, die mehr oder weniger große Oberfläche der zu vergleichenden Figuren zu beurteilen, ist es offensichtlich, daß die geschlossenen Figuren perzeptiv im Vorteil sind und viel bessere unmittelbare Oberflächeneindrücke liefern als die offenen Figuren. Wenn es sich dagegen darum handelt, die Länge des Umfangs zu beurteilen, sind diese letzten Figuren perzeptiv mindestens ebenso klar wie die ersten. Das Kind weiß nun genau, daß es sich um den Umfang handelt, da nur von »Wegen«, »Straßen« oder verschiedenfarbigen »Linien« die Rede ist, die in Längenbegriffen abzuschätzen sind. Wenn es diese Längen also nach den Oberflächen beurteilt, dann nicht, weil die Wahrnehmung zu einer systematischen Assimilation des Umfangs und der Oberfläche führen würde, sondern – und das ist etwas ganz anderes – weil die präoperatorische Repräsentation sich eine einfache Entsprechung zwischen diesem Umfang und dieser Oberfläche vorstellt. Weil sich die jungen Versuchspersonen also kritiklos dieser impliziten Hypothese anvertrauen, fällt es ihnen leichter, sich im Falle geschlossener Figuren zu entscheiden, da sie sich auf die Oberfläche beziehen (Interiorität, Form, usw.), und da diese Oberfläche leichter wahrgenommen wird bei den geschlossenen Figuren. Es ist tatsächlich bemerkenswert, daß im Falle der sechs Paare, bei denen die geschlossenen Figuren viel bessere Ergebnisse bringen, der größte Umfang einer größeren Oberfläche entspricht, während es sich bei den beiden Paaren mit den ebenfalls schlechten Anfangsergebnissen umgekehrt verhält. In dem Fall, bei dem die offene Figur die größere Einfachheit aufweist (bei dem in ein Quadrat einbeschriebenen Stern), liegt auch die umgekehrte Beziehung zwischen dem Umfang und der Oberfläche vor, und die richtige Antwort zeigt sich dann bei der offenen Figur an der doppelten Anzahl der Abschnitte, die unmittelbarer wahrgenommen werden als dies bei der geschlossenen Figur geschieht.

Kurzum, die Rolle der Wahrnehmung ist nur indirekt und nicht direkt. Die bildhafte Vorstellung ist es, die über die Auswahl der Kriterien oder Indizien entscheidet, und die Wahrnehmung beschränkt sich dann darauf, die Fragen zu beantworten, die man ihr auf Grund dieser Auswahl stellt. In den Fällen, in denen die Rolle der Wahrnehmung und die der begrifflichen Kriterien parallel zu gehen scheinen, verhält es sich also einfach so, daß die letzteren die perzeptive Untersuchung lenken, anstatt sich von ihr herzuleiten.

Was die Tendenz ab 7 Jahren zur Verkleinerung der Erfolgsunterschiede zwischen offenen und geschlossenen Figuren anbetrifft, so versteht sich das bei dieser Interpretation von selbst, da nämlich mit 7–9 Jahren die Kriterien *D–E* damit beginnen, die einfacheren Kriterien bei solchen Figuren zu ersetzen, bei denen sie notwendig sind.

IV. – Da dieser Vergleich zwischen den offenen und den geschlossenen Figuren eine gewisse Bedeutung besitzt, schien es uns nützlich, ihn einer Kontrolle der folgenden Art zu unterwerfen. Die Versuchspersonen der Tabelle 146 waren nicht bei beiden Arten von Figuren dieselben, weil ein Einfluß einer der Kategorien auf die andere vermieden werden sollte. Es war also wichtig, zehn Versuchspersonen pro Alter zwischen 5 und 9 Jahren in der Weise zu untersuchen, daß man offene und geschlossene parallele Figuren nicht nur denselben Versuchspersonen, sondern auch gleichzeitig zeigte, so daß sie einen expliziten Vergleich vornehmen und uns eventuell auch ihre Gründe angeben konnten.

Bei der Technik der gleichzeitigen Vorführung zeigt man dem Kind eine kleine Gruppe von Karten, und es soll diejenigen auswählen, auf die sich sein Urteil zuerst richtet (keine vorgegebene Reihenfolge). Jede Gruppe von Karten umfaßt eine geschlossene Figur und 1 bis 3 offene Figuren, die ein Fragment der geschlossenen Figur darstellen (Hälfte, Viertel, Drittel) (siehe die Abb. 50):

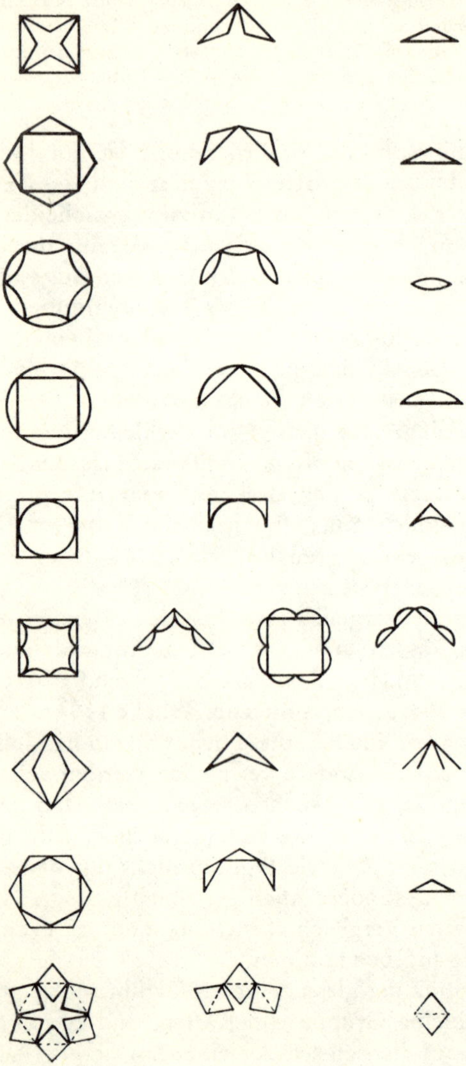

Abb. 50

Um den Vergleich mit den Tabellen 144–146 zu erleichtern, geben wir die anhand dieser letzten Technik der simultanen Gegenüberstellung erhaltenen Ergebnisse in vergleichbarer Form an (Tabelle 147):

Tabelle 147: Verteilung der Kriterien (*A–E*) auf alle offenen Figuren und Summe der Erfolge (in % der Antworten)

	A			*B*			*C*			*D*			*E*			Erfolge
	–	+	*T*	–	+	*T*	–	+	*T*	–	+	*T*	–	+	*T*	
5 Jahre	5,2	6,4	11,6	2,3	8,2	10,5	12,3	46,4	58,7	2,2	14,7	16,9	0	1,7	1,7	67,8
6 Jahre	0,5	2,3	2,8	5,8	18,8	24,6	6,4	29,4	35,8	1,1	11,1	12,2	2,3	28,7	31,0	90,3
7 Jahre	1,7	1,1	2,8	0,5	12,7	13,2	5,2	26,4	31,6	1,7	8,7	10,4	7,0	35,8	42,8	84,7
8 Jahre	0,5	0	0,5	3,5	10,5	14,0	1,7	14,1	15,8	0,5	10,5	11,0	4,7	52,9	57,6	98,0

Tabelle 148: Verteilung der Kriterien (*A–E*) auf alle geschlossenen Figuren und Summe der Erfolge (in % der Antworten)

	A			*B*			*C*			*D*			*E*			Erfolge
	–	+	*T*	–	+	*T*	–	+	*T*	–	+	*T*	–	+	*T*	
5 Jahre	2	5	7	9	20	29	11	43	54	1	7	8	0	0	0	75
6 Jahre	0	0	0	10	27	37	7	22	29	3	3	6	4	21	25	73
7 Jahre	0	0	0	12	26	38	3	16	19	2	4	6	4	31	35	77
8 Jahre	0	3	3	8	19	27	0	12	12	0	6	6	5	41	46	81

Hier noch die Gesamtentwicklung der fünf Kriterien bei allen offenen und geschlossenen Figuren zusammen:

Tabelle 149: Entwicklung der Kriterien mit dem Alter bei der Gesamtheit der Figuren und der Reaktionen

	A	*B*	*C*	*A–C*	*D*	*E*	*D–E*
5 Jahre	9,1	17,3	56,9	83,3	13,6	1,1	14,7
6 Jahre	1,7	29,1	29,5	60,3	9,9	28,8	38,7
7 Jahre	1,8	22,5	26,9	51,2	8,3	39,8	48,1
8 Jahre	1,4	18,7	14,4	34,5	9,1	53,3	62,4

Man sieht zunächst, daß sich die Abnahme der Kriterien des niedrigeren Typs *A–C* mit dem Alter und die Zunahme der »Transformationen« *E* mit dem Alter deutlich bestätigen. Was die Umwege *D* anbetrifft, so ist interessant festzustellen, daß der simultane Vergleich der offenen und geschlossenen Figuren, bei dem ja das Verständnis dadurch nahegelegt wird, daß die ersten aus der Zerlegung der zweiten entstehen, eine massive Zunahme des Gebrauchs der Transformationskriterien *E* und eine korrelative Abnahme des Rückgriffs auf das Kriterium des Umwegs zum Ergebnis hat. Da wir schon annahmen, daß sich das Kriterium *E* darauf beschränkt, das deutlich auszudrücken, was in der Verwendung der Umwege *D* implizit enthalten war, stellt diese allgemeine Reaktion auf die Technik des simultanen Vergleichs kein Problem dar.

Ein anderes interessantes Ergebnis, das mit Hilfe dieser Technik erzielt wurde, ist der geringere Erfolg bei den geschlossenen Figuren (73 bis 81 %) gegenüber den offenen (außer mit 5 Jahren: 68 %, sonst 84 bis 98 %), und korrelativ ein häufigerer Gebrauch des niedrigeren Kriteriums *B* bei den geschlossenen Figuren (27 bis 38 %) als bei den offenen (10 bis 24 %). Bei getrennten und nicht simultanen Untersuchungen (Tabelle 146) bringen die geschlossenen Figuren indessen eher positivere Ergebnisse.[155] Es scheint also, daß, wenn der simultane Vergleich den Gebrauch des Transformationskriteriums *E* begünstigt, indem er nahelegt, in den offenen Figuren eine Zerlegung der geschlossenen Figuren zu sehen, er nicht in demselben Maße nahelegt, die geschlossenen Figuren als ein Produkt der Zusammensetzung aus den entsprechenden offenen Figuren zu betrachten: das bedeutet, daß das, was bei jenen auffällt, vor allem ihr Geschlossensein ist; daher der natürliche Rückgriff auf die topologischen Kriterien *B*.

155 Hier scheint ein Widerspruch zwischen den Tabellen 147 und 146 zu bestehen, aber die Untersuchung erfolgte an denselben Versuchspersonen, die in derselben Sitzung hintereinander befragt worden sind.

V. – Um aus diesen Tatsachen einige allgemeine Schlußfolgerungen zu ziehen, erinnern wir zunächst daran, daß sie dazu bestimmt waren, bestimmte Aspekte der geometrischen Intuition in bezug auf ihre entweder bildhafte oder operatorische Natur (oder beide zusammen) zu klären.

Diesbezüglich drängt sich eine erste Schlußfolgerung auf: die geometrische »Intuition« wird nicht sofort an ihre kognitive Funktion angepaßt, da sie in diesem Fall mit einem systematischen Irrtum beginnt, nämlich dem der Überzeugung von der Proportionalität von Oberfläche und Umfang. Daher die beiden Fragen, die zu diskutieren sind: welches sind die jeweiligen Rollen des Bildes und der Operation bei der Bildung dieses Irrtums und bei seiner Beseitigung?

Was den fraglichen Irrtum betrifft, so muß man zwei Etappen sehr unterschiedlicher Stufen unterscheiden. An der des Beginns der konkreten Operationen haben E. Lunzer und Vinh-Bang[156] gezeigt, daß unter dem Einfluß der entstehenden Erhaltungsbegriffe eine Pseudo-Erhaltung des Umfangs auftreten kann, wenn man die Oberfläche erhält und dabei die Formen verändert, und eine Pseudo-Erhaltung der Oberfläche, wenn man den Umfang erhält und dabei die Formen verändert. Aber es handelt sich dann um Pseudo-Erhaltungen, die sich spät entwickeln, und bei denen zwei Arten von Faktoren ins Spiel kommen: a) das Erbe des präoperatorischen Glaubens in eine einfache Entsprechung zwischen Oberfläche und Umfang; b) eine Verallgemeinerung der entstehenden operatorischen Begriffe der Erhaltung. Man muß also auf jeden Fall unterhalb dieser Stufe der Pseudo-Erhaltung (8–9 Jahre und sogar darüber hinaus) eine erste Stufe unterscheiden, die einzige, die uns hier interessiert, auf der mit 4–5 Jahren und schon davor dieser Glaube an die Korrelation Oberfläche-Umfang beginnt.

Wenn nun dieser elementare Glaube seiner Stufe nach deutlich präoperatorisch ist, können nichtsdestoweniger zwei Arten von Faktoren bei seiner Bildung beteiligt sein: Faktoren begrifflicher Natur im eigentlichen Sinn, wie diejenigen der Interiorität in bezug auf die Grenze, die zum Beispiel zu der Annahme führen, daß, wenn eine Figur *A* innerhalb einer

156 E. Lunzer – Vinh-Bang, »Conservations spatiales«, Bd. XIX der *Etudes d'épistémologie génétique*, Paris, Presses Universitaires de France, 1965

Figur *B* liegt und ihre Grenzen nicht überschreitet, sie notwendigerweise kleiner ist, vom Umfang wie von der Oberfläche her gesehen; und Faktoren, die dagegen von dem Bild als solchem abhängen und die zum Beispiel entweder dahin führen können, daß ein Umfang trügerischerweise als länger visualisiert wird als der andere, oder verhindern können, daß korrekt visualisiert wird, was das Auseinanderziehen der beiden »Wege« in Form von parallelen Geraden usw., ergeben würde.

Diese beiden Arten von Faktoren nun spielen wahrscheinlich ihre Rolle in analoger Weise zu dem, was wir hinsichtlich der Grenzen mit nur einer Dimension gesehen haben (Kap. II, §§ 1–2, und Kap. VIII, § 5). Wenn bei den Kleinen eine Linie für länger gehalten wird als eine andere, weil sie sie überschreitet (und das ohne Beachtung der Anfangs- oder Ausgangspunkte), dann kommt in diesem Fall ins Spiel: *a*) eine allgemeine Haltung ordinalen Charakters (und noch nicht metrischer Art), die offensichtlich von dem Spiel der Begriffe selbst abhängt; *b*) andererseits eine repräsentative Zentrierung auf die Ankunftspunkte im Gegensatz zu denen des Ausgangs, bei der die Rolle des Bildes wichtig scheint. Tatsächlich markiert die repräsentative Zentrierung auf den Ankunftspunkt deutlich den Primat des Zustandes gegenüber der Bewegung oder den des Absoluten gegenüber der Beziehung (zwischen Ausgangs- und Ankunftspunkt); dieser Primat des absoluten Zustands ist das Ergebnis des »kinematographischen Vorgangs«, der das Bild charakterisiert (und nicht das intelligente Denken, wie Bergson infolge der Vernachlässigung der Rolle der Operationen annahm).

Im Falle der Oberflächen und des Umfangs muß man auch einen Anteil unterscheiden, der von der begrifflichen Interpretation, und einen Anteil, der von der bildhaften Repräsentation abhängt. Das begriffliche Element ist wiederum ordinal oder allgemeiner topologisch, das heißt umfaßt die Reihenfolge der Entwicklungen (mit ihren Grenzen, aber in zwei Dimensionen), so wie eine von einer anderen umschlossene Figur, die sich also innerhalb ihrer befindet, ipso facto eine geringere Größe zeigt, was für die Oberfläche richtig ist. Aber so, wie die Länge einer Linie lange Zeit in Abhängigkeit nur von der Ordnung der Ankunftspunkte durch Indifferenzierung zwischen dem Ordinalen und dem Metrischen begriffen wird, ebenso werden die umschließenden oder umschlossenen Größen mit zwei Dimensionen lange Zeit nicht als Oberflächen in der metrischen Bedeutung des Begriffs verstanden, sondern als eine Art von »geschlossenen Gesamtheiten« oder Oberflächen, die ihre Grenzen als konstitutiven Teil oder integrierende Eigenschaft enthalten.[157]
Die direkte Entsprechung zwischen der Oberfläche und dem Umfang hängt also nicht ab von einer falschen expliziten Schlußfolgerung, sondern von einer Repräsentation der Oberfläche, bei der das Bild eine Rolle spielt (wie bei den Zentrierungen auf die Ankunftspunkte): während die begriffliche Oberfläche

157 Vgl. Kapitel VI, §§ 1–3, wo sich die jungen Versuchspersonen weigern, die Überschneidungen darzustellen, weil sie die Grenzen verletzen, die für die Figuren in ihren Oberflächen konstitutiv sind.

ein System von ordinalen und metrischen Relationen ist, ist die durch das Bild repräsentierte Oberfläche im wesentlichen ein figuraler Zustand, der also statisch unabhängig von seinen Transformationen vorgestellt wird, woraus die Untrennbarkeit von Grenze und Inhalt resultiert, das heißt von Umfang und Oberfläche als solcher (und das um so mehr, als bei den jungen Versuchspersonen die Figuren als physikalische ebenso wie als geometrische Objekte vorgestellt werden).[158]

Kurzum, es ist nicht übertrieben, wenn man behauptet, daß der mit 5–7 Jahren festgestellte systematische Irrtum der direkten Entsprechung zwischen Oberfläche und Umfang vor allem mit dem bildhaften Charakter der ursprünglichen geometrischen Intuition zusammenhängt, allerdings in Relation zu den ordinalen und topologischen Aspekten der Begriffe dieser Stufe, die den Irrtum des Bildersystems in gewisser Weise begünstigen, ohne für ihn jedoch direkt verantwortlich zu sein.

Aber wenn die bildhafte Repräsentation mit den statischen Kriterien (*B* und *C*) beginnt, aus denen der fragliche systematische Fehler im wesentlichen hervorgeht, so gilt trotzdem, daß sie in der Folge fähig wird, kinetische Antizipationsbilder oder Transformationsbilder zu bilden, die die Kriterien der höheren Ebene *D* und *E* hervorbringen und erlauben, sich die Umwege oder die Transformationen vorzustellen, die zu einem objektiven Vergleich der Figuren führen. Allein die Frage, die sich nun stellt, und die für die Interpretation der geometrischen Intuition ebenso zentral ist, wie sie uns immer wieder für die Theorie der Bilder im allgemeinen zentral erschienen ist, besteht darin festzustellen, ob die Repräsentationen durch eine innere Entwicklung des Bildsystems von einem statischen Anfangszustand zu einem späteren Zustand antizipatorischer Mobilität übergehen oder ob das Bild als interiorisierte Imitation fähig wird, die Operationen selbst nachzuahmen, nachdem es den präoperatorischen Begriffen als Symbolismus gedient hat, was auf die Aussage hinausläuft, daß es sich dank Beiträgen von außen entwickelt und seine Substanz nacheinander »imitierten« Modellen verdankt. Wir müssen übrigens sofort darauf hinweisen, daß diese mögli-

158 Wir erinnern an die Ergebnisse, die E. Vurpillot mit den Figuren Gottschaldts an Kindern von 5–6 Jahren erzielt hat, denen es nicht gelingt, die Linien vom Gegenstand als Ganzem zu trennen. E. Vurpillot, »La matérialité du tracé figural chez l'enfant«, in: *Epistémologie de l'espace, Etudes d'épistémologie génétique,* Bd. XVIII, Presses Universitaires de France, 1964

chen Beiträge von außen der wesentlichen Bedeutung des Bildes keinen Abbruch tun, denn wenn es einen für das Denken notwendigen Symbolismus darstellt, wird es von seiner symbolischen Natur gezwungen, sich gemäß den Fortschritten des Denkens nach dem zu gestalten, was gerade symbolisiert werden soll; wir werden später sehen, daß im Falle der geometrischen Intuition die Entsprechung zwischen dem bildhaften Symbolisanten und dem operatorischen Symbolisat eine Angleichung von einer gegenüber den anderen Gebieten weit höheren Genauigkeit erreicht.

Aber wie soll man entscheiden, ob sich das Bild durch innere Evolution oder unter dem Einfluß ihm äußerlicher operatorischer Beiträge entwickelt? Im Falle unserer Kriterien *B–C* und *D–E*, wie übrigens überall da, wo kinetische oder Transformationsbilder statische Bilder ersetzen oder vervollständigen (aber in dem vorliegenden Fall mit einer zweifellos größeren Klarheit als anderswo), sind die Gründe, die man dafür nennen kann, sicherlich eher deduktiv als experimentell; allein es gibt Fälle, bei denen eine mehr oder weniger evidente Deduktion einen gewissen Grad an wahrscheinlicher Konvergenz mit der Erfahrung erreicht. Diese Gründe sind nun sehr einfach. Nehmen wir an, der Übergang von den Kriterien der Interiorität *B* und der Form *C* zu denen der Umwege *D* und der Transformation *E* hinge ab von einer inneren Evolution des Bildes: man müßte dann, um diese konstruktive Entwicklung zu erklären, die von den Zuständen zu den Transformationen führt und damit eine Reihe neuer Eigenschaften einführt, Faktoren der umkehrbaren Mobilität, der kohärenten Koordination, usw. zu Hilfe nehmen. Aber man wird sogleich feststellen, daß diese Faktoren die genaue Dublette der operatorischen Mechanismen darstellen. Müßte man in diesem Fall zwei völlig isomorphe und autonome, aber voneinander verschiedene Evolutionen annehmen, deren einziger Unterschied darin bestünde, daß die eine das Denken ohne Bild und die andere die bildhafte Repräsentation betrifft? Da es aber vielleicht kein Denken ohne Bild gibt (was keinesfalls bedeutet, daß das Denken nur in Beziehung auf das Bild besteht) und insbesondere keine geometrische Intuition ohne Bild und da es andererseits zweifellos kein Bild gibt ohne Denken, führt die Hypothese dieser zwei unabhängigen isomorphen und parallelen Evolutionen zu gleichzeitig unüberwindlichen und unnützen Komplikationen: das heißt, einfacher gesagt, daß sich das Bild vom Statischen zum Kinetischen oder Dynamischen unter dem Einfluß der Operationen hin entwickelt, wobei seine Entwicklung nicht autonom ist, sondern sich darauf beschränkt, die Entwicklung des Denkens nachzuahmen, das es durch interiorisierte Imitation symbolisiert.

Wenn nun die Eigentümlichkeit der bildhaften Imitation darin besteht, das Denken mit Hilfe von verräumlichten (*spatialisés*) Figuren zu symbolisieren, bleibt dieser Symbolismus mehr oder weniger inadäquat, wenn es sich darum handelt, von Natur aus nicht räumliche Operationen bildlich darzustellen, wie diejenigen, die es mit den Klassen, den Beziehungen im allgemeinen oder den Zahlen zu tun haben. Dagegen besteht nun im speziellen Fall der geometrischen Operationen, deren Funktion es ist, die Figuren des Raumes und ihre Transformationen zu beschreiben, Homogenität zwischen dem von diesen räumlichen Operationen gebildeten Symbolisat und dem bildhaften und damit auch räumlichen Symbolisanten: daher die besondere Stellung der geometrischen Intuition, deren zweifache Natur, die operatorische und die bildhafte, zu einer innigeren Synthese führt als auf jedem anderen Gebiet. Aber, und diese Tatsache, so scheint es, kann als Bestätigung dessen dienen, was wir gerade hinsichtlich der führenden Rolle der Operationen bei der Evolution der Bilder angenommen haben, die geometrische Intuition erreicht diese adäquate Synthese nur dadurch, daß sie ihre bildhaften Elemente ihrem operatorischen Kern unterordnet, und diese Unterordnung setzt eine Entwicklung voraus.

§ 2. Zerlegung und Wiederzusammensetzung von geometrischen Formen

Bei den vorhergehenden Versuchen handelte es sich darum, die mehr oder weniger große Länge des Umfangs einer einbeschriebenen Figur in bezug auf diejenige zu beurteilen, die sie umschreibt. Jetzt werden wir den Versuchspersonen eine vollständige Figur von einfacher Form (Quadrat, Kreis oder Rhombus) und eine Anzahl von Einzelteilen, zahlreicher und

verschiedenartiger als notwendig, vorlegen und sie auffordern, auszuwählen, mit welchen dieser Teile man das Modell wieder zusammenfügen kann, und anschließend diese Rekonstruktion vorzunehmen. Es entsteht hier also ein Problem, das auf jeden Fall das innere Bild betrifft (das antizipatorische Bild der Transformation durch Zerlegen oder durch kombiniertes Verschieben und Verbinden), aber auch die geometrische Intuition, da die verlangte Repräsentation nicht nur eine figurative Rolle spielt, sondern auch erlaubt, ein Problem richtig oder falsch zu lösen (und das um so mehr, als, die Antizipationen ausgenommen, man immer eine Begründung verlangt).
Die mit E. Schmid-Kitsikis durchgeführte Untersuchung enthält die folgende Technik:

Das Quadrat ist achtfach zerlegbar (Abb. 51), der Kreis ebenfalls (Abb. 52), und der Rhombus siebenfach (Abb. 53). Zu jeder dieser möglichen Zerlegungen gehört eine große Pappe, auf die die auftretenden Teile geklebt sind (zum Beispiel nur zwei Teile für die Quadrate 2 und 4, usw.), die aber in irgendeiner Position vorgelegt werden, die das Wiedererkennen nicht erleichtert. Man hat außerdem zur Ergänzung zwei Pappen für das Quadrat, zwei für den

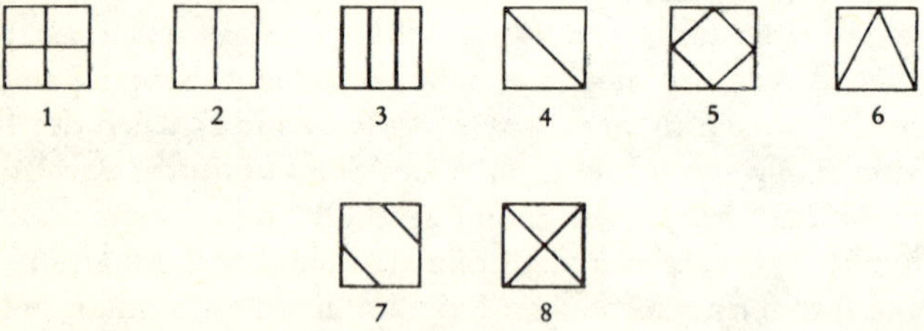

Abb. 51

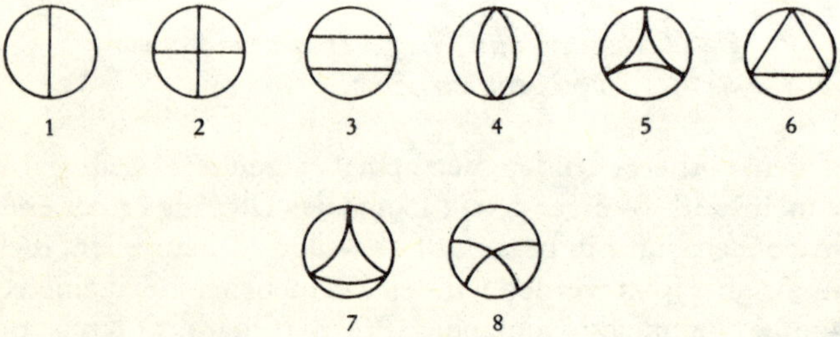

Abb. 52

Kreis und zwei für den Rhombus zur Verfügung, auf die Teile geklebt sind, die die Wiederherstellung der ganzen Form nicht erlauben (was insgesamt 10 Pappen für das Quadrat ergibt, 10 für den Kreis und 9 für den Rhombus).

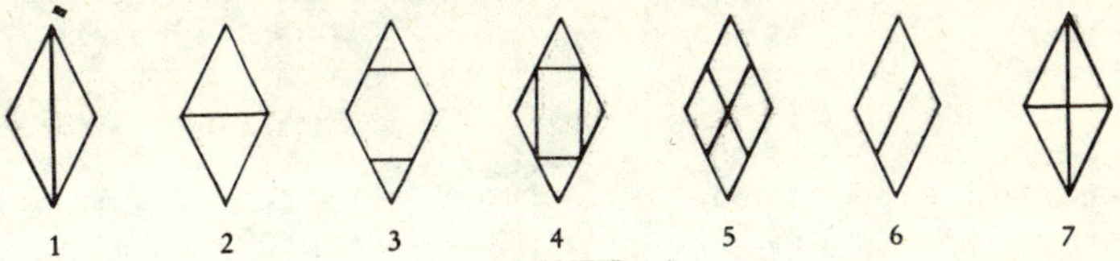

Abb. 53

Die Befragung läuft nun in drei aufeinanderfolgenden Teilen ab:

1. Man zeigt von einer der drei ganzen Figuren ein Modell von 3 bis 5 × 5 cm und sämtliche 10 oder 9 entsprechenden Pappen, und während das Modell ständig sichtbar bleibt, fragt man, welche der Pappen die Teile enthalten, mit denen man, wenn man sie ablösen würde, das fragliche Modell rekonstruieren könnte. Wenn nun die Versuchsperson eine oder mehrere Pappen ausgewählt hat, drängt man sie, noch andere auszuwählen. Jedesmal fragt man, ob sie sich ihrer Auswahl sicher ist, und warum, und schlägt ihr als Gegenprobe eine der falschen Pappen vor.

2. Anschließend zeigt man der Versuchsperson zu jeder der drei Figuren hintereinander die Gesamtheit der Teile selbst (aus Zeichenpapier ausgeschnitten), das heißt 26 Elemente für das Quadrat, 28 für den Kreis und 22 für den Rhombus, aber aufgeteilt in zwei Gruppen, von denen die eine die Teile für die einfachste Rekonstruktion und die andere für die schwierigste enthält. Man fordert das Kind auf, es solle noch einmal die Elemente seiner Wahl entdecken und die Rekonstruktion des Modells materiell durchführen (das Modell bleibt immer sichtbar).

3. Man probiert schließlich nacheinander zwei Anregungen:
a) für die Rekonstruktion, die es in 1) oder 2) nicht vorhersehen konnte, schlägt man ihm ein oder zwei Elemente zu einer von ihnen vor, und man läßt es die Sache damit versuchen; *b)* für die in 1), 2) oder 3*a)* nicht gelungenen Rekonstruktionen gibt man ihm die Gesamtheit der nötigen Elemente (zwei bis fünf entsprechend der Figur) und fordert es auf, sie zusammenzustellen, bis es das Modell erreicht hat (das immer noch sichtbar ist).

Hundertzwanzig Versuchspersonen wurden untersucht (20 pro Alter von 4 bis 9 Jahren). Hier die zu dem Quadrat erzielten Ergebnisse (die Zahlen dieser Tabellen entsprechen denen der Abb. 51):

Tabelle 150: Positive Ergebnisse bei der Rekonstruktion des Quadrats (in % der Versuchspersonen; in Klammern: mit vorgeschlagener Auswahl)

	1	2	3	4
4 Jahre	88 (100)	66 (100)	61 (100)	77 (77)
5 Jahre	90 (90)	80 (100)	65 (80)	65 (80)
6 Jahre	66 (90)	95 (100)	85 (85)	90 (90)
7 Jahre	90 (90)	95 (100)	76 (86)	76 (86)
8 Jahre	80 (90)	95 (100)	90 (100)	70 (100)
9 Jahre	95 (100)	95 (100)	80 (100)	75 (100)

	5	6	7	8
4 Jahre	27 (27)	15 (15)	15 (28)	0 (0)
5 Jahre	15 (20)	5 (10)	28 (35)	0 (0)
6 Jahre	20 (20)	0 (10)	28 (28)	9,5 (9,5)
7 Jahre	19 (19)	19 (19)	15 (15)	14 (14)
8 Jahre	20 (50)	35 (50)	5 (20)	5 (20)
9 Jahre	40 (60)	45 (50)	35 (50)	20 (30)

Diese Tabelle zeigt in interessanter Weise die Grenzen der bildhaften Zerlegung und der Wiederzusammensetzung im Gegensatz zu den operatorischen Zusammensetzungen: die unter dem ersten dieser beiden Gesichtspunkte einfachsten Lösungen sind diejenigen, bei denen das Quadrat in Vierecke (1, 2 und 3) zerlegt wird, während das Auftreten von Dreiekken die positiven Ergebnisse von 61–95 % auf 0–45 % (Modelle 5 bis 8) sinken läßt, außer wenn diese Dreiecke das Quadrat nur in zwei Hälften teilen (Modell 4), was die Vorstellung ihrer Wiedervereinigung leichter macht.[159]

Wenn wir diese Reaktionen mit denen vergleichen, die bei den operatorischen Zusammensetzungen auftreten, wie zum Beispiel bei der Erhaltung von Oberflächen, so ist der Unterschied offensichtlich. Im Falle der Erhaltungen nimmt das Kind die gesamte Form wahr (ein Quadrat zum Beispiel), und wenn man diese verändert, indem man das Ganze in irgendeiner Weise zerstückelt und die Teile in einer anderen Figur anordnet, so lehnt es entweder (1. Stadium) die Erhaltung der gesamten Oberfläche ab, selbst wenn das Quadrat in zwei gleiche Rechtecke aufgeteilt ist (wie in Modell 1); oder aber (3. Stadium) es akzeptiert die Erhaltung, selbst wenn die Teile

159 Man beachte aber, daß dieses Modell 4 mit 6 Jahren besser gelingt (90 %), als mit 7–9 Jahren (70–76 %).

nicht mehr die quadratische Form aufweisen; oder aber (2. Stadium oder Zwischenstadium) es akzeptiert die Erhaltung bei den kleinen Transformationen, aber weder mit Überzeugung noch mit dem Gefühl der Notwendigkeit, und es lehnt sie bei den tiefergreifenden Veränderungen ab. Die bildhaften Zusammensetzungen der Tabelle 150 wären also mit den Reaktionen dieses Zwischenstadiums vergleichbar, allerdings bis auf den wesentlichen Unterschied, daß sie nicht zu Reaktionen des Stadiums III führen können, solange sie nicht in ein deduktives Schema eingeführt sind, das mit dem der Erhaltung vergleichbar ist und gerade hier nicht ins Spiel kommt.

Aber wenn sich das Problem in diesem Fall auch nicht in Begriffen der Erhaltung stellt, so zeugen doch die Reaktionen der Tabelle genauso von dem, was man eine figurative oder vorgestellte Pseudo-Erhaltung nennen könnte, wie das bei mehreren der in diesem Werk analysierten Beispiele der Fall war. Man erinnert sich hier der Fälle, bei denen an die Erhaltung der entscheidenden Züge einer Figur nur geglaubt wird, wenn gewisse Grenzen, äußere (Kap. III, § 1) oder innere (Kap. III, § 2), beachtet werden. Ebenso wird angenommen, daß eine Flüssigkeit, die in ein Glas mit anderer Form umgegossen wird, nicht nur ihre Quantität bewahrt, sondern auch ihren Flüssigkeitsspiegel, was auch einen Grenzeffekt darstellt (Kap. VIII, § 1). Außerdem, und das steht dem gegenwärtigen Fall näher, stellen sich die jungen Versuchspersonen vor, daß bei der Zerlegung einer Oberfläche in immer kleinere Stücke fast bis zu Punktgröße diese »Punkte« bei einem Quadrat immer noch quadratisch, bei einem Dreieck immer noch dreieckig sein müssen, usw.[160] Bei den vorliegenden Fakten findet man etwas Analoges: vom Bild her gesehen scheint es dem Kind natürlich, daß sich ein Quadrat in Vierecke zerlegt, während es seine Natur verliert, wenn es sich in Dreiecke aufteilt, und zwar deshalb, weil diese, da sie nicht mehr mit der quadratischen Form des Ganzen verwandt sind, das Quadrat durch ihre Verbindung nicht wiederherstellen können. Zweifellos setzt diese Rekonstruktion Verschiebungen, insbesondere Drehungen, voraus, die schwierig vorzustellen sind, ausgehend von den Positionen, in denen die Stücke gezeigt werden. Indes verhält es sich bei den vier kleinen Quadraten des

160 Vgl. Piaget – Inhelder, *La représentation de l'espace chez l'enfant,* Kap. V, a. a. O.

Modells 1 oder den drei Rechtecken des Modells 3 genauso; ihre viereckige Form erlaubt jedoch, die kinetische Schwierigkeit zu überwinden, indem man die Vorstellung auf das Ergebnis der Verschiebungen und nicht auf die Bewegungen als solche zentriert, während die Verschiebung der Dreiecke in keiner Weise von der Antizipation des Ergebnisses geleitet wird.

Die Untersuchung der Fehler bestätigt diese Beobachtungen: die Versuchspersonen versuchen, die Stücke einfach, ohne Drehungen, einander anzupassen, was zum Beispiel dahin führt, daß sie die Dreiecke des Modells 6 an ihren drei spitzesten Scheiteln zusammenlegen, woraus sich ein Fächer statt ein Quadrat ergibt, usw. Die korrekte Lösungsmethode für die schwierigen Modelle 5–8 besteht darin, über das Bild hinauszugehen und es früher oder später der eigentlich deduktiven oder operatorischen In-Beziehung-Setzung unterzuordnen: die Seiten des Dreiecks werden mit denen des zur Bezugnahme liegengelassenen Quadrats (6 und 8) verglichen, oder die Summe der Seiten der ersteren mit den Seiten des Quadrats (7 und 5), usw.

Die Entwicklung der Zusammensetzungen des Kreises ergibt analoge Ergebnisse (Tabelle 151):

Tabelle 151: Positive Ergebnisse bei der Wiederzusammensetzung des Kreises (in % der Versuchspersonen; in Klammern: mit vorgeschlagener Auswahl)

	1	2	3	4
4 Jahre	83 (100)	77 (77)	100 (100)	55 (61)
5 Jahre	100 (100)	89 (89)	55 (89)	70 (70)
6 Jahre	100 (100)	95 (100)	80 (100)	85 (100)
7 Jahre	100 (100)	95 (100)	70 (100)	64 (100)
8 Jahre	100 (100)	95 (100)	95 (100)	89 (100)
9 Jahre	100 (100)	100 (100)	80 (100)	89 (100)

	5	6	7	8
4 Jahre	15 (15)	38 (50)	23 (23)	7 (7)
5 Jahre	21 (21)	33 (50)	21 (21)	21 (21)
6 Jahre	25 (43)	52 (62)	28 (43)	14 (14)
7 Jahre	50 (67)	60 (67)	21 (43)	28 (28)
8 Jahre	77 (77)	85 (100)	42 (62)	31 (42)
9 Jahre	89 (100)	70 (100)	55 (75)	36 (50)

Man findet zuallererst eine deutliche Teilung bei den 4- bis 6jährigen zwischen solchen Modellen, die keine Dreiecke enthalten (1–4), und denjenigen, die den Kreis in teilweise gerade oder gebogene Dreiecke zerlegen (5–8). Aber da jedes Modell zumindest zwei Stücke enthält, die Kreisbögen aufweisen, zeigen die Endergebnisse mit 9 Jahren keinen so großen Unterschied zwischen den Modellen 1–4 und 5–8, wie es bei dem Quadrat der Fall ist. Insbesondere das Modell 5, das das gebogene Dreieck durch drei Linsen vervollständigt, steigt von 15 % mit 4 Jahren auf 89 % mit 9 Jahren, während das verwandte Modell 7, das zwei Linsen und einen Halbmond umfaßt, nur von 23 % auf 55 % steigt. Das schwierigste Modell ist natürlich dasjenige, das nur gebogene Dreiecke einschließt (8).

Im allgemeinen führt das Vorhandensein von Kreisbögen unter den Eigenschaften der auszuwählenden Stücke zu einem größeren Unterschied zwischen den Rekonstruktionen am Ende (9 Jahre) und denen am Anfang (4 Jahre): von −20 bis +74 % Unterschied, während bei dem Quadrat die Unterschiede nur −2 bis +29 % betrugen. Diese schwache Entwicklung beim Quadrat scheint zu zeigen, daß die Reaktionen in dieser Zeit vor allem von den Gesetzen des Bildes beherrscht werden, während das Vorhandensein von gebogenen Merkmalen im Falle des Kreises zweifellos den Anlaß bildet für eine größere Beweglichkeit bei den Kombinationen, vom Beginn der konkreten Operationen an (7–8 Jahre). Der Unterschied ist noch deutlicher, wenn man die vorgeschlagene Auswahl berücksichtigt (wobei die Konstruktionsweise selbst nicht vorgeschlagen wird): in diesem Fall gelangen die Versuchspersonen von 8–9 Jahren zu positiven Ergebnissen von 75 % und mehr bei allen verschiedenen Formen, außer bei den Formen 7 und 8 mit 8 Jahren und 8 mit 9 Jahren, während bei dem Quadrat die Formen 5 bis 8 noch mit 7 und 8 Jahren schlecht bewältigt werden.

Was die Rhomben anbetrifft, so liefern sie ein Ergebnis, das in interessanter Weise die Rolle der Konzeptualisierung bei der Formung des Bildes selbst zeigt (Tabelle 152).

Tabelle 152: Positive Ergebnisse der Rekonstruktion des Rhombus (in % der Versuchspersonen; in Klammern: nach vorgeschlagener Auswahl)

	1	2	3	4	5	6	7
4 Jahre	100 (100)	84 (100)	7 (7)	0 (0)	15 (15)	15 (15)	0 (0)
5 Jahre	85 (85)	70 (100)	15 (15)	15 (15)	7 (7)	32 (32)	0 (0)
6 Jahre	70 (100)	100 (100)	42 (64)	42 (64)	21 (21)	50 (64)	0 (21)
7 Jahre	92 (100)	78 (100)	28 (52)	42 (52)	50 (64)	42 (71)	15 (36)
8 Jahre	94 (100)	94 (100)	36 (74)	47 (74)	50 (68)	47 (74)	15 (47)
9 Jahre	100 (100)	94 (100)	77 (100)	77 (100)	61 (61)	56 (71)	22 (44)

Um diese Tatsachen zu verstehen, muß zunächst daran erinnert werden, daß die Kopie eines Rhombus durch Zeichnung erst mit 6 bis 7 Jahren bewältigt wird, während die eines Quadrats schon mit 4 Jahren 75 % der Versuchspersonen gelingt, und daß weiter vor 6–7 Jahren die graphischen Bilder des Rhombus, die wir früher untersucht hatten[161], oft eher die Vorstellung zeigen, die sich die Versuchsperson von ihm macht, als seine perzeptive Form: ein »Quadrat mit einer Spitze«, das heißt ein Viereck, aber auf sein quadratisches Urbild reduziert und mit spitzen Winkeln ausgestattet.

Bei den Reaktionen der Tabelle 152 stellt man fest, daß die Zerlegung des Modellrhombus in kleine Rhomben (Form 5) erst an 5. oder 6. Stelle bewältigt wird, während die positiven Ergebnisse 1–3 darin bestehen – im Gegensatz zu den leichten Formen im Falle des Quadrats oder des Kreises – Dreiecke zu kombinieren. Die Pseudo-Erhaltung, zu der wir eine Hypothese aufgestellt haben, die das Spiel der Bilder betrifft, wird also eher von der begrifflichen Strukturierung als von der Wahrnehmung beeinflußt: die schwierigsten Formen sind hier tatsächlich diejenigen, die die Wahrnehmungshaltung des Rhombus am meisten respektieren (Formen 5–7), indem sie ihn einfach nach Diagonalen und Medianen zerlegen. Diese Schwierigkeit hängt nun nicht einfach mit dem Auftreten schräger Abschnitte zusammen, da die am wenigsten leichte Form von allen nur horizontale und vertikale Abschnitte enthält (Form 7), womit sie also diejenigen der Formen 1 und 2 kumuliert, dabei aber eine Kombination verlangt, die sich von den rechteckigen Formen befreit, zu denen die Versuchspersonen spontan neigen, wenn sie die vier Stücke einander anpassen.

Die Einführung der Vorschläge zur Auswahl verbessert natürlich die Ergebnisse, aber die Formen 5–7 bleiben noch mit 8–9 Jahren schwierig.

Abschließend muß gesagt werden, daß diese scheinbar so einfachen Versuche, die darin bestehen, vertraute Gesamtformen durch ein Puzzlespiel wiederherzustellen, tatsächlich viel

161 Vgl. J. Piaget – B. Inhelder, *La représentation de l'espace chez l'enfant*, Kap. II, a. a. O.

schwieriger sind, als man hätte annehmen können. Der Grund dafür ist zweifellos ein doppelter. Einerseits mangelt es dem Bild, wenn es allein auf seine eigenen Mittel verwiesen ist, an kinetischer Mobilität, und es erwirbt sie nur, wie alle in diesem Werk beschriebenen Ergebnisse zu zeigen scheinen, unter Anleitung der operatorischen Mechanismen. Damit diese jedoch ins Spiel kommen können, müssen die Aufgaben in den Rahmen eines Systems logisch-mathematischer Transformationen gestellt werden, welche im Gegensatz zu den einfachen Veränderungen oder Abwandlungen physikalischer Zustände durch ihre Umkehrbarkeit und durch die Erhaltung der invariant gelassenen Eigenschaften gekennzeichnet sind. Das Problem wird nun in diesem Fall nicht in einem solchen Rahmen der Erhaltung gestellt, insofern als die Versuchsperson angesichts der verschiedenen Sammlungen von Stücken nicht weiß, ob diese aus der Zerlegung der vorliegenden Gesamtform hervorgehen oder nicht, ob sie also ausreichen, um deren Rekonstruktion zu erlauben. Sobald man dagegen die Auswahl unter passenden Stücken vorschlägt, was indirekt dem Anbieten eines Erhaltungsrahmens gleichkommt, beobachten wir gleichzeitig eine regelmäßigere Entwicklung der positiven Ergebnisse mit dem Alter und eine größere Zunahme der Erfolge mit 7–9 Jahren gegenüber denen mit 4–6 Jahren (obgleich die spontanen positiven Ergebnisse bei den Großen schon besser waren, beträgt die von der vorgeschlagenen Auswahl abhängige Steigerung 9% beim Quadrat und 7% bei Kreis und Rhombus mit 4–6 Jahren, 11% mit 7–9 Jahren bei Quadrat und Kreis sowie 17,5% beim Rhombus); diese Zunahme wirkt sich stärker auf die leichten Formen bei den Kleinen und auf die schwierigen Formen bei den Großen aus: alles Indizien dafür, daß der Rahmen der indirekten Erhaltung, den die vorgeschlagenen Auswahlmöglichkeiten an die Hand geben, das Spiel der Bilder in ebensolchem Maße verbessert.

Von der geometrischen Intuition her gesehen, zeigen diese Tatsachen also die Unzulänglichkeit dieser bildhaften und nicht-operatorischen Intuition, wobei die Mobilität der höheren Formen dieser Intuition von der gegenseitigen Hilfestellung abhängen, den sich Bilder und Operationen geben. Eben das erlaubten die Angaben des § 1 in dem Maß in positiver

Form festzustellen, wie sich die Kriterien der Umwege und Transformationen an die Stelle der anfänglichen statischen Kriterien setzten. Die vorliegenden Daten machen insbesondere die Lücken des Bildes deutlich, wenn dieses ausschließlich auf seine eigenen Mittel angewiesen ist, und zeigen, wie es sich verbessert, wenn die geometrische Intuition durch einen Rahmen indirekter Erhaltung geleitet wird und sich damit zu ihrer operatorischen Form hin entwickelt.

§ 3. Antizipation der Reihenfolge in einer zyklischen Bewegung

Ein Mitglied unseres Kreises hatte früher einmal[162] die Art und Weise untersucht, in der das Kind die Reihenfolge von Farbbändern versteht, mit denen ein sich um seine Achse drehender Zylinder der Länge nach bedeckt ist. Das Problem wurde zusammen mit J. Pascual-Leone mit dem Ziel wieder-aufgenommen, die Rolle der bildhaften Antizipationen zu untersuchen.

Man zeigt dem Kind einen Zylinder von 20 cm Höhe und 11 cm Durchmesser, auf dessen seitliche Oberfläche auf halber Höhe fünf Tierbilder in gleichem Abstand geklebt sind. Außerdem benutzt man einen zweiten Zylinder in denselben Ausmaßen, auf den sechs verschiedenfarbige Papierstreifen geklebt sind. Die Zylinder befinden sich in einer mit einem Schlitz versehenen Hülle, die nur ein Bild oder eine Farbe auf einmal sehen läßt. Der Zylinder wird einfach auf dem Tisch gerollt, um das Verständnis zu erleichtern, und dreht sich nicht um eine feste Achse. Man hat außerdem zwei Kartenserien zur Verfügung, die dieselben Bilder bzw. dieselben Farben zeigen und dem Kind als ständige Gedächtnisstütze dienen; während der Drehung liegen sie vor ihm.

Die Befragung beginnt mit einer Anordnung der Karten auf dem Tisch in der Reihenfolge 1, 2, 3, 4, 5, 1, 2, 3, 4, 5 in Übereinstimmung mit dem beliebig bewegten Zylinder. Man fordert zu genauer Kontrolle auf, ob alle Bilder da sind, und als Gegenprobe nimmt man welche weg oder läßt sie wegnehmen, um die Lücke feststellen zu lassen, und läßt sie anschließend wieder hinlegen. Danach legt man den Zylinder wieder in seinen Schirm zurück und stellt ihn immer vor das Bild 3, dann vor 1 und 5 (in verschiedener Reihenfolge) mit dem entsprechenden im Schlitz sichtbaren Bild, und man läßt das Ergebnis der Drehung bis zu den folgenden Bildern voraussehen, indem man entweder nach links dreht (genannt »Fensterseite«) oder nach rechts (genannt »Türseite«); aber die Versuchsperson hat nur noch die Karten 1, 2, 3, 4, 5 vor sich.

162 Vgl. J. Piaget, *Les notions de mouvement et de vitesse chez l'enfant*, Kap. II, a. a. O.

Zwei Gruppen von Versuchspersonen wurden untersucht, wobei man die folgenden Aufgaben stellte:

I ← 1; 5 →; 1 →; ← 5; ← 3; 3 →
II 1 →; ← 5; ← 1; 5 →; 3 →; ← 3

Die Antworten sollen mündlich oder durch Anordnung der Karten gegeben werden, aber die mündliche Antwort hat sich im allgemeinen als leichter erwiesen, vor allem vor dem Alter von 7 Jahren. Nachdem die Antwort einmal gegeben worden ist, befragt man die Versuchsperson in weniger systematischer Weise und schlägt ihr unter anderem auch andere Antworten vor, die von Kindern gegeben wurden, und befragt sie nach ihrem Urteil dazu. Dieser Technik folgten manchmal Fragen zu Zylinder II (mit den Farben), ausgehend von den Positionen ← 1 und ← 4. Auch einige Erwachsene wurden nach der Haupttechnik befragt, gefolgt von Fragen nach Drehung der Spitze und der Basis des Zylinders um 180°.

Von 22 Versuchspersonen von 6 Jahren, 16 von 7 Jahren, 21 von 8 Jahren, 14 von 9 Jahren, 12 von 10 Jahren, 12 von 12 Jahren und 12 Erwachsenen haben wir bei den Gruppen I und II zusammen und bei den positiven Schlußergebnissen, das heißt nach freier Befragung, folgende Prozentwerte der Versuchspersonen erhalten, die auf alle sechs Fragen richtig geantwortet haben: 6 % mit 6–7 Jahren, 35 % mit 8–9 Jahren, 53 % mit 10–12 Jahren und 100 % bei den Erwachsenen. Wenn man dagegen nur die ersten Antworten (vor der detaillierten Befragung) berücksichtigt und die positiven Ergebnisse nach den einzelnen Fragen aufteilt, erhält man für die Gruppen I und II zusammen die Ergebnisse der Tabelle 153:

Tabelle 153: Positive Ergebnisse bei jedem der sechs Versuche (in % der Antworten)

	6 Jahre	7 Jahre	8 Jahre	9 Jahre	10 Jahre	12 Jahre	Erwachsene
← 1	90	65	75	80	70	75	92
1 →	5	50	42	60	40	67	92
← 5	10	63	42	60	60	75	92
5 →	55	50	58	78	50	50	75
← 3	55	38	33	60	40	67	92
3 →	50	44	58	50	60	67	92
Durchschnitt	44	51	51	64	53	66	87

Man erkennt den im Durchschnitt ziemlich regelmäßigen Fortschritt mit dem Alter (außer einer Anomalie mit 10 Jahren; wegen der kleinen Anzahl der Versuchspersonen genügt es aber, sie in Gruppen von je zwei Jahren aufzuteilen, um 49 % mit 6–7 Jahren, 56 % mit 8–9 Jahren und 60 % mit 10–12 Jahren zu erhalten). Wenn man dagegen die Versuche im Detail untersucht, erkennt man sofort zwei erstaunliche Tatsachen: *a*) beachtliche Unterschiede der Erfolge bei den jungen Versuchspersonen, je nachdem, ob man von demselben Bild aus nach rechts oder links dreht (und Unterschiede, die nicht immer in derselben Richtung orientiert sind); *b*) manchmal bimodale Verteilung, wie bei ←1: 90 % Erfolg mit 6 Jahren und bei den Erwachsenen, mit einem Absinken dazwischen, was das Vorhandensein von zumindest zwei Lösungstypen zeigt, von denen vorauszusehen ist, daß der eine stärker bildhaft und der andere stärker operatorisch sein wird. Betrachten wir also zunächst die figurativen Faktoren:

1. Der Hauptgrund für die Fehler bei einer zyklischen Reihenfolge ist der, daß dieselben Elemente auftreten, sowohl beim Vorwärtsschreiten immer in derselben Richtung, als auch beim Rückwärtsschreiten in der umgekehrten Richtung: 3 kommt nach 5 (wenn 5, 1, 2, 3 . . .) als auch vor 5 (wenn 5, 4, 3 . . .). Auch ist zu erwarten, daß ebenso viele richtige Antworten wie unberechtigte Umkehrungen in der Reihenfolge anzutreffen sind; das trifft bis zum Alter von 8 Jahren auch zu, wenn man die 6 Aufgaben zusammennimmt. Aber wenn man die Aufgaben getrennt untersucht, bleibt es nicht bei dieser ausgeglichenen Aufteilung, so daß wir auch die anderen Faktoren untersuchen müssen, die nicht nur die Fehler, sondern auch die mit einer falschen Methode erhaltenen, scheinbar richtigen Antworten erklären.

2. Ein zweiter Faktor ergibt sich aus einer Art Artefakt, aber er besitzt das Interesse, perzeptiv-bildhafte Haltungen deutlich zu machen, die fast zwangsläufig aufzutreten scheinen, da sie sich bei den Erwachsenen wiederfinden, deren einige wenige residuelle Fehler sie erklären. Wenn sich der Zylinder am Anfang gegenüber von Bild 3 befindet und sich nach links dreht (indem er über den Tisch rollt), zieht er die Reihenfolge 3, 4, 5, 1, 2 nach sich, während das Ablesen dieser Reihenfolge 3, 4, 5 auf dem Modell in der Ebene von links nach rechts gerichtete Augenbewegungen voraussetzt. In diesem Fall wird die Versuchsperson dazu verleitet, seiner bildhaften Antizipation eine falsche Richtung in vektorieller Übereinstimmung

mit der Richtung des Zylinders zu geben, anstatt die Umkehrung vorzunehmen. Auf Grund dieses Faktors nämlich, dessen Mitwirkung in unserer alten Untersuchung[163] ausgeschlossen war, ist das Erfolgsalter hier von 7–8 auf mehr als 10 Jahre zurückgegangen.

3. Aber dieser Faktor spielt nur eine begrenzte Rolle, was man an zwei Indizien bemerkt. Das erste ist das, daß man von 6 bis 12 Jahren 220 falsche Umkehrungen in der Richtung → und 177 in der Richtung ← erhält (gegenüber 283 scheinbar richtige Antworten in der Richtung ← und 240 in der Richtung →, was 460 Antworten insgesamt in jeder Richtung ergibt). Dieser Unterschied nun zwischen den beiden Verlaufsrichtungen, der vor allem im Alter von 6 und 7 Jahren deutlich ist, zeugt von einem Primat der links-rechts-Richtung in der Reihenfolge der Bilder, wenn sie in der Ebene aufgereiht liegen, einem Primat, der vielleicht mit dem Erlernen des Lesens und Schreibens zusammenhängt. Dieser Primat ist sogar so stark, daß mit 6 Jahren die Aufgabe ← 1 nicht zu einer vektoriellen Konvergenz führt (vorhergehender Faktor), sondern zu 90 % scheinbar richtigen Antworten, was bei dieser Aufgabe auf eine bemerkenswerte bimodale Kurve hinausläuft, denn die jungen Versuchspersonen, die mit dem ersten Bild anfangen, haben eine unüberwindliche Tendenz, ihnen konsequent in der Reihenfolge der Serie (1, 2, 3, 4, 5 anstatt 1, 5, 4, 3, 2) zu folgen.

4. Ein vierter Faktor erklärt, daß sich die vorhergehende Reaktion, die bei den Aufgaben ←1 und 1→ so deutlich ist, bei den Aufgaben ←5 und 5→ nicht wiederfindet: in diesem Fall, da Bild 5 nahe bei Nr. 4 liegt, ist es also die figurale Nachbarlage, die in Kongruenz mit dem Faktor 2) für die Richtung ← die Reihenfolge 5, 4, 3, 2, 1 nach sich zieht, was eine falsche Antwort ergibt (sehr geringer Erfolg mit 6 Jahren), im Gegensatz zu diesem Faktor bei der Richtung →, was ein mittleres Resultat ergibt.

5. Schließlich muß man Fehler der Lokalisierung nennen, wie die teilweisen Umkehrungen (5, 2, 3, 4, 1; 4, 3, 1, 2, 5; 5, 2, 3, 4; 4, 3, 2, 5; 4, 2, 1, 3, usw.), Auslassung von Bildern, Verbindungsschwierigkeiten an den Endpunkten der Reihe, Inkoordination zwischen den beiden Seiten des Zylinders, usw., die

163 Piaget, *Les notions de mouvement et de vitesse chez l'enfant*, a. a. O.

alle von dem Faktor 1 oder von Kombinationen zwischen mehreren der vorhergehenden Faktoren abhängen.

Bei der zunehmenden Unterordnung der perzeptiven Gegebenheiten und der Bilder unter die Operationen bis hin zur Bildung völlig korrekter antizipatorischer Bilder kann man drei Faktoren unterscheiden:

1. lokale Umkehrungen während des Übergangs von einer Aufgabe ←*n* zu *n*→ von der Art »das geht anders herum, also mache ich das Gegenteil«; ihrem Prinzip nach korrekte Umkehrungen, die sich aber ebensowohl auf die Umkehrung einer anfänglich richtigen als auch falschen Antwort beziehen können.

2. Eine zunehmende logische Kohärenz, die sehr erstaunlich ist bei diesen Versuchen, bei denen es die geometrische Intuition mit einer allgemeinen Frage der Reihenfolge zu tun hat. Die jungen Versuchspersonen kümmern sich keineswegs um die Widersprüche, die zwischen ihren aufeinanderfolgenden Antworten auftauchen können, wenn sie von einem Kriterium zum anderen übergehen. Auf einer zweiten Stufe versuchen sie, diese Widersprüche zum Teil zu beseitigen, und wenn ihre falschen Antworten überwiegen, dann modifizieren sie schließlich die richtigen Antworten aus Verlangen nach Kohärenz. Auf einer dritten Stufe wird diese Kohärenz allgemein und begünstigt damit die korrekten Antizipationen.

3. Aber der wichtigste operatorische Faktor ist die Übersetzung der linearen Ordnung der Reihe in der Ebene in eine zyklische Ordnung entsprechend der Drehung des Zylinders. Man erlebt oft die plötzliche Entdeckung der Möglichkeit dieser Übersetzung, wie bei Des (7;7), der bei Versuch 5→ die Bilder nimmt, sie vertikal in einer Art Band nebeneinanderlegt und aufzählt (in Form von Tiernamen): 5, 4, 3, 2, 1, 5, 4, 3; andere Versuchspersonen machen kreisförmige Gesten, usw.

Kurzum, dieser Versuch gibt uns ein neues Beispiel für die natürliche Dualität der geometrischen Intuitionen, die erkennbar ist an der Folge zweier so verschiedener Reaktionsstufen, daß sie manchmal bimodalen (scheinbaren oder realen) Erfolgskurven entsprechen: einer Stufe, auf der die perzeptivbildhaften Faktoren vorherrschen, die durch ihre Begrenzungen oder durch die systematischen Deformationen, zu denen sie führen, für die Lösung des Problems nicht ausreichen; und einer Stufe, auf der das Bild der Operation untergeordnet ist und auf der die bildhaften Antizipationen, die sich aus dieser Unterordnung ergeben, zu einer mehr oder weniger leichten Lösung der Probleme führen, einer Lösung aber, die, wie ersichtlich, nicht von dem Bild allein abhängt, obwohl dieses jetzt ein wirksames Hilfsmittel der Deduktion darstellt.

§ 4. Schlußfolgerungen

Mit Sicherheit also vermag das visuelle Bild auf dem Gebiet der geometrischen Intuition die besten Dienste beim Funktionieren der Operationen zu leisten. Der Grund dafür ist offensichtlich, da, indem die Form des Bildes in diesem Fall ebenso wie sein Inhalt räumlich ist, die geometrische Intuition also das einzige Gebiet ist, auf dem Form und Inhalt der Bilder homogen sind. Wenn das Bild logische oder arithmetische Operationen als »Inhalte« nimmt (das heißt, die Tendenz entwickelt, sich ihnen zuzuwenden), dann können diese Operationen räumlich-zeitliche Anwendungspunkte darstellen, was das Bild ihrer Ergebnisse ermöglicht (außer im Fall von rein formalen Operationen). Dagegen bleiben die logisch-arithmetischen Operationen an sich im Zustand von Transformationsakten, die als solche in bildhafter Weise nicht vorstellbar sind, weil sie jeder räumlichen Konfiguration fernstehen, woraus der stark approximative Symbolismus der Bilder von Zahlen oder Klassen resultiert. Zwar kann das Bild sich gewisser Isomorphismen zwischen algebraischen und topologischen Strukturen bedienen und die Klassen-Operationen infolgedessen durch das Einordnen in Schubfächer repräsentieren, aber es sind dann nur die Inklusionen, die auf diese Weise durch Isomorphismus mit den Umschließungen symbolisiert werden, und die Schubfächer haben im Wesen nichts mehr gemein mit den Klassen; sie können durch (die Eulerschen) Kreise, durch beliebige geschlossene Kurven, durch Quadrate, Körper, usw. symbolisiert werden, während das räumliche oder geometrische Bild eines Kreises sich immer von demjenigen eines Quadrats unterscheiden wird, selbst wenn sie beide approximativ bleiben. Während nämlich ein Bild logisch-arithmetischen Inhalts darin besteht, nicht-räumlich-zeitliche Transformationen in einer notwendig verräumlichten Form auszudrücken, stellt das räumliche Bild räumliche Inhalte durch ebenfalls räumliche Formen dar; die räumlichen Operationen (Verschiebungen, Projektionen, usw.) beziehen sich auf Transformationen, die sich gleichfalls im Raum vollziehen und so einen figurativen und nicht ausschließlich operativen Aspekt tragen, so daß die Transformationen in einer Hinsicht selbst Figuren des Raumes sind.

Aus dieser Situation ergeben sich nun zwei grundlegende Schlußfolgerungen. Die erste ist die, daß das räumliche Bild das einzige ist, dessen symbolisierende Form zu einem realen Isomorphismus mit dem symbolisierten Inhalt hin tendiert. Das Bild einer Zahl oder einer Klasse ist nicht eine Zahl oder eine Klasse, sondern ein Bild von gezählten oder klassifizierten Objekten, während das Bild eines Quadrats annähernd quadratisch ist und das Bild einer Geraden, obgleich es auch Breite enthält, als ein Bündel von parallelen Geraden angesehen werden kann. Die zweite Konsequenz ist die, daß der Bereich der räumlichen Bilder der einzige ist, in dem die Transformationsbilder auf derselben Ebene liegen wie die statischen Bilder, und die Antizipationsbilder auf derselben Ebene wie die Reproduktionsbilder: deshalb erlaubt die hinreichend entfaltete »geometrische Intuition« ein »räumliches Sehen« der Transformationen selbst, bis hin zuweilen zu den komplexesten und den von der geläufigen physikalischen Erfahrung am weitesten entfernten, weil das Bild dann auf einer verräumlichten Imitation von Operationen beruht, die selbst räumlich sind.

Es ist also notwendig gewesen, sich auf diesem besonders geeigneten Gebiet noch einmal die Frage zu stellen, ob das Bild die Operationen vorbereitet oder zumindest bei ihrem Funktionieren unterstützt. Zweifellos hat schon jedes der vorhergehenden Kapitel auf diese Fragen geantwortet, da es in diesem Werk nur um räumliche Bilder geht. Doch wir verlangten dort, diese oder jene Situation durch das Bild zu evozieren, während es sich im vorliegenden Kapitel für die Versuchspersonen darum handelt, Probleme zu lösen, indem sie das Bild gebrauchen, so wie sie es verstehen.

I. – Was die erste dieser beiden Fragen anbelangt, so sind die erzielten Ergebnisse ebenso klar wie vorher: obwohl die räumlichen Transformationen noch einen figurativen Aspekt enthalten, den das Bild evozieren kann, finden wir auf der präoperatorischen Ebene die Vorherrschaft der statischen über die antizipatorischen Bilder wieder; die statischen Bilder stellen, ebensowenig wie bei den Ergebnissen der vorhergehenden Kapitel, eine Vorbereitung auf die Operationen dar, weil diese Bilder über ihre adäquaten Aspekte hinaus systematische Fehler enthalten, die von den »Pseudo-Erhaltungen« abhängen, die der bildhaften Figuration eigen sind: Zum Beispiel der Tendenz, eine bi-univoke Übereinstimmung zwischen der Länge des Umfangs und der Größe der Oberfläche zu erhalten, oder die Tendenz zu glauben, daß eine Gesamtform nur mit Elementen derselben Form wiederhergestellt werden kann, oder auch die Tendenz, die Länge eines Bogens für genausolang zu halten wie die seiner Sehne, usw.

Daraus ergibt sich, daß man beim Vergleich der aufeinanderfolgenden Entwicklungsstufen für dieselben Probleme zwei Lösungstypen findet, einen bildhaften und einen operatorischen. Der erste dieser zwei Typen kann entsprechend den Situationen zu richtigen wie auch zu falschen Resultaten führen, die aber im ersteren Fall täuschend sind, weil sie mit Hilfe einer nicht begründeten Methode erzielt wurden (vgl. die Fälle, bei denen ein Umfang für länger gehalten wird als ein anderer, weil er einer größeren Oberfläche entspricht, oder die Fälle ganz zufälliger Konvergenz zwischen der Reihenfolge der Bildanordnung auf einem Zylinder und der spontan gewählten Lesart einer Reihe, siehe § 3). Bei diesen verschiedenen Beispielen leitet sich die operatorische Lösung nun keineswegs aus der präoperatorischen oder bildhaften Lösung ab, selbst wenn sie korrekt ist, und man hat eine Zweiheit von Interpretationen und manchmal sogar eine bimodale Kurve bei den positiven Ergebnissen vor sich (weil die einen nur scheinbar sind bzw. sich dem zufälligen Zusammentreffen der Gesetze des Bildes und der gegebenen objektiven Konfiguration verdanken, während die anderen wirklich sind).

Ein besonders erstaunliches Beispiel für diese fehlende Verbindung zwischen den geometrischen Operationen und den entsprechenden Bildern der präoperatorischen Ebene ist das Beispiel der Umklapp-Versuche, die wir schon früher untersucht hatten[164], und das denen der §§ 1–3 des Kapitels VI ähnlich

164 Vgl. Piaget – Inhelder, *La représentation de l'espace chez l'enfant*, Kap. X, a. a. O.

ist. An diesem Beispiel ist interessant, daß es den Rahmen der Erfahrungen und der Befragungen überschreitet, da in den spontanen Zeichnungen des Kindes von 4 bis 6 Jahren Pseudo-Umklappungen auftreten, die Luquet unter der Bezeichnung »Umklappungen« (*rabattements*) so gut beschrieben hat und die nach seiner Formel in einer »Vermengung von Standpunkten« bestehen. Es wäre nun festzustellen, ob das spontan bei diesen sogenannten Umklappungen mitwirkende Bildersystem die Möglichkeit zu Antizipationsbildern bietet, die ausreichen, sich die bei den entsprechenden Operationen auftretenden Transformationen visuell vorzustellen.

In einem der von Luquet zitierten Beispiele sieht man ein im Profil gezeichnetes Pferd, das einen Wagen zieht, der nicht mehr in derselben Perspektive dargestellt, sondern von oben, als Fläche gesehen wird; die vier Räder liegen auf derselben horizontalen Ebene, was ein Umklappen um 90° relativ zum Boden des Wagens voraussetzt[165]: wir haben also drei verschiedene Standpunkte vor uns, die vermengt und nebeneinandergestellt worden sind. Man kann sich nun fragen, ob Versuchspersonen, die die Standpunkte so zu trennen vermögen, auch dahin gelangen können, das Ergebnis des Auseinanderfaltens von Würfeln, Zylindern oder Kegeln aus Pappe, deren Elemente auf eine einzige horizontale Ebene heruntergeklappt worden sind, im Bild zu antizipieren. Die Untersuchung der Reaktionen nach Altersstufen führt indessen zu den beiden folgenden Ergebnissen: *a*) die Vorstellung des Ergebnisses dieses echten Umklappens erfolgt viel später als die Stufe des spontanen Pseudo-Umklappens, denn sie setzt eine *Koordination* der Standpunkte voraus (und nicht nur ihre zufällige Vermengung), also einen auf die Handlung des Auseinanderfaltens selbst gegründeten operatorischen Faktor; *b*) das korrekte Bild dieses Umklappens geht aus einer inneren Nachahmung dieser Entfaltungshandlungen und ihres Ergebnisses hervor und verlängert weder einfach die Wahrnehmungen an sich, noch das spontane Pseudo-Umklappen der Zeichnung, die einfach diese Verschiedenheit der möglichen Wahrnehmungen übersetzen (die jede für sich als Reproduktionsbild imitiert werden), aber ohne die Fähigkeit zur Antizipation, die aus den operatorischen Koordinationen resultiert.

Drei Stadien sind also zu beobachten. Während der ersten (bis in das Alter von 6 Jahren, das heißt in den Altersstufen, die dem Pseudo-Umklappen der Zeichnung entsprechen) ist das Kind noch nicht fähig, sich irgendein wirkliches Umklappen vorzustellen: es zeichnet das ganze Objekt ohne Transformation.

Im Laufe eines zweiten Stadiums erfolgt eine ergebnislose Anstrengung, sich das Umklappen vorzustellen, und die Zeichnung übersetzt diese Versuche in einer symbolischen Form: die umzuklappende Seite eines Rohrs wird zum Beispiel als von einem Strich begleitet dargestellt, der die Richtung des Umklappens markiert; oder es wird ein Schlitz angedeutet, der den Beginn der Handlung symbolisiert, die ausgeführt werden muß, um diese Seite auseinanderzufalten, usw.

165 Zwei dieser Räder sind unter den Boden des Wagens gesetzt, als ob sie in dieselbe Perspektive verlegt wären, wie das Pferd; doch die zwei anderen sind darüber gesetzt, was zeigt, daß die vier Räder sämtlich um 90° umgeklappt worden sind, ohne Bezug zu der Position des Pferdes.

In einem dritten Stadium (von 7–8 Jahren an) schließlich wird das Umklappen vorgestellt und gezeichnet, aber in Etappen gemäß einer hierarchischen Ordnung der Objekte: zunächst der Zylinder und der Kegel, dann der Würfel, der auf Grund seiner sechs Seiten ein wenig schwieriger ist, und schließlich die Pyramide.

Dieses Beispiel reiht sich also denen dieses Kapitels an und zeigt erneut den in gewisser Weise bimodalen Charakter dieser Reaktionen auf geometrische Probleme: Produktion räumlicher Bilder einerseits, aber ohne Beziehung zur Operation, und Produktion von gleichzeitig bildhaften und operatorischen Antizipationen andererseits, die sich aber nicht aus den vorhergehenden präoperatorischen Bildern ableiten lassen.

II. – Von dem Moment an jedoch, in dem die räumlichen Bilder unter dem Einfluß der Operationen antizipiert werden, spielen sie jene stützende und helfende Rolle für die Deduktion, die bei der geometrischen Intuition so erstaunlich ist. Es ist also unnötig, darauf näher einzugehen, es sei denn, um daran zu erinnern, daß diese Zusammenarbeit des Bildes mit der Operation erst mit dem Erscheinen der konkreten Operationen beginnt und sich entsprechend der Bildung neuer räumlicher Operationen verstärkt: die natürlichen (horizontalen und vertikalen) Koordinatensysteme entwickeln sich also erst mit 9–10 Jahren; die bildhaften Repräsentationen der Orientierung des Flüssigkeitsspiegels in einem Glasbehälter, den man in verschiedener Weise neigt, oder die der Richtung des Lotes in einem zu ihm nicht parallelen Rahmen werden also erst von diesem Alter an erworben.[166] Ebenso vollzieht sich die Koordination zweier Bezugssysteme, die unter anderem bei den auf mechanische Kurven bezogenen Antizipationsbildern auftreten, erst auf der Stufe der formalen oder hypothetisch-deduktiven Operationen[167], und dasselbe ist von jedem System zu sagen, das eine Kombinatorik enthält.

Die Gesamtheit dieser Fakten, die durch die in diesem Kapitel enthaltenen neuen Beobachtungen gestützt werden, erlaubt also die Behauptung, daß, wenn die geometrische Intuition zwar den Bereich bildet, in dem das Bildsystem bis zu seinem

166 Vgl. *La représentation de l'espace chez l'enfant,* Kap. XIII, 1948, a. a. O.

167 Vgl. *La géométrie spontanée chez l'enfant,* Kap. X, 1948, Presses Universitaires de France; deutsch: *Die natürliche Geometrie des Kindes,* Stuttgart 1971.

höchsten, zumindest kognitiven Präzisionsgrad getrieben wird (denn andere Gebiete führen zu ebenso frappierenden Entwicklungen, jedoch zu ästhetischen Zwecken), man sie deswegen keineswegs allein auf das Spiel der Bilder, selbst der antizipatorischen, zurückführen kann. Die geometrische Intuition ist wesentlich operatorisch, und es ist das System der in ihr enthaltenen Operationen, das ihr ihre Bedeutung als Netz von »Signifikaten« verleiht. Die Bilder stellen ihren symbolischen Ausdruck oder ihr System von »Signifikanten« dar, trotz des teilweisen, aber sehr hochentwickelten Isomorphismus, der im räumlichen Bereich zwischen der bildhaften Form und dem operatorischen Inhalt besteht. Doch da das Symbol per definitionem (im Gegensatz zu den »arbiträren« Zeichen) eine Ähnlichkeit mit dem Symbolisierten besitzt, widerspricht diese – wie auch immer hochentwickelte – Anpassung zwischen dem bildhaften Symbol und dem operatorischen Kern der geometrischen Intuition keineswegs diesem trotz allem symbolischen Charakter des räumlichen Bildes, und wenn man von den Fehlern der Intuition hat sprechen können, so hängen sie in Wahrheit nur ab von den unberechtigten Eigenschaften, die man den Bildern gelegentlich beigelegt hat, welche nicht primär der Erkenntnis, sondern symbolischer Konkretisierung dienen.

Kapitel X
Allgemeine Schlußfolgerungen

Es ist erlaubt, eine psychologische Untersuchung als gescheitert anzusehen, wenn sie zu dem geführt hat, was man schon vorher annehmen oder ableiten konnte, und als gelungen, wenn ihre Ergebnisse einen mehr oder weniger großen Teil an Unvorhergesehenem enthalten. Wenn der geneigte Leser bei der Überprüfung der in diesem Werk beschriebenen Tatsachen nur ein Viertel der Überraschungen empfunden hat, die wir bei ihrem Zusammentragen erlebten, fühlen wir uns belohnt. Aber die Erfahrungen und Untersuchungen, die wir auf diesen Seiten zusammenfassen wollen, sind so zahlreich und verstreut, daß es gut sein wird, ihre Bedeutung herauszuarbeiten und hier die im 1. Kapitel aufgeworfenen Probleme nochmals aufzunehmen, um zu versuchen, eine systematische Lösung für sie zu liefern, wobei wir freilich zwischen dem unterscheiden, was uns gesichert scheint, und dem, was hypothetisch oder unentschieden bleiben muß.
Wir wollen zunächst angeben, was von unserer anfänglichen Klassifikation der Bilder geblieben ist (§ 1), und zu welchen Entwicklungsgesetzen des Bildes der Rahmen führt, den man von ihr übernehmen kann (§ 2). Danach (§ 3) wollen wir die allgemeinen Charaktere des Bildes herausstellen und (§ 4) seine Beziehungen zur Wahrnehmung und zur Imitation, sowie (§§ 5 und 6) zu den präoperatorischen Begriffen und den Operationen des Denkens. Endlich wollen wir auf die symbolische Natur des Bildes (§ 7) zurückkommen und auf seine epistemologische Bedeutung (§ 8).

§ 1. Die Klassifikation der Bilder und die Beziehungen zwischen Reproduktions- und Antizipationsbildern

Von einer vorgängigen Klassifikation wie der des 1. Kapitels kann man zum mindesten erwarten, daß sie einen Plan für die Versuche entwirft und das Bewußtwerden der Strukturprobleme erleichtert. Das erstere ist bereits und das zweite wird geschehen, wenn wir jetzt die erzielten Ergebnisse mit dem hypothetischen Rahmen des Beginns vergleichen.

Die wichtigste Dichotomie, von der wir ausgegangen sind, die der Reproduktionsbilder *R* und der Antizipationsbilder *A*, hat sich in großen Zügen bestätigt, denn es wurde deutlich, daß sie einer grundlegenden genetischen Reihenfolge entspricht: die Reproduktionsbilder bilden sich von der präoperatorischen Stufe an und sogar seit dem Erscheinen der symbolischen Funktion, während sich die Antizipationsbilder im strengen Sinn einer vorgängigen Vorstellung von noch nicht realisierten Prozessen erst von der Stufe der konkreten Operationen an entwickeln.

Wenn diese Dichotomie auch weiterbesteht und sogar um eine genetische Bedeutung bereichert worden ist, so hat sich der Inhalt der Kategorie *R* doch als viel ärmer erwiesen, als man hätte vorhersehen können, und diese Tatsache bildet eines der aufschlußreichen Ergebnisse unserer Forschungen. Ist die Versuchsperson erst einmal fähig, durch das Bild zu reproduzieren, was sie wahrgenommen hat, so müßte sie ja, wenn man apriorisch denkt, statische Konfigurationen, Bewegungen oder Transformationen reproduzieren können; daher die Möglichkeit statischer Reproduktionsbilder (*RS*), kinetischer Reproduktionsbilder (*RK*) oder von Transformations-Reproduktionsbildern (*RT*), die wir im 1. Kapitel vorhergesehen hatten.

Beinahe alle vertrauten Situationen nun, die wir verwendet haben, um verschobene kinetische Reproduktions- oder Transformationsbilder zu erhalten[168], haben zu Mißerfolgen der reproduktorischen Evokation bis gegen 7–8 Jahren geführt (verschobene Quadrate: Kap. III, § 1, Drehung eines Stabes, § 3, Aufrichtung eines Bogens in eine Gerade, Kap. V, § 1, usw.). Doch – wir werden sofort darauf zurückkommen – das bedeutet keineswegs, daß diese umfassenden Kategorien von (kinetischen oder transformatorischen) Reproduktionsbildern abgeschafft werden müssen, denn die Bilder *RK* und *RT* sind von einer gewissen Stufe an reichlich vorhanden und werden vom Erwachsenen laufend verwendet. Unsere vorgängige Klassifikation stellte uns in der Untersuchung indes vor die Frage, ob sie primär sind oder aus voraufgehenden antizipatorischen Phasen hervorgehen (von der Art *AK* und

168 Verschoben im Gegensatz zu den unmittelbaren Reproduktionen, die konsekutiven eingeschlossen: also *RK* II und *RT* II im Gegensatz zu den Bildern *RK* I des Kapitels I.

AT): alles, was uns die Kapitel III und V gelehrt haben, scheint zu zeigen, daß sich die Reproduktionsbilder der Bewegungen und der Transformation erst bilden, wenn sie sich auf Antizipationen oder Reantizipationen stützen können.
Andererseits hat die Untersuchung der Antizipationsbilder der Bewegung und der Transformationen (*AK* oder *AT*) gezeigt, daß die die Probleme der Ebenen betreffende wichtigste Unterscheidung nicht die der Bewegungen und der Transformationen ist, deren Antizipationen ständig synchron verlaufen, sondern die der Antizipation, die sich auf die Ergebnisse oder Produkte dieser Bewegungen oder Transformationen bezieht, und der Antizipation, die sich auf den Ablauf der Veränderung selbst[169] in ihren aufeinanderfolgenden Phasen bezieht. Tatsächlich geht die Antizipation der Ergebnisse ziemlich regelmäßig der der Prozesse voraus, und wäre es nur auf Grund der Schwierigkeit, die Reihe der Veränderungsstufen gemäß ihrer zeitlichen Reihenfolge zu bilden. So bringen nämlich die Tabellen 61 und 63 (Kap. IV, § 8) positive Ergebnisse von 73–79 % von 5 Jahren an bei einer Veränderung in der Anordnung von Perlen bei einer Drehung, während das antizipatorische Bild ihrer Bahnen viel später erscheint.
Dieser Unterschied zwischen der Antizipation der Produkte oder der Ergebnisse (*AP*) und der der Bahnen oder aufeinanderfolgenden Modifikationen (*AM*) beweist zunächst, daß es mehrere Antizipationsstufen gibt und daß, wenn diese letztere (*AM*) auch zweifellos die Stütze der Operationen des Denkens voraussetzt, die erstere schon mit der Unterstützung elementarerer Handlungen in Umrissen vorhanden sein kann. Ein solcher Unterschied zeigt aber vor allem, daß sich das antizipatorische Bild vor dem Erlangen der Bewegung oder der Transformation als solcher (*AM*) zunächst nur auf die Endzustände, zu denen sie führen, bezieht, das heißt auf Konfigurationen, die unabhängig von diesen noch nicht in bildhafter Antizipation repräsentierten Bewegungen oder Transformationen statisch erscheinen können und es zweifellos vom Standpunkt der Versuchsperson her ganz sicher auch sind. Dasselbe gilt a fortiori für die Reproduktionsbilder der Bewegung oder der Transformation (*RK* oder *RT*), von denen ge-

169 Das ist die Unterscheidung der Antizipationen des Typs *AKP* bzw. *ATP* und *AKM* bzw. *ATM*.

sagt wurde, daß auch sie in ihren Anfängen eine Antizipation oder eine Reantizipation enthalten, und die zunächst auch nur die Ergebnisse oder Produkte (*RKP* oder *RTP*) erreichen, bevor sie zur Rekonstitution der Veränderungen selbst (*RKM* oder *RTM*) gelangen. Daraus ergibt sich, daß eine große Anzahl von Bildern, die statisch erscheinen können, in Wirklichkeit eine antizipatorische Dimension enthalten, und wir können ohne neuerliche Untersuchungen nicht im voraus festlegen, bis wohin sich ein solcher Zustand erstreckt.

Diese Tatsachen führen uns wieder zurück zum Problem des späten Auftretens der kinetischen Reproduktions- oder Transformationsbilder und zur Überlegung, daß die Bilder für ihr Entstehen möglicherweise eines bereits vorhandenen Antizipationsrahmens bedürfen, in den sie sich einfügen können. Hier ist daran zu erinnern, denn das ist für unser Problem aufschlußreich, daß die besten Bilder kinetischer Reproduktion, die wir bei unseren Versuchen erhielten, die direkten oder verschobenen gestischen Kopien von Bewegungen des Überkreuzens, des Antriebs, usw., waren (Kap. II, Tabelle 14, usw.). Das Hauptergebnis dieses Kapitels II bestand nun darin, uns zu zeigen, daß selbst die Reproduktionsbilder der direkten Kopie (*RS I*) und sogar so statische Bilder wie die Kopie eines Geradenabschnitts die Mitwirkung von antizipatorischen Ausführungsplänen oder »Vor-Bildern« voraussetzen. Allgemeiner gesagt hat uns das Kapitel VII gezeigt, daß die statischen Bilder der verzögerten Reproduktion (*RS* II) ihrerseits in dem Maße besser werden, wie eine Assimilation der Modelle mit den Handlungsplänen der Versuchsperson stattfindet, was wiederum Anlaß gibt, die Bedeutung der antizipatorischen Prozesse hervorzuheben.

Wenn andererseits die kinetischen Reproduktionsbilder oder die Reproduktionsbilder der Transformation *RK* und *RT* vor 7–8 Jahren soviel weniger konsistent erschienen, als man es vor den in unseren Kapiteln III und V beschriebenen Experimenten hätte annehmen können, so liegt das an der grundlegenden Tatsache, deren Allgemeingültigkeit unsere Ergebnisse gezeigt haben, daß man, um sich eine Bewegung oder eine Transformation vorstellen zu können, diese in einem mit der Antizipation identischen Prozeß wiederherstellen muß, der die Vorstellung einer noch nicht bekannten Bewegung oder Transformation ermöglicht. Mit anderen Worten besteht in der Mehrzahl der Fälle keinerlei wesensmäßiger Unterschied oder keinerlei radikale Trennung zwischen den Reproduktionsbildern *RK* und *RT* und den Antizipationsbildern *AK* oder *AT*. Deshalb treten die Bilder *R* so spät auf, weil die Antizipationsbilder, die sich auf die Veränderungen selbst beziehen, erst mit der Stufe der konkreten Operationen beginnen. Zweifellos wird man vor dem Alter von 7–8 Jahren kinetische Reproduktionsbilder oder Reproduktionsbilder der Transformation finden von der Art der Repräsentation der linearen Bahn eines Männchens von *A* nach *B*, der Vergrößerung einer Seifenblase oder der Teilung eines Blatts Papier in zwei Hälften, aber es ist noch zu klären, welche Reantizipationen diese elementaren Reproduktionsbilder zu Beginn voraussetzen.

Es ist also wahrscheinlich (doch das ist nur eine Hypothese, die bei künftigen Untersuchungen wieder aufgenommen und kontrolliert werden muß), daß die Aktualisierung jedes Bildes eine Wiederherstellung voraussetzt, die einen Anteil von Reantizipation oder eigentlicher Antizipation enthält. Es scheint keinen grundlegenden Unterschied zwischen den Antizipationen der Ausführung (= entworfene oder projektierte Gesten) und den authentischen oder reinen Antizipationen zu geben, sondern eine ununterbrochene Folge von Zwischenstufen, die von dem Bild bekannter Modelle, das die Versuchsperson schnell wiederherstellt, zu dem Bild weniger bekannter Modelle führt, das sichtbare Reantizipationsanstrengungen veranlaßt (man denke zum Beispiel an die Schwierigkeit der Versuchspersonen, der Reihenfolge der Positionen eines Stabes zu folgen, der sich wie ein Uhrzeiger dreht: Kap. III, § 3), und zu dem Bild der völlig unbekannten Modelle, wo alles im strengen Sinn antizipiert werden muß.

Diese Überlegungen, die uns die retrospektive Untersuchung der einzelnen Anwendungen der im 1. Kapitel vorgeschlagenen Klassifikation der Bilder nahelegt, zeigen also, daß, wenn die gewählten Rahmen auch weiter bestehen bleiben, die Aufteilung nach der relativen Häufigkeit jedoch ganz anders aussieht, als man sie sich hätte vorstellen können, was jetzt, wie bei jeder natürlichen Klassifizierung, die allgemeinsten Probleme der Struktur und der Abhängigkeit aufwirft.

Der geläufigen Vorstellung zufolge, die man sich vom inneren Bild als Erhaltung oder Hemmung der wahrgenommenen Konfigurationen und Ereignisse macht, mußte man vom Standpunkt der relativen Häufigkeit her mit einer großen Fülle von Reproduktionsbildern und mit einem geringeren Anteil an Antizipationsbildern rechnen, die darauf beschränkt wären, bei unbekannten Situationen das zu verallgemeinern, was der Vorrat an vertrauten Reproduktionen liefert; als Kopien gehören die Bilder indes kaum in das Gebiet der Bilder, weil sie exakt und automatisch nach ihren perzeptiven Modellen gebildet sind. Wir stellen jedoch fest, daß die Rolle der Wiederherstellungen, Reantizipationen und Antizipationen viel bedeutender ist, als vorherzusehen war, daß sich die exakten Reproduktionsbilder bis zu 7–8 Jahren beinahe ausschließlich auf statische Bilder reduzieren und daß selbst die Bilder der direkten Kopie einen Anteil von Antizipation und einen solchen aktiver Strukturierung enthalten.
Dieser Kontrast zwischen der wirklichen Verteilung und dem, was die vorgeschlagenen Rahmen enthalten sollten, führt uns nun notwendigerweise zu den Problemen zurück, die wir im Laufe dieses Werks immer wieder angetroffen haben, auf die wir jetzt aber eine systematische, das heißt genetische Antwort geben wollen; dabei wollen wir das, was uns die erneute Überprüfung ihrer Klassifikation nahegelegt hat, in Begriffe möglicher Filiation oder der Bildentwicklung übersetzen. Wir werden feststellen (§ 2), daß sich die Entwicklung der Bilder nicht auf ein System von einfachen und unabhängigen, das heißt in sich geschlossenen Filiationen reduziert, sondern daß gerade auf Grund des Anteils der Rekonstitutions- und Antizipationsaktivitäten, von denen die Bilder auf allen Ebenen zeugen, ihre Entwicklung ständig Beiträge von außen einbezieht.

Bevor wir zu diesem Problem kommen, müssen wir noch hinsichtlich der Beziehungen zwischen den Reproduktionsbildern *R* und den Antizipationsbildern *A* eine Schlußfolgerung ziehen. Von einer solchen Hypothese sind wir zwar gar nicht ausgegangen, müssen aber zunächst einmal feststellen, daß dieses Problem, das in den Bereich der figurativen Funktionen des Denkens gehört, wie ihn die bildhafte Repräsentation darstellt, einem Problem ähnelt, das in den anderen Bereich der figurativen Funktionen gehört, nämlich in den der Wahrnehmung: der Frage nach den Beziehungen zwischen den Feldwirkungen und den perzeptiven Aktivitäten. Auf dem Gebiet der Wahrnehmung

begegnet man in der Tat Organisationen mit im wesentlichen reproduktorischer Funktion, mit *Gestalt*strukturen, die auf Grund ihrer größeren Einfachheit und ihrer dauerhaften Gesetze als »primär« erscheinen, und »Aktivitäten« der Untersuchung, der Transposition, der Antizipation, des in Beziehung-Setzens, usw., die im Prinzip die ersteren korrigieren, wobei sie aber zugleich gewisse »sekundäre« *Illusionen* nach sich ziehen. Die Untersuchung der Beziehungen zwischen diesen beiden Arten von Wirkungen hat einen aus unserem Kreis[170] nun zu der Annahme gebracht, daß solche perzeptiven Aktivitäten auf allen Stufen vorhanden sind, und daß die Feldeffekte oder Primärwirkungen ebenfalls auf allen Ebenen nur Ergebnisse oder Sedimentationen dieser perzeptiven Aktivitäten darstellen.
Ohne den Vergleich bis ins Detail hinein durchführen zu wollen, stellen wir jetzt fest, daß die Reproduktionsbilder, deren »primären« Charakter man mit Recht vermuten konnte, tatsächlich einen gewissen Grad an Exaktheit auf dem Gebiet der kinetischen und der Transformations-Reproduktionen nur erreichen (*RK* und *RT*), wenn sie sich auf Antizipationsbilder (*AK* und *AT*) stützen, und daß die statischen Reproduktionsbilder (*RS*) ihrerseits Antizipationen der Ausführung voraussetzen. Im allgemeinen scheinen die Seltenheit der genauen Bilder vor 7–8 Jahren (insbesondere *RK* und *RT*) und ihr späteres massenhaftes Auftreten diese notwendige Rolle der bildhaften Antizipationen zu bestätigen.

Diese Perspektive, zu der die Tatsachen zu führen scheinen, beleuchtet zumindest drei wichtige Punkte: die Häufigkeitsunterschiede innerhalb der Bildkategorien zwischen dem, was wir vor 7–10 Jahren gefunden haben, und dem, was unsere Klassifikation auszusagen schien; den aktiven Charakter des Bildes, welcher nun zugunsten eines Ursprungs aus der Imitation spricht (§ 4); und insbesondere die nicht-autonome Entwicklung der Bilder. Was diesen letzten Punkt anbetrifft, so muß, wenn die Reproduktionsbilder ihrerseits von Antizipationen abhängen, noch deren Fortschritt erklärt werden, und wir werden jetzt sehen, inwiefern es dazu früher oder später dieses von außen kommenden Beitrags zum Bild bedarf, den die Operationen des Denkens liefern.

§ 2. Die Entwicklung der Bilder

Die Operationen der Intelligenz schließen eine Entwicklung ein, die die beiden bemerkenswerten Eigenschaften zeigt, daß sie in genau definierten Stadien und in einem autonomen Prozeß verläuft. Die drei notwendigen Bedingungen eines Sy-

170 J. Piaget, *Les mécanismes perceptifs*, a. a. O.

stems von Stadien sind die, daß sie bei allen Versuchspersonen in einer konstanten Reihenfolge aufeinanderfolgen, daß jede durch eine Gesamtstruktur charakterisiert werden kann (und nicht nur durch eine dominierende Eigenschaft) und daß sich diese Strukturen gemäß ihrer Entwicklungsfolge einander wechselseitig integrieren. Eine solche Evolution ist andererseits insofern autonom, als sich die so gebildeten Strukturen gegenseitig auseinander hervorbringen, und zwar auf Grund von Ursachen, die nur von der Intelligenz abhängen (Übereinstimmung mit der Erfahrung, innere Kohärenz, usw.), wobei die affektiven Faktoren zum Beispiel die Bildung einer Struktur beschleunigen oder verzögern können, sie aber als Struktur nicht zu verändern vermögen (autonom bedeutet also nicht isolierbar, sondern eine Entwicklung in ununterbrochenen Filiationen).

Die Entwicklung der Wahrnehmungen zeigt ein ganz anderes Bild. Gewisse Sektoren der perzeptiven Mechanismen verändern sich kaum mit dem Alter, wie die primären oder Feldwirkungen (die primären »Illusionen« weisen dieselben qualitativen Strukturen in jedem Alter auf und verändern sich nur in ihrem quantitativen Betrag). Auf dem Gebiet der perzeptiven Aktivitäten, die sich im Laufe der Entwicklung stärker verändern, beobachtet man gewisse Andeutungen von Stadien (Auftreten von gewissen Effekten erst von einem bestimmten Alter an), aber ohne sukzessive Integration von Strukturen in der Art, wie wir sie bei der Entwicklung der Operationen beobachten. Andererseits, und das ist das wesentliche, verläuft diese Entwicklung der Wahrnehmungen nicht autonom, insofern als sie die Mitwirkung von Mechanismen voraussetzt, die über die Wahrnehmung hinausgehen, und als diese Beiträge von außen es sind, die eine beherrschende Rolle bei dem Erscheinen neuer Wirkungen spielen. Zum Beispiel läßt sich das Erscheinen der perzeptiven Koordinaten im Alter von 9–10 Jahren bei den Positionsabschätzungen der Objekte relativ zueinander (und nicht nur relativ zum eigenen Körper) nur erklären durch eine Führungswirkung der Operationen der räumlichen Koordination, die sich auf dieser Stufe bilden und die dem In-Beziehung-Setzen innerhalb der perzeptiven Aktivitäten seine Richtung geben.[171]

Hinsichtlich der inneren Bilder sind also die beiden Fragen nach Bedeutung oder Vorhandensein von Stufen und insbesondere nach dem Mechanismus dieser Entwicklung zu untersuchen, denn ihre Lösungen können uns Aufschluß geben über die doppelte Beziehung des Bildes zur Wahrnehmung und zur Intelligenz. Die Evolution der Bilder nimmt in der Tat eine Zwischenposition ein zwischen der Entwicklung der Wahrnehmung und der Entwicklung der Intelligenz.

171 Vgl. *Les mécanismes perceptifs,* Kap. VII, § 4 (S. 414 f.)

Was das Problem der Stadien anbetrifft, so stellen wir zunächst fest, daß alle in diesem Band enthaltenen Tabellen eine Entwicklung der Ergebnisse mit dem Alter anzeigen. Wenn diese Entwicklung zwischen zwei betrachteten Altersstufen manchmal auch gleich null ist (wie etwa bei der Länge der aufgerichteten rechten Winkel zwischen 6 und 8 Jahren: Tabelle 90 im Kap. V), so beseitigt doch der Vergleich mit anderen Altersstufen oder mit dem Erwachsenen diese Ausnahme. Es ist in der Mehrzahl der Fälle möglich, im Innern einer dieser Teilentwicklungen, die einem unserer Versuche entspricht, eine gewisse Zahl von aufeinanderfolgenden, mit Stadien vergleichbaren Etappen zu isolieren. Man stellt zum Beispiel im Falle des Bildes eines Quadrats, das gegen ein anderes verschoben wird (Kap. III, Tabelle 17, Abb. 5) fest, daß mit 4 Jahren die Reaktionen *A–D* vorherrschen (keine Verschiebung oder Trennung der Quadrate), daß mit 5–6 Jahren die Reaktionen *E*1–*G* ein Maximum erreichen (Überschreitungen, aber mit Deformation eines der Quadrate), und daß mit 7 Jahren 75 % der Versuchspersonen das korrekte Bild erreichen, was bei diesem Versuch drei Stadien ergeben würde. Im Falle der in Geraden transformierten Bögen (Kap. V, Tabellen 82–83) stellt man bei der Auswahl unter fertigen Zeichnungen mit 5 Jahren 67 % Auswahl der Modelle *A–D*, ohne irgendeine Verlängerung, fest (und 0 von 6 Jahren an), Zwischenreaktionen mit 6–7 Jahren, und ab 8–9 Jahren 83 % Auswahl des korrekten Modells, was wiederum drei Stufen ergibt, aber nicht in denselben Altersklassen.
Wenn man aber versucht, diese Teilstadien zusammenzufassen, um die allgemeinen Stufen der Entwicklung des Bildes herauszuarbeiten, findet man höchstens zwei entscheidende Momente und einen einzigen Einschnitt von allgemeiner Tragweite. Der erste Moment ist das Auftreten des Bildes, das wahrscheinlich zur Zeit der Bildung der symbolischen Funktion anzusetzen ist (um 1 1/2 bis 2 Jahre herum), zumindest, wenn man sich an das negative Kriterium hält, daß keine der senso-motorischen Verhaltensweisen, die dieser Stufe vorausgehen, die Intervention des Bildes verlangt (während dieses für das symbolische Spiel und bei den anderen repräsentativen Verhaltensweisen, die daraufhin erscheinen, unentbehrlich ist).

Der zweite entscheidende Moment entspricht dem einzigen allgemeinen Einschnitt, den wir in der Gesamtheit der zuvor genannten Gegebenheiten ausmachen konnten: er kennzeichnet mit etwa 7–8 Jahren wenn nicht den Beginn, so doch mindestens das Aufblühen der antizipatorischen Bilder, d. h. (vgl. § 1), der kinetischen und Transformationsbilder. Sicherlich könnte man innerhalb dieser letzteren noch andere Einschnitte oder halbe Einschnitte feststellen, zum Beispiel die Anfänge der hyperordinalen bildhaften Antizipation der Geschwindigkeiten (Kap. IV, § 10); doch wir haben gesehen (Tabelle 72), daß in diesen Fällen eine Abhängigkeitsbeziehung zum Detail der Überlegungen besteht: es handelt sich jetzt nicht mehr um Stadien des Bildes, die mit Strukturveränderungen des Bildsystems selbst zusammenhängen, sondern um Stadien, die es mit den Inhalten des Bildes zu tun haben, das heißt mit dem konzeptuellen oder operatorischen »Signifikat« im Gegensatz zu dem bildhaften »Signifikanten«. Bei den antizipatorischen Bildern *AK* oder *AT* dagegen betrifft die Neuheit die Form des Bildes selbst ebenso wie seinen Inhalt.

Kurz, die beiden großen Perioden der Entwicklung der Bilder entsprechen den präoperatorischen Stufen (vor 7–8 Jahren) und den operatorischen Stufen. Wie schon in § 1 in Erinnerung gebracht wurde, bleiben die Bilder der ersten dieser beiden Perioden wesentlich statisch und infolgedessen ungeeignet, die Bewegungen und Transformationen zu repräsentieren, selbst auch nur in ihren Resultaten, sowie a fortiori die noch nicht gut vertrauten Prozesse zu antizipieren. Ungefähr mit 7–8 Jahren bildet sich jedoch eine Fähigkeit zur bildhaften Antizipation heraus, die nun eine Rekonstitution der kinetischen oder Transformationsprozesse und sogar eine Vorhersage neuer einfacher Sequenzen erlaubt.

Bei einer solchen Entwicklung der Bilder scheint es ziemlich offensichtlich zu sein, daß die Bildung der antizipatorischen Bilder nicht durch eine interne Verfeinerung der Reproduktionsbilder, insbesondere der statischen Reproduktionsbilder, erklärt werden kann. Ob nun das Bild einfach die Wahrnehmung verlängert oder ob diese aus einer aktiven Imitation hervorgeht, ihre Funktion bleibt es in beiden Fällen, eine möglichst getreue und ähnliche Kopie des wahrgenommenen Gegebenen zu liefern, und infolgedessen könnten Vertrautheit (oder Wahrscheinlichkeit des Auftretens) und Einfachheit der Modelle die allgemeinsten Faktoren der Entwicklung eines Bildes sein. Die kinetischen Modelle nun, die wir in Kapitel III ausgewählt haben, können nicht als weniger vertraut angesehen werden als zum Beispiel die rasch erfaßten statischen Modelle des Kapitels VII, und wir haben in den Schlußfolgerungen des Kapitels III schon auf die unbedeutende Rolle hingewiesen, die dieser empirische Häufigkeitsfaktor bei der Erklärung der elementaren Bilder spielt. Bleibt also der Faktor der Einfachheit. Bewegungen sind natürlich schwerer vorzustellen als statische Konfigurationen; die kleinen Kinder scheitern denn auch daran. Doch entweder befinden wir uns mitten in einem circulus vitiosus, oder diese Schwierigkeit hängt von der Versuchsperson ab, und die Bewegung ist in dem Maße schwierig zu erfassen, wie die Versuchspersonen auf Zustände und nicht auf Transformationen oder Bewegungen, die sie miteinander verbinden, zentriert sind. Mit anderen Worten, der statische Charakter der Bilder vor 7–8 Jahren liegt am präoperatorischen Denken, das keine Transformationen kennt, sondern nur Konfigurationen oder Zustände, so daß die Bilder dieser Stufe auf dem gegründet sein dürften, was in einer solchen Perspektive einfach erscheint.

Man kann also das Erscheinen der antizipatorischen Bilder nicht von den Reproduktionsbildern her erklären. Wenn es dagegen wahr ist, wie wir in § 1 angenommen haben, daß die Reproduktionsbilder bei ihrer jeweiligen Entwicklung Ausführungsantizipationen verwenden und daß die Reproduktionen auf allen Stufen Antizipations- oder Reantizipationsentwürfe voraussetzen, dann ist es offensichtlich, daß die vollendeten Antizipationsbilder (in der Form *AP* und insbesondere *AM*, das heißt mit Bezug auf die in Etappen gegliederte Veränderung als solche und nicht mehr nur auf ihr Ergebnis) sich in verschiedenem Grade von den Antizipationsentwürfen herleiten, die schon lange vorher zu beobachten sind: eine Ausführungsantizipation, die die Geste vorbereitet, die eine Bewegung *B* nachahmen soll (woraufhin diese Nachahmung dann als Bild interiorisiert werden kann), führt früher oder später wirklich dazu, daß diese äußere Bewegung selbst reantizipiert wird, und schließlich dazu, daß weitere analoge antizipiert werden können.

Aber damit ist noch nicht alles gesagt, denn wenn die Antizipationsentwürfe, die man vor 7–8 Jahren beobachtet, genügten, die detaillierten und präzisen Antizipationen der erst spät auftretenden Bilder *AK* und *AT* zu erklären, dann könnte man dieses späte Auftreten nicht mehr verstehen, welches doch eines unserer klarsten Ergebnisse darstellt. Hier müssen wir uns also entscheiden: entweder man beruft sich auf eine progressive innere Herstellung eines Gleichgewichts zwischen diesen bildhaften Antizipationen, oder aber man greift zurück auf Beiträge von außen. Doch eine Äquilibrierung ist eine aktive Reaktion von seiten der Versuchsperson, und zwar mit der Tendenz, die Störungen eines Systems zu kompensieren; auch wenn nicht jede Herstellung eines Gleichgewichts operatorisch ist (es gibt senso-motorische, perzeptive, usw.), so versteht es sich doch von selbst, daß, wenn es sich um bildhafte repräsentative Antizipationen handelt, die Regulierung einer Antizipation der Operation sehr nahe steht. Andererseits kann der Rückgriff auf einen Beitrag von außen auf eben diesem Gebiet nur in der Annahme bestehen, daß, wenn das Kind nach 7–8 Jahren dank der operatorischen Strukturen, zu denen die Äquilibrierung seiner intellektuellen Prozesse gelangt, in Transformationsbegriffen denken kann, diese retroaktive und antizipatorische Mobilität der Operation sich früher oder später auf die Bilder selbst auswirken und die ihrem Bereich eigenen Antizipationsentwürfe bereichern wird.

Die beiden Lösungen laufen also tatsächlich auf dasselbe hinaus, und um die bildlichen kinetischen oder Transformationsantizipationen zu klären, scheint es notwendig, die Operationen heranzuziehen. Ein erster Grund ergibt sich aus dem Vorhergehenden: wenn die Versuchsperson erst mit der Bildung der Operationen beginnt, sich für Transformationen oder Verschiebungen zu interessieren, die die statischen Zustände untereinander verbinden, dann ist es natürlich, daß sie auch erst dann versuchen wird, sich diese Bewegungen oder Transformationen vorzustellen. Ein zweiter Grund dafür ist der, daß, wenn die Operationen zu Deduktionen und Antizipationen führen, es natürlich ist, daß sie nicht abstrakt bleiben, sondern von bildhaften Repräsentationen begleitet werden, woraus die antizipatorischen Bilder resultieren. Drittens setzt jede bildhafte Antizipation von Bewegungen oder Transformationen eine Reihenfolge der Bilder in ihrem Ablauf voraus (wie wir unter anderem anläßlich der Drehung des Stabes festgestellt haben, Kap. III, § 3, Abschn. IV, usw.): eine solche Reihenfolge hängt aber von einer operatorischen Reihenbildung ab. Eine vierte Erklärung wäre schließlich, daß die Antizipationsbilder häufig einen Erhaltungsrahmen voraussetzen (vgl. die in Geraden transformierten Bögen, usw.), und daß allein die Operation einen solchen Rahmen bilden kann.

Man sieht also, daß die Entwicklung der Bilder nicht autonom ist, d. h. nur von Faktoren abhinge, die das Bild selbst betreffen. Wir haben das erneut anläßlich der Antizipationsbilder festgestellt, deren Zunahme aus guten Gründen mit der Bildung der konkreten Operationen vom Alter von 7–8 Jahren an koinzidiert. Was die statischen Bilder der präoperatorischen Stufen anbetrifft, so muß noch näher untersucht werden (was wir in § 5 tun werden), ob sie von der Struktur des Denkens derselben Stufen abhängen, ob sie diese im Gegenteil erklären oder ob zwischen beiden Interaktionen bestehen, und von welcher Art. Bevor aber wir dahin kommen, ist erst noch festzustellen, ob diese elementaren Bilder durch direkte Filiation aus einer gemeinsamen allgemeinen Quelle hervorgegangen sind – es handele sich nun um die Wahrnehmung oder, wie wir meinen, um die Interiorisierung der Nachahmung – oder ob von den elementaren Stadien an bei der Entwicklung der Bilder Beiträge ins Spiel kommen, die dieser Hauptquelle äußerlich sind. Wenn man nun annimmt, was wir in § 1 zu sehen geglaubt haben, daß nämlich eine gewisse Kontinuität besteht zwischen den Ausführungsantizipationen, die von direkten Kopie-Bildern an wirksam sind, und den sicheren Antizipationen der operatorischen Stufe, wenn man sich andererseits an die Verbindung zwischen der Genauigkeit des statischen Reproduktionsbildes und der Handlung erinnert (siehe Kap. VII, bes. die Schlußfolgerungen) und wenn man sich schließlich daran erinnert, daß die Operationen der Intelligenz aus der Handlung in ihren allgemeinen Koordinationen hervorgegangen sind, dann ist es von großer Wahrscheinlichkeit, daß man auf allen Stufen Beiträge von außen findet, die die Entwicklung der Bilder zu beeinflussen vermögen: das muß unter anderem in den §§ 4 und 5 untersucht werden, und man sieht sofort, daß das Vorhandensein solcher Beiträge eher zugunsten eines imitativen als eines perzeptiven Ursprungs des Bildes sprechen würde, da die Imitation mit der Handlung und der Intelligenz in ihrer jeweiligen Ganzheit verbunden ist.

§ 3. Die allgemeinen Kennzeichen des Bildes

Das visuelle Bild ist eine figurale Evokation von Objekten, von Relationen und sogar von Klassen, usw., die sie in einer konkreten und scheinbar-sinnlichen Form übersetzt, dabei aber einen hohen Grad an Schematisierung enthält (denn man kann sich eine unbegrenzte Anzahl von Wahrnehmungen eines und desselben Gegenstandes machen, aber nur einige wenige Bilder). Es besteht zweifellos Übereinstimmung unter allen Forschern über diese ersten gemeinsamen Kennzeichen; nachdem aber die Entwicklung der Bilder betrachtet wurde, und bevor wir die Interpretation weiter vorantreiben, ist jetzt noch zu untersuchen, ob man nicht noch andere allgemeine Eigenschaften herausarbeiten kann, die auf allen Stufen unabhängig von dieser Evolution selbst wiederzufinden sind.

Bevor wir die gemeinsamen Eigenschaften der Bilder zwischen 3–4 und 14–15 Jahren (die äußersten Altersgrenzen bei unseren Untersuchungen) hervorheben, ist es nicht überflüssig, sich vorsichtshalber die höheren Stufen des Bildersystems, beim Geometriker zum Beispiel, ins Gedächtnis zu rufen, der in allen Räumen zu »sehen« vermag, und zwar mit einer von nicht-spezialisierten Personen niemals erreichten Beweglichkeit. Nun ist es erstaunlich festzustellen, daß man bis zu diesen höchsten Punkten des Antizipationsbildes von Bewegung oder Transformation zwei wesentliche Begrenzungen des Bildes wiederfindet, die im Falle der in diesem Band beschriebenen kindlichen Bilder ins Auge springen (Begrenzungen aber, bei denen wir uns noch fragen müssen, ob sie nicht die Kehrseite positiver Qualitäten darstellen, wie sie den Forderungen der »Figuration« eigen sind): 1. wenn es einem nicht gelingt, Linien ohne Breite, Punkte ohne Oberfläche, Kurven ohne Tangenten, usw. zu »visualisieren«, verhält es sich dann nicht so, daß sich das Bild des Mathematikers wie dasjenige des Kindes von der operatorischen Intuition oder dem Begriff durch die »Pseudo-Erhaltung« gewisser konkreter Züge unterscheidet, die keine abstrakte Bedeutung (oder zumindest Allgemeinheit) haben, doch unentbehrlich bleiben, wenn es sich darum handelt, das Konkrete figural zu imitieren?

2. So beweglich und kinetisch das Bildsystem in der geometrischen Intuition auch sein mag, es erreicht *als Bild* nicht den Inhalt: wenn man bei den bildhaften Repräsentationen der Bewegungsetappen stehenbleibt, wird Achill die Schildkröte niemals einholen, und man findet also bis hin zu der Ebene des kinetischen Bildes einen zweifellos nicht weiter reduzierbaren statischen Rest wieder, in krassem Gegensatz zur operatorischen Energie des Denkens.

Kehren wir nun vom Mathematiker wieder zum Kind zurück,

so scheint es angezeigt, auf die beiden folgenden allgemeinen Charaktere des Bildes hinzuweisen, die wir im Laufe dieses Werks immer wieder beobachtet haben und die sicherlich (in Proportionen, die noch zu untersuchen sind) von den scheinbar sinnlichen und schematisierenden Eigenschaften der bildhaften Figuration abhängen:

1. Zunächst ist da das Vorhandensein von »Pseudo-Erhaltungen«, von denen einige von 7–8 Jahren an, die anderen später verschwinden, von denen wieder andere erst spät auftreten und sich auf sekundäre oder abgeleitete Weise bilden, von denen aber auf allen Stufen irgendeine Manifestation gegeben bleibt, wie wir gerade anläßlich der geometrischen Intuition erinnert haben.

Das Kapitel II hat uns schon die gängigste dieser Pseudo-Erhaltungen vor Augen geführt, und zwar die, die zum Verbot führt, die Endgrenzen zu überschreiten, woraus sich die systematischen Unterschätzungen im direkten Kopie-Bild von Geraden oder sogar Quadraten erklären lassen (es handelt sich im letzteren Fall um die Grenze der Umschließung). Das Kapitel III hat uns zunächst dasselbe Tabu der Grenze im Falle der Verschiebung eines Quadrats relativ zu einem anderen gezeigt (§ 1), wobei die Endgrenze in diesem Fall zu einer Pseudo-Erhaltung führt, die häufig zu Lasten der Erhaltung der Oberfläche selbst geht. Der § 2 hat ein anderes Beispiel gebracht, das sich auf die inneren Grenzen oder die Umschließung bezog und durch das die Versuchsperson dazu gebracht wurde, die Überschneidung abzulehnen (vgl. Tabelle 21). Der § 3 beschreibt die Vernachlässigung der Ausgangsgrenze (fester Drehpunkt) zugunsten der Endgrenzen. Im Kapitel IV zählt der § 1 eine Anzahl dieser auf Kosten von Form und Oberfläche der rotierenden Quadrate festgehaltenen Pseudo-Erhaltungen auf, und § 2 zeigt die Überlegenheit der Kreisbewegung über die Drehung aus analogen Gründen. Kapitel V liefert neue Beispiele von Pseudo-Erhaltungen von Grenzen mit den Transformationen der Bögen und Winkel, doch Kapitel VI analysiert einen neuen, besonders überraschenden Fall: Weigerung, die Umschließung eines kleinen Kreises von einem Quadrat bei Faltung zu akzeptieren, wenn das Quadrat eine »Figur« ist, deren Grenze das Kind nicht verletzen will; dagegen Zustimmung, wenn das Quadrat ein Loch ist, also eine Oberfläche des »Hintergrunds«, die, perzeptiv gesprochen, keine eigene Grenze besitzt! (siehe die Tabelle 97). § 3 desselben Kapitels bringt Beispiele für die Ablehnung von vollständigen Überlagerungen aus denselben Gründen, und § 4 solche von Pseudo-Erhaltungen der Formen und Abmessungen linearer Figuren bei Faltung. Das Kapitel VIII (Bilder und Operationen) legt andererseits eine Gruppe von Pseudo-Erhaltungen bei den konkreten Antizipationen vor (Pseudo-Erhaltung der Höhe der Flüssigkeitsspiegel beim Umfüllen in ein enges Glas, der Dicke der Würste im Falle der Veränderung der Form eines Kügelchens, usw.). Schließlich fügt Kapitel IX zwei schöne Fälle von Pseudo-Erhaltung hinzu, von denen sich der eine auf die angenommene bi-univoke Übereinstimmung zwischen der Länge des Umfangs der Figuren und der Größe der Oberfläche bezieht (§ 1), und der andere auf die Vorstellung, daß die Bestandteile einer ganzen Figur dieselbe Form haben müssen wie diese (§ 2: ein Quadrat kann nicht aus Dreiecken gebildet sein, usw.).

Im ganzen bestehen die Pseudo-Erhaltungen darin, daß an gewissen als typisch oder exemplarisch angesehenen Eigenschaften des Objekts festgehalten wird, selbst auf Kosten anderer anscheinend wichtigerer Züge. Der Begriff des »Typischen« hat es sicherlich mit der Figuration zu tun, da das Bild eine figurale und nicht abstrakte Evokation ist, und man kann sich immer angesichts dieser Tatsachen fragen, ob es sich nicht einfach um graphische Figuration handelt. Wenn das Kind aber einerseits einen Strich nicht durch eine längere Linie als den Strich darstellen will, während es ihm gleichgültig ist, sie viel kürzer zu machen, dann gibt es nicht der Bequemlichkeit der Ausführung nach, sondern fühlt sich wirklich verpflichtet, die Grenze nicht zu überschreiten. Andererseits hält das Kind im Falle der Ablehnung von Überschneidung oder Umschließung, um keine Grenze zu überschreiten, an seiner Idee im Falle der Auswahl unter fertigen Zeichnungen fest und begründet das mit figuralen Gründen: zum Beispiel kann man nicht einen kleinen Kreis in ein Quadrat setzen (was es graphisch sehr gut ausführen kann), weil »schon ein Quadrat an dieser Stelle ist«, usw.

Es ist nun festzustellen, ob diese figuralen Pseudo-Erhaltungen von perzeptiven oder begrifflichen oder aber für das Bild spezifischen Faktoren abhängen. Doch untersuchen wir zunächst die zweite allgemeine Eigenschaft der Bilder:

2. Bis zur Stufe der Antizipationsbilder von Bewegung oder Transformation hin bleibt das Bild ungeeignet, die Dynamik des Kontinuums zu erfassen, ob es sich nun um die Kontinuität einer Bewegung oder einer Veränderung oder a fortiori eines Zerlegungsprozesses handelt. Es ist zum Beispiel erstaunlich, im Falle der Transformation der Bögen in Geraden festzustellen, daß selbst auf der Stufe, auf der die Versuchsperson akzeptiert, daß die Endgerade länger sein wird als die Sehne des Bogens, sie den Bogen noch sehr oft so zeichnet, als flachte er sich ohne anfängliche Verlängerung, aber mit einem plötzlichen und zusammenhanglosen Sprung im Augenblick der Verlängerung am Ende ab: vgl. die Modelle *E–G* der Abbildung 25 und der Tabelle 82. Diese Modelle *E–G* werden also nicht nur zu 30% gegenüber 10% richtiger Figuren mit 7 Jahren, und zu 30% gegenüber 20% mit 8–9 Jahren spontan gezeichnet, sondern sie werden sogar unter den vorgelegten Zeichnungen zu 40% gegenüber 60% richtiger Zeichnungen mit 7 Jahren und noch zu 17% gegenüber 83% mit 8–9 Jahren ausgewählt. Diese Diskontinuität des Bildes, die der Dynamik des operatorischen Kontinuums entgegengesetzt ist, hängt sicherlich wiederum von den figurativen Forderungen des Bildsystems ab. Nicht nur die Zeichnung kann die Bewegung nur durch eine Folge von unbeweglichen Stellungen darstellen, so deutlich die Symbolik der angegebenen Positionen auch sein mag, sondern auch das innere Bild vermag kaum mehr. Versucht man zum Beispiel, sich die Bewegung der Beine eines Radfahrers vorzustellen, so gelingt es einem sicher, kleine Verschiebungen eines Fußes, der sich senkt und hebt, usw., zu visualisieren, aber sobald man glaubt, die Kontinuität zu erfassen, bemerkt man, daß man das Bild durch das Denken verlängert hat und daß man das Ganze in seiner Bewegung nicht mehr wirklich »sieht«.

Um jetzt die Diskussion über die Natur dieser beiden allgemeinen Eigenschaften des Bildes wieder aufzunehmen, müssen wir zugeben, daß noch nichts erklärt ist, wenn man sagt, daß sie von den Forderungen der Figuration abhängen soll, denn das Bild ist eine zugleich scheinbar-sinnliche und schematisierte Evokation. Der scheinbar-sinnliche Aspekt verlangt eine relative Konformität in bezug auf die Wahrnehmung, doch die Wahrnehmung ist weit davon entfernt, alles erklären zu können. Zweifellos hängt die Tatsache, daß man sich Linien nicht ohne Breite und Punkte nicht ohne Oberfläche vorstellen kann, von der Wahrnehmung ab, denn man könnte ohne Breite oder ohne Oberflächen nichts mehr wahrnehmen (hier muß festgestellt werden, daß die erwachsenen Versuchspersonen, die manchmal behaupten, sich eine Linie ohne Breite vorstellen zu können, eine denkende und keine bildliche Vorstellung mehr haben, weil sie, auch wenn sie eine immer feiner werdende Linie visualisieren, vom Bild schließlich nur diesen Prozeß des Ausdünnens festhalten, ohne zu ahnen, daß sie letztendlich die Visualisierung aufgeben, wenn sie den Prozeß über die Grenzen des Visuellen hinaus verallgemeinern). Aber die Tatsache, sich Kurven ohne Tangenten nicht vorstellen zu können, hängt nicht mehr an der Wahrnehmung, denn man nimmt nicht jede Kurve in Begleitung ihrer Tangenten wahr, noch übrigens am Begriff, da man den Begriff von Funktionen ohne Ableitungen akzeptiert: man hat hier also offensichtlich eine Eigenschaft vor sich, die der bildhaften Figuration als solcher eigen ist. Ebenso hat die Unfähigkeit des Bildes, das kinetische Kontinuum zu erfassen, nichts mit der Wahrnehmung zu tun, da es eine sehr feine Wahrnehmung der Bewegung gibt und sie sogar scheinbare oder stroboskopische Bewegungen mit Hilfe von in Wirklichkeit unbeweglichen Elementen zusammenzusetzen vermag. Der bis auf die Stufe der kinetischen oder Transformationsbilder unreduzierbare statische Charakter des Bildes kann also nur von seinen figuralen Bedingungen abhängen, und es ist interessant, hier noch eine Verwandtschaft zwischen dem graphischen Bild und dem eigentlichen inneren Bild wiederzufinden.

Wenn aber diese beiden allgemeinen Eigenschaften des Bildes, nämlich figurale Pseudo-Erhaltungen zu enthalten und zum Teil statisch zu bleiben, nicht von der Wahrnehmung allein abhängen (und im zweiten Fall überhaupt nicht), sind sie dann aus begrifflichen Strukturen abzuleiten, und zwar nicht erst auf der Stufe des Erwachsenenbildes und noch weniger auf der der spezialisierten geometrischen Intuition, sondern schon auf derjenigen der Entwicklung der Bilder, also auf den präoperatorischen Stufen? Für eine solche Behauptung müssen zwei Vorsichtsmaßnahmen getroffen werden. Erstens impliziert das Bild eine gewisse Schematisierung, die weniger weit entwickelt ist als die des Begriffs, sich aber in derselben Richtung bewegt: bevor auf einen begrifflichen Einfluß geschlossen werden darf, muß man die im eigentlichen Sinn bildhafte oder figurale Schematisierung berücksichtigen. Zweitens bleibt in dem Maße, wie wir Analogien zwischen präoperatorischen Bildern und Begriffen finden, noch zu untersuchen, ob es die Gesetze des Bildes sind, die diese Denkform des Anfangs erklären, oder ob das Umgekehrte der Fall ist; das werden wir in § 5 untersuchen. Inzwischen versuchen wir, den Stand dessen zu ermitteln, was wir von den Beziehungen zwischen dem Bild und der Wahrnehmung wissen, denn von dieser Frage hängt alles folgende ab.

§ 4. Bild, Wahrnehmung und Nachahmung

Es gibt nur drei Arten von figurativen Mechanismen im Gegensatz zu den operativen Mechanismen der kognitiven Funktionen: die Wahrnehmung, die Nachahmung und das Bild. Da das Bild in der genetischen Reihenfolge an dritter Stelle erscheint, muß geklärt werden, ob es sich aus der ersten oder der zweiten ableitet (wobei das »oder« nicht ausschließend ist), und wenn wir auch bereits zu Beginn dieses Werks an die genetischen und psychophysiologischen Gründe erinnert haben, die zugunsten eines imitativen und nicht perzeptiven Ursprungs des Bildes sprechen, müssen wir doch jetzt noch eine retrospektive Untersuchung im Lichte dessen vornehmen, was wir gelernt haben.
Zunächst ist festzustellen, daß die Ähnlichkeiten des *Inhalts* zwischen dem Bild und der Wahrnehmung, das heißt die Tatsache, daß das Bild den Inhalt von Wahrnehmungen in ihren Formen, Farben, usw. – außer in ihrer »Lebendigkeit« – reproduzieren kann, nichts für noch gegen eine der beiden Hypothesen beweist; denn wenn sich das Bild aus der Nachahmung ableitet, dann ahmt es nichtsdestoweniger die perzeptiven Bilder selbst nach, und es vermag nichtsdestoweniger partielle Reafferenzen hervorzurufen, die die scheinbar sinnlichen Aspekte ebenso erklären, wie wenn es sich um direkte, aus der Wahrnehmung als solcher hervorgegangene Verlängerungen handelt. Das Bild kann also in beiden Hypothesen die Wahrnehmung kopieren, und das ganze Problem besteht darin festzustellen, ob diese Kopie aktiv ist und also über eine interiorisierte Nachahmung läuft oder ob es sich um eine automatische Fortsetzung handelt, die sich einfach aus den vorhergehenden Wahrnehmungen ableitet.
Um das zu entscheiden, muß zunächst nicht der Inhalt der Bilder, sondern ihre Form oder *Struktur* untersucht werden. Alles nun, was wir über die Struktur der Bilder festgestellt haben, entfernt sich stark von den perzeptiven Strukturen,

außer in einigen Punkten der Interferenz. Zum Beispiel hat die bedeutende Rolle der Grenzen bei den bildhaften Pseudo-Erhaltungen der präoperatorischen Stufe nur wenige gemeinsame Eigenschaften mit den perzeptiven Grenzgesetzen (Rubinsches Gesetz, usw.), und wenn die Tabelle 97 eine lokale Verwendung dieser perzeptiven Gesetze zeigt, so geschieht das zu ganz anderen Zwecken als zu solchen der Unterscheidung, da es ja darum geht, die Grenze nicht zu verletzen. Ebenso haben die in Kapitel II untersuchten systematischen Unterschätzungen, die man demselben Tabu der Grenze zuschreiben kann, nichts gemeinsam mit den perzeptiven Unter- und Überschätzungen, sieht man einmal von einigen Punkten der Interferenz zwischen beiden Phänomenen im Falle der Vertikalen ab.

Im allgemeinen scheint ein systematischer Unterschied zu bestehen zwischen den perzeptiven Deformationen (oder Illusionen) und den den Bildern eigentümlichen Deformationen der Wirklichkeit, die wir untersucht haben. Die Eigenart der ersteren ist, daß sie aus einer unvollständigen Zusammensetzung hervorgehen: obgleich sich die Wahrnehmung bemüht, das Objekt so zu erfassen, wie es ist, gibt sie sich mit einigen Informationsmustern zufrieden, die ihr durch Zentrierungen und zum Teil aleatorisches »Zusammentreffen« geliefert werden, und das Ergebnis ist eine Komposition probabilistischer Natur, die nur einen Bruchteil der zu koordinierenden Elemente oder Beziehungen erfaßt. Im Falle des Bildes dagegen resultieren die beobachteten Deformationen aus den Forderungen einer schematisierten Figuration, aber auch aus den Freiheiten, die sich die Person auf Grund der Tatsache gewährt, daß diese schematisierte Figuration symbolisch ist. Für den statischen Charakter des Bildes ist das spezifische Unvermögen der Figuration kennzeichnend, die Dynamik des Kontinuums wiederzugeben, und der Symbolismus kommt nur ins Spiel, um in einer diesmal positiven Weise das zu ersetzen, was dem figuralen Schema darzustellen mißlingt. Aber im Falle mehrerer Pseudo-Erhaltungen könnte die schematische Figuration viel genauer sein (zum Beispiel sich der Grenze dicht annähern, ohne sie zu überschreiten), aber der symbolische Charakter des Bildes erlaubt, sich mit ziemlich gewagten Annäherungen zu begnügen.

Kurzum, die strukturellen Eigenschaften des Bildes sprechen nicht zugunsten eines perzeptiven Ursprungs, während sie im Falle der interiorisierten Nachahmung selbstverständlich sind, da auch die Nachahmung zu schematisierten Figurationen gelangen und ihrerseits zu symbolischen Evokationen beitragen kann. Es ist richtig, daß auch ein perzeptiver Schematismus besteht, aber er unterscheidet sich sehr von dem des Bildes. Wenn wir ein Verallgemeinerungsinstrument Plan (*schème*) nennen, der erlaubt, die den aufeinanderfolgenden analogen Verhaltensweisen gemeinsamen Elemente herauszulösen und zu verwenden, so gibt es perzeptive wie senso-motorische Pläne, operatorische Pläne, usw.; und es gibt in diesem Sinn auch bildhafte Pläne, weil sie dem Subjekt erlauben, in vergleichbaren Situationen analoge Bilder zu konstruieren. Doch wenn wir ein vereinfachtes Modell, das die Darstellung erleichtern soll, »Schema« (*schéma*) nennen (wie ein topographisches Schema, usw.), dann gibt es keine perzeptiven Schemata, da das Schema nur der Evokation und der Figuration dient, während die bildhafte Figuration vor allem im Sinne des Schemas schematisiert ist, obwohl sie die Möglichkeit zu Plänen (*schèmes*) enthält. Ist das Bild symbolisch (was noch in § 7 zu überprüfen ist), so ist es die Wahrnehmung desgleichen mit Sicherheit nicht in dem Sinn, in dem wir den Begriff des Symbols gebraucht haben. Zweifellos kommt H. Piéron am Ende seines schönen Buchs *La sensation guide de vie*[172] zu dem Schluß, daß die Empfindung (*sensation*) ein Symbol ist, dies aber im Sinne von Indizien (*indices*) oder Zeichen und eben nicht im Sinne einer Ähnlichkeit zwischen dem Symbolisanten und Symbolisierten; es ist also die Intention des Autors, zu zeigen, daß die Empfindung keine getreue Kopie des Stimulus darstellt. So sind sowohl der Schematismus wie der Symbolismus des Bildes nicht auf die Strukturen der Wahrnehmung zurückführbar; zwischen diesem und jenem müssen neue Mechanismen ins Spiel kommen, die uns die Nachahmung anbietet.

Ein zweiter Grund für den Zweifel am perzeptiven Ursprung der Bilder ist die Weise der Aktivität, wie sie sich bei ihrer Entstehung zeigt. Was die Antizipationsbilder der operatorischen Stufe betrifft, so versteht es sich von selbst, daß die Antizipationen, die sie beherrschen, nichts gemein haben mit

172 H. Piéron, *La sensation guide de vie*, Paris (Gallimard) 1945

der *Einstellung* oder den antizipatorischen Haltungen der Wahrnehmung. Doch von den statischen Bildern und den direkten Kopien an haben wir einerseits das Mitwirken von Antizipationen der Ausführung und andererseits eine allgemeinere Verbindung zwischen der Entstehung des Bildes und den Handlungen der Versuchsperson selbst festgestellt (Kap. VII). Das alles ist aber selbstverständlich, wenn sich das Bild aus der Nachahmung ableitet, die den akkomodativen Pol der Handlung bildet: andererseits läßt es sich nur schlecht erklären, wenn das Bild einfach die Wahrnehmungen verlängert, wobei »einfach« (*sans plus*) eben bedeutet: ohne ergänzende Aktivität, die zur perzeptiven Aktivität hinzukäme.

Ein dritter Grund schließlich hängt mit der Art und Weise der Entwicklung der Bilder zusammen, von der wir gesehen haben, daß sie die Mitwirkung von Beiträgen von außen verlangt, von Beiträgen, die zunächst aus der Handlung in ihrer Gesamtheit und dann aus den Operationen hervorgegangen sind. Unabhängig von diesem antizipatorischen Aspekt der bildgestaltenden Aktivitäten, einem Aspekt, von dem gerade die Rede war, wirft das bloße Vorhandensein von Beiträgen von außen im Gegensatz zu einer inneren und autonomen Entwicklung ein neues Problem auf. In der Perspektive, nach der das Bild die Wahrnehmung verlängert, hätte es die Tendenz, alles zu reproduzieren, was wahrgenommen wurde, und es würde dann durch Verallgemeinerung dahin gelangen, vorher nicht wahrgenommene Bilder in Analogie zu den bekannten Bildern zu antizipieren. In diesem Fall leiteten sich einerseits die antizipatorischen Schlußbilder ohne Beiträge von außen von den reproduktorischen Anfangsbildern her, andererseits beträfen diese ebenso die vertrauten Transformationen und Bewegungen wie die statischen Konfigurationen, da auch Transformationen und Bewegungen selbst wahrgenommen werden können. Mit der Hypothese eines Ursprungs der Bilder aus Interiorisierung der Nachahmung dagegen lassen sich sowohl die Beiträge von außen als auch die beobachtete Reihenfolge leicht erklären. Das Kind ahmt, wie die höheren Affen, nur das nach, was es versteht oder auf dem Wege zu verstehen ist, und die Nachahmung bildet den Akkomodationspol der Handlung im allgemeinen und der intelligenten Handlung im besonderen. Die Versuchsperson wird also die Modelle in der Reihenfolge von den einfachsten zu den komplexesten nachahmen, und zwar in Relation zu den Stufen seiner Intelligenz, das heißt, sie wird von den statischen Konfigurationen (oder somatischen Imitationen, die wir hier nicht untersucht haben, denn sie werfen das Problem des körperlichen Schemas auf, das andere gegenwärtig untersuchen)[173] zu den kinetischen Antizipationen der außerhalb des eigenen Körpers liegenden Bewegungen weitergehen; diese aber sind an die Nachahmung der Operationen als solche gebunden. Aber gerade auf Grund dieses Gesamtprozesses und der Interaktionen zwischen Nachahmung und Intelligenz kann eine solche Entwicklung nicht in sich selbst geschlossen bleiben, vielmehr impliziert sie das Eingreifen immer zahlreicherer Beiträge von außen.

173 Z. Zt. laufende Untersuchungen von I. Lézine und M. Stambak.

§ 5. *Die Relationen zwischen den Bildern und den präoperatorischen Begriffen*

Die Bilder, die sich bis zum Alter von 7–8 Jahren entwickeln, dem Beginn der Stufe der konkreten Operationen, sind uns als im wesentlichen statisch erschienen, und zwar nicht als Restphänomen, wie sie es später sein werden, sondern als Bilder, die unfähig sind, auch die einfachsten physikalischen oder geometrischen Bewegungen und Transformationen bildlich darzustellen. Das präoperatorische Denken nun ist ebenso unfähig, die Transformationen zu beherrschen, und es beschäftigt sich vor allem mit den Konfigurationen. Hier gibt es also ein Problem von Relationen oder Interaktionen, das näher untersucht werden muß und das ebenso wichtig für das Verständnis des Denkens des Kindes oder sogar der kognitiven Mechanismen im allgemeinen ist wie für die Fragen des Bildes im besonderen.

I. – Das operatorische Denken besteht darin, die Zustände und die Transformationen zu koordinieren, indem es die ersteren als das Ergebnis einiger der letzteren und gleichzeitig als Ausgangspunkt für einige andere unter ihnen begreift. Insgesamt sind also die Zustände den Transformationen untergeordnet, obwohl die einen nur als von den anderen ausgehend und umgekehrt verstanden werden können: tatsächlich bilden die Zustände nur den Ausgangspunkt für die Transformationen, während diese den Grund für die Eigenschaften der aufeinanderfolgenden Zustände liefern.

Das präoperatorische Denken dagegen kennt weder Koordination noch Subordination; und zwar nicht, weil es unter jedem dieser Aspekte statisch wäre, sondern aus den folgenden komplexeren Gründen. Zunächst betrachtet es zwar die Zustände in ihren statischen Konfigurationen, unabhängig von den Transformationen, die sie erklären könnten. Beim Umfüllen einer Flüssigkeit von einem breiten Glas *A* in ein dünnes Glas *B* zum Beispiel vergleicht die Versuchsperson von 4–5 Jahren die Konfigurationen am Anfang und am Ende, wobei sie die Transformation vernachlässigt, und sie zieht die Schlußfolgerung, daß die Quantität in *B* zugenommen hat. Die Transformationen sind ihr deswegen zwar nicht durchaus unbekannt, aber sie begreift sie unabhängig von den äußeren

Zuständen und durch egozentrische Assimilation an die einzige eigene Handlung: daß »wir die Flüssigkeit von *A* nach *B* gegossen haben«, bedeutet in diesem Fall nicht, daß eine objektive und reversible Transformation stattgefunden hat, daß heißt ein Übergang von *A* nach *B*, der durch den umgekehrten Übergang von *B* nach *A* kompensiert oder rückgängig gemacht werden kann, sondern daß eine schöpferische, auf ein Ich zentrierte Handlung stattgefunden hat, deren Ergebnisse im eigentlichen Sinn nicht kalkulierbar oder besser, nicht deduzierbar sind: der Beweis dafür ist ja, daß die Quantität je nach dem Fall zu- oder abgenommen hat. Diese unter ihrer egozentrischen Perspektive den eigenen Handlungen assimilierten Pseudo-Transformationen (im Gegensatz zu den allgemeinen Koordinationen der Handlung, den Wurzeln der Logik und der reversiblen Operationen, aus denen das Ich eliminiert ist) sind nun Quelle des Finalismus, des Animismus oder anderer präoperatorischer Verbindungen und verhindern demzufolge die Bildung der Operationen als dezentrierter Handlungen und Transformationen. Die Eigenart des präoperatorischen Denkens besteht also nicht darin, daß es in allen seinen Aspekten statisch wäre, sondern darin, daß es die Koordination der Zustände und Transformationen nicht kennt und infolgedessen die ersteren auf eine allzu statische Weise begreift und den letzteren eine falsche, übertriebene Dynamik verleiht, die dann die wirkliche Mobilität der reversiblen Operationen verzögert.

Dies ist der Kontext, in dem sich die statischen Bilder entwikkeln, die wir untersucht haben. Es ist also zunächst wichtig, wieder auf die schon am Schluß des § 4 erwähnte Tatsache hinzuweisen, daß die Bilder vor 7–8 Jahren statisch sind, weil wir sie aus dem Bereich der vom eigenen Körper unabhängigen Bewegungen und Transformationen ausgewählt haben: hätten wir die Bilder untersucht, die den eigenen Handlungen, den körperlichen Bewegungen, usw. entsprechen, oder Bilder, die den Bereichen der finalistischen, animistischen und artifizialistischen Interpretationen entsprechen, so hätten wir zweifellos einen Überfluß an pseudo-dynamischen Bildern erhalten, aber ohne Interesse für die Beziehungen zwischen dem Bild und dem operatorischen Denken, die unser Hauptproblem bildeten. Kehren wir also zurück zu diesen relativen statischen Bildern, zu den physikalischen und geometrischen Bereichen, innerhalb derer sich die Antizipationsbilder der späteren Stufe bilden werden.

II. – Die große Schwierigkeit des Problems der Beziehungen zwischen dem präoperatorischen Denken und den Bildern derselben Stufe besteht einerseits darin, daß, weil die auf Konfigurationen oder Zustände bezogenen Begriffe statischer sind als die auf der folgenden Ebene, die bildhafte Repräsentation bei ihrem Funktionieren eine hervorragende Rolle spielt und daß andererseits die allgemeinen Züge des präoperatorischen Bildes und insbesondere die Pseudo-Erhaltungen, auf die wir in § 3 eingegangen sind, von begrifflicher Schematisierung durchdrungen zu sein scheinen (in Form von begrifflichen oder vorbegrifflichen »Plänen«, was der Bildung von figurativen »Schemata« keineswegs widerspricht). Es ist also sehr schwierig, die jeweiligen Beiträge des Begriffs und des Bildes und insbesondere die Rollen dieses angenommenen begrifflichen Schematismus und der eigentlich bildhaften oder figuralen Schematisierung voneinander zu trennen, und das um so mehr, als die präoperatorischen Strukturen in gewisser Weise auch an diejenigen der Wahrnehmung erinnern.

Die Methode, die wir befolgen werden, besteht darin, das Denken und das Bild zu vergleichen, wobei wir vor allem die beiden folgenden Situationen heranziehen wollen: einerseits solche, in denen die Versuchsperson angesichts des Wahrnehmungsgegenstandes urteilt, also ohne Bild (zum Beispiel da, wo sie Stäbe von gleicher Länge beobachtet, die man aber gerade verschoben hat, und auf Grund der Überschreitung auf die Nicht-Gleichheit schließt), und bei denen man diese Reaktionen mit denen vergleichen kann, die durch die Bitte um eine bildhafte Antizipation hervorgerufen werden; andererseits solche Situationen, bei denen die Versuchsperson in ihrem mündlich ausgesprochenen Urteil oder durch Fingeranzeige Antworten gibt, die sie nicht im Bild darstellen kann (zum Beispiel bei den verschobenen Quadraten des Kap. III, § 1, wo die Versuchsperson die Überschreitung im Denken akzeptiert, aber nicht einmal die genau entsprechende Figur auswählen kann: Tabelle 17). Indem wir diese Arten von Situationen und alle analogen Informationen auswerten, können wir nun fünf Arten tatsächlicher Beziehungen zwischen dem Bild und dem operatorischen Denken unterscheiden, aus denen wir hypothetisch die folgenden Deutungen gewinnen werden:

A) Es gibt zunächst die Fälle, in denen sich eine Eigenschaft *x* in den Situationen des Denkens ohne Intervention von Bildern beobachten läßt (im Sinne der beiden vorhergehenden Situationen) und sich in den Situationen der bildhaften Repräsentation oder Antizipation wiederfindet: in diesen Fällen deuten wir diese Eigenschaft *x* als vom Denken abhängig und sagen, daß sie auf das Bild zurückwirkt, da *x* jetzt die allgemeine Klasse charakterisiert (Denken mit oder ohne Bild) und sich in der Unterklasse (Denken mit Bild) wiederfindet.

B) Dann gibt es die Fälle, bei denen sich die Eigenschaft *x* in den Situationen beobachten läßt, wo es keine Übereinstimmung zwischen dem Bild und dem Denken gibt, und sich in anderen wiederfindet, wo es eine bildhafte Repräsentation gibt mit Übereinstimmung zwischen Bild und Denken: in diesen Fällen ist die allgemeine Klasse das Bild, die Unterklasse das Denken mit Bild, und *x* ist eine vom Bild abhängige Eigenschaft, die auf das Denken zurückwirkt.

C) Es gibt Fälle, bei denen sich die Eigenschaft *x* nur in den Situationen findet, wo die Bilder nicht mit dem Denken übereinstimmen: die Klassen sind dann getrennt, und wir interpretieren *x* als eine für das Bild spezifische Eigenschaft, die nicht auf das Denken zurückwirkt.

D) Dagegen kann die Eigenschaft *x* in gewissen Fällen in den drei Situationen repräsentiert werden, in denen die Bilder nicht mit dem Denken übereinstimmen, bzw. in denen das Denken mit bzw. ohne Bilder abläuft (nicht-exklusive Disjunktion), und wir sagen also, daß diese Eigenschaft dem Bild und dem Denken gemeinsam ist, mit Möglichkeiten zu Handlung und Reaktion.

E) Schließlich kann die Eigenschaft *x* nur im Fall des Denkens mit Bild und nicht in den beiden anderen Fällen erscheinen (Verbindung und Überschneidung), in denen sie offensichtlich aus einer lokalen Interaktion zwischen den beiden Gebieten hervorgeht.

III. – Nachdem wir die Methode in dieser Weise präzisiert haben, versuchen wir nun, sie auf einige Fälle von Pseudo-Erhaltung anzuwenden, bevor wir zu ihnen im ganzen und zu dem statischen Charakter der präoperatorischen Bilder Schlußfolgerungen ziehen.

Das Problem der Endgrenzen und der Vernachlässigung der Ausgangspunkte (vgl. den Drehpunkt der Stäbe der Tabelle 26), um mit diesen allgemeinen Phänomenen zu beginnen, enthält zwei Aspekte. Wenn das Kind in der präoperatorischen Stufe zunächst einmal auf diese Ankunftsgrenzen konzentriert ist, dann deshalb, weil es nicht über metrische Abschätzungen der Längen verfügt, die sich auf die Zwischenräume als solche stützen (das spontane Messen mit Wahl einer Intervalleinheit wird erst mit 8 Jahren erreicht), und weil es infolgedessen auf ordinale Abschätzungen beschränkt ist, die sich auf die räumliche Reihenfolge der Ankunftspunkte mit gleichen Ausgangspunkten stützen, wobei die möglichen Verschiebungen der Ausgangspunkte den Fällen entsprechend mehr oder weniger berücksichtigt werden können (was ziemlich früh geschieht im Falle von zwei Umdrehungen, die von verschiedenen Ebenen ausgehen[174], und erst später bei hori-

174 *La géométrie spontanée de l'enfant*, a. a. O.

zontalen Bahnen oder Strichen). Dieser ordinale Aspekt der Bewertungen ist ganz allgemein und bei den Situationen des Denkens mit und ohne Bild üblich (Beziehung vom Typ *A*), woraus wir schließen können, daß es sich um ein Produkt des Denkens handelt, das aber auf das Bild zurückwirken kann. Erst an zweiter Stelle muß der Primat der Ankunftspunkte erklärt werden, der auf dem Gebiet der präoperatorischen Bilder in der Unverletzlichkeit der Endgrenzen so überzeugend zum Ausdruck kommt. Dieser zweite Aspekt des Phänomens ist nun eindeutig komplexer und ergibt sich nicht ohne weiteres aus dem ordinalen Aspekt, denn die Erwägungen der Reihenfolge finden sowohl bei den Ausgangs- wie bei den Ankunftspunkten Anwendung. Wenn es einen Primat der letzteren und eine Vernachlässigung der ersteren gibt, dann aus Gründen der Zentrierung des Denkens – auch sogar ohne Bild –: eine auf das Ende der Bewegung usw. zentrierte Aufmerksamkeit. Aber in diesem Fall liegt eine Überschätzung der Endverschiebung vor (zwischen den Ankunftspunkten der beiden verglichenen beweglichen Gegenstände oder Linien): im Fall der bildhaften Antizipation besteht dagegen eine Tendenz zur Unterschätzung und sogar zur Beseitigung dieser Endverschiebung, also der Überschreitung, was die Versuchsperson dazu führt, die Grenze des Bezugselements überhaupt nicht zu überschreiten, als ob sie tabu wäre. Dieses letztere Phänomen, das wir so oft angetroffen haben, zeigt sich nun häufig in den Situationen, in denen das Bild nicht mit dem Denken übereinstimmt (zum Beispiel bei den verschobenen Quadraten des Kap. III, § 1), aber es findet sich auch in anderen, bei denen es demgegenüber Übereinstimmung mit dem Urteil gibt (wie im Fall der Bögen des Kap. V, § 1): hier liegt also eine Beziehung des Typs *B* vor, das heißt eine Eigenschaft, die auf das Bild zurückgeht und auf das Denken zurückwirkt. Insgesamt, und um die verschiedenen Aspekte dieser Grenzphänomene zu einem einzigen Ganzen zu verbinden, stünden wir also einer Beziehung des Typs *D* gegenüber, die die Beziehungen *A* und *B* zu einem und demselben Ganzen vereinigte.

Dagegen scheinen Reaktionen, die in der Ablehnung der Umschließung eines kleinen roten Kreises in ein Quadrat (Kap. VI, §§ 1–2) oder der Überlagerungen (Kap. VI, § 3) bestehen,

und vor allem, was häufiger ist, in der Ablehnung der Überschneidungen (Kap. III, § 2), für das Bild spezifisch zu sein (Beziehung des Typs *C*), zumindest in den in diesem Werk untersuchten Situationen. Doch bevor wir nun in dieser Weise eine generelle Schlußfolgerung ziehen, anstatt darin von neuem eine Beziehung des Typs *B* zu sehen, müßte man sicher sein, daß es keine Situationen gibt, in denen diese gleichen Schwierigkeiten der figurativen Umschließung oder Überschneidung von einer expliziten oder stillschweigenden Übereinstimmung mit dem Denken begleitet werden. Ohne daß wir in den vorliegenden, ohnehin schon viel zu zahlreichen Untersuchungen spezielle Experimente zu den Bildern der Sammlungen (*collections*) und logischen Klassen wieder aufgenommen hätten, sind wir durch unsere früheren Studien zur Klassifizierung über dieses Thema unterrichtet, Studien, in deren Verlauf wir nicht nur die auf Wunsch vorgenommenen Klassifikationen (»lege die gleichen zusammen«, usw.) untersucht hatten, sondern auch die Antizipationen[175], das heißt die Entwürfe einer Klassifizierung, die ja ihre bildhafte Repräsentation voraussetzen (ohne die zu klassifizierenden Objekte, die sichtbar sind, zu berühren, ist im voraus anzugeben, in welche Schachteln oder Umschläge sie gelegt werden sollen).
Nun haben diese Untersuchungen die Verwandtschaft der elementaren Klassifizierungen mit den Gesetzen des Bildes gezeigt, insbesondere was die Schwierigkeiten der Umschließung und der Überschneidung betrifft. Und was die Einschließungen anbelangt, so kann man zwei Gruppen von Fakten nennen. Zuerst tritt das Verständnis der Einschließung einer Unterklasse *A* in eine Klasse *B* immer erst spät auf und bildet sich in der quantifizierten Form $A<B$ nicht vor der Stufe der konkreten Operationen.[176] Vor allem aber haben wir für die Zeit vor dem Erreichen der Fähigkeit, die Objekte in kleinen Sammlungen, die sich allein auf die Ähnlichkeiten stützen, zusammenzufassen, ein ganzes Stadium festgestellt (ungefähr im Alter von 4–5 Jahren), in dem die Versuchspersonen in »figuralen Sammlungen« vorgehen[177], das heißt, wo

175 B. Inhelder – J. Piaget, *La genèse des structures logiques élémentaires,* a. a. O., Kap. VII
176 Ebd., Kap. IV
177 Ebd., Kap. III

es eigentlich keine »Einschließung« der Objekte in eine identische Klasse oder Sammlung gibt (ein »Paket« oder ein »Haufen«, der sie umfaßt), sondern wo diese Objekte in einer räumlichen Figur angeordnet werden (in Reihen, rechten Winkeln, Quadraten, usw.), und zwar wegen Indifferenzierung der logischen und der figuralen Ausdehnung: nichts kennzeichnet besser die ursprüngliche (deformierende) Rolle des Bildes beim ursprünglichen klassifizierenden Denken und zugleich die Schwierigkeit der Einschließung als logische Entsprechung der räumlichen Umschließung. (Es muß noch verdeutlicht werden, daß die Gesamtform dieser figuralen Sammlungen nicht von vornherein als vorgängiger Rahmen gegeben ist, sonst könnte man von einer zumindest räumlichen Umschließung sprechen, sondern daß sie sich mehr oder weniger in Abhängigkeit von den schon gesetzten, am Anfang einfach nebeneinandergereihten Elementen abzeichnet.) – Was die Schwierigkeiten der Überschneidung anbetrifft, so beobachtet man eine deutliche Tendenz der Versuchspersonen, die getrennten Klassen den Überschneidungen vorzuziehen; jene stellen eine größere Schwierigkeit dar als die vollständigen Multiplikationen in Form von Matrices.[178] Insgesamt ist es also sehr gut möglich, daß die Ablehnung von figurativen Umschließungen oder Überschneidungen, wie sie dem Bild eigen sind, auf das Denken zurückwirken und in einem gewissen Maß in die Umschließungs- und Überschneidungsschwierigkeiten im Denken selbst eingehen.

Für die Beziehungen des Typs *E*, also diejenigen einer lokalen Interaktion zwischen dem Bild und dem Denken, findet man mehrere Beispiele. Das eine ist das der Pseudo-Erhaltung des Flüssigkeitsspiegels im Falle des Umfüllens in mehr (oder weniger) breite Gläser, eine Antizipation, die gleichzeitig bildhaft und begrifflich ist und verschwindet, sobald die Versuchsperson durch die Erfahrung eines Besseren belehrt worden ist. Ein anderes Beispiel ist der Glaube an eine biunivoke Entsprechung zwischen der Länge des Umfangs und der Größe der Oberfläche, eine Reaktion, innerhalb derer Bild und Begriff zu gleichen Teilen zusammenzuarbeiten scheinen. Ein drittes Beispiel ist die Idee eines notwendigen Isomorphismus zwischen der Form einer Figur und der ihrer

178 Ebd., Kap. VI

Elemente. Wir hatten schon früher festgestellt, daß das Zerschneiden eines Quadrats oder eines Dreiecks in kleinstmögliche Teile bei den Versuchspersonen zu Arten von quadratischen oder dreieckigen »Punkten« führt, und § 2 des Kapitels IX zeigt eine Reaktion derselben Art bei der Schwierigkeit, ein Quadrat als aus Dreiecken gebildet zu begreifen (vgl. die Form 8 der Abb. 51, das heißt ein durch seine Diagonalen zerschnittenes Quadrat, mit nur 14 % positivem Ergebnis mit 7 Jahren in der Tabelle 151): in diesen Fällen spielt das Bild offensichtlich eine Rolle, aber es handelt sich um ein Bild der Zerlegung und nicht der einfachen Reproduktion wie im Falle der Grenzen; das Denken hat also seinen Anteil an der Ausbildung solcher Reaktionen.

Kurzum, die Gesamtheit der Pseudo-Erhaltungen zeugt von komplexen Relationen zwischen präoperatorischem Bild, Denken und sogenannten Interaktionen, wobei die figurale Schematisierung des Bildes in vielen Punkten von begrifflichen Plänen beeinflußt wird und die Begriffe selbst in anderen Punkten teilweise in den Rahmen des Bildes gefügt werden. Es ist also nicht übertrieben, das präoperatorische Denken, wenn es im Gegensatz zu den Transformationen auf die Konfigurationen oder Zustände zentriert ist, als ein Denken zu betrachten, das zum Teil durch die Gesetze des Bildes strukturiert ist. Aber es empfiehlt sich in diesem Zusammenhang, auf eine Frage zu antworten, die man uns stellen könnte, wie sich nämlich diese Interpretation mit unserer Behauptung verträgt, daß das präoperatorische Denken den perzeptiven Konfigurationen unterworfen ist, von denen sich die späteren Operationen dann befreien. Doch beide Arten von Behauptungen ergänzen sich in Wahrheit, und zwar aus den folgenden Gründen.

IV. – Die Unterordnung des präoperatorischen Denkens unter die perzeptiven Konfigurationen ist insofern allgemeiner Natur, als die Versuchsperson über die am Anfang und am Ende wahrgenommenen Konfigurationen nachdenkt, ohne sich um die Transformationen zu kümmern, die die einen mit den anderen verbinden. So gesehen aber ist diese Unterordnung – in den Situationen, in denen das Kind ausschließlich über die wahrgenommenen Gegebenheiten nachdenkt – eine exakte Ergänzung dessen, was geschieht, wenn ein Teil der

Geschehnisse durch das Bild antizipiert werden soll: in diesem letzteren Fall wird das Denken gleichzeitig von den Wahrnehmungen der Ausgangssituation und dem Bild beherrscht, was keineswegs im Widerspruch steht zur Unterordnung unter die Wahrnehmungen allein, wie sie sich zwangsläufig aus der Situation im ersten Fall ergibt.
Diese Unterordnung unter die perzeptiven Konfigurationen kann jedoch auch in einem spezielleren Sinn verstanden werden. Es kommt ja bisweilen vor, daß die Struktur einer präoperatorischen Interpretation stark an die gewisser primärer perzeptiver Effekte erinnert. Wenn zum Beispiel die Versuchsperson der Meinung ist, daß die in einem einzelnen ganzen Objekt vorhandene Quantität (in einem Tonklümpchen oder einer Tafel Schokolade) geringer ist, als wenn man dieses Ganze in einige Stücke aufteilt, so ist dies eine Reaktion, die an die von Oppel und Kundt entdeckte Illusion der geteilten Räume erinnert. Wenn von einem leeren Raum, der die Elemente *A* und *B* trennt, angenommen wird, daß er sich verändert, wenn man einen festen Körper zwischen *A* und *B* schiebt, weil die Länge nicht dieselbe ist, wenn man sie in Begriffen der Leere (»weit« und »nah«) oder des Gefülltseins (»lang« oder »kurz«) abschätzt, so ist das eine Reaktion, die an die perzeptive Heterogenität des Vollen und des Leeren oder der Figur und des Hintergrundes, usw., erinnert. Doch diese strukturalen Analogien stehen in keinerlei Widerspruch zur Verwandtschaft zwischen dem präoperatorischen Denken und dem Bild, obwohl die Gesetze des Bildes von denen der Wahrnehmung unterschieden sind. Einerseits kann hier tatsächlich eine Hierarchie zwischen Verwandtschaften verschiedener Ebenen gegeben sein, was ein offenes Problem bleibt, wenn die mehr oder weniger große Allgemeinheit solcher Analogien einmal erkannt ist. Andererseits kann das Bild selbst, das die Wahrnehmungsgegebenheit aktiv kopiert, von gewissen Gesetzen der Wahrnehmung beeinflußt werden: wir haben zum Beispiel gesehen, daß die im Fall graphischer Imitation unterschätzten Längen bei der Fingeranzeige überschätzt werden, weil sie sich dann auf einen leeren Zwischenraum und nicht mehr auf einen durchgezogenen Strich beziehen (Kap. II, Tabelle 4).
Wenn man aber annimmt, daß sich weder das Bild aus der

Wahrnehmung, noch daß sich die Intelligenz aus dem Bild oder der Wahrnehmung ableitet, sondern daß es sich um verschiedenartige und zugleich sich teilweise wiederholende Konstruktionen handelt, dann schließen diese Analogien keineswegs Filiationen ein, die in diesem Fall mit der Sachlage unvereinbar wären, sondern teilweise Isomorphismen und indirekte Verwandtschaften, ausgehend von gemeinsamen senso-motorischen Quellen.

V. – Es bleiben uns noch die Beziehungen zwischen dem präoperatorischen Denken und dem Bild zu untersuchen, nicht mehr unter dem Gesichtspunkt der Pseudo-Erhaltungen wie in III, sondern unter dem des statischen Charakters der Bilder und ihres Widerstands gegen die Dynamik des Kontinuums in den kinetischen Bereichen und den Transformationen. In diesem Punkt gibt es deutliche Analogien zwischen dem präoperatorischen Denken, das die äußeren Transformationen vernachlässigt (im Gegensatz zu der eigentlichen Handlung), und den Bildern, die bis in ihre höheren antizipatorischen Formen hinein einen statischen Rest behalten. Hängt dieser Isomorphismus indessen von einer Einwirkung des Denkens auf das Bild ab, von einer umgekehrten Einwirkung oder von einer allgemeinen Konvergenz? Erinnern wir zunächst daran, daß der statische Charakter des präoperatorischen Denkens nur provisorisch ist, da die Dynamik der Operationen ihn am Ende dieser voraufgehenden Periode, die gleichzeitig eine Periode der Vorbereitung ist (mit deutlich gegliederten Intuitionen, usw.) überwinden wird. Der statische Charakter ist viel dauerhafter, da es innerhalb der späteren Antizipationsbilder nicht vollständig beseitigt ist, ganz im Gegenteil! Außerdem hängt er vielleicht von den Forderungen der Figuration ab, die »kinematographisch« vorgeht, obgleich man noch nicht genau sieht, warum das Bild angeborenerweise durch eine Art spezifischer Erbsünde daran gehindert werden könnte, gleich der Wahrnehmung die Bewegung selbst in ihrer Ganzheit und in ihrer zumindest figuralen Kontinuität (im Gegensatz zum mathematischen Kontinuum) zu erfassen.

Wenn nun das präoperatorische Denken teilweise statisch bleibt, dann aus Unkenntnis der Transformationen und der reversiblen Operationen und über diese erste Annäherung hinaus letzten Endes aus einem Mangel an Dezentrierung, der ein ausreichendes Bewußtwerden der Koordinationen verhindert. Auf die eigene Handlung zentriert, geht diese Form des Denkens vom Bewußtsein des Ergebnisses der Handlungen aus, ohne auf die allgemeinen Koordinationen zurückzugehen, die es gestatten würden, diese Handlungen in den Rang von Operationen zu erheben. Durch eine solche Bewußtwerdung nämlich erlangen die Operationen ihre Dynamik, und mangels desselben verfehlt man auf der präoperatorischen Ebene die Dynamik des Kontinuums.

Es versteht sich von selbst, daß dieser allgemeine Mechanismus auch die Entstehung der Bilder beeinflußt, aber er beeinflußt sie in einer spezifischen Weise. Da das Bild interiorisierte Nachahmung ist, unterliegt es den Gesetzen der Nachahmung, die darin bestehen, den akkomodatorischen Pol der Handlung zu betonen, den Pol also, der im Gegensatz zu den koordinatorischen Assimilationen nach außen gerichtet ist. Mit anderen Worten, wenn die Figuration dazu verurteilt ist, bis in ihre antizipatorischen Formen hinein einen statischen Charakter zu bewahren, so ergibt sich das wohl aus einer Art innerer Begrenzung: und zwar weil es ihre Rolle ist, nachzuahmen und nicht zu konstruieren oder zu produzieren, und weil sie sich darauf beschränkt, »Schemata« zu zeichnen und nicht fähig ist, die Transformationspläne selbst zu schaffen und handzuhaben.

Man kann also die Konvergenz zwischen dem momentanen statischen Charakter des Denkens auf der präoperatorischen Ebene und dem unabänderlich statischen Charakter des Bildes als eine Relation des Typus *D* mit teilweisen Interaktionen auf der betrachteten Stufe interpretieren, und das, bis sich die Situation auf der folgenden Stufe verändert; was wir jetzt untersuchen werden.

§ 6. Die Bezüge zwischen den Bildern und den Operationen

Die Gesetze des Bildes erklären der voraufgegangenen Diskussion zufolge einen Teil der Aspekte des präoperatorischen Denkens oder heben sie zumindest deutlicher heraus, während umgekehrt diese Denkform einen Teil der Eigenschaften des Bildes erklärt. Da aber diese hervorgebrachten oder verstärkten Eigenschaften für das Denken wie für das Bild das Verständnis der Transformationen oder ihrer Koordination mit den Zuständen erschweren und damit die operatorische Mobilität verzögern, müssen wir noch klären, in welchem Maße das Bild, nachdem es einmal antizipatorisch geworden ist, im Gegenteil hierzu das Funktionieren des operatorischen Denkens mit demselben Schritt begünstigen kann, mit dem die Operation die Entwicklung des Bildes in Richtung auf eine relative Mobilität begünstigt.

Das sind in der Tat drei verschiedene und völlig voneinander unabhängige Fragen, weil die Lösung der einen keine Vorentscheidung für eine Lösung der beiden anderen bedeutet: ist die Mitwirkung der Operationen notwendig, um die Entstehung der Antizipationsbilder zu erklären, so tragen die präoperatorischen Bilder zur Bildung der Operationen bei; tragen auch die (reproduktorischen oder antizipatorischen) Bilder der operatorischen Stufe zum guten Funktionieren der Operationen bei?

Die erste dieser drei Fragen hat ihre Lösung schon in den voraufgehenden Betrachtungen, insbesondere in § 2 gefunden: das antizipatorische Bild geht nicht ohne weiteres aus einer spontanen Verfeinerung der Reproduktionsbilder oder der anfänglichen Antizipationsentwürfe (Antizipation der Ausführung, usw.) hervor, weil die Verfeinerung nicht spontan ist und einen Beitrag der Operationen von außen voraussetzt, und wäre es auch nur aus dem Grund, daß eine kinetische Antizipation oder eine Antizipation der Transformation eine Reihenfolge voraussetzt, die wiederum eine operatorische (zeitliche, usw.) Reihenbildung impliziert.

I. – Was die mögliche Rolle der Bilder der präoperatorischen Stufe bei der Vorbereitung und der Bildung der Operationen betrifft, so ist zunächst festzustellen, daß diese allgemeine Frage zwei ganz getrennte Aspekte umfaßt bzw. sich in zwei unterschiedliche Einzelfragen unterteilt: in die nach der Nützlichkeit der Bilder für die Erkenntnis der Gegebenheiten eines Transformationsproblems, insbesondere bei der Erkenntnis der »Zustände«, und in die Frage nach ihrem möglichen Beitrag zu Entdeckung und Repräsentation der Transformationen als solcher. Die Hypothese nun, nach der die Bilder der präoperatorischen Ebene die Bildung der Operationen begünstigen könnten, bezieht sich natürlich besonders auf die zweite Einzelfrage.

Was die erste betrifft, so ist selbstverständlich, daß die präoperatorischen Bilder wie die anderen den Erwerb von Informationen oder zumindest ihre Festlegung und ihre Konsolidierung begünstigen und daß dieser sehr allgemeine Faktor bei jedem Fortschritt der Erkenntnis und infolgedessen auch bei der Ausarbeitung der Operationen eine Rolle spielt. Die Versuchspersonen des § 1 des Kapitels VIII zum Beispiel, die vorhersagen können, daß die Flüssigkeit in den dünneren Gläsern höher steigen wird, aus dieser Vorhersage jedoch weder ein Verständnis der Kompensation zwischen der Höhe und der Breite der Wassersäule gewinnen noch die Deduktion der Erhaltung vollziehen können, sind dennoch denen gegenüber fortgeschritten, die eine falsche Vorhersage machen (Pseudo-Erhaltung der Höhen): sie haben in ihrer vorhergehenden Erfahrung etwas bemerkt, was anderen Versuchspersonen entgangen ist, und wenn das Bild zu dieser Entdeckung nichts beigetragen hat, so trägt es zumindest dazu bei, diese in der Erinnerung zu fixieren und zu konsolidieren, wodurch es neue Beobachtungen erleichtert. Hier liegt also ein positiver Beitrag des Bildes vor, der bei der besseren Erkenntnis des durch das Umfüllen gestellten Problems eine Rolle spielt sowie bei der besseren Erkenntnis der »Zustände«, bei denen die Transformation in ihrem doppelten Aspekt der Modifikation und der Erhaltung gesehen und verstanden werden muß.

Diese positive Rolle des Bildes in der präoperatorischen Stufe hat jedoch keineswegs den Zweck, das Verständnis der Transformation als solcher vorzubereiten; diesen Versuchspersonen gelingt es nämlich nicht besser als den anderen, Kompensation und Erhaltung zu verstehen, da sie im Gegenteil eine Nicht-Erhaltung der Flüssigkeit antizipieren, während die präoperatorischen Versuchspersonen im allgemeinen eine Pseudo-Erhaltung der Flüssigkeit mit all ihren Ausgangseigenschaften, die Höhe des Spiegels eingeschlossen antizipieren.

Die Situation ist genau dieselbe im Falle der verschobenen Stäbe (Kap. VIII, § 5), wo es nicht allen Versuchspersonen der präoperatorischen Stufe gelingt, eine Überschreitung nach

Verschiebung zu antizipieren. Diejenigen, die zu dieser Antizipation gelangen, haben also diese quasi alltägliche Erfahrung durch das Bild festgehalten, und das Bild spielt auf diese Art wiederum eine nützliche Rolle der Fixierung und Konsolidierung von Informationen. Aber auch hier bereitet es keineswegs die Operation als Vollzug und Verständnis der Transformation vor, da die Versuchspersonen aus ihrer Antizipation einer Überschreitung weder die Antizipation einer Gleichheit der Verschiebungen vorher und nachher (Kompensation) noch die Entdeckung der Erhaltung ableiten. Man sieht im übrigen nicht recht, und wir haben in den Schlußfolgerungen zu Kapitel V bereits darauf hingewiesen, wie das Bild jemals dahin gelangen könnte, die Bildung von echten Erhaltungsbegriffen zu ermöglichen, die quantitative Kompensationen einschließen, welche als solche begriffen werden, während sich die Pseudo-Erhaltungen, wie sie dem Bild eigen sind, nur auf umfassende und qualitative Eigenschaften, ohne irgendeine quantitative Genauigkeit, beziehen.

Insgesamt konnten wir in der Gesamtheit der in den Kapiteln III–VI und VIII–IX beschriebenen Ergebnisse keinerlei ernsthaften Hinweis auf eine Vorbereitung der Operationen durch die Mitwirkung der präoperatorischen Bilder finden. Entweder entsprechen diese Reproduktionsbilder nämlich genau den Wahrnehmungen, die sie aktiv kopieren, und in diesem Fall liefern sie dem Denken nicht mehr als die perzeptive Information selbst, außer vielleicht einer aktiven Nachahmung, die ihre Untersuchung und Evokation erleichtert, was einen kognitiven Fortschrittsfaktor allgemeiner und nicht spezifischer Natur darstellt, was die zukünftigen Operationen anbetrifft; oder aber sie verändern die Wahrnehmungen, die ihnen als Modell dienen, und schlagen damit die Richtung der Pseudo-Erhaltungen und der Deformationen im statischen Sinn ein, und in diesem Fall, weit davon entfernt, die Operationen vorzubereiten, verstärken sie nur das präoperatorische Denken mit seinen Tendenzen der Valorisierung der »Zustände« und der Vernachlässigung der Transformationen (vgl. § 5).

II. – Die Situation ist von dem Moment an eine ganz andere, in dem die Bilder unter dem Einfluß der Operationen antizipatorisch werden. Dann stellt das Bild ein nicht nur nützliches, sondern in vielen Fällen sogar notwendiges Hilfsmittel für das Funktionieren der Operationen dar, die sich auf das Bild stützen, nachdem sie es zur Ähnlichkeit mit ihnen strukturiert und gemodelt haben. Diese Unterstützung ist von zweierlei Art; auf der einen Seite bezieht sie sich auf die Kenntnis der Zustände, zwischen die sich die Transformationen schieben, von denen jene abhängen, und auf der anderen Seite bezieht sie sich auf die Repräsentation der Transformationen selbst, die, obwohl in ihrer Kontinuität, in der Präzision des Details und vor allem in der Gesamtheit der Implikationen nicht repräsentierbar, gleichwohl in dem Maße besser begriffen und gehandhabt werden, wie ein Entwurf bildhafter Repräsentation den Aufschwung des operatorischen Denkens erleichtert, das sie verlängert und über sie hinausführt.

Kapitel VI (vgl. besonders die Schlußfolgerungen) hat uns ein gutes Beispiel der Situation gegeben, in der die Kenntnis der Zustände, die von den antizipatorischen Bildern getragen wird, für das Funktionieren der Operationen bei der Deduktion der Transformationen unentbehrlich ist. Es handelt sich nämlich in diesem Fall um sequentielle Transformationen (d. h. hier um aufeinanderfolgende Faltungen), und in allen Fällen dieser Art ist ja die Repräsentation des Zustandes $Z(n)$ notwendig für die Deduktion der Tranformation $T(n + 1)$ und des Zustandes, der sich daraus ergibt $Z(n + 1)$. Aber schon bei jeder beliebigen, auch nicht sequentiellen Transformation, und selbst wenn es sich nur darum handelt, sie angesichts der perzeptiven Gegebenheiten zu interpretieren und nicht zu deduzieren, indem ihr Ergebnis antizipiert wird, hilft die Möglichkeit einer bildhaften Antizipation mit Sicherheit bei der Analyse der perzeptiven Gegebenheiten und beim Verständnis der Transformation.
Im Falle des Tonklümpchens zum Beispiel, das man in eine Wurst verlängert, weiß man sehr wohl, welche Schwierigkeiten die Versuchspersonen mit der Feststellung haben, daß sich die Wurst nicht nur ausdehnt, sondern gleichzeitig auch dünner wird: wenn sie nun diese korrelative Verlängerung und Verdünnung durch das Bild antizipieren können, werden sie die operatorische Kompensation um so besser verstehen. Zwar setzt, wie wir eben erinnert haben, die Antizipation einen mindestens in der Entstehung begriffenen operatorischen Erhaltungsrahmen voraus. Aber nichtsdestoweniger bleibt bestehen, und das ist alles, worauf wir nochmals hinweisen wollten, daß das durch die Operation antizipatorisch gewordene Bild umgekehrt wieder das Funktionieren dieser letzteren erleichtert.[179]

Wenn wir jetzt zu den Transformationen selbst kommen, können wir uns auf zwei Arten von Fakten stützen, die für die Hilfsrolle des Bildes bei ihrem operatorischen Gebrauch sprechen. Das erste Faktum wird von der geometrischen Intuition

179 Vgl. auch für die Erhaltung der Längen den Schluß des § 5 von Kap. VIII.

geliefert. Man kann die eine oder die vielen Geometrien ohne Zuhilfenahme der bildhaften Intuition konstruieren (was nicht bedeutet, daß überhaupt nicht auf die operatorische Intuition zurückgegriffen wird, die ganz im Gegenteil unentbehrlich ist): in den berühmten Axiomatisierungen von D. Hilbert geht es nur um Logik und um eine Anzahl von Axiomen mit operatorischer Bedeutung, ohne daß irgendein Bild für die Demonstration notwendig wäre. Das ist eine erste Tatsache, die die Grenzen des Bildes zeigt, seinen Mangel an Wahrheitswert, und, worauf wir noch zurückkommen werden, seinen symbolischen Charakter. Wenn man aber vom Gebiet der Wahrheit oder des Beweises auf das der Heuristik übergeht, also auf das Gebiet des Funktionierens und nicht mehr der normativen Struktur, dann ist es offensichtlich, daß das Bild beim Geometer eine Rolle ersten Ranges spielt, und daß die Tatsache, daß man dahin gelangt, die Gesamtheit der Transformationen eines Systems (einer »fundamentalen Gruppe« zum Beispiel) zu »sehen« und nicht mehr nur zu begreifen, viel stärker zum Entdecken oder Erfinden führt. Das Bild ist hier freilich motorisch inadäquat, und niemand bestreitet das. Es fehlt ihm nicht nur das Kontinuum, sondern es bezieht sich auch nur auf einzelne Figuren oder Wesen, die sicherlich exemplarisch sind, aber ohne Möglichkeit zur Verallgemeinerung. Es ist folglich allein deshalb nützlich, weil es als Sprungbrett für die Deduktion dient und weil es seines Symbolismus wegen erlaubt, das zu entwerfen, was die operatorische Konstruktion verlängert und zur Vollendung führt.

Bei unseren eigenen Fakten, die sich auf die Psychologie des Kindes und nicht auf die des schöpferischen Erwachsenen beziehen, finden wir im Kleinen dasselbe Phänomen wieder. Zahlreich sind die Fälle, in denen wir die Versuchsperson einer mündlichen, aber globalen und vagen Vorhersage fähig sahen, lange bevor sie sich das Detail vorstellen konnte (vgl. das Kippen des Rohrs, Kap. IV, § 6), und die dann, nachdem das Bild einmal möglich geworden war, zu einer genaueren Deduktion der Transformationen selbst gekommen ist. In solchen Fällen dient das durch die Operationen antizipatorisch gewordene Bild diesen einmal mehr als Stützpunkt, jedoch nicht nur für die Kenntnis der Zustände und der Ergebnisse der Transformation oder der Bewegung: es sind die Transformationen selbst, deren Verständnis durch Bilder erleichtert wird, mögen sie auch noch so approximativ und symbolisch sein. Wenn das Bild kein Element des Denkens ist, so dient es ihm nichtsdestoweniger in derselben Weise wie die Sprache als symbolisches Instrument – in den Bereichen des Raums sogar mit viel deutlicherem Erfolg –, als Instrument, das dazu verhilft, den Inhalt der kognitiven Bedeutungen zu bezeichnen.

§ 7. Die symbolische Natur des Bildes

Jede repräsentative Erkenntnis (wobei hier dieser Begriff im Gegensatz zu den senso-motorischen oder perzeptiven Erkenntnissen im weiteren Sinn des Denkens verwendet wird) setzt die Anwendung einer symbolischen Funktion voraus, die übrigens besser »semiotisch« genannt werden sollte, denn sie deckt gleichzeitig die »Zeichen« ab, die willkürlich und gesellschaftlich sind, und die »Symbole«, die gleichzeitig motiviert (Ähnlichkeit zwischen dem Symbolisanten und dem Symbolisierten) und ebenso individuell (symbolisches Spiel, Traum usw.) wie gesellschaftlich sind. Ohne diese semiotische Funktion könnte das Denken tatsächlich nicht formuliert, das heißt weder für den anderen noch für das Subjekt selbst (innere Sprache, usw.) in verständliche Form gebracht werden.
Es gibt nun zwei wesentliche Gründe, derentwegen das kollektive Zeichensystem oder die Sprache nicht ausreicht, alle Dienste zu leisten, die die semiotische Funktion erfordert, und derentwegen es durch ein System von bildhaften Symbolen ergänzt werden muß.
Der erste dieser Gründe, der schon wesentlich ist, aber weniger wichtig sein kann, obwohl er allgemeiner ist als der zweite, besteht darin, daß die Zeichen immer gesellschaftlich sind. Nun gibt es eine sehr große Anzahl von individuellen Erfahrungen, die die Sprache schlecht auszudrücken vermag, weil sie als allen Individuen gemeinsam zu abstrakt ist. Deshalb konkretisiert das Individuum sogar beim Sprechen den Sinn der Worte, die es verwendet, mit Hilfe eines Systems individueller Bilder. Ein Mitglied unserer Gruppe hat einen Kreis von Psychologiestudenten, von denen mehrere den symbolischen Charakter des Bildes anzweifelten, darum gebe-

ten, jeder möge für sich angeben, wie er sich die Folge der ganzen Zahlen vorstellt. Das Ergebnis war auf Grund seiner Verschiedenartigkeit und seines Reichtums verblüffend: eine Reihe vertikaler Stäbe von gleicher oder zunehmender Höhe, aufeinandergestapelte Scheiben, aufeinanderfolgende Punkte, regelmäßige Treppen mit Absätzen für die Zehner, usw., Kurven im Zickzack, usw. Mit anderen Worten: Begriffen, die von einem Individuum zum anderen völlig gleich sind, und einem streng vereinheitlichten Vokabular entsprachen unzählige individuelle Bilder, die für jeden etwas konkretisierten, das auszudrücken man a priori für unnötig hätte halten können, das indes eine funktionelle Rolle der Erleichterung spielen dürfte. Um wieviel mehr muß dasselbe für weniger triviale Begriffe oder Worte gelten.

Der zweite Grund, der die Notwendigkeit eines bildhaften Symbolimus rechtfertigt, dessen Funktion von der der verbalen Zeichen deutlich verschieden ist, besteht darin, daß die Sprache neben ihrer affektiven Tragweite auf kognitivem Gebiet nur Begriffe (Klassen, Relationen, Zahlen, proportionelle Verbindungen oder Funktoren usw.) bezeichnet, oder auch Individuen, diese aber als Glieder einzigartiger Klassen oder Beziehungen (mein Vater, Eduard VII., usw.). Es gibt nun ein riesiges Gebiet, das die Sprache nicht zu beschreiben vermag, es sei denn auf tausend komplizierten Umwegen: das Gebiet alles dessen nämlich, was gerade eben wahrgenommen wird, und besonders alles dessen, was in der äußeren Umgebung oder an den eigenen Handlungen wahrgenommen worden ist, und das es nicht zu verlieren gilt. Es kann tatsächlich notwendig oder nützlich werden, dieses einem anderen mitzuteilen (hier steht nur die Sprache zur Verfügung, wenn der graphische Ausdruck nicht benutzt wird, welcher viel höher steht, aber schon zum Gebiet des Bildes gehört), aber es ist vor allem unerläßlich, einen Teil davon zu vielfältigen Adaptationszwecken im Gedächtnis zu behalten. Man muß also, wenn man das Wahrgenommene durch das Denken evozieren will, das System der verbalen Zeichen durch ein System von bildhaften Symbolen verdoppeln, da man ohne semiotische Werkzeuge nicht denken kann: das Bild ist ein Symbol, weil es das notwendige semiotische Instrument darstellt, um das Wahrgenommene zu evozieren und zu denken.

Diesen offensichtlichen Gründen haben sich indes die Assoziationisten widersetzt, für die das Bild eine einfache Verlängerung der Wahrnehmung ist: in diesem Fall bestünde die Evokation einer Wahrnehmung einfach darin, noch einmal wahrzunehmen, aber mit Verzögerung und nach Verschwinden des wahrgenommenen Objekts. Eine einfache und klare These, die diese beiden Argumente für sich hat:
1. daß die Versuchsperson nicht das Bewußtsein hat, ein Symbol zu gebrauchen, wenn sie ein inneres Bild »betrachtet«, und 2. daß dieses Bild oft sehr genau ist, während ein Symbol in der geläufigen Bedeutung des Wortes weniger Ähnlichkeit mit dem Symbolisierten aufweist (vgl. die Freudschen Symbole). 1. aber beweist die Introspektion der Versuchsperson absolut nichts für das in Frage kommende Problem, und die Kinder sind sich auch nicht bewußt, daß sie Zeichen gebrauchen, wenn sie Worte oder Namen verwenden, da sie sie in der genannten Sache selbst ansiedeln.[180] Andererseits ist 2. ein genaues Symbol nichtsdestoweniger ein Symbol, wenn man diesen Begriff in seiner allgemeinen Bedeutung nimmt, das heißt, in der eines durch seine Ähnlichkeit mit dem Signifikat »motivierten« Signifikanten, wobei die Ähnlichkeit dann alle Stufen durchlaufen kann.
Trotzdem empfiehlt es sich, die Hypothese des Symbolismus des Bildes weiter zu rechtfertigen, da sie bestritten worden ist. Um mit den höheren Zuständen zu beginnen, bevor wir auf die Genese beim Kind zurückkommen, so scheint uns das, was wir in § 6 über die geometrische Intuition sagten, ein entscheidendes Argument zu enthalten, und zwar um so mehr, als das Bild auf diesem Gebiet weit über das hinausgeht, was wahrgenommen worden oder sogar wahrnehmbar und unterwegs ist zur Antizipation von Verschiebungen und Transformationen. Die geometrische Intuition enthält zwei Aspekte: einen operatorischen und einen bildhaften. Der erste kann »formalisiert« (im Sinne von axiomatisiert) werden und erhält von da an eine Bedeutung von Wahrheit oder Beweisbarkeit: er bildet also ein System von »Signifikaten«. Doch wenn diese Signifikate nicht durch »Zeichen« bezeichnet werden, durch die der mathematischen Sprache nämlich, die der

180 Vgl. Piaget, *La représentation du monde chez l'enfant,* Presses Universitaires de France, Kap. II: »Le réalisme nominal« (deutsch: in Vorbereitung bei Walter, Olten).

axiomatisierten Demonstration dienen, und wenn sie »intuitiv« gebraucht werden, das heißt im Laufe der spontanen und heuristischen Untersuchung, dann sind sie von Bildern begleitet. Wie sieht in diesem Fall ihr Status aus? Sie haben keinerlei demonstrativen Wert und dienen nur dazu, zu »repräsentieren«. Nun können nicht gleichzeitig zwei Systeme von »Signifikaten« im Spiel sein, insbesondere, wenn das eine Beweischarakter besitzt und das andere ohne Wahrheitswert ist: die fraglichen Bilder stellen also ein System von Signifikaten dar, und da sie »motiviert« sind, also mehr oder weniger ähnlich, und nicht zu den Zeichen der mathematischen Sprache gehören, so können sie nur »Symbole« sein.[181]

Die in diesem Werk untersuchten geläufigen Bilder, die viel weniger exakt sind als die des Geometrikers (obgleich diese es auch nicht ganz und gar sind), erscheinen als symbolische, und zwar mindestens aus drei Gründen.

Erstens variiert ihre Ähnlichkeit mit den bezeichneten Objekten ziemlich stark, und zwar im Falle starker Abweichung nicht nur deshalb, weil ein ungewollter Mangel an Angleichung gegeben ist, wie wenn ein »Irrtum« im Gegensatz zur Wahrheit vorliegt, sondern auch zum großen Teil deshalb, weil die Versuchsperson eine Schematisierung nach ihrem Gutdünken vorgenommen hat: sie hält an gewissen Eigenschaften fest, eliminiert andere und deformiert wieder andere. So geschieht es, daß die eigentlich bildhaften Pseudo-Erhaltungen oft eine offensichtlich symbolische Stilisierung in der geläufigen Bedeutung des Begriffs zeigen: zum Beispiel ein verschobenes Quadrat, das auf den Zustand eines dünnen Rechtecks reduziert wird, damit es das andere nicht überschreitet (vgl. die Modelle *E*1, usw., in Abb. 5). Wenn andererseits das Kontinuum durch eine Folge von vereinzelten, unbeweglichen oder wenig beweglichen Elementen repräsentiert wird (vgl. die graphische Illustration einer Erzählung, ein Vorgang, den man beim inneren Bild selbst immer wiederfindet), dann ist der Symbolismus offensichtlich, so sehr er auch mit Notwendigkeit auftreten mag.

181 Es muß nicht hervorgehoben werden, daß die semiotischen Instrumente, die die Mathematiker »Symbole« nennen, nichts mit den Zeichen zu tun haben und genau genommen nach der linguistischen Terminologie Saussures, deren wir uns hier bedienen, »Zeichen« darstellen, und keine Symbole.

Zweitens: mag nun eine mehr oder weniger deformierende Schematisierung oder eine mehr oder weniger exakte Kopie vorliegen, die Funktion des Bildes besteht (wie die des Wortes) darin, zu »bezeichnen«, während die des Begriffs (Relationen, Klassen, usw.) darin besteht, zu interpretieren und zu verstehen, und zwar in einem Sinne, der sofort auf Gesetzmäßigkeit, Kausalerklärung oder deduktives Denken ausgerichtet ist. Wenn der Begriff eine geometrische Figur als »ein Quadrat von 5 cm Seitenlänge« ausdrückt, dann bezieht er sich auf die Gesamtheit der Quadrate, die als Vierecke mit gleichen Seiten und Winkeln definiert sind, und auf ein Maßsystem, das zugleich übertragbare und untereinander äquivalente Relationen enthält: das sind die allgemeinen Relationen, die das Objekt nicht symbolisieren oder »bezeichnen«, sondern dessen konstitutive Eigenschaften herauslösen, indem sie es zugleich zu den anderen Elementen der verwendeten Klassen in Beziehung setzen. Die gebrauchten Worte fügen dieser assimilatorischen Interpretation nichts hinzu, sondern bezeichnen einfach ihre Gliederungen, wobei sie aber als verbale Zeichen ihre eigene Stilisierung und ihre besonderen Gesetze mit sich bringen. Doch während die Worte diese begrifflichen Gliederungen bezeichnen, und, wenn sie ein einzelnes Objekt wie etwa das fragliche Quadrat beschreiben, es auch erst als Interferenzpunkt zwischen begrifflichen Verbindungen bezeichnen, so bezeichnet dagegen das Bild das Objekt selbst in seinen perzeptiven Besonderheiten und in seinen konkreten figuralen Eigenschaften. Die Funktion des Bildes bleibt also die, zu bezeichnen und nicht zu interpretieren, und wenn es in den Fällen zu interpretieren scheint, in denen es schematisiert, anstatt einfach zu kopieren, dann doch wohl deshalb, weil es entweder ein schon konzeptualisiertes Objekt bezeichnet, ohne aber selbst für diese Konzeptualisierung verantwortlich zu sein (vgl. insbesondere die Interaktionen des Bildes und des Begriffs auf der präoperatorischen Ebene), oder aber, weil es wie das Wort seine eigenen Stilisierungen miteinbezieht. So aufgeteilt bleiben die Funktionen des Begriffs, des Wortes und des Bildes gleichzeitig verschieden und genau komplimentär, während, wenn das Bild nicht diese symbolische Rolle des figuralen Signifikanten spielte, es nur eine Verdoppelung des Begriffs wäre. Wenn es darum geht, dem figuralen »Signifikat« einen Platz zuzuweisen, so versteht sich von selbst, daß das nicht nur legitim, sondern sogar unerläßlich ist: nur ist dieses konkrete Signifikat nicht mehr das Bild des Objekts, denn es ist das Objekt selbst.[182] Wir gelangen so zu der Tabelle:

	Signifikate	Signifikanten
Figural	Objekte	Bilder
Allgemein	Begriffe	Verbale Zeichen

Ein letzter Grund, das Bild als symbolisch zu betrachten, ist der, daß seine Funktionen – wie bei der Sprache – entsprechend den Intentionen polyvalent sind, während die Funktion des Begriffs ausschließlich kognitiv ist. Ebenso wie Ch. Bally die Gesetze einer affektiven Sprache beschrieben hat, ebenso spielt das Bild eine wesentliche Rolle im symbolischen Spiel und im Traum. Es ist richtig, daß es Grenzregionen gibt, in denen sich der Begriff mit lebendigen Werten aufzuladen scheint, die die Grenzen des Wissens überschreiten, und daß diese Regionen so weit sind, daß sie sich sogar vom Mythos bis hin zur Metaphysik erstrecken: dann aber bleibt festzustellen, ob es sich noch um reine Begriffe handelt oder ob sie nicht gerade aus diesen Denkformen hervorgehen, die wegen ihrer Bild- und Begriffskombinationen vom psychologischen und soziologischen Standpunkt aus so aufschlußreich sind und die man unter dem Gattungsbegriff des symbolischen Denkens zusammenfassen kann.[183]

§ 8. Die epistemologische Bedeutung des Bildes

Es ist nicht möglich, kognitive Funktionen zu behandeln, ohne die jeweilige Rolle der Aktivität des Subjekts und des Drucks des Objekts bei fortschreitender Ausbildung der Erkenntnisse zu betrachten, was letztlich darauf hinausläuft, daß die Fragen der genetischen Epistemologie in Angriff genommen werden müssen.

I. – Aus dieser Sicht sind die Probleme des Bildes besonders

182 Es ist zu unterscheiden zwischen dem Objekt als Objekt, wie es das Bild bezeichnet, und dem Objekt als einzelner Klasse, wie es durch den Begriff charakterisiert (nicht bezeichnet, *signifié*) wird.

183 Man wird vielleicht sagen, daß der Begriff des »symbolischen Denkens« eine Verwandtschaft zwischen dem Bild und dem Denken impliziert und entweder de facto dem symbolischen Charakter des Bildes widerspricht, oder aber ihn dem gesamten Denken zuerkennt. In Wirklichkeit impliziert dieser Begriff jedoch nur Interaktionen desselben Typs, wie wenn man von »Verbalismus« oder von wörtlichem Denken (im pejorativen Sinne) spricht, ohne daß das eine Verwechslung von Wort und Gedanken beinhaltete, es sei denn, vom Standpunkt des Subjekts aus gesehen.

aufschlußreich, denn für den klassischen Empirismus war das Bild gleichzeitig Spiegelbild des Objekts als Verlängerung der Wahrnehmung und Quelle des Begriffs, der als ein System von zusammengesetzten Bildern verstanden wurde. Die derart dem Bild zugeschriebene Rolle lieferte also die unmittelbarste Rechtfertigung für die Abbildtheorie der Erkenntnis, und zwar gegenüber der Theorie, die Erkenntnis als Assimilation auffaßt.

Dieses Ideal einer Erkenntnis als Abbild findet sich jedoch weit über die Grenzen des Empirismus hinaus wieder, denn wenn dieser das Abbild darauf reduziert, nur ein Abklatsch der wahrnehmbaren, physischen Objekte zu sein, läuft auch der Platonismus, der bei vielen Mathematikern und Logikern noch so lebendig ist, letztlich darauf hinaus, aus der Erkenntnis ein Abbild zu machen, aber von idealen und abstrakten Wesen, und nicht mehr von der wahrnehmbaren Realität. In einem Werk, in dem er Thesen aufstellt, die den unsrigen sehr nahe kommen, was die Verwandtschaft des Bildes und der Nachahmung und die Rolle der Nachahmung als Übergangsinstrument zwischen dem Senso-Motorischen und dem Repräsentativen anbelangt[184], widmet H. Wallon dem Platonismus einen erhellenden Abschnitt, in dem er zeigt, wie das Bewußtwerden des Bildes und des »Scheins« (Trugbildes) seine zentrale Inspiration hat darstellen können, wobei das *eidos* übrigens mehr sei als eine abstrakte »Idee«, vielmehr eine zugleich lebendige und figurale »Form«, wenn auch beladen mit konzeptueller Bedeutung. Wir fügen hinzu, daß in einem Denken, das noch so erstaunlich statisch ist wie das der Griechen, das Fehlen eines reflexiven Bewußtwerdens der operatorischen Prozesse und ihrer inneren Dynamik in der Tat zu einer Überschätzung der Rolle des Bildes und einer relativen Indifferenzierung zwischen Bild und Begriff führen mußte.

Dieser fehlende Gegensatz, oder einfach die fehlende ausreichende Differenzierung zwischen Bild und Denken, die sich in einer ganzen Reihe von voneinander so entfernten Interpretationen wiederfindet, wie dem Platonismus und dem Empirismus, ist in der Ideengeschichte sogar so weit vorgedrungen, daß sich der Anti-Intellektualismus Bergsons auf eine äußerst

184 H. Wallon, *De l'acte à la pensée,* S. 42, Flammarion, 1942

eindringliche und subtile Untersuchung des »kinematographischen Vorgangs« der Repräsentation hat zentrieren können, ohne zu bemerken, daß es sich da um eine Kritik der bildhaften Repräsentation und keineswegs der Intelligenz selbst handelte: es ist nämlich das Bild im Gegensatz zur Dynamik der Operationen, das das Kontinuum aus Diskontinuierlichem wiederherstellt und das auf Grund seiner angeborenen statischen Natur die Bewegung verfehlt. Wenn nun ein Geist, der sich so um die Einbeziehung der Psychologie bemüht hat wie Bergson, eine solche Simplifizierung hat durchgehen lassen, so zeigt das, welche epistemologischen Konsequenzen das Vergessen des symbolischen Charakters des Bildes nach sich ziehen kann.

Die epistemologische Tragweite einer Untersuchung des Bildes herausarbeiten bedeutet also einerseits, daß festgestellt werden muß, warum sich die Erkenntnis nicht auf ein Abbild reduzieren läßt, und andererseits muß eine Kritik der Abbildtheorie selbst vorgenommen werden, indem man darzulegen versucht, daß es ein genaues Abbild logischerweise gar nicht geben kann, denn ein Abbild ist immer nur eine annähernde, weil relative Übereinstimmung auf der betrachteten Skala.

II. – Beginnen wir mit dem zweiten Problem, denn es ist dem ersten übergeordnet. Ein visuelles Bild ist eine figurale Evokation von Objekten, usw., die sie in einer zugleich scheinbar sinnlichen und mehr oder weniger schematisierten Form übersetzt. Wir wollen den Aspekt der Schematisierung, der die Aktivität der Versuchsperson übersetzt, nicht zu sehr betonen, selbst wenn es sich um »Schemata« und nicht um »Pläne« handelt (in der unterschiedenen Bedeutung, § 4). Ein genaues Bild wird also ein mehr oder weniger exaktes Abbild des wahrgenommenen Gegebenen sein; wenn das auf der psychologischen Skala auch ausreicht, so hat doch der Begriff des Abbilds epistemologischen Wert nur, wenn ein Abbild des Objekts selbst und nicht nur der Wahrnehmung gegeben ist. Wie sieht nun die Beziehung zwischen der abbildhaften Kopie und dem Objekt als solchem aus? Das Abbild kann Kopie einer geometrischen Figur oder eines physikalischen Objekts sein. Im ersten Fall ist es banal zu zeigen, daß weder das innere Bild noch die Wahrnehmung das gesuchte Objekt erreichen, weil das graphische Bild selbst symbolisch bleibt:

»dieses Quadrat von 5 cm Seitenlänge« – selbst wenn man nur »dieses« Quadrat erfassen will und nicht die bei seiner begrifflichen Beschreibung erscheinenden Begriffe – ist in der Tat kein perfektes Quadrat, seine Seiten sind keine Linien, die Spitzen seiner Winkel keine Punkte, usw. Die Figur sagt genau aus, was man sie aussagen lassen wollte, aber deswegen, weil die deduktive Intelligenz sie versteht und nicht, weil die wahrgenommenen oder vorgestellten graphischen Figuren in bezug auf das Objekt »Kopien« darstellen.

Im Falle der physikalischen Objekte ist die Situation anders. Das Bild kann immer eine Kopie der Wahrnehmung darstellen, aber die Wahrnehmung ist kein Symbol des Objekts selbst mehr: sie liefert Hinweise (*indices*) oder Kennzeichen des Objekts. Wenn das Symbol nur eine Ähnlichkeit mit dem symbolisierten Objekt aufweist, dann ist der Hinweis dagegen eine kausale Emanation des Objekts. Zum Beispiel entspricht die blaue Farbe als wahrgenommene Qualität einer gewissen Wellenlänge von Strahlen, die auf die Netzhaut auftreffen, und das wahrgenommene Blau ist kein Symbol, sondern ein Hinweis auf das physikalische Vorhandensein dieser Wellen. In diesem Fall könnte das Bild, das die Wahrnehmung kopiert, gleichzeitig Kopie des Objekts selbst, wie es die Wahrnehmung erfaßt, genannt werden. Aber Kopie von welchem Objekt? Wenn die Person kein Physiker ist, dann ist es nicht die Welle oder ihre Länge, die sie durch das Bild visualisiert, sondern das Gesamtobjekt, zum Beispiel der blaue Himmel, und man sieht, welcher Komplexität von Phänomenen dieses »Objekt« entspricht, da die Theorie des Himmelsblaus erst vor kurzem aufgestellt worden ist. Dieses Beispiel eignet sich indes hervorragend, um zu zeigen, was ein wahrgenommenes oder vorgestelltes »Objekt« ist. Und dennoch bildet »der blaue Himmel« auf einer bestimmten Skala sehr wohl ein Objekt, und man kann sagen, daß es durch die Wahrnehmung »kopiert« wird, aber durch Übereinstimmung von mehr oder weniger direkten Indizien, und »kopiert« durch das Bild, aber durch Ähnlichkeit mit der Wahrnehmung. In beiden Fällen ist die Kopie nur zuverlässig für diese bestimmte Maßskala, und völlig ungenau für die niedrigeren (Lichtstrahlen, usw.) bzw. höheren Skalen (astronomische Entfernungen). Der Physiker hingegen verfügt über Instrumente, um diese letzten Maßstäbe zu erreichen, und über die mikroskopische bzw. teleskopische Photographie, die ihm *n* mal Ausdehnung und Präzision seines Wahrnehmungsfeldes vervielfältigen. Er erwirbt also wiederum Wahrnehmungen, die man »Kopien durch Entsprechung« nennen kann, und Bilder, die »Kopien durch Ähnlichkeit« mit diesen Wahrnehmungen sind; aber wenn die einen und die anderen auf der betrachteten Skala als zuverlässig bezeichnet werden können, so bleiben sie doch merkwürdig ungenau in bezug auf die anderen Skalen. Und so immer weiter, ein Jahrzehnt, ein Jahrhundert später. Glücklicherweise verfügt die Physik nicht nur über Wahrnehmungen und Bilder, selbst wenn sie ins Unermeßliche vergrößert sind; wir werden darauf gleich zurückkommen.

Die Lehre aus diesen Banalitäten scheint die folgende zu sein. Zunächst ist an die bedeutende Einsicht des Physikers Ch.-

Eug. Guye zu erinnern, daß nämlich der Maßstab das Phänomen schafft. Je genauer das Objekt demzufolge aus der Nähe durch Veränderung der Skalen betrachtet wird, um so größer ist die Trennung zwischen den beiden Termen Exaktheit und Kopie.

Die Kopie allein wird niemals zuverlässig sein, außer auf der betrachteten Skala, und auch da nur durch nicht bi-univoke, aber sehr annähernde Entsprechung, und sie wird dann immer ungenauer, bezogen auf andersartige und entfernte Skalen. Wenn die Repräsentation dagegen genau sein will (und gewisse Physiker behalten das Bedürfnis nach Repräsentation bei allen Maßstäben bei, trotz der Bedenken, die sie zu diesem Punkt in der Mikrophysik hatten[185], entfernt sie sich mehr und mehr von einer »Kopie«, um sich in die Richtung der »Modelle« zu bewegen, die dann Schematisierungen sind, immer stärker beladen mit Konzeptualisierung.

Kurzum, gerade der Begriff der genauen Kopie relativ zum Objekt scheint widersprüchlich zu sein, denn entweder gibt es eine Kopie, und dann bleibt sie umfassend, ohne das Objekt zu erfassen, außer auf der Skala, auf der es nicht in seine objektiven Bestandteile zerlegt wird, oder aber es gibt das Bemühen, diese Bestandteile mit Genauigkeit zu erfassen, und dann ist es keine Kopie mehr, sondern Schematisierung und Konstruktion von Modellen, deren Verifikation nur indirekt möglich ist und die Verbindung der Erfahrung mit der Deduktion voraussetzt.

III. – Kommen wir also zu unserem anderen Problem und der Kritik an der Abbildtheorie. Diese Frage ist viel weiter und betrifft nicht nur die konkrete Repräsentation: zu ihrer Lösung können also die psychogenetischen Daten ebenso wie die Epistemologie der Wissenschaften beitragen, während es sinnlos wäre, die Kritik am Bild als Kopie vorzunehmen, indem man sich auf die Lücken des kindlichen Bildes stützt.

Das Postulat, das der Abbild- und der Assimilationstheorie der Erkenntnis gemeinsam ist, besagt, daß das Objekt existiert. Aber aus der ersteren Sicht reichen die Wahrnehmungen und die Bilder, die es hervorruft, aus, eine Erkenntnis

185 Vgl. das Kapitel »La représentation concrète en microphysique«, das L. de Broglie für den Band *Logique et connaissance* geschrieben hat, und den ein Mitglied unseres Kreises für die Encyclopédie de la Pléiade herausgegeben hat.

durch sukzessive Annäherungen zu liefern, und die Handlungen, die notwendig sind, um die Faktoren zu trennen, bestehen nur darin, die Fehlerquellen zu beseitigen, um die Manifestationen des Objekts immer unmittelbarer werden zu lassen: in der Erkenntnis ist also nichts anderes enthalten als der Ausdruck dieser perzeptiven oder repräsentativen Manifestationen, außer höchstens einer logischen Sprache, die ihre Formulierung ermöglicht. Da, wo der klassische Empirismus nur von Bildern sprach, um die Kopie als dem Objekt adäquat zu setzen, spricht der moderne Assoziationismus mit Hull von »funktioneller Kopie«, die eine bi-univoke Entsprechung zwischen den äußeren Sequenzen und den Antworten des Subjekts herstellt, und die entsprechende Epistemologie untersucht diese Entsprechung zwischen den Phänomenen und den »Modellen« ohne weiteren Beitrag des Subjekts als logisch-linguistischen Ausdruck.

In der zweiten Sehweise bedeutet Erkenntnis des Objekts Einwirkung auf es, um es zu transformieren und dadurch seine Eigenschaften zu entdecken. Wenn das Ziel darin besteht, das Objekt zu erfassen, dann geht die Erkenntnis nicht von ihm allein aus, sondern von diesem Austausch oder dieser Interaktion, der Einwirkung des Subjekts auf das Objekt samt dessen Reaktion. Aus den Ergebnissen der Einwirkung folgen dann zwei Arten des Erwerbs: die eine bezieht sich auf die Eigenschaften des Objekts, die es aber untereinander zu verbinden gilt, weil sie nicht sofort als organisierte erscheinen; die andere bezieht sich auf die Koordinationen der Einwirkung, die es aber zu strukturieren gilt, da sie nicht präformiert sind (wie es der Apriorismus wollte; ein dritter möglicher Gesichtspunkt, den wir aber hier nicht diskutieren wollen, denn er berührt das Problem der Bilder nur in geringem Maße). Die grundlegende Hypothese ist nun die, daß diese zwei Arten von Organisationen miteinander verbunden sind und einander ergänzen: die einwirkenden Handlungen koordinieren sich nach operatorischen Strukturen, die sich zunächst nur in Abhängigkeit von der Handhabung der Objekte bilden; und die Gesetze des Objekts werden nur durch die Zwischenstufe dieser operatorischen Strukturen entdeckt und aufgestellt, die allein das In-Beziehung- oder In-Entsprechung-Setzen, die ordinalen Abschätzungen oder die Messungen, die Klassifikationen oder die propositionellen Strukturierungen, usw. ermöglichen. Die Objektivität ergibt sich also aus einem zunehmenden Erwerb, der hervorgeht aus der Zusammenarbeit von Erfahrung und logisch-mathematischen Operationen, die unentbehrlich sind für ihre Entzifferung und für die Repräsentation im allgemeinen und die sich nicht auf eine einfache Sprache reduzieren lassen, sondern die Instrumente der Strukturierung selbst bilden. Was die Erkenntnis im allgemeinen anbetrifft, so kann sie also nicht als eine Kopie des Objekts betrachtet werden, da sie die Mitwirkung der allgemeinen Koordinationen der Handlung voraussetzt, deren Strukturen allein die Interpretation des objektiven Gegebenen ermöglichen.

Unter dem Gesichtspunkt der psychologischen Mechanismen der Erkenntnis und insbesondere der Rolle der bildhaften Repräsentation, die uns in diesem Werk beschäftigt hat, wird der Gegensatz zwischen den beiden Perspektiven vor allem am Unterschied der Betonung deutlich, die entweder auf die figurativen oder auf die operativen Aspekte dieser Mechanismen gelegt werden kann. Man kann in der Tat unter den kognitiven Funktionen solche unterscheiden, die sich vor allem auf die Konfigurationen (Perzeption, Nachahmung, Bild) beziehen, und solche, die auf ihre Transformationen (von der Handlung bis zur Transformation) abzielen. Die Abbildtheorie wird sich also vor allem auf die figurativen Funktionen berufen: auf die Rolle der Wahrnehmung als Ursprung der physikalischen Erkenntnis, und auf die Rolle der Versuchsanordnungen, die dazu dienen, die perzeptiven Gegebenheiten auszudrücken oder zu erhalten, eine Funktion, die im klassischen Empirismus vor allem dem Bild und im logischen Empirismus der Sprache zuerkannt wird. Die Assimilationstheorie dagegen legt den Akzent auf die operativen Funktionen von der Handlung bis hin zur eigentlichen Operation.

Die Geschichte der Physik und ihrer Beziehungen zur Mathematik, um mit den höheren Formen der kognitiven Entwicklung zu beginnen, zeigt ja, so scheint es, ziemlich deutlich, daß, wenn die perzeptive Feststellung und die bildhafte Repräsentation eine grundlegende Funktion bei der Gegenüberstellung der Hypothesen mit den Fakten und bei der Konstruktion der Modelle erfüllen, diese Rolle nur partiell ist und nach einer notwendigen Ergänzung in der mathematischen Deduktion verlangt. Diese ist nun weit davon entfernt, nichts zu liefern als die linguistische Übersetzung des Gegebenen, vielmehr spielt sie eine im eigentlichen Sinn strukturierende Rolle, die schon beim Entziffern der Tatsachen unersetzlich ist, noch wichtiger aber bei der Konstruktion der Modelle, und die oft nicht nur zur rückwirkenden deduktiven Interpretation der schon ermittelten Gegebenheiten vordringt, sondern sogar über eine Entfernung von Jahren hinweg zur Antizipation dessen, was die Erfahrung hinterher bestätigen wird. Die Tatsache also, daß logisch-mathematische Rahmen vorher aufgebaut sein können, um erst anschließend durch die Gegebenheiten der Erfahrung ausgefüllt zu werden (und es gibt dafür unzählige Beispiele in der modernen Physik), zeigt in entscheidender Weise, daß sie nicht allein eine Funktion der Formulierung übernehmen: die Verbindung der Deduktion mit der Erfahrung beweist im Gegenteil die Interdependenz der operatorischen Mechanismen und der Beobachtung selbst.

Seit den bescheidensten Anfängen der intellektuellen Entwicklung hat sich diese Rolle der operativen Funktionen bei der Strukturierung der figurativen Aspekte der Erkenntnis als wirksam erwiesen, und die in diesem Werk aufgeführten Ergebnisse bestätigen dies erneut auf dem Gebiet des Bildes, von dessen Untersuchung sich die zeitgenössische Psychologie erstaunlicherweise abgewandt hat. Einer von uns hatte schon in einem früheren Werk zu zeigen versucht, daß die perzeptiven Mechanismen von verschiedenen Aktivitäten abhängen und von den Operationen gelenkt werden können, wobei die Entwicklung dieser Mechanismen weder geschlossen noch autonom, sondern einer Gesamtheit von Beiträgen von außen untergeordnet ist. Die Entwicklung der Bilder zeigt nun ein analoges, aber noch deutlicheres Bild, denn es handelt sich um Mechanismen einer höheren Stufe.

So gehört es zu den wesentlichen Ergebnissen unserer verschiedenen Untersuchungen, daß sich das antizipatorische Bild nur mit Hilfe der Operationen bilden kann und daß es sich andererseits als unentbehrlich für die repräsentative Wiederherstellung der Bewegungen und der Transformationen erweist, die die Versuchsperson schon kennt und die ihr sogar vertraut sind. Es scheint also, daß ein operatorischer Rahmen logisch-mathematischer Natur notwendig ist, nicht nur für die begriffliche Interpretation des perzeptiv Gegebenen, was selbstverständlich ist, sondern auch für seine Evokation durch das Bild, was viel überraschender ist. Gewiß besteht dieser logisch-mathematische Rahmen nicht in einem reflexiven Wissen, davon kann keine Rede sein, und er beschränkt sich im vorliegenden Fall auf räumliche Operationen oder elementares In-Entsprechung-Setzen. Doch diese sind nicht weniger logisch-mathematisch und führen zur Bildung von eigentlich deduktiven Begriffen wie der Erhaltung von Längen, von Oberflächen, von numerischer Äquivalenz, usw. Diese Erhaltungen nun, das haben wir immer wieder gesehen, sind weder aus dem Bild gewonnen noch von ihm vorbereitet: ein in eine Gerade transformierter Bogen erhält seine Länge nicht, solange die operatorische Erhaltung nicht verlangt, daß diese aus der Transformation hervorgegangene Gerade die Sehne des Bogens überschreitet; eine Reihe von Knöpfen, die sich in Gängen bewegen, welche als Fächer angeordnet sind (Abb. 46), erhält ihre Anzahl nicht, trotz der Leichtigkeit des verlangten antizipatorischen Bildes, solange nicht die operatorische Erhaltung eine longitudinale Antizipation (individuelle Bewegungen der Knöpfe entlang der Gänge) und nicht nur eine transversale (Verlängerung der Gesamtreihe) usw., verlangt. Die Erhaltung setzt also ein System quantitativer Kompensationen voraus, deren das Bild unfähig ist, während der logisch-mathematische Rahmen, nachdem er einmal gebildet wurde, auf das Bild zurückwirkt und objektive Antizipationen erlaubt.

Insgesamt zeigt die Untersuchung der Bilder als höherer Formen der figurativen Werkzeuge zunächst, daß die Repräsentation des wahrgenommenen oder wahrnehmbaren Gegebenen für sich allein keine Erkenntnis bildet und daß sie zu einer solchen nur wird, wenn sie sich auf das operatorische Verständnis der Transformationen stützt, die das Gegebene erklären. Diese Untersuchung zeigt aber auch, daß, wenn einmal die funktionelle Interaktion des Figurativen und des Operativen gesichert ist, die symbolische Rolle des Bildes durchaus nicht zu vernachlässigen ist, wie es die übertriebenen Reaktionen gegen den klassischen Assoziationismus hätten glauben machen können: indem das Bild eine subtilere Untersuchung der »Zustände« ermöglicht und sogar die figurale Antizipation der »Transformationen« erleichtert, trotz des irreduktiblen statischen Charakters dieser Figuration, stellt es ein unentbehrliches Hilfsmittel dar für das Funktionieren des Denkens gerade auch in seiner Dynamik, unter der Bedingung allerdings, daß es dieser operatorischen Dynamik ständig untergeordnet bleibt, die es nicht zu ersetzen vermag und für die es niemals etwas anderes darstellt als den symbolischen und, je nach dem einzelnen Fall, mehr oder weniger verzerrenden oder genauen Ausdruck.

Glossar

Wichtige Begriffe der genetischen Erkenntnistheorie Piagets

Abstraktion, formale oder *reflektive* – Rückkopplung der koordinierenden oder operationellen Aktivitäten mit der inneren Organisation, wodurch diese befähigt wird, die allgemeine Form der Aktivitäten zu »reflektieren«. Formale, reflektive Abstraktion ist die Hauptquelle für die Entwicklung der Intelligenz qua allgemeiner, logischer Erkenntnis.

Abstraktion, sinnliche oder *empirische* – Rückkopplung mit dem Resultat von Verhaltensakten in bezug auf sinnlich wahrnehmbare Objekte oder Qualitäten. Sinnliche Abstraktion setzt den Bezugsrahmen der formalen Abstraktion voraus und führt zu kritischer, objektiver Erkenntnis der äußeren Welt.

Adaptation, Anpassung – Ein Gleichgewichtszustand einer biologischen Organisation innerhalb ihrer Umwelt. Im Verhalten: eine Äquilibration zwischen Assimilation und Akkommodation.

Affektivität – Der Aspekt des Verhaltens, der mit Interesse, Motivation, Dynamik, Energie zu tun hat. Er ist mit dem strukturellen Aspekt des Erkennens unauflöslich verknüpft.

Akkommodation – Der nach außen gerichtete Prozeß eines operativen Aktes, der sich auf einen besonderen Realitätszustand bezieht. Die Akkommodation wendet eine allgemeine Struktur auf eine besondere Situation an; als solche enthält sie immer ein Element von Neuheit. In einem eingeschränkten Sinne führt die Akkommodation an eine neue Situation zur Differenzierung einer schon ausgebildeten Struktur und somit zum Auftreten neuer Strukturen.

Aktion, Akt, Verhaltensakt – Ein funktioneller Austausch zwischen einer biologischen Organisation und der Umwelt, der eine interne Struktur voraussetzt und zu einer Strukturierung der Umwelt führt. Akte sind für Piaget nicht bloß externe Akte. Aktion ist im allgemeinen synonym mit Verhalten.

Angeboren – Bei der Geburt oder Empfängnis vorhanden. »Angeboren« wird häufig als Gegensatz zu »erlernt« gebraucht, doch das Lernen im Verlauf der Evolution ist ein eben solches Lernen wie das im Verlauf der (individuellen) Entwicklung. Angeborene Verhaltensmuster heißen Instinkte.

Anpassung – *siehe* Adaptation

Äquilibration – Der interne Regulationsfaktor einer biologischen Organisation; er manifestiert sich in allen Lebensäußerungen, besonders deutlich in der Entwicklung der Aktivität der Intelligenz. Die Intelligenz macht die einer Organisation immanenten Regulationen explizit. Als Prozeß ist die Äquilibration der Regulationsfaktor, der Evolution und Entwicklung miteinander verbindet, als Zustand (als ein Gleichgewicht) ist sie ein immer neues Ausgleichen aktiver Kompensationen.

Assimilation – Der inkorporierende Prozeß eines operativen Aktes. Ein In-sich-Aufnehmen von Umweltdaten, nicht in einem kausalen, mechanistischen Sinne, sondern als Funktion einer internen Struktur, die kraft ihrer eigenen Natur – durch Assimilation potentiellen Materials aus der Umwelt – nach Betätigung strebt.

Begriff – siehe Konzept

Denken – Aktive Intelligenz oder aktives Erkennen, gewöhnlich auf (im weiten Sinne) operationelle Aktivitäten eingeschränkt.

Empirismus – Eine philosophische Ansicht, die behauptet, daß alle Erkenntnis – einschließlich logisch notwendiger Wahrheit – ihren angemessenen und zureichenden Grund in Informationen hat, die letztlich von den Sinnen stammen; der Empirismus nimmt an, daß Objektivität einfach »da draußen« gegeben ist.

Epistemologie, Erkenntnistheorie – Die theoretische Wissenschaft, die sich auf die Natur der Erkenntnis bezieht, insbesondere die der wissenschaftlichen Erkenntnis und der logisch notwendigen Wahrheit; gewöhnlich wird sie als Zweig der Philosophie aufgefaßt. Für Piaget stellt die Epistemologie ein wissenschaftliches, insbesondere psychologischer Forschung zugängliches Problem dar.

Erhaltung – Die Aufrechterhaltung einer Struktur als einer Invariante bei äußeren Veränderungen bestimmter Aspekte. Die Stabilität eines objektiven Merkmals ist niemals einfach gegeben, sie wird von der lebenden Organisation konstruiert. Erhaltung impliziert daher ein internes Regulationssystem, das externe Veränderungen intern zu kompensieren vermag.

Erkenntnis – Die Strukturierung des Verhaltens als eines Austauschs zwischen Organismus und Umwelt. Verhalten impliziert auf jeder Ebene ein gewisses Maß an Erkenntnis über die Umwelt auf seiten des Organismus. Allgemeine objektive Erkenntnis ist identisch mit Intelligenz.

Feld-Effekte – Perzeptuelle Phänomene, die bei einer einzigen Zentrierung des Sinnesorgans auftreten. Sie lassen sich als Grenzfälle perzeptueller Aktivitäten auffassen.

Figurative Erkenntnis – Erkenntnis, die sich in einer statischen Weise auf den externen, figuralen Aspekt eines Ereignisses bezieht; sie ist eng an eine besondere Akkommodation gebunden, wie sie sich in Wahrnehmung, Nachahmung, innerem Bild, Gedächtnis manifestiert. Figurative Erkenntnis läßt sich nur innerhalb eines Bezugsrahmens operativen Erkennens denken.

Formale Operation – Ihre typischsten Manifestationen finden sich im propositionellen Denken und einem Kombinationssystem, das das Wirkliche als eine von vielen hypothetischen Möglichkeiten auffaßt. Formale Operationen sind charakteristisch für die zweite und die Endstufe der operationellen Intelligenz, die durch die Elaboration formaler »Gruppen«-Strukturen die konkreten Operationen »reflektiert«.

Gedächtnis – Im engen Sinne: aktive Erkenntnis, die sich auf eine bestimmte Vergangenheit bezieht; Evozieren und Wiedererkennen implizieren an sich selbst kein Gedächtnis. Im weiten Sinne heißt Gedächtnis die Verfügbarkeit einer Erkenntnis und drückt bloß die Tatsache aus, daß die Erhaltung eines Planes gleichbedeutend ist mit seiner Funktion.

Imitation, Nachahmung – Die figurative Übereinstimmung (Entsprechung) motorischer Aktivität mit einem externen Ereignis. Die Nachahmung hat drei Stufen: (1) senso-motorische Nachahmung, mit perzeptueller Akkommodation identisch, (2) verschobene Nachahmung (Gebärde) in Abwesenheit des Vorbilds, der Beginn der Symbolbildung, (3) internalisierte Nachahmung, das innere Bild.

Inneres Bild – Die interne Repräsentation eines externen Ereignisses. Das innere Bild ist ein Produkt der Symbolfunktion, folglich eines der Intelligenz in ihrer Gesamtfunktion; es ist nicht eine bloße Spur passiver Wahrnehmung.

Intelligenz – Im weiten Sinne die Gesamtheit möglicher Koordinationen, die das Verhalten eines Organismus strukturieren. Betrachtet man Intelligenz als eine Totalität, so charakterisiert sie eine bestimmte Stufe, die durch formale, reflektive Abstraktion aus den praktisch vollzogenen Koordinationen einer vorausgegangenen Stufe entstanden ist. In einem engeren Sinne ist sie auf operationelle Intelligenz eingeschränkt, manchmal einschließlich der späteren Stufen der senso-motorischen Periode.

Interiorisation – Die schließliche Ablösung (Dissoziation) der allgemeinen Form einer Koordination vom besonderen Inhalt eines externen Verhaltens. Interiorisation führt von »praktischer« zu operationeller Intelligenz und ist die Vorbedingung für objektive Erkenntnis ebenso wie für symbolische Repräsentation.

Internalisation – Die schließliche Abschwächung externer Bewegungen, die verdeckt und unvollkommen werden – wie in der Nachahmung und der Sprache. Internalisation führt zu inneren Symbolen; sie muß von der Interiorisation unterschieden werden. Piaget gebraucht gewöhnlich für Interiorisation *und* Internalisation das eine französische Wort *intériorisation.* Englische Autoren verwenden abwechselnd beide Wörter, obwohl sie gewöhnlich Internalisation meinen.

Konkrete Operation – Merkmale der ersten Stufe der operationellen Intelligenz. Eine konkrete Operation impliziert zugrunde liegende allgemeine Systeme oder »Gruppierungen« wie Klassifikation, Reihenbildung, Zahl. Ihre Anwendbarkeit ist auf reale (konkrete) Objekte begrenzt.

Konzept (Begriff) – Im logischen Sinne: eine innere Konstruktion des generalisierbaren Aspekts eines erkannten Gegenstandes; es hat eine Intension (oder Komprehension), die die Frage nach seinem Wesen, und eine Extension, die die Frage, welche Gegenstände Exemplar des Konzepts sind, beantwortet. In psychologischem Sinne ist ein Konzept mit der inneren Struktur oder dem internen Plan eines Individuums identisch und entspricht der Ebene jener Struktur (z. B. »praktisches« Konzept, »praktischer« Begriff). In seinen sprachlichen Manifestationen ist ein Konzept ein verbalisierter Ausdruck eines logischen Konzepts zusammen mit seiner verbalisierten Komprehension; indes, dem logischen Konzept als solchem ist die sprachliche Verkörperung äußerlich.

Koordination – Die funktionelle Anpassung oder die einheitstiftende Form für die Elemente eines Verhaltens, insbesondere eines externen Verhaltens, obwohl sie nicht auf es begrenzt ist; impliziert eine aktive interne Struktur.

Lernen – Im engen Sinne ist Lernen der Erwerb von Erkenntnis, die auf besondere – von der Umwelt bereitgestellte – Informationen zurückgeht. Lernen läßt sich nicht ohne eine theoretisch frühere innere Struktur der Äquilibration denken, die das Vermögen zu lernen sowie die Strukturierung des Lernprozesses bestimmt; im weiten Sinne umfaßt Lernen beide Faktoren.

Logik – Als ein formalisiertes System kann die Logik zur Beschreibung der Strukturierung dienen, die sich im intelligenten Verhalten spontan manifestiert. Von der inneren Konsistenz und Notwendigkeit logischer Urteile hängt unsere intellektuelle Zustimmung ab. Zwischen reifen logischen Formen und prälogischen Strukturen des frühen Verhaltens besteht eine ununterbrochene genetische Beziehung.

Logischer Positivismus – Eine philosophische Ansicht, die behauptet, daß Logik und abstrakte Intelligenz in erster Linie von richtiger Formalisierung und richtigem Sprachgebrauch abhängen. Der logische Positivismus ist eine Modifikation des Empirismus, der in der Sprache die Quelle der logischen Intelligenz sieht.

Nachahmung – siehe Imitation

Objektbildung – Der Plan des konstanten Objekts ist die erste und allgemeinste Invariante, die den Beginn der Objektivation bildet: das Vorhandensein eines von den Verhaltensakten des Kindes unabhängigen Dinges »da draußen«. Objektiv gegebene Realität ist nicht in der Umwelt als solcher vorhanden. Die Objektbildung steht an der Schwelle der operationellen Intelligenz.

Operation – Im engen Sinne: das interiorisierte generalisierbare Verhalten der reifen Intelligenz; eine Operation impliziert eine Struktur, durch die (1) das resultierende »Erkennen« nicht – wie in der senso-motorischen Intelligenz – exteriorisiert werden muß und (2) eine Operation reversibel ist, d. h. sich in umgekehrter Richtung bewegen und somit ihre eigene Aktivität negieren kann. Im weiten Sinne wird operationell hier so gebraucht, daß es präoperationelle Akte ein- und senso-motorische Akte ausschließt. (*Siehe auch* Formale Operation; Konkrete Operation)

Operativität – Im Gegensatz zu figurativer Erkenntnis bedeutet sie den aktiven Aspekt der Intelligenz auf allen Ebenen, einschließlich der senso-motorischen Intelligenz. Operativität ist der – grundlegende und generalisierbare – strukturierende Aspekt der Intelligenz, sofern Erkennen Konstruieren, Transformieren, Inkorporieren etc. heißt.

Organisation – Der allgemeinste Ausdruck der Form eines biologischen Organismus, eine Totalität, deren Elemente aufeinander und auf das Ganze bezogen sind, wobei die Totalität ihrerseits auf eine umfassendere Totalität bezogen ist. Die Funktion des Organismus verleiht der Organisation ihren Inhalt. In der biologischen Organisation finden alle biologischen Phänomene, einschließlich Intelligenz und Evolution, ihre letzte Erklärung. Eine Organisation verfügt über innere Regulationsmechanismen.

Perzeption, Wahrnehmung – Eine Erkenntnistätigkeit, die sich auf die unmittelbar gegebenen Sinnesdaten bezieht.

Perzeptuelle Aktivität – Regulationen der Sinnesorgane bei der Wahrnehmung; das Koordinieren sukzessiver Zentrierungen. Perzeptuelle Aktivitäten gleichen gewöhnlich die momentanen Verzerrungen der Zentrierung aus, sind somit Teil der operativen Intelligenz.

Plan (Schème) – Die interne allgemeine Form einer spezifischen Erkenntnistätigkeit, häufig, aber nicht ausschließlich, in bezug auf senso-motorische

Intelligenz gebraucht. Der generalisierbare Aspekt koordinierender Akte, die auf analoge Situationen angewandt werden können. Operationen sind nichts anderes als die allgemeinsten Pläne der operationellen Intelligenz. – Pläne werden zu Strukturen oder Plänen höherer Ordnung miteinander koordiniert. (Piaget unterscheidet »Plan« [schème] von dem Begriff »Schema« [schéma], der einen repräsentationalen Umriß, ein figuratives Modell meint. Ein Schema bezieht sich auf eine figurative Akkommodation oder auf ein Symbol; Plan auf Operativität.)

Präoperationell – Häufig gebraucht, um die Periode zwischen der senso-motorischen Stufe und der Ausbildung der ersten Operationen im strengen Sinne zu bezeichnen. Die präoperationelle Periode bildet die Vorbereitungszeit für die Stufe der konkret operationellen Intelligenz; sie ist durch das Verzerrungen bedingende Angewiesensein auf symbolische Unterstützung, d. h. durch Egozentrismus, charakterisiert.

Reflexion – siehe Abstraktion, formale oder reflektive

Reifung – Vom Alter abhängige biologische Veränderungen im anatomischen und physiologischen System, sofern sie die Entwicklung des Verhaltens determinieren.

Repräsentation – Im strengen Sinne heißt »repräsentieren« »etwas nicht Gegenwärtiges gegenwärtig machen« – wie z. B. in einem inneren Bild oder im symbolischen Spiel. In einem etwas unangemessenen und irreführenden Sinne spricht man von der Erkenntnis oberhalb der senso-motorischen Stufe, insofern sie nicht mehr ausschließlich an externe Akte gebunden ist, als von »repräsentationaler« Erkenntnis.

Reversibilität – Die Möglichkeit, einen bestimmten inneren Akt auch in umgekehrter Richtung zu vollziehen. Ihre beiden Hauptformen sind Negation (nicht männlich = weiblich) und Reziprozität (nicht besser = schlechter). Reversibilität ist das Kriterium einer zugrunde liegenden operationellen Struktur.

Schema – siehe Plan

Senso-motorisch – Der für die erste Stufe der Intelligenz charakteristische Erkenntnismodus, in dem die Form des Erkennens an den Inhalt spezifischer Sinnesdaten oder motorischer Akte gebunden ist. Dieser Erkenntnismodus wird auch als praktische Intelligenz bezeichnet.

Signal – Ein Signal ist ein Ersatzstimulus, auf den der Organismus reagiert, ohne das bezeichnende Zeichen vom Signifikat zu unterscheiden. Es ist daher ein undifferenziertes Element einer Gesamtsituation, und die Reaktion bezieht sich auf diese Gesamtsituation, nicht auf das Signal als solches. Dem Signalverhalten entspricht die senso-motorische Intelligenz, z. B. in der Konditionierung, im perzeptuellen Wiedererkennen, im assoziativen Lernen. Ein Signal wird auch als ein Indikator bezeichnet.

Signifikator, Signifikat – siehe Zeichen

Spiel – Als ein symbolisches Instrument drückt das Spiel das Erkenntnisvermögen des Kindes aus, das Dinge oder Gebärden symbolisch – d. h. nicht an ihre eigentliche Funktion angepaßt, sondern an die egomotivierte repräsentationale Aktivität des Kindes assimiliert – benutzt.

Sprache – Das natürliche, gesprochene (und gehörte) Symbolsystem der Kommunikation in einer Gesellschaft. Eine der Manifestationen der Symbolfunktion. Sprache wird genauso wie jedes andere Symbolverhalten erworben und benutzt; die Intelligenz beeinflußt sie in erster Linie indirekt durch die edukative Wirkung der Gesellschaft.

Struktur – Die allgemeine Form, das Aufeinanderbezogensein der Elemente innerhalb einer organisierten Totalität. Struktur ist in vielen Fällen identisch mit: Organisation, System, Form, Koordination.

Stufen – Aufeinander folgende Entwicklungsperioden der Intelligenz. Jede Stufe ist durch eine relativ stabile Allgemeinstruktur charakterisiert, die früher entwickelte Strukturen in einer höheren Synthese verbindet; spätere Strukturen nehmen frühere Strukturen in sich auf. Die intellektuelle Entwicklung hängt vor allem von der normalen Folge stufenspezifischer Aktivitäten ab, nicht vom Alter.

Symbol, Symbolfunktion – Ein Symbol ist ein Zeichen, das von seinem Signifikat unterschieden ist. Die Symbolfunktion ist das Vermögen des Individuums, ein Symbol zu konstruieren oder zu produzieren, um das, was das Individuum erkennt und was nicht präsent ist, zu repräsentieren. Jedes – erzeugte oder verstandene – Symbol setzt daher die konstruktive Tätigkeit des operationellen Denkens voraus und hängt von ihm ab, umgekehrt sind Operationen nicht immer auf Symbole angewiesen. Während ein Signal das externe Ereignis in einer undifferenzierten Weise bezeichnet, bezeichnet das Symbol (»bezieht sich auf«) das Ding-als-erkanntes. Piaget beschränkt die Bedeutung des Wortes »Zeichen« auf sprachliche oder andere konventionelle Symbole und die des Wortes »Symbol« auf einen ichbeteiligten Signifikator; die symbolische Funktion hat er kürzlich neu als die »semiotische Funktion« benannt, um anzudeuten, daß in dieser Funktion auch das enthalten ist, was er Zeichen nennt.

Transformation – Als externe Transformation: die ständig sich verändernde äußere Welt. Als interne Transformation: das Invarianten konstruierende Erkennen, vermittels dessen externe Veränderungen intern kompensiert werden können. Operationen sind auf eine Invariante bezogene innere Transformationen und führen daher zu einem objektiven Verständnis äußerer Veränderungen.

Verhaltensakt – siehe Aktion, Akt

Wahrnehmung – siehe Perzeption

Zeichen (Signifikator, Signifikat) – Ein Ereignis, das – wie sich in der Verhaltensreaktion, die es hervorruft, zeigt – die Stelle eines anderen Ereignisses einnimmt. Ein Zeichen ist ein Signifikator und weist als solches auf ein anderes Ereignis – das Signifikat – hin. Zeichenverhalten zerfällt in zwei getrennte Kategorien, je nachdem, ob der Organismus auf das Zeichen qua Signal oder qua Symbol reagiert.

Zentrierung – In der Wahrnehmung: die Konzentration auf einen spezifischen Teil eines Stimulus; im allgemeinen: eine subjektive Konzentration auf einen Aspekt einer bestimmten Situation, die eine Verzerrung der Objektivität zur Folge hat.

(Der Glossar wurde entnommen: H. G. Furth, *Intelligenz und Erkennen. Die Grundlagen der genetischen Erkenntnistheorie Piagets,* Frankfurt 1976, stw 160, S. 362 ff.)

Verzeichnis der Mitarbeiter

Aboudaram, Maurice, Ancien assistant à l'Institut des Sciences de l'Éducation.
Anthonioz, Monique, Ancienne assistante I.S.E.
Antonini, Paulette, Psychologue au Service médico-pédagogique.
Bliss, Joan, Assistante I.S.E.
Boehme, Marianne, Psychologue à la Clinique psychiatrique universitaire de Genève.
Bovet, Magali, Chargée de recherche I.S.E.
Droz, Rémy, Assistant au Laboratoire de Psychologie de la Faculté des Sciences, Université de Genève.
Émery-Menthonnex, Claire, Ancienne assistante I.S.E.
Étienne, Ariane, Chargée de recherche au Laboratoire de Psychologie de la Faculté des Sciences, Université de Genève.
Fot, Catherine, Assistante I.S.E.
Frank-Pfaelzer, Françoise, Ancienne assistante I.S.E.
Levret, Monique, Assistante I.S.E.
Matalon, Benjamin, Ancien assistant I.S.E.
Mounoud, Pierre, Assistant I.S.E.
Nicollier, Daniel, Ancien assistant I.S.E.
Niedorf, Hanna, Ancienne assistante I.S.E.
Papert-Christofides, Androula, Ancienne assistante I.S.E.
Pascual-Leone, Juan, Ancien assistant I.S.E.
Paternotte-Agoston, Françoise, Ancienne assistante I.S.E.
Pecsi, Laszlo, Assistant I.S.E.
Poirier, Louis-Paul, Assistant I.S.E.
Politi, Albert, Ancien assistant I.S.E.
Schmid-Kitsikis, Elsa, Assistante I.S.E.
Sella, Adina, Ancienne assistante I.S.E.
Sinclair, Hermine, Chef de travaux I.S.E.
Taponier, Suzanne, Ancienne assistante I.S.E., assistante à la Faculté des Lettres et Sciences humaines d'Aix-en-Provence.
Tyborowska, Kazimiera, Assistante, Université de Varsovie.
Vinh-Bang, Tuât, Assistante I.S.E.
Voyat, Gilbert, Assistant I.S.E.